韓國近現代史의 探究

趙 東 杰

景仁文化社

序 文

 역사는 사람들이 꿈을 만들고 꿈을 실천해 가는 과정의 연속 현상이다. 그 꿈과 실천현상을 고증하고 해석하고 평론하는 것을 역사학이라 한다. 거기에서 꿈을 만들고 실천하는 사실의 이해에 못지 않게 중요한 것은 꿈과 사실을 일으키는 동력은 과연 무엇인가? 정신인가 물질인가. 아니면 상호관계인가를 캐고, 또 기사본말의 전개 법칙이나 전개 경향이 있다면 과연 무엇인가? 변증법인가 도전과 응전의 법칙인가 그 외에 다른 논리가 있는가의 여부를 찾는 것이다. 그러한 역사의 동력과 법칙 또는 경향성에 대한 생각을 사관이라 하고 그 문제를 규명하는 학문을 역사철학이라고도 한다.

 이러한 역사학에 종사한 한국 학자가 1945년 해방 당시만 해도 50명을 넘지 못했는데 이제는 2천명도 넘는다. 학술진흥재단에 등록된 역사분야 학회 회원을 합산해도 그런데, 역사교육자까지 포함하면 3천명도 넘을 것이다. 거기에 필자도 한 자리를 차지하고 있다. 필자는 1997년에 교수 정년으로 퇴직하고 2001년부터는 강의도 일체 사양하고 여가를 타서 글쓰기를 해 왔다. 그리하여 1998년에『韓國近現代史의 이해와 論理』(지식산업사)와『現代 韓國史學史』(나남출판), 그리고 2001년에는 칠순기념으로『韓國近現代史

의 이상과 形象』(푸른역사)과 『그래도 역사의 힘을 믿는다』(푸른
역사)를 내 놓았다. 경향 선후배의 사랑을 받아 모두 재판·삼판의
영광을 누리기도 했다. 그로부터 2년의 세월이 지났다. 무심코 나
날을 보내고 있던 어느날, 학계의 대원로 선생께서 인사동 책방 통
문관에서 필자를 만나더니, 안부도 묻지 않고 2년이 지났는데 왜
책이 나오지 않느냐고 꾸짖듯이 물었다. 필자는 당황하였다.

　발길을 돌리면서 생각하였다. 얼마나 고마운 어른인가, 서재에
들어서자마자 그 동안의 글을 챙겨 보았다. 그럭저럭 논문이 원고
지 2천 5백여매 분량이라는 것을 확인하고 몇 가지의 논문을 추가
하여 경인문화사 韓政熙 사장에게 출판을 부탁하였다. 한 사장은
필자가 주관하여 만든 한국사학사 학회 학회지인 『韓國史學史學
報』를 출판해 주고 있는 고마운 분이어서 필자의 개인 저서도 맡
기고 싶었다. 고마움에 대한 답례이기도 했다. 여기에 포함할 수
없었던 약간의 논설문과 축사류나 비문 등의 잡저는 다음 기회에
모아보기로 한다. 그런데 거의 주제를 달리한 논문을 모은 것이므
로 『論叢』인 셈이다. 그래서 책이름을 『韓國近現代史의 探究』라
했다.

　책의 내용은 「한국근현대의 理解와 爭點」·「儒家 義理의 근대
적 발전」·「現代 韓國史學의 성장」·「補說」 등의 4가지 부류로
구성되어 있다. 제1부 「한국근현대의 理解와 爭點」의 Ⅰ장은 근현
대가 언제 어떻게 일어나 오늘에 이르렀는가를 통관한 「한국근현
대사 總說」인데 1860년 전후부터 ①1860～1910년 ②1910～1945년
③1945～2003년 오늘까지를 3시기로 구분하여 학설상의 문제를 점
검하면서 서술하였다. Ⅱ장의 「光武農民運動과 申乭石 義兵」은 주
로 신돌석 의병에 대한 글이라고 할 수 있으나 한편으로 '光武農民
運動'에 대하여 역점을 두고 쓴 글이다. 1897～1904년의 역사를 광

무개혁사업(정부)과 광무개혁운동(시민운동)과 광무농민운동(민중운동)으로 구조화하여 이해하자는 주장을 1981년부터 제기해 왔는데 학계가 호응하지 않아 다시 한번 현장 답사자료를 제시하며 구체적으로 주장한 것이다. Ⅲ장은 「임시정부의 수립과 독립전쟁의 전개」이다. 3·1운동 후 해외에서 전개된 독립운동을 체계를 세워 정리한 것으로 1920년대의 식민통치와 독립운동의 특성을 규명한 것이다. Ⅳ장에서는 「李奉昌 의거의 歷史性과 現在性」을 추구한 논문으로 새로 발견한 자료에 의해서 이봉창의 인간적 면모를 소개한 내용도 그것이지만, 새롭게 논단한 것은 테러와 의거가 어떻게 다른가를 생각하기 위한 것인데 그것은 때마침 9·11사태를 맞아 한국독립운동의 의열투쟁의 평가가 논란을 불러 일으킬 가능성이 많았기 때문이다. Ⅴ장의 「통일시대 남북의 독립운동사 인식」은 남북 독립운동사 서술의 차이점을 분석한 것이다. 제3부의 사학사 연구에 포함할까 했으나 근현대사 인식의 차이를 규명한다는 뜻에서 여기에서 다루었다.

제2부 「儒家 義理의 근대적 발전」은 한국사 특히 근현대사에서 유교와 그의 근대적 변신을 추적한 글들이다. 가장 많은 한국인이 유교 윤리에 따라 생활하면서 유교의 근현대사적 역할에 대하여 규명한 논문은 극히 적다. 많은 글에서 유교 때문에 나라가 망했다고 말하기도 한다. 그때 침략해온 종교는 무엇이었던가? 종교를 침략대열에 포함해서 안된다고 말하면서 동시에 유교 때문에 나라가 망했다는 말도 성립되지 않는다고 말하기도 한다. 그렇다면 무정신의 침략이요 무정신의 대항이었던 말인가? 의문은 꼬리를 문다. 종교인들은 유교를 종교라고 말하는 사람이 많은데 유교를 존중하는 사람은 종교가 아니라고 말하는 사람이 많다. 필자는 아니라고 생각한다. 앞으로 종교로 만든다면 사소한 인연도 끊어버릴 생각

이다. 어떻든 역사학자의 눈에는 유교 근대화가 주목을 끈다. 유가의 의리가 어떻게 근대적 정의로 발전했는가? 가령 성리학(주자학)의 예론이나 의리론에 매몰되어 元·淸을 배척하던 방식으로 자기외의 모두를 배척하던 교조적 배타성을 극복하고, 상대주의와 다양성을 포용하는 양심과 정의를 건설해 가는 근대적 발전에 주목해 본 것이다. Ⅰ장은 「儒家의 민족의식과 민족운동」인데 민족의식은 전통시대의 산물이고 민족주의는 근대의 생산물이란 전제하에, 조선후기 실학에서 유가의 민족의식이 본궤도에 오른 이후, 민족운동의 추세를 살폈다. 그리고 독립운동에서 유림이 주도한 사례를 점검정도로 살펴본 내용이다. 유학이 위정척사의 노선을 탈피해가는 가운데 한국유학의 길을 정립하면서 동시에 세계화도 추구하면서 발전한 것으로 보았다. 이어 유가에서 양반 신분제의 잔재를 청산하는 문제까지 언급하였다. Ⅱ장에서는 유림이 주도한 의병전쟁이 변천해간 모습을 추적한 「韓末 의병전쟁의 변천과 敎訓」이고, Ⅲ장의 「白凡의 청소년기 생활과 의병운동」은 백범이 유가적 환경에서 자라 동학에 입도했다가 주자학을 공부하고 신봉한 이야기, 그것을 인연으로 중국(만주)으로 들어가 중국군과 연합작전을 모색하고, 의병을 일으켰던 청소년기를 분석한 것이다. 여기에서 유학이 대중화하여 양반 유학에 머물지 않고 있는 역사적 사실이 밝혀져 있다. Ⅳ장의 「傳統 名家의 근대적 變容과 독립운동 事例」는 안동의 천전리 문중이 김도화·김흥락을 중심으로 보수주의 의병을 일으켰다가 어떻게 근대적으로 변용하여 신교육 중등기관인 협동학교를 설립했던가. 다음에 1910년 나라가 망하자 66세의 문장(문중 어른)을 선두로 온 문중이 망명하여 독립운동을 전개한 사실을 추적 설명한 사례연구물이다. 우리나라에서 유일한 망명일기인 『백하일기』를 통해 망명의식과 논리를 분명하게 천착했다. 김대락·김형식·김동삼·김원식 등의 독립운동 지도자의 행적은 물론, 1910년 서간도 삼원포로 망명하여 1945년 하얼빈 북쪽 취원창(현재 巨源)에서 해방을 맞을 때까지 유가의 양심과 의리를 기초로 독립운동을 발전시킨 사례를 규명하였다. Ⅴ장「安東 역사의 儒家 중심적 전개」에서는 우리나라에서 유교의 중심지라고 말하는 안동 역사를 유가중심으로 추적하면 어떠한 특성을 갖는가, 거기에서 유교는 어떤 긍정적인 면이 있고, 반성해야 할 점은 무엇인가를 찾아본 내용이다. 마지막에는 전통시대와 근대가 어떻게 접목되었던가에 주목한 글이다.

　위의 제2부에서 주목할 것은 유가와 전통 반가(양반)를 구별하여 생각할 것이고, 유학이 신분제를 어떻게 극복했던가 하는 점이다. 그것을 여기서도 만족스럽게 규명하지 못한 것 같다. 논문마다 보여주는 바가 다를 것인데 그것을 통합적으로 이해해 주기 바란다. 어떤 사람이 우연히 만난 자리에서 반가의 후예들이 일정하게 만나는 모임을 갖자고 제의해 왔다. 일방적 요구에 필자도 즉석에서는 거부하지 못하고 좌석을 파한 다음에 한 사람에게 불참을 통고하였다. 거기에는 필자의 옛 제자도 한 사람 참가한다기에 깨우쳐 주지 않을 수 없었다. 우리가 반가를 찾고 그의 후예를 만나는 것은 학문상 필요한 때문인데, 그것이 생활이 돼서는 안된다는 점과 유학이 좋아서 만나는 것이라면 그것은 굳이 반가의 후예로 한정할 이유가 없다고 말해 주었다.

　제3부「現代 韓國史學의 성장」은 사학사에 관한 내용이다. Ⅰ장「1945년～1950년대의 韓國史學」은 필자가 1998년에 출간한『현대 한국사학사』제5장「해방후 한국사연구의 발흥과 특징」을 수정 보완한 글이다.『현대 한국사학사』를 지을 때 대개 1987년부터 논문으로 발표한 것을 통사 방식으로 재구성하여 저술했는데 제5장은

거의 저술 단계에서 논술하여 성급한 곳이 없지 않았다. 그것을 수정하고 보완할 필요가 있어 재정비한 것이다. 여기서 이번에도 함석헌의 『성서적 입장에서 본 한국역사』와 이시영의 대종교 저술인 『조선역사』를 다루지 못하였다. "성서적 입장"을 가름할 수 없기 때문이다. 옛 스승께서 꾸중하신다는 소리를 들었지만 종교문제를 함부로 다룰 수 없었다. 다음 기회에 종교사관과 역사서술문제를 별도로 추가할 계획이다. Ⅱ장 「20세기 韓國史學의 類型과 21세기 역사연구의 方向」은 한국사학사에 대한 강연문이다. 처음에 한두 학교에서 강연할 때는 공개할 생각이 없었는데 그것도 여러 학교에 미치고 보니 책임을 느끼게 되어 여기에 소개하여 둔다. Ⅲ장의 「南北韓 역사학자의 平壤 學術大會 參觀記」는 기행문과도 같은 내용인데 통일 후에는 사학사에서 거론될 것으로 전망하여 소개한 것이다. Ⅳ장의 「南北 역사학의 學術交流論 序說」은 Ⅲ장의 글을 계승하여 역사학의 남북교류의 의미와 발달을 정리 규명하고 앞으로의 발달을 타진한 내용으로 2003년도 전국역사학대회에서 발표한 글이다.

제4부 「補說」은 Ⅰ장에서 「한국과 몽골의 歷史的 友誼」와 Ⅱ장의 「경기도에서 전개된 독립운동의 역사적 성격」으로 구성되어 있다. Ⅰ장은 몽골국립대학에서 발표한 글인데 자리가 마땅치 않아 여기에 편집했다. 한몽간의 역사적 관계를 개관하고 앞으로의 발전을 전망한 것이다. Ⅱ장은 제목대로 독립운동에서 경기도민의 중도주의적 특성을 추적해본 글이다.

논문으로 편집한 저술이므로 중복된 내용도 있고 논문 방식이 다른 것도 있다. 독자의 양해를 구해 마지않는다. 끝으로 하나 말할 것은 2002년 11월 30일 일본 도쿄에서 한일역사공동연구위원회 양국 합동회의, 이른바 한일역사회담이 열렸을 때, 일본 외무대신

(川口順子)의 초청 만찬에서 겪은 이야기이다. 그때 일본외상이 필자에게 느닷없이 동두천중학교 여학생이 미군 탱크에 의해 희생당한 사실에 대한 뒤처리 문제를 물어왔다. 나는 "그 학생은 14·5세의 어린이들입니다. 어린이가 어떻게 죽었든지 간에 어린이의 죽음에는 책임지는 어른이 있어야 합니다. 그 어른에는 당신이나 나도 포함되어 있을 것으로 압니다. 미국이 법문화를 평계한다는 소리를 들었는데 어른답지 못한 책임 회피입니다"라고 했다. 그것이 인간의 양심이요 역사의 양심인줄 알고, 그런 마음을 기준삼아 글을 썼고, 이 책을 편집하였다.

　책을 엮는 동안 교정과 색인작업을 맡아준 李桂炯군에게 감사하고 출판을 맡아준 경인문화사 韓政熙 사장을 비롯한 편집부 여러분에게 다시 한번 감사를 드린다. 끝으로 이 책은 필자보다 먼저 간 동생의 외로운 영혼 앞에 생시에 우애를 다하지 못한 형으로서 사죄하는 마음을 실어 바친다.

2003년 11월 19일
牛耳書齋에서　趙 東 杰

목 차

제2부 儒家 義理의 근대적 발전

제1부

한국근현대의 理解와 爭點

Ⅰ. 한국근현대사 總說[*]

　역사란 꿈을 만들고 꿈을 실천해 가는 작업의 연속이다.[1] 따라서 한국근대사는 중세나 고대의 어느 때보다 좋은 꿈(이상)을 가지고 그 꿈을 실천하려고 노력하는 시대가 되어야 했다. '좋은 꿈'이란 어떤 꿈인가? 그것은 인간주의를 실현하는 꿈을 말한다. 중세까지 인간을 구속했던 신분제를 벗고, 인간의 자유 평등을 구가하는 사회가 근대라고 생각한다. 자유를 정치에 적용했을 때 국민주권 사상에 의한 민주공화국을 실현하는 것이고, 경제에 적용했을 때 자유로운 경제행위를 추구한 자본주의를 말하고, 사회적으로는 인권을 보장한 사회를 말한다. 처음에는 그러한 자유가 평등하게 실현될 것으로 믿었다. 그것을 하나로 묶어 민주주의라고 말하자. 그렇다면 언제부터 인간을 발견하여 신분제를 거부하고 자유 평등에

---

　* 『한국사』 1-총설- (2002, 국사편찬위원회)에 실은 글을 약간 보완한 것이다.
　1) 조동걸, 2000, 「역사를 어떻게 볼 것인가」『내일을 여는 역사』3, 신서원, 23쪽 ; 2001, 「역사란 무엇인가」『그래도 역사의 힘을 믿는다』, 푸른역사, 13쪽.
　위의 글은 다음과 같은 다섯 가지의 작은 항목으로 구성되어 있다. ① 역사는 꿈의 연속으로 이루어져 있다 ② 역사는 실천의 연속이다 ③ 역사는 발전한다 ④ 역사는 다양하게 발전한다 ⑤ 역사는 과거와 미래를 관통하는 축을 만들며 발전한다.

대한 생각이 싹텄다고 보아야 할 것인가? 그 생각을 실현할 민주주의는 어떻게 형성하고 성장시켜 왔던가? 거기에서 한국근대사의 중심과 중심의 흐름인 근대사의 본류를 찾아야 한다.

그런데 근대사 본류의 형성과정에서 제국주의의 흙탕물이 덮치고 말았다. 그래서 한민족은 흙탕물 속을 헤엄치며 인간의 길을 찾아야 했다. 그것이 독립운동의 역사이다. 독립운동은 인간의 길을 찾기 위한 민족적 노력을 말한다. 1945년 해방이 됐다고 해서 하루아침에 물이 맑아질 수는 없었다. 그래서 흙탕물 찌꺼기를 없애가며 정치·경제·사회 문화를 새롭게 일으켜야 했다.[2] 그것이 민주화와 통일을 위한 역사이다. 좀더 구체적으로 이야기해 보자.

조선후기에 인간의 평등을 노래한 『春香傳』의 출현은 근대사의 새벽이 가까웠다는 것을 예고하는 것이다. 이어 정부에서 간행한 『秋官志』에서 노비제를 비판했는가 하면, 『備邊司謄錄』이나 『正宗實錄』 같은 정부 간행물에서 조차 民의 사상이 고양되고 있었다.[3] 그때 서민문화가 발달했던 것이라든가, 영조나 정조와 실학자들의 개혁사상이 여러 분야에 걸쳐 새로운 기운을 일으켰다던가, 청나라와 서양 등의 세계에 대한 인식이 새로워지고 있었다던가,

---

2) 역사는 아무리 새로운 세상이라고 해도 전시대와 혼합해서 존재한다. 밥을 먹다가 손님이 오니까 새로 밥상을 차리듯이 말끔하게 새로워지는 것이 아니라, 먹던 밥과 반찬에 덮치기로 구시대와 새시대가 혼재하며 발달하는 것이다. 그래서 변증법도 생각하게 되고 도전과 응전의 원리도 생각한 것이다. 그렇다고 구시대를 정당화하면 역사는 퇴보한다.

3) 『備邊司謄錄』과 『正祖實錄』이나 『明南樓叢書』에 나오는 '民國'이라는 용어에 대하여 '民'과 '國'을 말하는가, 아니면 '民國'을 말하는가에 대하여 학계에서 의견의 일치를 보지 못하고 있다. 어느 쪽이라고 하더라도 '民'의 위치가 상승하고 있었다는 것을 의미한다고 보아 좋을 것이다. 李泰鎭, 「大韓帝國 皇帝政과 民國 정치이념의 전개」 『韓國文化』 22, 서울대 韓國文化硏究所 ; 2000, 「'御旗' 태극팔괘도의 유래와 민국정치이념」 『고종시대의 재조명』, 태학사, 258~260쪽.

수리시설이나 이앙법의 발달 등에 따른 농업 생산력이 향상되고, 상평통보를 중심으로한 화폐 유통이 활발했던 것처럼, 상업이 발달하고 있었고, 농업이나 수공업에서 상업성 경영 추구가 확산되는 가운데 京江商人·松商·灣商이나 혹은 褓負商의 활동이 사회적으로 부상하고 있었다는 사실은 자유로운 경제행위가 확산되고 있었던 것으로 자본주의가 싹트는 현상으로 볼 수 있다. 실학연구와 함께 자국사 연구로 나타난 민족의식의 부상은 자기발견 곧 인간의 발견을 의미했다. 말하자면 근대사가 동트는 현상으로 볼 수 있다는 말이다.

그런데 그것이 뒤이은 세도정치의 반동으로 봉쇄 당한 것을 보면 근대사의 새벽으로 보기에는 한계가 있었다. 세도정치와 같은 반동은 중앙정치에 국한된 것이 아닐 정도로 전국에 퍼져 있었다. 삼남지방을 중심으로 문중서원이 확산되고 있었던 것이 세도정치와 역사적 궤를 같이하는 현상이었다.[4] 그러니까 근대사적 동력은 반동체제에 눌려 잠복할 수밖에 없었다. 그렇다고 전면 차단된 것은 아니었다. 韓致奫(1765~1814)·丁若鏞(1762~1836)·金正喜(1786~1856)·李圭景(1788~?)·崔漢綺(1803~1877)·金正浩(?~?)·李尙迪(1804~1865)·朴珪壽(1807~1876)의 근대적인 실학 저술이나 활동이 세도정치기인 19세기에도 계속되고 있었던가 하면, 서민문화도 끊임없이 발달하고 있었다. 세도정치의 반동체제로 말미암아 활기를 띨 수가 없어 분산적으로 혹은 잠재적으로 성장하고 있었을 뿐이다.

그후 다시 근대사적 계기가 마련된 것은 학자에 따라 1860년대에 일어난 것으로 보는 견해가 있는가 하면, 1876년 개항으로 보는

---

4) 李海濬, 1994, 「門中書院 건립의 性格」『朝鮮後期 門中書院 研究』, 국민대 박사학위논문, 85쪽.

견해도 있다. 제국주의 역사가나 외래 종교가들은 후자의 주장을 고집하고 반제국주의 학자나 민족주의 역사가들은 전자를 고집한다. 이와 같이 한국근대사 연구는 출발부터 제국주의 논쟁에 휘말려 있다.

필자는 1860년을 전후하여 근대사가 열렸다고 보고 있다. 1850년을 전후한 金正浩·崔漢綺 등의 활동에서 보듯이 근대적 저술이 나오고 있었던 사실에도 주목하고 싶다.5) 다음에 이미 많은 연구에서 검증된 1860년을 전후한 사회변동이 근대적 의미를 가지고 있는 것이다. 1876년 개항으로 역사가 변화한 것은 사실이지만, 그 이전에 이미 근대적 변동은 일어나고 있고, 근대를 인간주의 시대라고 보았을 때 비인간의 표본인 제국주의 침략에 의한 개항에 근대사의 출발점을 설정할 수 없다고 생각한다.6) 그래서 1860년을 전후한 시기에 근대사의 기점을 두어야 한다고 생각한다. 그후의 역사는 다음과 같이 3단계로 전개되었다.

① 근대적 사회변동과 자주 개혁의 시련(1860년 전후~1910)
② 일제의 한반도 강점과 독립운동(1910~1945)
③ 해방정국의 혼돈과 현대사의 전개(1945~현재)

---

5) 崔漢綺는 1837년 『靑丘圖』, 1857년 『地球典要』를 내고, 김정호는 1864년에 『大東輿地圖』와 『大東地志』를 냈다.

6) 근대화를 볼 때 인간주의를 외면하고 경제의 수치를 기준하여 설명하면 형식 논리에 빠져 근대의 가치를 상실하게 된다. 오늘날 포스트 모더니즘이 제기된 것도 근대주의가 경제의 계량적 성장을 표준한 나머지, 인간 가치를 기준한 역사발전의 본질이 아닌, 국부 발전론에 치우쳤던 데 이유가 있다고 생각한다. 비록 경제발전이 있었다고 해도 경제발전은 경제발전 자체에 목적이 있는 것이 아니라 사회발전을 목적한 것이어야 한다. 그러니까 역사의 논리와 평가는 인간주의에서 출발해야 하고 다음에 정치 경제 사회 문화의 총체적 관점에서 보아야 한다는 말이다.

1. 근대적 사회변동과 자주 개혁의 시련

1) 근대의 초기적 특징

근대의 특징은 인간주의 사상의 확산과 생활화 및 제도화에 있다. 그를 위해서는 먼저 인간의 발견이 선행되어야 하고 인간의 발견은 자기 발견을 통해서 이루어지는 것이 일반적이었다. 조선후기에 실학과 더불어 자국어와 자국사연구가 일어난 것도 자기발견의 단면이었다. 자기를 인간이라는 측면에서 발견하면 자기가 소속한 나라와 겨레에 대한 의식이 고양되면서 비인간적인 중세 신분제에 대하여 비판과 개혁 논리를 찾게 된다. 거기에서 평등사상이 대두하고 평등사상에 기초한 서민문화가 일어난다.[7] 그러한 조선후기의 실학, 사회변동, 민족의식의 고양, 서민문화의 발달 등의 근대적 지향은 세도정치기의 반동으로 말미암아 후퇴하거나 잠복했다가 세도정치가 물러간 후에 다시 부상하였다. 때마침 중국대륙에서 나타난 아편전쟁(1840)·태평천국의 난(1853)·영불연합군의 북경침략(1856~1860) 등의 충격적 격변을 맞아 새로운 얼굴로 부상하였다. 실학의 개혁론을 새시대에 맞게 다듬어 내수자강론에 이어 동도서기론으로 꾸몄던가 하면, 그에 만족하지 않고 혁명적 변혁을 추구한 개화사상을 일으키기도 했다. 동도서기론은 조선후

---

7) 조선후기의 실학에 대하여 주목한 최초의 역사서는 1930년 崔南善의 『朝鮮歷史講話』(육당전집편찬위원회, 1973, 『六堂崔南善全集』 1, 현암사, 52쪽) 인데, 실학을 사회개혁사상으로 진단한 것은 丁若鏞의 『與猶堂全書』를 1934년부터 간행하면서 그에 관여한 安在鴻·鄭寅普·白南雲·崔益翰·文一平 등에서 비롯되었다(趙東杰, 1998, 『現代 韓國史學史』, 나남출판, 203쪽 주 133) 참조).

기 개혁사상의 정직한 계승자였는데 개화사상은 조선후기 이래 구시대의 계승을 수구라고 공박하며 혁명적 변화를 추구했다. 그렇게 혁명적 변화를 추구한 개항전의(1840~60년대) 개화사상의 선구자로 손꼽는 이는 崔漢綺를 비롯하여[8] 朴珪壽・吳慶錫(1831~1879)・劉鴻基(1831~1884?) 등이다.[9]

근대사가 동트는 또 다른 특징은 조선후기 이래의 사회변동과 서민문화의 정신 즉, 평등과 평화사상에 기초한 토착종교가 발생하고 있었다는 점에서 찾는다. 1860년에 경주에서 人乃天의 기치를 들고 東學이 발생하였다. 조선후기부터 풍미하고 평등과 평화를 갈망한 鄭鑑錄 사상도 민중사상의 일단으로 주목해야 한다.[10] 그때 사회변동을 재촉한 1862년의 삼남민란도 중세 신분제에 대한 저항이라는 측면에서 근대적 성격으로 이해할 수 있다. 그런데 삼남민란이 전통시대의 농민반란 수준에 머문 것이냐, 농민운동 수준까지 이른 것이냐, 혹은 과도기의 농민전쟁으로 볼 것이냐는 견해가 엇갈려 있다.[11] 농민전쟁으로 본다고 해도 근대사의 새벽으로 보아 좋을 것이다.

다음의 근대사적 특징은 대원군의 개혁정치(1864~1873)이다. 특히 서원철폐와 호포제 실시는 양반 봉건제에 대한 개혁으로 보아야

---

8) 權五榮, 1999,『崔漢綺의 學問과 思想研究』, 집문당, 53~61쪽 ; 2000,「새로 발굴된 자료를 통해본 혜강의 기학」『혜강 최한기』, 청계, 15쪽.

9) 愼鏞廈, 2000,「개화사상의 형성」『한국사』37, 국사편찬위원회, 92~105쪽.

10) 高成勳, 1993,『朝鮮後期 變亂研究』, 동국대 박사학위논문, 25~34쪽.

11) 농민반란은 전통시대에 새로운 사회 건설의 이념없이 말그대로 반란을 일으킨 것을 말하고, 농민운동은 농민의 권익과 지위향상을 위한 이념을 가지고 그 이념을 목적으로 전개한 사회경제운동을 말한다. 운동 성격에 따라 개혁이나 혁명 등, 여러 가지 유형으로 나뉘어진다. 농민전쟁은 농민반란이 농민운동으로 발전해 갈 때, 농민운동 수준에는 미치지 못한 과도기적 현상을 농민전쟁이라 한다.

한다. 그것이 혹간 말하는 왕실재정을 확보하기 위한 고육책이라고 하더라도 양반 봉건제에 대한 비판 없이 단행할 수 없다는 점에서 근대사를 일으키는 개혁이었다고 보아야 한다. 비변사를 폐지하고 재야를 망라하여 인재를 등용하였던 것도 안동김씨를 중심한 노론 정권에 대한 정면 도전이었다. 대원군 집정기에 판서급 이상 취임자 139명 가운데 노론이 78명으로 56%에 이르고 안동 김씨가 10%에 이를 정도로 구조개혁에 미치지 못하였다고 평가한 경우가 있는데[12] 인원 통계로 평가할 것이 아니라 요직을 누가 맡고 있었는가를 보아야 하고[13] 또 구조개혁 같은 혁명 수준이 아니라 개혁 수준이라고 해도 새시대의 변화로 평가해야 한다고 생각한다.

이와 같이 조선후기의 개혁이나 변동이 19세기 반동체제 속에서도 서서히 진행되다가 세계사적 격변기를 맞아 새롭게 변화하였다. 그 새로운 변화가 근대적 의미를 가지고 있는 것이다. 서구의 정치제도와 세계 인문과 지리를 소개한 『地球典要』(1857) 등이 사상계를 바꾸고 있었던가 하면, 동학의 발생(1860), 삼남민란(1862), 대원군의 개혁정치(1864)와 아울러 제국주의 국가들의 침략에 대한 항쟁(1866) 등이 근대사의 시동으로 보아야 한다는 생각이다. 그러나 어느 것이나 독자적으로 근대성을 충족하기에는 부족한 점이 많다. 그러므로 사건마다에 내함하고 있는 근대적 요소를 모아 그 총체적 변화에 주목하여 근대사가 일어났다고 생각하는 것이다.

---

12) 成大慶, 2000, 「대원군의 내정개혁」『한국사』 37, 국사편찬위원회, 159쪽.
13) 핵심요직인 총융사·어영대장·금위대장·훈련대장은 김좌근·김문근·김병기·김병국 등의 안동김씨가 전담하고 있던 것을 대원군 집권기에는 그들이 하나도 맡지 못하였다. 대원군 퇴각 후에는 민씨들이 독점하였다.

2) 개항의 역사성과 사상계의 동향

아시아국가들이 느림보 걸음으로 발전하고 있을 때 서유럽국가들은 자기들끼리 싸우다가 말고 항해술을 발달시켜 아시아를 침략해 왔다. 이른바 西勢東漸이다. 그들은 스페인·포르투칼·네덜란드·영국·프랑스·독일 등의 서유럽국과 뒤따라 미국과 러시아도 그에 참가했는데 그들의 첫 번째 요구가 문호개방이었다. 결국 그들의 총칼 앞에 세계 모든 나라가 무릎을 꿇고 문호를 개방하였다. 한국에 대하여 문호개방을 요구한 최초의 나라는 영국이었다. 뒤이어 프랑스와 미국 등이 요구해 왔으나 그들은 병인양요(1866)와 신미양요(1871)에서 격퇴되었다. 격퇴한 것을 쇄국으로 보거나 척사위정으로 규정할 것도 아니다. 소박하게 열강의 침략에 대한 국가 본원적 반격으로 보아야 한다. 거기에 위정척사가 편승하고 쇄국으로 비추어진 것을 제국주의자들이 과장했을 뿐이다. 그후 정국을 주도하던 대원군이 퇴각하고 광무황제(고종)의[14] 친정이

───────────────

14) 광무황제란 고종을 일컫는다. 고종이란 칭호는 1919년에 조선총독부에서 지어준 사후 왕시호이다. 광무황제는 1897년 대한제국이 성립되면서 사용한 연호를 광무라고 부른 데에서 연유한 호칭이다. 아직 대한제국도 성립하기 전에 광무황제라고 부르는 것이 눈과 귀에 익지 않으나 그 보다 더 뒤인 1919년에, 그것도 광무제를 폐위시킨 일본의 조선총독부에서 만든 이름을 사용하기 보다는 광무제란 호칭이 타당하지 않을까 한다.
근래 몇몇 연구가 광무제의 평가를 새롭게 하고 있다. 이태진 교수의 고종에 대한 긍정적 평가의 논문은 『고종시대의 재조명』(태학사, 2000)에 집중 게재되어 있는데 학계에 큰 반향을 일으키고 있다. 이 책에서 이태진 교수의 주장의 요지는 다음의 세 가지 특징으로 줄일 수 있다. ①고종시대의 역사는 조선후기의 개혁사상과 사실을 계승하여 새롭게 발전하고 있었다. ②새롭게 발전하는 역사를 이끌고 있었던 사람이 바

실시되면서 대원군 세력에 맞설 민비 척족정치가 실시되었는데 민씨정권은 문호개방의 일단으로 1876년 일본과 강화도조약을 체결하였다.[15]

일본도 구미 제국의 무력에 굴복하여 1854년부터 문호를 개방

로 고종이었다. ③그렇게 자력으로 한국근대사가 형성 발전하는 것을 일본 제국주의자들이 사기와 군사력의 강제로 속이고 죽이고 빼앗을 것은 빼앗으며 망쳐 버렸다.

사실 광무제는 대원군의 노욕에도 크게 흔들리지 않고 왕좌를 지켰다. 그리고 의병장에 밀지를 내려 격려하고 대한매일신보에 자금을 지원했던가 하면, 을사늑약의 비준을 거부했고, 헤이그밀사사건 후에 추가 비준까지 거부하고 왕좌에서 물러난 광무제였다. 그러나 한편, 유림 의병장들이 명나라 毅宗의 모범을 따라 자결하라는 상소를 외면했던가 하면, 아무리 구식군대라고 해도 병인양요와 신미양요를 치른 군대였는데, 친정 후 갑신정변·갑오왜란·을미사변·을사늑약의 소동에서 궁전도 지키지 못했다. 그것을 어떻게 설명해야 할까?

15) 19세기 후반기의 역사는 대원군과 광무제(고종)의 부자관계, 그리고 대원군과 민비의 구부관계를 솔직하게 밝혀야 이해가 가능하다. 대원군의 개혁정치에 대한 평론은 한결같지가 않다. 필자는 반동적인 것도 있지만 발전적인 것도 컸다고 생각한다. 역사는 그의 앞시기에 비하여 발전적이었느냐를 보는 것이 중요하다. 그리고 변화와 개혁은 일시에 달성되는 것이 아니기 때문에 열 개의 손가락에서 한 개의 변화가 의미를 가지고 있듯이, 선구적 개혁이 있었느냐의 여부와 그 뒤에 얼마나 발전했던가를 주목하는 것이 중요하다. 그러므로 1873년 대원군이 실각하고 민씨 척족정치나 광무제가 친정하면서 개혁정치를 얼마나 계승하고 추진해 나갔는가를 분석하는 것이 중요하다. 오늘날의 민주주의 개혁정치도 마찬가지로 후계자가 계승하고 발전시켰는가가 중요한 것이다. 대원군이 병인양요와 신미양요에서 침략군을 격퇴한 것을 쇄국정치의 일단으로 보아서는 안되지만, 침략군을 격퇴한 다음에 세계조류에 뛰어들지 못하고 척화비를 세운 1871년의 처사가 쇄국을 불러 일으키고 말았던 것은 분명한 실책이었다. 그러나 대원군은 그 다음의 정책을 수립할 겨를 없이 1873년에 물러났다. 그러한 1971~73년 2년간의 실책보다 그가 역사를 그르친 것은 가족관계의 잘못된 조율과 물러난 뒤의 행각에 있다고 생각한다.

하였는데 문호개방 후 일본은 반전하여 서양의 앞잡이가 되어 조선을 침략해 왔다. 그리하여 프랑스와 미국이 굴복시키지 못한 조선을 굴복시켰다. 그것이 강화도조약이다. 이러한 세계 대세를 간파한 개화파 정객들은 문호개방을 피할 수 없는 역사의 진로로 전망하고 타율적으로 개항한 문호개방을 자율의 역사로 전환시키려고 노력하였다. 그들이 오경석·유홍기·이동인·탁정식·김옥균·박영효·홍영식·서광범·서재필 등 이른바 개화당 인사들이었다.

그런데 문호개방을 자율화하기 위한 개화정책의 진행은[16] 지지부진하였다. 1876년 일본과 통상조약을 맺고 다음에 1882년 미국과 통상조약을 맺을 때까지 6년여의 세월을 소비하였다. 그 6년간은 일본의 독무대로 일본 제국주의의 기반이 형성된 기간이 되고 말았다. 그때의 각종 개화시설 또는 근대시설이란 것은 일본 제국주의의 침략통로를 만드는 시설이었다. 정상적이라면 강화도조약에 이어 열강과의 통상조약을 체결하여 열국간의 세력균형을 이루도록 조치해야 됐다. 외세에 의지하는 것은 역사를 그르치지만 외세를 이용하는 것은 생존과 발전의 지혜인 것이다. 청나라까지도 1878·79년 양년에 걸쳐 문호개방을 권고한 바 있었으나 거부하였다.[17] 그후 뒤늦게 일본에 건너갔던 수신사 金弘集의 주장과 黃遵

---

16) 역사는 자율적으로 전개되는 것이 원칙이다. 그렇다고 언제나 자율적으로만 전개되는 것은 아니다. 타율적으로도 전개된다는 말인데 타율적으로 전개된 역사에서 중요한 것은 그 역사도 자신의 역사의 일부분을 차지하고 있다는 사실이다. 1876년의 개항이나 1945년의 국토분단이 타율적 사실이었지만 한국사의 사실로 고착된 것처럼 타율적 사실이라도 그를 자율적 힘으로 거부하지 못했다면 한국사로 존재한다는 사실이다. 그때 타율적 역사를 자율적 역량으로 수용하여 타율의 의미를 극복하거나 희석시키는 것이 중요하다. 그것을 필자는 「타율성의 자율화 작업」이라 말하고 있다.

憲의 『朝鮮策略』을 검토한 1880년 10월 12일의 중신회의에서 문호개방을 결정한 것이다.[18] 그에 따라 미국과의 통상조약을 맺었지만 그것은 러시아의 남하에 대한 대비책이기도 했다. 문호개방을 추진한 조선은 중국과의 전통적 조공관계를 근대적 통상관계로 전환시키려고 했다. 그때 임오군란이 일어나 역사는 엉뚱하게 흐르고 말았다. 임오군란은 1876년이래 일본 제국주의의 침략을 방치한 나머지 그에 대한 저항으로 일어난 군란이었다.[19] 그런데 임

---

17) 權錫奉, 1963, 「李鴻章의 對朝鮮列國立約勸導策에 대하여」『歷史學報』 21, 114쪽.

宋炳基, 1985, 『近代韓中關係史研究』, 단국대 출판부, 36쪽.

18) 중신회의는 黃遵憲의 『朝鮮策略』의 권고에 따라 미국과 통상조약을 맺는가의 여부를 결정하는 회의였다. 7:3 정도의 찬성으로 통상조약 체결을 결정하고 추진하게 되었는데, 이 결정은 문호개방의 타율성을 자율화시켰다는 의미에서 중요한 역사성을 가진다. 그러나 그에 반대한 1881년의 辛巳斥邪疏가 전국적으로 일어났다. 5백년 유교왕조와 조선 중기 이래의 北伐論의식의 기세를 고려하면 그것도 당연한 추세였다. 당연한 추세인 척사소에 대하여 정부에서는 모두 유배형으로 봉쇄하고 춘천의 洪在鶴은 일벌백계로 처단하여 척사소의 기세를 잠재웠다. 그것은 국왕과 정부의 문호개방 의지를 대변한 사건이었다. 그리고 타율적 개항을 자율적 문호개방으로 전환시키는 중요한 조처였다. 문호개방을 반대한 홍재학은 춘천군 서면 신매리 출신으로 華西 李恒老의 문인 重菴 金平默의 제자였다.

『朝鮮策略』에는 조선이 중국의 속방이라는 점을 강조하고, 청국 국기를 조선의 국기로 사용할 것 등에 대한 요구도 등재되어 있다. 국기는 1881년 이래 태극기를 사용하였는데, 속방 문제는 끝내 벗어나지 못하고 1882년 임오군란 직후 중국과의 통상조약에서 명시하고 말았다. 그것을 완전히 탈피한 것은 1894년 청일전쟁 후부터였다. 그래서 청일전쟁에서 일본이 승리하여 조선이 독립했다고 착각한 지식인이 당시에는 적지 않았다. 청나라 종속이 일본 종속으로 변한 것을 독립으로 착각한 것이다. 여기서 기억할 것은 열강의 힘을 이용하는 것은 독립의 슬기가 되지만 그에 의지하는 것은 국권을 상실하는 착각일 수 있다는 역사의 교훈이라는 점이다.

19) 임오군란이 일어난 1882년의 무역수지를 보면 일본에 대한 수출입이

오군란으로 청군이 주둔하고 청군에 의해 대원군이 납치되고 청군에 의지했던 민비정권을 압박하여 246년간(1636~1882) 왕실간의 조공관계를[20] 국가간의 종속관계로 전환시켜「朝淸商民水陸貿易章程」을 체결, 조선이 청의 속국이 되고 말았다. 속국 규정도 그것이지만 조선 국왕은 청의 북양대신과 대등하다는 규정에, 청나라 상인이 조선내지에서 상행위를 하도록 규정하여 중국의 식민지로 전락할 위기에 직면하게 되었다.[21] 이것은 자주 개혁의 꿈이 무너지는 대사건이었다. 개화당이 쿠데타를 서두른 이유도 거기에 있었다. 이렇게 역사가 혼돈에 휘말린 것은 혁명적 개화세력 즉, 개화 주체의 약체성에 기인했다고 볼 수도 있다.[22]

독점하고 있었다는 것을 알 수 있다. 총수입 185만 2천원 가운데 대일수입이 156만 2천원인데 대청수입은 29만원에 불과하고, 수출은 대일상품수출이 193만 1천원과 사금수출이 52만 9천원인데 비하여 대청수출은 총16만 2천원에 불과했다(도면회, 1999,「개항후의 국제무역」『한국사』39, 국사편찬위원회, 148쪽).

20) 李萬敷(1664~1732)는 사대관계를 왕실간의 관계에 한정하고 백성에게는 미치지 않는다고 했다. 조선 백성이 남의 나라 국왕을 추모하는 萬東廟 설치에 반대하면서 조선 백성은 자기 국왕에게 충성하면 그만이라고 했다(이만부, 1993,「萬東祠議」『息山全書二』, 여강출판사 영인본, 269쪽).

21) 중국의 횡포에 반발한 개화당을 독립당이라고 부른 이유도 포악한 조청상민수륙무역장정 때문이었다. 朴殷植을 비롯한 종전의 독립운동 저술에서 갑신정변부터 시작했던 것도 그 때문이었다.

22) 일본과 미국과의 통상조약에 이어 열국과 통상조약의 체결이 다음과 같이 진행되었다. 조약들은 치외법권・관세특혜・최혜국대우 등을 규정한 불평등조약이었음은 제국주의 시대의 통례였다.

1882. 8. 朝鮮中國商民水陸貿易章程(조청상민수륙무역장정)

1883.11. 영국과 수호통상조약

1883.11. 독일과 수호통상조약

1884. 6. 이태리와 수호통상조약

1884. 7. 러시아와 수호통상조약

1886. 6. 프랑스와 수호통상조약

　당시의 사상동향을 보면, 지배적 대세는 세도정치기에 정체되어
있던 실학의 개혁사상이 다시 활기를 찾아 대세를 주도하고 있었
다. 대원군의 개혁정치도 그러한 추세의 일단으로 볼 수 있다.[23]
그러한 개혁사상이 서세동점의 파고가 높아지면서 '국가개방론'
또는 '개량적(온건) 개화론'으로 변신해 갔다. 그것이 개항과 더불
어 다시 동도서기론으로 다듬어진 것이다. 동도서기론을 사상사의
위치에서 보면, 실학의 재생과 같은 것이다. 그때 실학 방식의 구
시대 논리에 만족하지 않고 자아비판을 통한 자아혁신론이 성장하
고 있었는데 그것이 '혁명적(급진) 개화론'이었다. 그들은 서세동점
의 대세를 보고 혁명적 발전을 모색하지 않으면 생존이 불가능하
다고 생각한 혁명적 지식인에 의해 주창되었다. 그들은 특히 조청
상민수륙무역장정의 폭력적 압박을 당하고도 중국에 관심을 쏟는
개량적 개화론을 구시대의 보수로 보고 수구파·사대당이라고 공
박하였다. 그러니까 개화론이 대두하여 온건노선과 급진노선으로
분화한 것이 아니라 실학사상이 온건(개량적) 개화론으로 전이하
고 있었는데 그에 대한 반발로 급진(혁명적)개화론이 대두한 것이
다. 혁명적 개화론자는 자기만을 개화파 또는 개화당으로 이해하
고 있었다.[24] 그런데 어느 개화론도 개화의 시계 범위가 청과 일본

　　1892. 6. 오스트리아와 수호통상조약
　　1901. 3. 벨기에와 수호통상조약
　　1902. 7. 덴마크와 수호통상조약
23) 박규수·최한기 같은 실학자가 1866년의 병인양요와 1871년의 신미양
　　요 때 척화론을 제기했다고 해서 개화를 반대했다고 말할 수 없듯이,
　　대원군의 척화론도 같은 성격으로 볼 수 있다. 외세의 침략에 대한 반
　　침략 전쟁으로 이해해야 할 것이다. 그들의 斥和論을 鎖國으로 이해하
　　기에 앞서 제국주의 침략에 대한 저항으로 이해해야 하고, 斥和論이
　　斥邪論과 같은 것도 아니라는 점에도 유의할 필요가 있다.
24) 李光麟, 1981,「穩健·急進開化派의 思想」『韓國史講座 近代篇』V,
　　일조각, 126쪽.

을 넘지 못하고 있었다. 넘는다고 해도 청나라나 일본을 통해서 보는 정도였다. 서양의 책을 번역해도 중국이나 일본 번역서를 재번역하는 방식이었다. 개화를 중개 받고 있었던 셈이다. 때문에 조선의 개화는 間接開化 또는 屈折開化의 한계를 가지고 있었다.

한편 조선후기부터 실학과 북학론에 밀려 세력을 잃고 있던 위정척사론이 서세동점의 거센 물결에 반발하여 다시 고개를 들고 있었다. 위정척사사상은 효종조의 북벌론에서 발원했는데 발원 당시에는 국민적 호응도가 높았다.[25] 그리하여 북벌론을 제기한 이후의 조선 왕조를 북벌론 정권이라고 말해도 좋을 정도로 북벌론 즉, 위정척사론은 국론의 위치를 굳히고 있었다. 그것이 실학이나 북학론의 공격을 받아 조선후기부터 위축되고 있었다. 더구나 신문물 신종교가 유입되면서 지도이념의 자리를 잃고 있었다. 척사의 대상도 확대되면서 척사의 개념도 모호해져 갔다.[26] 그것이 다시 힘을 얻게 되는 것은 병인양요와 신미양요 때 전국적 척화 분위기에 편승하여 힘을 얻었고, 다음에 1881년에는 미국과의 통상조

---

25) 北伐論은 송시열을 중심한 노론정권의 정치 이데올로기로 제기되었음에도 불구하고 남인의 고장인 안동에서 남인으로 알려진 瓢隱 金是榲이 崇禎處士를 자처하면서 은둔생활을 고집하였는가 하면, 영양의 醉睡堂 吳演도 은둔했다가 효종의 북벌계획이 알려지자 靑杞面 靑杞里 椒洞 산중에서 북벌군을 일으켜 훈련할 정도로 북벌론에 적극 참여했다. 청기리에는 지금도 軍幕址가 전해 온다.

26) 斥邪의 대상이 北伐論에서는 淸나라를 배척한 것이었는데 그후 서양문화―천주교―서양 제국주의―일본 제국주의로 배척의 중심이 이동하였다. 중심이 이동했다고 그 전의 척사의 대상이 없어진 것이 아니라 순서가 바뀌고 있었을 뿐이었다. 때문에 척사론이 모두를 감당하기에 부담이 컸다. 거기에 때마침 일어난 북학론에 이어 신문화와 신종교로부터 맹렬한 공격을 받아 척사론은 세력을 잃고 있었다. 그때 일본 제국주의의 침략을 받아 국민적 저항 속에서 척사론이 다시 힘을 얻어 활기를 띠게 된 것이다.

약을 추진한 조정에 대한 반대운동으로 이른바, 신사척사운동으로 새로운 힘을 얻게 되었다. 그리고 1895년 을미사변 때 위정척사의 기치를 들고 의병을 일으켜 일본 제국주의 타도를 외치자, 위정척사사상은 반제국주의사상의 중심을 점하게 되었다. 그래서 을미의병을 위정척사사상의 마지막 꽃이라 말하는 것이다.

이와 같이 격변기에 사상의 분화가 일어났는데 그것은 당연한 추세였다. 조선중기의 북벌론을 수호하면서 유교주의 예론을 지상의 사회윤리로 생각한 위정척사사상의 지식인이 있었다는 것이 조금도 이상하지 않다. 또 조선후기 유학자의 실학사상을 계승하여 개량주의적 개혁을 모색하고 있었다는 것도 자연적 추세였다. 그런가 하면 새로운 세계정세를 맞아 그에 호응하여 혁명적 변화를 모색한 것도 당연히 있어야 할 생각이었다. 그 가운데 마지막의 혁명적 개화사상이 새시대에 가장 적절한 생각이었다고 말할 수 있다. 그런데 그들이 혁명노선을 추구하면서도 혁명의 수단과 방법론에는 어두웠던 것 같다. 혁명적 개화와 개혁에 수반해서 유입되고 있는 제국주의에 대하여 주의하지 않았다. 혁명도 자체 역량을 통해서만 달성된다는 혁명원리를 외면했다. 그리하여 1884년 갑신정변을 실패했다.

그렇게 지식인이 오류를 거듭하고 있었으므로 대중이 지도자를 따라가지 않고 자체 사상을 개발해 나갔다. 1860년에 민중종교로 일어난 동학사상이 그것을 말하고 동학이 전파력을 가졌던 것도 그 때문이었다. 동학은 1871년에 경상도지방에서 李弼濟亂의 농민전쟁을 일으킬 정도로 급속히 성장하고 있었다. 그러나 아직도 대중 조직력이 약하여 농민전쟁이 아닌 단순 반란으로 전파되고 있었다. 그러니까 사회는 방향타를 잃고 혼란이 거듭되었다. 이때 조선후기 이래의 鄭鑑錄 사상이 확산되었던 것도 거기에 이유가 있었다. 한편 문호개방과 더불어 선교의 자유가 보장되어 일본의 神敎와 일본 불교가 들어오고, 미국의 개신교, 영국의 성공회, 프랑스의 천주교가 유입 확산되어 그 동안의 문화적 구심점이었던 유학이 힘을 잃고 있었다. 어떤 이는 이와 같은 종교 또는 사상의 무정부상태가 나라의 힘을 잃게 한 주요 이유라고도 말한다. 그것이 힘을 잃는 이유가 됐든 아니든, 문화나 사상의 구심점이 제국주의 침략을 맞은 그때에 분산된 것은 좋지 않았다. 그러나 그것이 적전분화가 아니라면 민주화에 도움이 된다고 볼 수도 있다.

3) 개혁 · 반개혁과 열강의 각축

임오군란으로 자율적 역사 전개가 타격을 입은 그 틈에 열강이 경쟁적으로 침략해 왔다. 일본에 이어 1882년에는 미국과 중국이 통상조약을 맺고, 1883년에는 영국과 독일이 뒤를 이었다. 이럴 때 조선왕국의 발전을 위하여 도움을 준 나라는 없었다. 그것을 조선의 왕실이나 정객들은 알지 못했다. 모를 뿐만 아니라 청나라의 힘을 빌려 세계로 나아가거나 일본을 모방하고 그의 힘으로 문명을 달성하려고 생각한 지도자가 많았다. 오히려 전통시대 사대주의로 오해를 받던 위정척사 유림은 일본이나 미국을 비롯한 제국주의 국가들을 오랑캐라고 배척했던 것은 물론, 유학의 성지인 명나라를 멸망시킨 청나라 정벌론(북벌론)을 일으켰던 의식이 유존하여 어느 정파보다 외세 의존성이 적었다. 그에 비하여 개량적 개화론은 청나라 문화를 배우자는 북학을 계승한 나머지 청나라에 의지하려는 경향이 강했고, 그에 반발한 혁명적 개화파는 일본의 힘을 빌리려고 했다.[27] 그것이 1884년의 갑신정변과 그를 둘러싼 정치

정세의 성격이었다.

 김옥균·박영효 등의 개화당이 주도한 갑신정변에서 공표한 14개 政令(政綱)을[28] 보더라도 역사는 그 방향 즉, 시민이 주도한 개화혁명의 방향으로 가야 했다. 그런데 성급한 나머지 대중의 기반을 얻지 못한 채 혁명을 추진하여 갑신정변을 실패하고 말았다. 당장에 성공하지 못하고 실패한 혁명이라도 대중적 기반을 확대한 경우가 많으므로 역사적 의의를 가질 수 있다. 혁명은 혁명운동이 축적하여 끝내는 혁명을 달성하는 것이기 때문이다.[29] 그런데 갑

───────────────

27) 개화당이 일본을 모방하고 일본의 힘을 빌리려고 했던 것은 개항 직후부터 시도한 중대한 오류였다. 강화도조약 이듬해인 1877년에 조선으로 건너와 부산에 이어 원산·목포에 東本原寺 別院을 설치하고 조선의 승려와 개화당 인사와 교류하며 정계에도 깊이 관여한 일본 東本原寺 승려 奧村圓心의『朝鮮國布教日誌』에 그때의 정황이 잘 나타나 있다. 동본원사 별원에서는 일본 청년에게 조선어를 가르치며 특수 훈련을 시켜 갑신정변에 투입했다가 희생되기도 했다. 그의 여동생 奧村五百子는 박영효와 살면서 많은 화제를 남겼다(조동걸, 1984,「奧村圓心의『朝鮮國布教日誌』」『韓國學論叢』7, 국민대 한국학연구소).

28) 1884년 12월 6일 발표한 개화정권의 14개「政令」은 다음과 같다(김보경 등, 1998,「1884년 정변의 政令에 대하여」『역사와 현실』30, 한국역사연구회, 10~25쪽).
  ① 大院君 귀국과 淸國에 대한 朝貢撤廢
  ② 門閥廢止·人民平等·人材登用
  ③ 地租法 개혁, 窮民救濟·財政確立   ④ 內侍府 폐지
  ⑤ 貪官汚吏 숙청   ⑥ 各道 還上制 폐지
  ⑦ 奎章閣 폐지   ⑧ 巡査制 실시
  ⑨ 惠商公局 혁파   ⑩ 流配 禁錮 죄인의 재조사
  ⑪ 4軍營을 1營, 왕세자로 대장 임명   ⑫ 財政 一元化
  ⑬ 議政府 회의제 확대 실시   ⑭ 議政府 六曹 외의 정부조직 개혁

29) 프랑스혁명과 러시아혁명, 중국의 신해혁명도 수많은 혁명운동의 축적 위에서 이룬 혁명이었고, 한국에서 1960년 4·19혁명부터 80년대 민주화운동에 이르기까지 보아도, 수많은 실패의 기록 위에서 민주화를 달성한 것이다. 혁명은 혁명운동의 축적 위에 이루어진다는 교훈을 말하

신정변은 대중성을 중시하지 않았다. 대중세력으로 성장하고 있던 보부상 조직은 주목할만 했는데 외면하고 말았다 그리고는 힘의 공백을 외세로 채웠다. 일본과 어렵게 어렵게, 또 군색스럽게 손을 잡고 혁명을 일으켰으므로 혁명의 실패는 물론, 일본 제국주의를 궁전 안뜰까지 불러들인 오류를 범하고 말았다. 아울러 개화의 길을 대중으로부터 외면 당하게 만들었다. 일본군만 불러드린 것이 아니라 청군도 진주하여 청일 각축장을 만들고 말았다.

정상적 발전 코스라면 외세없는 갑신정변을 일으키고, 실패하면 다시 또 일으켜 1894년에 이르러 동학농민전쟁의 대중성을 확보하면서 갑오경장을 혁명으로 발전시키는 코스로 가야 했다. 그러한 정상적 혁명 코스가 아니라 외세에 의지한 갑신정변을 구상한 나머지 일장춘몽의 쿠데타로 끝난 것이다. 그러므로 같은 혁명이나 개혁을 추구하면서도 개화당과 대중이 별도의 길을 가게 되었다. 그때 민씨 척족은 더욱 반동화하여 민영익·민영준(휘) 등을 주축으로 세도를 강행했다. 이에 이르러 국민들은 방향감각을 상실하고 말았다. 일단 혁명을 일으켰던 1884년부터 폭풍이 몰아쳐야 할 10년 간에 별다른 격동이 없었던 것도 방향감각을 상실한 탓 때문이었다. 방향감각을 상실한 국민적 분위기라면 제국주의의 침략이 더욱 용이할 수밖에 없었다.

그 10년간에 변화가 있었다면 열국과의 통상이 확대되면서 제국주의 경제 침략에 의한 타격이 심각해지고 있었다는 사실이다. 한편, 그에 대응한 정부의 상업정책에 힘입어 객주상회소와 일반상인의 상회사가 전국적으로 설립되는 등, 한국 자본주의도 다소는 성장하고 있었다.[30] 독일이나 미국 상인의 진출이 변화를 불러오

고 있다.
30) 都冕會, 1999, 「개항후의 국제무역」『한국사』 39, 국사편찬위원회,

던 가운데[31] 1876년 이후 일본 침략의 독무대였던 조선에 조청상민수륙무역장정 이후부터 청나라와의 무역이 급성장하고 있었다. 1894년에 일어난 청일전쟁은 외교사적으로는 1885년의 텐진조약(天津條約)과 관련하여 이해해야 하지만, 그에 앞서 청일 양국의 무역경쟁이라는 경제적 배경을 가지고 발발한 것이다. 이른바 제국주의 전쟁이었다.[32]

1894년의 역사는 대단히 다단하였다. 동학농민전쟁과 청일전쟁과 갑오경장이 있었던 해였다. 청일전쟁은 제국주의 전쟁이었으므로 주체를 달리하지만, 동학농민전쟁과 갑오경장은 조선이 주체이고 구시대의 봉건체제를 청산하는 역사적 작업이었다. 그러므로 동학농민전쟁의 弊政改革案과 갑오경장의 「洪範14조」를 비롯한 3차에 걸쳐 추진된 정치·외교·행정·경제·군사·경찰·사법·교육 등 각 분야와 사회개혁 덕목은 다 함께 한국근대사를 궤도에 올리는 데 중요한 요목들이었다.[33] 동학농민군의 요구는 갑

174~178쪽.

31) 金正起, 1982, 「조선정부의 독일차관도입(1883-1894)」 『韓國史硏究』 39, 한국사연구회, 85~120쪽에서 독일 자본의 도입으로 말미암은 경강상인의 몰락을 비롯한 한국 경제의 타격상이 분석되어 갑신정변 후 역사의 표본상을 적절하게 전해 준다.

이 시기 미국자본의 침투에 대해서는 하지연, 1996, 「타운센드상회연구」(『한국근현대사연구』 4, 한국근현대사연구회)가 참고가 된다.

32) 都冕會, 앞의글(개항후의 국제무역) 참조. 그때 개항장을 중심으로 일본 상인과 함께 낭인들이 들어와 조선 침략의 일익을 담당하고 있었던 점에 주목할 필요가 있다. 청일전쟁 직전인 1893년의 일본인 거주자를 보면 서울에 823(325), 인천 2.504(974), 원산 794(307), 부산 4.750(2097)명으로 총 8.871(3.703)명이었다. ( )안에 나타낸 여자 인원이 많은 것을 보면 일본인 이주가 장기 생활을 전망하고 있었다는 것을 알 수 있다.

姜昌一, 2002, 『근대일본의 조선침략과 대아시아주의』, 역사비평사, 60~61쪽.

33) 柳永益, 2000, 「갑오경장」 『한국사』 40, 국사편찬위원회, 281쪽.

오경장에서 일부나마 반영됐다. 그런데 추진 주체는 서로 상반된 길로 갔다. 그것은 갑오경장을 추진한 시민계급이 갑신정변 이후 대중적 기반을 만회하지 못하였기 때문이다. 사회변동기에 중산층이나 지식인은 대중이 따를 수 있는 개혁 진로를 개척해야 하는데 그들은 갑오경장에서 일본을 모방하기에 바빴다. 그렇더라도 갑오경장에 일본의 간섭이 없었고, 동학농민전쟁에 일본군의 토벌이 없었다면 동학농민전쟁이 성공하거나 동학농민전쟁이 갑오경장과 합류한 어떤 모습을 갖추어 한국근대사 발전의 일대 전기를 마련하였을 것이다. 당시의 정부는 동학농민군의 저항을 진압할 수 없었으므로 새로운 역사를 전개하지 않으면 안될 그때에 일본 제국주의의 침략으로 말미암아 차단되고 말았다.

그때 일본은 갑오왜란(7.23)과 청일전쟁(7.25)을 도발하면서 甲午更張에 깊숙이 관여하였다. 「新式貨幣發行章程」(8.11)에서 일본 화폐 통용의 길을 열고 暫定合同條款(8.20)으로 경제침략의 길을 넓게 닦았다. 동시에 청일전쟁의 전시동맹인 朝日盟約(「대일본 대조선 맹약」, 8.26)을 강제하고 동학농민군을 토벌하였다. 결국 조선은 일본의 반식민지로 전락해 갔다. 大鳥圭介에 이어 일본공사로 부임한 井上馨이 국왕과 각료를 협박하여 각아문에 일본인 顧問官을 배치하고[34] 借款으로 조선의 재정을 장악해 갔다. 그때 조선을 보호국으로 묶을 공작까지 진행시켰다. 이러한 일본의 반식민지 상태에서 탈출하려는 노력이 갑오·을미의병으로 나타났는가 하면 국왕 중심의 외교투쟁으로 나타났는데 일제 침략에 반발하던 명성황후 민비는 일본공사 三浦梧樓의 공작테러인 을미사변을 맞아 희생되고 말았다.

---

34) 그때 배치된 고문관이 石塚英藏·齋藤修一郎·仁尾惟茂·岡本柳之助·楠瀨幸彦·星亨·武久克造 등이었다.

그 와중에서도[35] 김홍집내각은 갑신정변 때와 같이 대중보다는 일본을 더 의식하고 있었다. 그리하여 동학농민전쟁이 후반부터 대일전쟁을 전개할 때 갑오경장 세력은 일본과 손을 잡고 농민군을 토벌하였다. 한국근대사는 여기서 시민과 민중의 길이 별도로 존재할 수밖에 없게 되었다. 한국근대사에서 시민과 민중의 통합이 숙명적 과제라는 것도 갑신정변과 갑오경장에서 비롯된 것이다.

제2차 갑오경장인 을미개혁은 김홍집·박영효 등이 일본 세력을 업고 추진한 것이다. 그들은 청일전쟁을 일본이 조선의 독립을 위하여 싸운 전쟁으로 보고 있었다. 그들은 일본공사 井上馨이 조선을 보호국으로 만들기 위하여 부임한 것이나, 청일전쟁이나 시모노세키(下關)조약을 통해 일본이 본격적으로 제국주의 국가로 등장하는 국제관계를 읽지 못하였다. 청일전쟁에서 일본의 승리를 조선의 독립이라고 착각한 조선의 지식인은 결국 일본 제국주의의 유인세력으로 전락하고 말았다. 그러니까 조선은 일본에 대한 왕궁 방위능력까지 상실한 가운데 왕비가 참살 당한 을미사변을 맞은 것이다.

이제는 어떤 개혁도 대중의 호응을 얻을 수가 없었다. 여기서 대중은 그때까지 타도의 대상이던 봉건 유림의 옷자락을 잡고 반제국주의 의병전선을 형성했다. 을미사변과 단발령을 비롯한 을미개

---

35) 일본 경제는 「신식화폐발행장정」으로 금융시장을 침식하고, 경인선과 경부선 철도부설을 통하여 운수체계와 통신시설을 독점하고, 통신시설이 농토를 잠식하고, 어업·광업·해운업까지 박탈하고 있었는데 1894년을 분수령으로 침략이 본격화되어 조선 경제가 일본 자본주의에 편입되어 갔다. 그런데 당시의 지식인들은 금융·교통·통신 등의 유통산업의 침략에 대하여 침략으로 인식하지 못한 경우가 많았다. 오히려 『독립신문』처럼, 개발로 착각하기도 했다. 눈에 보이는 1차산업의 손실은 침략으로 보면서 특히 3차산업에 대해서는 침략여부를 분간하지 못한 것 같다.

혁에 저항한 봉건 유림이 일본 타도의 기치를 올렸을 때 봉건유림으로부터 수탈만 당하던 농민(대중)이 목전의 이해가 같은 양반 유림을 따라 대일전선에 나섰다. 자연발생적 통일전선으로 보아 좋을 것이다. 그것이 1895·96년의 을미의병이다.

4) 동학농민전쟁과 갑오경장 전후의 사회 문화

문호개방과 더불어 사회변동이 급격하게 진행되었는데 그것은 자체변동과 제국주의 침략으로 말미암은 변동이 중첩해서 진행되어 복잡하게 나타났다. 그런데 1882년 임오군란부터 갑신정변·동학농민전쟁·갑오경장·청일전쟁·을미사변, 그리고 1896년의 아관파천에 이르는 가운데 정치는 주체를 상실하고 있었다. 그런데도 사회 문화의 변화는 자율성을 확보한 경우가 적지 않았다. 사회 문화의 변화는 동학농민전쟁의 폐정개혁안의 제기나 갑오경장 때 초기의 군국기무처의 개혁안처럼 자율적인 것도 있었지만 일본의 요구에 의한 타율적인 것도 자율화과정을 통하여 토착한 경우가 많았다. 어떤 경우는 토착화가 차단되어 타율성으로 끝난 경우가 없지는 않았지만, 사회 문화는 자율화과정을 밟은 경우가 많았다. 식민지 안에서 민족문화가 존재했던 것도 거기에 이유가 있다. 그렇다면 구한말의 가장 큰 개혁이었다고 할 수 있는 동학농민전쟁의 폐정개혁안과 갑오경장의 사회문화 개혁의 요목을 보는 것이 중요한 의미를 갖는다고 하겠다.

동학농민전쟁은 동학란, 동학농민혁명, 동학농민전쟁, 동학농민봉기, 갑오농민전쟁 등으로 관점에 따라 호칭이 다르다.[36] 동학농민전

---

36) 東學亂이라고 반란으로 이해하던 것을 혁명성으로 이해해야 한다고 주

쟁은 전기항전기(1894. 양력 2.10~6.11)과 집강소 설치기[1894.6.11 (음 5.8)~10.26(음 9.18)]와 후기독립전쟁기(1894.10.26-12.30)로 구분해서 이해하는 것이 일반적이다. 거기에서 농민전쟁 이념은 집강소 사회개혁의 성격이기도 한 폐정개혁안으로 나타났다. 폐정개혁안은 12조목으로 구성되었는데 분류해서 보면 네 가지로 나눌 수 있다.

① 먼저 탐관오리·부호·유림 양반등의 지배층 숙정
② 노비·칠반천인·백정·청춘과부의 해방
③ 잡세금지·지벌타파·공사채 무효·왜와 간통엄벌의 시폐개혁
④ 토지 평균분작

폐정개혁안에서 구조개혁을 위한 제도개혁에 대한 언급이 약한 것은 지도역량의 한계였다. 하지만, 신분제 혁파에 초점을 맞추고 있는 것은 구조적 모순과 시대적 모순을 일치시켜 이해한 조처였다고 할 수 있다. 이러한 개혁안은 일부 갑오경장에 반영되기는 했으나 갑오경장 추진세력과 주체 성격의 차이로 말미암아 그것이 당장의 역사 발전의 빌미가 되지 못했다는 것은 앞에서 지적한 바와 같다.

갑오경장에서 제1차개혁은 1894년 7월 27일부터 12월 17일까지 영의정 김홍집을 중심한 군국기무처가 주도하여 210건의 사안을 개혁한 것이다. 거기에서 청나라에 대한 독립을 천명하고, 의정부와 궁내부를 양립시키고 정부6조를 8아문으로 나누고, 과거제도를 폐지하고 신분제를 혁파하고 공사 노비를 해방하고 과부 재가를 허용한 것 등은 동학농민전쟁의 폐정개혁안과 더불어 1894년에 사

장한 최초의 논문은 黃義敦, 「民衆的 叫呼의 第一聲인 甲午의 革新運動」(『開闢』 1922년 4·5월호)이었다.

회 문화가 크게 변혁되었다는 것을 말해 준다. 신분제 혁파가 혁명
적 조처였다는 것은 설명할 필요가 없다. 과거제도만 해도 고려초
에 실시한 1천년의 역사를 폐지한 것이다. 과거제가 유교왕조를 일
으키고 또 유지시키는 기초가 됐던가 하면 유교사회와 유교문화를
유지하는 힘이 됐다는 측면에서 생각하면 그의 폐지가 앞으로 사
회 문화를 다양하게 일으키는 계기가 될 것을 전망하기 어렵지 않
다. 과부 재가를 금지했던 한국 봉건사회의 암적 특질을 해체한 것
은 신분제 혁파에 버금가는 일대 전환인 것이다. 그런데 그때에 만
든 「신식화폐발행장정」에서 일본 화폐의 통용을 허용한 것처럼,
일본의 강요에 의하여 개혁한 타율성의 한계가 있었다. 일본의 강
요는 조선을 보호국으로 만들 음모와 함께 추진한 제2차개혁과 제
3차개혁으로 갈수록 더욱 심화되었다.

　제2차개혁은 1894년 12월 17일부터 1895년 7월 7일까지 213건의
개혁안이 실시되었는데 역시 김홍집내각의 박영효가 주도하고 일
본공사 井上馨의 조종을 받았다. 거기서 「홍범14조」를 선포하고[37]
내각을 7부로 나누고 전국을 23부 337군으로 구획했다. 그때 관세
사와 징세사, 그리고 재판소와 경찰청을 독립시키고, 敎育立國詔
勅이 발포되어 성균관과 향교외에 한성사범학교를 선두로 국공립
각급학교를 설립하게 되었다. 그에 따라 새로 교과서가 편찬되고
역사편찬도 새롭게 일어났다.[38] 소학교령이 나와 오늘날의 교동·
재동·매동초등학교의 모체가 세워진 것이다.

---

37) 「洪範」이란 중국의 夏나라 우왕이 발표했다는 「洪範九疇」에서 유래한
　　 말로 국가의 기본규범을 일컫는 말이니 「헌법」이란 뜻과 같다. 「홍범
　　 14조」는 한국사에서 첫 번째의 헌법과 같은 규범이 된다. 開國紀元도
　　 여기서 비롯되었다.
38) 趙東杰, 1998, 「근대교육과 역사교과서」『現代 韓國史學史』, 나남출판,
　　 73쪽.

　제3차개혁은 제3차 김홍집내각이 을미사변을 일으킨 일본공사 三浦梧樓의 조종을 받으며 140여건의 개혁을 실시했는데 양력사용과 단발령 강행이 대표적 사안이었다. 그것이 강한 저항에 부딪혔는데 1백년이 지난 이제는 모두 단발하고 양력을 사용하고 있다. 앞에서 말한 바와 같이 이것은 타율성의 자율화과정의 여러 유형 중의 하나로 이해해야 할 것이다.

　이와 같이 오늘날의 사회 문화는 어떤 것은 고대부터, 어떤 것은 조선시대부터, 어떤 것은 갑오경장부터 유래하였다. 어떤 것은 식민지시기에, 또 어떤 것은 민주화운동에서 유래한 것도 있다. 언제부터의 것이냐에 따라 역사적 성격을 달리 한다. 그런데 갑오경장에서 조선시대의 기본 윤리인 삼강오륜이나 관혼상제에 대한 검토는 수행되지 않았다. 개혁의 기준도 명확하지 않았다. 그러므로 법률상의 규범은 고사하고 윤리적 통제력도 발휘할 수 없었다. 그러니까 사회기강이 설 수가 없었고, 각종 종교가 난무해도 조정기능을 발휘하지 못한 문화 무정부 상태가 연출되고 있었다. 무정부 상태가 자율성에 의한 결과라면 걱정할 것이 아니지만 타율성에 의한 현상이므로 역사 발전의 이유가 될 수 없었다. 오히려 침략에 도움을 준 경우가 많았다. 다시 강조하지만 모든 역사적 생산물은 자율성 여부와 타율성의 자율화과정을 검토하면서 살펴야 한다. 아울러 주의할 것은 자율성에서 출발한 것이라고 하더라도 자만하거나 자기우상에 빠지면 그때는 당초의 발생가치의 우월성에도 불구하고 역사를 해치고 만다는 점이다.

5) 대한제국의 성립과 독립협회, 시민운동의 대두

열국의 침략으로부터 탈출해 보려는 조선왕조의 몸부림은 아관 파천에서 벗어나 경운궁으로[39) 환궁하자 곧 대한제국의 성립으로 나타났다. '朝鮮'에서 '韓' 으로 고친 국호는 고'조선'이 위만의 침략을 받아 망할뻔 하다가 準王이 남분하여 金馬(益山)에서 馬'韓'을 일으켜 중흥했다는 마한(삼한)정통설과[40) 같은 중흥의 역사가 재현되기를 바라는 기원을 담은 것이다. 삼한정통설이 맞든 말든 중요한 것은 그렇게 '자주독립'과 '중흥'의 기원을 담은 국호라는 점이다.[41)

대한제국의 성립과 더불어 독립국가의 황제가 하느님에게 고하는 원구단(圜丘壇)을 설치하고[42) 「대한국 국제」를 반포하였다. 그리고 1898년에는 量地衙門을 설치하고 전국에 걸쳐 토지조사를 실시하는 등, 각종 개혁을 단행하였다. 서울의 정리사업이 추진되어 도시모습이 일신해졌고 개항장일망정 새로운 도시가 탄생하고 있

---

39) 慶運宮은 헤이그밀사사건 때문에 1907년 7월에 광무황제가 일제에 의해 퇴위 당하고 융희황제가 즉위한 곳인데 그것을 왕위를 선양한 궁전이라 미화하여 중국에서 선위한 궁전의 이름으로 불리는 德壽宮이라 불러 오늘에 이르고 있다.

40) 馬韓正統說은 숙종때 洪汝河의 『東國通鑑提綱』에서 주장한 후 실학자들이 그의 주장을 이었고, 구한말 대부분의 역사서가 마한정통설을 수용하고 있었다. 마한정통설과 다른 고대사 인식은 단군조선·기자조선·위만조선을 정통으로 보는 三朝鮮說이 있고, 단군·부여·고구려·발해로 이어지는 夫餘正統說이 있다.

41) 趙東杰, 1998, 『現代 韓國史學史』, 나남출판, 300쪽.

42) 圜丘壇 축조는 1895년 7월 12일 왕명으로 결정하여 10월 15일 원구단에서 황제존칭 봉위식을 거행하기로 예정한 바가 있었으나 일·영·러·미국공사가 반대하여 뜻을 이루지 못했다. 그것을 1897년 대한제국을 성립시키면서 달성한 것이다.

었다. 전기·교통·통신시설을 비롯하여 산업·교육·언론·의료·군사·경찰·사법제도의 개선이 외국인을 놀라게 할 정도로 달라지고 있었다.[43) 양지아문은 1901년 토지에 대한 권리증을 발부하는 地契衙門으로 개편하였다. 이러한 광무 초년의 각종 정부사업을 광무개혁사업이라 한다.[44)

한편 1896년 친목단체로 출발한 獨立協會가『독립신문』을 발행하면서 시민운동 단체로 발전하여 각종 개혁운동을 전개했는데 1898년 만민공동회를 통한 의회설립운동이 특별히 주목을 받았다. 1898년에는 李鍾一을 중심한 대한제국 民力會도 탄생했고, 여권운동도 대두하여 '여권통문'을 선포하고[45) 최초의 여권단체로 贊養會를 결성하고 최초의 민립여학교인 順成여학교를 설립하였다.[46) 독립협회에 대항하여 결성한 皇國協會도 일어났는데 보부상 조직이라고 한다면[47) 이익단체의 성격이 강했던 것 같다. 그러나 1898년 독립협회가 上議院 설립운동을 전개한데 반하여 황국협회가 民議院 설립운동을 전개한 것은[48) 황국협회의 반동화에도 불구하고 대의정치의 저변을 확대시키면서 시민운동의 대중화를 도모한 업

---

43) 정연태, 2001, 「光武年間 西洋人의 高宗觀」『韓國史硏究』115, 한국사연구회, 163~165쪽.

44) 地契衙門은 1904년에 탁지부 量地局으로 개편되었다. 1898년부터 量地衙門에서 실시한 토지조사대장을 「光武量案」이라 하는데 현재 서울대학교의 규장각에 보관되어 있다.

45) 『皇城新聞』1898년 9월 8일자
『뎨국신문』1898년 9월 13일자
『독립신문』1898년 9월 13일자.

46) 朴容玉, 2001, 『한국 여성근대화의 역사적 맥락』, 지식산업사, 343~348쪽.

47) 趙宰坤, 2001, 「皇國協會의 정치경제적 활동」『한국근대사회와 보부상』, 혜안, 174쪽.

48) 趙宰坤, 「하원(민선의원) 설립운동」, 위의 책, 181쪽.

적으로 평가되어야 한다. 이러한 시민운동을 광무개혁운동이라 한다. 시민운동의 과제가 그때나 지금이나 출세 수단이 아닌 순수성과 대중화가 과제라는 교훈을 남기고 있다.

이와 같이 광무개혁운동은 독립협회·민력회·찬양회·황국협회 등의 시민(부르주아)조직을 통해 나타났다. 특히 여권운동도 일반 시민운동과 같은 시기에 대두한 것은 주목할 점이다. 이때 『독립신문』에 이어 『皇城新聞』과 『뎨국신문』이 간행되어49) 시민운동을 한결 발전시키고 있었다. 이와 같이 19세기 말에 대두한 시민운동이 20세기 초두에 개혁당·협동회·진명회·공진회·보안회·헌정연구회·국민교육회 등으로 발전해 갔는데 1904년부터 일본 제국주의의 침략이 강화됨에 따라 시민운동이 구국운동으로 통합 발전해 갔다.

시민운동이 광무개혁운동으로 전개될 때 어느 것도 대중성을 만족시키지는 못했다. 한편, 광무개혁사업과 광무개혁운동이 전개되기 전에 동학농민전쟁을 담당했던 농민의 향방을 추적해 보면, 영학당·남학당·동학당·북대·남대 등의 이름으로 활약하다가 1900년부터 활빈당으로 개편되어 갔는데 그것을 모두 하나로 묶어 필자는 '광무농민운동'이라 이름하고 있다.50) 농민운동이라고 해

---

49) 이때의 신문 발행을 보면 다음과 같았다.

『漢城旬報』 1883. 10. 31(순간, 통리아문 博文局) 갑신정변으로 폐간.

『漢城週報』 1886. 1. 25(주간, 통리아문 박문국) 1888. 7. 7 폐간.

『독립신문』 1896. 4. 7(격일간 후에 일간, 徐載弼) 1899. 12. 4 폐간.

『협성회회보』 1898. 1. 1(주간, 배재학당 協成會) ; 동년 4. 9일 『매일신문』으로 고쳐 최초의 일간지, 1899. 4. 4 폐간.

『京城新聞』 1898. 3. 2, 『대한황성신문』 1898. 4. 6, 『皇城新聞』 1898. 9. 5, 『漢城新聞』 1910. 8. 30~9. 14.

『뎨국신문』 1898. 8. 10(일간, 李鍾一) 1910. 8. 2 폐간.

『時事叢報』 1899. 1. 22(洪中燮) 1899. 8. 17 폐간.

『商務總報』 1899. 4. 14(商務公社, 皇國協會系) 매일신문 시설 이용.

도 소상인이나 계절 노동자도 참가하고 있었으므로 농민운동이 사
회운동으로 발전해 가는 모습으로 보이기도 하지만, 1904년에 이
르러 일본 제국주의의 침략에 대응하여 그들은 의병으로 전환되어
갔으므로 사회운동으로 전환할 겨를이 없었다. 따라서 1897년부터
1904년까지의 역사는 정부의 광무개혁사업과 시민운동인 광무개
혁운동과 민중적인 광무농민운동으로 구조화하여 이해하는 것이
좋을 것이다.

6) 영·미의 책략과 일본 제국주의

일본 제국주의의 침략은 우선 3단계로 나누어 볼 수 있다. 제1단
계로 1876년 강화도조약을 성공시킨 후 1884년 갑신정변에서 제2
단계의 야욕을 달성하려다가 실패하고 제3단계로 1894년 갑오경장
의 우위를 잡고 조선을 보호국으로 만들려고 했다. 그러나 민족적
저항과 정부의 외교적 노력, 그리고 열국의 견제도 있었으므로 그
들의 뜻대로 달성될 수 없었다. 조선이 그때 대한제국으로 국호를
바꾸면서 중흥을 꾀할려고 했던 것을 보면 독립의지가 조야에 충
만했던 것을 알 수 있다.

그런데 일본 제국주의가 새로운 단계에서 영·미 제국주의와 합
작하여 대한제국에 대한 침략을 추진한 것이 1900년대 초두의 동북
아 정세였다. 즉, 러시아 제국주의의 팽창을 크리미아전쟁(1854~56)
과 아프가니스탄전쟁(1878~80)으로 막고, 다시 극동지방으로 터져
나오는 러시아를 일본의 손을 빌려 막으려고 계산한 것이 영국과

---

50) 趙東杰, 2001, 「光武農民運動과 申乫石 의병」『한국근현대사연구』19,
　　한국근현대사학회, 102쪽.

미국의 속셈이고, 그의 대가로 일본에게 한국침략의 우선권을 보장했다. 이것은 한국 침략을 소망하던 일본 제국주의로서 절호의 기회였다. 영일동맹(1902.1.30, 제2차 1905.8.12)을 맺고, 러일전쟁을 도발하고(1904.2.8~2.10) 한편, 미일협정 즉, 태프트·가쓰라 비밀협정(1905.7.29)을 맺은 것이다. 연후에 러일강화조약—포츠머쓰조약(1905.9.5)을 체결하여 일본은 한국침략의 국제적 보장을 확실하게 끝냈다. 이것이 제4단계의 일제 침략이었다.

일본은 제국주의의 국제적 보장을 배경 삼아 한국 침략을 법 절차도 무시하고 난폭하게 추진하였다. 러일전쟁을 도발하면서 한국의 국외중립선언을 무시하고[51] 한반도 전 영토와 해역에 일본군을 진주시켰던가 하면[52] 한국파견대를 편성하여 서울의 왕궁 정면의 남산 일대에 군영을 설치하고[53] 창덕궁·원구단·문희묘·광제원 같은 공공시설도 모자라 민가까지 숙영지로 징발하여 군대를 주둔시켰다. 연후인 1904년 2월 23일에 韓日議定書를 강제 체결하였다. 체결에 반대한 탁지부대신 겸 내장원경 李容翊을 납치하고 보부상의 두목 吉永洙와 육군참장 李學均과 참령 玄尙健은 연금하고 체결하였다.[54] 이것은 정당한 절차에 의한 국제 협약이 될 수 없다.

---

51) 한국정부의 열국에 전달된 局外中立宣言은 1904년 1월 21일었으나 일본정부에는 그에 앞선 光武 7년(1903) 9월 3일이었다. 당시 주일공사 高永喜 명의로 일본 외무대신 小村壽太郎에게 전달하였다(『日本外交文書』 제36권 제1책, 723쪽).

52) 金正明 編, 1967, 『朝鮮駐箚軍歷史 日韓外交資料集成 別冊1』, 巖南堂書店, 33쪽.

53) 지금의 필동·회현동·동자동·청파동·이태원·삼각지·이촌동 일대가 일본군의 주둔지였는데 뒤에 일본인 거주지가 됐다. 옛 거주지 동쪽 끝에 위치한 영희초등학교는 일본인의 日出소학교였고, 서쪽 끝의 용산고등학교는 9할이 일본인 학생이었다.

54) 尹炳奭, 1995, 「을사5조약의 신고찰」 『일본의 대한제국 강점』, 까치, 36쪽.

　더구나 주권의 제약을 규정한 협약이 군대를 주둔시킨 협박 속에서 체결되었다는 것은 불법인 것이다. 한국정부는 일본정부의 "施政改善에 관한 忠告를 받아 들일 것"(제1조), 일본정부는 "軍略上 필요한 地點을 隨機收用함"(제4조), 그리고 제5조에는 제3국과 의정서에 위배되는 협약을 맺을 수 없다고 규정하였다.55) 시정개선에 관한 충고를 위하여 그해 8월에 한일협약을 강제하여 정부 부처에 고문을 배치하고, 그것을 비판한 『帝國新聞』을 일본 헌병 사령부에서 정간시켰다. 전국 곳곳에 군략상 필요한 지점이라 하여 요소 요소를 점령하던 일제는 獨島를 그들의 영토에 편입시켰다. 재정고문으로 부임한 目賀田種太郞은 1904년 11월 典圜局을 폐쇄하고 '화폐제도정리안'을 만들어 백동화를 정리하여 한국 화폐를 일본 화폐에 종속시켰다.56) 그러니까 대한제국은 1904년 한일의정서의 체결부터 일본의 준식민지 상태로 전락한 것이다. 그 후의 침략과정에서 형식상 체결한 1904년 8월의 한일협약, 1905년 11월의 을사늑약57) 1907년 7월의 한일신협약, 1910년 8월의 병합

---

55) 일본은 한일의정서에 따라 한국 침략을 구체화하는 「帝國 對韓方針」과 「對韓施設綱領」을 만들어 5월 30일 원로회의에서 확정하고 6월 11일에는 '天皇'의 재가를 받았다. 대한방침에서는 한국을 보호국으로 만든다는 기본방침을 천명하고, 그를 위한 시설강령 6개항에서는 ①한국의 국방은 일본군이 맡는다 ② 외교 감독을 강화한다 ③ 재정을 장악하여 재정에 부담이 되는 군대를 해산하고 주외국 공관을 철수한다 ④ 교통기관의 장악 ⑤ 통신기관의 장악 ⑥ 농업·임업·어업·광업의 척식을 규정하고 있다. 이것이 한일의정서에 근거한 점을 기억해야 한다. 즉, 한일의정서에서 준식민지상태가 전개된 것이다.
56) '화폐제도정리안'의 정리방법은 다음과 같았다. ① 한국화폐의 기초와 발행화폐를 일본과 동일하게 한다 ② 한국화폐와 동일한 일본화폐의 유통을 인정한다 ③ 본위화폐와 태환권은 일본화폐로 하거나 또는 일본 태환권을 준비시켜 일본정부가 감독 혹은 보증하는 은행권으로 한다.
57) 1905년 11월 17일 일본군을 궁전 안팎에 포진하고 대한제국의 외교권을 빼앗고 통감부를 설치한다는 내용의 협약을 강제로 체결하려다가

조약들은 1904년 한일의정서의 구체화 과정에 지나지 않았고, 그나마 합법적으로 체결된 것은 없었다.[58] 일본의 군국주의적 제국주의는 대한제국의 강점과 동시에 중국으로 진출할 계획을 세우고 1909년에 間島協約으로 한중간의 국경분쟁을 종식시키면서 만주에서 安奉鐵道 부설권 등 여러 가지 이권을 침식하며 만주 침략을 구체화하였다.

7) 반제국주의 민족운동의 전개

반제국주의 민족운동은 눈앞에 닥친 일본 제국주의를 대상으로 한 것이 당장의 급선무였다. 그러나 그를 지원하고 있는 영·미 제국주의에 기만 당하지 않아야 할 자주성 또한 중요했다. 자주성은 배타성으로만 가능한 것이 아니라 근대주의 개혁을 동시에 수행했을 때 달성되는 것이다. 실제에 일제 침략의 대응은 세 가지로 전개되었다. 하나는 광무제를 중심한 정부의 외교투쟁이었고, 하나는 항일 의병전쟁이었고, 하나는 브르죠아 시민운동 성격의 계몽주의 운동이었다.

이완용을 비롯한 5대신(을사5적)의 찬동을 얻기는 해도 참정대신을 비롯한 3대신의 반대가 있었고, 광무황제의 비준을 얻지 못하여 실패했다. 그런데 강압적으로 이행시켜 '늑약'이 되었다고 해서 선인들은 '乙巳勒約'이라 불러 왔다. 을사늑약의 원문에 협약의 이름조차 없으므로 '乙巳無名條約'이라 부르는 경우가 있는가 하면, '韓日協商條約' '乙巳條約' '乙巳五條約' '제2차 韓日協約' '乙巳保護條約' 등, 여러 가지 이름으로 불리고 있다. 여러 호칭 가운데 '을사늑약'이 선인들이 부르던 이름이고 역사적 진실에 가까운 이름이라고 생각한다.

58) 李泰鎭, 1995, 「서론―"보호"에서 "병합"까지」『일본의 대한제국 강점』, 까치, 9~23쪽.

(1) 광무제의 외교투쟁

외교투쟁이라면 당연히 정부에 의해서 전개될 문제였지만, 그때의 정부 요인은 1904년 이래 일본에 매수되어 매국노의 길에 빠져 있었다. 한일의정서로 나라가 기운 것을 보면서 영국에서 자결 순국한 李漢應 공사 같은 지사도 있기는 했지만[59] 각료들이 거의 정신이 마비되어 자주 정부의 각료 구실을 못하였다. 그러므로 임금이 외롭게 비밀히 항쟁한 딱한 처지에 있었다.[60] 임금이 각료를 믿지 못하고 밀령을 발부하던 것은 1904년부터 비롯된 것도 아니었다. 1894년 7월 23일 갑오왜란이 일어났을 때 고종이 삼남지방에 밀지를 보내 근왕병(의병) 봉기를 종용했던 데서 효시를 찾을 수 있다.[61] 그후 유인석·최익현·김도현·이은찬·이강년, 그리고 1914년 임병찬까지 국권을 상실하던 20년간 적지 않은 의병장이 밀지를 받아[62] 충의를 맹세하며 항쟁한 경우를 본다.

그러나 외교투쟁은 1904년 이후에 본격화되었다. 러일전쟁을 앞두고 국외 중립을 천명했던 것도 일부는 비밀 외교로 추진하였다. 일본의 침략이 구체화되자 비밀외교의 대상이 미국일 수밖에 없었던 것은 미국이 1898년 하와이와 필리핀을 정복하면서 태평양 지

---

59) 李漢應 공사(서리)가 순국한 것은 1905년 5월 12일로서 을사늑약 6개월 전이었다. 그때의 유서에서 "嗚呼 國無主權 人失平等 凡關交涉 恥辱罔極 苟有血性 豈可堪忍乎"라 한 것을 보면 영국에서 일본 외교관의 간섭을 받아 참을 수 없는 치욕을 당하고 있던 나머지 자결한 것으로 이해된다.

60) 박희호, 1999, 「외교활동」『한국사』43, 국사편찬위원회, 13~80쪽.

61) 李晩燾,『響山文集』附錄 年譜 甲午 9월조(趙東杰, 1998, 「響山 李晩燾의 독립운동과 遺志」『韓國近現代史의 이해와 論理』, 지식산업사, 211쪽).

62) 의병전선에서 밀지를 받았다는 인원은 의외로 많다. 혹은 '위장 밀지'도 있었을 것으로 생각된다. 위장도 의병 봉기를 독촉하기 위한 좋은 의미의 것도 있고, 혹은 사기성 위장으로 보이는 것도 있으나 단정하기는 어렵다.

배국가로 등장하고 있었기 때문이다. 한국 주변은 중국·러시아·일본·미국의 네 나라가 둘러싸고 있는데 그때 미국만이 한국 침략에서 뒷짐지고 있는 듯이 보였다. 그리고 1882년 한미수호조약 제1조에서 "양국은 서로 돕고 거중알선하여 우의를 돈독히 한다"는 문구에 의지해 보는 막다른 길에 서 있는 한국이었다. 그러나 미국은 그것을 짓밟고 말았다. 그것이 태프트·가쓰라 협정이었고, 그에 따라 일본의 한국침략을 보장한 포츠머쓰조약을 앞장서서 거중알선하였다. 그의 공로로 미국 대통령 루즈벨트는 노벨 평화상을 수상하였다. 제국주의가 노벨상까지 지배했던 것이다.

이제는 대한제국이 믿을 나라가 있을 수 없었다. 거기에서 고안한 것이 국제회의에 특사를 밀파하여 공개적으로 투쟁하는 길이었다. 그것이 1907년 헤이그에서 열린 평화회의에서 전개된 이상설·이준·이위종의 헤이그밀사사건이었다. 민비와 대원군이 죽은 뒤의 광무황제는 외로운 처지에 있었지만 그 전의 임금 모습보다는 오히려 왕도를 지키는 듯 했다. 헤이그밀사사건의 꾸밈 자체도 그것이지만, 그때 매국 각료들이 을사늑약에 비준할 것을 주달했으나 그것을 거부하고 임금에서 물러났다.63) 그후 隆熙帝(순종)의 정부는 일본의 괴뢰와 다름이 없었다. 융희제가 즉위하자 한일신협약(정미조약)으로 대한제국은 일본 통감부의 감독을 받아야 했고, 대한제국 정부는 통감부의 시정개선위원회 결정사항에 따라야 했다.

1904년 한일의정서에 뒤이은 일본정부의 '對韓施設綱領' 제3항

---

63) 1907년 7월 17일 8대신이 주달한 내용은 다음의 세 가지였다(金光濟·崔承學, 『大同報』 제3호, 大同月報社, 光武 11년 7월 25일, 35쪽). ① 光武 9년 11월 17일의 新條約에 御璽을 押할事 ② 皇太子殿下께 攝政을 推薦할事 ③ 皇帝陛下께서 일본 동경에 親幸하사 일본 황제께 謝過할事.

에서 규정한 재정을 압박하여 親衛隊외의 군대를 해산한다는 계획에 따라 서서히 감군하다가 정미조약과 동시에 전국의 군대를 해산하였다. 1907년 8월 1일부터 1주일 내에 친위대만 남기고 서울의 시위대와 지방에 주둔한 진위대를 모두 해산하였다. 그해 6월부터 헤이그밀사사건, 광무제와 융희제의 교체, 정미조약에 이어 군대를 해산한 망국사태가 1907년 6·7·8월의 정국을 메웠다. 그후 1910년 8월 29일 대한제국의 이름조차 없어질때까지 3년간은 망국 절차를 밟던 기간에 불과했다. 그때 어떤 민족운동 단체도 합법적으로 존재할 수는 없었다.[64]

(2) 의병전쟁의 전개

의병이 봉기한 것은 1894년부터 시작되었으나 정세 변화에 따라 해산하고 1904년 활빈당으로 종결된 광무농민운동이 의병으로 전환하면서 의병전쟁이 본격화되었다. 그것을 시기별로 구분하면 다음과 같다.

▫ **전기의병**(1894~1896): 갑오의병은 1894년 갑오왜란에 대한 안동의병과 상원의병의 봉기를 말하는데 근왕병 성격이다. 을미의병은 1895 민비시해의 을미사변과 단발령 등의 을미개혁에 저항하여 전국 유림이 봉기했는데 근왕병과 척사의병의 복합성격의 것이었다.

▫ **중기의병**(1904~1907): 1904년 한일의정서에 항거하여 광무농민운동(활빈당)이 의병으로 전환하고, 1905년 을사늑약 때 전국에서 유림의병이 봉기했는데 국가주의 의식이 부상, 민중의병과 유림의병이 연합 혼재했다.

---

64) 趙東杰, 1989, 「舊韓末(1909) 國民演說會 小考」『韓國民族主義의 성립과 獨立運動史研究』, 지식산업사, 218쪽.

- **후기의병**(1907~1909): 1907년 6·7·8월 망국사태의 전개에 저항하여 해산군인이 참전하였다. 의병전쟁을 국민전쟁으로 발전시켰다. 국가주의가 확산되었고, 각계 각층의 의병이 참전하였다.
- **전환기의병**(1909~1915): 유인석·이범윤·안중근의 경우처럼, 의병이 독립군으로 전환해 가는 시기의 의병전쟁으로 국내에서는 민중의병이 전선을 주도했다. 민족주의가 부상했던 시기였다.
- **말기의병**(1915~1918): 1915년 채응언의 의병붕괴를 기준하여 구분한다. 일제 강점하에서 해외 독립군으로 전화하지 못한 잔류의 병이 3·1운동 직전까지 산발적으로 항전한 의병이다.[65]

의병이란 나라가 외국의 침략을 받았을 때 나라를 구하기 위하여 봉기한 민병을 말한다. 굳이 전쟁이라고 하는 이유는 전쟁 의사를 결정하는 국왕이 의병 봉기의 밀지를 발송하고 있었던 사실로 보거나 궁전이 일본군에 점령당하고 국왕이 매판 각료에 포위되어 주권 의지의 표현이 제약을 받고 있을 때, 주권 의지는 국민 또는 민족에 의하여 표현될 수밖에 없었는데, 민족의지가 의병 봉기로 나타났으므로 의병전쟁이라 부르는 것이다. 외형으로 보아도 전쟁 형식과 규모를 갖추고 있었다. 그것은 의병과 대적한 일본군의『暴徒編册』이나『朝鮮暴徒討伐誌』를 보아도 알 수 있다. 여기에서 일본의 대한제국 병합은 주권 의지와는 무관한 강점이었다는 것을 입증하고 있다.

의병전쟁은 역사적 전통에 근거한 항전이었다. 역사적으로 임진왜란과 병자호란의 의병은 널리 알려져 있고, 그후에도 병인양요와 신미양요 때도 많지는 않았지만 의병의 봉기가 있었다. 이러한

---

65) 趙東杰, 1989,「義兵戰爭과 3·1운동의 關係」『韓國民族主義의 성립과 獨立運動史研究』, 지식산업사, 441쪽.

전통 위에서 1894년부터 의병전쟁이 전개된 것이다. 뿐만 아니라 침략자 일본을 야만인이라고 배척하며 싸웠다. 한국의 윤리와 문화를 항전의 정신적 지주로 하고 있었다. 그것은 문화적 항전이요 도덕적 항전이었다는 것을 의미한다. 미개인의 본능적 항전과 다르다는 것을 말한다. 침략자도 문화와 도덕을 가지고 있기는 했다. 어느 것이 인류를 위하여 우월했던가는 아직도 대답이 없다. 다만 근대와 전근대의 잣대로 우열을 나누는 수가 있는데 근대에는 발전근대와 수탈근대가 양존한다는 것을 알아야 한다. 근대가 인간주의를 상실하면 수탈근대로 전락하고 만다.

의병전쟁은 정의와 도덕과 문화를 명분으로 했다. 그러나 수탈무기 앞에 패전을 거듭하고 말았다. 사람은 죽고 집은 불타고 국토는 황폐하게 되었다. 많은 인명과 재산을 잃었다. 얻은 것은 정의를 지키는 전통이요, 민족의 자유를 위해 싸우는 정신뿐이었다. 그런데 역사는 그 정의와 자유의 정신력으로 발전하는 것이다. 거기에서 독립운동의 밑거름을 얻었고, 그것이 해방 후 민주화운동의 동력으로 이어져 현대사를 발전시킨 것이다.

(3) 계몽운동의 전개

계몽운동을 정확히 말하면 계몽주의운동이다. 계몽주의는 중세에서 근대로 발전할 때 어느 나라에나 있었던 문명 이론으로서 한국 계몽주의는 근대주의·사회진화론·국학 민족주의로 구성되어 있었다. 따라서 한국 계몽주의 운동은 구국운동으로 전개되었다.[66]

---

66) 계몽운동이라는 역사의 상(像)을 최초로 역사 서술에서 부각시킨 것은 黃義敦,「光武 隆熙年代의 啓蒙運動」『新民』14호, 1926년 6월호, 173쪽에서 비롯되었는데 해방 후에 孫晉泰, 1948,『國史大要』, 을유문화사, 238쪽에서「愛國 啓蒙運動」이라고 이름한 후에 애국계몽운동이라고 고쳐 부르게 되었다. 계몽운동 가운데 애국적인 것만 한정한다는 뜻인데 후학들이 계몽운동의 이름까지 고쳐 불렀다가, 근래에 다시 계몽

1896년 독립협회를 중심한 광무개혁운동의 부르주아 시민운동이 1904년 한일의정서 체결을 보면서 구국운동으로 발전한 것이 계몽주의운동이었다. 활빈당을 중심한 광무농민운동이 의병전쟁으로 발전한 것과 운동 곡선을 같이하고 있다.

계몽운동의 분야는 교육운동·언론운동·산업운동이었는데 여성운동도 등장할 정도로 신분적 제약에서 벗어나 있었다. 그와 같이 지식인의 부르주아 시민운동으로 전개된 것이 특징이다. 초기 조직은 국민교육회와 대한자강회가 대표적이었다. 교육운동은 지방별로 나누어 전개되었는데 서우학회·한북학회·기호흥학회·호남학회·관동학회·교남교육회 등이 그것이었다. 언론으로는 『황성신문』·『제국신문』·『대한매일신보』를 비롯하여 신문 잡지가 무수하게 간행되고 있었다. 그러한 교육과 언론에서 표방하는 것이 근대주의와 사회진화론과 국학 민족주의였다. 국학 민족주의는 국어·국사·국교운동을 통해서 나타났기 때문에 각급학교와 신문 잡지에서는 조선어·조선역사·대종교 등을 소개하기에 바빴다. 최광옥·주시경·김택영·현채·장지연·박은식·신채호·정인호·안종화·정교 등이 많은 저술을 남겼다.

계몽주의는 1907년 7월 망국사태를 당하여 강경·온건의 좌우파로 분화되었다. 일제 침략에 대한 저항론과 온건론의 차이였다. 저항적 좌파는 공화주의를 표방하며 지하조직인 신민회를 만들어 저항하다가 1910년을 전후하여 해외로 망명하여 독립운동 기지를

운동이란 원 이름을 찾아가고 있다. 계몽운동은 계몽주의 사상을 기초한 사회운동이라는 점을 감안하면 '애국계몽운동'이 아니라 '계몽주의운동' 또는 '계몽운동'이라고 불러야 할 것이다. 계몽주의는 어느나라에서나 근대 초기에 있었던 사상으로 공통된 것이 근대주의였다(趙東杰, 1989, 「韓末 啓蒙主義의 思想構造와 독립운동상의 位置」 『韓國民族主義의 성립과 독립운동사 研究』, 지식산업사, 97쪽).

개척하였고, 온건적 우파는 보황주의(입헌군주제)를 표방한 대한협
회를 만들어 식민지하에서는 개량주의로 전락하거나 친일파의 길
을 걸었다. 함께 사회진화론을 믿었지만 진화의 주체를 좌파는 민
족으로, 우파는 국가로 보았다. 그러므로 민족의 진화를 위하여 독
립운동을 전개하는가 하면 국가의 진화를 도모하다가 대한제국이
멸망한 뒤에는 진화의 주체를 상실하고 친일파로 전락한 것이다.
그에 비하여 민족을 진화의 주체로 생각한 좌파는 나라는 망해도
민족의 진화를 통해 독립을 쟁취할 수 있다는 이론을 가지고 해외
로 망명하거나 국내에서 지하 혁명운동을 전개하였다. 그들은 3·1
운동의 인도주의 이념에 젖으면서 사회진화론에서 탈피해 갔다.

8) 자주개혁의 좌절과 대한제국의 멸망

　이상과 같이 근대를 향한 초기적 변동과 함께 추진된 대원군의
개혁은 민비정권에 의하여 계승되고 새로운 개혁으로 탈바꿈해 갔
으나 만족스럽게 계승되지 못하였다. 그 위에 1882년 임오군란을
계기로 정쟁이 심화되어 국왕과 정부측에서 시도하던 개혁이 방향
을 상실해 가고 있었다. 그때 혁명적 개혁을 지향한 개화당이 갑신
정변과 갑오개혁을 일으키면서 근대적 개혁을 추진하였다. 그런데
정변이나 개혁의 대중적 기반을 얻지 못하고, 뿐만 아니라 대중적
힘의 공백을 외세의 힘을 빌려 추진하여 외세 각축장을 연출하고
말았다. 결국 1894년에는 이 땅에서 청일전쟁을 맞아야 했다. 그러
니까 자주 개혁이어야 할 근대적 개혁이 제국주의의 힘에 의지하
여 추진되어야 했다. 따라서 자주성을 외면한 개화당의 개혁이 대
중으로부터 외면당할 수밖에 없었다. 거기에서 대중은 별도로 민

중적 결집을 이루게 되었다. 1860년 이래 동학을 창시하고 삼남민란을 일으킨 民敎와 民亂 세력이 이필제란으로 합류를 시도하면서 1894년에는 동학농민전쟁으로 발전해 갔다.

여기서 대한제국이라 국호까지 고치며 중흥을 도모하던 정부의 광무개혁사업이 다소의 진전을 보였고, 그때 독립협회를 중심한 시민운동인 광무개혁운동이나, 활빈당으로 정비되던 민중운동인 광무농민운동도 역사 발전의 의미를 가지고 성장하고 있었다. 그러나 각각 별도의 길을 갔다. 1900년을 전후하여 광무개혁사업과 광무개혁운동과 광무농민운동이 별도의 역사적 사실로 존재한 것이 바로 그것이다. 자주 개혁의 노력이 역량의 분화로 벽에 부딪힌 안타까운 모습이라 하겠다.

그러한 힘의 분산과 힘의 공백을 호기로 일본 제국주의가 침투하였다. 영·미 제국주의를 업은 일본 제국주의가 1904년에 러일전쟁을 도발하면서 한일의정서로 한국 지배를 본격화해 갔다. 여기서 그때까지 자주 개혁으로 근대화를 도모하던 모든 세력이 구국전선을 형성했다. 광무황제를 중심한 외교투쟁이 전개되었고, 활빈당 등의 광무농민운동은 그때까지 적대관계에 있던 봉건 유림과 합류하여 의병전선을 형성하였고, 광무개혁운동을 추진하던 시민운동은 구국 계몽운동을 전개하기에 이른 것이다. 의병전쟁은 유림이 주도했든 민중이 주도했든 그것은 전통시대의 역사적 역량의 결집이었고, 계몽운동은 그 동안에 성장한 근대적 역량의 결집현상이었다. 거기에서조차 전통과 근대가 역량의 분산을 극복하지 못했던 것은 한국근대사의 한계라 하겠다. 그 분산의 통합은 독립운동 마당의 과제였다.

그와 같이 근대화를 추진했던 광무황제와 정부 관리나 혁명적 개화파 정객이 제국주의 침략의 구조적 모순 탓이거나, 혹은 자신들의 역량 부족이었거나, 자주성을 확보하지 못해 나라를 그르쳐 갔다. 광무황제는 임오군란과 갑신정변에서 청일 양군의 횡포에 타격을 입고 중심을 잃으면서 불안에 빠졌으나 그래도 자신의 개화노선을 고집하고 추구했다. 그런데 갑오왜란과 을미사변으로 신변의 위험을 느끼면서 그는 공포 분위기에 빠지고 있었다.[67] 동도서기 또는 구본신참을 표방하던 정부관리는 방향을 잃고 일신의 영달과 부정부패를 일삼았다. 개화정객들은 점점 친일에 빠지고 있었다.[68] 결국 광무황제의 외교투쟁이나 계몽주의운동이나 의병전쟁이나 대한제국을 구하지 못하였다.

1904년 한일의정서로 침략을 본격화한 일제는 그해 8월의 한일신협약으로 지배를 구체화하면서 독도를 점령하고, 1905년 11월에는 을사늑약을 강제하여 통감부를 설치하고, 1907년 7월에 한일신협약으로 감독정치체제를 만들고 한국 군대까지 해산하였다. 그리고 1909년에는 협약도 아닌 己酉覺書로 한국의 경찰권을 빼앗고 1910년에 이르러 이른바 '일한병합'을 달성하여 대한제국은 그 이름조차 없어지고 1천3백만 명의 한국인은 나라를 잃고 말았다.

---

67) 정연태, 2001, 「光武年間 西洋人의 高宗觀」 『韓國史硏究』 115, 한국사연구회, 153~154쪽.

68) 개화정객 가운데 1904년에 비교적 정도를 걸었던 인물로 알려진 徐載弼이나 李承晩 같은 이도 러일전쟁의 와중에서 친일적인 발언이나 행동을 취하였다고 한다(孫世一, 「李承晩과 金九 15」 『月刊 朝鮮』 2002년 10월호, 532쪽).

2. 일제의 한반도 강점과 독립운동

1) 일제의 강점과 식민통치의 기조

일본 제국주의는 대한제국을 강점하자 '칙령'으로 국호를 조선
으로 고치고 조선총독부를 설치하였다. 아울러 조선귀족령으로 76
인의 병합 공로자를 평생 연금을 받는 식민지 귀족을 만들어 그들
로 하여금 식민통치의 울타리로 삼았다. 역시 칙령으로 임시토지
조사국 관제와 제령으로 회사령을 공포하여 식민지 경제의 틀을
짜고, 조선교육령으로 식민교육 즉, 민족동화교육의 기초를 정비하
였다. 조선재판소직원령·범죄즉결례·조선태형령·조선민사령
·조선형사령·조선감옥령으로 사법체제를 완비하였다.

총독부에는 총독관방장관을 비롯하여 총무국·내무부·탁지
부·농상공부·사법부·경무총감부를 두고, 974명의 관리가 배치
되었다. 별도로 철도국(변화무상)·통신국·세관·임시토지조사
국·전매국·영림창의 경제수탈업체와 중추원·취조국의 자문기
구를 두었다. 지방은 종래 317군 4,351면을 폐합하여 1914년에 12
부 218군 2,517면으로 구획하였다(『施政30年史』). 1945년의 마지막
중앙관서는 총독관방·총무국(개폐무상)·재무국·광공국·농상
국·법무국·학무국·경무국·체신국·교통국이 있었다.

총독은 덴노(天皇) 직속으로 입법·행정·사법의 3권과 육해군
통수권을 장악한 육군대장(1명은 해군대장)이 부임하고 그를 보좌
한 정무총감은 민간 정치인을 배치하고 있었다.[69] 총독은 독립적

---

69) 1919년 8월 19일 관제 개편에서 무관 총독제를 폐지하였으나 1945년까
   지 문관 총독이 임명된 경우는 없었다. 관제 개편으로 육해군 통수권은

으로 법률과 같은 制令과 總督府令을 공포했고, 판임관 이하의 관리를 임면할 수 있었다. 총독부에 사법부와 각급 재판소를 두고 재판을 관할하였다. 3권을 장악한 위에 군통수권까지 좌우하여 절대군주에 버금가는 권한을 행사하였다.[70] 이러한 조직을 동원하여 감행한 식민통치의 기조를 다음과 같이 간추려 본다.

(1) 본국 생활경제와 직결시킨 식민지 경제수탈

식민지 건설의 일차적 목표는 경제적 이익추구에 있었는데 경제이익은 영국이 인도에서 추구했던 상품시장을 통해서, 아프리카 식민지에서는 주로 원료시장을 통해서 이익을 획득한 경우도 있었고, 포르투갈이 고아나 마카오에서 영국이 싱가포르나 홍콩을 통해서 추구했던 경우와 같이 무역수지를 통해서 이익을 올리는 방법도 있었다. 그와 같이 제국주의 국가들의 식민지 경제수탈은 다방면으로 추구되었다. 일본 제국주의도 다를 바가 없었는데 다만, 식민지 조선에 대해서는 일본 국민의 생활경제와 직결된 식민지 경제를 이루어갔다는 것이 특징이다. 그것이 집중적으로 표현된 것이 1920년대의 산미증식계획이나 1930년대의 농촌진흥계획, 1940년대의 증미계획의 추진이었다. 그들의 식량문제를 식민지 수탈을 통해서 해결한 것이다. 그래서 1910년대 토지조사사업을 실시하여 식민지 지주를 통한 수탈체제를 구조화시켰다. 수탈을 극복하고 생명을 부지하기 위하여 밤낮으로 일하고(죽음을 담보한 노동) 인구 증가에 따라 노동력이 상승하여 미곡 수확량이 크게 증가하였다. 그러나 대일 반출량이 기하급수적으로 증가하여 농민의

이관되었는데 그래도 총독은 필요에 따라 조선군사령관에게 군대의 동원을 요구할 수 있었다.

70) 金雲泰, 2001, 「개요」『한국사』47, 국사편찬위원회, 1~5쪽 ; 2002,『改訂版 日本帝國主義의 韓國統治』, 박영사, 148쪽.

생활은 빈곤에서 벗어나질 못했다. 1930년 총독부 통계에 절량농가가 6할에 이를 정도였다.71)

이와 같이 경제 수탈이 생산지 조선의 조건을 고려한 것이 아니라 소비지 일본의 요구에 따라 조선경제가 좌우됐다. 식민지 수탈이라고 해도 일단, 시장 논리에 따라 식민지 경제를 성장시킨 다음에 수탈을 극대화하는 구미 제국주의 방식과 달랐다. 그러므로 일본의 수탈 양상이 잔인하였다. 지리적으로 인접하고 있다는 조건이 그것을 부채질하였다.

(2) 민족동화를 위한 식민문화 건설

제국주의 국가들이 식민지 민족에 대한 동화를 획책한 경우는 일본 제국주의뿐이었다. 미주 대륙이나 아프리카 원주민이 동화를 원한다고 해도 유럽 식민국가들이 반대하였다. 그런데 일본은 조선민족을 동화하려고 노력하였다. 동화란 조선인을 일본에 흡수하는 것을 일컫는다. 그런데 동화를 추진하다가 만주족이 중국(한)민족에게 동화되듯이 역동화가 나타날 수도 있기 때문에 식민지 동화정책은 주밀하게 추진되었다. 학문과 예술과 종교를 일본의 학문·예술·종교에 예속시켰다. 특히 민족형성과 발전에서 중심적 기능과 위치에 있는 언어·문학·역사를 파괴하여 일본식으로 재편해 갔다.72)

---

71) 朝鮮總督府, 1932, 『朝鮮의 小作慣行』 下, 74~75쪽에 의하면 1920년의 소작농민(자소작 포함)이 77.2%였고, 1930년에는 78.8%로 8할에 육박하고 있었다. 그때 미곡의 수확량을 보면 1917년 1천 3백만석인데 1927년에 1천 5백만석으로 증가했으나 대일 반출량이 1917년에 1백 50만석, 1927년 5백 60만석으로 폭증하여 조선에 남는 쌀은 오히려 감소하였다. 1944년에는 수확량의 6할을 공출하기도 했다.

72) 민족동화정책을 1943년 조선총독부 정무총감을 지낸 遠藤柳作은 1959년에 다음과 같이 회고하였다. "벗나무와 소나무, 버드나무가 재료로 한데 섞여 하나의 벗나무 통으로 태어나고, 소나무도 버드나무도 벗나

민족이란 정치·경제는 망해도 문화의 기능을 통해 존속하기 때문에 식민지 속에서도 건재하는 것이다. 그러므로 식민지시기의 민족문화는 민족 보존의 영양소의 구실을 했다. 따라서 학문과 예술과 종교 등의 문화가 민족의 특수성을 상실하면 민족을 지탱할 힘을 잃게 되므로 다른 민족에 흡수되고 만다. 그것을 일본 제국주의가 겨냥하고 조선의 문화를 파괴해갔다. 먼저 식민교육을 통하여 강행되었다. 초등학교 1학년(6세)에 일본어를 주당 6시간을 배정하여 가르쳤는데 그것은 조선의 어문을 파괴하기 위함이었다. 토착어문이 있는데도 6세 어린이에게 토착어가 아닌 외국어를 주당 6시간을 강제 교육한 경우도 일본 식민교육의 특징 중의 하나였다. 그리고 어린이에게 일본 노래와 일본 역사를 가르쳤고, 일본 위인전을 교양도서로 보급하였다. 그때 한편에서는 조선의 노래를 봉쇄하고 말과 글도 막고, 조선의 위인이나 역사는 잘못되거나 괴상하게 꾸몄다. 이러한 식민문화와 식민사학이 조선인의 교양과 상식을 지배한 가운데 조선민족은 일본 민족으로 개조되어 갔다. 바로 그것을 동화정책이 노리고 있었다.

결국 조선민족은 소멸하고 일본민족만 남을 것으로 전망하였다. 1869년 북해도의 설치 통합, 1879년의 유구 통합으로 아이누족이나 유구인이 일본민족으로 전환되어 가듯이 조선민족도 같은 궤도를 밟을 것으로 전망한 것이다. 이러한 식민통치상의 특수성은 구미 제국주의의 식민지에서는 찾아볼 수 없는 특징이었다.[73] 그것

무로 변화해 주기를 바라는 의미에서 여기에 강력한 테도 두루고, 테를 선으로 조여 나갔다고 하겠습니다. 그 과정에서 이런저런 감정상의 마찰도 생기고 생활상의 마찰도 일어났던 것입니다"(宮田節子, 정재정 역, 2002, 『식민통치의 허상과 실상』, 혜안, 277쪽).

73) 민족동화정책이 구미제국주의에서는 볼 수 없었던 특징인데 그것을 일본은 "외국의 식민통치에서 보이듯이 원주민은 가급적 미개한 상태로

이 일본으로서 불가피했던 것은, 원주민을 방치했던 구미식으로 통치하면 조선인의 독립운동을 감당할 수 없었으므로 민족동화의 강력한 통제가 요구되었다고 하겠다. 민족동화정책은 1910년 寺內正毅 총독이 부임하면서 一視同仁이란 구호로 식민문화를 통하여 추진되었는데, 1931년 일본이 만주까지 정복한 다음에는 조선을 완전하게 통제할 것을 획책하여 식민문화에 그치지 않고 식민통치 전반에 걸쳐 민족동화(민족말살)를 추진하기에 이르렀다. 그때 조선에서는 內鮮一體(1936년 南次郞 총독 제창), 만주에서는 五族協和를 들고 나왔다.[74] 만주에서 오족협화를 추진하자면 조선에서 강력한 안전장치로 내선일체가 필요하다고 계산한 것이다. 내선일체를 표방하면서 가정에 소형 신사(가미타나)를 설치케 하고, '황국신민의 서사'를 외우게 하고, 창씨개명을 강요하고, 이른바 국민복을 입게 했다. 다음에 입법을 추진한 것이 징병제·의무교육제·참정권 문제였고 3자는 정치 이론상 분리될 수 없는 것인데 징병제 외에는 실시할 겨를이 없었다. 조선인에게는 그나마 다행이었다. 그때 제4차 조선교육령을 공포하여 이른바 연성(鍊成) 교육으로 사람을 대장간 물건 만드는 물건 만드는 방식의 강압교육을 실시한 것이나, 식민지 경제수탈을 극대화한 것도 민족의 저항력(물적 기반)을 박탈하기 위한 방법이었다는 점도 기억해야 한다.

　해방 후에 식민지에 협조한 사람에 대한 숙청 논의가 정치적 배신자와 달리, 최남선·이광수·최린 등, 학자·예술가·문학가·

내버려 두라든가, 원주민에 관해서는 자연적인 흐름에 맡겨두라는 식의 사고방식, 통치자는 지배자로서 원주민과 섞이지 않는다든가 하는 사고와는 기본적으로 달랐고"라고 기만적으로 변론했다(宮田節子, 위의 책, 278쪽).

74) 金泰國, 2002,『滿洲地域 '朝鮮人 民會' 硏究』, 국민대 박사학위논문, 240쪽.

종교인·교육자·언론인에게 더 강력하게 요구되었던 이유도 일
본이 문화의 기능을 통하여 민족동화정책을 추진했던 식민통치상
의 특수성 때문이었다. 식민지시기의 학자나 문화인은 그것을 알
고 있었다. 알면서 문필을 더럽히고 강연을 하고 다녔다. 그들은
사회적 인물의 이름을 행사할 때는 꼭 사회적이어야 한다는 것을
몰랐던 것 같다.

(3) 민족동화와 식민수탈의 극대화를 위한 직접 식민통치

伊藤博文이 1907년 10월 31일 한국중앙농회에서 일본인 2백만
명의 농업이민을 발표한 바가 있었다.[75] 그때 한국 인구가 1천 3백
만 명이었으므로 6.5인당 1명의 일본인이 사는 식민사회가 될 것을
계획하고 있었다. 군인과 관리와 그 가족까지 포함하면 6인당 1명
을 계산하였을 수도 있다. 식민지에 대한 이러한 높은 비율의 이민
을 계획한 제국주의는 구미 열국에는 없었다. 구미 열국은 필요에
따라 군인은 부대 인원을 주둔시켰지만 간접 식민통치를 했기 때
문에 관리의 수는 적었다. 인도에 파견된 영국 관리의 수가 5천명
을 넘지 않았다는 기록을 본 적이 있다. 영국보다 직접 통치성이
강하다고 말하는 프랑스의 월남 통치에서도 괴뢰일망정 토착인의
임금을 통하여 통치하는 간접 방식이었다.[76] 그런데 일본의 조선
통치는 시골의 지서 순사와 학교 교사에 이르기까지 일본인을 파

---

75) 近藤書店, 1945,『朝鮮의 回顧』, 193쪽.
76) 괴뢰국왕에 의한 간접통치가 무슨 의미가 있는가 의심할 수 있다. 괴뢰
   국왕이 독립운동을 지원하지 않는다고 해도 토착인의 생활풍속을 유지
   하고 민족적 정서를 확산시키면 그 정서가 민족의 대중적 역량을 증대
   시키는 것이다. 월남의 경우가 대표적 사례로서 그것이 1945년 해방 후
   에 민족운동을 전개할 수 있는 대중적 기반이 되었다. 그렇다고 괴뢰국
   왕이 민족운동상의 위치를 갖는 것은 아니다. 그러한 괴뢰 국왕이 해방
   후에 근신했다면 월남 국민도 그를 대우했을 것이다.

견하여 통치하였다. 산골 읍면에서 일본인은 식민지 신귀족으로 자리 잡아갔다. 공장과 농장을 설치한 경우에도 노동 임금은 일본인이 두 배를 넘게 받았다. 비교적 완화됐다고 하는 1940년대에 서울의 면방적 여공의 경우 조선인 : 일본인의 월임금이 0.70 : 1.69원이었으니 두 배를 넘었고, 남자 면가공직은 0.85 : 3.10원으로 세배를 넘었다.[77] 이것은 조선 노동자의 인력을 수탈한 한편, 일본 노동자의 대량 유인과 일본인의 이민을 통한 식민지에 대한 직접 지배라는 일석이조의 소득을 계산한 것이었다.

그래도 1백만명의 일본인 이민을 넘기지 못하였다. 그것은 이등박문의 1907년의 예상과 달리 1931년부터 만주를 침공하여 일본인의 해외진출이 다변화되었기 때문이다. 1백만명을 넘지 못했다고 하더라도 직접통치를 강행하기에 넘치는 인원이었다. 그들이 모두 관리가 아니었다고 하더라도 언제나 관리로 변신할 준비가 되어 있었다. 그리고 민간인이라고 하더라도 자치제에 참여하여 식민통치의 운영에 기여하였다. 여기서 기억할 것은 직접 식민통치에서 자치제 실시는 식민통치의 통로를 넓혀주는 구실을 한다는 점이다. 그것이 간접 식민통치에서 자치제 실시가 민족공간을 넓혀 준 경우와 다르다는 점을 기억해 두어야 한다. 그러므로 인도의 독립운동은 민족공간을 넓혀주는 자치제 획득을 주요 목표로 했지만 한국독립운동에서는 자치제를 배격했다. 독립운동의 이념과 방법이나 전략이 식민조건에 따라 다르다는 것을 가르쳐 주는 것이다.

직접 식민통치의 필요에서 지방행정의 구조를 개혁하여 조선시대에는 郡(목·부·군·현)을 중심으로 지방을 통치하여 里洞 자치제가 발달하고 있던 것을 面 중심체제로 바꾸어 식민통치가 그 동안의 이동 자치기능을 봉쇄하면서 식민적 신질서를 수립해 간

---

77) 1943, 『昭和十九年 朝鮮年鑑』, 京城日報社, 202쪽.

점에 대하여 유의할 필요가 있다. 총독부의 조선인 관리라고 해도 고관은 많지 않았지만[78] 면제 행정을 통하여 지방에서 새로운 식민지 세력이 형성되고 있다는 점이 전율을 느끼게 하기 때문이다. 시골 읍면에는 일본인 순사와 교원이 빠짐없이 파견되어 있었고, 그들은 농가지도의 이름으로 식민교육뿐만 아니라 식민행정을 돕고 감독하고 있었다.[79]

(4) 식민지 황도주의와 군정체제

서양의 식민지 개발과 식민통치에서는 종교를 선두 주자로 출동시켜 교회를 침략의 교두보로 삼았기 때문에 아시아인은 제국주의 경제와 종교와 군대를 구별하지 않고 하나로 보았다. 아편과 성경과 총칼을 놓고 어느 것이 진리인지를 알지 못했다. 뿐만 아니라 모두를 아편으로 보았다. 그와 같이 서양 종교는 아시아에서 실패할 수밖에 없었다. 아시아인의 양심을 기독교 양심과 연결시키지 못하고 아시아인의 양심을 배반했다. 어떤 종교가 되어도 토착사회의 양심을 배반하면 선교에서 실패하는 것이다.

그런데 한반도에서는 달랐다. 그 이유는 구한말에는 伊藤博文의

---

78) 조선총독부, 1944, 『제86회 帝國議會 說明資料』, 12쪽에 조선인 고관이 소개되어 있다. 총독부 학무국장(武永憲樹－嚴昌燮), 학무국 사회과장, 관방조사과장(최하영), 재무국 연초과장, 광공국 근로조정과장, 경찰에서 도 경찰부장 1명(尹鍾華), 도 고등과장 1명, 도 형사과장 1명, 도 수송보안과장 6명, 경찰서장 3명, 도지사 5명(平松昌根－李昌根·中原鴻洵－劉鴻洵·金大羽·山本文憲－宋文憲·增永弘－朴在弘), 도 내무부장 1명, 도광공부장 7명, 도농상부장 6명, 도재무부장 5명으로 나타나 있다.

79) 1932년 전라남도 학무과장으로 재직한 遠藤柳作은 당시의 학무행정을 "(교원이) 학교를 졸업한 아이들의 가정을 직접 방문하게 했어요 … 당시 조선에서 초등교육은 가정교육 사회교육 학교교육도 모두 담당한다는 정신으로 졸업생의 집을 하나하나 돌며 … 기를 쓰며 지도했어요"라고 1959년에 회고하였다(宮田節子, 앞의책, 269쪽).

외래 종교 회유책에 힘입어[80] 일본 침략에 동조한 경우가 없지 않았던 기독교가 식민지시기에는 독립운동을 지원한 경우가 많았기 때문이다. 일본의 식민통치가 기독교 선교와 기본적으로 모순되었던 이유는 일본은 神敎를 국교로 하고 있었고, 신교를 통치 이념으로 포교해야 했기 때문이다. 그러므로 1915년 사립학교령을 개정하여 선교학교의 교과과정에서 '성경'시간을 두지 못하게 했다.

일본은 신교를 종교로 한정하지 않고 통치이념으로 현실화하여 운용하였다. 그러한 신을 신앙하고, 그 신의 실존적 실체가 덴노(天皇)라고 했다. 그래서 덴노는 신이면서 국왕으로 군림해 있었다. 그에 따라 일본국 백성은 그러한 신의 종으로 존재한 동시에 臣民으로 충성을 바치고 있었다.[81] 그 철통종교체제가 식민지 조선에서 강요되었다.[82]

그러한 신교조직과 쌍벽을 이루고 있었던 것이 군국주의의 군대조직과 군사문화였다. 1906년에 설치한 한국주차군사령부가 강점기에 조선군사령부로 개편되고 그의 군부대가 전국에 배치되었던 것도 그것이지만, 1906년에 확정한 '帝國國防方針案'에 따라[83] 조

---

80) 金翼漢, 「1910년 전후기 일제의 종교정책의 변화」『韓國史硏究』114, 한국사연구회, 49쪽.

81) 그러한 신과 국왕(덴노)을 일치시킨 神敎를 일본 국교로 정착시킨 것이 1889년의 "大日本帝國 憲法"이었다.

82) 남산에 朝鮮神宮을 건립한 것을 비롯하여 전국 방방곡곡에 행정조직을 이용하여 그들의 神社를 설치하였다. 심지어 학교마다 신사(봉안전)를 설치하여 조회시에 배례를 올리고 그 앞을 지날 때 마다 배례하도록 강제하였다. 교실에는 덴노의 궁전 사진을 정면에 게시하여 우러러 보게 하였다. 뿐만 아니라 1935년부터는 학생을 통해 가정에 가미따나(神棚)라고 하는 '귀신집'을 배부하여 그것을 신성한 곳에 두고 가족신앙으로 믿도록 강요하였다. 식민지 조선 전체를 신교 조직으로 얽어매고 있었다.

83) 1906년의 帝國國防方針案은 그해 伊藤博文이 한국 통감부의 통감으로

선총독은 육해군 대장이 맡아 군사통치 방식의 식민통치를 강행하
였다. 군사통치의 정치적 오류를 방지하기 위하여 총독 밑에 민간
정치인으로 정무총감을 두었다. 아울러 총독은 입법·행정·사법의
전권을 장악하고 있었다. 그리고 1925년부터 중학교에 배속장교를
배치하여 학생 군사훈련을 실시하였다. 그러므로 학교에 군대 윤리
가 지배하도록 했다. 학교의 상하급생이 군대 계급처럼 질서를 강요
한 나라는 식민지 조선 뿐이었을 것이다. 그의 잔재는 해방 후의 군
사문화와 유착하여 아직도 남아, 뜻있는 사람을 괴롭히고 있다.

식민지에서 군국주의적 지배가 정착하면서 1930년대부터 식민
지 조선을 파쇼체제로 재조직할 수 있었다. 특히 중일전쟁 이후에
전국을 군대 조직처럼 계열조직으로 묶으면서 군복같은 국민복을
입고 군가를 부르는 파쇼군단의 생활 강요가 가능했던 것이다. 그
러한 강압 속에서 대중사회의 민족 역량이 크게 감퇴하였고, 그래
서 민족을 외우며 살던 개량주의들이 친일파로 전락해 갔다.

(5) 식민성 봉건체제로 근대적 발전을 지연시켰다.

1910년부터 1918년까지의 토지조사사업은 식민지 농업기반과
인력기반으로서 기존 지주의 권익을 옹호하는 원칙 아래 추진된
것이다. 그러므로 전통시대부터 농민의 권리였던 경작권과 입회권
이 근대 소유권의 명분 아래 무시되고, 농민의 근대적 권리로 성장

부임함에 따라 정치 주도권을 경쟁하고 있던 山縣有朋이 해외 경략은
육군이 주도하여 추진한다는 원칙을 덴노로부터 재가를 받은 데서 비
롯된 것이다(井上淸, 1966, 『日本 歷史』下, 岩波書店, 91쪽). 일본의 해
외 진출은 중국을 향할 것, 군 통수권의 독립, 군부대신의 무관제, 관동
도독부 도독과 장차의 조선총독의 장군임명, 조선의 중국침략의 전진
기지화를 노리고 있었다(91~92쪽). 국방방침안은 山縣이 1922년에 사
망한 뒤에도 존속하여 1923년에는 상상 적국을 미국·러시아·중국으
로 순서를 정하고 있었다.

한 개간권과 도지권도 묵살되어 지주권은 전통시대 이상으로 유리한 보장을 받게 되었다 그것이 식민지 지주의 위치였다. 전통시대의 지주란 양반 지주를 일컫는 것인데 그 양반 지주가 식민지 지주로 변신하게 되었다. 그러므로 양반 봉건제가 식민사회에서 구조적으로 온존하게 되었다.

그와 동시에 경학원령으로 종래 성균관을 경학원으로 개편하고 산하에 전국 향교를 친일조직으로 제도화하고 사찰령으로 불교도 36본산을 통해 사찰 재산권을 통제, 식민적 지주제와 유착하게 했다.[84] 그러므로 식민사회는 봉건 유제의 온상이 될 수 밖에 없었다. 대원군의 서원 철폐로 47개 서원만 남겼는데 식민지하에서 무수히 복원되면서 봉건적 논리로 식민지 문화를 분식 찬양한 경우도 적지 않았다.

식민지하에서 여성의 지위도 더욱 전락하였다. 상속권이 봉쇄되고 호주권도 박탈당했다. 친족법이나 민법상의 지위가 세계적으로

---

84) 식민지하에서 양반 지주제를 거부하고 망명한 사례도 적지는 않았다. 이회영·김대락·이상룡·이세영·윤세복·신규식·안효제·노상익·정원하·이건승·홍승헌·박은식·신채호 등은 식민지 지주권을 포기하고 독립군 기지개척의 선봉에 섰다. 그때 66세로 망명길에 올랐던 金大洛이 읊은 「慣痛歌」의 다음 구절은 양반 지주가 망명하지 않을 수 없는 의식을 적절하게 반영하고 있다.
“賣金쥬고 그슐가제 祖上 祭享하단말가 屋賣쥬고 基賣쥬고 그 터전에 샤단말가
비상갓튼 恩賜金을 재물이라 밧단말가 실갓해도 國服이라 그 國服을 입단말가
毒蛇갓튼 그모양을 아츰 제역 대탄말가 鬼蜮갓튼 그 人物을 이웃갓치 샤단말가
길딱가라 길짐져라 雷霆갓튼 호령소리 金玉갓튼 우리민족 져의 노예 되단말가
龍鳳갓튼 堂堂士夫 져게 압제 밧단말가 哀殘하고 분통하다 그 거둥을 엇디 보리”

가장 천대받던 일본 여성의 지위에 따라 전통시대 이상으로 전락했다. 이러한 봉건적 규제가 식민지 법률로 옹호되고 있었다. 이러한 봉건체제가 식민지 법이나 정책으로 옹호된 것을 식민성 봉건체제라 한다. 그리하여 일제 강점으로 말미암아 한국사회의 근대적 발전이 크게 지연된 것이다.

(6) 다액의 통치비용 지출

이상과 같이 일본은 조선에서 본국인 생활에 맞는 특수 경제를 꾸미고, 민족동화를 위해 식민문화를 만들고 그들의 특수 종교인 신교와 군국주의체제를 건설하고 그를 위한 직접통치를 완수하고 식민성 봉건체제까지 갖추자면 인건비도 그것이지만 다양한 비용이 투자되어야 했다. 그러므로 통치비용이 많이 지출될 것은 당연했다. 그것을 식민지인의 복지나 개발비 때문으로 착각해서 안된다. 1920년대에 산미증식계획을 강행하면서 토지개량이라 하여 밭을 논으로 만드느라 수 많은 농민을 괴롭혔다. 쌀 단작으로 본국인의 미곡수요를 충당하면서 농업통제의 능률을 높일 수는 있었지만, 그로 말미암아 쌀 단식의 생활을 심었다. 아울러 오늘날 특용작물 재배를 위하여 논을 밭으로 역개발하는 현상에 이르고 있는 것이다. 그리고도 미곡증산이 두배에 이르렀다고 개발 효과를 자랑하는데 인구가 1천만이나 증가하여 노동력 상승에 의한 생산력 증대와 극단적 착취에서 생존에 몸부림치는 사람은 최대의 생산력을 발휘한다는 「죽음을 담보한 생산력 증대」라는 교훈도 생각해야 한다.

한편 적지 않은 예산을 쏟아 많은 학교를 설립했다고 말한다. 대한제국이 망하던 1910년에 사립학교가 학부의 인가를 받은 것이 2천 250교가 있었다. 그것이 식민지가 되면서 절반도 남지 못하였다. 또 조선후기부터 농촌 마을에까지 설립되어 교육의 대중화에 기여하던 書堂도 여러 가지 핑계로 폐쇄하거나 변질시켜 버렸다. 그리고는 별도로 학교를 설립했다고 해도 그것은 민족동화를 목표한 식민교육의 학교였다. 교육이 오히려 해롭다는 교육원리가 적용될 그런 교육이었다.[85]

그래도 거액의 예산을 투자하여 철도를 부설한 것은 식민지를 크게 개발한 증거라고도 말한다. 철도 같은 간접자본의 개발의 본질이 무엇인가를 안다면 그렇게 말할 수 없을 것이다. 즉, 그것은 수탈의 도구로 개발한 것이다. 그러나 그 수탈 도구는 해방 후에 유익하게 사용하고 있는 것도 사실이다. 그것을 문제 삼는다면 도적이 도적질할 때 사용한 사다리를 가지고 가지 못했다고 해서 후일 사다리 타령하는 것과 무엇이 다르랴.

2) 식민통치의 시기별 특징

일본 제국주의는 1869년에 북해도를, 1879년에 유구를, 1895년에 타이완을, 1905년에 요동반도와 사하린을 병합하면서 1904년부터 대한제국에 대한 침략을 본격화하였다. 그런데 조선에서 언제부터

---

85) 臺灣에서 1939년부터 의무교육을 추진하여 1941년에 대만교육령을 개정 공포하여 1943년 4월부터 6년 의무교육을 실시하였다. 대만에서 황민화교육은 크게 성공하여 지금도 대만인은 일본의 식민교육에 대하여 호의를 가지고 있다는 이야기를 흔히 들을 수 있다(조동걸, 2001, 「대만의 표리」『그래도 역사의 힘을 믿는다』, 푸른역사). 그런데 당시에 조선총독부 정무총감으로 의무교육을 추진했던 田中武雄(1942.5.29~1944.7.15)은 의무교육이 징병제 실시와 조선인의 요구를 막을 수 없어 실시하기는 해도 민족의 속성상 혹은 국가도 생물과 같은 優勝劣敗의 법칙이 지배하므로 독립운동에 기여할 것이라고 회고하였다(宮田節子, 앞의책, 150~153 · 162쪽). 그래서 조선에서는 문맹정책과 징병제에 따라 필수적인 의무교육의 양극단론이 부침을 거듭하였다.

식민통치가 시작되었다고 말할 것인가에 대하여는 세 가지 의견이 있을 수 있다. 하나는 1904년 2월 23일 한일의정서가 체결되면서 한국이 사실상 일본의 조정을 받았다는 뜻에서 식민통치기로 보아야 한다는 주장이고, 하나는 1905년 11월 17일(18일 0시30분) 강제된 을사늑약에 따라 1905년 12월 21일 일본 국왕의 칙령 267호로 통감부가 설치되어 1906년 2월 1일 조선군사령관 長谷川好道가 임시 통감을 맡아 일하기 시작한 때부터 식민지시기로 보아야 한다는 주장이고, 하나는 1910년 8월 29일 대한제국이 이름까지 없어진 다음에 조선총독부가 설치된 때부터 식민통치가 시작되었다는 주장이다. 제3안에 따르면 형식까지 일치하여 논리를 찾는 데는 편리한 점이 있으나 1904년부터 대한제국은 준식민지 상태에 있었으므로 독립국과 같이 이해하는 것은 옳지 않다.

(1) 僞設 통감부시기

　1905년 을사늑약이 비준되지 않았다는 것은 이제 통설이 되었다.[86] 일본은 그렇게 국제법상 효력을 갖지 못한 조약을 근거로 서울에 통감부를 설치하였다. 그것도 처음에는 밖으로 나타나지 않도록 주차 조선군사령관을 임시 통감으로 임명하여 눈치를 보다가 1개월 뒤인 3월 2일에 초대 통감 伊藤博文이 취임하였다. 그리고 3월 15일에 통감이 한국각료회의를 소집하여 시정개선을 시달하는 등, 이른바 통감정치가 시작된 것이다. 그런데 그 통감부는 법적 근거가 없이 위설된 것이다. 위설된 통감과 통감부 조직―전국에 산재한 영사관을 통감부 이사청으로 개편하여 지방행정까지 통할하면서 한국을 완전 식민지로 만들어 갔다. 거기에는 법률도 도덕도 교린의 전통도 일체 무시되었다. 오로지 목전의 이익과 힘만이

---

86) 이태진, 1995, 『일본의 대한제국 강점-"보호조약"에서 "병합조약"까지』, 까치.

존재하였다. 그런데 한국인은 안중근이 옥중에서도 "見利思義"를 외쳤듯이 도덕과 양심과 정의를 지키려고 노력했다. 그러므로 힘 앞에 도덕이 쓰러지듯이 우선 나라가 망하지 않을 수 없었다. 그러므로 통감부시기는 거짓과 힘이 난무했던 시기로 특징짓는 것이 좋을 듯 하다.[87]

(2) 1910년대 '무단통치'로 식민통치 기반 완성

이때 일본 정계는 군국주의를 대표했던 山縣有朋·桂太郞·寺內正毅·長谷川好道 등이 장악하여 조선 식민통치도 교원이 칼을 차고 수업했던가 하면, 헌병경찰제를 강행하는 등, 무단통치로 식민지 제도와 조직을 완비하였다. 무단통치란 말도 그들이 일컫던 낱말이다.

이때에 조선총독부와 조선군사령부를 설치하고 조선귀족령·조선토지조사사업·회사령·조선교육령·조선태형령·포교규칙·서당규칙을 강행했다.

(3) 1919년부터 관료조직에 의한 수탈의 극대화

1차세계대전의 반성으로 부상한 인도주의와 신인문주의 사조가 세계적으로 확산되고 있었다. 그의 영향도 있고 군국주의 강경파인 山縣계 寺內내각이 물러나고 민정파 정우회의 原敬내각의 등장과 함께(1918.9~1921.11) 잠시나마 대정 데모크라시가 세력을 얻는듯 했다. 아니라고 해도 1910년대에 식민통치 기반을 완성했다면 굳이 무단통치를 계속 고집할 이유가 없었다. 이제는 관료조직을 통한 수탈의 극대화에 주력할 차례였다. 그때에 3·1운동이 전국적으로, 전민족적으로 전개되자 무단통치를 후퇴시켜 '문화정치'

---

87) 鄭在貞, 2001,「'통감부지배' 또는 '보호국' 시기를 어떻게 파악할 것인가?」『韓國史硏究』114, 한국사연구회, 10쪽.

라는 관료수탈체제를 수립했다. 그러한 수탈체제는 국제적으로 베르사이유 안정기조가 보장해 주었다. 베르사이유체제는 제국주의 안정체제였다. 그러므로 문화정치가 도전을 받으면 언제나 폭력을 동원했다. 1920년의 경신(간도)참변이나 1923년의 관동대지진 때 조선인학살의 참상이 문화정치 속에서 자행된 폭력이었다. 1925년에 치안유지법을 발포하고 동시에 중학교에 군사훈련을 실시하는 등, 군국주의의 본색을 들어낸 것도 그의 단면이었다. 1920년대에는 일제의 회유분열정책이 어느 때보다 극성스럽게 자행되었다. 그리고 1920년대 후반부터 경제공황이 닥치고 있던 것도 이 시기의 특징이다.

산미증식계획·치안유지법·조선농회·조선철도국·조선신궁·경성제국대학·조선사편찬위원회에 이어 조선사편수회와 조선사학회를 이때에 설치했다.

(4) 1931년부터 파쇼화와 중국·몽고 침략을 위한 수탈 시기

1929년 경제공황이 세계를 강타하자 세계 각국은 자기 조건에 따라 공황 극복의 방향을 찾았다. 그래서 1930년대의 세계는 공황 극복을 위한 역사였다고 할 수 있다. 영·미·불 등의 선진 자본주의 국가들은 오타와선언·리마선언 등으로 나타난 불력경제체제를 통하여 극복 방향을 찾았고, 러시아를 중심한 사회주의 국가들은 사회주의 통제와 개혁을 강화하여 극복해 갔는데, 여기도 저기도 끼지 못한 후발 자본주의 국가인 독일·이탈리아·스페인·일본은 힛틀러·뭇소리니·푸랑코·덴노의 파쇼체제를 강화하고 식민지 수탈과 확장을 통해 극복하려고 했다. 그러므로 불력체제의 식민지에서는 수탈 강도를 완화해 갔는데 비해 파쇼국 식민지에서는 수탈통제가 강화됐다. 뿐만 아니라 식민지 확장을 위하여 기존 식민지는 군수기지로 이용하여 수탈이 더욱 강화될 수밖에 없었다. 일본의 경우 5·15사건(1932)·국제연맹 탈퇴(1933)·2·26 사건(1936)이 파쇼 성격을 설명한다. 1931년 만주침략을 통해 괴뢰 만주국을 만들고, 조선에서는 1930년대부터 內鮮一體로 꽁꽁 묶었던 것이 바로 그것이다. 대륙침략을 위하여 후방의 안전장치를 공고히 하자는 것이었다.

만주사변·조선소작조정령·조선농지령·자력갱생운동·농어산촌진흥계획·군수공장 상륙·관청과 학교에 奉安殿 설치·가정에 가미타나 설치·신사참배·황국신민의 서사(국체명징·내선일체·인고단련)·창씨개명·중일전쟁·국민정신총동원조선연맹 결성이 이때의 특징적 기사였다.

⑸ 1938년부터 국가총동원법 체제기

중일전쟁과 더불어 비상전시체제에 돌입한 신호는 1938년 5월에 국가총동원법 시행으로 나타났다. 이어 그해 7월 7일 중일전쟁 1주년에 국민정신총동원조선연맹을 결성하고 1940년에 농·어·산촌진흥회와 국민정신총동원조선연맹을 통합하여 국민총력조선연맹을 두고 말단에는 愛國班을 두어 식민지 전체를 군대조직처럼 묶었다. 그것을 총괄하는 부서가 총독부에 신설한 국민총력과였다. 그해 일본은 大政翼贊會를 만들어 전시체제를 강화하고 밖으로는 일·독·이 3국동맹을 맺고 세계대전체제를 갖추었다. 1941년에 국방보안법을 공포하여 조선인의 심성까지 통제하였다. 그리고 태평양전쟁을 도발한 것이다. 이제는 세계정복의 야망을 위하여 조선인은 희생되어야 했다. 전쟁에 필요한 모든 물자와 인력을 국가총동원법에 의하여 합법적으로 동원할 수 있었다. 국가총동원법에 근거하여 소작료통제령·임금통제령·직업이동방지령을 만들어 농민과 노동자의 요구를 봉쇄하였고, 금속회수령으로 밥그릇까지 빼앗아 갔다.

쌀공출·말풀공출 그리고 징병·징용·징발·여자정신대·위안부등의 인력 공출, 애국일·대조봉대일·폐물수집·방공법 시행·진주만폭격·대동아전쟁(태평양전쟁)·대동아공영권 등이 특징적 기사였다.

3) 한(조선)민족 독립운동의 전개와 의의

이상과 같은 일제 침략과 식민통치에 대하여 한(조선)민족은 수천년 역사를 통해서 축적한 민족역량을 깨우쳐 일으키면서, 새롭게 근대적 역량을 개발하면서, 민족운동 또는 독립운동을 전개하였다. 1894년 7월 23일 일본군이 경복궁을 점령한 갑오왜란을 당하여 안동과 상원에서 의병이 일어났다. 1895년 을미사변을 당해서는 전국에서 항일의병이 봉기하였다. 1904년에는 활빈당이 의병으로 전환하고, 1905년 을사늑약에 맞서서는 의병전쟁이 민족전쟁으로 전개되기에 이르렀고, 광무황제도 을사늑약 비준을 거부하고 밀사를 파견하여 외교투쟁을 전개하였다. 한편 부르주아 지식인들도 계몽운동으로 구국전선을 형성하여 항쟁하였다. 1907년에 이르러 신민회의 경우에서 보듯이 계몽운동이 지하운동을 전개하며 독립군으로 발전할 기반을 형성해 갔다. 의병전쟁은 유림이 주도했든, 민중이 주도했든, 전통시대의 역량을 나타낸 것이고, 계몽운동은 새롭게 개발한 근대적 역량을 나타낸 것이다. 1910년 대한제국이 멸망하자 주로 만주 각처에서 독립군 기지개척이 추진되었는데 그것은 1894년부터 전개된 구국 독립운동의 연장이요 발전이었다는 민족운동 총체적 관점에서 이해해야 할 것이다.[88]

---

88) 여기서 민족운동과 독립운동의 관계를 밝혀두는 것이 좋을 것 같다. 민

그렇게 민족운동으로 전개된 한(조선)민족의 독립운동의 특징적
기조를 보면, ① 역사적 전통역량의 기초 위에서 독립운동이 전개
되었다. 한(조선)민족은 식민지 당국인 일본보다 우월한 역사와 전
통을 가지고 있다는 민족적 우월감과 자신감을 가지고 독립운동을
전개하였다. 잠시 낮잠을 자다가 나라를 잃었을 뿐이라고 생각했
다. 제국주의에 희생된 식민지 민족운동 가운데 전통시대의 역량
을 기초한 경우는 월남·인도·아랍제국·폴란드·아일랜드가
대표적인데 전통역량을 대변한 전통시대의 역사 저술이나 독립운
동 과정에서 역사저술의 발달을 보더라도 한(조선)민족의 독립운
동이 어디보다 우월한 전통 역량에 기초한다는 것을 알 수 있다.
　② 전통적 역량의 기초 위에서 전개된 독립운동이라도 나라를
잃었던 반성과 근대화를 동시에 추구한 독립운동이었다. 대한제국
이 멸망한 1910년을 전후하여 독립군기지를 개척하면서 종래의 의

족운동은 민족(시민)혁명운동·민족해방운동·민족통일운동 등, 세 가
지 유형으로 전개되었다. 먼저 근대적 민족개념이 형성되면서 일어난
시민(민족)혁명운동에서 민족운동이 출발하고 있다. 갑신정변이나 갑
오경장이 그에 근접한 성격이고 세계적으로는 프랑스혁명이나 신해혁
명이 대표적이었다. 다음에 민족해방운동인데 이것은 반식민지 종속
(반식민지)해방운동·식민지해방운동·사회주의 계급해방운동으로 나
뉘어진다. 독립운동은 원칙적으로 식민지해방운동을 일컫는다. 반식민
지해방운동은 중국의 경우처럼, 식민지로 전락하기 전에 끝내면 독립
운동으로 이어지질 않으나 한반도처럼 의병전쟁이나 계몽운동의 반식
민지해방운동이 제국주의 침략을 극복하지 못하고 식민지로 전락하면
독립운동으로 이어져 독립운동사의 序章으로 이해하게 되는 것이다.
계급해방운동은 독립운동에서 계급해방운동을 동시에 추진하여 독립
운동 기간에는 통일전선을 형성하고 독립한 연후에 다시 계급해방운동
을 전개하여 해방전선을 형성한 경우를 말하는데 북한이 밟은 길이다.
다음에 민족통일운동은 현재 한(조선)민족의 당면한 과제로서 세계적
으로는 이탈리아통일(1861)·독일통일(1871)에서 비롯되었고, 베트남통
일(1975)과 독일통일(1991)이 근래의 사례이다.

병전쟁과 계몽운동을 통합하여 의병전쟁의 전쟁방략과 계몽운동의 정치이론을 변증법적으로 발전시켜 근대적 독립운동 이념과 방략을 수립해 갔다. 그러므로 독립운동에서 독립의군부(1914)와 대한독립단(1919) 외에 어떤 독립운동 단체도 임금이 없는 근대국가 수립을 표방하였다. 3·1운동에서나 임시정부의 조직과 운영에서나 만주의 어떤 독립군 단체도 봉건적 구시대를 동경하지 않았다. 그 기초 위에서 해방 후 새 조국 건설에서 신분과 성별의 차별 없는 민주공화국과 인민공화국을 표방할 수 있었다. 남북에서 실시한 농지개혁도 그러한 독립운동의 유산이었다.

③ 독립운동의 주체세력을 보면, 각계 각층이 참가한 민족해방운동으로 전개되었는데 점점 대중화하여 아래로부터 이룬 민족운동이 발달한 점이 특징이다. 전통시대의 권문세가나 자산가나 부호 보다 민중의 참여가 폭넓게 진행되었다. 그리하여 농민운동·노동운동·여성운동·학생운동 등의 사회운동의 발전을 보게 되었다. 이것은 해방 후 남한에서 전개된 민주화운동이 아래로부터 이루어진 사실로 연결되어 근현대사의 발전을 아래로부터 이루었다는 세계적으로 흔하지 않은 민주주의의 자산을 가지게 되었다. 다만 아래로부터 이룬 근현대사에 지도자의 역량이 따르지 못한 한계는 반성할 점이다.

④ 독립운동의 이념은 다양한 것이 특징이었다. 이유는 독립운동 주체의 다양성에도 있고, 독립운동이 시기적으로 발전하면서 다양화된 것도 있고, 독립운동 무대가 세계 각처에 이른 탓으로 각처의 영향도 있었다. 1910년대에는 공화주의·보황주의·복벽주의에 한정된 듯 했으나 3·1운동을 전개하면서 3·1운동 이념인 인도주의의 실현 방법으로 자유주의·자본주의·사회주의·공산주의·무정부주의 등의 이념이 만발하게 되었다. 어느 길이어야 독

립을 쟁취할 것인가의 고뇌의 산물로 보아야 한다. 이념이 다양했듯이 방법과 전략도 다양하였다. 다양한 방략 가운데 무장독립운동인 독립전쟁이 주축을 이루고 있었다. 해방 당시 무장단체는 한국광복군·조선의용군·동북항일련군 즉, 소련 88여단의 조선인 부대 등 세 곳에 있었다.

⑤ 이념과 방략의 다양성이 분열로 가는 듯 하면 통일전선 형성을 추진하였다. 통일전선은 3·1운동과 더불어 7개의 임시정부가 탄생한 것을 곧 통합작업을 추진하여 그해 9월 통합 임시정부 결성이 서막이었다고 할 수 있다. 그후 1923년의 상해 국민대표회(김동삼)와 1924년 해삼위 국민위원회(김규식)·만주 반석의 조선노동당(김응섭)·길림의 고려혁명당(양기탁)이 대독립당·민족대당·민족유일당의 결성을 추진한 바 있었고, 1926년에는 대독립당 북경촉성회가 결성되면서 민족유일당운동이 본격화되었다. 그것이 만주에서는 3부통합으로 갔고 국내에서는 신간회(이상재·권동진·안재홍·허헌·김병로) 결성으로 일단락되었다. 그후 중국 관내에서 조선민족전선연맹(김규식·김원봉)과 한국독립운동단체연합회(김구·조소앙·이청천)가 결성되고 그를 통합하기 위하여 1939년 기강에서 7당회의와 5당회의를 개최하였다. 이어 1942년에는 중경 임시정부를 중심으로 한국광복군과 조선의용대가 통합되고 한편, 임시정부의 통합의회가 출범하였다. 1944년에는 임시정부 연립정부가 형성되면서 통일전선이 더욱 진전하여 연안의 독립동맹(김두봉·무정)과 노령의 조선인부대(김일성·최용건·김책)와도 연락하고, 노령에서도 임시정부와의 통일전선을 추진하여 큰 성과를 눈앞에 두고 있었다.[89] 바로 그때에 8·15를 맞은 것이다.

---

89) 김일성, 1998, 『김일성동지회고록─세기와 더불어』 8, 조선로동당출판사, 평양, 411·417·421쪽.

이러한 통일운동은 해방 후 미·소가 분단한 조국을 민족의 힘으로 통일하려는 남북협상의 기초가 되었다.

⑥ 독립운동은 격정적으로 전개되었다. 그것은 식민통치의 수탈성·잔인성·직접통치 등의 특성에 대응한 것이었다. 한국독립운동에서 무장운동이 주류를 이루었고, 의열투쟁이 끊임없이 전개된 이유도 거기에 있었다. 의열투쟁은 테러와 혼동하는 경우가 있는데 그것은 다르다. 의열투쟁은 목적이 인류 정의를 실현하는 데 있고, 테러는 야만적 보복에 있다. 때문에 의열투쟁은 대상이 불의를 자행하는 인간과 시설인데 테러는 대개 불특정 다수인과 불특정 물자를 대상으로 한다. 의열투쟁은 자기를 떳떳이 밝히는데 테러는 자신을 숨긴다. 이러한 의열투쟁이 독립운동의 이론으로 정립한 것은 1923년 신채호의「조선혁명선언」이었다.

⑦ 한편 온건한 문화운동으로도 전개되었는데 그것은 식민통치가 민족동화정책을 식민문화를 통하여 추진했던 데 대응한 것이다. 그런데 주의할 것은 문화운동이 민족을 지키기 위한 어문운동과 역사운동으로 전개된 것은 의미가 있지만, 그를 평계하여 실력양성운동으로 전개한 것은 자치운동과 다를 바가 없다.

⑧ 독립운동은 1894년 갑오의병에서 시작되어 1945년 전야까지 끊임없이 전개된 지속성을 보이고 있었는데 이러한 지속성은 세계적으로 찾기 힘든 특징이다.

⑨ 독립운동은 조선 안에서만 전개된 것이 아니라, 만주·중국·일본·러시아·미주·유럽 등 세계 각처에서 전개한 세계성을 특징으로 한다. 그러므로 한국독립운동은 국제연대를 개척, 형

안우생, 1971,「과거를 묻지 않으시고 관대히 포섭하시어」『수령님의 품속에서 1』, 인문과학사, 평양 ; 1999,『白凡 金九全集』8, 대한매일신보사, 927쪽.

성하면서 전개되었다. 대한민국임시정부나 광복군이 중국국민당과 연대하고, 독립동맹과 조선의용군이 중국공산당과 연대하고, 동북항일련군이 중국공산당이나 소련과 연대하고, 그리고 미주에서 대한인국민회를 중심한 민족운동 단체가 미국정부와의 유대를 추구했던 것도 국제연대의 모색이었다. 국제연대의 모색에서 잊지 못할 것은 아시아 약소민족의 독립운동과 유대하고 있었던 사실이다. 그리고 국제사회당이나 세계무정부주의연맹이나 에스페란토 운동과 연계하고 있었던 사실도 유의할 필요가 있다. 아울러 그로 말미암아 해방 후 국제적 패권주의에 현혹되어 민족역량이 분렬된 이유가 되었다는 지적에 대해서도 유의해야 한다.

⑩ 그와 같이 독립운동이 세계사적으로 유례를 찾기 힘들 정도로 강력하고 찬란하게 전개되었는데 그의 소득은 뜻밖이었다. 그 이유는 어디에 있을까? 영·미·불 등의 연합국의 식민지에서는 1930년대 이후 프랑스의 인민전선 형성처럼, 본국의 민주화에 힘입어 식민지 통제가 간접식민통치 이상으로 완화되어 그 기회에 식민지 민족의 역량이 크게 성장할 수 있었다. 인도와 월남의 경우에 네루나 호치민의 영도력도 그것이었지만, 그를 뒷받히는 민족역량이 성장하고 있었으므로 해방 후의 민족운동을 성공할 수 있었다는 말이다. 그에 비하면, 추축국 일본은 1930년대 이후 파쇼화와 침략전쟁을 강행하면서 식민지 통제가 강화되어 그 기회에 한반도인의 독립운동이나 민족역량이 크게 손상을 입게 되었다. 그것은 해방 후 민족국가 건설에서 민족역량의 회생을 위하여 새로운 정비와 노력이 요구된 이유가 되었다. 그 틈에 미국과 소련의 패권주의가 국토를 분단 점령한 것이다. 그로 말미암아 민족역량은 더욱 손상을 입었다. 그때 분단정부 수립을 주도한 행각은 역사의 심판을 받겠지만, 그러나 민족역량의 회생이 아득하게 멀리 있

는 것은 아니다. 바야흐로 통일의 기운이 무르익는 가운데 6·15공동선언이 그를 입증하고 있다.

어떠튼 일본 제국주의의 강점에 항거하여 한(조선)민족은 끊임없이 국내외 곳곳에서 독립운동을 전개하였다는 사실은 일제 강점과 그의 식민통치가 민족의 의사와는 관계가 없었다는 것을 의미한다. 더구나 대한제국을 강점할 때 위조와 기만으로 만든 일련의 조약을 통한 강점이었으므로(전술) 식민통치는 국제법까지 위반한 폭거였다. 여기서 1963년 유엔 국제법위원회의 '조약법에 관한 보고서'에서 1905년 을사늑약의 폭거를 잘못된 사례로 지적한 것을 기억할 필요가 있다.[90]

4) 독립운동의 시기별 특징

일본 제국주의의 침략과 식민통치에 대한 대응으로 전개된 한민족의 독립운동은 일제 침략을 인지한 1894년부터 1945년까지 꾸준히 전개되었다. 그리고 세계 각처에서 모든 방법을 동원하여 독립운동을 전개하였다. 먼저 시기별로 보면 일제 침략과 식민통치의 특성에 따라 대응하고 있었음을 알 수 있다.

(1) 구국운동기 (종속-반식민지해방운동)

일제 침략은 1876년 강화도조약에서 비롯되었는데 1894년부터 조선은 일제의 반식민지상태에 놓이고, 1904년부터는 준식민지로 전락했다(전술). 그에 따라 1894년 일본군의 경복궁 침범을 일컫는 갑오왜란에 맞서 안동과 상원에서 의병이 일어났고, 1895년 을미

---

90) 박태균, 1995, 「해방 후 한일회담 과정에 나타난 1900년대 "한일협약"에 대한 인식고찰」『일본의 대한제국 강점』, 까치, 340쪽.

사변을 맞아서 전국에서 의병이 봉기하였다. 이것을 전기의병이라
한다. 이때 구국운동은 전통 역량을 결집한 의병전쟁 외에 다른 방
도가 없었다. 구국운동이 근대적 역량을 결집하여 전개한 계몽운
동으로 전개된 것은 대한제국이 일제의 준식민지로 전락한 1904년
부터였다. 국민교육회와 대한자강회가 그의 선봉 조직이었다.

그때 의병전쟁은 중기의병·후기의병·전환기의병·말기의병으
로 변천해 갔다.[91] 처음에는 근왕적이고 척사적인 유림의병이 주도
했으나 이념이 忠道·忠君·忠國·忠民으로 발전하면서 평민 또
는 민중의병으로 발전해 갔다. 그때 계몽운동은 신민회를 주축으로
계몽주의 좌파(강경파)의 항일전선이 형성되고 대한협회를 주축으
로 계몽주의 우파(온건파)가 개량주의의 선례를 만들어 갔다.

(2) 1910년대 독립운동의 정비

대한제국이 멸망한 1910년대에 일제가 식민지 기반을 조성할 때
독립운동도 전열을 가다듬었다. 국내에서 혁명기지를 개척한 경우
는 대한광복회와 조선국민회가 전국에 비밀기지를 건설하고 있었
듯이, 중국의 신해혁명과 같은 민족혁명을 추진하고 있었다. 해외로
망명한 이는 만주의 신흥무관학교나 하와이 대조선국민군단처럼,
독립군을 편성하여 독립전쟁을 준비하였다. 그러한 분위기 속에서
교육자와 종교인까지 민족 전열에 참가하면서 전민족적인 3·1운동
을 계획하게 되었다.

그때 조선인의 행적을 보면, 대한제국의 회복을 갈망한 복벽주
의 유학자들, 의병이나 계몽주의 좌파처럼 해외로 망명하여 독립
운동 기지를 개척하거나 국내에서 혁명기지를 개척한 보황주의 또
는 공화주의 인물, 조선산직장려계를 만든 계몽주의 우파처럼 국

---

91) 조동걸, 1999, 「의병전쟁의 특징과 의의」『한국사』43, 국사편찬위원회,
512쪽.

내에서 개량주의에 머문 사람, 1918년까지 계속된 토지조사사업의
추이에 따라 토지분쟁에 골몰했던 다수 농민, 조선귀족령이나 은
사금을 받고 중추원이나 총독부 관리에 몸을 던져 친일 행각을 걸
은 사람, 식민지적 재편에 따라 방황하는 많은 사람 등, 몇 가지 유
형으로 나눌 수 있다. 3·1운동이 일어나자 친일 행각 외에 방향을
잡지 못하고 방황하던 사람도 참가하여 3·1운동을 거족적 독립운
동으로 발전시켰다. 특히 그때까지의 복벽주의나 보황주의를 극복
하고 공화주의를 새롭게 정립시킨 것은 민족역량 증대에 크게 이
바지한 역사적 혁신이었다.

3·1운동을 세계사적으로 보면 인도주의 혁명운동이었다. 정의·
인도를 실현하기 위하여 세계를 개조하고 사회를 개조하자는 것이
다. 개조의 논리로 자유주의·사회주의·무정부주의·민주주의·
자본주의·공산주의 등의 사상논쟁이 일게 되었다. 아울러 세계와
사회를 개조하자니 제국주의를 철폐하고 약소민족은 해방되어야
한다는 것이다. 그것이 민족해방운동이요 독립운동으로 전개된 3·
1운동의 제일차적 성격이다.[92] 레닌이나 윌슨이 제창한 민족자결
주의의 논리도 마찬가지였다. 그러한 세계사조를 이용하여 민족혁
명으로 3·1운동을 일으켰는데 열국이 모두 일본 제국주의를 옹호
하여 독립을 쟁취하지 못하였다. 국제사조의 총론과 각론이 다른
단면이기도 했다. 그러나 3·1운동으로 그때까지 성장해 온 근대적
민족지성을 총합하고 새롭게 나아갈 민족지성과 독립운동의 방향
을 정립했다는 점에서 한국근대사의 분수령을 이룬 뜻깊은 역사적
사건이었다.

---

92) 趙東杰, 1989, 「3·1運動의 理念과 思想」『韓國民族主義의 성립과 獨
　　立運動史研究』, 지식산업사, 393쪽.

(3) 1920년대 민족총력항쟁의 시기

1920년대는 민족총력을 경주한 독립운동이 전개되었다. 3·1운동과 더불어 대한민국임시정부가 수립되고 만주와 연해주에서는 독립전쟁이 전개되어 청산리전쟁을 비롯한 무수한 대소전쟁이 독립운동사를 장식하였다. 연해주에서는 때마침 볼쉐비키혁명의 진행 중에 1921년 자유시(스바보드니)참변을 당하여 독립군은 모두 러시아 혁명군으로 개편되었다. 국내에서는 임시정부와 독립군의 연락망인 연통부와 교통국을 비롯하여 수 많은 지하단체가 결성되어 저항하다가 해외로 이동하였고 한편, 청년운동·학생운동·여성운동·농민운동·노동운동·형평운동 등의 사회운동과 국어·국문학·국사 등의 국학운동과 함께 언론운동·교육운동이 전개되었다. 한계는 있었다고 해도 경제운동으로 전개된 협동조합운동과 물산장려운동, 그리고 문화운동의 종교운동과 민립대학설립운동도 민족적 분위기를 제고시켰다. 자신의 조건과 능력에 따라 가능한 모든 방법과 노력을 경주했다는 점에서 의미를 가지는 것이다.

민족총력항쟁이었으므로 양적인 측면뿐만 아니라 질적인 측면에서도 주목할만한 변화가 있었다. 1920년대에 각종 사상운동이 대두하여 1925년 조선공산당 출범을 전후하여 사상단체가 백화난만식으로 나타났는데 이어 국내외에서 꾸준히 추진된 민족유일당운동을 보거나, 그의 일단으로 추진된 1926년의 6·10만세운동을 보거나, 1927년에 신간회가 탄생한 것을 보거나, 1929년의 광주학생운동이나 원산노동파업과 용천소작쟁의의 내용을 보거나, 총력항쟁이 질적으로 추진된 역정을 볼 수 있다. 그러나 해외에서는 유일당운동이 성공하지 못한 한계도 있었다.

그리고 독립운동을 이해할 때 먼저 식민조건과 대비하여 이해하는 것이 중요하고 또 이론을 세워 이해하는 것이 중요하다. 가령

임시정부를 이해할 때 그의 발생가치는 3·1운동에서 표현된 민족적 주권의지의 산물이므로 이론의 여지가 없다. 그렇다고 1919년부터 1945년까지 상해에서 중경까지 이동하며 싸워온 그의 역할가치는 사람마다 평가를 달리할 것이다. 그것은 임시정부가 아니라 정상정부에서도 마찬가지이다.

(4) 1930년대는 해외 독립군의 이동과
각종운동이 재정비된 시기

1931년 일제가 만주를 침략하여 괴뢰 만주국을 설립하자 독립군은 중국군과 함께 반만항일전선을 형성하여 싸웠다. 1933년에 이르러 국민부의 조선혁명군과 한족연합회의 한국독립군의 주력이 항주·남경·낙양 등의 관내로 이동하여 만주에서는 새롭게 등장한 사회주의 유격대가 중국공산당에 가입하여 동북인민혁명군에 이어 동북항일련군으로 싸웠다. 상해에 있던 임시정부도 1932년 윤봉길의거를 계기로 항주로 옮긴 후 1940년 중경에 이르기까지 이동기를 맞았다. 만주에서 관내로 이동한 독립군은 낙양군관학교에서 특수교육을 마치고 후일 조선의용대와 한국광복군의 기간요원이 되었다.

국내에서도 정비작업이 있었다. 1929년 조선공산당 해체에 이어 1931년에는 신간회를 해체하고 농민운동·노동운동·학생운동 등의 대중운동이 파쇼정권에 대항하여 극단화되고 있었다. 거기에 조선공산당 재건운동이 맞물려 계급혁명을 표방한 적색노농운동이 급부상하였다. 파쇼화의 우파적 극단과 계급혁명의 좌파적 극단이 사상계를 양극단으로 몰고갈 때 극단을 극복하기 위한 민족주의의 보편 논리가 대두하였다.93) 그러한 보편적 민족주의를 필

---

93) 민족주의는 구한말에는 종족주의, 1920년대까지는 국수주의 성격을 띠우고 있었는데, 1930년대에 이르러 민족과 세계를 모순없이 포용한 보

자는 대동(大同) 민족주의라고 이름하고 있다.

1930년대 중반에는 민족주의가 새롭게 자리를 잡아가면서 조선학운동이 전개된 것이 특징 중의 하나였다. 조선학운동은 정다산의 『與猶堂全書』의 간행과 더불어 일어났다는 점에서 각별한 의미를 갖는다.94) 1935년에는 코민테른 7차대회가 열려 인민전선 노선을 채택하여 사회주의 진영에서도 민족주의가 새롭게 생기를 얻게 되었다. 그에 따라 만주에서 민생단사건이 종식되고 1936년에는 조국광복회의 결성을 보게 되었다. 그것이 1937년에 보천보전투로 이어져 군국주의 파쇼정권과 식민지 조선을 크게 자극하였다.

(5) 1938년부터는 독립전쟁 시기

독립전쟁기라고 한 것은 해외 독립군이 중일전쟁이 발발한 1937년을 전후하여 전반적으로 독립전쟁 체제를 갖추고 있었던 점에 착안하여 부친 이름이다. 만주에서는 1936년에 조국광복회(전광·김일성)가 결성되고 중국 관내에서는 1938년에 민족혁명당을 중심한 조선민족전선연맹이 조선의용대(김원봉)를 결성하였고, 한국광복운동단체연합회가 한국광복진선청년공작대(이청천)를 조직하였다. 1939년에 공작대를 개편하여 임시정부 군사특파단(조성환)과 한국청년전지공작대(나월환)를 전선에 파견하였다. 식민통치가 중일전쟁을 계기로 국민총동원체제로 전환하는 것과 대비가 된다. 해방을 맞았을 때 독립군 조직은 중경에 본부를 둔 한국임시정부의 광복군, 연안의 독립동맹의 조선의용군, 하바로프스크의 소련

편적 민족주의가 확산되었다. 민족주의 문제는 사상 조류에 따라 영향을 받고 있었는데 3·1운동과 더불어 부상한 자유주의·사회주의·무정부주의 등이 갈래를 달리하며 호사가들의 관심을 끌었다. 사상이란 어떻게 해야 인간이 인간되게 사느냐의 방법론인데 논쟁을 거듭하는 가운데 인간 이상의 것으로 착각한 경우도 생겨났다.
94) 趙東杰, 1998, 『現代 韓國史學史』, 나남출판, 197~206쪽.

국제군단인 88여단의 조선인부대가 있었는데 도합 1천 5백명 정도의 인력이었다.

국내에서는 국가총동원법에 따른 소작료통제령이나 임금통제령 등으로 전시파쇼가 강화되어 사회운동이나 문화운동이 일체 금지당한 암흑기를 맞았다. 그 속에서 학원을 중심으로 태극단·근목당·조선독립당·순국당·건국위원회·무궁단·백의동맹·화랑회 등, 소규모의 저항운동이 있었는데 성격을 보면 역시 독립군적 조직의 저항이었다.95) 1940년에『동아일보』와『조선일보』까지 폐간하고 1942년에 조선어학회사건을 일으켜 식민지 조선인의 말과 글을 없애려고 했고, 민족동화를 막장에 이르러 민족말살정책으로 강행하여 각급학교에 식민교육을 강화했지만 그 암흑 속에서도 어린 학생의 독립군적 조직이 일어나고 있었다. 징용·징발·징병·보국대·여자정신대·종군위안부로 끌어가고, 소나무 뿌리까지 공출해 가던 야만적 압제 속에서도 한국인은 삶을 포기하지 않았다. 자유를 찾고 독립할 희망을 버리지 않았다. 그래서 소규모이지만 독립군적 조직을 일으켰다. 그와 같은 독립전쟁 상태에서 1945년 8월 15일을 맞았다.

5) 일제 강점기의 생활

이때의 역사는 어떻게 보느냐에 따라 역사적 교훈이 천차만별로 나타난다. 먼저 주의할 것은 한국근대사의 일환으로 이해해야 한

---

95) 趙東杰, 1987,「韓國近代學生運動組織의 성격 變化」『韓國近代民族主義運動研究』, 역사학회, 317쪽 ; 1998,「8·15직전의 독립운동과 그 試鍊」『韓國近現代史의 이해와 論理』, 지식산업사, 178쪽.

다는 점이다. 한국근대사이므로 한국사의 맥락으로 본다는 것이 중요하다. 한국사를 보면서 일본근대사의 한 토막으로 보아서 안 된다는 말이다. 따라서 역사 서술에서는 한국인을 주체로 한 표현이어야 한다. 특히 일제 강점기의 역사를 서술할 때 주어가 무엇인가를 주의해야 한다. 따라서 1910년부터 1945년의 역사에서 일제의 식민통치는 객체이고 한국독립운동이 주체인 것이다. 독립운동뿐만 아니라 한(조선)민족이 어떻게 생활했던가의 역사인 것이다.

생활상에 대하여 대체적인 상태를 보기로 한다. 해방 직전의 생활 유형을 보면 몇 가지로 나눌 수 있다. 소수의 직업성 독립운동가 외에 ① 8할이 넘는 농민·어민·화전민·노동자 ② 영세 상인 ③ 식민지하에서도 천민으로 묶여 있던 머슴·백정·무당·점쟁이 등 ④ 신교육을 받은 언론인·교원·학생 또는 지식인 ⑤ 조선시대와 다름없이 생활하던 양반 유생이나 불교의 승려와 기독교·천도교·신흥종교 종교인 ⑥ 중소 지주와 중류 상공인과 지방관청(도·부·군·읍·면)의 하급관리 ⑦ 대지주와 식민지 신귀족과 조선총독부 관리 등으로 나눌 수 있다. 거기에서 ①②③은 하층 백성이고, ④⑤⑥은 중류 생활자였고, ⑦은 상류의 생활자였다. 거기에서 하층민이 8할 5부에 이르고 중류생활자가 1할을 넘고 상류는 2부 정도로 2천 4백만 인구에 30만에 이르지 못했다. 그렇게 보면 식민지하의 민족문제라면 농민문제라고 할 수 밖에 없다.

일제하의 농민은 8할이 소작농민으로 고율 소작료에 시달리며 살았다. 그러므로 소작쟁의가 전국적으로 확산되고 있었다.[96] 1930년대에 이르면 적색농민조합운동이 고조되었으므로 농민들이 사회주의운동의 영향을 받게 되는 이유가 되었다. 조선후기부터 성

---

96) 김용달, 2001, 「농민운동」『한국사』49, 국사편찬위원회, 177쪽.
조성운, 2001, 「농민운동」『한국사』50, 국사편찬위원회, 125쪽.

장하고 있던 농민의 권리가 1910년대 조선토지조사사업으로 봉쇄
당하고(전술) 식민지하에서 소작농민으로 생활하는 동안 무엇 하
나 개선된 것이 없었다. 농촌에는 예사 점심은 없었다. 조반석죽도
이어가기 힘들었다. 해마다 봄이면 절량농가가 6할을 넘어 초근목
피로 끼니를 이었다. 소작농민의 아내는 식민지에서 안주하던 지
주의 성희롱에 받쳐져야 했다. 농민은 대한제국이 멸망하던 1910
년의 그 초가3간에서 그 옷을 입고 1945년의 해방을 맞았다. 양복
을 입고 기차를 타고 자동차가 집 앞을 지나가도 그것은 하늘의 비
행기처럼, 농민과는 관계가 없었다. 혹간 식민지발전론을 이야기한
다고 해도 그것은 위의 ④⑤⑥의 중류 생활자 이상의 경우에 해당
한다. 1930년의 문맹율이 77퍼센트로 당시 2천만명 인구 가운데 1
천 5백만명을 넘었다.97)

　중류 생활자는 교육을 받은 신지식인이었다. 세끼의 밥을 먹으
며 양복을 입고 시계를 차고 권련을 피우며 개화장(지팡이)을 짚고
인력거를 타고 다니기도 했다. 국학운동이나 사상운동을 일으킨
사람을 제외하면 대개 개량주의 성향을 나타내는 사람이 많았다.
개량주의자는 글이나 말끝마다 조선을 쳐들고 민족을 이야기하는
특성을 가지고 있다. 언제나 열등의식에 사로잡혀 자기를 비하하
는 패배주의에 젖어 있었다. 그러나 대부분의 가정에서는 한글을
익혀 민족으로서 최소한의 양심은 지키며 살았다. 그래서 기회주
의와 이중인격의 소유자로 살았던 사람이 많았다. 자치운동을 변
론하는 특성도 이중인격의 자신의 변론일 수 있었다. 그런데 일제
식민통치가 직접통치로 강행되었기 때문에 특히 자치운동은 식민
통치의 통로를 넓혀주는 결과를 초래한다는 것은 알지 못했다. 이
것은 인도 같은 간접 식민통치에서 자치운동이 민족운동의 주류를

---

97) 『朝鮮日報』 1934년 12월 22일 社說(명논설집).

형성했던 경우와 다른 한국독립운동의 특성이라는 점은 앞에서 지적한 바와 같다. 중류 생활자라도 학생인 경우는 꿈을 아끼는 학생의 순수성, 신세대의 대변자, 민족지성의 대변자 등의 역사적 요구가 그들을 규제하여 자신의 가정조건에 불구하고 개량주의를 거부하고 있었다. 그것이 민족역량을 성장시켰던 것은 물론이다.

식민지 생활문제로 특별히 주목할 것은 여성문제였다. 이 시기 여성의 지위 변화는 여성의 지위가 낮았던 일본의 전통에 영향을 받았던 탓이 컸다. 여자의 재산 상속권이나 호주 상속권이 없어진 것이 식민지 유산인 것이다. 그 대신 출가하면 남편의 성을 따를 수 있는 것을 여성의 권리를 얻었다고 자랑하는 경우가 있는데 그것도 여권 침해로 보아야 한다.98) 때문에 식민지하의 여성운동은 여권운동과 독립운동의 이중성격을 가지고 있다.

끝으로 이야기할 것은 일제 식민통치의 역사를 볼 때 가장 문제가 되는 것이 식민통치가 일본사 발전에 크게 기여했을 것은 물론이지만, 한국사 발전에도 기여했는가의 문제이다. 흔히 식민지근대화의 여부이다. 인간가치는 전락하고 자주개혁은 후퇴하고 민주주의는 말살되어도 경제는 발달했다는 국부발전론을 제기하는 수가 있다. 식민통치가 아니고 한(조선)민족이 이끈 역사라면 불가능한 경제발전이었던가를 물어야 한다. 그리고 중요한 것은 경제발전은 경제발전 자체를 목적하는 것이 아니라 사회발전을 목표한 것이라는 점을 안다면 국부발전론은 무의미하다는 것을 알 수 있을 것이다. 그에 비하여 독립운동을 통해 근대화가 촉진된 것이 적지 않다. 해방 후 남북한에서 민주공화국이나 인민공화국을 표방한 원천이 어디에 있었던가? 남북에서 실시한 농지(토지)개혁이 어디에서 연

---

98) 구한말에 서양의 풍속을 따라 서울여자교육회를 일으켰던 이옥경이 원래의 성인 홍씨를 변성한 경우도 있었다.

유한 것인가? 신분제를 타파하고 남녀평등을 규정한 법률의 연원
이 어디에서 온 것인가? 민족의 말과 글을 지키며 맞춤법통일안을
만든 것이 누구의 노력으로 이룬 것인가? 모두 조선총독부의 식민
통치의 결실이 아니라 독립운동의 결실이었음을 누구도 부정할 수
없는 것이다. 학교를 세우고 철도를 부설한 것이 어떤 의미를 갖는
다는 것은 앞에서 지적한 바와 같이 민족동화나 경제수탈을 위한
것일 뿐이었다.

3. 해방정국과 현대사의 전개

1945년 해방 후 오늘날까지 한국현대사를 이해할 때 다음과 같
이 시기를 구분해서 보는 것이 좋다.[99]
　① 1945~1960년: 해방 후의 혼돈기
　② 1960~1993년: 민주화운동기
　③ 1993~오늘: 민주주의 개혁과 통일운동기
　해방 후의 혼돈기에는 분단과 미소의 군정, 남북 단독정부의 수
립, 6·25전쟁과 정전협정, 남북의 정치파동 등의 커다란 사건들이
있었으나 그것을 모두 혼돈의 모습으로 이해한 것이다. 1960년 4·
19혁명 후에는 5·16쿠데타가 있었고, 군사정권에 의한 한일협정,
유신체제의 등장 등이 있었는데 역사는 발전의 축을 기준하여 시
기를 구분해야 하므로 군사정권의 변천보다는 그때 전개된 민주화
운동을 기준하여 보아야 한다. 민주화운동은 4·19혁명에서 비롯되

---

99) 趙東杰, 1997,「現代史硏究의 반성과 課題」『현대사의 흐름과 한국현대
　　사』, 한국정신문화연구원 ; 조동걸, 1998,『韓國近現代史의 이해와 論
　　理』, 지식산업사, 397쪽 ; 조동걸, 2000,『現代 韓國史學史』, 나남출판
　　(제2쇄), 468쪽.

므로 그것을 묶어 하나의 시기로 본 것이다. 민주화운동은 1993년 민간정부가 들어서면서 일단락되었다. 그러므로 그후는 오늘까지 묶어 민주주의 개혁과 통일운동기라고 이름한 것이다. 민주화운동을 일단락하고 각 분야에 걸쳐 민주주의 개혁을 단행하고 통일운동을 본격적으로 전개한 시기라는 뜻이다.[100]

1) 해방과 분단과 혼돈

1945년 8월 15일 일본이 무조건 항복하여 해방을 맞았다. 그 해방에 대하여 타율성을 이야기하는 경우가 많다. 연합국의 승리에 따라 해방되었다는 것이다. 그런데 독립운동 진영에서는 광복이라고 말한다. 연합군의 승리는 한국 독립군의 승리이므로 당연히 광복이었는데 그것을 미국과 소련이 가로채어 군정을 강행했다는 것이다. 그 논리라면 광복을 강탈당한 것이다. 그렇게 미국과 소련이 군사 점령했으나 이 땅의 사람들은 그들을 해방군으로 인식하고 38선의 남과 북에 미군과 소련군의 주둔을 일본군의 무장해제를 위한 분담 진주 정도로 이해하였다. 그런데 그들은 해방군이 아니라 점령군으로 1948년 8월까지 3년간 군정을 실시하였다.

해방 조선에 대하여 지리적으로 근접한 소련의 점령을 우려한 미국이 38선 분할 점령을 제안하였고 자치능력을 확인할 때까지의 신탁통치안을 제안하였다. 거기서 자치능력이란 것은 한반도가 미국의 영향권이 아닌 소련이나 중국의 세력권에 흡수되지 않고 독립할 능력을 갖춘다는 것을 말한다. 그것은 일본의 패전과 더불어

---

100) 통일의 달성은 한국사에서 근대와 현대의 분기점이 돼야 한다. 지금은 편의상 1945년 해방을 근대와 현대의 분기점으로 설정하고 있으나 어디까지나 편의에 불과한 것이다.

소련의 태평양 진출을 염려한 나머지의 우려였다. 신탁통치안은[101]미국이 1942년에 구상하여 1943년 카이로회담부터 1945년 포츠담회담에 이르기까지 국제적으로 합의한 전후 한반도에 대한 방침이었다. 그것을 1945년 12월 모스크바3상회의에서 구체화시켰다. 내용은 조선에 임시정부를 설립한다. 임시정부가 독립을 준비할 때까지 5년간 미·영·중·소의 4개국 신탁통치를 실시한다. 그의 절차를 협의하기 위하여 미소공동위원회를 개최한다는 것이 요지였다. 그리하여 1946년 5월과 1947년 3월에 미소공동위원회를 열었으나 무위로 끝나 미국은 한반도 문제를 유엔으로 이관하고 말았다.

그러한 국제관리안은 해외 독립운동자에게 먼저 전달되었다. 한국임시정부가 있던 중경에서는 1943년 5월에 자유한인대회를 개최하여 전후 국제관리설을 규탄하고 계속하여 외교활동으로 완전 독립을 쟁취하려고 노력했다. 연안의 독립동맹도 국제관리설을 규탄하였다. 국제관리설이 제기된 것을 알지 못한 국내에서는 해방과 더불어 미군이 진주하기 전에 건국준비위원회를 설치하고 9월 6일에는 인민공화국을 선포하고 지방에 인민위원회를 설치하였다.[102] 그해 11월 23일 한국임시정부의 환국을 전후하여 혼탁한 정국 속에 무수한 정당이 탄생하였는데 한국민주당·한국독립당·국민당·조선인민당·조선공산당이 대표적이었다.

북한에서는 이미 소련군이 진주해 있었으므로 해방과 더불어 소련의 군정 계획 아래 해방 정국이 전개되었다. 처음에 여러 이름의

---

101) 신탁통치는 1945년 5월 유엔이 만들어지면서 국제연맹 당시의 위임통치를 개편한 국제관리안이었다. 그러므로 유엔 창설 전에는 신탁통치라는 용어는 없이 국제관리라는 용어만 사용하였다.
102) 그에 앞서 9월 3일에는 중경에서 한국임시정부가 환국후에 과도정부를 수립한다는 '당면정책'을 발표하였다. 인민공화국의 수립 발표는 그의 대비책으로 이해하는 사람도 있다.

건국준비위원회가 시방별로 결성되었는데 11월 19일에 5도행정국, 1946년 2월에는 북조선임시인민위원회, 1947년 2월에는 전국 선거를 통해 북조선인민위원회가 설치되어 사실상의 중앙 통치가 실시되었다. 이것을 군정으로 보면, 남쪽과 달리 간접통치 방식이 실시된 것이다.

12월 28일 모스크바3상회의 소식이 전해지자, 1943년부터 염려하던 신탁통치안만 눈에 잡혀 즉각 전민족의 반탁운동이 전개되었다. 처음에는 조선공산당도 반탁노선을 취하였다. 그러한 민족적 분위기를 이용하여 한국임시정부에서는 國字 1·2호로 미군 군정을 폐쇄하고 임시정부가 행정권을 인수한다고 선포하였다. 1946년 1월 1일 김구-하지회담에서 반탁운동을 허용한다는 조건에서 수습되기는 했지만, 그후 양자의 대립은 풀리지 않았다. 한편 조선공산당은 1946년 1월 3일의 서울운동장 시민대회를 찬탁대회로 전환시키면서 모스크바3상회의를 지지하고 나서, 정국은 찬탁과 반탁의 논의가 좌우 대립구도로 이행하였다. 2월 14일 이승만·김구·김규식을 영수로 한 우익은 민주의원을, 박헌영·여운형을 영수로 한 좌익은 민주주의민족전선을 결성하면서 좌우 대립구도가 분명하게 부각되었다. 그것이 미소 냉전 기류와 유착하면서 해방정국에서 광복도 해방도 상실한 혼돈을 연출하고 만 것이다. 1946년에 김규식·여운형에 의한 좌우합작위원회가 열려 '좌우합작 7원칙'까지 합의하였으나 극우·극좌의 이승만과 박헌영이 거부하여 실현을 보지 못하였다. 그들은 분단정부 수립을 추진하였다. 그리하여 한반도문제는 유엔으로 이관되어 총선거가 가능한 남한에서 단독 선거가 실시되기에 이르렀다. 결국 1948년 8월 15일에 남쪽에서 대한민국 정부를, 이어 9월 9일 북쪽에서 조선민주주의인민공화국 정부를 수립하였다. 그 분단정부 수립을 저지하려고 김구·김규식이 남북협상을 추진하여 1948년 4월 19일 평양에서 남북연석회의가 열렸으나 소득을 얻지 못하였다. 당장에 소득은 얻지 못하였으나 그의 통일의지는 역사의 소중한 유산으로 남아 오늘날 남북통일의 밑거름이 되고 있다.

2) 대한민국 정부의 수립

1948년 5월 10일 남한의 단독선거에 의하여 7월 17일 대한민국 헌법을 제정하고 이승만을 대통령으로 선출하였다. 헌법 전문에서 "3·1운동으로 대한민국을 건립하여"라고 신생 대한민국은 대한민국임시정부를 계승한다는 정신을 선언하기는 했으나 임시정부에서 1923년에 불신임 당하고 이어 1925년에 탄핵된 이승만을 대통령으로 선출하여 김구를 중심한 한국임시정부측에서는 단독정부 수립에 반대한 남북협상의 목소리를 더욱 높여 이승만정부에 참여를 거부하였다. 남북 대립으로 착잡한 정국은 혼미를 거듭하게 되었다.

그러한 혼탁정국을 극복하기 위하여 이승만정부는 독립운동 지도자 이범석을 국무총리로, 조봉암을 농림부장관에 임명한 개혁정국으로 돌파구를 찾으려 했다. 헌법 15조에서 "재산권은 보장된다. 재산권의 행사는 공공복리에 적합하도록 하여야 한다"라고 수정자본주의의 길을 선언하고 제84조에서 "대한민국의 경제질서는 모든 국민에게 생활의 기본적 수요를 충족할 수 있게 하는 사회정의의 실현과 균형있는 국민경제의 발전을 기함을 기본으로 삼는다"라고 복지국가 경제정책을 천명하고 있다. 그것을 위하여 농지개혁안을 만들어 1949년에 소작농을 금지하고 농지 소유를 3정보로 제한한 개혁을 단행하였다. 이것은 조봉암이 주도했지만, 이승만정권의 최대 업적이라 할 수 있다. 그것이 6·25전쟁에서 기대했던 농민 폭동을 잠재운 즉, 북한의 오판을 만들어낸 남한의 농촌 기반이 되기도 했다.

그러나 이승만정권은 남북문제를 국제적 냉전체제에 맞추어 반공 이데올로기를 강화하고 있었다. 그를 위하여 정치기술·행정기술·사법기술·경찰기술이 우수하다고 해서 친일파를 등용하여 공산당 색출에 박차를 가하였다. 그런 가운데 정치적 비판자까지 숙청하기에 이르렀다. 그것이 고비에 오른 것이 1949년 6월사태였다. 국회 프락치사건에 이어 반민족행위자처벌법에 의해 설치된 반민특위 조사위원회를 습격하여 악명 높은 친일파를 구제하고 6월 26일에는 백범 김구를 암살하였다. 여기서 이승만정권은 민족적 기반을 잃었다. 그 후 독재는 강화되어 6·25전쟁 중에 부산 정치파동을 일으키고 발췌 개헌안으로 다시 대통령에 취임하여 4사5입개헌안으로 종신 대통령을 꿈꾸면서 3·15부정선거를 자행하다가 4·19혁명을 맞아 이승만은 하와이로 망명하였다.[103)

1946년에 북한 전역에 임시인민위원회를 결성하여 그때까지의 5도행정국과는 달리 프로레타리아 독재체제를 갖추고 토지개혁을 단행하여 사회주의 정권의 사회경제적 기반을 정비하였다. 그리고

---

103) 이승만은 다양한 평가를 받고 있다. 1904년 미국으로 망명할 때까지 청년시절에는 많은 사람의 추앙을 받았다. 특히 배재학당의 학생운동과 1898년 만민공동회 활동을 통하여 두각을 나타내고 감옥에서 출옥한 후에 상동청년학원 원장으로 계몽운동에 헌신하였다. 옥중에서도 많은 사람에게 독립정신을 고취하였다. 그런데 미국에 망명한 후에 안창호와의 불화, 박용만과의 충돌로 재미 동포사회가 분열하게 되었다. 그의 명성에 힘입어 1919년 임시정부 초대 대통령에 취임해서는 재정과 외교를 독단하다가 국무총리 이동휘와 충돌하고 이어 안창호와 대립하여 1925년 탄핵까지 받게 되었다. 그를 끝까지 옹호하던 김구가 임시정부 주석에 취임하면서 신설된 외교위원회 위원장을 맡아 1945년 귀국하였다. 그런데 김구와도 정적이 되어 그의 하수인에 의해 김구는 암살 당하였다.

1948년에 남한에서 단독정부를 수립하자 즉각 1947년의 북조선인민위원회를 기반으로 그해 9월 9일에 조선민주주의인민공화국을 출범시켰다. 이러한 남북 정권의 출범을 세계사의 냉전구도로 보면, 남한은 미국의 첨병으로, 북한은 소련의 첨병으로 출발한 것이 된다. 그러한 분단을 극복하여 통일 조국을 건설하지 못한 민족 역량의 한계는 심각하게 반성해야 한다. 그에 반하여 남북 정권은 경직성을 심화하면서 무력 통일을 외치고 있었다. 불원간 6·25전쟁이 예상되는 일이었다. 그후 북쪽에서도 남로당(박헌영) 계열의 숙청과 독립동맹(김두봉) 계열의 숙청 등으로 남쪽에 못지 않게 독재가 강화되어 남북 정권을 긴장시키고 있었다.

3) 4·19혁명과 민주화운동

1960년 4·19혁명은 그해 2월 28일 대구의 8개 고등학교 학생의 연합시위에서 출발하여 전국적으로 고등학생의 시위운동으로 확산되어 4월 18일부터 대학생이 참가한 학생운동으로 전개되었다. 학생운동으로 보면 일제강점기 이래 중등학생 중심의 학생운동이 비로소 대학생 중심으로 확대된 것이다. 그러한 학생운동이 4월 19일부터 일반 시민이 참가한 시민혁명운동으로 발전하여 이승만 독재정권을 무너뜨렸다. 그리고 곧 통일운동으로 전개되었다.

그런데 4·19혁명을 미완의 혁명이라 하면서 평가를 절하하는 경우가 있다. 언제 어디에 일회성 혁명이 있었던가? 프랑스혁명도 1789년부터 1848년까지 59년이 걸렸다. 중국의 신해혁명은 1911년부터 북벌을 완성한 1928년까지 본다고 해도 17년이 걸렸다. 4·19혁명은 1960년부터 1987년 6월항쟁까지 27년, 1993년까지라면 33

닌이 소요되었다. 그 동안에 1960년대에 6·3항쟁과 3선개헌반대투
쟁, 1970년대에 유신반대투쟁과 부마민중항쟁, 1980년대에 광주민
주화운동과 6월항쟁이 있었다. 거기에는 4·19혁명의 민주주의와
민족주의 이념이 면면이 흘러 그것이 한국현대사의 양대 정신적
지주가 되었다.[104] 그런데 어떻게 군사정권을 기준해서 시기를 구
분할 것인가?

1961년의 5·16쿠데타가 4·19혁명의 민주주의를 뒤집은 반동 쿠
데타였으므로 큰 사건이었음에는 틀림이 없다. 또 1993년 군사정
권이 물러날 때까지 30년 독재가 한 때의 역사를 좌우했던 것도 사
실이다. 그 동안 1965년에는 한일협정을 성사시키고 월남전쟁에
참전하고 1969년에는 3선개헌으로 집권을 연장하고 1972년에는 유
신체제를 선포하여 히틀러나 스탈린 방식의 독재를 강행했다. 새
마을운동을 일으켜 피폐한 농촌을 구제하는 듯 하더니 1970년대
중반부터 추진한 중공업정책으로 말미암아 다시 몰락의 운명에 빠
졌다. 중공업정책에 힘입어 국토가 변모할 정도로 산업이 크게 발
달했는데 개발독재의 구조적 모순 때문에 독점 재벌과 부실기업을
양산하였다.[105] 그러다가 1979년에 박정희 대통령이 암살 당하고,
그를 계승한 군사정권이 1993년까지 겨우 존속하였으나 그것이 역
사의 본류가 될 수는 없다. 그러므로 역사는 민주화운동을 기준하
여 시기를 구분해야 하는 것이다.

1960년대는 세계적으로 민족주의가 고조된 시기였다. 그의 표현

---

104) 趙東杰, 1998, 「4·19혁명의 民族主義的 性格」 『韓國近現代史의 이해
    와 論理』, 지식산업사, 380쪽.
105) 개발독재가 낳은 와우아파트의 붕괴(1970), 경기도 광주단지의 민란
    (1971), 그리고 군사정권의 유산으로 나타난, 삼풍백화점의 붕괴(1995),
    성수대교 붕괴(1994), 대구지하철공사 붕괴(2000)도 부실기업의 공사
    가 원인이었다.

이 드골의 프랑스주의, 쵸세스쿠의 루마니아 독자노선, 중소이념분
쟁, 알바니아 사태, 그리고 1960년에 아프리카에서 독립을 선언한
나라가 22개국에 이르러 그 해 12월 24일에 유엔에서는 AA43국에
서 제출한 식민지해방선언을 채택하였다. 그러한 세계적 민족주의
사조가 한반도의 민주화운동에도 반영되었다. 그것을 집권자도 외
면할 수 없었다. 남한의 군사정권도 주체성확립을 제창했지만, 북
쪽에서는 주체사상을 체계화하여 주목을 받았다. 그것이 1970년대
에 남쪽에서는 유신체제로 변질하고, 북쪽에서는 유일 주체사상이
됐다. 주체사상 또는 유일사상은 북한 사상계를 주도하며 정치 경
제 사회 문화를 규제하고 있다. 그런데 유일사상은 국수주의라고
할 정도로 경직된 느낌을 준다는 것이 남쪽의 중평이다.

4) 산업화와 사회 문화의 발전

해방 전에 독립운동을 전개하고 해방 후에 민주화운동을 전개하
면서 국민적 역량을 증대시킨 것은 한국현대사 발전의 동인이 될
수 있다. 아시아 대부분의 나라가 민주화를 이루었다고 해도 그것
은 위로부터 이룬 성과였다. 거기서 지도역량을 증대시킨 점은 한
국인으로서 부러운 바인데, 그에 비하여 한국에서는 독립운동과
민주화운동을 아래로부터 전개하여 대중적 역량을 증대시켰다. 그
것은 민주주의의 발전 전망을 밝게 하는 고무적인 사실이다. 그것
을 한국현대사 발전의 동력으로 삼아야 한다. 아래로부터 창출한
발전 동력은 독립운동과 민주화운동에 국한되었던 것은 아니다.
국민적 교육열에 힘입어 해방 후에 교육 인구가 크게 증가하여 현
대사 발전의 밑거름이 되었다. 정부수립 당시에 문교부에 성인교

육과를 두어야 할 정도로 문맹률이 높았는데 이제는 세계에서도 문맹을 걱정하지 않는 굴지의 나라가 되었다. 이러한 대중적 역량 증대가 해방 후 한국현대사의 특징인 것이다.

1945년 해방 당시 인구가 2천 4백만명이었는데 지금은 남북한 7천 5백만명으로 5천여만명이 증가하였다. 해방 당시만 해도 구시대의 신분제가 사실상 잔존했는데 이제 그것은 없다. 이웃 일본에는 아직도 부락회가 있어 백정 후손의 신분해방운동을 전개하고 있고 근대화를 선구적으로 추진한 영국에 중세 귀족 전통이 잔존한 것과 비교하면 장족의 발전을 이룬 것이다. 남한의 국민소득은 1만불에 이르고 경제규모와 무역량은 세계 10위권에 육박하고 있다. 1961년 5·16쿠데타에 의한 군사정권이 1993년까지 30년 집권 기간에 히틀러나 스탈린 방식의 파쇼통치일 망정, 또 개발 독재의 위험을 부담하면서 산업은 발달시켰다. 그로 말미암아 정경유착의 구조적 모순, 부실공사의 만성화, 도덕의 타락, 농촌의 피폐, 부정부패의 만연 등, 부작용이 적지 않았지만, 국민적 역량에 힘입어 경제는 발전할 수 있었다. 노동자는 민주화를 위한 시위를 끊임없이 전개하며 산업현장에서는 구슬땀을 흘렸다. 학교에서 민주화를 외치며 시위만 하는 것 같던 학생들도 밤새워 공부하며 학문을 도야했다. 그들이 학문과 기술과학을 발전시켜 전자기술은 세계 1위에 올라섰다. 의무교육이 9년제에 이를 것도 멀지 않았고 신문·텔레비젼·컴퓨터 보급률도 세계 수준에 도달하여 정보화시대에 진입하고 있다. 아날로그시대도 비교적 빨리 달성했는데 디지털시대로 전환하고 있다. 이것은 모두 한국인의 교육수준 향상이 원동력이 되었다. 이제는 복지국가 건설을 위하여 전진해야 한다. 아울러 남북 사회의 격차가 크게 벌어지고 있는 것도 당면 과제라 하겠다. 6백만 해외동포에 대한 모국정책도 종합적으로 강구되어야 한다.

1945년 8월 16일에 결성된 조선학술원에 등록된 회원이 1백명을 넘지 못했는데 현재 대학 교수 수만 6만명을 넘는다. 2002년에 한국학술진흥재단에 연구비를 받으려고 등록한 학자수가 7만명에 이르고, 외국에서 박사학위를 취득하여 등록한 인원만도 2만 4천명을 넘는다. 해방 후 학문의 발달은 각 분야에 걸쳐 있었으나 특히 일제 강점하에서 위축되었던 한국학(조선학) 분야가 괄목되게 성장하였다. 남북한을 통하여 국어학·국문학·국사학·민속학 등이 경쟁적으로 발달하여 이제는 국학으로 말미암아 민족주의의 국수화를 염려하여 각급학교에서 국학교육에 제동을 걸 정도에 이르렀다. 그러나 자만에 도취할 단계는 아니다.

5) 민주주의 개혁과 통일운동

4·19혁명 이후 오랫동안의 민주화운동 결과, 1993년에 이어 1998년에 민간정부가 수립되었다. 오늘날의 한국은 전 세계 민주주의 애호자로부터 박수를 받으며 민주주의 개혁을 추진하고 있다. 지방자치제를 실시하고, 금융실명제를 시험하고, 군사정권 정치세력을 숙청하고, 군부의 군사정권 잔재를 청산하고, 일제 식민지 우상이었던 조선총독부 청사를 철거했다. 이어 국가인권위원회·민주화운동기념사업회·부패방지위원회·의문사진상규명위원회 등을 만들어 민주주의 개혁이 뿌리내리는 데 힘을 쏟고 있다. 그러한 개혁 분위기는 시민 참여연대·경제정의실천협의회·평화와 통일을 위한 시민연대·환경운동연합·여성운동연합회·청년단체협의회 등의 시민운동에 힘입은 바가 컸다.

그러나 군사정권의 개발독재에 의한 정경 유착을 청산하지 못하고 훈련되지 않은 정치인의 국가 운영으로 말미암아 1997년에는 경제가 파탄하여 국제금융기구(IMF)의 관리를 받아야 했고, 권력형 비리를 극복하지 못하고, 부정부패를 막지 못하여 사회 기강이 문란한 채 방치되어 있다. 문화농촌 건설의 소리가 높지만 그에 눈돌릴 역량을 갖추지 못하여 인구의 도시 집중과 수도권의 이상 비대가 나라의 장래를 어둡게 하고 있다. 일본과의 어업협정의 실패로 동남 해안 어민들이 생활 터를 잃고 있는가 하면 독도문제가 새롭게 외로운 운명에 빠지게 되었다. 해마다 교과서 파동이 일어나고 있는 것은 군사정권 당시의 교과서 체제를 벗지 못하고 있기 때문이다. 정치인의 도덕성과 민주정치의 활동 경험이 일천하여 시행착오가 많아 국가가 표류할 때가 많다.

그렇게 희비가 엇갈리고 있으나 한국의 국제적 지위는 날로 높아가고 있다. 유엔을 비롯한 각종 국제기구의 의장을 맡고 노벨 평화상까지 한국에 돌아왔다. 그러한 국가 발전을 바탕으로 통일운동이 급진전하고 있다. 통일운동은 1960년대에 고조되었던 민족주의를 당시의 군사정권이 집권을 연장하기 위해서도 외면할 수 없어 남북교류를 추진한 데에서 비롯되었다. 1972년에 7·4공동선언이 발표되고 1991년에 남북화해합의서가 교환되었다. 1994년에는 김영삼·김일성의 남북 정상회담이 합의되어 그의 실현은 김일성 사망후의 김정일과 김대중 간에 2000년에 이루어져 6·15공동선언을 보게 되었다. 통일시대의 막이 열리는 신호였다. 그를 전후하여 남북은 금강산 관광을 비롯한 공식, 비공식간의 무수한 교류를 진행시키고 있다. 경의선과 동해선 개통을 위한 복구작업의 망치 소리가 민족의 가슴을 울리고 있다. 2002년 9·10월에는 부산 아시안 게임에 북한 선수와 응원단이 대거 참가하여 화해와 협력이 더욱 무르익고 있다. 금석지감이 새로울 뿐이다.

　　여기서 역사의 교훈을 하나 되새겨 둔다. 2002년의 태풍으로 삼남일대가 쑥밭으로 황폐해졌는데 그것을 온 국민의 정성으로 복구하고 있다. 수재의연금이 1천 2백억원에 달할 정도로 국민역량은 아직도 감퇴하지 않았다. 그러나 언제까지 자만하고 있을 수 없다. 역사의 퇴보는 정치·경제·사회·문화의 제도의 우상화와 자기 자신의 우상 즉, 자만에서 비롯됐다. 조선시대 초기의『經國大典』(1469)이 많은 허물에도 불구하고 그때 세계적으로 보면, 우수한 제도를 정비했다고 할 수 있는데 그것을 조선조말『大典會通』(1865)에 이르기까지, 4백년에 걸쳐 사회 변화에 부응하여 개혁하지 못한 것처럼, 제도의 우상이 나라와 역사를 그르쳤다. 고을마다 향교를 두고 서원·서당을 설립하고 마을마다 글방을 두고 집집이 조상의 문집을 만들며 글과 도덕을 숭상한 그런 조선시대 사람과 같은 도덕주의 인간상은 세계적으로도 드물었다. 그런데 그 글과 도덕이 사회변천에 따라 어떻게 변해야 할 것은 생각하지 않고 자신을 우상화하다가 그 글과 도덕이 무력하게 무너지고 말았다. 우상의 고집으로 말미암아 자주적 근대화를 이루지 못하고, 제국주의의 침략을 극복하지 못했다. 그런 역사의 교훈을 생각하면서 세계화를 촉진하고 비판에 비판을 거듭하며 자성해야 한다. 21세기에는 우상을 버리고 민주주의와 통일을 위한 개혁에 박차를 가해야 할 것이다.106)

---

106) 趙東杰, 2000,「21세기 韓國史學의 方向」『韓國史論』30, 국사편찬위원회 ; 2001,『韓國近現代史의 理想과 形象』, 푸른역사, 508쪽.

Ⅱ. 光武農民運動과 申乭石 義兵[*]

1. 머리말

광무농민운동이란 1897년부터 1905년까지 광무개혁사업과 광무개혁운동이 진행될 때, 또 한편에서 진행된 농민운동을 말한다. 광무개혁사업은 정부가 추진한 量田事業이나 地契事業 등의 개혁사업을 말하고, 광무개혁운동은 獨立協會나 改革黨 등에 의해서 추진된 시민운동을 말하고, 광무농민운동은 英學黨·活貧黨 등 농민운동으로 추진된 민중운동을 말한다. 그때 다양하고 너절하게 진행된 농민운동을 하나로 묶어 개념화한 것이 광무농민운동이다.

광무농민운동은 1894~1896년간의 전기의병이 해산한 후, 1904년-1907년간의 중기의병이 일어나기 전에 전개된 농민운동을 말한다.1) 때마침 1897년에 대한제국이 성립하고 '光武'라는 연호를 사

---

* 이 글은 2001년 12월 11일 영덕 군민회관에서 안동대 안동문화연구소 (주관)와 영덕군 주최로 열린 「盈德 義兵史와 義兵將 申乭石」 학술발표회의 기조연설로 발표한 것을 보완한 것이다. 발표문은 2001, 『한국근현대사연구』 19, 한국근현대사학회에 실려 있다.

1) 1894년에 일어난 의병이 1919년 3·1운동이 일어날 때까지 계속되었는데 그것을 성격에 따라 다음과 같이 5시기로 구분한다(조동걸, 1999, 「義兵戰爭史의 시기구분문제-義兵戰爭의 特徵과 意義」 『한국사』 43, 국사

용하였으므로 광무농민운동이라 했다. 농민운동 조직은 영학당·
남학당·동학당·서학당·북대·남대·초적·의적·의비, 그리
고 화적·활빈당 등이다. 그러한 광무농민운동이 신돌석의 영릉의
진이 결성되기에 앞서 영해·영덕지방에서도 전개되었으므로 영
덕 학술회의를 맞아 발표 주제로 삼았다.

영해―영덕지방의 전기의병에는 이수악·백중술·권진모·박
동진 등의 寧海義陣, 박재명을 중심한 丑山義陣, 김건·신운석의
盈德義陣, 김노헌을 중심한 知品義陣 등이 있었는데 그 외에도 김
하락의 廣州義陣 이희두의 利川義陣, 이채구·홍병태 등의 慶州
義陣, 남석우의 靑松義陣, 유시연의 臨東義陣이 출동해 있었다. 그
리고 영양의 김도현의진도 강릉·삼척전투를 마치고 일월산과 평
해를 거쳐 영해에 머문 때가 있었다. 이와 같이 여러 의병진이 영
해 영덕에 집결했던 것은 동해안으로 왜군이 침략할 것을 우려한
때문이었지만 그에 따라 각처에서 전투가 있었다. 1896년 음4월의
장사전투(金魯憲 중상), 음5월의 복기암전투(朴載明 중상), 음6월의
남천쑤전투(金河洛·洪秉泰 순국, 申運錫 혈전), 음7월(양8. 14)의
사천전투(朴東鎭 순국)가 있었다. 전국적으로 전기의병은 시위의
병이 많았는데 영해―영덕의병은 치열한 전투를 전개하여 한말의
병사에서 특별한 주목을 받고 있다.

이 지방의 중기의병은 1906년 4월 6일(양력) 신돌석의 영릉의진
이 기병하면서 비롯되었다. 어디보다 전기의병이 크게 일어났던

편찬위원회 ; 2001, 『韓國近現代史의 理想과 形象』, 푸른역사, 170쪽).
　전기의병: 1894~1896년
　중기의병: 1904~1907년
　후기의병: 1907~1909년
　전환기의병: 1909~1915년
　말기의병: 1915~1918년.

경상북도 북부지방이었으므로 중기의병 때도 당연히 관심을 모았
는데 실제는 그렇지 못했다. 을사늑약을 전후한 중기의병은 영릉
의진이 봉기함으로써 겨우 체면을 지키는데 불과했다. 그런데 영
릉의진은 양반골에서 양반의병이 아닌 평민의병으로 봉기했다. 처
음에는 체면을 지키는 정도에 불과할 줄 알았는데 영릉의진의 활
동 전개에 따라 체면 정도를 넘어 명성을 크게 떨쳤다. 거기에 근
3년에 걸친 항전 기록을 자랑하면서 많은 설화를 남긴 신돌석 의
병이 있었다. 그러므로 새로운 각도에서 특별한 주목을 받지 않을
수 없었다.[2]

　의병이란 나라가 위급할 때 나라를 구하기 위하여 일어난 민병
을 말한다. 그러므로 의병을 일으킨 사람은 민병을 모을 수 있는
능력이 있어야 한다. 그 능력은 민종식·임병찬처럼 돈이 많거나,
유인석·김도화·이수악처럼 명망이 높거나, 최익현·정환직·
허위처럼 관직의 권위가 있거나 어느 한가지를 갖추어야 했다. 그
래야 인력을 동원할 수 있었고, 군수물자를 충당 공급할 수 있었다.
그래서 전기의병을 보면 전통시대의 향중 조직을 동원한 경우가
많았다. 鄕約이 큰 구실을 했는데 里洞契나 서원과 서당의 學契
같은 조직이 기여도가 높았다. 그렇다면 신돌석은 어떤 힘이 있었
고 그의 영릉의진은 어떤 조직을 동원한 의병이었을까? 거기서 필
자는 광무농민운동이라는 조직 기반을 주목한 것이다.[3] 1897년부

---

2) 趙東一, 1979, 「신돌석」『人物傳說의 意味와 機能』, 영남대 민족문화
　　연구소, 295~387쪽.
　　金喜坤, 2001, 『신돌석 - 백년만의 귀향』, 푸른역사.
3) 필자가 광무농민운동이라는 용어를 사용한 것은 1981년이었고(조동걸,
　　1981, 「地契事業에 대한 定山農民의 抗擾」『史學研究』33, 한국사학
　　회 ; 1989, 『韓國民族主義의 성립과 獨立運動史研究』, 지식산업사, 93
　　쪽), 광무농민운동과 신돌석의병의 관계에 대하여 언급한 것은 1986년
　　이었다(조동걸, 1986, 「義兵運動의 韓國民族主義上의 位置」『한국민

더 전국적으로 전개된 광무농민운동과 그의 꽃으로 피어난 활빈당 운동과 신돌석 의병과의 관계에 대하여 주목한 것이다.[4]

2. 光武農民運動의 성격

1894년의 동학농민전쟁이 끝나고 농민은 고향으로 돌아가거나, 동학당 또는 화적떼를 만들어 게릴라 항전을 계속하거나, 아니면 정부의 東匪 잔당 색출을 피하여 1894년부터 1896년에 일어나고 있던 전기의병에 몸을 기탁하여 잠적한 경우가 많았는데 의병이 해산한 후에 그들은 어디로 갔는가? 그들이 영학당·남학당·동학당·서학당·남대·북대·초적·토비·화적·의적이라는 새로운 반란 조직을 만들어 정부나 관리의 부정부패와 봉건적 수탈에 맞서 싸웠다.[5] 전기의병에서 廣州義陣과 利川義陣이 남한산성 전투에서 패전하고 김하락의 인솔로 남하하여 그해 6월에는 영덕에서 오십천전투를 맞아야 했는데 그후에 그들은 어디로 갔던가? 『碧山日記』에 그들의 잘못된 이야기가 몇 번이고 수록되어 있다.[6]

족운동사연구』 1, 한국독립운동사연구회, 26~30쪽).

4) 필자는 1984년에 그때 조교였던 孔基澤(현재 수원고등학교 교사)과 趙昌容(현재 인천시의회 의원)을 파견하여 안동·청송·영덕·울진·영양 일대에서 의적과 활빈당에 관한 증언을 청취한 바가 있었다. 그때 증언한 녹음이 보관되어 있는 것은 안동의 金泰顯(98), 청송의 李鍾濩(95)·申건환(76), 영덕의 權孝達(87)·徐斗錫(65. 문화원장), 울진의 崔昌雄(?)·朱禮得(74), 영양에서 유분이(90)·金龍雲(83)·장보영(63)·강명원(79)·황응석(75)·黃相熹(86)옹의 증언이다. ( )안의 연령 표시는 증언 당시의 연령이므로 이제는 100세를 넘은 분이 많다.

5) 이윤상, 1992, 「대한제국기 농민운동의 성격」『1894년 농민전쟁연구』 2, 역사비평사, 341쪽 ; 이영호, 1995, 「농민전쟁 이후 농민운동 조직의 동향」『1894년 농민전쟁연구』 4, 역사비평사, 167쪽.

그래서 "是時 義兵散者 轉成土匪 警報不絶 故地方 設兵之議起"
라는『梅泉野錄』의 기사가 등장한 것이다.[7] "설병의 의논을 일으
켜" 영양에 영양·영해·영덕·진보·청송 5郡 防盜 執綱所가
설치되어 金道鉉이 都執綱에 임명되었고,[8] 청송에는 南錫佑가 約
長을 맡았다.[9] 전라도 지방에 防盜隊가 설치되어 梁會一이 約長
을 맡았다는『杏史實記』의 기사도 그것이었다.[10] 앞의 영양의 金
道鉉, 청송의 南錫佑, 전라도 보성의 梁會一과 安圭洪이 방도대
출신 의병장이었다는 것은 널리 알려져 있다. 그와 같이 방도대가
결성되어 있었다는 것은 그만큼 도적떼의 출몰이 잦았다는 것을
의미한다. 그것이 1900년부터 활빈당으로 변신 또는 통합되고 있
었다. 그러한 다양하고 잡다한 '도적 떼'또는 '농민반란의 무리'의
활동을 총칭하여 광무농민운동이라 한 것이다.[11]

---

6) 金道鉉, 1970,『碧山先生倡義顚末－독립운동사 자료집』2, 독립운동사
　　편찬위원회, 38~49쪽.

7) 黃玹,『梅泉野錄』권2, 建陽元年 丙申條.

8) 金康壽, 1990,「韓末義兵將 碧山 金道鉉의 義兵活動」『北岳史論』2,
　　국민대 국사학과, 229쪽.

9)『山南倡義誌』下, 1946, 39帳.

10) 梁會一, 1958,「家狀」『杏史實記』. "甲辰乙巳之間 山野盜賊竝起---州
　　守患盜差公爲約長　出器械藥丸設備禦之策　又使各坊里買砲聲勢相應
　　使公總制之時 本里少壯輕銳者殆百餘人 公拒守指揮匪類不敢犯"

11) 필자가 말하는 광무농민운동에 대하여 다른 연구자의 호칭에 대하여
　　소개하면, 오세창은 '무장농민의 집단적 활동'이라 했고(吳世昌, 1969,
　　「活貧黨考」『史學研究』21, 265쪽), 강재언은 '농민군집단의 활동'이라
　　했고(姜在彦, 1970,『朝鮮近世史研究』, 일본평론사, 224쪽), 권영배는
　　'무장농민집단의 활동'이라고(權寧培, 1984,「1896-1906 武裝農民集團
　　의 활동과 성격」『歷史敎育論集』6, 25쪽) 각각 불렀다. 거기에서 공통
　　된 것은 '농민활동'·'무장활동'·'집단활동'이라는 점이다. 어느 것이
　　나 시기를 가리키는 호칭이 없어 역사적 위치나 성격을 이해하는 데는
　　한계가 있다. 즉, 어떤 역사의 像은 시기를 나타내야 언제 어디의 歷史
　　像이라는 것을 쉽게 알 수 있는 것이다.

농민운동이라고 총칭하는데 대하여 異見이 있을 수 있다. 화적이 활빈당으로 발전한 집단은 농민이라고 할 수 없다는 의견이 있을 수 있다. 朴贊勝 교수(충남대)의 활빈당 연구에 의하면 활빈당 운동의 변천을 맹아기(1890년대), 활동기(1900~1905), 해체기(1906년이후)로 나눌 수 있는데 그의 구성원 142명을 분석한 결과 행상 39.4, 고용원 11.3, 농업 10.6%로 행상이 가장 많았다는 것이다.[12] 따라서 활빈당 요구사항인 「大韓士民論說 13條目」에서도[13] 외국 상인의 출입을 경계하라고 상업상의 요구를 했다. 그렇다면 농민운동이라고 총칭할 수 없다는 것이다. 그러나 "이들 행상들은 대부분 본래부터 상업에 종사해온 전문적인 상인이 아니라, 실제로는 농촌에서 몰락하여 토지로부터 축출되어 소규모자본으로 행상을 하면서 연명하는 자들이었다."[14] 그렇다면 넓은 의미의 농민으로

---

12) 박찬승, 「活貧黨의 활동과 그 성격」『韓國學報』 35, 147쪽에 142명의 직업을 분류한 통계가 소개되어 있다. 위의 세가지 외에 行乞 14명, 行賊 12명, 僧侶 10명이었다. 연령은 20대가 70명, 30대가 42명으로 모두 75.1%로 압도적이었다.

13) 활빈당의 「大韓士民論說 十三條目」의 요지는 다음과 같다(信夫淳平, 1901, 『韓半島』, 동경당서점, 76~79쪽).
1. 농산물의 수출이 많아 곡가가 오르고 가난한 사람이 굶어죽고 있으니 방곡을 실시하고 救民法을 채택하라.
1. 외국 상인의 출입을 막아 경제 부흥을 도모할 것.
1. 세금을 낮추고 행상이나 소상인에게는 세금을 징수하지 말 것.
1. 금광 채굴로 농토가 폐지가 되고 백성의 피해가 막심하므로 엄금할 것.
1. 私田을 혁파하여 균전을 실시하고 구민법을 채택할 것.
1. 풍년에는 쌀 한말에 30문, 평년에는 40문, 흉년에는 50문으로 정해 쌀값을 안정시킬 것.
1. 악형을 폐지하고 형벌을 가볍게 할 것.
1. 소 도살을 금하여 농우를 확보할 것.
1. 철도부설권을 넘겨주지 말 것.

14) 박찬승, 위의 글, 148쪽.

보아도 무방할 것으로 안다. 「대한사민논설 13조목」의 요구사항에서 상업적 요구는 그때의 시세를 반영한 제국주의 침략에 대한 경계를 일깨우는 조목으로 이해할 수 있을 것이다. 그러므로 농민운동으로 총칭해도 좋을 것이다.

광무농민운동의 농민조직이 화적, 토적 같은 도적의 떼라고 하여 일률적으로 반정부적이고 반사회적 무리로 치부하기 쉬운데 그렇지 않다. 그들은 부정부패를 일삼는 관리를 공격하며 관청이나 악질 토호같은 부자의 재산을 빼앗아 어려운 백성에 나누어주는 '義賊'이 많았다.15) 그들은 빼앗은 재물로 부자가 되기를 원하지 않았다. 그들은 빼앗은 물자를 보관할 창고를 가지고 있지 않았다. 재물을 축재하지 않았다는 말이다. 빼앗은 재물은 백성에게 나누어 주었다. 그래서 '의적'이라 한 것이다. 예천(맛질)의 선비 朴周大의 일기 『渚上日月』을 보면 1899년부터 활빈하는 도적이 나타나 1900년에 크게 활약했던 것을 알 수 있다.16) 김윤식은 『續陰晴史』에서 "貧民頌其德　立木碑如林"이라고17) 과장해서 칭송하기까지 했다. 그것을 염두에 두고 현지를 조사한 바 있었는데(주④ 참조) 안동·울진·영해·영덕·청송·영양의 현지조사 가운데 徐斗錫(영덕)·李鍾濩(청송)·黃相熹(영양) 옹으로부터 활빈당의 활동에 대하여 비교적 자세한 증언을 들을 수 있었으므로 여기에 소개해 둔다.18)

---

15) 이윤상, 1992, 「대한제국기 농민운동의 성격」 『1894년농민전쟁연구』 2, 역사비평사, 353쪽.
16) 朴周大, 박성수 역, 『渚上日月』 上, 서울신문사, 324·330~334쪽.
17) 金允植, 『續陰晴史』 11, 광무 8년(1904) 3월 15일조.
18) 영덕의 문화원장 徐斗錫(65), 청송군 안덕면 덕성동 李鍾濩(95), 영양읍 동화한약방 黃相熹(86)의 증언에서 활빈당에 대한 증언만을 소개해 두는데(연령의 표시는 지금부터 17년전 1984년 증언 당시의 연령임), 증언전체의 녹음 테이프는 2001년 12월 11일 영덕의 학술발표 석상에서

盈德 徐斗錫옹의 증언에서 기억할 내용은 "동학과 의병으로 갈 곳없는 사람이 도적 아닌 도적인 활빈당이 됐고, 사발통문으로 연락하여 부자집을 털었다. 왜놈과 통하면 용서하지 않았다."

靑松 李鍾濩옹의 증언에서는 "활빈당이 눈밖의 마을인 청송군 부남면 하속동을 계묘년(1903) 10월 11일에 마을 전체를 불태우고, 경주 강서면 사리골에는 김진사가 토지를 가난한 집에 나누어 주었다고 해서 군자 마을이라 하며 보호해 주었다."

英陽 黃相熹옹의 증언에서는 "영양면 삼지동 조부자댁은 벼 한 섬을 미리 활빈당에게 주어서 내내 보호 받고 황골 김참봉댁은 실기하여 많은 재물을 주고도 자꾸 빼앗겼다. 일월산은 봉화 영양 울진 3군의 경계가 돼서 활빈당이 은신하기에 좋았다." 그리고 증언자 가운데는 활빈당과 신돌석을 같은 이로 말한 사람도 있었다.

부자라고 해도 인심이 후덕하면 보호해 주었다는 증언은 다른 기회에도 들을 수 있었다. 안동 삼산리 종손 柳昌植이 안동읍으로 출입할 때면 앞산을 지키고 있던 활빈당 무리가 수행해 주었다는 이야기나[19] 영양군 주곡리의 종손 趙承基가 출입할 때 소빠리재(주곡리 앞재)를 지키고 있던 도적떼가 동산티재를 넘어 책거리(임동)까지 50리 산길을 수행해 주었다는 일화나[20] 모두 그러한 실례를 말해 주는 것이다. 그러한 도적떼가 1900년부터 활빈당으로 개편되었다. 활빈당이 포고했던 「大韓士民論說 13條目」과 그전의 의적들이 요구한 경우와 비교하면 농산물 수출, 외국상인의 경계, 금광채굴 금지, 철도부설권 철회 등, 제국주의 침략에 대한 경고가 강화된 것이 다르다. 그전의 의적들의 경우는 부패 관리의 숙정이나 봉건적 비리 척결의 소리가 높았다.[21] 그것이 활빈당으로 가면

신돌석기념관에 공개 기증하였다.
19) 柳昌植의 재종손자 柳基元(82)의 증언.
20) 영양군 일월면 주곡리 203번지 趙亨錫(91) 증언.

서 반제국주의 소리를 높였던 것이다.

그런데 『梅泉野錄』에 한 사람이 1894년에 동학군에 참전하고 1896년에는 의병으로 참전하고 그 뒤에는 도적의 괴수가 되었다는 기록이 있는데[22] 또 그것이 활빈당으로 갔다면, 동학농민전쟁과 전기의병전쟁과 광무농민운동은 일직선상에서 변천한 사실로 이해할 수 있다. 그러나 그것을 일반적 추세로 볼 수는 없다. 왜냐 하면 전기의병에서 농민의 위치는 능동적 참여가 아니라 잠적하거나 종속적으로 참여한 것이기 때문에 동학농민전쟁이나 광무농민운동의 농민이 주체적이요 능동적으로 참여한 경우와 달랐다. 그러므로 1896년의 농민과 의병이 해산한 1897년 이후의 농민을 같은 것으로 볼 수 없다. 의병농민을 통하여 농민의식이나 농민역량을 만회하여 1897년부터 독자적 운동을 개척하였다고 보아야 할 것이다. 그래서 1897년부터 구별하여 광무농민운동이라는 歷史의 像을 설정한 것이다. 그와 같이 광무농민운동은 농민운동이 동학농민과 의병농민에서 독립하여 독자적으로 운동을 전개하였다.

광무1년인 1897년부터 의적 또는 화적의 활동이 활발했던 지역 분포를 보면 다음과 같다.[23]

1897년: 경기도, 충청도, 전라도, 경상도.
1898년: 경기도, 전라도, 제주도.
1899년: 황해도, 경기도, 전라도, 경상도.
1900년: 함경도, 경기도, 충청도, 경상도.
1901년: 평안도, 충청도, 전라도, 경상도, 제주도.

---

21) 이영호, 2001, 『한국근대지세제도와 농민운동』, 서울대 출판부, 119쪽.
22) 黃玹, 『梅泉野錄』 광무 3년(1899) 10월조.
23) 權寧培, 1984, 「1896-1906 武裝農民集團의 活動과 性格」 『歷史敎育論集』 6, 37~38쪽에서 인용했다. 거기에는 시기별 장소별 활동상이 통계와 더불어 자세히 소개되어 있다.

1902년: 함경도, 전라도, 제주도, 경상도.
1903년: 평안도, 충청도, 전라도, 경상도.
1904년: 황해도, 경기도, 충청도, 전라도.
1905년: 경기도, 충청도.
1906년: 평안도, 경기도, 전라도, 제주도.

이상의 분포를 보면 1897년부터 해마다 전국적으로 의적 또는 활빈당의 활동이 끊이지 않았다는 것을 알 수 있다. 그렇다면 같은 기간에 정부에서 광무개혁사업을 추진하고, 시민운동으로 광무개혁운동을 전개한 또 한편에서 광무농민운동이 전개되었다고 이해해야 역사를 총체적으로 볼 수 있는 것이다. 이것이 광무농민운동이라는 개념을 설정한 또 하나의 이유인 것이다.

영해·영덕지방에서 각종 농민 조직이 발달했던 것은 이 지방의 농민운동 전통으로 보아도 당연한 일이었다. 농민 종교인 동학의 제2세 교주 崔時亨이 영해 영양지방에서 크게 활약한 것이다. 그가 교주에 오르던 1863년부터 영덕 사람 姜洙 교인을 대동하고 1871년 영해에서 이필제란을 일으킬 때까지 平海와 영양군 龍化에 은거하여 蔚珍과 興海를 오르내리며 활동했다.[24] 그러다가 진주민란의 인물인 李弼濟와 손잡고 영해 폭동을 일으켰던 것이다. 그와 같이 영해 폭동은 民亂(이필제)과 民敎(최시형)의 합작품이었다.[25] 이러한 농민운동의 전통 위에 1894년의 동학농민전쟁이 있었고, 이어 전기의병을 거쳐 1897년부터 광무농민운동이 전개된 것이다.

---

24) 吳尙俊,「本敎歷史」『東學史料集成』1(朴孟洙編), 291~293쪽.
   한국사상연구회, 1974,「崔海月 年表」『崔水雲硏究』(『韓國思想』12),
   603~606쪽.
25) 金義煥, 1986,「1871년(辛未) 東學農民軍의 寧海·聞慶 蜂起」『近代朝
   鮮東學農民運動史 硏究』, 和泉書院(大阪), 298쪽.

그때 각처의 의적은 1900년부터 활빈당으로 개편되어 갔는데 1900
년 경북 英陽에서 활빈당 孟監役의 활약상을 전하는 기사가 발견
되어 주목된다. 한때 영양(일월산?)이 활빈당의 중심지일 수 있었
다는 말이 되기 때문이다.26) 자료에서 맹감역이 활동했다는 竹完
洞은 용화리의 대치(竹峙)가 아닌가 한다. 그후 활빈당 중심지는
청도 雲門山으로 이동했지만, 1903년에는 盈德에도 金尙烈 활빈당
의 활동이 전개될 정도로 활빈당운동은 확산되고 있었다.27) 이러
한 활빈당운동에 이른 광무농민운동은 1904·5년부터 의병운동으
로 전환 발전해 갔다. 여기에 대하여는 후술하겠지만 신돌석 의병
진도 거기에 해당하는 것이다.

3. 전기의병과
광무농민운동 시기 신돌석의 행적

신돌석의 일생은 소년기와 청년기 뿐이다. 1878년에 태어나 소
년기는 여느 소년과 함께 마을의 글방에서 글을 배우며28) 혹은 꼴

---

26) 『司法稟報』 제126책, 光武10년 10월 17일 金昌成 供招. "음력 去庚子
　　年分에 矣身이 자칭 孟監役하고 賊黨 吳日寬 등 十一名을 率하고 偕
　　往 英陽郡 竹完洞하야 忽百餘名賊徒 而鳥銃十二柄 環刀五柄을 분지
　　하고 名不知金哥人等處 六百兩劫奪운운"
27) 『司法稟報』 제76책, 光武7년(1903) 8월 3일 金尙烈 供招.
　　여기 활빈당의 金尙烈과 신돌석 암살범으로 전하는 金相烈이 동일인
　　일수 없는 것은 물론이다. 혹은 암살범이 金相烈이라는 구전은 와전일
　　수도 있다. 오히려 일본측 정보 자료에서 전하는 암살범은 金道潤·金
　　道龍 형제라는 것이 사실에 가까운 것 같다. 이 방면에 대하여 상세히
　　고증한 김희곤 교수는 金道潤과 金相烈이 동일인이라고 고증했는데
　　그럴수록 당시의 정보인 金道潤으로 불리어야 할 것 같다(김희곤, 『신
　　돌석 – 백년만의 귀향』, 204~206쪽).

머슴처럼 농사를 돕고 일했다. 18세 되던 1896년부터 청년기에 접어들어 그해에 일어난 의병에 참전하고 의병이 해산한 후에는 그때의 말로 오입(가출)을 다니다가 1906년 4월에 이제는 독자적으로 의병을 일으켰는데 寧陵義陣이라 이름했다. 그리하여 항일의병전쟁에 힘을 쏟다가 1908년 12월 12일에 순국하였다. 그때 신돌석의 나이 30살이었다.

신돌석이 전기의병에 참전했다고 해도 자세한 내막은 알지 못한다. 1896년 초에 영해에서는 李壽岳의 유림의진이 결성되었다. 그때의 진용을 나타낸 「丙申倡義時爬錄」에는 申乭石(申泰鎬)의 이름이 발견되지 않는다. 그렇다면 다른 의병진에 가담했을 것이다. 다른 의병진으로 朴載明의 축산의병진(영해의진 중군을 맡음), 申運錫의 영덕의병진, 金河洛의 광주의병진, 李采九・李鍾翕의 경주의병진, 南錫佑의 청송의병진, 柳時淵의 임동의병진(안동의병진의 중군을 맡음)이 영덕을 무대로 활동하였다. 그들이 장사전투・복기암전투・남천쑤전투・사천전투를 전개하는 동안, 김하락・홍병태・신운석・박동진 의병장이 순국하고 박재명 의병장이 중상을 입는 등, 수많은 사상자를 냈다. 그때 신돌석이 어느 의병진에서 활동했는지는 알 길이 없다. 신운석의 영덕의병진에서 활약했을 것으로 보는 견해가 있다.[29] 그러나 신돌석의 고향인 축산에서 기병한 朴載明의병진이 영해의진의 중군을 맡았고,[30] 또 김하락의 병진이 신돌석의 고향인 축산과 영해에 주둔한 바도 있다고 보

---

28) 신돌석은 고향의 진성 이씨 六怡堂 李中立으로부터 글을 배웠다(李炳
   國(1882-1952), 「挽申舜卿泰鎬」『敬山文集』 권2, 20장 후면).
29) 김희곤, 2001, 『신돌석』, 푸른역사, 44쪽.
30) 徐斗錫외, 1990, 『救國倡義錄』, 영덕군, 304・334~336쪽.
   朴載明이 영해의진의 중군을 맡았다는 것은 실질적 전투력을 갖추고
   있었다는 것을 의미한다.

면31) 거기에 가담했을 가능성도 배제할 수 없다.32)

신돌석의 행적이 불확실한 것은 전기의병이 해산한 뒤에 어디에서 무엇을 했던가 하는 점에도 있다. 1896~1902년의 6년간의 행적에 대하여 전하는 바가 없다. 신돌석과 동문수학한 李炳國의 만사에서 시사하는 바가 있으나 분명하지 않다. "세상이 어려운 때이니 나라를 두루 다니며 왜적을 소탕하겠다는 의지를 가지고 집안의 생업을 돌보지 않고 뛰어난 인물을 찾아 동맹을 맺으며 마땅한 전략을 세우는데 힘썼다"33)라고 했다. 어디에서 누구를 만났을까?

1902~1904년에는 결혼을 하고 아들을 낳고, 평해 越松亭에 올라가 시도 읊을 정도의 여유를 보였다.34) 자료들에 의하면35) 1903년에 신돌석은 淸道·釜山·蔚山·慶州를 다녀 온 것으로 되어

---

31) 조동걸, 1995, 「뒤늦게 일어난 慶州義陣의 길을 따라」 『독립군의 길따라 대륙을 가다』, 지식산업사, 64쪽.

32) 신돌석이 전기의병의 어느 진영에 가담했던가의 문제는 2001년 12월 11일 영덕에서 개최된 「영덕 의병사와 신돌석 의병장」 학술회의에서 「영해 영덕의 전기의병」(김정미)의 발표에 대한 토론(김상기)에서도 제기되었는데 김정미 박사의 답변에서는 신돌석이 영해의진에 참가했던 것으로 분석된다고 답변했다.

33) 李炳國, 「輓詞」 『敬山文集』 권2, 20-21장 ; 김희곤, 2001, 『신돌석』, 푸른역사, 47쪽에서 인용.

34) 그때 읊은 시가 신돌석이 남긴 유일한 문자이므로 그를 이해하는 데 중요한 자료가 된다.
登樓遊子却行路 可歎檀墟落木橫 男子二七成何事 暫倚秋風感慨生.
누각에 오른 나그네 갈길을 잊고서
낙목이 가로누운 단군의 터전을 한탄하노라
남아 27세에 무엇을 이루었는가
추풍에 비껴있노라니 감개만 이는구나.

35) 신돌석에 관한 당시의 자료는 『皇城新聞』이나 『大韓每日申報』의 약간의 기사와 일본군의 『朝鮮暴徒討伐誌』(1913)의 정보 보고외에는 없다. 해방 후에 출간된 것은 『申將軍實記』와 『義兵大將申公遺事』가 있으나 소략하다.

있다. 청도에서는 전신주를 가설하고 있는 일본 공병을 쳐서 죽였다고 한다. 그때 청도는 활빈당의 활동이 활발하던 때였다.[36] 1903년의 활빈당 활동은 전국으로 파급되어 김상렬 활빈당은 영덕 일대에서 활동했다(전술). 신돌석이 부산에서는 배를 수리하는 일본인을 죽이고 배를 뒤집어 버렸다고 했다. 울산 송정리 박교리댁에서는 일본군의 추격을 받아 그를 물리치고, 마을 앞 냇물 징검다리 돌을 들어준 힘자랑 이야기, 디딜방아를 놓아준 힘자랑 이야기가 전해 온다. 축지법을 구사했다는 신화같은 이야기도 전한다. 울산 박교리댁은 후일 대한광복회 총사령을 맡은 朴尙鎭의 집인데 이때 박상진은 영양군 입암면 興邱里에 머문 때가 아니었는지 알 수 없다.[37] 아니면 역시 흥구리에 머물던 의병장 許蔿를 따라 서울에 머물었을 것이다.

경주 최부자댁(崔浚)에 머문 이야기도 있다. 초인적 힘을 가진 신돌석의 영웅담이 민담으로 전해 온다.[38] 증언자 崔炎회장의 조부 崔浚(1884생)댁에 신돌석이 기식할 때, 머슴과 장난을 치다가 머슴의 발목을 비틀어 돌린 이야기, 최회장의 조부 형제가 경주읍에서 밤새 놀다가 돌아올 때, 신돌석이 수행했는데 밤중에 돌아와 두 사람이 신돌석의 겨드랑에 안겨 날듯이 월담했던 이야기, 종조부(崔潤, 1886생)댁 살림집을 지을 때, 누구도 손대지 못한 원목 목재를 괴력을 발휘하듯 운반했던 힘자랑 이야기, 최회장이 부친(崔

---

36) 朴贊勝, 1984, 「活貧黨의 활동과 그 性格」『韓國學報』35, 120쪽.
37) 조동걸, 1989, 「大韓光復會의 結成과 그 先行組織」『韓國民族主義의 성립과 獨立運動史研究』, 지식산업사, 265쪽.
38) 신돌석의 경주에 남긴 일화의 증언자; 崔炎(71), 2003.7.29일 증언. 최염 회장의 조부 최준께서는 1917년에 大韓光復會에 가담하여 활동하고 安熙濟와 함께 부산에 白山商會를 설립 경영하는 등, 독립운동자에 기여한 바가 컸다. 해방 후에는 大邱大學校(영남대학교 전신) 설립자로 민족교육에 이바지하였다.

植)으로부터 들은 이야기로 집안의 여러 종반이 모여 놀면, 신돌석의 팔에 매달려 놀곤 했는데 한번은 신돌석의 둘째와 셋째 손가락을 끈에 묶게 하고, 양쪽에서 당기게 했다는 것이다. 그래도 손가락이 찢어질 듯 갈라지기는 해도 끝내 찢어지지는 않았다고 했다. 뿐만 아니라, 신돌석이 두 손가락을 힘주어 오그리면 양쪽에 갈라서서 끈을 당기던 어린이들이 끌려와 모두 박치기를 했다는 괴력의 이야기가 전해 온다는 것이다. 이런 이야기가 퍼지기 시작하면 그는 영웅이 되기 마련이다.

이러한 1903년의 행적을 종합해서 보면 그해 전국을 휩쓸고 있던 활빈당의 힘자랑 이야기와 성질이 크게 다르지 않다. 그후 1904~1906년 초까지의 행적도 1896~1902년간의 경우처럼 구체적으로 전해 오는 것이 없다. 그렇다면 1903년의 행적과 크게 다른 행적을 상상하기 어렵다. 이때에 영해·영덕·청송·진보·영양 지방에는 도적이 창궐하여 의병장이던 벽산 金道鉉이 이헌영 관찰사로부터 도적을 잡는 五郡都執綱으로 임명 받고 활약하던 때였다. 도적을 잡는 집강소가 설치되어 있었다는 것은 이 지방에도 즉, 주왕산·명동산·백암산·일월산 일대에 도적떼가 준동하고 있었다는 것을 말한다. 그것을 감안하면 신돌석이 묵묵히 앉아 있지는 않았을 것이다.

1904년은 러일전쟁과 동시에 일본이 韓日議定書를 강제로 체결하고 이어 韓日協約을 늑결하였기 때문에 그에 항거하여 각처에서 다시 의병이 봉기하고 특히 각처의 의적과 활빈당이 의병으로 전환 발전하고 있었던 중요한 해였다. 그런데 신돌석은 어디에서 무엇을 하고 있었던가? 어떠한 이야기도 전해 오지 않은 것을 보면 집에 머물지 않았다는 것을 말한다. 집에 머물었다면 어떤 이야기라도 전해 주는 것이 있을 것이기 때문이다.

4. 신돌석의병 (寧陵義陣) 의 기병과
그의 역사적 위치

행방이 묘연하던 신돌석이 1906년 4월 6일에 고향에서 의병을 일으켰다. 인원은 기록에 따라 100명·200명·300명으로 전한다. 100명이라고 해도 그 사람들은 어디에서 무엇을 하던 사람이었던가? 그해 7월 3일 경상북도의 보고에 의하면 도내의 의병은 대개 火賊이 이름을 바꾼 것으로 그들의 근거지는 봉화의 太白山, 영양의 日月山, 경주의 普賢山이라고 했다.[39] 그래서 당시의 신문인 『皇城新聞』과 『大韓每日申報』를 통해 화적이나 의병 사례를 찾아보았다. 1905년 5월부터 11월까지 7개월 간에 등재된 화적·적당·비도 등의 기사가 2백여 회에 이르는데 200여 회의 화적 기사 가운데 의병이라고 명시된 것이 다음과 같이 40여 회가 조사된다. 여기서 유의할 것은 신문의 기사는 조사가 가능한 중부지방에 국한되어 있다는 점이다. 그런데도 40여 회라고 하면 서울에서 먼 곳인 남부나 북부로 가면 더욱 많았을 것을 추측하기 어렵지 않다. 그리고 1905년 11월 을사조약이 강제되기 전에 이미 전국에서 의병이 일어나고 있었다는 점도 유의해야 한다.[40]

신문기사를 보면 앞에서 소개한 경상북도 선유사 安鍾悳의 보고와 같은 사례가 전국으로 확산되고 있었다는 것을 알 수 있다. 즉, 화적·의적·의비·활빈당·도적의 떼가 의병으로 전환하고 있었음을 알 수 있다.

---

39) 『各道府郡報告書』 제3책, 光武10년 7월 3일, 慶尙北道 宣諭使 安鍾悳 報告書.

40) 신문에서 200여 회의 도적 기사를 찾고 자료카드를 만들고 정리하는 데는 孔基澤 조교의 노고가 컸다. 늦었지만 감사의 말을 전해 둔다.

1905년 5월～11월의 義兵記事

장 소	내 용	보도 일자
죽산·충주	50명 가량의 의병이 마을에서 돈과 양식을 빼앗음	황성신문, 5월 10일
괴산·진천	1천여 의병이 충주에 주둔함	5.15
죽산·안성·음죽·양지	의병이 여러마을에서 돈과 양식을 탈취	5.16
진천	박재만의병 70여명이 읍에서 재물 탈취	5.19
청산	비류 2백여명 의병이라하며 재물 탈취	5.22
제천	의병 150명 말을 타고 조총으로 재물 탈취	5.24
경기도·충북도	각처에 비류 의병이 창궐하여 청주진위대·수원진위대 출동	5.27
충주·청주	義匪 3백여명과 접전	5.29
죽산	의병 20명과 일본 헌병대 교전	5.29
서울	일진회장 윤시병, 군부에 의병소탕 공한을 보냄	5.29
광주(경기도)	의병 2백명 부자 재물과 총기를 탈취	6. 6
보은	의병 2백명이 모병하고 총기 40여자루와 기백양의 재물탈취	6. 8
양근	의병 45명이 총을 쏘며 일진회를 습격하여 재물탈취	6.14
지평	의병이 일진회원 9명과 단발한자 1명을 포살함(지평군수 파면)	6.15·19·20
홍천	의병이 일진회원 납치	7.12
원주	의병 元容八 각국공관에 성명서 발송	대한매일신보,　8.24
영춘	의병 수십여명이 포군을 모집함	9. 8
단양	元容八의 의병격문이 단양북면 향약소에 도달	9. 8
충청북도	의병의 재물과 총검 탈취가 횡행함	9.10
영월	의병 작폐가 우심	9.13
정선	元容八의병 2백여명 원주진위대와 일진회가 체포	9.20
홍천	서석면과 동면에 의병 2백명 주둔	9.29
강릉	영월·정선·평창의병 수백명을 포군이 막음	9.29
영월	의병 40여명이 재산을 약탈	10. 2
영춘	의병 鄭雲慶 체포	10.18
충청도·경상도	의병이 동학도처럼 주문을 외우다	10.18
서울 광희문	의병 6명을 일헌병이 체포	10.26
청산	의병류가 인근에 모임	10.27

풍기	의병 2백명 읍내 점령	10.28
단양	의병 창궐하여 진위대 주둔 요구	10.29
보은	의병 3·40명이 화양동 주둔	10.31
청풍	의병 50명 출현	10.31
회인	의병 40명이 인리청에 유숙	10.31
보은	金東周의병 50여명 교전(속리산 승군이 관군에 합세)	11. 7
영천(영주)	3백명 의병이 오록동 반가를 습격(9월 14일)	11.11
영천(영주)	의병 150명 읍에서 저녁밥과 군수전 2백양 탈취 (9. 16)	11.11
영천(영주)	의병 22명 다시 내습(9. 18)	11.11
봉화	의병 4·5백명이 습격해 옴	11.11
연풍	의병 2백여명이 원주진위대와 교전	11.26

참고: 1) 義兵이라고 명시한 것만 수록했다.『大韓每日申報』의 것을 모두 조사했는데 1905.4~7월까지는 停刊中이어서『皇城新聞』의 것으로 메움.
    2) 거의 中部지방의 것으로 한정되어 있는데 사실이 그런지, 報道綱이 그밖에는 미치지 않았던지는 알 수 없다.
    3) 같은 기간 賊黨·火賊·匪徒 記事가 2백여 회 발견되는데 그것도 中部지방 외에는 沃溝·咸安·知禮·益山·新溪·洪州·金溝·彦陽·瑞山·靑陽·大興·任實·保寧·牙山·博川·義興·平壤·光州·馬山 등지의 경우가 거의 한번 정도 발견될 뿐이다.

　이것이 1904년부터 서서히 진행되어 1905·6년에 일반화된 것이다. 위의 표에서 전기의병이나 1906년에 봉기한 민종식·최익현·정환직 등의 유림의병과 같은 성격의 보수주의 의병은 元容八과 鄭雲慶 의병 뿐이다. 그 외의 의병은 모두 광무농민운동 기간에 의적 또는 활빈당으로 활약하다가, 1904년 러일전쟁과 한일의정서 그리고 한일협약으로 나타난 일본제국주의의 침략을 맞아 의병으로 전환한 것이다. 그래서 광무농민운동이 중기의병으로 발전했다고 말한 것이다. 1906년 4월 6일 영해군 축산면 도곡리에서 신돌석의 영릉의진이 출범할 때 집결한 1백명 내지 3백명의 의병도 광무

농민운동 또는 활빈당에 몸바치던 젊은이로 이해되는 것이다. 그
러한 모습을 보고 그 해 7월에 경상북도 선유사 안종덕이 火賊이
義兵이 되었다고 보고한 것이다.

그때의 의병은 말이 의병이었지 행동양식은 의적이나 화적 또는
활빈당과 다를 바가 없었다. 다만 의적－활빈당－의병으로 전환해
가면서 반봉건주의 성향에 반침략의 성향을 강화하고 있었다고 할
수 있다. 그래서 광무농민운동과 의병운동 사이에 사회성은 변하
지 않고 정치 성향은 달라진 특성을 보여 주고 있는 것이다. 정치
적으로는 중심개념이 봉건 관리와 부호를 겨냥하던 것이 일본 침
략군을 겨냥하게 된 것이다. 그것은 중심개념의 이동일 뿐이지 반
봉건운동을 중단한 것은 아니었다. 그것이 중기의병의 커다란 특
징인 것이다. 그러한 경향을 신돌석의 영릉의진의 활동상을 통하
여 확인해 보기로 하자.41)

〈1906년〉
　　4. 20: 영양군 수비면 장파(주파리) 임초시집에서 48냥 모금.
　　4. 21: 영해군 괴시리 南氏댁에서 96냥 모금. 영해군 휘리골 姜時中으
　　　　　로부터 54냥 모금.
　　4. 23: 영양군 수비면 계동 사탄 琴氏집에서 50냥 모금, 權景仁 집에
　　　　　서 90냥 모금.
　　4. 25: 평해군 설산 孫監役 집에서 184냥 모금
　　4. 26: 울진군 남면 화리(매화리) 유참봉 집에서 100냥 모금.
　　4. 27: 영양군 주곡리 趙振容(춘평) 84냥, 趙都事로부터 50냥과 조총 1
　　　　　자루 수거.
　　4. 30: 영양군 습격하여 총 22자루, 탄환 20발, 수철환 1발 수거하고 읍
　　　　　민의 방도용 조총 35자루 수거함.

〈1907년〉
　　4. 12: 영덕군 외남면 하화동 최찰방집에서 170냥 모금.

---

41) 김희곤, 2001,『신돌석－백년만의 귀향』, 푸른역사, 180~181쪽.

4. 13: 담배 2편과 집신 30켤레 확보.
5. 13~7. 15: 김업이(영양 구도실)·박봉이(진보군 동면 택전리)·박석용(창수) 등의 모병.
8. 20: 영양군 공격, 관아를 불태우고, 일본군과 교전.
8. 20: 영덕군 거주 일본인 공격.
9. 5: 영양군 주곡리 주둔, 200냥 확보.

〈1908년〉

6. 26: 영양군 수비면 번동 李梧村이 백미 18두 헌납 받음.
7. 3: 영양군 석보면 부곡촌 李都事집에서 200냥 모금, 지경리에서 교전.
7. 10: 의진의 분산 작전－울진 황정둔, 영해 조기동, 영양 수구동, 진보에서도 작전.
7. 19: 영해헌병분견대와 격전.
7. 24: 평해군 화이면 습격. 활동이 봉쇄된 속에 9월~10월에 53명의 의병이 일본군에 투항

이상의 신돌석 의병의 활동상을 보면 처음에는 활빈당운동과 다를 바가 없었다.42) 앞에 소개한 <1905년 5월~11월의 義兵記事>와도 비슷하다. 그를 통해서도 광무농민운동이 중기의병으로 전환 발전했다는 사실을 확인할 수 있다.

그런데 후반으로 가면서 일본군과의 교전이 잦아졌다. 그것은 1907년 8월에 대한제국 군대가 해산 당하고 일본군만 남아 있었기 때문이기도 했지만, 영릉의진이 독립군으로 성격이 강화되고 있었다는 것을 의미한다. 그래서 신돌석이 "渡江西爲訴冤乞援於列强"43)의 꿈을 세우기도 했던 것이다. 의병전쟁에서 결국에는 만주로 망명하여 중국을 비롯한 열강의 지원을 받아 새로운 독립전쟁을 도모하려고 생각했던 것은 1895년에 김창수(김구)·김형진이

---

42) 활빈당의 활동 내용에 대하여는 앞에 소개한 朴贊勝 교수의 『韓國學報』 35호에 게재된 논문에 잘 정리되어 있다.
43) 李炳國, 「挽申舜卿泰鎬」 『敬山文集』, 21장 전면.

시작한 이후, 1896년에는 유인석이 시도했고, 1908년에는 안중근·
이범윤·이석대·김정규 등도 계획했던 사실이다. 그것은 1909년
에 이르러 의병전선의 일반적 추세이기도 했으므로 그때부터 전환
기 의병이라 명명했던 것이다. 신돌석 의진의 선봉장인 한참봉(한
영육)이 나라가 망하자 만주로 망명하였던 것이나,[44] 고향인 축산
면 도곡리의 朴載明 의병장이 1908년에 순국하고 그의 동생 朴載
喜와 아들 朴慶鍾·基鍾 형제가 1910년에 서간도로 망명했던 사
실이 그것을 입증하고 있다.[45] 바로 그러한 웅도를 신돌석이 1908
년에 꿈꾸고 있었다는 점에서 그의 독립운동사적 위치가 빛난다고
할 것이다.

5. 맺음말

　이상과 같이 신돌석의 영릉의진은 광무농민운동을 통하여 성장
한 농민 조직이 의병으로 발전한 것이다. 신돌석의 행적으로
1897~1902년과 1904~1906년 초의 기간에 무엇을 했는지는 알 수
없으나 신돌석과 동문수학한 李炳國의 추모 만사를 보거나, 1903
년 신돌석의 행적을 보거나, 행적을 알 수 없는 시기에 전국적으로
전개된 광무농민운동을 보거나, 영해지방의 농민운동 전통을 보거

---

44) 김희곤, 『신돌석 – 백년만의 귀향』, 68쪽.
　　金大洛의 『亡命日記』(1911~1913) 마지막 해의 「癸丑錄」, 1913년 2월
　　24일조에 "平海 溫井居人 韓永育來傳 砂銅及 諸處近奇"라는 구절을
　　볼 때 韓永育(한참봉)은 서간도와 국내를 오가며 정보를 수집 연락하고
　　있었던 것으로 추측할 수 있다. 그러다가 3·1운동 때 고향에서 크게 활
　　약한 것이 아닌가 한다. 그의 기념비가 백암온천 단지내인 온정면 소태
　　리에 있다.
45) 徐斗錫 외, 『救國倡義錄』, 영덕군, 1990, 337~339쪽.

나, 어느 모로 보아도 신돌석이 광무농민운동과 같은 궤도를 밟아
왔다고 이해하는 것이 순리라고 생각한다. 그것은 1906년 4월 6일
에 기병한 영릉의진의 활동 양식이 활빈당과 비슷하다는 사실로도
확인된다. 거기에서 신돌석의 초기 주장은 부정부패를 척결하고
봉건주의를 타파하는 것이었다는 것도 알 수 있다. 오늘날 영덕군
민 여러분이 신돌석을 기념하자면 먼저 그의 정직하고 반봉건주의
의 인격을 기념해야 할 것이다.

다음에 신돌석의병에 의해서 중기의병은 농민 또는 평민이 주도
적 위치에 올라섰다는 것을 주목해야 한다. 전기의병에서 농민은
유림의병장에 종속되어 있었다. 주체 역량을 갖출 수준이 못되었
다는 말이다. 그런데 광무농민운동을 통하여 독자적 능력을 신장
하여 중기의병에서는 농민이 누구의 종속이 아니라 독자적 의병진
을 결성할 수 있었던 것이다. 그의 대표적 의진이 신돌석의 영릉의
진이었다. '영릉의진'이란 이름도 구체제를 넘보는 쾌감의 표현일
는지 알 수 없다. 1906년부터 유림의병도 크게 일어났지만 그때는
농민이 전기의병처럼 종속관계에 놓여있지 않았다. 이제는 전투
능력에 따라 대장을 선임하고 상위부대를 결정하는 변화가 일어난
것이다. 신돌석의 영릉의진에 李鉉圭(夏玄)·裵善翰·趙俊容 같
은 양반가의 인사가 자연스럽게 소속해 있었던 사실이 그것을 입
증하고 있다.46) 제국주의의 침략 앞에서 신분질서를 극복해가고
있는 모습이기도 하다. 그러한 대동단결의 모습이 오늘날 기념할
우리의 또 하나의 자세일 것이다. 더구나 21세기를 통일의 세기로
장식할 민족적 과제를 안고 있는 마당에서랴.

그와 같이 신분적 한계를 뛰어넘을 수 있었기 때문에 신돌석은

---

46) 李鉉圭는 재령 이씨로 진보읍에 그의 공적비가 서 있고, 裵善翰은 홍
해 배씨로 안동시 송천동에 그의 공적비가 서 있다.

양반이든 상민이든 주민과 호흡을 같이하는 의병장으로 손꼽히고
있었다. 그러니까 주로 영해·영양·평해의 넓지 않은 지역을 오
가며 항전했는데도[47] 누구의 밀고나 고발도 받지 않고 3년이라는
장기 항전을 펼 수 있었다. 그 만큼 대중적 기반을 확보한 신돌석
의병이었다. 영릉의진처럼 대부대를 거느린 의병대장이 3년 항전
을 지속한 경우가 드물었으므로 기억해 두자는 것이다. 지도자는
대중 속에서 자라난다는 교훈을 주고 있는 것이다.

　의병전쟁사의 측면에서도 기억해 두어야 할 사항이 있다. 1906
년 초에 봉기한 중기의병을 대표한 것은 충청도 홍주의 민종식·
이세영 의병, 전라도 무성서원에서 일어난 최익현·임병찬 의병,
경상도 영천에서 봉기한 정용기·정환직 의병, 그리고 영해의 신
돌석 의병이 대표적이었다. 그때 李相龍(안동)·朴慶鍾(영해)·李圭
洪(용궁)은 가야산 의병을 추진하다가 현지에서 준비하고 있던 車
晟忠(隱豹)의 실수로 자금 1만 5천냥만 없애고 뜻을 이루지 못했다.
때문에 전기의병에서 활발하던 안동−영해 일대의 의병항전을 중
기의병에서는 신돌석이 전담하게 된 것이다. 이것은 이 지방의 민
족적 자존심을 지키고 민족의식을 고양한다는 측면에서 중요한 의
미를 갖는 것이다. 이상룡의 『石洲遺稿』에서 신돌석의병에 대하여
각별한 관심을 보였던 것도 그러한 측면에서 이해해야 할 것이다.

　신돌석의 영릉의진은 평민의병이었으므로 반봉건주의적 성향이
강했다. 그런데 점차 반침략의 독립운동 성격을 강화해 갔다. 그것
은 1907년 정미조약(한일신협약)으로 대한제국이 일제의 준식민지
로 전락해 가고 있던 데 대한 대응이었다. 그 점이 반봉건주의만을

---

47) 신돌석이 다른 지방에도 출현했다는 특히 일본 관헌의 정보 보고에 나
　　오는 수가 있는데 지금까지의 연구는 그것을 믿지 않는다. 민긍호 의병
　　장이 경상도에 나타났다는 정보처럼, 신화성을 가진 의병장은 곳곳의
　　이야기에 등장하는 것이다.

표방한 나머지 자기 부정 논리에 빠진 개화파와 달랐고, 외세에 의
존했던 농민조직인 일진회와도 달랐다. 또 반제국주의에 집착한
나머지 봉건시대에 복귀하려는 복벽주의 유림과도 다른 발전적 성
격을 역사에 남겼다.

신돌석은 1908년 만주로 망명할 계획까지 세웠다. 그 해 여름부
터는 의병전선에 자수자가 속출하고 있었다.[48] 고관대작은 넋을
잃었고 계몽주의 지식인은 사회진화론에 취하여 기력을 잃고 있었
다. 그러니까 민족 지도자들은 만주로 망명하여 망명정권을 세워
독립군을 일으키려고 했던 것이다. 1908년에 만주나 연해주로 망
명한 유인석·장지연·안중근·이석대 등을 생각하면 신돌석의
구상이 선구적 발상이 아닐 수 없었다.

---

48) 김희곤, 『신돌석─백년만의 귀향』, 180~181쪽에 신돌석 부하로 투항한
    자의 명단이 실려 있다.

Ⅲ. 임시정부의 수립과 독립전쟁의 전개[*]
―식민지 부정론과 절대독립론의 맥락―

1910년 대한제국이 멸망했을 때 한국인의 의식은 사회진화론에 따라 망국불가피설 또는 망국의 현실수용론이 대두했던가 하면, 그에 반대하여 식민지 거부론 또는 식민지 무효론의 주장 등으로 분류할 수 있다. 망국이 불가피하다고 생각한 사람은 매국에 참가하거나 친일행각을 걸었고, 식민지 수용론자는 식민지 현실 속에서 독립을 준비하는 실력양성론을 구상하고 주장했다. 문화운동이나 사회경제운동 가운데 그러한 실력양성론을 추구한 경우가 많았다.

그런가 하면 대한제국의 멸망을 수용하지 않거나 현실로 인정하더라도 그를 거부하고 일본의 식민통치에 항거하거나 해외로 망명한 사람도 적지 않았다. 대한제국의 멸망을 부인한 경우는 자결 순국자가 그에 해당하나 대한광복회처럼 적극적으로 항쟁한 경우도 있었다. 그런데 국내에서의 항전은 쉽지 않았다. 그러므로 망국과 식민통치 속에 살기를 거부하고 망명한 경우가 많았다. 식민지에서 자손이 태어나는 것조차 거부하면서 서둘러 망명한 白下 金大

---

[*] 『한국사』 48 (국사편찬위원회, 2001), 1~14쪽의 글에 주석을 붙여 상론한 것이다.

洛과 같은 경우도 있었다.[1] 그들은 망명하자 독립군기지를 개척하고 독립전쟁을 준비하였다. 그러한 독립운동의 결실이 국내외에서 전개된 3·1운동이었지만, 3·1운동 후에는 대규모의 독립전쟁을 일으키면서 임시정부를 수립하여 일본 제국주의에 조직적으로 대항하였다. 바로 그러한 3·1운동 후 주로 1920년대의 해외 독립군 또는 임시정부의 활동에 대하여 서술한 것이 바로『한국사』제48권이다. 내용을 보면 해외문제에 앞서 1920년대 식민통치의 특성을 규명하고 다음에 해외에서 전개된 독립군의 독립전쟁과 임시정부의 활동을 추적한 것이다. 이 글에서는 그러한 문제들을 총람하면서 기본 성격을 규명해 보기로 한다.[2]

1. 3·1운동 후 민족운동의 위상

제1차대전의 후속조처로 강구된 베르사이유 강화체제의 국제질

---

1) 金大洛은 안동 천전리 출신으로 1910년에 66세였는데 만삭의 손부와 손녀를 이끌고 서둘러 망명했다. 목적지 서간도 삼원포에 도착하기 전 도중인 恒道川에서 증손자와 외증손자를 해산하였다. 소원대로 식민지가 아닌 중국 땅에서 태어나 통쾌하다고 해서 증손자의 아명을 '快唐' 외증손자는 고구려 옛땅에서 태어나 朱蒙의 이름을 따서 '駒蒙'이라 했다. 엄동설한에 해산하는 비상한 광경은『白下日記』(고려대학교 소장)에 잘 나타나 있다(조동걸, 2000,「白下 金大洛의 亡命日記」『安東史學』5, 안동대학교, 143쪽 ; 2000,「傳統名家의 근대적 變容과 獨立運動 事例」『大東文化硏究』36, 성균관대학교, 403쪽).
2) 1920년대 국내에서 전개된 독립운동은 국사편찬위원회,『한국사』제49권에 서술되어 있으므로 제48권인 이 책의 해외에서 전개된 독립운동도 그와 관련시켜 이해할 필요가 있다. 그리고 1910년대의 역사는 제47권에, 1930년대의 역사는 제50권에 서술되어 있으므로 시간적 전후의 관련에도 유의해야 할 것이다. 민족문화에 대해서는 식민지시기를 통관하여 제51권에 서술되어 있으므로 주의해야 한다.

서와 세계를 휩쓴 경제공황의 진행과 폭발, 그리고 사회주의의 확산 등이[3] 3·1운동 후인 1920년대 세계사가 보여준 새로운 특징이다. 그러한 세계사적 특징은 한국사에도 심각하게 반영되고 있었다. 베르사이유 체제는 일본 제국주의의 식민통치를 보장해 준 국제체제이기도 했다. 일본이 1910년대의 무단통치나 1930년대 이후의 전시체제와 달리, 1920년대에는 이른바 문화정치를 표방할 수 있었던 여유도 그러한 베르사이유 강화체제에 의한 안정기조라는 국제환경 때문에 가능했다. 그와 같이 문화정치는 국제정세의 소산이었다. 그에 반해 국제적 안정기조를 근본적으로 거부하고 있

---

3) 사회주의란 용어는 처음에 사회민주주의, 공산주의, 무정부주의를 총괄한 말이었다. 구한말 1883년의 『漢城旬報』 기사에 이미 나타나고 있었다. 1914년 1차세계대전의 발발과 더불어 제2인터내쇼날이 끝날 때 사회민주주의와 공산주의가 분열하고 무정부주의도 독자노선을 추구하기에 이른다. 그때 공산주의는 팀멜와르트회의를 개최하면서 1918년에는 제3인터내쇼날(코민테른)을 결성하여 1943년에 해체할 때까지 세계공산주의운동을 주도하였다. 사회민주주의는 1914년 이후 처음에는 소약국동맹회, 1919년부터는 국제사회당대회를 개최하여 제2인터내쇼날의 재건을 도모했으나 뜻과 같지 못하였고, 오늘날 사회주의 인터내쇼날에 이르고 있다. 한국에서는 혁신주의나 진보주의라는 우회적 표현을 사용하기도 한다.
1920년대 한국에서는 사회민주주의와 공산주의를 구별하지 못했다. 어느 것이나 金在鳳·金丹冶·林元根·朴憲永 등, 젊은 사상가에 의해 초보적 이론 수준에 머물고 있었다. 오히려 무정부주의가 李會榮·申采浩·金宗鎭·柳樹人 등, 원로 또는 중견사상가에 의해 수용되면서 설득력을 가지고 확산되고 있었다. 그러나 그의 이상주의적 성향과 이론의 이해가 어려워 1930년대부터 크게 발전하지 못하다가 근래에 새롭게 주목을 받고 있다. 그에 반하여 사회주의는 1930년대부터 사회민주주의와 공산주의가 구별되면서 특히 독립운동 진영에서 사상적으로 확산되어 갔다. 해방 후의 사회민주주의는 呂運亨(근로인민당)·趙素昻(사회당)·曺奉岩(진보당) 등에 의하여 개척되었으나 남북분단과 냉전논리로 말미암아 남북 어디에서도 자리를 잡지 못하였다.

던 한국독립운동은 안정기조 자체가 타격의 대상이어야 했다. 따라서 한국독립운동은 형극의 도정이 예견되었다. 한국인의 정의와 자유와 평화를 위한 외침은 베르사이유 강화체제를 유지하려는 열강들에게는 도전적인 소리였고 귀찮은 소리였다. 그러므로 열강들에 둘러싸인 약소민족해방운동은 열강들의 압제와 봉쇄에 직면할 수밖에 없었다. 그것을 누구보다 먼저 파악한 많은 지식인이 지친 나머지 민족운동 대열에서 탈락해 가기도 했다. 그렇게 지친 소리가 개량주의였고 그것을 대변한 글이 李光洙의 「民族的 經綸」과 「中庸과 徹底」라는 논설이었다.[4] 3·1운동에서 중추적 위치에 있

---

4) 李光洙의 「民族的 經綸」은 『동아일보』 1924년(대정 13년) 1월 2일부터 6일까지 연재되었고, 「中庸과 徹底」는 『동아일보』 1926년(대정 15년) 1월 2일자 신년호에 실렸는데 자치론을 제기한 「민족적 경륜」은 개량주의를 구상하다가 못해 타협주의 친일로 경도된 내용이었으므로 사회주의 진영은 물론, 민족주의 진영으로부터도 신랄한 공격을 받았다. 여기서 운동전선에 타협과 비타협이라는 두 갈래 흐름이 생기게 되었다. 자치운동에 대한 당시의 반박 논리는 다음의 글이 선명하다. 白南雲, 「朝鮮自治運動에 대한 社會學的 考察」『現代評論』 1-1, 1927년 1월호. 당시의 백남운은 유물론을 수용하기 이전이었다.
「中庸과 徹底」는 시문학의 성격을 상(常;평화)과 변(變;혁명)으로 나누고 "지금 우리 조선인은 중병 알코난 사람과 갓다. 그는 육체적으로도 허약하거니와 정신적으로도 허약하다. 그에게 강렬한 자극제만 주는 것은 마치 불매증 환자에게 가배차(커피)를 대구 머기는 것과 갓다. 그는 원기를 보하여야 한다. 그에게는 모든 극약보다도 술보다도 가배보다도 신선한 음식과 공기와 일광과 과격하지 아니한 동작이 필요하다. 이리하야 얼마동안 원기를 회복하야 이른바 기혈이 충장하야 능히 정의와 자유를 사랑하고 그를 위하야 헌신분투할 예지와 용기를 어든 후에라야 능히 혁명도 하고 회천의 웅도도 할 것이다. 十年生聚 十年敎訓이라 하엿거니와 문학적으로 민기를 보양함이 극히 필요하리라고 밋고 그 문학은 常的문학 正的문학 평범한 문학 영문학적 문학이 되라고 밋는다."라고 했다. 실력양성론의 대표적 논리였다.
그에 대하여 문학 청년으로부터 반격을 받았다. 『조선일보』 1926년 1월 23·24일자에 실린 梁柱東의 「徹底와 中庸」이라는 이광수의 「中庸

던 崔麟도 자치운동의 時中會를 만들어 변절 행각을 서슴치 않다
가 봉변을 당하기도 했다.[5]

그렇게 지친 소리가 있었던가 하면 독립운동을 전개한 역사의
본류도 도도하게 흐르고 있었다. 국내에서는 독립운동 조직이 지
하에서 활동했던가 하면 노농운동과 학생운동이 발전하고 있었고,
해외에서도 만주의 독립군 조직이 1920년대에 이르러 청산리전쟁
뒤에 3부(참의부·정의부·신민부)체제를 정비하면서 새롭게 성장
하고 있었다. 3·1운동과 더불어 너나없이 민족과 독립을 외치던 흥
분된 분위기는 해가 가면서 가라 앉는 가운데 변절할 사람은 변절
하고 떠날 사람은 떠나갔다. 즉, 1920년대 후반으로 가면서 독립운
동이 한결 정돈되어 갔다.

3·1운동 직후에는 민족총력항쟁이라는 양상을 나타냈다. 3·1운
동으로도 독립을 쟁취할 수 없었고, 베르사이유 강화회의에서 국
제적 냉대를 당한 한국인은 새롭게 민족 총력을 경주하여 항쟁을
시도한 시기가 1920년대였다. 임시정부와 독립군의 항쟁이나 노농
운동이나 학생운동·여성운동·형평운동 등이 새삼스럽게 발달했
던 것이나 학술운동·교육운동·언론운동이 전개된 것이나 물산
장려운동과 협동조합운동 같은 경제운동에 이르기까지 1920년대
를 살던 한국인은 자신의 입지에 따라 재주껏 독립운동에 몸바쳤
다. 그래서 민족총력항쟁의 시기라고 말한 것이다. 그러다가 지칠

과 徹底」에 대한 반박 논설은 "우리 현하에 발생되는 혹은 발생되어야
할 문학은 상적 자연적 문학이 아니요 變的 病的문학(씨의 말대로 쓴
다. 그러나 나는 이것을 병적이라고 하고 싶지 않다) 좀더 자세히 말하
면 퇴폐적 파괴적 혁명적 문학이라 함이 나의 의견이다."라고 반박하
였다. 그후 학생계에서 이광수에 대한 반격이 크게 일어나 학생운동 촉
진의 계기가 되기도 했다(양주동, 1978, 『文酒半世紀』, 범우사, 52~54
쪽).
5) 卞榮魯, 1977, 『酩酊四十年』, 범우사, 78쪽.

사람은 지치고 변절할 사람은 변절해 갔다.

　임시정부와 독립군의 경우에도 1920년대 중반에 이르면 지친 모습을 나타냈다. 그것은 1920년대 세계사적 조건 때문이라는 이유가 컸다. 그러나 끝내 쓰러지지 않았다. 지치면 새로운 활력소를 찾아 부활했다. 그것이 1920년의 청산리전쟁, 1923년의 의열단활동, 1925년 전후의 3부의 항전, 1932년 이봉창·윤봉길 의거를 전후한 대한민국임시정부의 모습이었다. 그러한 모습을 통하여 일본 제국주의의 식민통치가 당초부터 무효라는 것을 천명했고 아울러 죽음을 담보하면서 끝까지 싸우면서 한국의 절대 독립의 의지가 한국인의 참뜻이요 참모습이라는 것을 과시하였다.

2. 1920년대 식민통치의 특성

　일제 식민통치의 기본 성격은 일본 본국 경제와 직결된 식민경제, 민족동화정책의 달성, 황도주의와 군국주의의 통치, 그를 위한 직접식민통치의 강행 등, 네 가지로 요약할 수 있다. 그러한 식민경제를 수립하기 위하여 1910년대에 토지조사사업을, 1920년대에는 산미증식계획을, 1930년대에 군수공업의 상륙과 1940년대에 미곡증산계획을 추진했다. 민족동화정책을 위하여는 식민문화와 식민교육을 강행했고, 그러한 식민정책을 달성하자면 식민통치의 서양 제국주의 방법이었던 간접통치가 아니라 직접통치를 계획하여 1천4백만 인구의 조선에 2백만 일본인을 이주시켜 지배할 것을 획책하였다. 그러자니 통치비용이 남달리 많이 지출되었다. 그러한 많은 비용의 투자를 외형상 개발 투자로 착각하여 식민지 개발이라는 억설을 펴기도 했다.[6] 그러한 식민통치의 기반을 구축하기 위하여 1910년대에 무단통치를 감행했는데 그것이 조선총독부 조직의 완성, 토지조사사업, 조선교육령의 실시 등을 무단적 방법으로 강행한 것이다. 교원이 칼을 차고 수업한 사례는 세계에서 1910년대 일제 식민교육 현장에서만 있었던 현상이다.

1920년대에는 조선총독 사이또(齋藤實)가 1910년대 무단통치를 중단하고 문화정치를 표방하여 제국주의 학자들로부터 찬양을 받았다.[7] 1910년대에는 식민지 수탈의 기반을 확립하자면 무단통치가 필요악으로 불가피했다는 것인데 수탈기반을 확립한 연후인 1920년대에는 본격적으로 수탈 시기를 맞았기 때문에 통치방법을 전환할 필요가 있었다. 수탈 방식이 1910년대와 같은 무단적 방법이 아니라 관료 조직을 통한 외형상 평화적으로 진행할 착취방법이 필요했다. 외형상 폭력적이 아니라는 뜻에서 그것을 문화정치라고 했다.[8] 그것이 수탈의 극대화를 기할 수 있다고 판단한 것이다.

식민통치자들은 비례세제의 세금 수탈과 평양광업소·전매·철도·영림사업 등의 관영사업을 통하여 수탈을 강화하면서 산미증식계획을 추진하여 농산물 수탈의 일원적 통제를 가하였다. 1920년대에 추진된 산미증식계획을 식민지 수탈이라는 측면에서 보면 여러 가지 종류의 농업을 쌀 농사로 일원화하여 수탈의 극대화를 도모한 것이다. 아울러 그것은 일본의 쌀 공급문제를 근본적으로 해결하는 길이기도 했다. 그와 같이 조선의 식민경제는 간접적으로 부의 축적을 위한 것이 아니라 직접 일본 본국인의 생활을 위하여 존재하였다. 제국주의적 일반 이윤을 추구한 서구 식민지와 다

---

6) 식민지 개발론은 오늘날 중진 자본주의론으로 포장되어 있기도 하다.
7) 田保橋潔, 1945, 『朝鮮統治史論稿』(성진문화사, 1972), 191~194쪽.
8) 조동걸, 1993, 「1920년대의 日帝 收奪體制」『韓國民族主義의 발전과 獨立運動史硏究』, 지식산업사, 97쪽.

른 점이다.

한편 1920년대에 신문 발행을 인가하고 학교 설립을 허가했다는 이유를 들어 문화정치를 했다고 변론하고 있다. 그것도 안했다면 3·1운동과 같은 민족적 저항을 막을 방도가 없었겠지만, 실제로 교원이 칼을 차고 수업하거나 헌병경찰제 방식의 무단통치는 철폐하여 1910년대와는 달랐던 것은 사실이다. 그러나 1920년대의 문화정치란 종래의 무단적 방법이 아니라 적극적으로 식민문화를 일으켜 조선의 민족문화와 민족정신을 파괴하고 식민성 문화로 변질시키고 변태적 식민정신을 심어 간다는 방침이었으므로 무단통치 이상으로 가혹했다고 볼 수 있다. 『동아일보』를 허가할 때 총독부 고등과장 시라가미(白上祐吉)의 말대로 정간 폐간과 회유 등의 방법으로 식민통치에 유익한 언론으로 조종해 간다는 것이다. 그리하여 각종 학교도 식민교육의 기관으로 육성해 갔다.

그 위에 식민사학을 개발하여 토착민의 지성과 민족문화를 파괴하였다. 1916년에 일으킨 半島史編纂事業을 1922년에 朝鮮史編纂委員會를 설치하여 조직화하고 1925년에는 朝鮮史編修會로 확대 개편하여 식민사학 개발에 박차를 가하고 京城帝國大學과 朝鮮史學會를 설치하여 조선사편수회의 좌우익으로 삼았다.

그 무렵에 자유주의나 민족주의 사조가 세계적으로 확산된 한편, 사회주의와 무정부주의 등의 좌파 이론도 확산되고 있었으므로 그를 봉쇄하기 위하여 조선공산당이 창립된 1925년에 治安維持法을 만들어 탄압하였다. 그해에 군국주의를 교육에 반영하여 중등학교에 군사교련을 부과하기 시작하였다. 1920년대 후반 중등학교 동맹파업에 군사교육 반대 구호가 등장했던 것이 바로 그것을 의미했다. 이러한 식민통치가 어떻게 문화정치가 될 수 있는가?

3. 독립군의 분포와 독립전쟁의 전개

그와 같은 식민통치에 대항하여 한국인은 지속적으로 독립운동을 전개했는데 독립운동 가운데는 시종 독립전쟁이 중심 위치에 있었다.9) 한국독립운동에서 독립전쟁이 활발했던 시기를 보면, 구한말의 의병전쟁, 1920년대 만주와 연해주에서 전개된 독립군의 독립전쟁, 1930년대 후반 만주에서 조국광복회 등의 보천보전투를 비롯한 독립전쟁, 1940년대 중국 관내에서 전개된 한국광복군과

---

9) 필자는 한국독립운동의 특징을 다음과 같이 지적하고 있다(조동걸, 1998, 「한국독립운동의 특징과 의의」『韓國近現代史의 理解와 論理』, 지식산업사, 13~39쪽). ① 전통 역사에서 우러난 힘을 바탕으로 온 민족이 참여한 독립운동이었다. 거기에 민족 주체성이 반영되어 있다. 대한제국의 멸망은 민족의지에 배반된 것이다. 당시의 의병전쟁과 식민지에 저항한 독립운동이나 망명기지의 개척을 보면 알 수 있다. ② 일본제국주의가 침략해 온 1894년부터 1945년 해방까지, 처음부터 끝까지 중단없이 계속된 독립운동의 지속성이 특징이다. ③ 국내에서만 전개된 것이 아니라 중국·동남아·미주·러시아·유럽·식민통치국인 일본에 이르기까지 이웃나라 먼나라 세계 각국을 무대로 독립운동을 전개하였다. ④ 이념이 다원적이었고 다양한 방략(방법과 전략)을 동원하였다. 모든 방법을 총동원했다는 뜻이다. ⑤ 세계 각처를 무대로 하고 다양한 이념과 방략을 동원하는 가운데 조직의 분화가 일어났는데 그에 대처한 통일전선의 추구가 꾸준히 진행되었다. ⑥ 식민통치가 직접통치였으므로 자치론 같은 온건적이고 회의적 방법은 협조론으로 치부되고 강력한 방법으로 저항한 독립운동 즉, 독립전쟁이 중심 주류운동으로 자리했다. 독립운동을 격렬하게 전개할때는 민중이 담당한 경우가 많았다. ⑦ 식민통치의 민족동화정책에 맞서 민족보존운동으로 민족어 민족사 민족문화운동을 전개하여 민족을 보존하였다. 그러므로 해방 이튿날부터 민족어를 교육용어로 사용할 수 있었다. ⑧ 독립운동을 통하여 한국 근대화의 기초를 수립하였다. 신분제 해방이나 남녀평등 같은 근대사상은 독립운동 사상을 통하여 확립되었는가 하면, 근대 헌법은 임시정부 헌법을 통하여 수립되어 해방 조국으로 계승되었다.

조선의용군의 독립전쟁 등이 대표적인 것이었다.

거기에서 1920년대의 독립전쟁만 한정하여 본다면 1919년 3·1운동 후에 국내외 각처에서 일어난 독립군 단체가 추진한 무장독립운동이 그것이다. 1910년대 무장독립운동은 국내에서는 대한광복회와 조선국민회의 활동이 대표적인데 그것은 군사조직이라기보다는 의열투쟁 조직의 성격이 강했다. 해외에서는 서간도·북간도·연해주·몽골·하와이 등지의 독립군기지 개척과[10] 그것이 1914년 제1차대전과 더불어 봉쇄 당한 후에는 서간도 백서농장군영(白西農庄 軍營)이 독립전쟁의 준비체제로 대표적인 경우이다.

그러한 1910년대 독립전쟁의 준비체제가 3·1운동을 계기로 폭발하여 독립전쟁으로 발전하였다. 먼저 동포들이 망명 이주하여 살던 서·북간도[11]를 중심한 만주 각처에서 독립군 단체의 결성이 추진되었다. 서간도에는 백서농장 군영을 확대 개편한 서로군정서와 새로 망명한 의병 출신자와 평안도 일대에 조직된 대한청년단연합회 인원으로 결성한 대한광복군총영이 있었고, 북간도에는 국

---

10) 몽골에서 독립군기지가 개척되고 있었던 문제는 근래 이 방면을 연구하는 한몽학자에 의해 포착되었다. 그의 보고문은 2001년 8월 20~21일에 몽골국립대학에서 개최된 한몽 공동 학술회의에서 『한국독립운동과 몽골』(한국근현대사학회)이라는 보고서로 제출되었다. 보고서에는 한국측에서 조동걸(「한국과 몽골의 역사적 우의」), 반병률(「이태준의 독립운동과 몽골」), 한시준(「내몽골지역의 한국독립운동」), 장석흥(「한국의 해외독립운동과 몽골」) 등의 논문이 발표되었다.

11) 西間島와 北間島라는 말은 間島라는 말에서 유래한다. 간도는 두만강 북쪽 현재의 延辺 자치주 지방을 일컫는데 조선후기에 국경분쟁이 있었던 지역이다. 대한제국의 외교권을 빼앗아 가지고 있던 1909년에 일본이 청나라와 間島協約을 맺어 간도지방을 청에 넘겨주었으므로 중국 영토가 되었는데 1910년 대한제국이 멸망하면서 한인 이주자가 많아졌다. 그들은 간도 북쪽을 間北地方, 간도 서쪽을 間西地方이라고 불렀는데, 그것이 간북은 북간도, 간서는 서간도란 호칭으로 바뀌어 서간도 북간도란 말이 일반화되었다.

민회군·북로군정서·대한독립군·군무도독부·의군부 등의 독립군이 대표적이었다. 그들이 1920년 10월부터 청산리전쟁을 끝내고 그해 연말에 密山에 집결하여 러시아로 넘어갈 때 10개 독립군 단체가 大韓獨立軍團을 결성하였다.[12]

대한독립군단 독립군은 임시정부 국무총리 李東輝의 종용에 따라 러시아로 들어가 자의 타의간에 볼쉐비키 혁명군으로 전환하여 洪範圖·李靑天을 중심으로 이르쿠츠크 고려공산당군으로, 桂奉瑀·李鏞을 중심으로 상해파 고려공산당군으로 개편되었는데 결국은 양군이 대립하여 1921년 6월에 자유시참변을 맞아야 했다. 민족 최대의 비극이었다. 대한독립군단 단장인 徐—이 그해 말에 밀산 白泡子로 돌아와 자결로 삶을 마감한 것도 개인의 인생사에 한정되는 것이 아니었다.

청산리전쟁을 전후하여 만주에서는 일제에 의해 庚申慘變이 자행되었고, 러시아에서는 4월참변이 자행되었다. 그에 이어 1921년에는 自由市慘變이 전개된 것이다. 동포들은 독립전쟁에 몸바쳐 죽고 망국민의 각종 참변을 맞아 죽어야 했다. 나라가 망하고 동포들은 식민지에서 혹은 해외에서 무참하게 학살당해야 했다. 그래서 러시아로 망명한 시인 趙明熙는 「짓밟힌 고려」를 읊었고 동포들은 그가 남긴 노래를 외우며 재기의 칼을 갈았다.

1920년의 경신참변과 4월참변, 이듬해의 자유시참변을 겪은 뒤에 독립군 단체는 재정비되었다. 재정비하는 가운데 몽골지방에 독립군기지를 건설하려는 노력도 있었으나 뜻대로 되지는 않았다.[13] 그리하여 경신참변으로 얼룩진 만주지방으로 집중될 수밖에

---

12) 조동걸, 2000, 「靑山里戰爭 80주년의 意義」『1910-1930년대 조선민족 반일투쟁사 재조명』, 延辺大 민족연구원(延吉) ; 2000,『한국근현대사 연구』15, 한국근현대사학회 ; 2001,『韓國近現代史의 理想과 形象』, 푸른역사, 232~250쪽.

없었는데 처음에는 이합집산을 거듭하다가 1923년에 남만주에서
參議府가, 1924년에 남부와 중부 만주에서 正義府가, 1925년에 북
만주에서 新民府가 결성되면서 안정을 찾아갔다. 그때 연해주에서
결성된 赤旗團이 신민부 지역인 중동선 일대에 들어와 활동하고,
역시 같은 지역에 조선공산당 만주총국이 결성되어 독립군 진영이
좌우익의 세력 분화가 일어났다. 그것을 통일전선 또는 협동전선
으로 묶어 보려고 1927년부터 만주에서 민족대당 또는 민족유일당
운동이 전개되었다.

   민족유일당 또는 민족대당 결성운동은 임시정부 창조파(김규식
·윤해·김응섭)의 국민위원회가 1924년 2월 19일부터 개최한 해
삼위 회의에서 결정 포고한 데서 비롯되었다.[14] 그것이 곧 민족대
당으로 나타나지는 않았으나 1924년 말에 만주 반석에서 金應燮을
중심으로 결성한 한족노동당이나[15] 이듬해에 梁起鐸을 중심으로
결성한 고려혁명당이나 모두 국민위원회에서 제기한 '대독립당'·
'민족대당'·'민족유일당' 결성운동의 여파로 탄생한 것이라고 보
면 국민위원회의 민족대당의 제창이 적지 않은 영향을 미쳤다고
이해되어야 한다.

   그후 민족대당운동은 물밑으로 추진되어 1926년 대독립당 북경

---

13) 몽골지방의 독립군기지 개척문제는 앞에 소개한 2001년 8월 20일 몽골
    국립대학에서 한국근현대사학회와 몽골국립대학이 공동 주최한『한국
    독립운동과 몽골』학술발표회 발표문을 참고하기 바람.
14) 국민위원회 결의사항「韓國獨立黨 組織案」은 그해(1924) 6월 7일자로
    선포했는데 그것은 그해 7월 10일자로 발행한「국민위원회 포고 제1
    호」로 공개되었다.
    國會圖書館編,「國民委員會 公報 入手에 관한 件」『韓國民族運動史
    料』－中國編, 512~517쪽.
15) 金容達,「한족노동당의 조직과 활동」(2001.5.22, 한국독립운동사연구
    소 발표문)에서 한족노동당이 처음으로 학계에서 주목을 받게 되었다.

촉성회가 결성되면서 표면화하여 1927년에 국내외에 크게 확산되었다. 만주에서도 1927년에 金東三이 선봉에 서서 일어났으나 뜻과 같지 않고 참의부·정의부·신민부 3당합당운동으로 변질하고 말았다. 3당 통합도 1930년을 전후하여 국민부와 한족자치연합회로 개편 양립하게 되었다. 아울러 국민부는 조선혁명당과 조선혁명군을 조직하고 한족연합회는 한국독립당과 한국독립군을 조직하여 활동했다.

한편 남북만주 곳곳에 당세를 확장하고 있던 조선공산당 만주총국은 1928년 코민테른 6차대회에서 채택한 1국1당의 원칙에 따라 해체하였다. 그후 조선인 당원은 모두 중국공산당에 입당하여 각처의 유격대에 편입하여 활동했다. 그때인 1932년부터 몰아닥친 民生團事件으로 희생이 막심하였다.[16] 민생단사건으로 말미암아 민족적 생기는 마멸되고 말았다. 동포들은 이민 초기부터 어느 한 사람이 중국 국적을 얻어 토지를 구입하여 나머지 동포들이 분할하여 농장을 경영한 이른바 典地制度를 최대로 이용하고 있었는데 1926년부터는 전지제도도 금지 당하고[17] 거의 중국인의 소작농으로 전락하고 있던 그때였다. 그러한 참담한 처지에서 토지개혁의 구호에 따라 공산주의자가 되었다고 해도 공산주의 세계혁명 보다는 조국의 독립을 추구했다. 그러므로 공산당에 가입했더라도 민족을 앞세웠던 것이 사실이었다. 그것이 중국공산당의 눈에는 마땅치 못했다. 결국 민생단이라는 유령 단체에 가입하여 활동했다는 누명을 쓰고 5백여명의 공산주의 중견 지도자가 희생되고 말았다. 민생단 사건이 끝난 것은 1936년 초이므로 4년간의 비극이 만

---

16) 金成鎬, 1999, 『1930년대 延辺 民生團事件 硏究』, 백산자료원, 536쪽.
17) 金春善, 1998, 「典地制度의 형태와 성격」『北間島地域 韓人社會形成 硏究』, 국민대 박사학위논문, 214쪽.

주에서 전개된 한국공산주의 운동을 피로 물들게 하였다.

4. 의열투쟁의 전개와 특징

무장독립운동에는 군사조직의 투쟁과 義士와 俠士의 투쟁형태
가 있었는데 의협사의 투쟁을 의열투쟁이라 한다.[18] 의열투쟁을
총괄하여 서술한 최초의 저서인『의열투쟁사』를 보면 한일의정서
가 체결된 1904년부터 대한제국이 멸망의 길로 기울자 李漢應·
趙秉世·閔泳煥 등이 자결로 항쟁한 것을 열사의 효시라 했고, 의
사의 투쟁은 1905년 을사늑약을 계기로 오적암살단 문제도 있으나
본격적 단계에 이른 것은 張仁煥과 安重根의 투쟁에서 비롯된다
고 했다. 그리고 1910년대에는 대한광복회와 조선국민회의 활동이
의열투쟁의 성격을 가지고 있었고 그를 계승한 암살단과 주비단
등이 3·1운동에 이은 의열투쟁 단체를 대표한다고 할 수 있다.[19]
그런데 의열투쟁의 이론은 의열단의 선언인 1923년 申采浩의「朝

---

18) 의열투쟁이라는 용어는 1969년부터 1979년까지 존재한 독립운동사편
  찬위원회에서『독립운동사』제7권『의열투쟁사』를 편찬하면서 학술
  용어로 확정되었다. 그때 조지훈의『한국민족운동사』의 서술처럼 '의
  협사'라는 의견도 있었으나 '협사'는 '의사'의 개념에 통합하고 의사와
  같이 단체 조직이 아닌 개인 행동으로 독립운동에 기여한, 주로 자결
  순국자가 많은 '열사'의 투쟁 정신과 업적을 고려하여 '의열투쟁'이라
  고 호칭하는 것이 좋다는 의견이 우세하였다. 거기에는 1919년부터
  1935년까지 중국에서 활동한 의열단의 이름이 크게 영향한 것도 사실
  이라 하겠다.
19) 大韓光復會를 계승한 3·1운동 직후의 暗殺團과 籌備團 등의 활동에
  대해서는 2001년 5월 11일 충남사학회에서 주관한『光復團 決死隊의
  再照明』학술회의에서 尹炳奭·張錫興·金祥起 교수 등의 발표문을
  통해 비교적 소상하게 보고되었다.

鮮革命宣言」이 발표되면서 정립되었다. 뿐만 아니라 의열투쟁도 의열단의 결성과 활동을 통하여 독립운동 방략으로 확립되었다고 이해된다. 의열단은 1919년 만주 길림에서 金元鳳을 중심으로 창립하였다. 그후 1935년 남경에서 민족혁명당을 창립하면서 해체할 때까지 16년간을 중국에 본부를 두고 국내외에서 의열투쟁을 전개하여 한때 독립운동의 대명사와도 같이 의열단의 명성을 청사에 남겼다.

의열단의 16년간 활동을 3시기로 구분해 볼 수 있다. 제1기는 1919~1925년의 대한광복회 방식을 계승한 작탄(테러)활동 기간으로 이때는 의열단이 민족주의에서 무정부주의로 기울고 있었다. 金益相·吳成崙·金相玉·金祉燮 등의 활동이 의열투쟁을 대표했다. 제2기는 1926~1931년으로 황포군관학교에 입교 후 공산주의에 경도되어 간 시기이다. 졸업후에는 중국 북벌에 참전하고 국공분열 후에는 중국공산당과 함께 南昌봉기와 廣州봉기에 참가하여 활동했다. 제3기는 1932~1935년으로 남경에서 의열단 간부학교를 운영하며 다시 국내공작활동을 전개하던 시기이다.[20]

의열투쟁 단체로 또 하나 손꼽는 것은 임시정부 외곽단체인 한인애국단이다. 한인애국단은 白凡 金九가 이끌었던 조직으로 1932년의 작전이 불후의 업적으로 손꼽는다. 李奉昌의 동경의거, 尹奉吉의 상해의거, 李德柱의 조선총독부 폭파추진, 崔興植의 만주 관동청 공격추진 등이 그것인데 안중근의 하르빈 의거와 함께 국제적 파장을 크게 일으켰다. 국제적으로 제국주의에 대한 경종이었을 뿐 아니라 1920년대에 침체일로에 있던 임시정부를 기사회생시

20) 金榮範, 1997, 「1930년대 전반기의 의열단운동과 그 사상」『한국근대민족운동과 의열단』, 창작과비평사, 283쪽.
조동걸, 1995, 「義烈團 幹部學校가 있던 南京에서」『독립군의 길따라 대륙을 가다』, 지식산업사, 233쪽.

졌다. 그래서 나라는 망해도 겨레는 망하지 않았다는 자부심을 지
킬 수가 있었다.[21]

  의열투쟁은 다물단·공명단·병인의용대·남화한인청년연맹 등
의 활동을 통하여 나타나기도 했다. 특히 남화한인청년연맹 등이
전개한 무정부주의자의 자치촌 건설운동과 함께 추진한 의열투쟁
은 특별히 주목되어야 한다. 앞에서 단재 신채호의 「朝鮮革命宣言」
을 언급했거니와 그것도 무정부주의를 대변한 글이었다. 단재의
또 다른 글인 「龍과 龍의 大激戰」도 무정부주의를 극명하게 보여
준 작품이다. 단재는 이념으로는 무정부주의를 위해서, 방략으로는
의열투쟁을 장식한 대표적인 인물이었다.[22]

5. 상해시기의 대한민국임시정부

  3·1운동과 더불어 국내외 곳곳에서 임시정부가 수립되었다. 그
것은 3·1운동과 동시에 독립이 임박했다고 믿었던 의식의 반영이
었다. 임시정부란 정식정부를 수립하기 위한 준비정부이다.[23] 준비

---

21) 趙東杰, 2001, 「李奉昌義擧의 歷史性과 現在性」『이봉창의사 순국 69
   주년추모 학술회의』, 단국대학교, 23~35쪽.
22) 丹齋의 사상은 철저한 무정부주의에서 찾아야 한다. 그의 민족주의도
   무정부주의를 실현하기 위한 수단이었다. 그것을 거꾸로 민족주의를
   위하여 무정부주의를 수단으로 했다든지(남한), 북한 방식으로 맑쓰-레
   닌주의를 목표한 것이었다든지, 각기의 정치적 이유에서 억설했던 것
   은 시정되어야 한다(조동걸, 2001, 「丹齋 申采浩의 삶과 遺訓」『韓國近
   現代史의 理想과 形象』, 푸른역사, 307쪽).
23) 세계적으로 임시정부를 수립했던 사례는 1911년 몽골(蒙古)임시정부,
   1917년의 러시아·폴란드·핀란드 임시정부가 한국임시정부의 선례
   이다. 1917년에는 申檉(신규식)·박은식·신채호·홍명희·김규식·
   조소앙 등의 한국 독립운동자들도 상해에서 임시정부를 수립하려고 계

정부라는 점을 생각하면 임시정부를 수립할 때 무엇을 계산하고 있었던가를 짐작할 수 있을 것이다. 임시정부는 서울·평안도·연해주·간도·길림·상해 등지에서 독립선언과 더불어 공표되었다.[24] 7개의 임시정부가 공표되었는데 거기에서 정부 수립자의 실체를 알 수 있는 것은 서울의 대조선공화국(세칭 한성정부) 연해주의 국민의회, 상해의 대한민국임시정부였다. 그러니까 3자의 교섭으로 통합이 추진되어 1919년 9월에 상해에 대한민국임시정부라는 통합정부를 수립하였다. 거기에서 놀라운 것은 어느 것이나 자유주의 이념과 공화주의 정부를 표방하고 있었다는 사실이다.

통합정부를 수립할 때 만든 헌법이 당장에 급하지도 않은 삼권분립까지 표방한 민주주의의 이상을 나타낸 것은 정식정부를 예상한 준비정부로서 만전을 기하자는 뜻이었다. 그러나 정식정부 수립이 요원해지자 임시정부의 헌법은 독립운동에 필요한 조항만 두게 되었다. 그것이 1925년과 1927년의 헌법이다. 그후 1940년 중경에 정착하면서 만든 헌법에 이어 1944년의 헌법에서는 광복을 전망하면서 다시 준비정부로서의 내용이 추가되었다. 그것은 권력구조를 나타낸 정부형태의 변화를 보아도 알 수 있다.[25]

획하여 「大同團結宣言」을 발표하였으나 호응을 얻지 못하여 성공하지 못하였다(조동걸, 1989, 「臨時政府 수립을 위한 1917년의 大同團結宣言」『韓國民族主義의 성립과 獨立運動史研究』, 지식산업사, 314쪽).

24) 吉林의 「大韓獨立宣言書」를 戊午年인 1918년에 발표되었다고 "戊午獨立宣言"이라고 말하는 경우가 있는데 1918년에 발표했다는 것은 잘못이다. 내용을 보면 다른 독립선언서의 '독립선언' 또는 '독립청원'과 달리, 독립전쟁 선포문과도 같은 것이다. 그것은 3·1운동 이전의 선언문이 아니라 빨라도 3·1운동의 진행과 더불어 발표된 선언문이라는 것을 의미한다.

25) 조동걸, 1975, 「대한민국임시정부」『한국사』, 국사편찬위원회 ; 1981, 「大韓民國臨時政府의 組織」『韓國史論』10, 국사편찬위원회 ; 2001, 「임시정부의 憲法과 理念」『韓國近現代史의 理想과 形象』, 푸른역사,

임시정부의 변천에 대하여는 어느 각도에서 보느냐에 따라 다르다. 정치사에서는 권력구조를 중시하기 때문에 헌법의 변화 즉 정부형태의 변화를 기준해서 보는 경우가 많다. 그런가 하면 독립운동사의 각도에서는 1932년 윤봉길의 상해의거와 1940년 광복군의 창설을 기준하여 변천시기를 나누고 있다. 그러한 독립운동의 시기구분은 임시정부가 머물었던 곳에 따라 상해시기(1919~1932), 이동시기(1932~1940), 중경시기(1940~1945)로 나누는 것과 일치하므로 그것이 이해하기가 편리하다. 이 글도 그러한 용례를 따라 상해시기의 임시정부에 한정해서 살피기로 한다.

임시정부는 1919년 준비정부로 탄생했기 때문에 정식정부의 수립 준비를 위하여 파리강화회의에 대한 외교에 집중하는 한편, 각종 법령과 제도를 정비하였다. 그리고 독립운동에도 박차를 가하였다. 정부란 주권의지의 조직이기 때문에 임시정부의 수립은 일본에 대한 여하한 타협도 용납하지 않는 절대독립의 의지를 집약한 표상의 실체였다. 그리고 주권은 최고·절대·유일·불가분한 것이기 때문에 주권의 존재인 임시정부는 독립운동의 최고기관으로 탄생했다고 보아 좋을 것이다. 따라서 정부조직을 정비하면서 국내외 동포를 관할하는 聯通府·交通局·居留民團을 설치 운영한 것이다.26)

그런데 파리강화회의에서 독립의 외교적 쟁취가 무산되고 1920년 청산리전쟁에 이은 경신참변 등으로 독립전쟁이 크게 타격을 입은 뒤에 준비정부로서의 임시정부 성격은 희석되고 말았다. 1920년 말 대통령 李承晩이 상해에 도임하여 분란을 일으킨 것을 고비로 준비정부의 위치는 상실했다고 보아 좋을 것이다. 그래서 1921년초

382쪽.
26) 滿洲에서는 西路軍政署와 北路軍政署가 거류민단을 대신하였다.

에 李東輝·金奎植·安昌浩 등 임시정부 초기의 주도자들이 줄줄이 임시정부를 떠났던 것이다. 그러나 임시정부는 3·1운동의 주권의지로 수립한 것이므로 발생가치를 포기할 수는 없었다. 그것은 독립운동을 포기하는 것과 같았다. 그래서 독립운동 전체를 재정비하려고 1921년부터 국민대표회 소집이 제기되었다. 朴殷植·元世勳·安昌浩·金東三 등이 국민대표회 개최를 추진하였다. 어떤 정부이건 정부란 국민적 기반 위에서 존재하는 것이므로 국민적 기반을 만회하자는 의도이기도 했다. 그리하여 1923년 1월 3일부터 그해 5월 15일까지 상해에서 국민대표회가 열렸다. 임시정부의 유지(이승만·이시영)와 개조(안창호·김동삼·여운형)와 창조(김규식·김응섭·윤해)의 주장이 대립하여 회의는 실패하였다.

실패의 근본 이유는 통일전선에 대한 이해부족이었다. 유지파의 막후 방해도 그것이었지만 창조파가 국민대표회를 깨고 국민위원회를 결성하여 상해를 떠나 결렬되고 말았다. 연해주에서 국민위원회가 통일전선에 새롭게 눈을 뜨고 1924년에 민족대당을 제창했을 때는 시기가 맞지를 않았다(전술·후술).

임시정부 요인들은 대통령 이승만의 변태적 운영 때문에 임시정부가 잘못됐다고 생각하여 1923년에는 대통령불신임안을 결의하고 그래도 물러나지 않자 1925년에 대통령탄핵안을 통과시켜 이승만을 축출하고 뒤이어 박은식을 대통령으로 선출하였다. 그리고는 임시정부를 준비정부 보다는 독립운동 지도체제에 맞게 헌법을 개정하였다. 그것이 1925년의 國務領을 중심한 내각책임제 개헌이다. 새 헌법에 따라 安昌浩·梁起鐸·李相龍·洪震·金九 등이 차례로 국무령에 선임되었다.

이때는 1924년부터 국민위원회 인사들이 추진하던 민족대당운동이 설득력을 얻으면서[27] 1926년부터는 임시정부 안팎에서 민족

대당 결성운동이 크게 일어났다. 그때 국무령에 취임한 김구가 민
족대당을 임시정부 위의 최고기관으로 한 以黨工作 체제의 헌법을
만드니 이것이 1927년의 국무위원회 중심의 관리정부형태의 헌법
이다. 그리하여 독립운동의 거리는 온통 민족대당 형성을 위하여
동분서주하게 되었다. 만주와 북경·천진·상해·남경·무한·
광주 등의 관내 곳곳에서도 민족대당결성촉성회가 탄생하였다. 그
런데 때마침 중국국민당의 국공분열이 영향하여 국내에서 新幹會
가 결성된 이외에 어디의 대당운동도 성공하지 못하였다. 오늘날
의 분단 현실과 관련하여 생각하면 안타까운 역사라고 하겠다.

　그러나 두 가지 긍정적 유산도 남겼다. 하나는 민족대당운동을
계기로 정당 결성운동이 일어났다는 점이다. 1924·5년 만주에서
한족노동당과 고려혁명당이 탄생한후, 1930년부터 조선혁명당(만
주), 한국독립당(만주), 한국독립당(상해), 신한혁명당(상해)이 결성
됐다는 것을 말한다. 또 하나는 결과론이기는 하지만 정부를 관리
정부 형태로 개편함으로써 1932년 윤봉길 의거후 이동기의 임시정
부를 운영하기에 편리했다는 점이다. 이동기의 임시정부가 왜소하
게 보였던 것도 관리정부 형태의 정부조직이었기 때문이다.

　그러나 정부라고 말하기에는 너무도 초라한 모습이었다. 그것을
탈출하여 독립운동의 활력소를 찾고 임시정부의 생기를 찾았던 것
이 한인애국단이 주도한 1932년의 이봉창의 동경의거와 윤봉길의
상해의거였다. 이러한 한인애국단의 의열투쟁은 일본 군국주의에

---

27) 民族大黨(唯一黨)운동이 설득력을 얻었다는 것은 두 가지 측면에서 그
　　럴 이유가 있었다. 하나는 孫文이 이끌고 있던 중국국민당이 1924년에
　　국공합작에 의한 민족대당을 형성한 것이고, 하나는 1925년 조선공산
　　당이 창립되어 우리의 독립운동에도 통일전선이 현실적으로 절실히 요
　　구되었다는 사실이다. 그러므로 1926년에 국무령에 취임한 洪震은 민
　　족대당의 결성을 시정방침으로 밝히고 있었다.

대한 정의의 경종인 동시에 세계 제국주의에 대한 경종이었다. 그리고 한국독립운동이 새롭게 활기를 찾는 쾌거이기도 했다. 그러므로 한국독립운동은 잊어버린 임시정부를 다시 주목하게 되었다. 국민적 기반을 회복했다는 말도 된다. 국제적으로도 다시 주목을 받았다. 따라서 한인애국단의 활동이나 이봉창·윤봉길의 의거는 임시정부를 다시 한국독립운동의 중심 위치에 끌어올렸다는 점에서 주목을 받고 있다. 이와 같이 임시정부는 3·1운동에 의해 탄생한 그의 발생가치는 누구도 부인하지 못한다. 그러나 발생가치를 충실하게 수행하였느냐의 역할가치는 사람에 따라 평가를 달리할 수 있다. 많은 한계가 있다고 치더라도 그의 존재 자체가 한국독립운동의 특징을 규제하는 표상이라고 보아 좋을 것이다. 그러한 경우가 다른 나라 독립운동에서는 없었기 때문이다.

이상에서 독립군의 독립전쟁과 의열투쟁, 그리고 임시정부의 개요를 살피면서 역사적 위치와 의미를 더듬어 보았다. 거기에서 다시 기억할 것은 한국독립운동은 임시정부를 수립하여 독립운동을 전개했고, 그 임시정부는 한국사에서 볼 때 혁명적으로 추구한 자유주의 이념과 공화주의 정치를 표방하여 한국근대사 발전에 크게 기여했다는 점이다. 그리고 독립군이나 임시정부는 식민지 무효론의 역사적 근거이며 절대독립의 민족적 의지를 대변하고 있었다는 점을 주목해야 한다. 그러므로 독립운동자가 해방 조국의 주인이 되어야 할 것은 역사의 순리였다. 그것을 미국 주둔군이 방해하였다. 또 독립군이나 임시정부가 식민지 무효론을 주장하고 절대독립을 주장하고 있었다는 것은 어떠한 타협도 거부했다는 말이다. 바로 여기에 해방 후 한국이 독립할 엄연한 근거가 있는 것이고 또 일본에 배상금을 청구할 근거가 있는 것이다. 해방 후 신생 대한민국의 정치인은 그러한 역사성을 이해하지 못하였다. 특히 군사정권은 1965년 한일협정에서 배상금을 포기한 민족적 과오를 저질렀다. 그러한 민족적 과제는 앞으로 있을 북일회담을 통하여 극복되기를 기대해 본다.

1920년대의 한국사에는 독립운동이 민족총력항쟁으로 전개되면서 3·1운동에서 부상한 인도주의가 여러 가지 실천 논리를 찾던 가운데 사상과 방략이 만발하였다. 사상적으로는 자유주의와 자본주의, 사회주의와 공산주의, 그리고 무정부주의가 매력을 끌었다. 거기에서 자유주의나 사회주의나 무정부주의가 원칙으로 국제주의 또는 세계주의를 추구하는 이념이지만 그에 앞서 민족주의를 표방한 경우가 많았다. 식민지하에 있던 약소민족은 해방운동의 논리를 자유주의·사회주의·무정부주의 어디에서 찾더라도 그의 전단계로 민족주의를 표방했던 것이 일반적이었다. 한국독립운동의 경우도 마찬가지였다. 그때의 민족주의는 세계주의로 가는 중간 단계의 이념이기 때문에 국수주의와 구별됐다. 그러한 이치를 외면하고 직접 세계주의를 달성할 수 있다고 선전 선동한 공산주의 노선이 있었다. 그것이 한때의 독립운동을 혼돈에 빠뜨렸는데 깊이 반성할 문제이다.

방략은 정치투쟁·무장투쟁·외교론·실력양성론이 있었던가 하면 자치론·타협론·비타협론 등, 각자의 처지에 따라 다양하게 제기되고 논의되고 있었다. 다양하게 추구되었다는 자체가 민족총력항쟁기에 보여준 특징이라 할 것이다. 그런데 1920년대가 깊어가면서 자치론이나 타협론은 독립운동에서 탈락해 갔다. 그리하여 1930년대가 되면 사회운동이나 문화운동도 새롭게 정비되어 갔다. 그러한 경향은 임시정부나 독립군의 행적을 통해 보아도 분명했는데 그것은 다른 기회에 재론키로 한다.

Ⅳ. 李奉昌 의거의 歷史性과 現在性[*]

1. 머리말

이봉창의사를 비롯한 한인애국단의 활동에 대한 이해는 당시의
신문들을 통해 단편적으로 이해할 수 있는데, 해방 후 한인애국단
의 활동에 대하여 종합적으로 보고한 엄항섭의 『屠倭實記』(1946)
가 공간되어[1) 상당한 기간의 연구는 『도왜실기』의 범주를 크게 벗
어날 수 없었다. 많은 숙제가 있다고 해도 그것을 해결할 결정적
자료를 찾지 못하여 엉뚱한 해석을 펴기도 했다.[2)

---

  * 2001년 11월 단국대학교에서 열린『이봉창의사 순국 69주년 추모 학술
    회의』의 주제 발표 논문(「이봉창의사와 한국독립운동」) 이다.
 1) 嚴恒燮, 1946, 「東京爆彈事件의 眞相」『屠倭實記』, 국제문화협회,
    30~43쪽.
    이봉창의 동경의거에 관한 기록은 세 차례 발표되었다고 이해된다. 첫
    번째는 근래에 공개된 한인애국단장 金九가 1932년 9월 28일 작성한
    「東京炸案의 眞狀」(『이봉창의사와 한국독립운동』, 단국대학교, 2000,
    91~102쪽)이고, 다음의 것이 김구가 1932년 12월 1일 발행한 중문판
    「東京炸案之眞相」『屠倭實記』, 上海, 5~10쪽(『白凡金九全集』1, 563~
    578쪽)인데 중문판『屠倭實記』를 1946년에 임시정부 선전부장 엄항섭
    이 번역하여 정부 홍보용으로 반포했던 것이 세 번째 기록이다. 종래
    학계에서는 주로 1946년판에 의지해 있었다.
 2) 초기의 연구들은 다음과 같았다.

연구의 결정적 전기는 최서면 국제한국연구원장에 의하여 제기
되었다. 이봉창 연구에 관한한 각주 2)에서 밝힌 종전의 연구를 '초
기연구'라고 한다면, 최서면 원장이 찾아낸 자료에 의한 근래의 연
구를 '후기연구'라고 구별해서 생각할 수 있을 정도로 자료와 연구
시각이 달라졌다. 먼저 최원장은 「이봉창의거 연구 서설」에서[3] 과
거 연구자의 오류를 광범하게 지적하고 새로운 자료로 경찰조서·
예심조서·재판기록·자술서(上申書)를 검토하여 새로운 사실과
관점을 발표하였다. 이어 위의 논문을 보완하여 「이봉창의사 연구
를 위한 제언」을 학계에 던졌다.[4] 여기에 즉각 응답한 것이 한시준
교수의 「이봉창의사의 일왕저격의거와 그 의의」이다.[5] 그리하여
이봉창 연구의 새로운 장을 열게 되었다. 앞으로 단국대학교에서
새로운 자료집도 출간할 계획이라고 하므로 기대해 마지않는다.

그런데 이봉창·윤봉길 등의 炸彈活動에 대하여 2001년의 역사
와 관련하여 새롭게 정리해야 할 문제가 대두하였다. 2001년 9월
11일의 뉴욕·워싱턴 테러사건으로 작탄활동에 대한 시각과 평가

趙東杰, 1976, 「한인애국단의 의거」『의열투쟁사 ─ 독립운동사 제7권』,
독립운동사편찬위원회.

金昌洙, 1988, 「韓人愛國團의 성립과 活動」『한국독립운동사연구』2,
한국독립운동사연구소.

愼鏞廈, 1997, 「白凡 金九와 韓人愛國團의 特攻作戰」『于松趙東杰先
生停年紀念論叢 Ⅱ 韓國史學史硏究』, 나남출판.

李炫熙, 1997, 『李奉昌의사의 항일투쟁』, 국학자료원.

3) 崔書勉, 1999, 「이봉창의거 연구서설」『대한민국임시정부수립80주년기
념논문집』하, 한국근현대사학회, 142~172쪽.

4) 崔書勉, 2000, 「이봉창의사 연구를 위한 제언」『이봉창의사와 한국독
립운동』, 단국대학교, 20~31쪽.

5) 韓詩俊, 「이봉창의사의 일왕저격의거와 그 의의」, 위의 책(단국대학교),
32~49쪽 ; 『한국근현대사연구』17, 2001년 여름호, 한국근현대사학회,
69~93쪽.

가 심상치 않다는 사실이다. 그러므로 의열투쟁의 작탄활동과 테러성 작탄활동이 어떻게 다른가를 밝힐 필요가 있다. 종래의 연구에서는 작탄활동과 군사활동과의 차이를 규명하는 데 집중하여 의열투쟁의 特攻作戰 성격과 그의 효용성을 부각시키는 데 주력하였다.[6] 그러나 이제는 의열투쟁과 테러와의 차별성을 밝혀야 할 계제에 이르렀다.

2. 의열투쟁의 독립운동사적 의의

1930년을 전후한 세계는 경제공황에 대처한 영국·프랑스·미국의 블럭경제체제의 형성과 그로부터 열외에 밀려난 후발 자본주의국가인 독일·이태리·스페인·일본의 파쇼화와 침략전쟁의 도발이 시대적 특징이었다. 그렇다면 그에 대응한 한국독립운동의 특징은 무엇이었던가? 1929년의 광주학생운동과 원산노동파업과 용천소작쟁의가 보여주듯이, 또 코민테른 6차대회의 결의에 따른 조선공산당의 해체와 사회주의운동의 전략 수정이 말하듯이, 국내에서는 대중운동의 격정적 확산이 특징이었고, 해외에서는 만주에서 조선혁명군과 한국독립군, 그리고 새로 일어나고 있던 한중유격대 등에 의해서 고조된 독립전쟁과 신채호·이회영·엄형순·김종진 등의 무정부주의자의 활동이 말하듯이, 또 각처에서 한인애국단의 작탄활동이 보여주듯이 일반적 동향은 의열투쟁의 고양이 특징이었다.

의열투쟁이란 의사와 열사의 투쟁을 일컫는데 이러한 의열투쟁을 독립운동의 방략으로 정립한 문서는 1923년에 작성한 신채호의

---

6) 愼鏞廈, 앞의 글, 794쪽.

「朝鮮革命宣言」이다. 거기서는 義俠士의 투쟁만을 일컫고 열사의
투쟁은 별도의 개념으로 이해하였다. 그런데 1964년 조지훈의 「한
국민족운동사」와[7] 1967년 국사편찬위원회의 『한국독립운동사』에
서[8] 의사와 열사를 합쳐 「의열사의 투쟁」이란 개념을 학문적으로
도입, 통념화시켰는데 1975년 독립운동사편찬위원회에서 『독립운
동사』제7권으로 『의열투쟁사』를 편찬하면서 투쟁 주체자를 기준
한 표현인 「의열사의 투쟁」을 투쟁형태상의 용어인 「의열투쟁」이
란 새로운 개념을 수립하였다.

의열투쟁은 외형상 작탄활동이라는 점에서는 테러와 같다. 그러
나 성격과 의의는 크게 다르다. 우선 의열투쟁은 정의에 입각하여
불의를 토벌한 것인데 테러는 자신의 이익을 위한 것이다. 정의에
입각했다고 주장하더라도 그것은 주관적인 경우가 많다. 그러므로
의열투쟁의 정의는 보편성을 가져야 한다. 그럴때 의열투쟁은 역
사적인 평가를 받는 반면에 테러는 인류의 비난을 면하지 못한다.

다음에 의열투쟁은 대상을 구체적으로 결정하는데 비하여 테러
는 불특정 다수인을 대상으로 하는 경우가 많다. 2001년 9월의 뉴
욕·워싱턴테러가 바로 그것을 말한다. 또 의열투쟁은 자신의 행
동을 사전 또는 사후에 공개적으로 밝혀 동의를 구하는데 반하여
테러는 숨어서 행동하고 결과도 숨긴다. 1895년 일본의 정치 낭인
들이 경복궁에 난입하여 민비를 시해하고 끝내 숨기고 있는 따위
가 그것을 말한다. 한국독립운동의 의열투쟁인 경우, 어느 하나 숨
긴 경우가 없었다. 1910년대의 의열투쟁을 대표한 대한광복회의
경우에는 밝히지 않으면 누구도 알 수 없을 것을 종이에 처단한 이

---

 7) 趙芝薰, 1964, 「韓國民族運動史」『韓國文化史大系』 1, 고대민족문화
    연구소, 674쪽.
 8) 국사편찬위원회, 1967, 『韓國獨立運動史』 3, 120쪽.

유와 투쟁자를 밝힌 「고시문」을 현장에 게시하고 떠났다.9) 그러므로 의열투쟁은 인류의 공명을 얻고 그에 따른 역사적 평가를 받고 있다. 이러한 점을 종합하면 의열투쟁은 역사 발전적 혁명성의 의미를 가지고 있지만 테러는 역사를 혼란과 함정에 빠뜨리고 후퇴시킨다.

그러한 의열투쟁은 장인환·안중근·채기중·박상진·강우규·나석주·조명하·윤봉길·엄형순·백정기·조문기 등에 의해서 전개되었고 그것을 본령으로 한 단체는 대한광복회(박상진)·암살단(김상옥)·공명단(최양옥)·다물단(배천택)·의열단(김원봉)·병인의용대(나창헌)·남화한인청년연맹(정화암)·한인애국단(김구) 등이 있었다. 그러한 의열투쟁이 세계 약소민족의 독립운동 가운데 한국독립운동에서 특별히 강조되고 있었던 이유는 조선혁명선언에서 보는 바와 같이 한국 민족의 주체역량의 성장이라는 주관적 측면과 세계 제국주의 가운데 일본 제국주의의 독특한 잔인성에 대처한10) 객관적 측면이 있다.

그러한 의열투쟁이 한국독립운동에서 어떠한 의미를 남겼느냐를 여기서 반문하는 것은 지극히 우문이 된다. 그 물음은 ① 1908년 장인환의 스티븐스 저격이 어떤 의미를 남겼느냐? ② 1909년 안중근의 이등박문 처단의 역사적 의미는 무엇이냐? ③ 1917년 대한광복회가 박용하·장승원·양재성·서도현 등의 친일배를, 다

---

9) 趙東杰, 1989, 「大韓光復會 研究」『韓國民族主義의 성립과 獨立運動史研究』, 지식산업사, 300쪽.

10) 일본 제국주의의 조선통치의 기본 성격은 본국인의 생활과 유착시킨 식민지 경제의 건설(수탈의 기만성), 영구 식민지를 위한 민족동화정책(수탈의 총체성), 그를 위한 직접식민통치의 강행(수탈의 잔인성) 등, 서구 제국주의와 다른 식민통치를 자행했으므로 그에 대항한 독립운동도 의열투쟁 같은 극단적 방략이 모색되었다.

물단은 김달하를, 남화한인청년연맹은 옥관빈과 이용로를 처단했는데 그의 의미는 무엇이냐? ④ 1919년 강우규의 조선총독 저격의 의미는 무엇이냐? ⑤ 신채호의 조선혁명선언의 논리는 과연 옳았느냐? ⑥ 1920·30년대 의열단의 광범하고 다양한 국내외 투쟁은 무엇을 말하는가? ⑦ 상해의 병인의용대의 활동은 민족적 공감을 얻었더냐? ⑧ 우재룡이 영천에서, 최양옥은 마석에서 조선총독부의 우편차를 습격했는데 옳았다고 보는가? ⑨ 임시정부의 김구는 한인애국단을 결성하여 1932년의 대작전을 수행했는데 과연 양심과 정의에 부응한 작전이었느냐? ⑩ 독립군 전쟁이 아니고 왜 굳이 의열투쟁이어야 했더냐? 등등을 묻는 것과 같기 때문에 우문이고 또 그의 대답은 한국 학계는 물론, 의열투쟁의 대상국이었던 일본 학계에서도 양심적 학자는 이미 대답한 물음이기 때문에 우문이라 했다.

그러한 의열투쟁이 1930년대에 새롭게 부각되었던 것은 세계경제공황에 따른 일본 군국주의의 파쇼체제 강화에 대응한 전략이었고, 그의 선두주자가 이봉창 의사였다.

3. 이봉창의사가 남긴 역사적 유산

이봉창 의사의 행적과 동경의거의 과정에 대하여는 앞에서 언급한 바와 같이 최서면 원장의 자료발굴과 그에 따른 새로운 연구로 이제는 거의 분명하게 밝혀졌다.[11] 그러므로 새로운 자료를 제시하지 않는 한, 동경의거의 경위에 대하여 새삼 논의할 이유가 없다. 따라서 필자는 이봉창 의사가 남긴 역사적 유산이 무엇이냐를 재

---

11) 1994년 12월 14·15·16·17일자 『東亞日報』와 앞의 각주 2), 3), 4) 참조.

검해 보고자 한다. 역사의 연구는 사실의 고증과 상황의 해석과 역사적 의의 또는 현대적 의미를 추구한 평론으로 이루어지는데 여기서는 주로 평론에 주의를 기울인다는 말이다.

(1) 인간주의적 번뇌와 의지적 결단이
어떤 것인가를 전해 주고 있다

이것은 새로운 자료「李奉昌의 上申書(수기)」에 의하여 밝혀진 사실이다. 이것은『東亞日報』1994년 12월 15일자에 공개된「이봉창의 옥중수기」로 공개되었지만, 이 수기의 공개로 이봉창의 내면세계가 적나라하게 공개되었다. 그리하여 그의 민족의식이나 반일의식이 필자가 종래에 추측한대로[12] 가택이 경부선 철도부지로 편입된 가정조건에서 찾는다거나, 천도교 또는 신규식이 참여한 문창학교 민족교육에서 찾거나, 용산역 근무자의 민족차별대우에서 찾거나, 아니면 그러한 과거의 누적된 결과물로 이해하였다. 그것이 전면 부정될 것은 아니지만, '수기'를 통해 보면 식민지인으로서 결정적 행동을 결심할 정도의 민족의식은 상당한 기간 성장하지 못하였다는 것을 알 수 있다. 오히려 차별대우를 받는 것이 나라 잃은 식민지인의 운명으로 받아들였다. 심지어 '신일본인'으로 살아갈 방도를 찾기까지 하였다. 그리하여 신일본인의 명분을 갖추기 위하여 일본 천황을 배알할 필요가 있다고 생각하여 京都에 갔다. 거기에서 일본인이 아니라는 이유 하나만으로 감금되었다. 거기에서 자신은 운명적으로 식민지인의 탈을 벗을 수 없다는 것을 알았다. 그러나 일본인으로 위장하면 세상으로부터 대우를 받을 것으로 믿고 大阪 鶴橋市場에 잠입하여 木下昌藏이라는 이름

---

12) 필자는 앞의 책,『독립운동사(7) − 의열투쟁사』(1976)를 비롯하여 의열투쟁에 관한 글이나, 이봉창에 대하여 언급할 기회가 있으면 그의 민족의식은 가정과 성장과정에서 누적된 결과로 진단 소개하였다.

의 일본인으로 생활하였다. 1929년부터 2년간 일본인 위장생활을 했는데 거기에서 마음의 고통은 더욱 심각하다는 것을 깨달았다. 이봉창은 결국 조선인으로 돌아가야 했다. 그리고 식민지인으로 정직한 삶의 길을 찾았던 것이다.

이와 같이 이봉창은 특별하지 않은 보통 인간의 길을 살고 있던 인물이었다. 그 평범한 삶에서 식민지인의 고뇌와 변태가 쌓이고 있었다. 그러다가 식민지하의 민족 문제를 발견하고 일본 국왕을 폭살하려고 결심했던 것이다. 그러니까 어릴 때부터 민족을 외치는 등의 영웅주의적 삶이 아니라 극히 평범한 인간주의의 길을 살던 이봉창이었다. 더욱 중요한 것은 영웅적 행동을 끝마친 뒤에도 자신의 신일본인이나 위장 일본인의 이야기를 감추지 않았다는 점이다. 일반생활도 영웅적으로 묘사한 것이 아니라 극히 평범한 인간으로 진솔하게 말하고 있다. 이와 같이 이봉창은 인간주의적 고뇌와 식민지인의 운명에 대하여 고심하다가 의열투쟁을 결심하였다. 거기에서 평범한 인간주의를 발견할 수 있고, 그 평범한 생애 자체에서 위대한 인간상을 찾을수 있다. 처음부터 거창한 영웅주의를 내세운 많은 경우와 다르다.

(2) 한인애국단의 탄생을 구체화시켰다

이와 같이 이봉창은 조선인으로 살고 조선인의 책임을 다하기 위하여 1931년 1월에 임시정부가 있는 상해를 찾았다. 이봉창이 도착한후 그해 9월에 만주사변이 터져 제국주의 침략에 민감하던 상해는 분노의 함성으로 가득 차고 있었다. 연일 규탄대회가 열리고 동북의용군도 결성되고 있었다. 그때 임시정부에서는 김구가 한인애국단 결성을 모색하였고, 거기에 이봉창이 "最先加入한 단원"으로 "最先鋒將"이 되었던 것이다.13)

한인애국단의 역사적 위치는 대단히 중요하다. 한인애국단 때문에 임시정부가 활력을 되찾았고, 임시정부가 상해를 떠나야 했고, 백범 김구가 독립운동의 중심인물로 부상하였고, 독립운동이 새롭게 활기를 찾아 1932년의 의열투쟁이 독립운동사의 분수령을 이루었다. 그러한 한인애국단이 김구에 의하여 창단되었는데 그것은 이봉창에 의하여 출범하게 된 것이다. 백범의 의열투쟁 구상이 이봉창에 의해 현실화된 것이다. 그리하여 한인애국단은 독립운동에서 불후의 업적을 남긴 영광을 기록했다.

(3) '刺殺倭皇'으로 인류 정의의 길을 확립했다

군국주의 일본에서 천황은 국가를 초월한 존재였다. 그런데 모든 침략전쟁은 천황의 이름으로 자행되고 있었다. 그러므로 식민지에 대한 비인간적인 만행, 침략전쟁으로 평화를 파괴하는 등의 불의가 모두 책임자는 천황일 수밖에 없었다. 그것이 천황이 아니라 伊藤博文으로부터 東條英機에 이르는 군국주의적 각료들에 있다고 할는지 모르나 그들에게 책임이 없다는 것은 아니지만 그의 정점에 앉아 침략과 약탈을 내려다보며 쾌감을 만끽하고 있던 천황에게 제일차적 책임이 있었던 것이다. 특히 소화천황 裕仁은 지적 능력이 뛰어나 그러한 자기 책임을 누구보다 잘 알고 있었다. 그렇다면 인류 양심의 이름으로 그를 처단하는 것이 급선무일 것이다. 그것을 이봉창이 실현했던 것이다.

이봉창의 1932년 1월 8일의 동경계획이 수류탄의 성능 부실로 뜻한 바의 성과를 걷지 못하자 중국 신문에서 "不幸不中"이라고 천황을 처단하지 못한 것을 불행히도 맞추지 못했다고 안타까워했다. 그렇다면 중국인이 생각한 인류 정의가 어디에 있었던가는 자명한 것이다.

---

13) 韓人愛國團長 金九, 2000, 「東京炸案의 眞狀」『이봉창의사와 한국독립운동』, 단국대학교, 91·95~96쪽.

(4) 대한민국 임시정부의 활로를 개척하였다

대한민국임시정부는 1921년에 이동휘·안창호·김규식 등의 요인이 임시정부를 탈퇴하고, 1923년에는 국민대표회가 무산되면서 쇠퇴하였다. 동시에 대통령 이승만에 대한 불신임결의와 1925년의 대통령 탄핵 결의 등의 소동을 겪은 후에도 수습되지 않아 1925년과 1927년에 거듭 헌법을 개정했다. 그러나 만회할 수 없었다. 1926년부터 민족유일당운동을 전개하다가 그것도 실패한 후, 임시정부 존폐의 위기를 맞게 되었다. 1930년의 임시정부 예결산을 보면, 연락 사환도 둘 수가 없었는가 하면, 집세도 낼 수 없는 형편이었다. 그러한 궁핍상은 『白凡逸志』를 통해 널리 알려져 있다. 그때인 1930년 1월에 이동녕·김두봉·안창호·김구·조소앙 등이 한국독립당을 결성했다고 하지만[14] 그것이 장기적 발전에 기여할 수는 있어도 당장의 타개책은 아니었다.

그러니까 임시정부의 무용론이 1923년 국민대표회 창조파의 이론을 계승하여 꼬리를 물고 일어났다. 이러한 일련의 상태는 임시정부가 국내외 동포의 기반을 상실하고 있었다는 것을 의미한다. 어떠한 정부도 정부는 국민적 기반 위에서만 존재가치를 갖는다. 그런데 임시정부는 국민적 기반을 상실하여 존재가치를 잃고 있었다.

그럴 때인 1931년에 김구는 한인애국단을 창단했고, 이어 1932년 새해 벽두에 이봉창의 동경의거를 단행했다. 그리고 김구는 내외에 임시정부 산하의 한인애국단의 존재를 포고했다. 이제는 임시정부의 존재 가치를 새롭게 인식할 단계에 이르게 되었다. 그때에 윤봉길의 상해의거가 이어져 임시정부는 국내외 동포와 국제적 지원까지 얻게 되었다. 임시정부가 국민적 기반을 회복했다는 말

---

14) 1930년 한국독립당의 창당은 1929년까지 계속된 좌우협동전선의 형성인 민족유일당운동이 무산되면서 우파만의 협동체로 탄생한 것이다.

이다. 그리하여 비록 상해를 떠나 외형상 처량한 유랑 생활에 들어간 임시정부였지만 독립운동의 활로를 개척한 임시정부였으므로 생기는 충천하고 있었다. 그러한 활기를 기반으로 1940년대 중경시대의 찬란한 임시정부의 역사를 일으킬 수 있었다.

4. 한인애국단, 1932년의 작전

이러한 이봉창의 역사적 위치를 한인애국단의 활동 범주 안에서 다시 생각해 볼 필요가 있다. 1931년 9월 18일 만주사변의 폭발로 일본 제국주의가 본격적으로 대륙침략을 감행하자 그에 대한 임시정부의 대처방안으로 그해 10월에 한인애국단을 탄생시켰다. 중국군도 감당하지 못하는 일본군을 독립군의 독립전쟁이 아니라 의열투쟁으로 맞서자는 것이다. 그리하여 1932년에는 대한민국임시정부와 독립운동사의 분수령을 이룬 작탄활동을 역사에 남겼다. 이와 같은 한인애국단의 1932년 한해 활동상을 나열해 보자.

① 李奉昌의 동경의거(1932. 1. 8)
② 出雲號(상해 일본군사령부) 폭파계획(중국인 용병 — 실패: 1932. 2. 12)
③ 尹奉吉 등의 상해 일본비행장 폭파계획(좌절: 1932. 3. 3)
④ 李德柱・兪鎭植의 조선총독 공략좌절(1932. 3월)
⑤ 尹奉吉의 상해 홍구공원 의거(1932. 4. 29)
⑥ 崔興植・柳相根의 만주 관동청 공략좌절(1932. 5월)

이것을 장소별로 보면 東京→上海→京城(서울)→大連으로 이어진 지역인데 이것은 곧 1932년의 일본 제국주의의 침략 판도와 일

치한다. 침략의 근원지 동경을 일차 목표로 하고, 동시에 서울의
조선총독을 겨냥했다. 그리고 1월 28일부터 일어난 상해사변에 대
처하여 일본군사령부와 비행장을 폭파할 계획을 세웠다가 좌절됐
는데 마침 4월 29일 일본국왕 생일(천장절)에 승전기념식을 거행할
새 윤봉길 의거를 단행했다. 그리고 그해 3월1일 괴뢰 만주국 건국
이 선포됐는데 그의 거점인 관동청 요인 저격을 계획했다가 사전
에 발각되어 좌절하였다.

  이러한 한인애국단의 의열투쟁의 진행을 하나씩 독립시켜 보면
전체상을 놓칠 수 있다. 그것을 계열화시켜 보면 한인애국단의
1932년의 작전은 일본 제국주의의 침략에 대응한 것으로, 침략 판
도와 일치한다는 것을 알 수 있다. 그러므로 한인애국단의 작전을
이해할 때 무계획한 의열투쟁의 연속 현상이거나, 여기 저기에 나
타난 게릴라식 투쟁으로 이해하거나, 이것이 실패하니 저것을 계
획하고 저것이 뜻대로 안되니까 또 다른 것을 계획한 것처럼, 그런
방식으로 이해해서 안된다. 그것이 아니라 유기적 계획 아래 추진
되었다는 점에 의미를 두고 이해되어야 할 것이다. 그러한 유기적
관련을 가진 계획에서 이봉창이 일제의 심장부를 파열시키는 동경
의거를 담당했던 것이다.

5. 맺음말 – 역사의 현재성 규명을 위하여

  이상과 같은 한인애국단과 이봉창의사의 의열투쟁이 오늘에 전
해 주고 있는 역사의 현재성에 대하여 다시 생각하면서 글을 맺고
자 한다. 첫째로 독립운동 방략 가운데 의열투쟁이 표방한 핵심 사
상은 인류 정의의 실현이었다. 그러므로 그의 역사적 유산도 정의

의 구현일 수밖에 없다. 오늘날 우리에게 정의 구현의 해독은 무엇인가를 반성하는 기회가 되어야 한다는 말이다. 지식정보사회라는 미명 아래 혹은 신지식이라는 유혹적인 용어 아래, 도덕성이 마비되고 있지나 않는지 반성해야 한다. 천민 자본주의의 만연을 불식해야 한다. 의열투쟁은 도덕성이 마비된 천민사회에 대한 반발로 일어난다는 발생 심리를 심각히 고려해야 할 것이다.

둘째로 의열투쟁이 테러와 다른 점은 정의의 공감대가 형성된 점, 타격 목표가 분명한 점, 자신의 공개적 행동이라는 점이다. 거기에서 오늘날의 유산으로 주목할 것은 투명성의 확보이다. 투명성은 세계인의 지지를 받고, 대중적 호응 또는 국민적 공감대 형성의 절대 요건이기 때문이다. 독립운동에서도 뒷거래를 좋아하고 음모를 일삼던 사람은 독립운동사에서도 빛을 잃고 있는 것이다. 음모가 탄로나면 그 이상 추잡한 것이 없다는 것은 오늘날의 정치가 대변해 주고 있다.

셋째는 테러는 약소국이나 강대국이 함께 구사하는 방법인데 의열투쟁은 약소민족의 투쟁 방법이다. 그러므로 약소민족은 공명정대한 명분을 가지고 투쟁에 임해야 하고, 강대국은 자신의 주장이 세계 평화에 역행한 제국주의 또는 패권주의를 대변한 것이 아닌가를 반성해야 한다. 오늘날 WTO라든가 OECD 같은 기구가 과연 세계 평화와 정의 구현에 이바지하고 있는가를 반성해야 한다는 말이다.

넷째는 이봉창 의사는 일본 천황을 겨냥하였다. 마지막으로 천황의 존재에 대하여 한국인의 처지에서 주목하고 싶은 것이다. 1945년 천황제 폐지의 절호의 기회를 놓친 것은 동양의 평화와 세계사 발전을 위하여 불행한 기록으로 남게 되겠지만, 오늘날의 한국 정치인이 천황의 존재를 외면하고 있는 데 대하여 주의를 환기시킬 필요가 있는 것이다. 각설하고 일본 의 식민통치에 대하여 총리의 사과는 백번 받아도 소용 없고, 천황의 사과를 받아야 한다는 말이다. 총리의 사과가 어떤 효과를 갖는가는 고이즈미 총리를 통해 잘 알 수 있었다. 또 천황이 진작에 ‘遺憾’이나 ‘痛惜의 念’이라는 표현도 하지 않았다면 몰라도 언급한 바가 있었으므로 천황의 사과는 필연적인 것이다. 식민지를 놓쳤으므로 ‘유감’이고 ‘통석의 염’이라고 해석하는 학자들까지 있다는 것을 알아야 한다. 이봉창 의사의 유지도 거기에 있다고 생각한다.

돌이켜 생각하면 한국독립운동의 특징이 인도나 이집트나 이란이나 폴란드나 핀란드나 아일랜드의 독립운동에 비하여 격렬하게 전개되었다는 것이 사실이다.[15] 끊임없이 독립전쟁을 전개했고, 의열투쟁을 곳곳에서 전개하였다. 그러나 그의 목표는 분명했고, 사후에는 자신을 떳떳하게 밝혔다. 이봉창 의사도 수류탄이 작렬하자 미친듯이 날뛰는 군경 앞에 자신의 행동임을 떳떳하게 밝혔다. 이러한 행동은 불특정 다수인을 겨냥한 테러와 다르고 자신을 숨기는 범죄자와 다르다. 인류 양심과 정의를 위해 싸운 자신을 숨길 이유가 없었던 것이다.

한국독립운동이 그와 같이 합목적적 운동이었고, 의열투쟁도 정의와 양심을 사랑한 나머지의 용단이었다는 것은 식민지시기에 조선에 살던 일본인이 1백만 명을 넘었지만 그의 관헌이나 관청과 식민기관이 아니고는 타격 대상에 두지 않았다는 사실로 알 수 있다. 그것은 식민지 35년간에 학생운동이 해마다 격렬한 수위를 높여갔지만 일본인 교원을 죽인 사례는 하나도 없었다는 사실로 반증된다고 하겠다. 그러한 정의를 위한 용단이요 투쟁이라면 오늘

---

15) 趙東杰, 1998, 「한국독립운동의 특징과 의의」『韓國近現代史의 理解와 論理』, 지식산업사, 13쪽.

날 사회진화론의 물결에 휩싸여 정의와 정도가 실종되고 있는 역
사 앞에서 더욱 빛나는 광채를 받아 마땅할 것이다.

Ⅴ. 통일시대 남북의 독립운동사 인식[*]

1. 통일시대란

1945년 해방 이후의 역사를 분단과 통일문제만을 기준해서 시기 구분한다면 미·소 군정기(해방공간)와 분단시기(1948년 분단정부 수립 이후)와 통일시대 또는 통일시기(2000년 6·15공동선언 이후)로 구분할 수 있을 것 같다. 미·소 군정기란 한때 해방공간이라고도 부르다가 말았던 1945.8~1948.8월까지의 3년 간으로 그때도 국토는 분단되어 있었지만 그것은 미소군정에 의한 분단으로, 1948년 8월 민족 스스로의 손으로 분단정부를 수립한 이후의 분단상태와는 성격이 달랐던 시기로 보아야 할 것 같다.

그와 같이 1948년의 분단정부 수립은 패권주의의 산물이기는 해도 남북의 상당수 정치인이 분단정부 수립에 참가하고 있었다는 점에서 그 전의 역사 성격과는 달랐다. 그러한 분단은 1950년 남북전쟁으로 더욱 심화되었고, 이후에도 분단은 집권자의 정권 유지를 위한 수단으로 악용되어 분단의식은 날로 심화되고 있었다. 그러한 분단의식은 국제적 냉전기류를 타고 확산되고 있었다.

---

* 이 글은 2001, 『한국독립운동사연구』 제17집 (독립기념관 한국독립운동사연구소)에 실린 논문이다.

그런데 1990년대에 새로운 기류를 맞았다. 1990년을 전후하여 동구권의 변화, 소련의 해체, 독일의 통일 등, 냉전기류가 희석되고 무산되던 가운데 한반도에도 1993년을 전후하여 분단의 대변자였던 군사정권과 김일성 정권이 종식되면서 새로운 시대를 맞았다. 여기에서 남북 정상회담이 추진되어 2000년 6월 15일 남북 정상의 공동선언의 발표까지 보게 되었다. 그러니까 1948년 8월~2000년 6월을 분단시기로 보고 여기로부터 통일시기로 보는 것이 좋다고 생각한다.

물론 1972년에 7·4남북공동선언이 있었고, 1991년의 남북화해협력합의서 교환이나 1994년의 남북정상회담 합의나 1999년부터의 금강산 관광 같은 남북관계의 변화가 6·15공동선언의 배경이 된다는 것은 사실이나 어느 것이 시기를 구분할 만큼 역사적 변화를 불러온 것은 아니었으므로 2000년 6월 이후를 통일시대로 보는 것이다. 그것은 2000년 이후의 역사가 통일을 위해 진전될 것이라는 희망이 전제되어 있는 개념이기도 하다.

그러므로 통일시기 또는 통일시대란 말은 희망의 용어라고 말할 수 있다. 그런데 통일을 통일 일반론에 앞서 독립운동과의 관계에서 보면, 통일이 돼야 독립운동이 완성된다는 점에서 중요한 의미를 갖는다. 독립운동의 목적과 이념이 통일 국가의 독립과 민주주의의 실현이었기 때문이다. 그러므로 분단 현실은 독립의 미완성 상태인 것이다. 그리고 분단은 식민지시기의 유산이므로 분단의 청산 곧 통일은 식민지시기의 청산 즉, 독립운동의 완성인 것이다. 그러므로 독립운동과 통일운동은 둘이 아니라 하나인 것이다. 그래서 한국 근현대사에서 근대와 현대의 분기점은 통일이라고 말한 것이다. 지금은 해방을 분기점으로 구분하고 있으나 그것은 어디까지나 편의상의 분기에 불과한 것이다.[1]

2. 초기의 독립운동사 간행

　필자가 연전에 해방 직후에 서울에서 간행된 독립운동사 저술에 대하여 조사한 바가 있었는데 다음과 같았다.[2] 독립운동사는 박은식의 『韓國獨立運動之血史』(1920)가 해방전후를 통하여 단연 압권이었지만 해방 직후에 새로 출간된 저술도 적지 않았다.

김종범 외, 1945, 『解放前後의 朝鮮眞相』, 조선정경연구사.
서인균, 1945, 『朝鮮民族運動과 社會運動의 回顧』, 시조사.
김남천, 1946, 『三一運動』, 아문각.
김한주 외, 1946, 『朝鮮解放과 三一運動』, 청년사.
이원규, 1946, 『親日派의 悲命』, 한홍출판사.
최남선, 1946, 『朝鮮獨立運動史』, 동명사.
김학무(김태준 증보), 1947, 『朝鮮近代革命運動史』, 노농사.
온락중, 1947, 『朝鮮解放의 國際的經緯와 美蘇共委事業』, 현우사.
전석담·이기수·김한주, 1947, 『日帝下의 朝鮮社會經濟史』.
유홍렬, 1948, 『朝鮮獨立思想史攷』, 정음사.
민족정경문화연구소, 1948, 『親日派群像』, 삼성문화사.[3]

---

1) 이 글을 쓰면서 다음의 글을 참조하였다.
　정두희, 2001, 『하나의 역사 두 개의 역사학』, 일솔정.
　김광운 외, 2001, 『북한 역사학의 어제와 오늘』, 한국역사연구회.
　조동걸, 1998, 『現代 韓國史學史』, 나남출판.
2) 조동걸, 2000, 『現代 韓國史學史』, 나남출판(제2판), 346~348쪽.
3) 『親日派群像』에서 식민통치 협력 성격에 따라, <自進協力者>와 <被動的協力者>로 구분하고 그것을 다시 다음과 같이 4유형으로 세분하였다. 그리고 그에 해당하는 사람의 명단을 열거하였다. 조선귀족령에 따라 작위를 받은 사람(매국노)을 제외한 경우에 대한 해방 직후의 분류이므로 주목할 만하다.
1. 自進 協力者
　1) 친일이 잘못인줄 알면서 자신의 재산 혹 지위 신변의 안전을 위해 행한 자.

채근식, 1949, 『武裝獨立運動秘史』, 공보처.

그외에 팜플렛 분량의 민심사편, 『大韓民國臨時政府의 內容』(1945), 이해환의 『朝鮮獨立史』(1945), 최형우의 『海外朝鮮革命運動小史』(1945), 박춘석의 『朝鮮民族의 血淚史』(1946), 김상덕의 『朝鮮獨立運動史』(1946), 강홍수의 『朝鮮獨立血鬪史』(1946), 강해공의 『光復軍血鬪史』(1948), 최덕신의 『印緬抗日戰記』(1948), 유해준의 『民族學生運動의 理念』(1948) 등의 4×6판본도 많이 있었으나 기록물의 성격이 짙었다.

민태원의 『甲申政變과 金玉均』(1947), 김도태의 『徐載弼博士自敍傳』(1948), 유자후의 『李儁先生傳』(1947), 박성강의 『安重根先生公判記』(1946), 김구의 『白凡逸志』(1947), 박태원의 『若山과 義烈團』(1947), 이만규의 『呂運亨鬪爭史』(1946), 전영택의 『柳寬順傳』(1948), 강일석의 『朴烈獄中鬪爭記(1948), 석단의 『金日成將軍鬪爭史』(1946) 이광수의 『島山安昌浩』(1947), 서정주의 『李承晩博士傳』(1949) 박태원의 『朝鮮獨立殉國烈士傳』(1946), 이석훈의 『殉國革命家列傳』(1947) 같은 독립운동사와 관련한 인물 전기도 주목을 끌었다.

이와 같이 해방시기에 독립운동사에 대한 저술이 적지 않았다. 내용은 빈약한 편이었다고 하지만 이 정도의 것이라도 학문적으로

---

2) 일본의 승전시 조선민족의 복리를 도할 수 있다고 생각한 자.
3) 친일로 개인의 영달을 꾀한 자.
4) 광병적 친일 및 열성 협력자.
2. 被動的 協力者
1) 자신의 사업, 지위의 박해를 피해 부득이 끌려 다닌 자.
2) 원래 친미 배일사상의 소유자이나 위협에 의해 과도히 협력한 자.
3) 타의에 의해 친일단체에 이름이 올랐으나 적극 활동치 아니한 자.
4) 지상에 본의와 다르게 담화 내용이 발표되었으나 차마 수정을 요구하지 못한 자.

정리하여 독립운동사 인식을 체계적으로 발전시킬 필요가 있었다. 새 조국 건설을 위하여 당연한 과제였지만 특히 미국과 소련의 군사 점령하였기 때문에 민족적으로 중요한 과제였다.

3. 분단정부 수립직후의 독립운동사

1948년 남북에서 분단정부가 각각 수립되어 미·소 열강에 의한 국토분단이 분단정부 수립으로 정치분단과 국가분단으로 이행했고, 그것은 역사분단으로 연장되어 민족분단을 눈앞에 두게 되었다. 그러므로 민족분단에 이르지 않으려면 먼저 역사분단을 극복해야 한다. 그렇다면 역사분단의 실제를 추적해 볼 필요가 있다.

역사분단은 무엇보다 남한에서는 유물사관의 언급이 봉쇄되어 있었던가 하면 북한에서는 유물사관만 존재할 수 있었던 사실에서 찾아야 할 것이다. 그러므로 역사의 조립 방식이 다르고 조립 순서가 달랐다. 그리고 같은 현상을 보고 해설이 다르고 평론이 달랐다. 그러니까 역사적 교훈이 다르고 역사적 반성이 달랐다. 아울러 자기 필요의 독립운동을 체계화하는 현실적 요구에 학문을 제한시키는 경향이 나타났다. 그러한 경향은 분단정부 수립 후 6·25전쟁으로 가면서 심화되고 확산되었다.

이때 남북에서 독립운동사로 간행된 대표적 저술이 1949년에 출간한 蔡根植, 『武裝獨立運動秘史』(대한민국공보처, 총 208쪽)와 崔昌益 외, 『朝鮮民族解放鬪爭史』(김일성종합대학, 총 438쪽)라 할 수 있다. 두 책이 함께 정부 간행물의 성격을 가지고 있으므로 그 후의 독립운동사 서술의 기준이 될 수도 있었다. 먼저 주요 목차를 보기로 한다.

『武裝獨立運動秘史』
  1. 의병운동
  2. 임시정부와 중·미·로의 독립단체
  3. 남만주의 독립단체
  4. 북만주의 독립단체
  5. 일군의 한교학살사건과 독립군
  6. 군사통일회와 국민대표대회
  7. 노령내의 독립군 활약
  8. 흑하사변 이후의 독립운동
  9. 삼시협정 이후의 독립운동
 10. 9.18사변이후의 한국독립운동
 11. 중국관내단체의 활약
 12. 중일전쟁과 한국독립운동

『朝鮮民族解放鬪爭史』
  1. 19세기 후반기의 조선(白南雲·朴時亨)
  2. 조선의 반식민지화과정과 이를 반대하는 조선인민들의 투쟁(柳文華
     ·金斗鎔)
  3. 노일전쟁과 이조의 종말(金洸鎭·金慶寅)
  4. 일본 제국주의 식민지통치의 제1기와 삼일독립운동(金承化)
  5. 조선무산계급운동(崔昌益)
  6. 일본제국주의 대륙침략전쟁 行程에 있어서의 반일무장투쟁(崔昌益)
  7. 소련의 대일전쟁과 조선해방(崔昌益)

  이상의 목차를 보면 『秘史』가 자세하고 『鬪爭史』는 개괄적인
서술이라는 것을 알 수 있다. 『비사』는 정치학자의 저술이고4) 『투
쟁사』는 역사학자와 독립운동자가 분담하여 서술하였다.5) 그런데

---

 4) 발행자인 李哲源 공보처장의 소개에 의하면 저자 蔡根植은 東京靑山
    學院과 北京中國大學을 졸업한 후에 河南省 고급중학교 교원과 中央
    軍 제23사단 政治部 주임을 역임하고 해방 후에 귀국하여 숙명여대 교
    수와 국회 外務國防委員會 전문위원을 맡아 있었다고 한다.
 5) 필자 가운데 白南雲·朴時亨·金洸鎭 등은 국내에서 활동하던 역사학
    자이고 金承化는 러시아에서 모셔온 동포 학자이고 崔昌益은 연안에
    서 조선의용군으로 활동하던 혁명가이다.

여기서 주목할 점은『비사』에서 서술한 만주상황은 제10장의 만주
사변 후의 반만항일연합군의 1933년 東寧縣戰鬪가 마지막이다. 그
후의 만주상황은 서술하지 않고 11장과 12장에서 중국 관내 상황
으로 이동 서술하고 있다. 즉, 1933년 이후의 조선혁명군이나 유격
대활동과 동북인민혁명군이나 동북항일련군에 대해서는 언급이
없다. 북한 정권을 수립한 김일성·최용건·김책 등의 활약에 대
해서는 언급이 없는 것이다.

　그런가 하면『鬪爭史』에서는 제5장 3·1운동 후의 1920년대 역
사를「朝鮮無產階級運動」이라는 이름아래 공산주의운동사로 서
술했다. 그리고 제6장 제3절에서「김일성장군의 항일무장투쟁」을
소개하고 그 안에서 즉, 제3절 제4항에서 저자 최창익이 소속했던
「조선독립동맹과 조선의용군」을 서술했다. 여기서 두 가지 사실을
기억할 필요가 있다. 하나는 1930년대의 독립운동사를『秘史』에서
중국 관내운동으로 이동시킨 것과 달리,『鬪爭史』는 만주의 김일
성투쟁사로 서술하고 있다는 사실과 또 하나는『鬪爭史』가 김일
성대학 교재로 편찬한 것이기는 하지만, 필자인 최창익 자신이 소
속했던 조선의용군의 역사도 김일성투쟁사 속에서 서술하고 있다
는 사실이다. 분단정부 수립의 현실을 반영했다는 사실과 평양의
정치 권력이 김일성에게 집중되고 있었던 사실을 반증하고 있는
것이다. 이러한 남북의 독립운동사 서술이 어떻게 변천했던가를
보기로 한다.

4. 냉전 후기의 독립운동사 연구

　여기서 냉전후기란 남한에서 유신체제로 가고 북한에서는 유일

주체사상체제로 가던 1970·80년대를 의미한다. 여기서는 남한의 국사편찬위원회와 북한의 사회과학원 력사연구소에서 간행한 1970년대의 『한국사』(총 22권)와 1980년대의 『조선전사』(총 33권)의 서술구조를 비교해 보기로 한다.

먼저 독립운동사를 담고 있는 근현대사의 서술을 보면 『한국사』는 16권부터 22권까지 7권이 19세기 후반부터 1945년까지 근현대사 서술이다. 권수로 보면 근현대사가 전체의 3분의1을 상회하는데 『조선전사』는 13권부터 22권까지 10권이 『한국사』와 같은 19세기 후반부터 1945년까지의 서술로 거의 절반의 분량을 할애하고 있다. 『조선전사』는 해방 후의 역사를 1970년대까지 23권부터 33권까지 총11권에서 서술하였다. 『한국사』는 해방 후의 역사를 서술하지 않았다.

독립운동사의 중심시기인 1910년부터 1945년까지의 서술로 한정해서 보면, 『한국사』는 21~22권으로 총 2권이고, 『조선전사』는 15~22권으로 총 8권이다. 그의 주요 목차를 보기로 한다.

『한국사』의 독립운동사 주요목차
제21권 근대: 3·1운동 전후의 사회와 경제
   概　要
  1. 三一運動 以前의 社會와 經濟
   1) 일제의 침략기구
   2) 일제의 경제정책
  2. 三一運動
   1) 1910년대 국내에서의 민족운동
   2) 1910년대 국외에서의 민족운동
   3) 三一運動
   4) 大韓民國臨時政府
   5) 獨立軍의 抗戰
  3. 三一運動 以後의 社會와 經濟
   1) 食糧의 증산과 掠奪

　2) 日本資本의 침투
　3) 在日 韓國人과 東京大震災

제22권 근대: 민족운동의 전개
　概　要
　1. 抵抗期의 民族文化
　　1) 言論의 活動
　　2) 民族敎育
　　3) 民族史學
　　4) 現代文學
　2. 民族運動의 새 段階
　　1) 民族運動의 새 단계
　　2) 學生運動
　　3) 農民運動과 勞動運動
　　4) 日政下 民族資本의 형성
　3. 1930년대 以後의 韓國
　　1) 日帝末期의 植民地政策
　　2) 獨立運動
　　3) 解放

『조선전사』의 독립운동사 주요목차

제15권 근대편3
　1. 강점 첫시기 일제의 야만적무단통치 실시. 조선인민의 정치적무권
　　리와 생활처지의 가일층의 악화
　2. 일제강점초기의 반일독립운동. 생존의 권리를 위한 로동자 농민의
　　투쟁
　3. 1919년 3.1인민봉기
　4. 부르주아민족운동의 전면적인 쇠퇴몰락
　5. 1920년대전반기 로동운동을 비롯한 대중운동의 장성. 초기공산주
　　의운동과 그제한성
　6. 문화

제16권 현대편(항일무장투쟁사1)
　1. 혁명의 위대한 수령 김일성동지의 혁명활동개시전야의 우리나라
　　반일민족해방운동을 전환시키기 위한 투쟁
　2. 김일성동지께서 타도제국주의동맹 결성. 새세대의 공산주의혁명
　　력량 육성
　3. 혁명의 위대한 수령 김일성동지께서 영생불멸의 주체사상 창시

   4. 혁명의 위대한 수령 김일성동지께서 조선혁명에 관한 주체적인 로
선과 전략전술적 방침 제시. 력사적인 카륜회의
   5. 조선혁명군 결성. 항일무장투쟁준비를 위한 조선혁명군의 군사정
치활동
   6. 두만강연안일대에서 항일무장투쟁의 준비를 더욱 다그치기 위한
투쟁
   7. 항일무장투쟁시기의 혁명적인 문화와 예술

제17권 현대편(항일무장투쟁사2)
제18권 현대편(항일무장투쟁사3)
제19권 현대편(항일무장투쟁사4)
제20권 현대편(항일무장투쟁사5)
제21권 현대편(항일무장투쟁사6)
제22권 현대편(항일무장투쟁사7)
   1. 혁명의 위대한 수령 김일성동지께서 일제와의 최후결전준비를 더
욱 철저히 갖출데 대한 투쟁과업 제시
   2. 전인민적항쟁준비사업의 적극적추진
   3. 최후결전준비를 완성하기 위한 투쟁
   4. 조국해방을 위한 최후결전. 항일혁명전쟁의 위대한 승리
   5. 항일무장투쟁시기의 문화
   6. 혁명의 위대한 수령 김일성동지의 령도밑에 조직전개된 항일무장
투쟁의 승리의요인과 력사적의의

위의 목차를 보면 다음과 같은 것을 알 수 있다.

① 『한국사』에 비하여 『조선전사』가 근현대사나 독립운동사에
높은 비중을 두고 있다.

② 『한국사』는 목차의 표현이 포괄적인데 『조선전사』는 구체적
이어서 이해가 쉽다.

③ 『한국사』는 필자가 여러분이어서 다양한 견해가 반영된 반
면 논리의 일관성이 적다.

④ 『조선전사』에는 유물사관은 물론이지만 주체사상이 강조되
어 있다.

⑤ 『조선전사』 17권부터 22권까지 「항일무장투쟁사」 총7권은 김일성투쟁사로 서술되어 있다. 만주의 독립운동사가 1926년부터 김일성투쟁사로 이행하고 있는 것을 서술하고 그러한 김일성투쟁사가 해방과 더불어 북한의 정부수립으로 이어지도록 구성했다. 그에 반하여 『한국사』에는 김일성의 활동에 대한 언급없이 21권에서 만주사변 후 「한중연합군의 항일전」으로 마감하고 말았다. 결국은 1949년의 『무장독립운동비사』처럼 독립군이 1933년 이후에는 임시정부사로 연결하여 해방 후 남한정권과 이어지게 했다.

⑥ 그리고 『조선전사』 제15권 제4장에서 「부르주아민족운동의 전면적인 쇠퇴몰락」이라고 서술한 것을 『한국사』 제22권에서는 쇠퇴와 몰락이 아니라 발전적 현상으로 서술했다. 그처럼 국내 사정을 보는 시각도 상반되었다.

이상과 같이 『한국사』와 『조선전사』의 서술은 1949년의 『武裝獨立運動秘史』와 『朝鮮民族解放鬪爭史』의 서술의 차이점을 보다 더 치밀하게 조직적으로 재구성하고 자세하게 논증하여 서술한 것이라고 말할 수 있다. 그것은 1948년 분단정부 수립 이후 세월이 갈수록 분단사학이 심화되고 있었다는 반증이기도 하다. 그리고 『조선전사』에서 김일성투쟁사를 『朝鮮民族解放鬪爭史』와 비교가 안될 정도로 크게 부각시키고 있는데 반해 『한국사』에서는 일언반구의 언급도 없다. 그때 남한에서는 김일성의 가짜설이 팽배하고 있었다. 그렇다면 통일을 위하여 어떻게 해야 하는가?

5. 통일을 위한 독립운동사 연구의 방향

남북 통일은 정치 기능을 통하여 수행하고 완성된다. 그러나 정치적으로 완성할 수 있도록 경제적으로나 문화적으로 통일의 기초작업을 닦는다는 것이 통일을 위해서는 물론, 통일 후에 통일조국을 유지 발전시킨다는 의미에서 중요하다. 독립운동사의 이해와 연구가 중요한 것도 통일의 역사적 기초를 찾는 데에 있다. 그렇다고 남북의 역사나 독립운동사가 하나로 통일될 수는 없다. 하나의 역사를 만든다는 것은 남북 어디의 의도라고 하더라도 그것은 평화통일이 아닌 흡수통일 또는 무력통일을 의미한다. 그러므로 역사학의 통일작업은 공동연구를 의미하는 연구의 통일은 될 수 있어도 역사의 해석이나 역사 평론의 통일은 될 수 없다. 역사는 하나이지만 하나 속에서 어느 것을 보다 더 중요시하느냐의 역사학은 열 개도 되고 백개도 될 수 있는 것이다. 따라서 역사학의 통일이란 공동으로 연구하면서도 연구한 결과를 서로 존중하는 역사학의 다양성에서 구해야 한다. 이러한 관점에서 몇 가지 문제를 짚어보기로 한다.

(1) 사관의 다원성을 존중하여
다양한 논리가 전개될 수 있어야 한다.

필자는 20세기 전반기의 한국사학을 방법론에 따라 분류한 바가 있었다.6) 문화사학 또는 관념사학(유심론사학 · 초기문화사학 · 후기문화사학)과 사회경제사학(역사주의 경제사학 · 절충식 경제사학 · 유물론사학)과 실증사학으로 분류하였다. 그것을 민족주의 사

---

6) 조동걸, 2000,『現代 韓國史學史』, 나남(제2판), 510쪽 ; 2001,『韓國近
   現代史의 理想과 形象』, 푸른역사, 519쪽.

학(관념사학·역사주의 경제사학·절충식 경제사학)과 보편주의 사학(유물론사학·절충식 경제사학)으로 재분류하였다. 또 20세기 후반기의 한국사학은 방법론이 아닌 연구의 관심분야를 기준하여 분류한 바가 있다.[7] 관심분야에 따라 정치문화사학·사회경제사학·사회문화사학·제도고증사학·문헌고증학으로 분류하였다.

후반기의 분류를 전반기와 같이 방법론에 따를 수 없었던 것은 바로 분단사학 때문이었다. 그러므로 통일지향의 역사학은 20세기 전반기의 역사학 방법론을 재현시키는 것이 첫 번째 과제가 된다. 20세기 전반기의 역사학이 자유스럽게 나타났던 시기가 해방시기 (1945~48)였다. 그때에 독립운동사의 논저도 양적으로 많이 나왔고, 질적으로도 다양한 것이 출간되고 있었다. 다음에 북한에서 크게 강조되고 있는 주체사관에 대하여도 연구할 자세를 갖출 필요가 있다. 주체사관은 1960년대에 등장하지만 주체사관의 역사적 기초는 1930년대 김일성의 독립운동에서 찾고 있으므로 김일성투쟁사를 사실대로 연구 분석하는 작업을 통하여 자연적으로 해결될 문제이다. 그것을 당초부터 수용을 거부하거나 처음부터 신격화시켜서 해석하거나 하는 극단적 방법으로는 해결될 수 없다. 그리하여 어떤 사관의 논의도 가능한 연구 풍토를 조성해야 한다. 그것이 통일로 가는 역사연구 또는 통일시대의 독립운동사 연구의 길일 것이다.

(2) 각기의 정통성(독립운동 배경)을 서로 거부할 이유가 없다. 강요하지도 말자.

그와 같이 사관의 문호를 개방한다면 남북이 각기 정권의 정통성을 강조하기 위하여 독립운동의 일면을 과장하거나 일면을 외면하거나 부정하는 사례는 불식될 것이다. 가령 남한에서 1933년 이

---

7) 조동걸, 『韓國近現代史의 理想과 形象』, 520쪽.

후의 만주에서 전개된 독립운동을 서술하지 않거나 특히 김일성의 독립운동을 부정했던 사례를 극복할 수 있다는 말이다. 그랬을 때 모든 역사적 사실을 놓고 독립운동을 해석하고 반성하는 방식으로 역사를 연구하는 풍토가 조성될 것이다. 그것이 통일로 가는 길이다. 그러므로 통일로 간다고 해서 특별한 방식이 아니라 먼저 학문 연구의 정상을 회복하는 것이 선행되어야 한다는 말이다.

(3) 통일은 독립운동의 종결이며 새로운 정통성의 창조이다.

다음에 독립운동사 연구가 통일을 전망하면서 연구되어야 하는 이유는 통일이 돼야 독립운동 자체가 끝나기 때문이다. 통일이 돼야 독립운동이 끝난다는 말에는 두 가지 이유가 있다. 하나는 독립운동의 목적과 이념이 통일 조국의 건설이었지 분단 조국이 아니었으므로 통일은 독립운동의 종착점이라는 말이다. 다음의 하나는 분단 국가의 출현은 식민지 잔재현상이고 열강들의 패권주의의 산물이므로 민족적 의지와는 관계가 없었다. 때문에 통일은 식민지 역사의 마지막 청산이라는 점이다. 그러므로 남북 분단정부가 그동안 주장하던 정통성은 통일과 더불어 새롭게 발전된 논리로 변화되어야 할 것이다. 가령 남한에서 주장하던 임시정부 정통성과 북한에서 주장하던 조선인민혁명군의 정통성을 통일과 더불어 독립운동 전체를 정통성으로 체계를 잡는 방식이다. 그렇게 되면 남한에서 포상한 독립운동 유공자나 북한에서 포상한 애국열사나 혁명열사가 모두 통일 역사로부터 포상 받는 새로운 정통성이 수립될 것이다.

(4) 편벽된 논리를 극복할 새로운 방법론의 개발도 모색할 필요가 있다.

앞에서 말한 관념사학 또는 문화사학과 유심론사학이나 사회경제사학 또는 역사주의 경제사학과 절충식 경제사학과 유물론사학이나 실증사학 또는 문헌고증사학이나 제도고증사학 등은 기왕의 역사방법론을 한국사 연구에 적용한 것이다. 그런데 한반도의 현대사와 같은 분단과 통일의 과제를 두고 있는 현실이 세계적으로 찾아 볼 수 없는 한반도의 특수성이라고 보면 이러한 특수성을 해결하는 방법도 특수한 방법을 통해 해결한다는 가설을 세울 수 있을 것이다. 그래서 통합사관에 접근한 사회문화사학 또는 문화사회사학을 상정해 본 바가 있다.[8] 그것은 남북 역사학을 총괄할 수 있는 방법의 하나가 될 수 있다고 생각한 것이다. 어디까지나 방법의 하나이지 방법의 전체가 될 수는 없는 것이다. 그러므로 새로운 방법이라고 하더라도 종래의 다른 방법과 공존하면서 발전을 도모해야 할 것이다. 다만 종래의 방법은 편벽된 성향이 강하므로 새로운 방법론이 남북에서 거부감이 적을 가능성은 있다고 하겠다.

(5) 끝으로 부언할 것은
북한의 변화를 장담할 수 있느냐의 문제이다.

그것은 누구도 장담할 수 없을 것이다. 그러나 통일조국의 건설을 위하여 우공이산식으로 최선을 다하는 것외에 다른 묘안이 없다고 생각한다. 그렇게 생각하면서 한편으로 북한에서 몇 년 전까지만 해도 허무주의 퇴폐주의를 조장하는 노래라고 금지되어 오던 유행가가 계몽음악이라고 평가하여 보급되고 있는 혁명적 변화를 보면서 역사방법론의 가변성과 독립운동사 연구의 변화 가능성도 점칠 수 있다고 생각한다. 그러한 모든 가능성을 생각하며 최선의 노력을 다해야 할 것이다. 그것이 통일에 앞서 통일 분위기를 제고하는 데 기여하는 학문연구이고 독립운동사 연구의 길일 것이다.

---

8) 조동걸, 1995, 「統一을 전망한 韓國史硏究의 方向」『光復50주년의 韓國史硏究의 方向』, 한국정신문화연구원 ; 2000, 『現代 韓國史學史』, 466쪽.

북한의 역사 서술은 역사서 마다 게재되어 있는 김일성 교시 때문에 변화할 수 없는 것이 아니냐라고도 말한다. 필자는 오래지 않아 교시 부분은 없어질 것으로 본다. 역사를 교시에 따라 서술하는 것은 그 교시의 내용이 옳다고 해도 역사에서 역사적 문제를 발견하는 안목을 좁힐 뿐만 아니라 역사의 발전 동력을 마비시키고 차단하기 때문에 옳지 않다고 생각한다. 그러한 원리는 김일성 교시 자체에서도 지적되어 있다. 1977년에 간행된『조선통사』상권 서문에서 왕실의 역사나 봉건귀족을 중심한 역사를 서술하고 공부하면 인민이 혁명이나 역사 발전의 역량을 성장시킬 수 없다고 했다. 그렇다면 그 원리에 따라 왕이나 귀족이 아니라 어느 위대한 사람이라고 해도 위인 또는 영웅 중심의 역사를 서술하면 사회의 발전 동력을 키워올릴 수 없는 것이다. 그러므로 가능한한 다수인의 토론과 의견수렴에 의하여 연구를 수행하는 것이 학문적 발전을 도모할 수 있다. 북한 학계에서도 충분한 토론과정을 거치고 있는데 다만 정치적 이유로 교시체제를 두고 있는 것으로 안다. 따라서 크게 걱정할 문제는 아니기는 하나 이제는 역사방법론상의 검토가 있어야 할 것이다. 아울러 교시 방식의 서술은 완전미를 지향하기 때문에 거기에서도 발전의 동력을 봉쇄 당하기 쉽다는 점을 지적해 둔다. 발전은 불완전을 전제한다는 말이다.

『추기』: 이 글은 2001년에 쓴 글인데 1990년을 전후하여 베를린장벽이 무너지고, 소련의 동구권이 해체되면서 남북한에서 민족주의가 고조될 때, 북한에서 북한정권의 역사적 실체를 정립할 필요가 있다고 판단하여 단군릉·동명왕릉·왕건릉을 발굴 또는 개축 정비하는 등의 유적사업을 전개하고, 동시에 김일성회고록인『세기와 더불어』를 저술하여 종래와 다른 역사인식을 홍보하였다. 거기에는 김구·양세봉·손정도 등의 독립운동자에 대하여 종래와 달리, 높이 평가하고 있다. 그 때 애국열사릉에 임시정부내에서 보수주의의 대변자라고 할 수 있는 조완구를 모셨다. 그런데, 필자는 2001년에 1990년대 초반에 북한에서 그러한 변화가 일어나고 있던 사실을 알지 못하고 글을 썼으므로 그러한 점을 반영하지 못하여 추가로 강조해 둔다.[9]

---

9) 1990년대 초반의 북한의 변화에 대하여는 이 책에 편집한 「남북 역사학자의 평양학술대회 참관기」와 「남북 역사학의 학술교류론 서설」이 참고가 된다.

제2부

儒家 義理의 근대적 발전

Ⅰ. 儒家의 민족의식과 민족운동*

1. 머리말

필자는 근래에 傳統의 현대화에 대하여 관심을 가지고 있다. 무한경쟁으로 치닫는 산업화로 말미암아 지구의 공기와 물과 흙이 썩어, 지구 전체가 쓰레기장으로 변하면서 우리는 인류 멸망의 위기를 앞에 두고 있다. 그를 극복하기 위한 인간화의 방도를 모색한 나머지, 傳統의 現代化를 생각한 것이다. 그렇다고 산업화를 거부하는 것이 아니라 産業化와 동반한 人間化를 생각한 것이다. 또 개방과 세계화로 말미암아 인간과 국가와 민족이 자기 상실의 위기를 맞고 있다. 그러므로 인간생활의 정신적 지주로서 自己化의 방도를 모색한 나머지, 전통의 현대화를 생각한 것이다. 그것도 세계화를 거부하는 것이 아니라 世界化와 동반한 자기화를 생각했다.

그 전통은 전통에 따라 儒學이 돼도 좋고, 佛教가 되어도, 이슬람교가 되어도, 기독교나 힌두교가 되어도 좋다고 생각한다. 어느 전통도 인간의 존엄사상을 갖지 않은 것이 없기 때문에 자기 전통을 현대에 재생산하는 것이 바람직하다. 지구 곳곳에서 각기의 전

---

* 1996.9.14, 博約會 성주대회 강연문; 『博約』 제6집, 22~23쪽에 실린 글에 주석을 첨가한 것이다.

통을 현대화하는 작업이 진행되어야 산업화에 못지 않게 인간을 생각하고 존중하는 사회를 유지해 갈 수 있다. 그런 의미에서 우리는 儒學의 현대화에 대하여 박차를 가할 때가 되었다.

근대는 勤儉 또는 勤勉의 세기라고 말한다. 근검하고 근면한 백성을 가진 나라가 발전한다는 말로 바꿀 수도 있다. 그래서 서양학자들은 오늘날 동양의 근대화나 발전상을 놓고 儒敎 資本主義니 儒敎 社會主義이니 하는 말을 하며 유교가 가지고 있는 근검과 근면과 협동의 윤리를 주목하기도 한다. 막스 베버의 기독교 사회 분석방식을 대입한 이야기라고 하겠다.[1]

그런 이야기를 들으면 自矜心을 갖게 해 주지만 한편, 우리가 우리를 질타하고 반성하던 소리도 되새기게 된다. 조선왕조는 유교 왕조다. 때문에 조선왕조의 흥망성쇠나 功過의 제일차적인 책임은 그의 집권층인 儒林에게 있으므로 왕조를 일제에게 빼앗겼던 유교의 책임을 되새기게 한다는 말이다.

그런데 제국주의의 침략은 자본주의 초기에 신흥 과학문명에 흥분한 海洋民族이나 遊牧民族이 일으킨 무인적 狂亂이었으므로, 儒敎나 佛敎나 基督敎를 침략과 멸망의 요인에 직결시킬 수 없다는 생각도 든다. 즉, 西洋 제국주의 침략의 요인이 기독교에 있었다고 말할 수 없듯이 대한제국의 멸망 요인이 유교에 있었다고 말할 수 없다는 말이다.[2]

---

1) 막스 베버의 『프로테스탄티즘의 倫理와 資本主義 精神』에서 개신교의 근검 윤리가 자본주의를 일으키는 정신적 동력이 되었다는 점이 논증되어 있다.

2) 기독교가 제국주의 침략의 교두보 역할을 했다는 목소리도 높다. 그것은 동양에서 기독교가 제국주의와 동시에 전파되면서 침략지의 전통적 정신 문화를 파괴하여 침략지 토착 민족의 저항력을 무력하게 만들었다는 이론에 연유한다. 상당한 이유가 있다고 생각한다. 다만 한국에서는 처음에는 그와 같이 진행되다가 신교를 표방한 일본 제국주의에 침

그렇지만 당대의 유림은 自省의 목소리를 높이고 있었다. 을사늑약의 소동이나 대한제국의 멸망을 맞자, 自靖 殉國한 선비가 많았던 것이 바로 그것이었다. 또 많은 인사는 賊床의 棗栗梨枾로 신령의 응감을 기대할 수 없다고, 家廟를 버리고 해외로 나가 독립운동에 헌신했던 것도 그의 단면이었다. 이 고장 星州의 李承熙·金昌淑 같은 분도 그와 같은 인사로 역사에서 손꼽히고 있다. 여기에서 植民地 祭床으로 가묘를 모셨다고 해서 그것이 儒家의 良心이 될 수 없다는 것이 확인된다.3)

이와 같이 한국 유학은 근대에 이르러 긍정 부정간에 책임져야 할 바도 많았지만, 自省의 교훈과 독립운동의 업적도 크게 남겼다. 그러므로 우여곡절을 겪으면서도 儒學이 생명을 부지할 수 있었고, 이제 새로운 발전을 전망할 수 있게 된 것이다. 오늘 나에게 주어진 주제는 「儒學이 近代 民族史에 끼친 貢獻」이지만, 역시 儒林의 귀중한 유산인 自省의 倫理를 환기하는 뜻도 있고 해서 조선후기에 일어난 민족주의적 자성 논의부터 이야기해 볼까 한다.

2. 근대 民族主義의 대두

역사의 기록으로 볼 때, 우리의 민족의식은 高麗中期부터 구체화되어4) 조선초기에 이르러 고조되었다. 조선왕조는 개국초에 고

락의 주도권을 빼앗기자, 서양 제국주의를 대변한 기독교가 일본 제국주의를 대변한 신교와 대립하면서 식민지 조선을 변론한 경우가 많아졌다. 특히 1915년 조선총독부의 포교규칙이 선포되면서 그러한 역학관계가 심화되었다.
3) 그러한 유가의 양심을 대변한 문서가 白下 金大洛의 「慣痛歌」이다.
4) 고려 때 『三國史記』·『三國遺事』·『帝王韻紀』 등의 편찬에서 민족

구려·백제·신라·고려보다 앞선 국호인 朝鮮이라 국호하면서, 檀君 祠堂을 짓고, 圜丘壇에서 천제를 올리고, 민족문자인『訓民正音』을 창제하고, 四郡六鎭을 개척하는 등의 사업으로, 어느 때보다 민족의식을 고양시켰다. 그러다가 조선중기에 이르러 性理學的 普遍主義가 일반화되었던 것인데, 이것은 서양 중세의 가톨릭 보편주의와 비견되는 일이기도 했다.

그때 민족적 자성론이 대두했다. 숙종 당시 萬東廟 설치 반대의 소리나『春香傳』을 통해 나타난 인간주의적 소리나 몇 가지 이야기들이 있지만, 그 가운데에도 洪汝河의『東國通鑑提綱』에서 주장한 馬韓正統說은 그것이 맞느냐의 여부를 떠나 민족의식을 확산하는데 크게 기여했다. 1897년 대한제국의 국호가 바로 마한정통설의 소산이라는 점만 보아도 알 수 있다. 그에 앞서 조선후기에 李瀷·安鼎福·李種徽·李肯翊·柳得恭·丁若鏞·韓致奫 등이 민족문제에 각별한 관심을 가진 역사저술을 남겼는데 이것이 모두 民族 自省의 모습이었다. 이때의 학풍을 '實學'이라 이름한다. 이에 이르러 민족적 자각과 함께 儒家의 중세 보편주의는 극복되고, 전통적 민족의식을 회복하면서 근대 민족주의 사상이 태동하게 되었다.

그와 같이 조선후기 실학과 함께 대두한 근대적 민족주의 사조는 그후 개항을 맞아서는 東道西器論을 만들어 냈고[5] 이어 구한말

의식이 일어나고 있던 구체적 사례를 발견할 수 있다. 이러한 전통시대의 민족의식을 바탕으로 근대에 이르러 민족주의의 발생을 보게된 것이다. 그와 같이 민족주의는 근대의 산물이지만 민족의식은 전통시대의 산물이다.

5) 東道西器論 같은 미온론으로는 변화에 대응할 수 없다고 하면서 혁명적 대응론을 제기한 것이 개화사상이었다. 그들의 사상은 유가사상이라고 말할 수 없다.

의 啓蒙主義 논리나 식민지 시기의 독립운동 논리를 개척하면서 한국근대사의 중심 사조를 이루어 갔다.

그와는 별도의 유림이 있었다. 그것이 斥邪儒林이었다. 그들의 衛正斥邪 사상은 중국 중심의 유교(성리학) 보편주의에 원류를 두고 있다. 그런데 성리학의 본산인 明나라가 멸망한 뒤에는 性理學 국가로는 조선만이 남아, 조선이 성리학을 지켜야 할 운명에 놓이게 되었을 때, 보편주의가 아니라 조선 특수주의의 모양을 갖추게 되었다. 당시의 유학자는 조선 성리학을 一線陽脈으로 확산하여 동양성리학을 재건해야 한다는 원대하고 영광스러운 민족의식을 갖게 되었다. 그 의식이 北伐論으로 나타났고, 그것이 위정척사 사상으로 이어졌다.

그리하여 淸나라 정벌을 계획한 데 이어, 역시 성리학에 도전적인 천주교와 기독교의 서양 제국주의와 神敎의 일본 제국주의를 차례로 배척하면서 1894년부터 항일 의병봉기에 앞장섰다. 의병의 주류가 척사유림에 의하여 주도된 전기의병(1894~96)에 이르러 위정척사운동은 클라이막스에 이르렀고, 그것은 중세 보편주의의 회복에 근원하지만, 조선이 성리학의 보전과 성리학 세계의 재건을 담당한 유일한 국가라는 처지에서 보면, 성리학적 민족운동의 성격을 가지고 있었다.

그런데 전기의병이 끝난 후, 朴殷植(황주)・張志淵(상주)・李相龍(안동)・柳寅植(안동)・許蔿(선산)・李世永(청양) 등과 같은 척사유림은 위정척사의 길을 버리고 계몽주의를 수용하여, 앞에서 말한 실학→동도서기론→개화사상→계몽주의 등으로 변화 발전해간 근대민족운동 노선에 합류하고 말았다. 이분들은 개항기에 동도서기론의 개화를 제창하던 改新儒學者와 달리, 서양문화와 개화에 저항하다가 전기의병이 끝난 후에 극단적으로 변신했다는 뜻에서 革新儒林이라고 부른다. 그로 말미암아 위정척사 진용의 세력은 크게 위축되었다. 이곳 星州의 李承熙·金昌淑도 혁신유림의 인사로 이해된다.

그와 같은 위축에도 불구하고 척사유림의 활동은 지속되고 있었다. 1914년 湖南·湖西지방을 중심으로 조직되어 있던 獨立義軍府나 嶺南·湖西지방에 있었던 民團組合 같은 지하단체가 그것을 입증해 주고 있다. 그것이 척사유림의 조직으로는 마지막 모습이지만,6) 그때까지 쏟은 척사유림의 赤誠은 주목하지 않을 수 없다.

척사유림이 위정척사의 노선을 종결짓는 것은 1919년의 巴里長書에서였다. 위정척사의 관점에서 볼 때, 巴里講和會議는 斥邪의 대상인 '邪' 즉, 오랑캐들의 모임이었다. 그 오랑캐 문화를 배척하기 위하여 孝宗때 北伐論을 일으켰고, 이어 위정척사의 소리를 높여 왔던 것인데 이제는 그 오랑캐 대표들을 大明大化라고 극찬하며 그들에게 우리의 독립을 청원하는 파리장서를 보내야 했다. 그것은 위정척사의 사고를 탈피하고 종결지어야 가능했던 일이었다.

위정척사의 사고를 탈피한다는 것은 위정척사 사상의 원류인 유교 보편주의를 탈피한다는 것을 의미한다. 결국 조선 사람은 조선 민족의 유교를 추구한다는 사고로 전환한 것을 의미한다. 이러한 유교 민족주의의 사고방식은 민족의식이 높은 우리로서는 당연하게 생각될지 모르겠다. 그러나 세계 知性史로 보면, 그것은 한국인의 특수성이다. 세계 대부분의 사람들은 국가나 민족보다 宗敎를 우선한다. 그런데 한국의 경우에는 종교보다도 민족문제를 상위개념으로 이해하고 처리해 왔다. 3·1운동 당시 天道敎·基督敎·佛敎 지도자들이 모여 '一元化'를 운동 원리로 채택한 것이 종교보다

---

6) 해외에서는 1919년 3·1운동 직후에 朴長浩를 중심하여 서간도에서 조직된 大韓光復會가 최후의 단체였다.

민족을 우선한 실증 문서이다. 이러한 문서는 세계에서 유일한 문서라는 점에 유의해야 한다. 그래서 한국의 종교 지도자들은 지금도 종교와 민족문제를 놓고 심적 갈등을 가지고 있지만, 여기에서 한국 유학자는 유교를 宗敎가 아닌 倫理의 범주로 해석하면서 갈등을 극복해 왔다. 그리하여 儒家 民族主義의 길을 개척했던 것으로 이해한다. 아무튼 그런 일들을 포함하여 3·1운동은 구시대의 知性을 극복하고 새시대의 지성을 열었다는 의미에서 3·1운동을 한국근대사의 분수령으로 이야기하고 있다.

　이와 같이 우리의 유학은 조선후기 실학자를 중심으로 개발하기 시작한 민족주의적 성향 외에 보편주의적 斥邪思想도 한편에 보존되어 왔으나, 척사사상은 巴里長書에 이르러 청산하면서 조선후기부터 개발한 民族主義 儒學으로 통합 종결되었다. 거기에서 儒家의 근대 민족주의가 확립되었다고 보겠다. 학계에서 파리장서를 발표한 3·1운동까지를 민족주의의 成立時期로 보고, 그 후를 민족주의의 發展時期로 보는데 그것은 유학의 변천 경위를 놓고 보면 이해가 쉽다.

3. 독립운동 思想과의 관계

　3·1운동 이전의 독립운동 사상은 정치사상에 편중되어 있었다. 그래서 1910년대까지 復辟主義 · 保皇主義 · 共和主義의 논의가 주류를 이루고 있었다. 정치사상 외에 사회사상이 있었다고 한다면 의병전쟁이 쇠퇴한 뒤에 급부상한 社會進化論이 지배적이었다. 그러므로 어떤 정치사상이든 간에 독립운동 방략은 사회진화론에 근거한 준비론이 지배적이었다.

그러나 3·1운동 뒤에는 사정이 달라졌다. 3·1운동의 기본 이념은 정의·인도주의였는데 그것은 그때까지의 사회진화론에 대한 혁명적 사상이었다. 社會進化論은 1859년 찰스 다윈의 『種의 起源』에서 정리된 生物進化論을 스펜서 등이 인간사회에도 적용한 사상으로, 영국·독일·미국과 중국·일본·한국에서 크게 확산된 사상이다. 인간과 사회는 경쟁에 의해서 발전하는데 거기에서 適者는 生存하고 不適이면 淘汰되고 또 도태되는 것이 불가피하고 당연하다는 것이다. 즉, 약한 나라는 멸망하고 병신이나 약자는 죽어야 마땅하다는 것이다. 競爭의 원리는 이때 비롯된 것이 아니니까 이해되지만, 社會保障 없이 자연도태를 장담하던 그것은 얼마나 可恐할 협박이었고, 얼마나 可笑로운 제국주의의 논리였던가? 거기에 한국 지식인이 취해 있었다. 그러니까 그 可恐할 협박에 압도되어 친일파로 전락한 이가 많았다.

그런데 3·1운동에서 제기된 正義·人道主義는 약한 놈도 살 권리가 있고, 약한 나라도 독립할 권리가 있다는 사상이다. 그것을 위하여 사회와 세계는 改造되어야 한다고, 3·1운동 당시의 모든 선언서는 천명하고 있었다. 유림의 巴里長書도 인류와 민족의 평등을 지적하며 '今當大界維新之日'로 이해하는 등, 마찬가지였다.

그렇다면 인도주의를 위한 사회와 세계 改造의 구체적인 방안은 무엇이어야 했던가? 거기에서 自由主義·社會主義·無政府主義의 구상이 대두하고 수입되었다. 여기에 이르러 儒林도 여러 갈래의 생각으로 나뉘어져 갔다. 그것은 분열 현상이 아니라 어떻게 하면 인간이 보장되고 독립을 쟁취할 것인가의 고뇌와 발전의 현상으로 이해되어야 한다.

그때 朴殷植·李東寧·金昌淑·李始榮·安在鴻·鄭寅普 등의 유림이 추구한 自由民主主義의 길은 현재 우리가 추구하고 있는 체제이므로 논의할 여지가 없다. 그것이 아니면서 우리의 관심에서 씻을 수 없는, 그리고 많은 유가 출신자가 추구했던 社會民主主義(이상룡·김동삼·조소앙)와 共產主義와 無政府主義에 대하여 생각해 보기로 하자.

첫째로 그들의 좌파 논리는 儒敎 理想主義를 동경한 사상이거나 둘째로 儒家의 가족이나 향약 등의 공동체 생활의 소산일 수 있다고 생각할 때가 많다. 周나라 사회를 理想鄕으로 꾸민 유교 이상주의는 大同思想으로 발전되었지만, 그것은 사회주의나 무정부주의의 이상과도 결합될 여지가 많았다. 그에 비하여 자유주의가 표방한 개인주의는 오랫동안 공동체 생활을 영위한 유림 정서에는 낯설 수 있었다. 셋째는 공산주의의 유물론은 유교 無神論에 접근하기가 쉬웠다. 무신론의 공통성이 유물론을 수용하기가 쉬웠다는 말이다. 넷째는 敎條的인 논리 방식이 유교와 사회주의가 서로 접근할 수 있는 이유가 되었다고 생각한다.

初期 社會主義者로 알려진 1920년의 신사상연구회에는 유가 출신자가 많았고, 1925년 조선공산당 창립자는 金在鳳·權五卨을 비롯하여 모두 유가 출신 청년들이라고 말해도 과언이 아니었다. 無政府主義者는 李會榮·申采浩·李乙奎·李丁奎·金佐鎭·金宗鎭·柳林·柳樹人·鄭華岩·白貞基·李康勳 등, 거의 유가 출신 인사들이었다.

이와 같이 儒學이 근대 사회사상을 맞아 여러 길로 나뉘어져 갔다. 오늘날 南北이 분단되어 있고 그 분단이 이념과 유착되어 있으므로 우리가 솔직하게 논의할 수 없는 점이 있다. 그러나 분단만 안되었다고 한다면 思想의 多樣性은 역사 발전의 動力이 될 수 있었을 터인즉, 언젠가는 솔직하게 논의하면서 재음미하고 반성하는 기회를 가져야 할 것이다. 그렇게 보면 우리의 얼굴 보다 더 큰 심술궂은 손톱 즉, 國際制覇에 의한 분단이 오매불망 원망스럽고 안타까울 뿐이다.

다음에 독립운동 사상과 관련하여 儒林이 大倧敎에 입교한 경우가 많았다는 점을 기억해야 할 것 같다. 서양 제국주의가 예호바神을 앞세우고 침략해 왔고, 일본 제국주의가 天照大神을 앞세우고 침략했던 당시에, 羅喆 등이 대종교를 내세워 대항했다는 것은 극히 자연스러운 방도로 이해된다.[7] 李相龍·朴殷植·申采浩·李東寧·申圭植·李始榮·尹世復·安熙濟 등의 유림 인사가 대종교에 입교했던 사실도 그것을 말해 주고 있다. 주의할 것은 대종교에 입교했다고 해서 유림이 아닐 수 없다. 필자는 유림·유가·유생을 유교 가례를 생활 윤리로 지켰던 것을 기준하는 것이 좋다고 생각하고 있다.

다음에 독립운동 방략으로 준비론이나 실력양성론, 독립전쟁론이나 혁명론, 그리고 외교론 등과의 관계가 있다. 또 민중의 문제가 있지만 그것은 필자의 다른 글을 참고하기 바란다. 다만, 지도자는 민중적 지도자여야 지도자로서 존재 가치가 있다는 것만 지적해 둔다. 이것은 독립운동에 헌신한 유림이 봉건시대의 유림과는 달리, 혹은 구호나 시혜적 애민과는 달리, 민중 속에서 자신을 희생했다는 점을 상기할 필요가 있으므로 강조해 두는 것이다.

---

7) 일본이 근대화과정에서 서양 기독교 국가가 국교를 통해 국민정신의 지주를 삼아 국가를 운영하였다는 교훈을 수입하였다. 그 모방 작업을 추진한 것은 伊藤博文이 주도하였다. 天照大神을 국가신으로 모시고 국왕을 그의 萬世一系 계승자라고 天皇을 神格化하여 이른바 大日本帝國 憲法을 만든 것이다. 그것은 1889년 2월 11일의 일이었고, 그것을 주도한 伊藤博文이 그해 6월 1일에 神敎를 국교로 하고 덴노를 신격화한 헌법을 해설한 『帝國憲法』과 『皇室典範義解』를 출간하였다. 그리하여 이등박문이 皇道主義에 입각한 일본 제국주의를 확립, 주도했던 것이다.

4. 儒林의 독립운동 團體

　유림이 관여한 독립운동 단체를 여기서 모두 거론할 수가 없다. 여기서는 유림이 주도한 단체만을 살피기로 하겠다. 그리고 의병전쟁에 대해서는 너무 잘 알려져 있으므로 1910년 경술국치 이후 식민지하의 독립운동 단체로 한정하겠다.

　1910년대에 국내의 독립운동 단체로 대표적인 것은 獨立義軍府와 大韓光復會와 朝鮮國民會였는데 평양을 중심으로 결성되어 있던 조선국민회는 기독교인이 주도했고, 독립의군부와 대한광복회는 유림이 주도한 단체였다. 독립의군부는 復辟主義 단체였는데 1914년 그때로서는 대중적 호응을 얻을 수 없어 수명이 길지 못하였다. 그에 비하여 혁신유림이 주도한 대한광복회는 1913년 풍기에서 蔡基中을 중심으로 결성한 후, 1915년에 대구를 중심한 朝鮮國權恢復團과 합쳐 전국적인 조직으로 발전하였다. 朴尙鎭 등의 노력으로 1917년 말까지 만주와 연해주까지 확대된 共和主義 조직이었다. 당시에 복벽주의나 공화주의와 다른 이념으로 保皇主義가 있었다. 그것은 1915년 北京에서 李相卨 등이 결성했던 新韓革命黨이 추구한 이념으로 입헌 군주주의 노선이었다.

　해외에서는 서간도의 耕學社나 新興學校와 북간도의 墾民敎育會, 그리고 연해주의 勸業會와 중국 관내의 同濟社, 하와이의 大朝鮮國民軍團 등이 대표적 독립운동 단체였다. 서간도의 김대락·이상룡·이회영·이시영·이동녕·윤세복, 북간도의 서일·계봉우, 연해주의 이상설·박은식·신채호, 중국관내의 신규식·조소앙 등이 독립운동을 주도하고 있었다. 그것은 1910년대의 독립운동에서는 유림이 폭넓게 활동했음을 말해 준다. 그러나 1911년 朝鮮貴

族令에 의한 76인의 식민지 귀족이 몇 명을 제외하고는 모두 유림이었다는 사실을 고려하면, 자랑할 것만은 아니다.

3·1운동부터는 사정이 달랐다. 먼저 3·1운동을 계획할 당초에 유림의 관여가 없었던 사실은 역사의 순리였다는 점을 지적해 둔다. 구한말에 의병을 주도하거나 계몽주의 과격파(좌파)에 속하던 유림이 계몽주의 온건파(우파)나 친일 행각에 빠졌던 천도교·기독교·불교 지도자가 주도하는 3·1운동 계획에 합석할 수 없었으므로 서울중심의 3·1운동이나 그의 민족대표 33인에 참여할 수 없었던 것으로 알고 있다. 때문에 유림은 별도로 巴里長書를 계획하지 않으면 안되었다. 그런데 3·1운동이 전국으로 확대될 때 파리장서의 영향이 있었으므로 地方 儒生이 대거 참여하여 3·1운동을 전민족운동으로 발전시켰던 것이다. 유림의 참여를 통해서 3·1운동이 민족운동으로 완성되었다는 말이다.

그리고 1920년대부터는 민족 총력을 독립운동에 경주했으므로 유림이라고 별도의 조직을 가질 이유가 없었다. 그리하여 1910년대처럼 유림의 독자적인 단체를 결성한 흔적을 발견할 수 없다. 한편, 전통에 대한 부정 풍조가 확산되어 權惠奎가「假明人 頭上에 加一棒」이라는 글에서 萬東廟와 華陽洞書院을 중심한 기호유림을 난타하고 鄒魯之鄕을 일컫는 安東을 중심한 영남유림과 界火島에 은거하여 繼華하고 있는 호남유림을 비판한 것처럼, 유림 자체의 반성이 촉구되기도 했다.

그런 분위기를 배경으로 1926년에는 이른바 제2차 儒林團 사건이 일어났고, 역시 유림이 주도했던 安東·榮州·奉化·英陽의 4개군 新幹會 支會에서는 1928년에 鄕校 撤廢運動을 일으키기도 했다. 제2차 儒林團 사건이란 上海에 망명해 있던 心山 金昌淑이 침체한 독립운동을 만회하기 위하여 국내의 유림을 독촉하며 독립

운동 자금을 갹출한 후, 다시 上海로 망명한 사실을 가리키는 것인
데, 이것은 임시정부의 金九와 연합 추진하여 羅錫疇 의사의 東洋
拓殖會社 폭파의 결실을 맺은 역사적 사건이다.

여기에서 주목할 것은 자금 갹출 과정에서 心山이 자신의 스승
인 郭鍾錫의 俛宇文集 간행비용도 헌납케 할 정도로 독촉이 엄중
했던 것과, 수많은 유림이 자금 갹출에 동원되었으나 心山이 국외
로 탈출하기까지 반년간이나 비밀이 유지되었다는 사실이다. 이것
은 식민지하의 유림 의지를 짐작할 수 있는 단면이라고 하겠다.

유림이 유림의 본산인 향교 철폐운동을 전개했다는 사실은 식민
지하에서 친일화된 鄕校에 대한 규탄의 소리로 이해되어야 할 것
이다.

당시에 전통 부정의식이 강렬하기는 했으나 한편에서는 역사주
의적 노력이 전개되었던 사실도 기억해야 한다. 그것은 무엇보다
民族史學에 의해서 추진되었다. 우리의 근대 민족사학은 조선후기
에 태동하여 구한말에는 계몽주의 사학으로 이어졌지만, 식민지하
에서는 식민사학에 눌려 큰 시련을 겪어야 했다. 해외에서 저술 활
동한 朴殷植·申采浩·桂奉瑀 외에 국내에서 1920년대에는 黃義
敦·張道斌·安廓·權悳奎 등이, 1930년대에는 文一平·鄭寅普
·安在鴻·崔益翰·孫晉泰 등이, 그리고 白南雲·李淸源·李北
滿·金洸鎭 등의 유물론사학자가 식민사학에 맞서 저술을 간행하
고 있었다. 거기에서 유학의 관점에서 주목할 저술은 朴殷植·申
采浩·黃義敦·安廓·鄭寅普·安在鴻·崔益翰의 것이지만, 그
중에서도 安廓의『朝鮮文明史』는 특별한 의미를 가지고 있다. 조
선시대 유림의 朋黨과 黨爭을 역사 발전의 동인으로 이해하는 등,
새로운 史論을 제기하고 있었다. 그래서 自山 安廓은 오늘날 새롭
게 조명 받고 있다. 당쟁을 안확처럼 전적으로 붕당발전론으로 이

해하는 것도 선뜻 찬동하기 어렵다고 해도 당쟁망국론자처럼 부정
논리로만 일관한 것도 비판되어야 할 것이다.[8]

　이와 같은 민족사 연구의 분위기는 1930년 전후 鄭寅普로 하여
금 古典研究에 박차를 가하게 했고, 드디어는 茶山 丁若鏞의『與
猶堂全書』간행을 보게 했다. 그것은 安在鴻·鄭寅普에 의하여
추진되었지만, 1934년『與猶堂全書』제1회본이 간행되고 茶山逝
世99年祭를 계기로 朝鮮學運動이 일어났던 일은 한국민족운동이
나 한국유학사의 측면에서 특별히 주목되어야 한다.

　조선학운동은 茶山100年祭를 맞은 1935년에 安在鴻·鄭寅普·
白南雲·文一平·崔益翰 등에 의해서 본격화되었다. 그때에 우리
가 지금 사용하는 '實學'이라는 용어도 정립되었다는 점을 감안하
면, 한국유학 발전에서 30년대의 조선학운동이 갖는 의미는 실로
큰 것이었다. 조선시대 유학을 새롭게 계승했다는 점에서도 그렇
지만, 전통 부정의식이 만연하던 당시에 유학을 중심한 전통 계승
의식을 불러일으켰다는 점에서 큰 의미를 부여해야 할 것이다. 그
리고 그러한 朝鮮學運動의 기초 위에서 오늘날 韓國學이 꽃피고
있다는 점도 잊어서 안될 것이다. 또하나 유의할 것은 조선학운동
으로 민족주의가 사회경제문제까지 수용하여 안으로 계급을 초월
하고 밖으로 국수주의를 초월한 보편성을 띠우게 되었다는 사실이
다. 안재홍은 그것을 民世主義라고 이름하기도 했다. 그것을 해방
후에 新民族主義라고 불렀다.

---

8) 조선시대 성종때부터 시작한 士禍政局(15세기말)부터 숙종조의 換局政
　變(17세기말)에 이르기까지의 조선중기에 대하여 근래 학자들은 새롭
　게 연구하는 가운데 붕당에 대해서도 부정적 당쟁으로만 이해하던 방
　식의 식민사학을 극복해 가고 있다. 조선시대를 전기와 후기로 양분해
　보는 것이 아니라 초기·중기·후기로 3분해 보는 것부터 새롭다고
　할 것이다.

5. 반성과 과제

필자가 공부해온 것을 생각나는대로 적고 보니, 이 방면의 總說처럼 되고 말았다. 앞으로 연구가 깊은 분들의 손으로 많은 곳을 보충하고 다듬어주기를 믿고 기대한다. 저에게 주어진 강연 제목이 「儒學이 近代 民族史에 끼친 貢獻」이었지만 생각나는 대로 쓰다 보니 제목에 충실한 것 같지 않아 제목도 고치고 말았다.

그러나 위의 이야기만으로도 한국근대사에서 儒家의 위치는 어느 정도 이해되었으리라고 믿는다. 유림이 민족운동 또는 독립운동에 공헌한 것보다 일제하에서 植民地 地主로 안주한 경우가 적지 않았으므로 학계에서는 한때, 유림 또는 유학을 통채로 경원했다. 심지어 實學을 이야기할 때도 실학은 유학이 아니라고 말할 정도였다. 그렇게 스스로 비하했던 때가 있었다. 한편, 독립운동은 유림이 전담했다고 억지 장담하는 학자도 있다. 그러나 이제는 바로 보아야 한다. 어느 쪽에서도 감정적 과장은 자신이나 상대, 누구에게도 도움이 되지 않는다.

유학이나 유림을 이해할 때 자체의 독자적인 영역이나 조직을 추적해 보는 방법도 있지만, 유학이나 유가의 사상과 가례가 불교나 기독교의 교리에 스며들어 민족교회나 민족적 佛土思想 형성에 적지 않게 영향한 점을 추적하는 방법도 있다. 그것은 가령, 한국의 기독교 윤리가 서양의 기독교 윤리 보다 한국의 유교 윤리와 더 가깝다는 사실로도도 쉽게 이해될 것이다.

이제는 자기 비하의 시대도 지났고 배타적 아집의 시대도 지났다. 하찮은 상품도 세계 경쟁시장에서 한국 상품의 독자적 성능과 품위를 갖지 못하면 보세가공품 서열에 묶일 수밖에 없다. 또 하찮은 상품의 독자성도 독자적 문화에 의하여 생산된다고 보면, 한국 유학의 독자성 개발은 더욱 과감하게 추진되어야 할 것이다.

그와 동시에 유학뿐 아니라 어떤 종교나 철학이나 윤리도 자신의 특수성이 인류 문명과 세계사 발전에 공헌할 수 있을 때 존속 가치를 갖는다는 것을 잊지 말아야 한다. 민족의 특수성도 세계적 조화에 조율될 수 있을 때 가치를 갖는다.9) 그렇게 생각하면 한국 유학이나 유림의 전통이 먼저 민족사 발전에 공헌하면서, 어떻게 인류 역사에 기여할 것인가를 고민해야 한다. 과거 양반 귀족이 독점하던 유학은 쓸모가 없다는 것을 알아야 한다. 한간에 볼 수 있는 양반 후예들이 모여 유학을 지킨다는 명분을 내걸고 파당을 형성하는 방식은 특별히 경계되어야 한다. 새시대의 유학은 신분을 넘어서야 한다. 오늘 모인 박약회가 유의할 첫 번째 경감일 것이다.

그리고 민족사에 공헌하는 방법도 社會正義와 道德 再建에 실질적으로 도움이 되는 길을 찾아야 한다. 식민지 지주로 家廟를 지키며 안주했던 방식은 僞善이라는 것이 근대 민족사를 통하여 입증되었다. 그것을 교훈 삼아 앞으로는 양심과 정의의 실천 이론을 분명하게 세워야 한다. 가령, 불우한 사람, 음지에서 사는 사람을 위하여, 障碍者를 위하여 공헌할 해답을 가지고 있어야 한다. 그래서 유교의 生活化와 現代化가 요망되는 것이다. 생활화와 현대화를 위하여 관혼상제의 축문이나 고유문부터 생활문과 현대문으로 고쳐서 사용해야 한다.

그리고 산업화와 더불어 지구상의 흙과 물과 공기가 썩어, 결국 인류 멸망을 자초할 위기를 맞고 있는 오늘, 그것을 극복할 새로운 유교윤리나 유교문화의 길이 구체적으로 개척되어야 할 것이다.

---

9) 필자는 그러한 보편적 가치를 추구하는 민족주의를 「大同 民族主義」라고 이름하기도 한다.

농경시대의 윤리로는 오늘의 문제에 대응할 수 없다. 인류를 위하여 공헌할 바를 찾아야 한다. 그래서 유학 또는 유교의 現代化가 요구되는 것이다.

근대는 근면의 世紀라고 하지만, 이제는 부지런한 것이 최상의 덕목일 수 없다. 도적도 부지런해졌기 때문이다. 여기에서 새로 개발해야할 德目은 무엇이어야 하겠는가?

Ⅱ. 韓末 의병전쟁의 변천과 敎訓[*]

　역사는 인류양심과 사회정의를 기준하여 평가한다. 그렇다면 한국근대사에서 오랜 기간을 점하고 있던 일본 제국주의의 침략과 그의 식민지시기의 역사상은 그에 항거한 독립운동이 긍정적 평가를 받는다는 것은 말할나위가 없다. 그것은 독립운동이 곧 인류양심을 대변한 자유를 위한 민족운동이고 제국주의라는 불의에 항거한 정의실현운동이기 때문이다.

　한국독립운동은 구한말의 의병전쟁에서 비롯되었는데 그렇다고 의병전쟁에서 독립운동이 본궤도에 오른 것은 아니다. 구한말의 의병전쟁은 독립운동의 서막으로 시작되어 발전하는 가운데 독립운동을 본궤도에 올려놓았다는 점에서 한국독립운동사의 중심적 위치에서 주목을 받고 있다. 의병전쟁은 1894년 6월 甲午倭亂에 대한 항쟁으로 시작하여 1918년까지 25년간 계속되었다. 그것은 전기의병, 중기의병, 후기의병, 전환기의병, 말기의병의 단계로 변천해 갔는데 처음에는 전통시대의 유림이 주도하여 봉기하였으나 후기의병에 이르러는 모든 계층이 궐기한 국민전쟁으로 발전하였고 전환기의병부터는 의병지도부가 붕괴되거나 해외 독립군으로

---

* 경산대학교 『교양강좌』(1998)에 실린 글이다.

전환함에 따라 국내에서는 민중의병이 주류를 이루게 되었다. 그
것을 단계별로 보면 다음과 같다.

1. 의병전쟁의 변천

1) 전기의병 (1894.6~1896.10)

1894년 6월 일본군이 경복궁에 난입한 갑오왜란이 일어나자 경
북 안동에서 의병이 봉기하여 일군을 격퇴하기 위하여 경기도 곤
지암까지 진격하였다가 패전하였다. 이때 의병을 일으킨 중심인물
은 청풍(지금 제천군 청풍면) 유생 徐相轍이었다 그리고 평안도 상
원에서 金元喬가 의병을 일으켰고 충청도 청양과 경기도 양평에서
도 그 지방의 유생이 의병 봉기를 준비하고 있었다. 그러다가 이듬
해인 1895년 을미사변이 일어나고 이어 단발령을 강행하자 전국에
서 의병이 봉기하였다.

　1894년의 것을 갑오의병이라 하고 1895년의 것을 을미의병이라
하지만, 갑오의병은 근왕병의 성격이 짙고 을미의병은 근왕병의
성격도 있었으나 대개는 척사의병이었다. 어느 경우나 모두 유생
이 주도한 의병이었는데 그것은 5백년 유교왕국에서 왕실이 위험
에 처했을 때 누구보다도 먼저 유림이 민감한 반응을 나타냈다는
것을 의미하고 있다. 그러나 을미의병의 경우는 성리학적 민족의
식을 주축한 척사의병이 지배적이고 보면, 의병을 일으킨 유림의
성리학 의식이 강렬했음을 알 수 있다. 하지만 일본제국주의에 대
한 항쟁이었다는 점에서 그후 독립운동의 선구적 의미를 가지고
있는 것이다. 그러므로 그 해에 일어났던 동학농민전쟁과 아울러

1894년에 한국독립운동사의 막이 올랐다고 보는 것이다. 더구나 을미의병에서는 동학농민전쟁에서 실패한 농민들이 의병진에 잠입 합류함으로써 의병전쟁의 독립운동사적 의미를 드높였다.

을미의병에서 괄목할 진영은 金利彦·金昌洙(金九)를 중심한 강계의진, 文錫鳳을 중심으로 한 회덕의진, 金河洛을 중심으로 한 남한산성의진, 李昭應을 중심으로 한 춘천의진, 柳麟錫을 중심으로 한 제천의진, 閔龍鎬를 중심으로 한 강릉의진, 李晩燾를 중심으로 한 예안의진, 金道和를 중심으로 한 안동의진, 李起燦을 중심으로 한 금산(김천)의진, 盧應奎를 중심으로 한 진주의진, 金蒼坤을 중심으로 한 나주의진, 奇宇萬을 중심으로 한 광산(광주)의진, 그리고 중도에 변절한 李勝宇를 중심으로 한 홍주(홍성)의진 등이었다.

그러한 전기의병이 아관파천으로 친일내각이 물러나고 이어 단발령을 철폐하고 전국의 8도를 23부로 나누어 혼란했던 것을 13도로 조정하는 등으로 수습함에 따라 1896년 여름부터 해산하기 시작하여 그해 10월 15일(음력 9월 9일) 金道鉉의 영양의진이 해산함으로써 끝을 맺었다.

전국의 모든 의병이 해산할 때 끝내 해산을 거부한 의진이 제천·충주에서 항전하던 유인석 진영이었다. 그들은 강원도·황해도·평안도를 거쳐 만주 서간도 지방으로 들어가 독립전쟁의 기초를 선구적으로 닦았다. 그와 같이 전기의병은 끝났지만 그를 통하여 국가의식이 고양되었고 일제 침략에 대한 반제국주의 의식이 확산되었다. 전쟁에 경험이 없는 시골 선비들이었지만 "이기고 지는 것은 알바가 아니라 오로지 의를 위하여 몸바칠 뿐이라"던 유인석의 외침과 같이 정의를 위하여 몸을 던졌던 것이다. 그래서 역사에서 정의를 위한 '의병'이라 한 것이다.

그와 함께 주목할 것은 동학농민전쟁으로 파괴된 농민조직이 의

병전쟁을 치루는 동안 재건되어 갔다는 점이다. 그리하여 의병이
해산한 후에 농민은 독자 조직을 성장시켜 갔다. 그것이 남학당·
영학당·북대·남대, 그리고 1900년부터의 活貧黨이었다. 남학당부
터 활빈당까지 농민 독자적인 조직에 의한 활동을 광무농민운동이
라고 하지만 이때는 반봉건운동이 중심과제였다. 광무농민운동을
통하여 또하나 중요한 의미를 남긴 것은 동학농민전쟁 때 결합해
있던 동학과 농민이 분리되어 동학은 개화운동으로 방향을 전환하
고, 농민은 독자적으로 반봉건운동을 전개해 나갔다는 점이다. 그러
한 광무농민운동이 1904년에 이르러 중기의병으로 발전해 갔다.

2) 중기의병 (1904. 여름~1907. 7)

전기의병이 끝나고 광무농민운동이 한창일 때 1904년 초에 러일
전쟁이 발발하고 한일의정서가 강제 체결되었다. 1894년 갑오왜란
이래 일제의 반식민지로 전락한 대한제국은 1904년에 이르러 심각
한 위기를 맞게 되었다. 그러므로 반봉건적 광무농민운동을 전개
하고 있던 활빈당이 반봉건문제는 일단 뒤로 미루고 반제국주의의
의병전쟁을 일으킨 것이다. 따라서 중기의병은 농민의병으로 출발
한 것이다. 그의 대표적인 경우가 申乭石의 진영이었다.

농민의병이 일어나고 있던 그해 8월에 또다시 한일협약이 체결
되어 의병 봉기가 더욱 확산되어 갔다. 그럴때인 1905년 11월에 이
른바 을사늑약의 소동이 일어났다. 1904년 한일의정서로 대한제국
의 주권이 일제에 넘어가기 시작했는데 그의 구체적 절차로 일제
는 한일협약(1904.8)에 이어 1905년에는 더 노골적인 신협약을 체
결하려고 했다. 그때 박제순을 비롯한 을사5적이 일제의 伊藤博文

과 결탁하여 신협약을 맺어 나라를 팔아 넘기려고 했으나 光武皇帝(高宗)가 비준을 거부함으로써 일제의 흉계는 뜻대로 되지 않았다. 그와 같이 신협약은 체결할 수 없었으나 일제는 국왕의 비준없는, 그리고 이름도 없는 조약안을 흡사 체결된 양 한국의 외교권을 빼앗고 통감부를 설치하며 난동을 부렸는데 이것을 '을사늑약의 소동'이라 한다. 을사늑약의 소동은 그해 연초에 점령한 獨島를 영구 영토로 편입시키기 위해서도 더욱 조급하게 강요하였다. 이러한 소동이 일어나자 전국 각처에서 의병이 봉기하였다. 이때는 유림의병이 크게 일어났다. 유림의병이라고 해도 이때는 전기의병처럼 시골의 유생이 아니라 관료 출신의 유림이 많았다. 鄭煥直의 영천의진, 閔宗植의 홍주의진, 崔益鉉의 태인의진, 梁漢奎의 남원의진, 白樂九의 순천의진 등이 그 사례이다. 하지만 元容八·鄭雲慶·金道鉉·盧應奎·高光洵처럼 전기의 유생의병이 다시 봉기한 경우도 적지 않았다.

한편 전기의병의 유생 가운데는 안동유림처럼 의병노선을 버리고 계몽운동으로 전환한 경우도 있었는데 안동유림의 協東學校를 설립한 것이 그것이지만 그외에도 광주의 具然英, 금산(김천)의 梁濟安, 정산의 李世永 등이 시기는 달라도 의병으로서 계몽주의를 수용한 인사들이다. 이들은 의병을 하다가 계몽주의자가 된 유림이라고 해서, 개항과 더불어 개화한 이동녕·김가진·이시영 등의 개신유학자와 구별하여 혁신유림이라고 말한다. 그런데 혁신유림이 대두했다고 해도 중기의병까지는 유림이 의병노선을 고수한 경우가 많았다. 다만 전기와 달리 관료출신 유림이 많았던 것이 중기의병의 특징이었다.

이와 같이 을사늑약 소동을 계기로 유림의병이 다시 일어났으나 1904년부터 봉기한 농민의병의 활약이 활발하던 것이 중기의병의 또다른 특징이었다. 전기의병에서도 농민의 참여가 물론 있었으나 그때의 농민은 독자적 참여가 아니고 유생에 따라간 피동성 또는 종속성이 농후했다. 그런데 중기의병에서는 광무농민운동 이래 성장한 역량을 기초로 농민 독자적으로 의병전선에 몸을 던졌다. 그러한 가운데 농민의 역량성장과 반제의식이 고양되고 확산되었던 점은 특별히 기억할 필요가 있다.

그리고 유림의 경우도 중기의병에서는 척사의식이 아니라 국가의식에 의한 봉기요 항쟁이었다. 을사늑약 소동에서 국가의 멸망이 눈에 보였던 것이다. 비록 위정척사 의식을 강하게 가지고 있던 최익현 같은 유림이라 할지라도 성리학이 몸담고 있는 대한제국이 멸망위기에 놓이게 되자 성리학이 보호받을 국가를 보전해야 한다는 생각을 갖게 된 것이다. 따라서 중기의병을 통하여 국가의식이 크게 고조되었다고 보아야 할 것이다. 유림의 의병의식이 忠道에서 忠君으로, 忠君에서 忠國으로 이행되어 갔다는 말이다.

중기의병의 구호는 을사5적을 처단하고 통감부를 철폐하고 을사늑약의 소동을 말끔히 씻어내는 것이었다. 그런데 이미 일제 통감부의 감시를 받고 을사5적을 비롯한 친일배가 장악하고 있던 대한제국 정부는 오히려 의병을 탄압하는데 혈안이 되어 있었다. 광무황제(고종) 홀로 의병에 밀지를 보내는 등의 지원을 했지만 역부족이었다. 그리하여 광무황제는 1907년에 네델란드 헤이그에서 열리는 만국평화회의에 李相卨·李儁·李偉鍾 등의 밀사를 파견하였던 것이다. 거기에서도 뜻을 이루지 못하자 이준열사는 단식 순국하고 말았다. 이 헤이그밀사사건이 서울에 전해 온 것은 그해 7월초의 일이었다. 이준열사의 단식 순국이 할복 자결한 것으로 와전되었지만 이때 일제는 광무황제에게 책임을 추궁하면서 지금이라도 을사늑약에 비준할 것을 강요해 왔다. 그러나 황제는 예와 다름없이 비준을 거부하였다. 그래서 결국 광무황제는 쫓겨나고 일제의 허수아비로 隆熙皇帝가 즉위한 것이다. 그리고는 신문지법과 보안법을 공포하고 한일신협약 즉, 정미조약을 체결하였다. 여기에서 일제는 을사늑약에서 달성하지 못한 통감부 감독정치의 법적 체제를 갖춘 셈이 되었다. 그리고 한일신협약의 별도의 각서로 대한제국 군대를 해산하기로 합의하여 그해 8월 1일부터 전국의 군대를 해산시켰다.

 이것이야말로 나라가 멸망하는 모습이었다. 이때에도 국가멸망을 예견하지 못했다면 그것은 무능 무식하거나 위선자였다. 당시 지식인의 계몽주의 민족운동 단체였던 대한자강회도 이완용 내각에 의해서 해산 당하고 말았다. 이 무렵에 지식인 계몽운동자는 두 갈래로 나뉘어졌다. 하나는 종전의 계몽운동 방식이 아니라 보다 더 강열하게 일제에 항거할 길을 택하고 융희황제에 의지할 것이 아니라 공화주의를 표방하면서 지하운동을 계획한 신민회였다. 신민회는 과거의 방식에 반대하여 노선을 수정했다는 뜻에서 계몽주의 좌파라고 이름하고 또 하나의 노선인 종전대로 온건한 계몽운동을 전개하던 대한협회를 계몽주의 우파라고 한다. 계몽주의 좌파는 점차 의병운동과 합류하면서 후일 독립군으로 발전해 갔지만, 계몽주의 우파는 식민지하에서 개량주의나 친일파로 전락한 경우가 많았다. 이와 같이 헤이그밀사사건, 광무황제의 퇴위, 정미조약, 군대해산으로 이어진 망국사태를 맞아 계몽운동이 좌우로 분화하면서 불투명했던 계몽주의자의 개인 개인의 입지가 선명하게 되지만, 의병전쟁도 크게 발전해 갔다. 그로부터 전개된 의병전쟁은 후기의병이었다.

3) 후기의병 (1907. 8. 1~1909. 10)

후기의병은 1907년 8월 1일 대한제국 군대가 해산 당하면서 해산군인이 의병전선에 참가한 후부터 1909년 10월 일제의 소위 남한대토벌작전에 의해 의병전선에 큰 변화가 일어나기까지의 의병전쟁을 말한다. 이때 대한제국 군대는 황실을 지키는 소수의 친위대, 서울에 배치되어 있던 시위대, 지방에 배치되어 있던 진위대가 있었다. 그 가운데서 시위대와 진위대가 해산되었다. 군대해산에 앞서 시위대 제1대대장 朴昇煥 참령(소령)이 자결로 항거하자 일제히 봉기하였다. 이어 원주진위대가 閔肯鎬 특무정교(준위 또는 주임상사)의 주도로 일어났고 강화도에서도 해산군인이 지방 청년과 합세하여 대동창의군을 결성하여 일어났다. 그 외에도 전국 각처의 진위대 병사가 의병전쟁에 참전하였다. 그리하여 의병진영은 각계각층의 인사로 구성되어 국민전쟁의 양상을 나타내게 되었고 의병전쟁도 전술면에서 크게 발전하게 되었다.

후기의병이 일어난 것은 광무황제의 퇴위와 정미조약의 소식이 전해지면서 시작되었는데 군대해산과 더불어 온 국민이 봉기하는 듯 전국이 의병전쟁장이 된 것이다. 전기의병 때 문경에서 일어나 유인석의진에서 활약했던 李康秊이 후기에는 경북북부와 충북과 강원도에서, 전기의병의 금산(김천)의진에 있던 許蔿는 그후 평리원(대법원) 판사로 있었는데 해산군인 金圭植·延基羽와 함께 경기도에서, 강원도에서는 민긍호·이강년외에도 李殷瓚이 李麟榮을 추대하여 관동창의군을, 경남에선 徐丙熙·文泰洙·石祥龍이, 충남에선 金東臣의 의진이 명성을 떨쳤다. 그때 전라도는 온통 의병전쟁으로 메워졌다. 高光洵·梁會一·安圭洪·林昌模·奇參衍·全海山·李錫庸·沈南一·金泰元·金容球 등 유명 의병장

이 부지기수였다. 그러므로 일제는 1909년 9·10월에 소위 남한대
토벌작전을 세워 전라도일대에 대한 무자비한 초토화 작전을 감행
하였던 것이다.

후기의병에서 크게 주목할 것은 북부지방에서도 의병이 크게 봉
기하였다는 사실이다. 전기의병과 중기의병 때도 소규모의 의병봉
기는 있기는 했었다. 그런데 후기의병에서는 대규모의 의병이 봉
기하였다. 그중에도 황해도의 朴箕燮·李鎭龍, 평안도의 白三圭
·蔡應彦, 함경도의 洪範圖·宋相鳳의진의 활약은 특별한 주목을
받고 있다. 그것은 후기의병이 국민전쟁으로 전개되면서 국민의식
이 확산되고 있던 사실과 또 그러한 국민의식은 곧 민족의식으로
발전한다는 역사성과 관련하여 생각해야 한다. 그에따라 민중의병
이 고조되고 있었다는 점에도 유의해야 한다.

후기의병전쟁의 작전 중에 가장 주목되는 것은 1907년 12월에
양주에서 추진한 13도연합창의진의 서울진공작전이었다. 의진본부
는 이인영·이은찬·이채구 등의 관동창의군과 허위·김규식·
연기우 등으로 구성된 임진강의진으로 형성되었다. 실제에 서울진
공은 임진강의진의 지휘로 강행하였는데 13도의 각 의진에 연락하
면서 서울로 진격한 것은 1908년 1월이었다. 판사 출신이며 의진의
군사장이던 허위는 서울에 주재한 각국 영사관에 13도연합창의진
의 일제에 대한 선전포고를 알리고 이미 적도화된 서울에 대한 진
격의 정당성을 온 국민에 포고하였다. 그리고 북진하여 동대문밖
30리에 당도하였다. 거기에서 일본군과의 격전이 벌어졌다. 그런데
약속된 지원부대가 다른 전투로 길이 막혀 도착하지 못하여 동대
문밖 전투는 실패하고 말았다. 그후에도 임진강의진은 경기도북부
에 주둔하며 서울 탈환을 위한 작전을 계속 추진하였으나 성공하
지 못하고 그해 5월을 전후하여 허위·이강년·민긍호 등의 의병

장이 전사 또는 체포됨으로써 서울진공의 꿈은 중단할 수 밖에 없었다. 그후의 의병전쟁은 대부대작전을 버리고 유격작전으로 전환되어 갔다.

　일본군은 의병을 잡으면 모조리 죽였다. 감옥에 보내면 풀어 줄 것을 염려한 일본군은 포로로 다루지 않고 모두 죽였다. 뿐만 아니라 가족도 죽이고 집도 불태웠다. 안동과 제천이 불탄 것은 전기의병 때의 일이었지만, 후기의병 때 柳麟錫 의병장의 마을인 춘천 가정리가, 李退溪 후손에 의병이 많다고 해서 안동 토계리의 퇴계종택을, 鄭煥直 의병장의 마을인 영천 검단리가, 高光洵 의병장의 마을인 창평의 유천리가 불바다가 되었고 가족은 무참하게 학살 당했다. 칼로 찔린 사람이 불타는 집속에서 화장된 경우도 있었다. 홍천의 속초리는 閔肯鎬의진이 주둔했다는 이유로 마을 전체를 불태웠다. 그래도 모자라서 1909년 9월~10월에는 남한대토벌작전을 세워 전라도 일대에 대한 무자비한 학살을 감행하였다. 전라도에서 전기의병 때는 의세가 극히 미약하였고, 중기의병 때도 뒤늦게 일어나 큰 주목을 못받았는데 후기의병에서는 전도가 의병전장일 정도로 전도민이 일어나 크게 주목을 받았다. 이것을 놓칠세라 일본군이 대량학살을 자행했던 것이다. 그후 의병전쟁은 쇠퇴하고 해외 독립군으로 전환해 갔다. 국내에서는 민중의병의 소부대 단위의 유격전이 전개되었다.

4) 전환기의병 (1909. 11~1915. 8)

　전환기의병이란 의병이 독립군으로 전환하는 시기의 의병이라는 말이다. 그러므로 의병이 해외로 이동하여 독립군으로 전환한 경우도 있고, 독립군으로 전환하지 못한 의병은 그대로 국내에서 의병으로 항전한 경우도 있었다. 그렇다고 이때에 비로소 독립군으로 전환한 것은 아니었다. 柳麟錫·李範允·安重根 등은 이미 1908년에 러시아의 연해주로 망명하여 그곳 연추(煙秋: 크라스키노)와 소왕령(蘇王嶺: 니코리스크 우스리스크)을 의병 또는 독립군 기지로 개척하고 있었다. 그리고 두만강을 건너 국내로 진격하여 일본군과 혈전을 펴고 있었다. 당시 연해주는 러시아의 영토가 된 지 30여년 밖에 되지 않았으므로 광활한 들판이 그대로 버려져 있었으므로 독립군의 기지로 어디보다도 적당하였다. 그러한 소식이 전해오자 많은 의병이 연해주로 망명하였다. 연해주뿐만 아니라 만주의 서북간도로도 이동하였다. 이동이라기 보다는 국경을 드나들며 일본침략군과 유격전으로 싸웠다. 홍범도·이진룡(이석대)·조맹선 등이 이무렵 압록강과 두만강을 넘나들던 의병으로 널리 알려져 있다.

1910년 대한제국이 멸망한 후에는 본격적으로 독립운동체제에 돌입, 연해주에서 聲明會를 결성하여 일제침략에 대하여 전세계를 향하여 규탄하는 외교활동을 전개하였다. 그러다가 러시아정부로부터 탄압을 받기도 했다. 그러나 1912년에 탄압이 해제된 뒤에 다시 모여 勸業會를 결성하였고 이때 북간도에서는 墾民會, 서간도에서는 耕學社와 新興學校를 만들고 본격적인 독립운동 체제를 정비하였다. 만주와 연해주뿐 아니라 미주에서도 1909년에 朴容萬이 네브라스카 소년병학교를 설립하여 독립군 양성에 착수하는가 하면 이어 安昌浩가 주도하여 대한인국민회를 결성하여 망명동포의 결속에 나섰다.

이와 같이 해외동포가 독립운동 체제를 갖출 때 국내에서는 독립군으로 전환하지 못한 의병이 소백산, 태백산, 추가령지구대, 개

마공원등의 산악지방과 국경선일대에서 항전을 계속하였다. 그러한 가운데 어떤 의병은 豊基光復團이나 大韓光復會처럼 국내에서 독립혁명운동 단체로 발전한 경우도 있는데 그들은 혁신유림이 주도하였다. 혹은 그대로 의병으로 항전한 경우도 있는데 그들은 모두 민중의병이었다. 1914년에 종전의 유림의진처럼 복벽주의를 표방한 獨立義軍府가 결성되었으나 대중적 호응을 얻지 못하고 곧 파괴당하고 만 것이 그때의 사정을 말해 주고 있다.

5) 말기의병 (1915. 8~1918)

전환기의 의병은 1915년 여름에 평안도의 채응언의진이 무너지면서 끝이 났다. 그것은 구한말에 결성된 의진이 종결되었다는 말이다. 그러나 구한말부터의 의병진은 없어졌지만 그 의병진에서 활약하던 무명의 의병이 도처에서 항전하고 있었던 사실을 간과해서는 안된다. 그 무명의 의병이 깊은 산에 숨어살고 도적의 형태를 나타냈다고 해서 일반 도적과 같이 보는 것은 위험한 시각이다. 그렇다고 정말 도적을 의병으로 보자는 뜻은 아니다. 실제에 구별하기가 쉽지는 않더라도 역사의 개연성은 외면해서 안될 것이다.

독립군으로 전환하지 못한 의병 가운데는 멀리 잠적하여 글방 훈도나, 술장수나 엿장수로 은신해 살아간 사람도 적지 않았다. 그 시기에는 어느 마을이나 글방·술방·엿방이 거의 빠짐없이 있어서 그것을 이용한 것이다. 그렇게 자신의 실체를 숨기고 살다가 3·1운동이 일어나자 시위군중에 뛰어 들어가 3·1운동을 한결 격렬하게 전개시켜 간 경우가 얼마든지 있다. 이와 같이 보면 의병전쟁은 3·1운동으로 이어졌다고 보아 좋을 것이다.

2. 의병전쟁의 역사적 의의

의병전쟁은 독립운동의 序章이면서 독립운동을 본궤도에 올려놓았다는 의미에서 이해되어야 한다. 의병전쟁이 일어날 때는 대한제국이 있을 당시였다. 그러므로 독립운동의 서장 또는 전사(前史)의 위치였다고 할 수 있으나 그와 아울러 독립군으로 전환하여 독립운동을 선구적으로 개척한 것도 사실이다. 독립운동이란 민족운동의 한 갈래이다. 역사적으로 민족운동은 시민혁명운동, 민족해방운동, 민족통일운동으로 나누어 볼 수 있는데 그 중에 민족해방운동은 종족해방운동과 식민지해방운동으로 다시 나누어지고, 식민지해방운동을 독립운동이라 한다. 그리고 독립운동은 독립운동에 선행한 종속해방운동이 있기 마련인데 의병운동이 독립운동의 서장이라고 말한 그 시기가 종속해방운동의 시기였다. 그렇게 보면 의병운동은 종속해방운동인 동시에 식민지해방운동의 출발이었음을 알 수 있다.

의병전쟁이 변천하는 가운데 독립운동의 이념도 크게 성장하였다. 먼저 의병전쟁 초기에는 근왕사상 또는 척사이념에 의한 것이었는데 중기의병부터 국가의식, 국민의식, 민족의식으로 전이하면서 근대적 이념으로 발전되어 갔다는 점이 그것이다. 그러니까 의병이 해외로 이동했을 때 계몽주의의 근대사상과 합류하여 독립군 기지개척을 추진할 수 있었던 것이다.

그리고 의병 구성이 민중화하면서 반봉건의식이 반제국주의 의식에 못지않게 고조되어 근대민족의식 고양에 촉진재가 되었음은 물론, 사회경제적으로 인간의식을 확대시켰던 점도 중요하다. 봉건 유림도 생각을 바꾸어갔다. 한편, 봉건 지주가 일제침략 속에서 안주하고 있을 때 양반지주가 아닌 농민과 쌍놈이 의병을 일으켜 싸우고 죽어간 현장을 보면서 인간 평등사상이 제고되었다는 것이 조금도 이상할 것이 없다. 또 평민의병장 밑에 양반의병이 소속되어 있던 경우도 허다하였으니 거기에서 평등사상이 제고되었다는 것은 극히 당연한 일이었다. 이와 같이 민족의식이 기층사회에 확산되었다는 사실이 의병전쟁의 역사적 의의로 무엇보다도 중요한 점이다. 그것은 민족의식은 평등의식에 의하여 힘차게 성장하는 것이고 민족의식의 성장정도가 독립운동의 발전정도를 가늠하기 때문에 중요한 것이다.

다음에 의병전쟁을 통하여 독립운동 방략이 무장독립운동 노선으로 방향이 확립되었다. 그리하여 독립운동 기간에 어떤 준비론이나 실력양성론이나 외교론이나를 막론하고 독립전쟁을 위한 준비요 실력양성이요 외교이어야 의미를 가질 수 있다는 독립운동의 전통이 마련되었던 것이다.

끝으로 몇몇 의병장이 의병전선에서 남긴 명언이나 유언을 소개하여 의병정신이 어떤가를 음미해 보기로 한다.

▪ 말피를 마시고 맹서를 함께하니 이기고 지는 것은 내 알바가 아니오, 오로지 의리를 위하여 나가는 것이니 경중과 대소는 이미 정해졌도다.
(제천에서 의병을 일으키며, 柳麟錫)

▪ 충분의용한 마음으로 거의하여 강산을 깨끗이 하고 왕실을 홍복하며 다시 의관문물의 모습을 보게 되고 함께 예의있는 나라의 백성이 된다면 이 어찌 천만 다행한 일이 아니겠는가.
(강릉에서 의병봉기를 독려하며, 閔龍鎬)

▪ 아아, 우리 수천만 민족이 과연 참화를 면할 수 없단 말인가 내 차라리 고기밥이 될지언정 살아서 도적놈에게 욕을 보고 싶지 않다.
(영덕 오십천전투에서 패전하고, 金河洛)

▪ 이 세상 사람들아 속으로 웃지마오
앉아서 좋은 말이야 무슨 공이 있으랴.

(홍주의진의 소식을 듣고, 李 偰)

▪ 당당한 대의를 펴고야 말것이 늙은몸 막대잡고 뒤따라 나섰소
　일편단심이야 간곳마다 같은 것을 살든 죽든 돕기를 맹서하세
　　　　　　　　　　　(예천에서 연합의진을 결성하고, 金道和)

▪ 탄환의 무정함이여 발목을 상하여 어쩔수가 없구나
　차라리 심장에 맞았더라면 욕보지 않고 요경에 갔을 것을
　　　　　　　　　　　(금수산전투에서 부상한 아침에, 李康秊)

▪ 시골 서생이 갑옷을 떨쳐 입고 바람타고 남도하니 말조차 잘 달린다
　오랑캐를 소평하지 못하면 모래밭에 죽어서 돌아오지 않으리
　　　　　　　　　　　(의병을 일으키려 집을 떠나며, 沈南一)

▪ 만리길 행색은 범의 굴을 이웃했고 백년을 품은꿈 용천검을 만진다
　국치를 못씻고 몸이 먼저 늙었으니 바람앞에 다달아 한숨을 쉰다
　　　　　　　　　　　(대마도에 유배 감금되고서, 崔益鉉)

▪ 누(樓)에 오른 나그네 갈길이 어디런가
　쓰러진 고목이 앞을 막는 단군의 터전을 한탄하노라
　　　　　　　　　　　　　　　(평해 월송정에 올라, 申乭石)

▪ 붉은피 파랗도록 원한이 치미니 밤마다 잠못들고 쓰린 가슴 문지르네
　원수의 목을베어 말머리에 달고와 장대끝에 매달아 남대문에 꽂으리
　　　　　　　　　　　(전투 출격의 선봉에서, 李錫庸)

▪ 대장부 비록 죽으나 마음은 강철과 같아
　의사가 위기에 닦쳐도 기상은 구름같아라
　　　　　　　　　　　　　　　(사형 언도를 받고서, 安重根)

▪ 조선5백년 마지막에 태어나 붉은피 가슴에 엉켰구나
　외롭게 서서보니 옛산만 푸르고 온갖 헤아려도 방책이 없네
　희디흰 천길 물속이 내한몸 넉넉히 간직할만 하여라
　　　　　　　　　　　(자결하기직전 대진 바다가에서, 金道鉉)

▪ 연곡의 봉우리마다 숲은 울창한데 평생을 나라위해 목숨을 바쳤고나
　전마는 흩어져 논두렁에 누워있고 까마귀떼만 숲사이로 날아든다
　나같은 놈의 글 무엇에 쓸것인가 이름난집 그명성 따를길 없네
　섯녘을 보며 눈물 흘리니 새무덤옆에 국화가 향기를 뿜어올리네
　　　　　　　　　　　(고광순의병장이 전사한 무덤앞에서, 黃 玹)

Ⅲ. 白凡의 청소년기 생활과 의병운동*

1. 머리말

　백범의 독립운동과 통일운동에 대한 논문은 한국현대사의 파란
이 일때마다 그의 교훈을 찾고 되새기기 위하여 다양하게 발표되
었다. 필자도 대한민국임시정부를 연구하는 가운데 또는 통일운동
을 구명하는 가운데 백범에 대하여 추적한 글을 썼다.

　그러한 연구가 진행된 가운데 다소 소홀했던 점이 있다면 백범
의 인간상에 대한 것이 아니었던가 한다. 인간상에 대한 연구는 먼
저 백범의 성장기의 행적부터 찾아보는 것이 순서일 것이다. 이미
알려진 것이기는 하지만 그것을 학문적으로 조명한다는 것이 의미
를 갖는다고 생각한다. 그리하여 백범의 유년기와 소년기와 청년
기의 과정을 추적해 보기로 한다.

　『白凡 金九全集』 제12권(1999)에 소개된 「연구 논저목록」을 보
면 적지 않은 저술에서 백범의 인간상을 추적하고 그의 청소년기
부터 살핀 논저가 있다. 그 가운데 秋憲樹, 『白凡 金九－生涯와 思
想』(교문사, 1982)에서는 ① 탄생과 가계 ② 어린 시절(1-8세) ③

---

　* 백범기념관 개관기념 학술발표회(2002. 10. 31)에서 발표한 논문으로
　『백범과 민족운동연구』 제1집(2003. 6. 1, 백범학술원)에 실려 있다.

소년시절(11~17세)로 나뉘어 소개하고 다음에 「동학에의 입도와 동학혁명 발생」을 서술하였다. 동학의 입도와 그후 의병운동에 대하여 새로운 자료까지 찾아 분석한 근래의 연구는 都珍淳, 「1896~98년 백범 김구의 聯中義兵과 치하포사건」(『韓國史論』 38, 서울대 국사학과, 1997)과 「해제; 동학·의병운동」(『白凡 金九全集』 3, 대한매일신보사, 1999)이었다. 그러므로 재론할 여지가 없을지도 모르나 추적하는 가운데 의견이 다른 것도 발견되거니와, 백범기념관을 개관하면서 다시 한번 점검하는 것이 의미가 있다고 생각한다.

2. 2백여년의 상민가정에서
태어나도 꿈은 잃지 않고

백범은 1876년 7월 11일 황해도 해주읍 백운방 기동(텃골)에서 태어났다. 17세 어머니의 난산이었지만, 증조부 4형제, 조부 형제, 아버지 4형제의 축복을 받으며 태어났다. 아버지는 4형제 중의 둘째로 결혼 후 종조부댁에서 살았는데 백범이 태어난 것은 할아버지와 백부가 사는 큰집이었다. 안동 김씨로 선대는 서울에 살던 명문이었는데 金自點(1588~1651)의 역모로 멸문지화를 당할 때 그의 방손이었지만 화가 미쳐 경기도 고양을 거쳐 황해도에 은신하였다. 김자점은 인조반정을 일으켜 영의정까지 오른 공서파의 영수로 정계를 주름잡던 인물이었는데 효종조에 이르러 북벌론에 반대하는 등, 효종정권과 맞서다가 불운에 빠졌다. 이른바 '金自點의 獄'은 효종 2년(1651)의 일인데 그때 안동 김씨에서도 김상헌 같은 인물은 청서파에 속해 김자점과 정치적으로 대립해 있었다.[1] 그런데 백범의 선조가 김자점의 방손이면서 은신할 정도였다면 단순한 방손이 아니라 근친이든지 아니면 정치적으로 밀접한 관계에 있었다고 보아야 할 것이다. 그래서 멀리 황해도 해주읍에서 서쪽으로 80리(32㎞)의 백운방 基洞(텃골) 팔봉산 양가봉 밑에 자리를 잡았던 것이다.

텃골에서 신분을 숨기고 쌍놈으로 가장하여 軍役田을 경작하며 천민에 가까운 행세를 하였다. 그런데 그곳 後浦里(뒷개)에는 11대 선조부터 할머니의 무덤이 있다고 했다. 필자는 여기에 주목하고 싶다. 경반의 자존심을 잃지 않으려고 노력했다는 말이다. 11대조라면 백범으로부터 2백여 년전 선조의 무덤부터 모셨다는 이야기가 되고, 일반 상민이면 11대의 문중 묘지를 갖춘 경우가 드물었기 때문이다. 『백범일지』에 종증조부, 삼종조부 등과의 친밀한 관계가 거듭 언급된 것을 보면 후포리 문중묘지와 더불어 친족사회가 형성되어 있었다는 것을 의미한다. 그리고 문중 정분이 남달랐던 것도 알 수 있다. 재종조부가 아버지와 동갑인데 아버지가 백범에게 너무 심하게 체벌을 준다고 하여 "나를 때리던 채찍을 탈취해 가지고 … 아버지를 책벌하며 어린것을 그다지 무지하게 때리느냐"고[2] 꾸짖었던 것이나, 끝의 숙부가 횡포가 심하여 집안에서 숙부의 발뒤꿈치 힘줄을 짤라 다시는 싸움을 못하게 하려 하였다는 것이나, 어려운 가운데에도 문중 윤리가 엄존했다는 것을 말하고, 살이가 어려울 때 "장련에서 부모님은 나를 재종조의 누이댁에 떼어두고"[3] 갔다는 것을 보면 지친간의 정의가 남달랐다는 것을 확인할 수 있다. 그러한 친족의 사회적 조직력을 가지고 있었으므로

---

1) 김자점은 안동 김씨중에도 先安東 김씨로 흔히 上洛 金氏로 알려져 있고, 김상헌은 後安東 김씨로 거의 타성과 다름이 없었다.
2) 金九(친필), 『白凡逸志』(1999, 『白凡金九全集』, 대한매일신보사), 329쪽.
3) 金九, 『白凡逸志』, 334쪽.

상민으로서 李貞吉 같은 종을 거느릴 수 있었을 것이다. 군역전을 경작하였다는 것도 그의 신분상의 처지만 생각할 것은 아닌상 싶다. 군역전 소작인은 일반 지주의 소작보다 자유로울 수 있기 때문이다. 역둔토와 비교해도 관리인(마름-사음)이 별도로 있지 않고 관청에서 직접 감독한 경우가 많았기 때문에 교섭하기에 따라 소작관리가 허술할 수 있었다. 백범댁에서 관청과 연말에 세폐나 세찬을 주고받았다는 것이 단순한 교제로 보이지 않는 것이다.

그러니까 신분은 상민이었지만 '후대 영광의 꿈'을 간직한 집안에서 백범이 태어났다고 이해되는 것이다.[4]

그러나 백범이 태어나던 1876년에는 그러한 교훈을 전수 받기에는 너무 많은 세월이 흘렀고, 아버지가 삼각혼으로 어머니 곽낙원 여사를 맞아야 할 정도로 가세가 영락한 때였으므로 비록 그러한 꿈이 있었다고 해도 그 꿈을 잇기는 어려울 수도 있었다. 앞으로 더 추적해 볼 과제이다.

3. 개구장이 어린이가 과거장에 나가기까지

백범이 태어날 때 난산이어서 아버지가 소길마를 머리에 얹어

---

4) 중종조에 趙光祖가 기묘사화로 멸문지화를 당할 때 그의 한 방손은 태백산중에 은신하여 살다가 노비가 되어 3백여년을 살았는데 그 화중에서도 가첩을 기록하며 재기의 꿈을 잃지 않았던 苧田문중이 있었던가 하면, 숙종조에 멸문지화를 당한 尹鑴의 후손이 운문산중에 들어가 화전민으로 생활하다가 대한제국이 멸망한 후에 사회에 나타났고, 명나라 병부상서로서 임진왜란에 원군을 파견하는 데 결정적인 역할을 하였던 石星의 후예가 명나라가 망한 후 조선으로 건너와 청나라의 추적을 피하여 지리산 속에 은신하여 화전민으로 살면서도 문중 묘지를 가꾸고 가첩을 기록해 왔던 사례를 기억할 필요가 있다.

지붕에 올라가 소우는 소리를 내, 드디어 해산했다고 한다. 소길마를 지고 지붕에 올라가 울면 산부가 남편에 대한 미안한 마음에서 힘을 더욱 쓰다가 해산을 하게 된다는 이야기는 필자의 고향에서도 전해 오는 구전이다. 그렇게 어렵게 태어난 백범이 서너살 때 천연두를 앓아 곰보가 생기고 다섯 살 때(1880) 종조부·재종조부·삼종조부를 따라 강영군 삼거리(현재 옹진군)로 이사하여 살던 가운데 동네 이생원댁 아이들로부터 해주(쌍)놈이라 하여 몰매를 맞았다. 그때 백범은 분을 사기지 못하여 집으로 돌아와 식칼을 들고 갔다가 그들의 형에게 들켜 크게 매맞았던가 하면, 아버지 숟가락으로 엿을 사 먹다가 꾸중을 들었고, 이부자리에 숨겨둔 아버지의 엽전 20냥을 가지고 떡 사먹으러 가다가 들킨 적도 있었다. 그때 아버지로부터 꽁꽁 묶여 대들보에 매달려 회초리를 맞다가 아버지와 동갑인 재종조부가 가로막고 아이에 대한 체벌이 과하다고 아버지를 때렸다는 것이다.

이러한 이야기를 전해주는 『백범일지』는 1928년 3월에 쓰기 시작하였다. 아들 형제에게 아버지 행적을 알려주기 위함이었다. 1924년에 둘째 아들(信)을 낳고 산후병으로 작고한 아내(최준례 여사), 1925년 어린 아들을 데리고 고향으로 돌아간 어머니(곽낙원 여사), 1927년에 장남(仁)까지 고향으로 돌려보낸 쓸쓸한 상해에서, 홀로 밤을 지키며 53세의 백범은 다시는 자식들을 볼 수 없을 것 같은 마음을 안고 자신의 과거를 고백했던 것이다.[5] 거기서 자신을 본 받으라는 말은 아니지만 솔직하게 전해 줄 필요가 있었다. 그래야 인생을 정직하게 살고 용기있게 사는 사람이 될 수 있는 것

---

5) 그때 임시정부도 한가한 때였다. 민족유일당운동도 깨어져가고, 용인 하나를 고용할 수 없는 재정난에 빠져 있었다. 임시정부 27년의 역사에서 1928~31년이 가장 침체한 때였다.

이다. 거기에서 백범은 백범의 아버지(淳永)가 양반들을 자주 때린
것과 막내 숙부(俊永)는 상하 가리지 않고 횡패를 부렸던 것을 쓰
고 숙부의 폭력은 아무 의미가 없는, 그래서 쌍놈의 소리를 듣는다
고 했다. 그러나 무식하지만 효자였던 아버지는 "성정이 호방하고
음주무량하여 첩취하면 (양반) 강·이씨를 만나는대로 통타하여
해주 관아에 체수하기를 1년에 몇 차례씩 되어 문중에 소동을"6)
일으켰다고 인과 신의 할아버지 이야기를 자신의 개구쟁이 행동과
함께 전한 것은 읽는 이로 하여금 평민의식이 솟구치게 하는데, 백
범이 바로 그것을 기대한 고백일 수 있었다. 즉, 평민의식에 머물
지 않고 그를 위한 투쟁 용기를 기대했을 것이다.

"몇 해 전에 집안에 새로 혼인한 집이 있는데 어느 할아버지가
서울 갔던 길에 총관(양반 갓) 1개를 사다가 장치하였다가 새 사돈
을 보려고 야간에 그 관을 쓰고 갔다가 이웃 동네 양반에게 발각되
어 관을 파열하고서는 다시는 관을 못쓴다고 한다."7) 이렇게 백범
은 평민의식을 강렬하게 나타냈다. 그래서 백범은 과거를 보아 양
반이 되려고 공부에 열중하게 되었다. 처음에는 이생원을 훈장으
로 모셔 사랑방에 글방을 마련하여 3개월 배우고 다음에 글방을
인근 신존위댁으로 옮겼다고 했다. 그때 백범은 밤낮 면학하고 뛰
어난 송재로 시험을 치르면 번번이 장원하였다. 12세였던 백범은
천자를 익힌 후였으므로『童蒙先習』이나『明心寶鑑』정도의 글을
배웠을 것이다. 그 후 아버지가 반신불수가 되어 가정이 더욱 어려
워져 가히 걸식하며 전전하다가 다시 고향에 돌아왔을 때는 15세
소년이 됐을 때였다. 마을에 글방이 있기는 해도 백범이 배울만한

---

6) 金九(친필),『白凡逸志』(1999,『白凡金九全集』, 대한매일신보사), 330
   쪽.
7) 위의책, 332쪽. 의병장 申乭石의 고사와 비슷한 데가 있다. 신돌석은 장
   가를 갈 때 갓을 썼다가 양반들에게 짓밟혀 갓을 못썼다고 전해 온다.

곳은 없었다. 그래서 아버지의 권고도 있고 해서 배운 것을 밑천 삼아 土地文書·訴狀·祝祭文·婚書·書翰文 등의 실용문서를 익혀 글사장처럼, 대작으로 명성을 얻게 되었다. 제문과 서한문까지 대작했다면 문중 서생으로는 충분했다. 장성하면서 백범은 체격도 좋아졌고 소년답지 않게 장중한 체모도 갖추어져 身言書判으로 보아도 시골 서생으로 행세할 정도는 충분했다. 그 소문이 퍼지자 이웃 마을 鄭文哉선생의 호의로 면비로 다시 글을 더 배우게 되었다. 『通鑑』·『史略』·『大學』·『漢詩』·『唐詩』 그리고 科擧 例文을 배우고 외었다. 그때 정선생의 권유로 해주 과거장에 나갔다(1892, 17세). 물론 해주 향시였다.8)

당시의 과거장이 부패하여 억망이었다는 것은 알려진 일이지만 『백범일지』처럼, 그 부패상이 생동감있게 묘사된 자료도 흔하지 않다. 몽땅 대리시험장이었다. 백범도 아버지의 이름으로 대리시험 치려다가 그것도 자청한 어느 접장에게 맡길 정도였다. 여기서 백범은 사회의 비리와 부패를 뼈저리게 느꼈다.

4. 관상과 풍수지리를
구명하다가 동학에 입문하고

과거에 실망한 백범이 살길을 찾은 것은 토지문서나 서한문을 대작할 때, 사람마다 관심이 많았던 택지나 묘지에 대한 풍수지리나 관상을 보는 일이었다. 그것이 양반 지주의 소작농으로 끼니를 잇기보다 낫다고 생각했다. 소년 지관으로 명성을 얻으면 양반을

---

8) 해주 향시가 1892년「壬辰 慶科」라고 했는데 그해에 그럴만한 어떤 일이 있었던지는 찾지를 못하였다.

혼내줄 수도 있다고 생각했을 것이다. 그래서 『麻衣相書』와 『地家書』를 탐독하고[9] 『마의상서』를 읽으면 그것이 道家의 것이든 佛家의 것이든, 예사 무예의 이야기가 따르므로 『孫子』·『吳子』·『六韜』·『三略』을 섭렵하였다.[10] 그리고 배움에 굶주린 아이들을 모아 훈도를 하였다. 아마도 사회개혁을 위한 열강을 토했을 것이다. 이쯤되면 절로 鄭鑑錄이나 東學과 같은 저항종교와 이어지기 마련이었다.

그때 마침 사회의 구조모순과 현실모순에 대하여 개혁을 제창한 동학이 해주지방에 전도되고 있었다. 소년 백범도 그에 끌려 1893년(18세) 정초에 이웃 포동의 동학도 吳膺善을 찾아가 동학에 입도하였다. 백범이 동학에 대하여 ① 하눌님을 모시고 道를 행한다 ② 존비귀천을 없앤다 ③ 조선왕국을 끝내고 새 국가를 건설한다는 혁명 논리에 전적으로 동감하였다. 그때 이름을 昌巖에서 昌洙로 고쳤는데 그것은 새로운 삶을 뜻함이었다. 그리고 포교하자 백범을 축지법을 하고 하늘을 나는 「애기접주」라는 소문이 퍼져 따르는 무리(연비)가 처음에는 수 백명, 다음에는 평안도에 이르기까지 수 천명이 운집하였다. 그리하여 황해도 접주 15명이 교주 최시형이 머무는 충청도 보은 장내리로 가서 정식으로 접주 첩지를 받았다. 백범은 팔봉접주가 되었다.

1894년 9월에 돌아와 전국적인 동학농민전쟁에 발맞추어 황해도

---

9) 『麻衣相書』의 운명철학 가운데 "相好 不如身好 身好 不如心好"란 글귀가 마음에 끌려 好心人이 되겠다고 굳게 작심하였다고 하며, 병서에서는 "泰山覆於前 與士卒 同甘苦 進退如虎 知彼知己 百戰不敗"란 구절에 흥미가 있었다고 했다.

10) 백범이 병서를 읽던 이때에 승마도 익혔던 것이 아닌가 한다. 『白凡逸志』(친필본)에 의하면 후일 동학에 입도하여 팔봉접주로서 해주성을 공략할 때 선두에서 말을 타고 진군했다고 한다. 이때가 아니면 군역전을 경작할 때 가끔 말을 타고 오가면서 승마를 익힌 것이 아닌가 한다.

농민전쟁을 작전하였다. 먼저 해주성을 공격하기로 하였다. 그때 林宗絃을 중심한 황해도 동학군은 그해 10월 6일 해주성을 점령하고 권력을 접수한 후 11월 6일까지 주둔하였다. 이어 작전상 후퇴한 후 다시 해주성을 공략한 것은 11월 말이었다.[11] 그때 백범은 선봉장을 맡았다. 백범은 사령기를 앞세우고 말을 타고 해주성 서문이 있는 선녀봉으로 진군하였다. 팔봉부대에는 산포수가 7백명이나 있어 전투력과 화력이 우수하였다. 그러나 일본군의 신식 무기에는 당할 수 없었다. 청일전쟁 출동군까지 합세한 일본군의 반격을 받아 서쪽 80리의 회학동으로 후퇴하였다. 거기서 새로 맞은 모주 鄭德鉉과 종사 禹鍾瑞의 헌책에 따라 군율을 재정비하고[12] 헌책대로 구월산 貝葉寺로 이동할 차비를 했다. 그때 백범의 일생에 전기가 된 동학토벌군 이른바 甲午義旅인 安泰勳의 밀사를 맞았다.

안태훈은 해주 사람으로 난세를 피하여 1880년부터 신천군 신계리에 은거하고 있었다. 동학농민전쟁이 일어나자 아들 안중근과 함께 의려를 일으켜 동학군을 토벌하여 팔봉부대도 경계할 정도로 명성을 떨치고 있었다. 때마침 20리 상격하여 회학동과 청계동 군사가 대진하고 있었던 그때, 동학군 토벌대장인 그가 동학군의 팔봉접주인 백범에게 밀사를 보내온 것이다. 그가 해주 출신이므로

---

11) 도진순, 1997, 「1895-96년 金九의 聯中義兵活動과 치하포사건」『韓國史論』38, 서울대 국사학과, 128~129쪽.
12) 양인의 헌책은 다음과 같았다(金九,『白凡逸志』(친필), 343쪽).
　① 軍紀正肅: 병졸을 대하여도 互相拜 互相敬語를 폐지할 일
　② 得民心: 동학당의 강도적 행위를 금지할 일
　③ 招賢文: 경륜있는 지사를 많이 얻을 일
　④ 전군을 구월산중에 모아 훈련할 일
　⑤ 양식은 재령과 신천에 왜가 쌓아놓은 貿米가 수 천석이니 그것을 몰수하여 貝葉寺에 옮겨 올 일.

백범의 집안이나 애기접주로서의 명성을 듣고 있었을 것이다. "즉
시로 참모회의를 개하고 의결한 결과 人不番侵 我不侵人과 양방
에서 불행에 陷케 될 시에 互扶互助할 밀약이 성립되었다."13) 공
수동맹이었다. 이것은 19세의 백범으로서 모험이었다.

예정대로 패엽사로 행군하여 겨울을 나는데 백범이 홍역을 앓았
다. 이때「애기접주」란 말이 더욱 널리 퍼졌을지도 모른다. 홍역중
에 백범은 李東燁 접주가 거느린 동학군의 습격을 받았다. 밀약설
이 누설되었던가? 영장 이용선은 전사하고 병력은 산지사방되었
다. 백범은 모주 정덕현과 함께 몽금포에 은신하여 3개월을 숨어
살았다. 동학이 동학의 습격을 받아 갈 곳을 잃은 것이다. 거기서
백범은 신계동의 안태훈 진사를 찾을 수밖에 없었다. 안진사는 백
범의 위인됨을 중히 여기고, 또 어쩌면 자기와 밀약한·탓으로 당해
야 했던 곤경을 생각해서도 반갑게 맞으며 후하게 대접하였다. 백
범의 부모까지 신계동에 모셔 살게 하였다.14)

5. 성리학을 배우고 의병을 일으키고

백범이 신계동에 몸을 의탁할 때는 20세 청년에 접어든 1895년
(을미년) 봄이었다. 거기서 역시 안진사에 의탁하고 있던 高能善과
金亨鎭을 만났다. 고능선의 본명은 高錫魯로 後凋라 호하고 해주
출신인데 춘천출신으로 황해도 평산에 살았던 省齋 柳重教의 문

---

13) 金九, 『白凡逸志』(친필), 344쪽.
14) 안진사는 6형제인데 泰鎭·泰鉉·泰勳·泰健·泰民·泰純으로 안진
   사는 셋째였다. 아들은 重根·定根·恭根 삼형제로 모두 청계동에 살
   았다. 청계동에 안진사가 이주한 것은 안진사의 장남인 안중근(1879~
   1910) 2살때로 1880년이 된다.

인이었다.15) 그러므로 후조 고능선은 황해도에서 華西學統의 대변
자와 같은 위치에 있었다. 당시 화서학통은 화서·중암·성재 3선
생이 작고한 후, 毅庵 柳麟錫이 종통을 계승하여 제천 장담에서 후
학을 길으며 고고하게 위정척사를 고수하고 있던 때였다. 명나라
가 망하면서 성리학도 쓰러질 뻔했는데 쓰러진 나무에 움이 돋아
나듯 조선에서 일어나 조선이 새(소)中華가 되었다고 자부하고 있
었다. 그 성리학이 서양과 일본의 침략으로 위기를 맞아 성리학의
보위를 위한 위정척사의 소리를 높이고 있던 때였다. 고능선의 학
문도 의암과 궤를 같이하는 것이다. 그러므로 무엇보다 의리를 숭
상하였다. 『백범일지』에서 고능선에게 배운 기억을 "華西雅言이
나 朱子百選 중의 긴요한 절구를 가르치고 주로 의리가 어떤 것인
가와 사람이 초군의 재능이 유한 자라도 의리에 벗어나면 그 재능
이 도리어 화근이 된다"는 의리에 대한 것이었다. 그러한 의리를
백범은 그의 백수 잔년에 이르도록 간직하였다. 해방 후 환국하여
유인석 묘소를 참배할 때 백범은 다음과 같이 고유하였다.

> "… 論을 華夷에 끄러왓스니, 文字 비록 舊를 承하나, 敵을 치는
> 反面, 國家에 對한 忠이 매츠니, 우리는, 先生의 衷을, 깁히 헤치여,
> 皮膜을 넘어, 그 內含한 民族的 忠誠을, 洗發코저 하나이다. 九는, 後
> 凋先生의 弟子로서, 일즉부터, 先生을 慕仰하야, 萬死一生 가운데도,
> 항상, 붓들고 나아감이 잇엇스니, 이는 곳 幼時부터 박히어진 九世必

____

15) 金九, 『白凡逸志』(친필), 349쪽에 "高能善은 해주 서문밖 비동에 세거
하였고 柳重庵 重教씨의 제자요 柳麟錫 毅庵의 동문인"이라고 했는데
柳重教의 호는 省齋인데 성재와 동문이면서 춘천 삼천리에서 문을 열
고 있던 金平默의 호인 重庵으로 착각한 듯 하다. 성재는 華西 李恒老
의 문인으로 한때 황해도 平山에서 문을 열고 있었다. 의암 유인석의
종숙이기도 하다. 그래서 황해도에는 화서학통을 잇는 성재 문인이 많
았다. 을미의병 때 황해도 유생이 제천의 유인석의 호서창의진에 와서
활동한 이유도 거기에 있었다.

報의 大義라, 이제, 白首殘年으로, 故國에 도라와, 先生의 舊仰을 차즈니, 感懷 엇지 새롭지 아니하오릿가"[16]

그렇게 후조선생으로부터 감화를 받은 백범이었으므로 후조 고능선이 청나라에 가서 구국 방략을 찾는 것이 어떠냐고 권고함에 백범은 집에서 기르던 말을 팔아 노자를 장만하여 청국행을 단행했다. 그것을 안태훈에게는 알리지 않았다. 안태훈은 그때 천주교로 개종하고 있었다.[17] 그러니까 고능선도 신계동을 떠나야 할 국면이 전개되었다고 하겠다. 그런 분위기 속에서 단행된 청국원행은 때마침 신계동에 와 있던 金亨鎭과 동행하여 1895년 5-7월에 1차로, 9월 12일부터 2차로 단행하였다.[18]

김형진은 전주 사람으로 척양척왜를 실천하기 위하여 참빗 장수로 가장하여 전국을 주유하다가 5월 안태훈 의려소에 이르러 막료로 참여할 즈음이었다. 그때 15년 연하의 백범을 만나 의기 투합하여 백범과 함께 청국원행을 단행하였다. 그는 두 차례의 여정을 「路程畧記」로 남겼다.[19] 제1차 원행의 주요 경유지는 평양·정평·함흥·중강진·모아산·통화·심양·서금주까지 갔다가 회정은 통화·운산·평양·신천에 도착한 것은 7월 그믐이었다. 금주에서 청군 대장 馬大人을 면담하고 우의를 다지고 서로 돕기로 약조하였다. 제2차 원행은 을미사변이 일어난 직후에 백범의 재종조인 金在喜의 주선으로 독지가인 안악의 崔昌祚가 청동 백여량을 지원하여 9월 12일에 떠났다. 주요 경유지는 평양·안주·압록강·

---

16) 백범의 의암에 대한 추도문 가운데 일절인데 의암 묘소를 찾은 것은 1946년 8월 17일이었다. 추도문은 의암 본가에서 보관하고 있다.
17) 金九, 『白凡逸志』(친필), 353~354쪽.
18) 도진순, 앞의 글, 138쪽.
19) 「路程畧記」는 『白凡金九全集』 제3권(대한매일신보사, 1999), 113~169쪽에 영인 등재되어 있다.

심양·서금주·통화를 거처 귀국하였다. 심양에서 흑룡강장군을 지낸 關東 燕王 依克康阿를 만나 그의 호의로 서금주의 鎭東營을 방문하여 영장 徐慶璋으로부터 김형진은 鎭東倡義士 都統領, 백범은 左統領의 직첩을 받고 원병을 파견하겠다는 약속까지 받았다. 그리하여 聯中義兵의 꿈을 안고 귀국하였다.

이러한 백범의 통화현 일대 답사는 개간을 기다리고 있는 광활한 유하 삼원포지방(1912년에 유하현으로 독립) 지형정보가 고능선을 비롯한 어른들에게 보고되었고, 그것이 1896년에 유인석의병이 망명하고 1910년에는 백범이 직접 관여한 신민회가 추진한 독립군기지 개척의 대상지가 되었다는 역사적 사실을 생각하면 백범의 1895년의 청국원행은 몇 가지 측면에서 값진 여정이었다.[20]

귀국길에 오른 백범과 김형진은 그해 11월 초에 통화현 삼도구에서 金利彦·金奎鉉 의병진을 만나 그에 참가, 강계성을 공격하다가 강계 인풍헌 밖에서 패전한 사실은 이미 학계에 보고된 바와 같다.[21] 그때 김형진과 백범은 강계의진에 몸담고 있을 형편이 아

---

20) 尹炳奭 외, 1997,『中國東北地域 韓國獨立運動史』, 집문당, 194~213쪽. 孫世一, 2002,「李承晩과 金九」⑭『月刊朝鮮』2002년 9월호, 544쪽에서는 의견을 달리하고 있다. 비교 분석할 겨를이 없어 그대로 소개해 둔다.

21) 1895년 11월초의(음력) 강계의진은 을미사변에 항거하여 11월 15일 발표된 단발령 전에 일어난 의병이라는 점에 의미가 있다. 1894년부터 일어난 전기의병은, 1894년 6월 일본군이 경복궁을 점령한 갑오왜란에 항거하여 일어난 안동의 서상철의진과 상원의 김원교의진에서 비롯되어, 1895년 8월 을미사변에 항거하여 일어난 회덕의 문석봉의진과 강계의 김이언의진이 있었고, 그해 11월 15일(양력 12월 30일)의 단발령(민비의 상중에 단발을 강요함)에 항거하여 전국에서 의병이 봉기하였으므로 3단계의 봉기가 있었다. 1896년 아관파천과 더불어 김홍집 내각이 무너지고 단발령 강제가 풀리자 서서히 해산하였는데 가장 늦게 해산한 것은 영양의 김도현의진으로 그해 9월 9일(양력 10월 15일)이었다. 끝내 해산을 거부하고 부대를 이끌고 만주로 이동한 의병은 유인석

니었다. 그래서 곧 고향으로 돌아와 聯中 의병작전을 착수하였다. 이미 청국행의 노자를 지원한 金在喜·崔昌祚가 白樂喜와 더불어 의병을 모병하고 있었으므로 그와 더불어 추진하였다. 주로 과거 동학농민전쟁 때에 인연을 갖고 있던 산포수를 모집하였다. 그러니까 동학군이 의병으로 전환 발전한 셈이었다.[22] 그들의 작전은 ① 1896년 1월 1일 삼경에 김재희와 백락희는 장연군을 점령하여 김형진과 김창수가 해주성에 설치한 鎭東倡義所에 합류한다. ② 이어 황해도 일대를 석권하고 ③ 청나라의 원군과 합류하여 서울을 장악하여 海島의 鄭氏를 왕으로 추대한다.[23] 거기의 정씨는 당시 서북지방의 민중사회에 확산되어 있던 鄭鑑錄 신앙을 이용한 듯 하다.

이러한 백범의 연중의병 계획은 바로 그날(1896년 1월 1일) 백락희진영이 발각되어 모두 사로잡혀 무산되고 말았다. 백범은 단신으로 탈출하여 다시 청나라 원행을 작심하고 북행하다가 생각한 바 있어 발길을 돌려 1896년 3월 8일 안악군 鴟河浦에 도착하였다.

의진과 민용호의진이었다.

22) 동학군이 의병으로 전환 발전한 경우는 흔한 사례는 아니다. 전기의병을 주도한 유생 의병장은 동학농민전쟁 때 동학 토벌군을 일으켰던 이른바 갑오의려들이 많았다. 그러므로 동학농민군에 참가했던 농민이 의병에 참가했더라도 주도적 위치에 있었던 것이 아니라 계속된 동학 잔당 토벌을 피하여 몸을 숨긴 잠적성 의병이었다. 그때 포수들은 관포 사포간에 백범의 동학군처럼, 동학군에 참가한 경우가 있는가 하면, 안태훈이나 맹영재의 갑오의려처럼, 반동학군에 참전한 경우도 있어 용병성을 띄우고 있었다.
황해도에서는 동학군을 토벌하기보다 귀순시킨 경우가 많았기 때문에 다른 지방과 달리, 지도부를 비롯한 동학농민군이 건재하여 백범이 의병 초모에 크게 도움이 되었다.
宋讚燮, 1995, 「황해도지방의 농민전쟁의 전개와 성격」 『동학농민전쟁의 지역적 전개와 사회변동』, 새길, 242쪽.

23) 도진순, 앞의 글, 148~149쪽.

다음날 새벽 세상을 놀라게 한 김창수의 일본인 쓰지다(土田讓亮)
의 처단이 있었다. 처단하고는 「義兵 左統領」의 첩지를 내 보였다.
백범의 연중의병 계획은 단독히 치하포사건으로 매듭을 맺었다.

『백범일지』에 의하면 백범은 그해 5월 11일(양력 6월 21일) 집에
서 잡혀 해주부 감옥을 거쳐 인천감옥으로 옮겨 인천감리서에서
한일 양국 검찰의 합동 신문을 받았다. 대한제국 정부 또는 광무황
제의 배려로 판결이 지연되던 가운데[24] 1898년 3월 19일 징역죄인
조덕근·양봉구·황순용·강백석 등과 함께 탈옥하여 다시 파란
만장한 독립운동을 전개하게 된다. 그때 백범이 23세였다. 2년 가
까운 옥중생활에서 백범은 『世界歷史』·『世界地誌』·『泰西新
史』 등을 읽으며 세계 정세에 새롭게 관심을 가지면서 바야흐로
새로운 세계를 열어갈 준비를 하였다.

6. 맺음말 – 백범사상의 뿌리

이상으로 백범의 청소년기 생활과 聯中 의병운동에 대하여 살펴
보았다. 그러한 유년기·소년기·청년기 생활과 동학농민전쟁이
나 의병전쟁에 참전하면서 형성된 백범의 내면 세계는 무엇이라
해야 할 것인가를 말할 차례이다. 글을 맺으면서 백범기념관에 전
시된 설명문 가운데 「백범사상의 뿌리」의 초고를 소개하면서 그
물음의 대답으로 대신하고자 한다.

백범사상의 뿌리는 儒家·道家·圖讖家·武家·東學·朱子
學·佛家 등, 동양사상을 망라한 위에 基督敎와 啓蒙主義가 정착
한 다원적이요 중층적이요 포괄적이라는 특성을 보이고 있다. 그

---

24) 도진순, 앞의 글, 163쪽.

렇게 다양한 변화는 전환기를 살았던 젊은이가 보여준 지성적 고민의 단면으로 이해된다. 거기에 평민사상과 행동주의 생활철학이 마지막 숨질 때까지 백범을 지켰다.

백범은 평민 가정에서 태어나 어려서부터 양반과 다른 자신의 신분을 깨달았다. 소년기에 과거로 입신출세할 꿈을 세워 『通鑑』 『史略』 『大學』 등의 유교고전과 詩文과 科文을 익혔다. 그 뜻을 버리고, 도가(道家)사상에 심취한 때도 있었다. 실용적인 『麻衣相書』와 『地家書』를 외우기도 했고, 『六韜』·『三略』·『孫武子』·『吳起子』 등의 병서를 읽으며 젊음의 꿈을 키우기도 했다. 이러한 소년기를 보면 사회사상으로서 평민사상 위에 유가사상·도가사상·도참사상·무가사상이 자리했다고 할 수 있다.

18세(1893)에 동학에 입도하여 접주가 되고 金昌洙라 개명했는데 새 삶을 연다는 뜻이리라. 이듬해 전국에서 동학농민이 봉기할새, 백범은 충청도 보은에 가서 최시형 교주로부터 접주의 첩지를 받고 팔봉접주로 농민전쟁에 참전하였다. 「애기접주」의 애칭을 들으며 싸웠다. 여기서 그 동안의 사상을 실천한 백범의 행동주의를 엿보게 한다.

동학농민전쟁에서 패전하고 신천군 청계동에 은신할 때 성리학자 고능선으로부터 위정척사 노선을 전수 받고 김형진과 함께 만주 통화현과 심양 일대를 답사하고 삼도구에서 을미사변에 항거한 김이언의 의병을 만나 의병전쟁에 참전하였다. 강계로 진군하다가 패전하고 국내로 들어와 聯中義兵을 일으키다가 무산되고 단신으로 대동강변 치하포에서 일본인 쓰찌다(土田讓亮)를 처단하였다. 여기서 백범의 애국주의와 정의감을 남김없이 발휘한 강인한 정열과 혈성을 확인할 수 있다.

그후 해주와 인천감옥에서 옥고를 치르던 중, 『世界歷史』 『世界

地誌』『泰西新史』 등을 읽었다는 것은 백범사상의 새로운 개척을 의미한다. 1898년 탈옥한 백범은 공주 마곡사에서 중이 되고, 평양 영천암에도 잠시 머물었으나 줄곧 탁발승 생활로 23·24세를 보냈다. 25세(1900)에 이름을 龜라 고치고 자를 蓮上, 호를 蓮下라 한 것을 보면 짧은 인연인데도 불제자의 길에 매혹되었던 것 같다.

아버지의 3년상을 마친 1903년(28세)에 기독교에 입문하였다. 그후 교회활동, 선교학교 교원, 에벗청년회, 상동청년회, 신민회 등에 관여하며 기독교 선교운동과 교육을 통한 계몽운동에 헌신하였다. 기독교는 그후 백범의 평생 신앙이 되었다.

이상과 같이 다양한 여러 갈래의 뿌리 위에 자란 거목처럼 거인의 사상은 다원적이었다. 새로운 사상에 접해도 기왕의 동학과 유학과 불교학을 버리지 않아 그의 사상을 중층적이라 했고, 다양한 사상을 자기사상으로 수용하여 용해시켰다는 점에서 포괄적이라 했다. 그래서 백범은 해방 후 환국해서 옛 서당과 사찰을 찾았고, 고인의 무덤을 찾아 자신을 다시 채찍질했던 것이다. 그렇게 다원적이요 중층적이요 포괄적인 사상의 뿌리를 지킨 백범이었으므로 50년간의 폭풍과 격랑 속에서도 흔들리지 않았고 인자한 웃음을 잃지 않았다.

Ⅳ. 傳統 名家의 근대적 變容과 독립운동 事例[*]
－安東 川前門中의 경우－

1. 머리말

전통시대 명가나 명문 후예가 제국주의의 침략을 받았을 때 어떻게 대응했던가? 어떤 이는 조선후기 북벌론 논리에 근거하여 위정척사운동을 전개한 이후, 구한말에 이르러 일본 제국주의의 침략을 맞았을 때는 척사의병을 일으켰다.[1] 척사의병이 봉기할 때 어떤 이는 조선후기 실학을 성장시켜 동도서기적 개국 근대화를 도모했던가 하면, 또 어떤 이는 그러한 미온적 개국 근대화는 수구론에 불과하다고 공박하며 개화운동을 전개한 경우도 있었다.[2] 그

---

  * 『大東文化研究』제36집(성균관대 대동문화연구원, 2000)과 『내 앞 五百年의 역사와 인물』(川上文化, 2001)에 실린 글이다.
  1) 趙東杰, 1989, 「義兵運動의 韓國民族主義上의 位置」『韓國民族主義의 성립과 獨立運動史研究』, 지식산업사, 23~75쪽 참조.
  2) 李光麟, 1969, 『韓國開化史研究』, 일조각 ; 姜在彦, 1970, 『朝鮮近代史研究』, 일본평론사(東京) ; 愼鏞廈, 1976, 『獨立協會研究』, 일조각 ; 姜萬吉, 1984, 『韓國近代史』, 창작과비평사 ; 柳永益, 1990, 『甲午更張研究』, 일조각 참조.

러한 근대화의 노력은 1904년부터 일본 제국주의 침략이 강화된 가운데 계몽운동으로 나타났는가 하면, 자포자기한 끝에 제국주의에 편입되어 가기도 했다.3) 이와 같은 의병운동과 개화 계몽운동은 양립하여 성장 발달하고 있었다. 혹은 대립하여 적대관계를 보인 경우도 있었다. 그러한 두세 갈래 민족운동이 1910년 대한제국의 멸망을 전후하여 통합되어 갔다고 보는 것이 학계의 견해이다.

그때에 조선시대 부귀영화를 누리던 權門勢家나 傳統名家는 왕실과 더불어 서서히 제국주의에 편입되어 간 경우가 많았다. 특히 1910년부터 1918년까지의 土地調査事業이 양반 지주권을 보장해 주었고 지주권을 통한 제국주의 수탈체제를 식민지체제로 수립해 갔으므로 양반 지주들은 식민지에 안주했다는 것이 학계의 통설이다. 실제에 독립운동자를 보면 권문세가의 후예는 李會榮 일가 뿐이었다. 전통명가의 경우에도 손가락으로 꼽을 정도로 적었다. 一般 兩班의 경우에도 식민 통치가 진행되는 가운데 새로 성장한 2세들이 독립운동에 참여한 경우는 많으나 1910년 당시에는 그렇게 많지 않았다. 3·1운동과 더불어 탄생한 대한민국임시정부의 1919~1945년간의 각료 취임자 명단을 보아도 권문세가의 후예는 李始榮, 전통명가의 경우는 趙琬九·李東寧·申圭植·李相龍, 일반양반인 경우는 李承晚·洪震·趙素昻·尹琦燮·嚴恒燮·朴贊翊 정도가 아닌가 한다.4) 그 외의 각료는 거의 전통시대의 상민 아니면 중

---

3) 趙東杰, 1989, 「韓末啓蒙主義의 構造와 獨立運動上의 位置」『韓國民族主義의 성립과 獨立運動史研究』, 지식산업사, 97~140쪽 참조.

4) 이러한 분류는 필자가 엄격히 조사한 결과가 아니므로 착오가 있을 수 있다. 그리고 분류를 權門勢家와 傳統名家와 一般兩班으로 구분한 것도 필자의 자의에 의한 것인데 權門勢家란 이시영의 선조처럼 이항복·이종성·이유원 등으로 이어진 공경대부를 배출한 가문을 일컫고, 傳統名家란 높은 벼슬은 많지 않아도 벼슬과 문한으로 명성을 유지하고 있었던 가문을 말하고 一般兩班은 명성은 얻지 못한 가문이라고 해

인의 후예였다. 그러므로 식민지시기에 전통시대의 지배계급으로 부귀영화를 누렸던 사람들은 식민지에 안주했다는 말이 나오지 않을 수 없었다.

그렇다면 권문세가의 이회영 형제들은 어떻게 독립운동에 몸을 던졌던가? 전통명가의 경우에는 어떤 사람들이 어떠한 연고에 의해서 독립운동의 길을 택했던가? 왜 남들처럼 식민지 지주로 안주하지 않았던가? 그들의 독립운동상의 특징은 무엇이었던가? 또 1945년 해방을 맞았을 때 어떠한 처지와 길을 걸었던가? 독립운동에서 명가의 후예가 많지 않았기 때문에 더욱 흥미있는 과제가 아닌가 한다.

그러한 의문을 제기하면서 필자는 사례연구로 安東 川前里 金氏門中 인사의 경우를 추적해 보기로 했다. 그 이유는 천전리는 보수 유림의 고장인데 1907년에 개화학교로서 協東學校를 설립하여 안동 일원의 개화에 적지 않게 기여했다는 점, 1910년 나라가 망하자 66세의 문중 원로 金大洛이 선두에 서서 문중 청장년을 비롯한 남여노소를 대동하여 서간도로 망명했다는 점, 독립운동의 전개과정에서 一松 金東三을 비롯한 수많은 인물을 배출하고 있었던 점, 1945년 해방을 맞아서는 조국의 운명처럼 남북으로 헤어진 가운데 1948년 평양의 남북연석회의에서 임시의장을 맡았던 月松 金衡植처럼 통일을 향한, 혹은 분단의 아픔을 씹으며 살아야 했다는 점들이 필자가 독립운동사를 공부하는 가운데 관심을 끌었다는 것이 주요한 이유라고 하겠다.

그런데 앞에서 제기한 문제들을 모두 논증할 겨를은 없다. 문중의 문제라면 당연히 儒學의 측면에서 추적되어야 하고 民俗學이

도 양반의 지위와 체통(문한)을 잃지 않고 있었던 가문을 말한다고 필자 나름으로 규정해 보았다.

나 社會學, 그리고 人類學의 측면에서도 천착되어야 한다. 그러나 필자의 전공인 역사학의 관점에 한정할 수밖에 없는데 역사학의 측면이라고 해도 문제별로 이유를 따져 논증하는 방식이나, 사회경제적으로도 殘班으로 전락할 위험이 있지 않았던가 하는 문제 등을 추적하여 글을 엮어야 하지만, 문중문제의 성격도 가지고 있으므로 만족할 정도에 이르기는 힘들었다. 그래서 독립운동 전개 양상을 통관하면서 문제점을 언급하기로 한다. 사건별 문제별로 천착하는 것은 후학에 미룰 수밖에 없다.

川前里는 안동시 중심지에서 동쪽으로 14㎞에 있는 농촌 마을이다. 의성 김씨 靑溪 金璡의 후손이 살고 있는 문촌이다. 청계 후손은 천전리 뿐만 아니라 임하·지례·금계리 등 여러 마을에 살고 있다. 따라서 이 글에서「천전인」이라고 하는 것은 청계 후손으로 천전리 뿐 아니라 안동 근방의 다른 마을에 사는 후손도 포함한다. 천전리에 문촌을 열기 시작한지가 5백년이 가까웠으므로 안동 향중에서 이퇴계를 배출한 도산문중과 유서애를 배출한 하회문중과 더불어 여러 면에서 큰 비중을 차지하고 있다. 뿐만 아니라 후조당 김부필을 배출한 오천문중, 경당 장흥효의 금계문중, 대산 이상정의 고산문중, 정재 유치명의 수곡문중, 석주 이상룡의 도곡문중, 권오설의 가곡문중, 이준태의 풍산문중, 김지섭의 미동문중, 역동 우탁의 문중, 농암 이현보의 분천문중, 단계 하위지의 송야문중 등, 문촌이 부지기수로 많다. 조선시대에 거의 남인 당색을 추구한 것도 특색이다. 남인 당색을 추구했기 때문에 재야 공동체적 결속을 지속하고 있었다. 문중 결속력이 강화되어 문중 경쟁의식이 남다르게 고조된 것도 사실이다. 이러한 특색은 전통시대에 한정하지 않고 근대사회로 이행된 후에도 크게 퇴색되지 않은 것으로 안다. 그러므로 안동을 이해하자면 문중 연고관계를 보아야 할 경우가 많다.

이러한 문중사회를 형성하고 있는 안동지방 독립운동의 발단을 먼저 보면 전국의 추세와 다름없이 구시대의 보수 논리에서 비롯되었다. 1894년부터 일어난 義兵戰爭이 그것이다. 전국에서 가장 먼저 의병전쟁을 일으킨 고장이 안동이므로 구한말 의병사부터 주목을 받고 있는데 그 의병 유림이 1904년부터 신문화 신사상을 수용하여 계몽운동으로 전환하여 새롭게 주목을 받았다. 향중의 유림이 힘을 모아 천전리에 協東學校를 설립하고, 大韓協會와 嶠南敎育會 안동지회를 결성하여 중앙의 계몽운동에 발맞추었다. 그에 따라 보수 유림의 안동이 일변하게 된 것이다. 전국적으로 보면 의병운동과 계몽운동이 별도로 병행 추진되었는데 안동의 경우는 의병 담당자가 계몽운동으로 전환했다는 것이 남다른 점이다.5)

그렇다고 5백년을 수호하고 길러온 유학을 버린 것은 아니다. 유학을 새 시대에 맞게 재해석하여 새로운 생활 윤리로 존중하였다. 주자학적 종교성은 탈피하면서 儒家 家禮는 준수하였다. 그래서 안동 유림을 革新儒林이라 일컫는 것이다. 유림이라는 점에서 보면 보수성을 가졌지만 혁신이라는 점에서 보면 진보성을 가지고 있었다. 여기서 안동에는 保守와 進步가 양존하게 된 단서를 열었

---

5) 안동의 경우처럼, 의병이 계몽운동으로 전환한 경우는 흔하지 않다. 善山의 許蔿가 1896년 金山義陣에서 활약하다가 1900년 서울로 올라가 계몽주의를 수용한 경우가 있고, 경기도 廣州 출신으로 1896년 남한산성 의병으로 활약한 具然英이 金河洛과 함께 영남으로 남하하여 그해 5월 청송 水淨寺 전투를 끝내고 김하락과 헤어져 서울로 돌아가 尙洞靑年會에서 계몽운동을 편 경우가 있었고, 충남 靑陽의 李世永이 1906년 홍주성전투를 지휘한 후, 청양으로 돌아가 誠明學校를 설립하고 계몽운동을 편 경우가 있다. 그 외에 1896년 전기의병 당시만 해도 척사의병적인 張志淵·朴殷植이 계몽주의자로 전환한 경우가 있는데 그것은 집단적 변화라기 보다는 개인적 처변이었다.

다. 뿐만 아니라 한 사람의 머리에 두 가지 사상이 공존한 경우를 흔히 볼 수 있다. 그것이 이상할 것은 없다. 문제는 양존 또는 공존을 발전의 동력으로 조화하고 재구성할 수 있었느냐 하는 점에 있다. 발전의 동력은 사람에 따라 다르겠지만 필자는 그 기준을 보편적 인간주의에 두고 있다.6) 보편적이라는 말을 강조하는 것은 독존적이거나 배타적이어서는 인간주의가 안되기 때문이다.

이 글에서 대상으로 하는 천전인의 경우도 위의 이야기 범주를 벗어날 수 없다. 그런데 천전인이 독립운동을 일으킬 때 특별히 각광을 받고 있는 이유는 두 가지 점에서 찾을 수 있다. 하나는 천전인이 안동지방의 다른 문중처럼 班名이 빼어나기는 했으나 宦路가 크게 열려 있었던 것은 아니다. 그러므로 선비의 길을 지키며 處士로 자족하면서 서원과 서당을 가꾸며 벼슬보다는 글을 익혀 왔던 문중이다. 따라서 예의와 의리를 존중하고 향약을 통하여 공동체적 결집을 전통으로 삼고 있었다. 그러한 의리와 결집력이 독립운

---

6) 필자는 保守와 進步에 價値를 부여할 때는 人間主義를 기준해야 한다고 생각한다. 그것을 발전의 동력으로 삼아야 한다고 생각한다. 그러므로 필자는 인간주의를 기준해서 그에 합당하면 보수가 됐든 진보가 됐든 좋다고 생각하나, 그에 합당치 않으면 어느 것이 됐든 옳지 않다고 생각한다. 인간주의에 합당해야 역사를 발전시키는 데 기여할 수 있다는 말이다. 역사발전에 기여할 수 있다면 그것이 佛敎·儒敎·基督敎, 또는 自由主義·資本主義·社會主義·共産主義·無政府主義 어느 것이라도 필자는 긍정적으로 평가한다. 중요한 것은 인간주의의 잣대이다. 거기에 어긋나면 민족 전통이나 조상 전래의 전통이나 내 조상의 교훈도 거부할 용기가 필요하다. 때문에 필자는 맹목적인 崇祖思想이나 어떤 이데올로기의 틀에 들어가는 것을 거부한다. 이 글도 그러한 각도에서 꾸며질 것이다. 아울러 革新儒林의 본체도 그러한 人間主義에 있어야 한다. 역사상 어떤 종교나 이데올로기도 발생할 때는 인간주의에 충실했지만 대립하고 경쟁하는 가운데 본질인 인간주의를 망각한 경우가 많았다. 종교나 이데올로기가 인간주의를 상실하면 詐欺와 暴力과 强姦과 肅淸의 피무덤만 남기는 것이다.

동의 추진력으로 작용했을 때 남다르게 보였던 것이다. 벼슬길이 잦으면 문중 결집에 소홀할 수밖에 없는 것은 전통시대의 통례였다. 그러한 천전인의 결집력 또는 친화력이 6·25동란 중에도 좌우익을 서로 감싸줄 정도로 남달랐다는 것은 널리 알려진 이야기이고 오늘날까지 자타가 공인할 정도이다.

또 하나의 이유는 유가의 촌락이라고 하면 전통을 수호하고 있어야 할 구한말에 혁명적으로 일변하여 천전리에 신문화를 수입하고 그 창구로서 계몽주의 協東學校를 설립한 점이다. 그것이 몇몇 선각자에 의해 외롭게 추진되었던 것이 아니라, 柳寅植을 비롯한 향중인사의 제의를 받아 金東三·金厚秉 등의 청장년이 앞장서고 靑溪 종존 金秉植이 교장을 맡았던가 하면, 형세가 좋은 都事宅에서 학교에 저택을 비워줄 정도로 문중이 적극적으로 호응했고 나중에는 계몽운동을 주도했다. 그와 같이 적극적이요 문중 거족적으로 신문화 신사상을 수용하자 李相龍 같은 향중 선각자와 서울의 新民會나 『皇城新聞』과 『大韓每日申報』에서 지원을 아끼지 않았다. 이에 協東學校는 전국적으로 이목을 모으며 안동 향중과 천전 개화의 요람이 된 것이다.

천전인은 개화에 머물지 않았다. 대한제국이 멸망하자 서둘러 西間島로 망명하였다. 1910년 12월(음), 문중 원로인 金大洛이 66세의 노구를 이끌고 앞장을 섰던가 하면 만삭 임부인 그의 손부와 손녀가 뒤를 따랐는데 앉아 있을 청장년이 누구겠는가? 이를 전후해서 천전인의 망명 인원이 50명 안팎에 이른다.

서간도 柳河縣 三源浦에 망명하여 경학사와 신흥학교 및 삼광학교를 일으키고 백서농장을 개척하여 독립군 양성에 전력을 쏟았다. 그후 청산리전쟁(1920)과 경신참변을 겪으며 희생이 자심하였고 삼시협정(1925)으로 독립운동전선에 여러가지 압박이 가해 오자 천전인은 북만주로 이동하였다. 만주사변을 전후해서는 유일당 운동을 전개하던 金東三을 비롯한 金元植·金政植 등, 적지 않은 인사가 수난을 겪어야 했다.

이 무렵 천전인은 金衡植을 중심으로 하르빈 동북 聚源昶(지금의 巨源鎭)으로 이주하여 새로 민족교육을 일으키면서 각 방면으로 독립운동을 전개하였다. 1945년 해방 당시 취원창에는 수십호의 천전인이 농장을 개척하여 망명 촌락을 이루고 있었다. 그래서 천전인의 독립운동을 "三源浦에서 聚源昶까지"라는 말로 대변할 수 있다. 이 말은 한국독립운동을 "白山에서 黑河까지"라는 말의 대칭으로 만든 말이다.

이와 같이 천전인은 식민지시기에 식민지 백성으로 안주하지 않고 독립운동을 위하여 망명하였다. 국내에 살던 사람도 세전 재물을 팔아 군자금으로 지원하고 또 3·1운동과 巴里長書나 義勇團과 儒林團事件 등을 통하여 항일전선에 몸 받쳤다. 그러한 문중을 찾기란 쉽지 않다. 바로 그 점에서 천전인의 독립운동이 학문적으로 주목 받을 이유가 있는 것이다.

이 글을 쓰는 동안 자료를 새로 발굴하거나 새로 분석한 것이 있는데 자세한 내용은 본문에서 밝히지만 우선 목록을 소개해 둔다.

李圭洪, 『洗心軒日記』(원고본, 李恒曾 소장)
金大洛, 『白下日記』(원고본, 고려대학교 소장)
金衡植, 『先考遺稿』(원고본, 북경 李泰衡 소장)
李泰衡, 『金衡植 略傳』(원고본, 李恒曾 소장)
金星姬(金政植의 딸), 『나의 아버지』(원고본, 金時中 소장)

2. 구한말 義兵戰爭과 川前門中

1) 독립운동의 발단과 前期義兵

한국독립운동의 발단은 1894년(甲午) 6월에 일본군이 景福宮을 점령하고 난동을 부린 甲午倭亂에 대항하여 일어난 유림의 근왕적 의병봉기와 동학농민의 2차봉기인 혁명성 대일전쟁에서 비롯되었다. 안동에서는 근왕적 의병봉기로 독립운동의 단서를 열었다. 갑오왜란 직후인 그해 7월에 청풍군의 유생 徐相轍이 안동에 내려와 안동향교와 예안향교를 중심으로 의병을 모집하여 봉기한 것이 그의 효시이고 다음에 그해 9월에 소모관 李容鎬가 내려와 의병을 모병하다가 체포되어 실패했는데 그것이 두 번째의 추진이었다.

이때 안동 유림은 서울의 소식을 정확히 파악하기 위하여 수소문하던 가운데 왕실의 근신인 이용호의 활동을 맞아 봉기를 준비하다가 이용호가 구금되어 중단하였다.[7] 그런 와중에서 해를 넘긴 1895년에 乙未事變이 일어나 어떤 결단을 내려야 했다. 처음에는 을미사변도 명확한 전말을 알 수가 없어 결단을 내리지 못하고 있었다. 우선 일본군에 시해되었다는 명성황후 민비의 시신이 없다는 점이 이상했다. 일본군이 시신을 소각해 없앨 정도로 악랄할 줄은 누구도 상상하지 못했다. 그래서 15년전 즉, 1882년 壬午軍亂 때처럼 죽었다는 민비가 다시 살아 돌아올지도 모른다는 이야기도 나돌았다. 혹은 영국군 막사에 숨어 있다는 풍문도 들렸다.[8] 그래

---

7) 이때 전국에서 의병으로 봉기한 경우는 安東의 徐相轍의병과 祥原의 金元喬의병 뿐이었다.

8) 李晩燾, 『響山日記』, 국사편찬위원회, 1895년 9월 6일조에 "壬午年 出避忠州 今或 往忠州云云"인가 하면, 9월 24일조에는 "中殿當日 踰後

서 을미사변 직후에도 신속하게 결단을 내리지 못하고 있었다.

그런데 그해 연말에 더 이상 주저할 수 없는 상황이 전개되었다. 甲午更張에 이은 을미개혁의 일단으로 안동이 관찰부가 되더니 斷髮令이 발포되어 앉아 있을 수 없는 절박한 상황을 맞게 되었다. 단발을 거역할 명분도 명분이지만 단발을 하면 갓을 쓸 수가 없어 일상생활이 문제되었다.

그런 절박한 사정에도 불구하고 지방의 수령들은 관속을 풀어 가위로 상투를 자르는 폭정을 감행하였으니 더 이상 앉아 있을 수가 없었다. 이에 이르러 갑오왜란이나 을미사변도 일본의 침략 술수에서 말미암은 만행임을 확신하게 되었고, 과거의 壬辰倭亂과 甲申政變 때 일본군의 만행도 새롭게 회상하면서 일본 제국주의의 침략에 대항하여 싸워야 한다는 공론이 확산되어 갔다. 마을과 향교와 서원과 서당을 통하여 통문이 돌았다. 단발을 강요하는 수령 방백을 처단하고 친일관리와 일본군에 대항하여 전국적으로 의병을 일으킨 것이다.

안동에서는 三溪書院에서 발기하고9) 虎溪書院·靑城書院·鏡

苑 投洋陣中避禍 未知其信然"이라 했다.

9) 종래에 학계에서 「安東通文」으로 알려져 있던 것은 삼계서원에서 발송한 「三溪通文」이다. 「安東通文」은 郭鍾錫·金道和·金興洛·權晉淵·姜鏥의 명의로 발송된 통문인데 알려진대로 제천의 李正奎, 『倡義見聞錄』에 수록된 것이다. 그런데 같은 것이 예천의 朴周大, 1980, 『羅菴隨錄』(국사편찬위원회, 421쪽)에 「三溪通文」이라고 수록되어 있다. 삼계서원이 있는 봉화군 酉谷이 당시에는 안동군이었으므로 「安東通文」이라고 해도 잘못이라고 할 수는 없으나 통문 주체를 나타내는 「삼계통문」이라는 것을 확인한 이상, 「삼계통문」이라 불러야 한다. 안동이라는 지명이 필요하다면 「安東 三溪通文」이라 해야 한다.
그런데 「삼계통문」의 발송을 안동의 의병 논의 가운데 가장 앞선 것으로 보는 것은 먼저 郭鍾錫의 행적 때문이다. 俛宇 郭鍾錫의 연보를 검토하면 춘양에 은거해 있다가 단발령이 발포된 직후인 11월 말이나 12

光書院을 중심으로 추진되었다.10) 추진과정은 몇 갈래로 나뉘어져 있었으나 12월 3일의 봉정사회의에 이어 이튿날 열린 鄕會에서 몇 갈래 추진을 통합하여 호계서원에 都所를 설치하고 12월 6일 창의하였다. 당초에 삼계서원에서 통문을 발송할 때 金道和·金興洛이 주도하였고 義陣都所를 호계서원에 설치했다.

그런데 을미의병이 봉기할 때는 안동 향중이 합심하여 창의하고 있었다.11) 그것은 12월 3일 회의 끝에 6일 안동부 청사의 三隅堂에

　　월초에 (三溪書院에 모여 통문을 발송하고) 그곳을 떠나 堤川을 거쳐 居昌郡 茶田으로 은거지를 옮겼다. 때문에 12월 4일 安東 鄕會에서 의진을 결성하고 면우를 부대장에 추대했을 때는 이미 안동을 떠난 뒤였으므로 취임할 수 없었다. 그러니까 삼계통문이 안동 향회 보다 앞서고, 향회를 열기 위한 준비 모임격인 12월 3일의 鳳停寺會議 보다도 앞선다고 본 것이다. 역으로 봉정사회의나 안동향회 다음에 산계통문이 발송되었다고 보면, 金道和나 金興洛은 봉정사회의와 향회에 참석하고 엉뚱하게도 별도로 삼계서원회의에 갖었다고 보아야 하는데 그렇게 했다면 두 원로의 변심 때문에 의병 봉기에 대 혼란이 야기되었을 것이므로 도저히 그렇게는 이해되지 않는다.

10) 안동의병에 대한 이해는 근래에 충남대학교 金祥起 교수가 李兢淵의 「乙未義兵日記」를 발견하면서 분명해졌다(김상기, 1998, 「1895-1896년 安東義兵의 思想的 淵源과 抗日鬪爭」『史學志』, 단국사학회, 295~337쪽).
　　그전까지는 산발적인 자료를 엮어서 꾸민 내용이었으므로 정확하지 못하였다. 이긍연은 의병진에 참가하여 직접 경험한 것을 적은 것이므로 정확하다. 현재 한국정신문화연구원에『李兢淵 資料』의 묶음으로 원고본 그대로 보관되어 있다. 직접 경험자의 일기는 자기 주변의 것은 정확하게 기록하지만 전체적인 변화에 대하여는 파악하지 못하는 경우가 많다는 점은 유의해야 한다. 그를 보충하는 자료로 역시 안동의병진에 참가했던 金道鉉의『碧山先生倡義顚末』이 있다. 그 외에 간접적으로 전해 주는 자료는 朴周大의『渚上日月』(예천), 沈誠之의『赤猿日記』(청송), 琴錫柱의『日記』(봉화)와 李圭洪의『洗心軒日記』(용궁)가 있으므로 보충해서 보아야 한다.
11) 안동 향중의 대동단결을 저해하는 고질적인 암은 조선후기 이래 확산된 屛虎論爭의 대립이었다. 병호논쟁은 조선후기 전국적으로 확산되고

서 안동의병진이 출범할 때 향중의 원로로서 柳道性(1823~1906)·
柳止鎬(1825~1904)·金道和(1825~1912)·金興洛(1827~1899)·柳
芝榮(1828~1896)·金養鎭(1829~1901) 등 각 문중의 원로가 모여
權世淵(1836~1899)을 의병대장으로 선임하고 의병진을 구성했던
사실로 알 수 있다.12)

그 무렵 천전리에는 상고가 연이어 일어나 保形을 표방한 을미
의병에 보형 예법인 喪禮를 외면하고 참여할 수 없었다. 세칭 큰종
가로 불리는 청계 종가에서 종손 金亨洛의 동생 貞洛이 1893년 癸
巳 7월 7일에 작고했는데 그의 3년상이 끝나자 을미의병이 고조되
던 1896년 丙申 9월 30일에 종손 亨洛이 작고하였다. 또 세칭 작은
종가인 雲川 종가에는 종손 金周秉이 1896년 丙申 1월 15일에 작
고하였다. 그에 앞서 1895년 乙未 3월 21일에는 형세 좋기로 이름
난 도사공 金鎭麟이 작고하였다. 그러니까 마을에 곡소리가 끊어
질 사이가 없었다. 그래서 그때 새 종손 金秉植(1856~1935)은 생부
(정락) 양부(형락)가 연이어 작고하여 의병 봉기 전후를 여막과 상
복 속에서 지내야 했고, 작은 종가 종손 金國衡(1867~1952)도 멀리
서 입양한 처지에 상복을 군복으로 갈아 입을 수는 없었다. 도사공

있던 書院의 門中化 현상의 일단으로 이해되어야 한다. 역사의 구도
속에서 이해되어야 한다는 말이다. 그것이 후세로 가면서 감정이 격화
되고 있었는데 李中麟, 1997, 「行狀」『石湖先生文集』, 559~560쪽 및
11쪽을 보면, 1892년 무렵부터 하회문중을 대표한 石湖 柳道性(북촌 주
손)과 천전문중을 대표한 西山 金興洛(금계 주손)이 그의 폐단을 극복
하는데 앞장을 섰다고 했다. 그러니까 1895년 을미의병이 봉기할 때도
그 두 분이 앞장을 서서 양 문중이 합심하여 안동의병을 일으킬 수 있
었다고 이해된다.
12) 안동의병진의 구성은 다음과 같았다.
   대장 權世淵, 부장 郭鍾錫(곽종석은 그때 居昌 茶田里로 떠나고 없었
   다), 중군장 柳碗, 선봉장 金玉瑞, 우익장 權用賢, 좌익장 李運鎬, 좌부
   장 李宜鎬.

의 장남 金大洛(1845~1914)도 도사공 생시의 명성이 드높았던 관계로 여막을 떠날 수가 없었다. 더구나 멀지 않게 살던 매부인 고성이씨의 종손 李象羲(이상룡, 1858~1932)가 아버지가 일찍 작고했는데 1894년 甲午 5월 18일에 조부가 작고하여 승중 상주로 여막을 지키고 있었으므로 김대락은 여러 모로 의병진영에 눈돌릴 겨를이 없었다. 여기에서 이 이야기를 하는 것은 안동에서 유수한 문중인 천전리에 상고가 연이었다는 것과 당시 41, 30, 52, 39세의 촉망 받던 인사가 상주가 되어 의병진에 참가할 수 없었던 사정을 이해할 필요가 있기 때문이다. 그리하여 천전·임하·지례 방면에서는 망천리의 金養鎭이 문중을 대표하여 참가한 정도로 참아야 했다. 그런데 김양진도 조카 建洛이 1894년 4월 29일 작고하여 탈상 전이었고 집안의 내간상이 겹쳐 활동이 활발할 수는 없었다. 그러니까 천전문중을 총망라하여 문장인 金興洛이 참가함으로써 일당백으로 문중의 공백을 메웠다고 볼 수 있다.[13]

　한편, 상중에 있으면서도 안동의진에서 천전문중에 배당된 군자

______

13) 천전리의 주요 인사가 참여하지 않았다고 해서 호서의병진에 毅菴 柳麟錫이 참여하지 않으므로써 의병진이 와해될 위기를 맞아 의암이 상중에 참전했던 것처럼, 안동의병진에 존폐의 위기가 있었다면 몰라도 문장인 金興洛이 의병진의 중심 위치에 군림하고 있었으므로 문중의 상주가 상복을 버리고 의병진에 참전할 것까지는 없었던 것으로 이해된다.
　毅菴 柳麟錫은 1895년 10월 24일 자상(양모)을 맞아 상중에 있었기 때문에 처음에는 李弼熙·安承禹·李春永 등, 그의 문인들이 의병을 일으켜도 나아가지 않고 춘천군 남면 柯亭里에서 여막을 지키고 있었다. 그래서 湖西倡義陣은 처음에(11.28) 이필희가 의병대장을 맡았는데 지휘부가 약해 통솔이 여의치 못하였다. 공론 끝에 선생을 모시기로 하고 문인들이 의암을 찾아가 눈물로 빌어서 끝내 모시게 되어 12월 24일 의암이 출진했던 것이다(柳麟錫, 1973, 『毅菴集』 下, 경인문화사, 657~658쪽).

금800냥을 모으는데 크게 활약하는 등,[14] 은밀히 의병전쟁을 도왔을 것은 그들의 위치로 보아서 짐작할 수 있다. 그렇기는 해도 金溪里에서는 많은 인원이 참전하고 있었다. 1896년 1월 24일(양력 3.7) 의병진의 개편 명단을 보면 금계의 金○○가 서기로 등재되어 있고[15] 또 朴周大의 『渚上日月』을 보면 안동의병진이 함창 태봉에 주둔한 일본군을 공격할 때 금계리 김씨가 많이 참전하여 예천에서 병호 양서원의 옛 이야기가 있었다는 것을 보면[16] 다수 인사가 참전했던 것을 알 수 있다.

그런데 전기의병에서는 안동의 모든 문중 모든 마을에서 참전했다고 이해되어야 한다. 그것은 모든 문중에 군자금이 배정되어 그를 모금하였고, 특히 태봉전투를 앞두고 장정을 널리 모집하였으므로 모든 마을이 참전한 것과 같았다. 그리고 지금까지 전해 오는 「安東下吏通文」을 보아도 알 수 있듯이 안동 아전도 대거 참전하여 權玭一등이 전사하고 집은 모두 잃었다. 그러니까 상하 없이 모든 안동인이 참전한 을미의병이었다는 말이다.

그러한 거족적인 안동의병이었으므로 태봉전투가 끝난 뒤에 일본군이 안동으로 침략하여 안동 시가를 전부 불태웠다.[17] 그로 말

---

14) 배당금은 하회유씨·수곡유씨·유곡권씨 문중이 1천냥, 천전김씨 문중이 8백냥, 금계와 해저의 의성김씨·법흥의 고성이씨 문중이 5백냥, 그 외에는 4백냥 이하였다.

15) 1896년 1월 24일 안동의병진의 편성은 다음과 같았다.
상장 權世淵, 도총 柳蘭榮(하회), 부장 金夏林(해저), 중군 權載昊(文八), 도포장 吳○○, 좌포장 金○○, 우포장 劉○○, 서기 李○○(소호리), 金○○(미동), 權濟寧(보현), 金○○(금계리).

16) 朴周大(朴成壽 註解), 1993, 『渚上日月』 上, 서울신문사, 260쪽.

17) 일본군이 안동 시가만 불태운 것이 아니라 의병 집결지라고 생각한 溫惠里와 上溪里 종택이나 청량산에 있는 淸凉寺와 吾山堂 등에도 방화하였다. 『李兢淵日記』 1896년 丙申 4월 20일조를 보면 청량사와 오산당이 불탄 이야기와 함께 "上溪 先生의 宗宅이 前夜의 불로 書冊 1천

미암은 충격은 말할 수 없이 컸다. 그때 새로 안동관찰사 李南珪가 내려 왔다. 거기에서 각 의병진과 문중 대표들이 참가한 松川道會가 열렸다. 송천도회의 주제는 新使(신관찰사)를 맞을 것이냐 아니냐의 문제였다. 맞이한다면 의병을 해산하는 것이고, 아니라면 전 관찰사 金奭中을 처단했듯이 축출해야 할 문제였다. 그때 선성의 진을 비롯한 의병진의 주류는 신사의 영접을 주장하여 의병진을 해산하게 되었다.[18]

그와 같이 안동 향중에서 거족적으로 의병을 봉기하는 가운데, 또 안동관찰사 김석중을 축출 처단하는 가운데, 또 태봉에 주둔한 일본군을 공략하는 대전투를 전개하는 가운데, 또 송천도회를 열어 의병전쟁을 마무리하는 가운데, 안동인에게 사무친 항일의식 또는 민족의식은 을미의병 이후 안동인이 전개한 독립운동의 밑거름이 되었다는 점에 역사적 의의를 두어야 할 것이다.

2) 前期義兵의 변천과 西山 金興洛

이상과 같이 1894년 안동에서 전기의병이 봉기하여 1896년 10월에 해산할 때까지 의병진영은 4단계로 변천하였다.

제1단계: 1894년 갑오왜란에 저항하여 徐相轍의 起義와 李容鎬

4백여권이 불탔다"고 했다. 그리고 7월 29일조에는 溫惠 三栢堂이 불탄 이야기를 하고 "불행중의 다행으로 祠堂은 홀로 면했다"고 했다. 필자는 다른 글에서 상계와 온혜 종택이 1907년에 불탄 것으로 소개한 바가 있다(조동걸, 1989, 『한말 의병전쟁』, 독립기념관 한국독립운동사연구소, 149쪽). 그것은 퇴계 종손 李根必 교장의 증언을 듣고 쓴 것이어서 다시 물어 보았더니 집이 두 차례 불탔다고 했다.

18) 趙東杰, 1999, 「修堂 李南珪의 독립정신과 遺志」『修堂 李南珪先生의 獨立精神과 詩의 世界』, 민족문화추진회 참조.

　　　　　　　의 활동 시기(1894)

제2단계: 을미사변과 단발령에 저항하여 봉기한 權世淵 의병대
　　　　　장 시기(1895.12～1896.1.29)

제3단계: 金道和가 대장으로 선임되어 다시 안동부를 탈환하고
　　　　　태봉전투를 수행한 후 松川道會를 개최하기까지(1896.
　　　　　1.30～동년 4.12)

제4단계: 松川道會 후 선성의진을 비롯한 각 진영이 해산한 가운
　　　　　데 그를 거부하고 金道鉉 의병등이 항쟁하던 시기
　　　　　(1896.4.12～9.9)[19]

　이와 같이 변천하는 동안 제1기는 선성의 響山 李晩燾가 관여한
외에 안동 유림과는 직접 관계가 거의 없었다. 안동 유림이 직접
관계한 것은 제2기부터였다. 앞에서 말한 바와 같이 처음에 三溪
書院에서 발의하여 1895년 12월 3일에 봉정사회의를 거쳐 12월 6
일에 기병하였는데 거기에서 金興洛과 金養鎭이 천전문중을 대표
하여 참여하고 있었다. 당초 창의를 발기한 것은 삼계서원 통문에
서 비롯되었는데 그것은 西山 金興洛이[20] 주도했다고 보아 좋을
것이다.

　삼계서원은 안동 유곡 삼계리(현재는 봉화군)에 있고, 忠定公 沖

____

19) 1896년 9월 9일(양력 10.15)을 전기의병의 마지막 해산일로 잡은 것은
　　金道鉉 의병장이 重陽節을 맞아 영양군 청기면 여미리에서 의병진을
　　해산한 것으로 끝났다고 보기 때문이다(金康壽, 1986, 『碧山 金道鉉의
　　義兵活動』, 국민대 석사학위논문 ; 趙東杰, 1989, 『한말 의병전쟁』, 독
　　립기념관, 57쪽 참조).
20) 西山 金興洛(1827～1899)은 文忠公 鶴峯 金誠一의 11세 주사손으로 金
　　溪里에 세거하였다. 定齋 柳致明에게 배워 많은 저술을 남겨 遺文이
　　32권 16책에 이른다. 문하에 權相翊·金大洛·李相龍 등의 학자와 독
　　립운동가가 많았다.

齋 權橃을 추모하여 1588년에 세운 서원이다. 여기에서 발송한「三溪通文」은 일반적으로「安東通文」으로 알려져 있다. 이것은 안동의 내막을 소상히 알지 못하는 제천의 유생 李正奎의『倡義見聞錄』에서 안동통문으로 이름하여 그후「안동통문」으로 불러 왔는데 이제는「삼계통문」으로 이해하고 그렇게 호칭되어야 옳을 것으로 안다.[21] 삼계통문의 발신자는 郭鍾錫(춘양)·金道和·金興洛

---

21)「安東通文」은 제천을 중심한 湖西倡義陣(유인석)의 李正奎가 모은 을미의병의 문서를 묶어『倡義見聞錄』을 편집한 그 속에 있는 것이다. 그것은 독립운동사편찬위원회,『독립운동사 자료집』제1권, 641~671쪽에 수록되어 있는데, 그와 똑 같은 문서가「三溪通文」이라는 명의로 경북 예천군 용문면 대저리(맛질) 朴周大의 1980,『羅菴隨錄』(국사편찬위원회 간본), 421~422쪽에 수록되어 있다.

종래에 학계에서「안동통문」의 실체를 알 수 없었다. 문서는 있는데 그러한 통문을 발송했다는 기록을 찾을 수 없었고, 무엇보다 통문의 대표가 郭鍾錫·金道和·金興洛·權晉淵·姜鎔 등으로 표기되어 있는데 거기에도 두 가지 의문이 있기 때문이었다. 두 가지 의문 중에 하나는 곽종석이 당시에 춘양에 은거하고 있었기는 해도 김도화·김흥락보다는 20년 연하인데 어떻게 대표(疏首)가 될 수 있었느냐 하는 것이고, 또 하나는 곽종석(춘양)·권진연(유곡)·강육(법전)이 지금의 봉화군 출신이어서 당시로서 안동 중심부 인사는 김도화·김흥락 뿐이므로 어떻게 안동 전체를 대변한「안동통문」이라고 할 수 있었을까 하는 의문이었다. 더구나 곽종석은 그 통문 발송 직후에 안동을 떠나 居昌郡 茶田里로 은거지를 옮겼다. 이와 같은 의문 때문에 필자는「안동통문」의 실재를 반신반의하고 있었다. 반신반의했다는 것은 안동의 의병 발기가 분명하지 않다고 생각했다는 말이 되기도 했다.

그런데 필자는 우연하게「三溪通文」을 발견하고 그것이「安東通文」과 같다는 사실에 주목하여(몇몇 글자가 다른 것은 옮기는 과정에서 달라진 것 같다)「삼계통문」으로 이름하는 것이 옳다고 생각했다. 이 통문을 받은 李正奎와 朴周大를 보면 이정규는 안동에 대하여 잘 알지 못하는 인물이지만, 박주대는 안동유림과 돈독한 세의를 유지해온 향중 인물이어서 그 통문의 실체를 정확히 알 수 있는 인물이다. 그러므로 박주대는 비록「안동통문」또는「삼계통문」이라는 문서 제목이 없는 '통문'이라고 해도 그의 실체를 알 수 있었을 것이다. 혹은 통문을

·權晉淵(유곡)·姜鎬(법전)으로 지금의 봉화출신 인사들 외에 원로급에서 김도화·김홍락이 특별히 참가한 것을 알 수 있다. 그것은 의병 봉기의 발단을 척암과 서산에 의해 열어갔다는 것을 의미한다. 그리고 처음에는 외진 삼계서원에서 시작한 후 봉정사회의로 이어졌다는 것을 알 수 있고 서산과 척암이 그곳까지 갔다는 것은 그의 적극적 참여를 말해 준다고 하겠다.[22]

의병 봉기의 준비가 봉정사회의를 거쳐 안동향회 석상에서 전술한 바의 원로가 합석하여 權世淵을 의병대장으로 선임하였다.[23]

전달받을 때 '삼계서원 통문'이라는 통고를 받았을 수도 있다. 더구나 박주대가 사는 대저리(맛질)에는 삼계서원에 제향한 權橃과 같은 문중인 권씨문중도 세거하고 있으므로 통문의 실체를 더욱 명확하게 알 수 있었을 것이다.

대표 가운데 權晉淵은 권벌의 후손이다. 郭鍾錫을 수석 대표에 앉힌 것은 관직 때문이 아니라면 추측컨대 당시의 삼계서원 현임 원장이 곽종석이 아니었던가 한다. 그렇지 않다면 拓庵(김도화)이나 西山(김홍락)보다 20년 연하인 俛宇(곽종석)를 대표에 앉힐 이유가 의아스럽다. 굳이 삼계서원에서 통문을 발한 이유는 안동에서 의병 봉기를 처음에 계획할 때 외딴 곳에서 은밀히 추진했다는 것을 의미한다.

22) 權寧培, 1995,『檄文類를 통해본 舊韓末 義兵抗爭의 性格』, 경북대 박사학위논문을 보면 전국적으로 의병 각 진영에서 발표한 通文·檄文 등을 비교 분석한 것이 크게 참고가 된다.

23) 여기서 안동 의병 봉기와 관련 있는 인사의 생몰 연대를 소개해 둔다.
柳道性 1823~1906: 善汝, 石湖
柳止鎬 1825~1904: 元佐, 洗山
金道和 1825~1912: 達民, 拓菴
金興洛 1827~1899: 繼孟, 西山
柳芝榮 1828~1896: 仲翁, 志山
金養鎭 1829~1901: 正伯, 愚軒
權世淵 1836~1899: 祖源, 星臺
朴周大 1836~1912: 啓宇, 羅庵
柳蘭榮 1838~1917: 士輝
柳必永 1841~1924: 景達, 西坡

그것은 삼계서원 통문 이후 의병 공론이 향중으로 확대되었다는 것을 의미한다. 거기에서 河回의 石湖 柳道性과 금계의 西山 金興洛이 손잡고 해묵은 병호시비를 극복해 갔다는 李中麟의 증언까지 있는 것을 보면 의병 봉기를 위하여 향중 유림이 대동단결하고 있었다는 것을 알 수 있다.[24)]

西山의 역할은 제3단계에 이르러 더욱 주목된다. 안동의병이 안동부를 점령했다는 소문이 이웃 고을로 퍼지자 인접한 선성(예안) 의병진의 활동이 더욱 활발해졌고, 영양의 金道(燾)鉉 의병이 선성 진영에 합류했는가 하면, 봉화의 琴錫柱 의병과 특히 제천의 徐相烈(說) 의병이 1월 25일과 27일에 안동으로 진군해 왔다. 여기서 자연스럽게 의병진의 연합작전이 전개되기에 이르렀는데 거기에서 지도력을 강화할 필요가 있다고 판단한 권세연이 의병대장을 사임하고[25)] 원로급에서 拓庵 金道和가 맡게 되었다. 그리고 柳道性·

李晩燾 1842~1910: 觀必, 響山
權晉淵 1843~1904: 世源
柳淵博 1844~1925: 景深
金大洛 1845~1914: 中彦, 賁西
徐相烈   ?~1896: 景殷, 敬菴
金夏林 1846~1909: 景禹, 承巖
郭鍾錫 1846~1919: 鳴遠, 俛宇
李中彦 1850~1910: 仲寬, 東隱
金秉植 1856~1935: 濟卿, 晩畹
琴錫柱 1857~1920: 鍾憲
柳昌植 1858~1912: 啓八, 晩山
李象羲 1858~1932: 萬初, 石洲
(순서는 생년순, 동갑은 몰년순임)

24) 柳永夏·柳澤夏編, 1997, 『石湖先生文集』, 559~560쪽.
25) 李兢淵, 「乙未義兵日記」, 1896년 1월 29일조.
   李相龍, 1996, 「義兵再擧後義將單子·代義將作 丙申」『石洲遺稿 後集』, 121~123쪽.

金興洛이 指揮將에 취임하였다.26) 의병대장을 김도화가 맡았다는 것은 서상렬 의병까지 통할하자면 원로급에서 대장을 맡는 것이 좋다는 판단이었고 屏虎의 대표인 유도성과 김흥락이 함께 지휘장을 맡았던 것도 안동 전역의 대동단결을 위하여 유익하다고 판단했기 때문일 것이다.27) 그렇게 지휘부를 강화한 후 안동의병진은 선성(예안)·봉화·영천(영주)·풍기·예천·용궁 그리고 서상렬 의병진과 연합하여 일본군이 주둔한 함창의 胎峰을 공략하였다.28) 태봉전투에서 패전한 의병진은 사방으로 흩어졌는데 그때 일본군이 안동에 침입하여 1천호에 이르는 시가를 모두 불태웠다. 그럴때에 안동관찰사 李南珪가 새로 부임하였다.

이남규는 충남 예산 사람이지만 안동 유림과는 남다른 정의를 가지고 있던 사람이다. 같은 남인이면서 響山 李晩燾와는 임오년(1882) 慶科에 동방 급제한 사이였다. 그래서 선성의병진을 중심으로 새 관찰사의 영접과 의병 해산의 공론이 일었다. 공론이 분분하게 되어 각 의병진 대표가 참석한 松川道會가 열렸던 것이다.29)

---

26) 1896년 1월 30일 편성한 의병진 지휘부는 다음과 같았다.

　　大將 金道和, 指揮將 金興洛·柳道性, 副將 柳蘭榮, 都摠 金夏林, 中軍將 權載昊, 先鋒將 柳時淵, 召募將 李忠彦·柳昌植, 亞將 崔世允.

27) 이때 柳道性과 金興洛에게 대장 추대가 있었다는 이야기가 안동지방에 전해 오는데 그러한 이야기의 흔적은 발견된다. 유도성은 자신도 74세인데 그의 百歲 老母가 환중이어서 대장을 맡을 수 없었다는 기록이 있다(柳永夏·柳澤夏編, 1997,『石湖先生文集』, 10·558쪽).

28) 태봉작전에 대해서는 다음의 글에 잘 정리되어 있다.

　　金祥起, 1998,「聯合義陣의 編成과 胎峯戰鬪」『史學志』31(宋炳基敎授 停年退任紀念號), 단국사학회, 317~324쪽.

　　金喜坤, 1999,「안동의 을미의병항쟁」『안동의 독립운동』, 55~80쪽.

29) 趙東杰, 1998,「響山 李晩燾의 독립운동과 그의 遺志」『韓國近現代史의 理解와 論理』, 지식산업사, 209쪽 ; 1999,「修堂 李南珪의 독립정신과 遺志」『修堂 李南珪先生의 獨立精神과 詩의 世界』, 민족문화추진회 참조.

　송천에서 열린 도회에서 대개는 신임 관찰사를 받아드리고 의병을 해산하자는 주장으로 기울었으나 그에 반대한 여론도 있었다.30) 여기에서 천전문중은 響山의 처지도 참작하여 해산에 동의한 것으로 짐작된다.31) 거기에는 西山의 의견과 상중에 있었기는 했지만 貫西(후일 白下) 金大洛의 의견도 작용하지 않았을까 한다. 향산의 아들 起岩 李中業이 비서의 매부이기 때문이다.

　이상과 같이 을미의병에서는 西山 金興洛이 중심 위치에 있었다. 때문에 안동을 침략한 일본군이 금계리 서산의 저택으로 몰려가 서산을 포박하고 마당에 끌어냈는가 하면, 안방까지 들어가 가산을 탈취하는 등, 한나절 동안 난동을 부리다가 물러난 사건이 있었다. 이때 서산이 당한 모욕은 신임 관찰사 李南珪가 나서서32) 사과하고 수습되었지만, 그때 서산의 관대한 인품을 보고 "金臺丈當

---

30) 沈誠之, 『赤猿日記』, 청송문화원, 1896년 3월 초4일조.
　　"儒生蔣漢倬 自松川道會所還到云 列邑齊會 新使或納或否之間 迎納
　　之議居多".
31) 전국의 을미의병 가운데 끝내 해산을 거부한 유인석의 호서창의진 외
　　에는 모두 그해 9월 9일 중양절까지는 모두 해산하였는데 해산할 때
　　안동부(현재 경북 북부지역)의 송천도회처럼 도회를 열어 공론에 부쳐
　　의결 절차를 밟아 해산한 경우는 안동의 경우 하나 뿐이었다.
32) 李圭洪, 『洗心軒日記』(원고본), 丙申年(1896) 記事, 9～10쪽. "南珪聞而
　　驚之曰 金臺一國丈席也 豈有如是困辱耶 卽遣人謝過 … 奪家産——
　　目物送之則當覓還出去兵丁痛治云云".
　　李圭洪(1851~1918)은 龍宮 사람으로 西山의 문인이다. 자는 在彦이고
　　洗心軒은 호이다. 『洗心軒日記』는 李恒曾(석주 이상룡 증손자)으로부
　　터 입수한 것인데 앞부분이 낙장되었다. 필자가 입수한 것은 1873년 癸
　　酉年부터 1916년 丙辰年까지의 37쪽 복사본이다. 문서명은 『洗心軒日
　　記』라고 필자가 이름하였는데 「일기」라고 했지만 1896년 이전은 해마
　　다 한두 사건만 기록하고 그 후부터 좀 자세히 기록하였다. 여기에서
　　일본군이 西山宅을 침략했던 기사외에도 1905년 을사늑약 이후 李相
　　龍·車隱豹(晟忠)·李圭洪이 가야산 의병의 기병을 추진한 기사 등,
　　다른 자료에서 볼 수 없는 귀중한 내용이 실려 있다.

世大君子 我等寧不愧于心乎"라고[33] 감탄했다는 것이다. 서산이
유독 곤욕을 겪어야 했던 것은 서산이 의병 봉기의 핵심 인물로 지
목되었기 때문일 것이다. 그리고 서산이 지휘부에 참가하고 있었
으므로 금계리 문내에서 참전자가 많을 수 밖에 없었다. 참전 끝에
金繪洛은 그해 6월 12일 포살 당하였고[34] 태봉전투가 끝난 뒤에
제천의병과 연락하여 李康秊 의진으로 옮겨간 인원도 적지 않았
다. 金賢東·金秉東이 그러한 인물이다.

　이와 같이 안동지방에서 의병전쟁이 광범하고 격렬하게 전개되
어 금계리에서는 사람의 손상이 적지 않았고, 안동읍과 선성 방면
에서는 일본군의 방화로 입은 재앙이 막심하였다. 그런데 역사는
사람의 생명과 고루 거각의 재물에서 발전 동력을 얻는 것이 아니
라 불탄 잿더미의 교훈과 사람이 죽으면서 남긴 얼을 동력으로 발
전하는 것이다. 그러므로 김회락처럼 의로운 죽음이라면 그것을
한탄할 이유가 없다. 또 서산이 고역을 겪고 재물을 빼앗기고 읍내
의 많은 집이 불타고 상계와 온혜리의 종택이 불탄 것을 서럽다고
생각할 이유도 없다. 그러한 희생 위에서 한국독립운동사가 발전
했다면 영광스러운 희생이라 자랑할 바가 아니더냐. 안동지방에서
독립운동이 발달하고 독립운동자가 많이 배출된 이유가 우연이 아
님을 알 수 있다.

---

33) 李圭洪, 『洗心軒日記』, 10쪽.
34) 李兢淵, 『乙未義兵日記』, 1896년 丙申 6월 12일 기사(日記의 金景承이
　　金繪洛으로 景承(升)은 字라고 한다).

3. 協東學校의 설립과 구국 계몽운동

1) 안동유림의 근대적 變容

胎峰戰鬪에서 패전하여 안동의병의 희생이 적지 않았는데 그 위에 일본군이 안동 시가를 불태워 을미의병으로 말미암은 안동지방의 피해와 충격은 남달리 컸다. 신임 관찰사 李南珪의 간곡한 설유로 의병을 해산하기는 했으나 金道鉉·柳時淵 같은 의병장은 해산을 거부하고 강릉과 경주 등지로 이동하여 항쟁을 계속하였다. 이때 신임 관찰사 李南珪는 일본군의 만행을 보고 취임을 거부, 관찰사를 사임하고 말았다. 당시 이남규가 올린 사임 상소는 외교문제로 비화하여 일본에까지 전달되었다.[35]

이럴 때 안동에 새 바람이 불기 시작하였다. 1904년부터 東山 柳寅植이 개화 계몽주의를 제창하기 시작한 것이다.[36] 동산은 스승 金道和와 아버지 柳必永의 강력한 반대에도 불구하고 金進洙와 함께 개화운동을 추진하였다. 향중의 유림들도 忠義社[37] 등의 활

---

35) 趙東杰, 1999, 「修堂 李南珪의 독립정신과 遺志」『修堂 李南珪先生의 獨立精神과 詩의 世界』, 민족문화추진회 참조.

36) 趙東杰, 1978, 「安東儒林의 渡萬經緯와 獨立運動上의 性向」『大丘史學』15·16합집, 대구사학회 ; 1989, 『韓國民族主義의 성립과 獨立運動史研究』, 지식산업사, 238~243쪽.

37) 忠義社에 대한 자료는 呂中龍,『南隱先生遺集』卷2, 11帳 후면에「忠義社創立趣旨書」가 있고, 12장 후면에「忠義社 條例」가, 14~20장에「署名錄」이 등재되어 있다. 이름대로 忠義를 근본으로 한 "本社의 목적은 국가에 대하여 권익을 향상케 하고 殘害는 철저히 배제하되 위극할 때를 처하여서는 생명도 불고한다"고 할 정도로 의병적 모임이었다. 宮內府의 감독을 받았고 관리가 많이 가입했던 것을 보면 관변 단체 또는 반관반민 단체로 볼 수 있다. 1904년에 창립했는데 趣旨書에 일본

동을 통하여 의병봉기를 준비하고 있었으므로 개화를 수용할 분위기가 아니어서 유인식은 고군분투하였다. 그럴 때 러일전쟁에 이어 한일의정서와 한일협약이 있고 1905년에는 을사늑약의 충격에 이어 그의 반성으로 1906년 3월에 興學詔勅이 발포되어 전국적으로 文明學校 설립이 추진되었다.38) 그때 경상북도 관찰사 申泰休가 興學訓令을 반포하니 안동의 개화운동은 박차를 가하게 되었다.

신태휴는 충북 淸州郡 산내면과 文義郡 동면 일대의 고령신씨, 이른바 山東 申氏門中 마을에 1901년에 이미 文東學院을 설립하고 이어 靈川學稧를 결성하는 등,39) 문중 개화운동을 펴던 인물로 『皇城新聞』에서 경상북도 관찰사 재임시에 문명학교 1백여개를 설립했다고 보도할 정도로 신교육에 열성적이었던 개화 선구자였다.40)

과 청나라에 대한 언급은 있으면서 아라사(러시아)에 대한 언급이 없는 것을 보면 러일전쟁이 발발하기 직전인 그해 연초에 창립한 것 같다. 창립하자 2월에 露日戰爭이 일어나고 韓日議定書가 체결되면서 관변 활동이 불가능하게 되어 성과를 볼 수 없었던 것이 아닌가 한다.

그러나 여기에 서명했던 李象羲(李相龍)가 을사늑약 늑결 후에 가야산을 근거로 의병봉기를 계획 추진했던 사실은 충의사의 약속을 실천한 것으로 이해할 수 있다. 133명의 서명자 가운데 안동 인사는 李中植·李圭洛·金雲洛·李象羲·金學模·李南羽·柳鳳熙·金進洙·權貞植·權有夏 등이었다. 필자는 『남은선생유집』을 대구의 權大雄 교수의 호의로 복사하여 보았다. 권교수에게 감사한다.

38) 柳漢喆, 1997, 「1906년 光武皇帝의 私學設立 詔勅과 文明學校 設立事例」『韓國民族運動史硏究』(조동걸교수정년기념논총), 나남출판, 132쪽.

39) 任椿洙, 1988, 『淸州 高靈申氏門中의 開化事例硏究』, 국민대 석사학위논문 참조.

40) 『皇城新聞』, 1906년 3월 19일부터 23일까지 申泰休 관찰사가 내린 興學訓令이 소개되어 있다. 그 내용을 보면 학교의 단계는 小學校·中學校·大學校로 나누고, 교육내용은 처음에 「小學」을 배워 인륜 도덕을 익히고 다음에 본국 및 각국의 歷史·地理·算術 등을 가르치고 그 다음에 政治·經濟·法律 등을 가르쳐 사물의 본말을 깨닫게 하라는

그러한 흥학조칙과 흥학훈령은 당시 임동면장에 재임하던 東山 柳寅植에게 큰 힘이 되었다. 동산은 흥학조칙과 흥학훈령을 빌미로 협동학교 설립에 박차를 가하고 거기에 金秉植·金厚秉·河中煥의 합력과[41] 金肯植의 적극적 활동으로[42] 1907년 봄에 천전리에 협동학교를 설립하였다. 그때 金萬植·金衡植 등 천전리 청장년의 호응도 받았을 것으로 추측된다.[43]

것이다. 그를 위하여 구시대의 書堂을 폐지하고 新用을 위한 학교를 설치하라는 것이다. 신태휴가 개화에 철저하기는 했으나 그 방식은 舊體新用 즉, 전통적 윤리를 바탕으로 한 서양문화의 도입을 표방한 東道西器論的임을 알 수 있다. 산동 신씨문중도 남인 문중으로 천전문중과 남달리 가까웠다. 산동문중의 개화 선구자는 申泰休·申冕休·申龍雨·申圭植·申健植·申興雨·申采浩·申洪植·申伯雨 등, 우리가 쉽게 알 수 있는 인사 외에도 무수하다.

41) 협동학교 인가는 유인식·하중환·김후병 3인의 명의로 신청하였고, 종손 김병식은 초대 교장이었으므로 동의 협력하였다고 본 것이다. 그런데 인가 신청자 가운데 천전문중을 대표한 사람은 金厚秉(1874~1954)이었다. 그는 鎭澔의 손자로 진호는 생부가 청계공 종손 坤壽로 다음 종손 鎭宗의 동생인데 鍾淵에게 출계하였다. 그러니까 협동학교를 설립할 때 종손 金秉植(1856~1935)과 金厚秉은 생가로 재종간(6촌)이었다. 그렇게 보면 김후병은 종손의 대리인으로 문중을 대표하여 인가 신청자가 되었을 가능성이 있다.

42) 柳寅植, 1977, 『東山文稿』, 동산선생기념사업회, 144쪽에 유인식은 "乃與 金厚秉 河中煥 金東三 相議設校 定期成會於廬院(호계서원; 필자)"이라는 말이 있는데 유인식·김후병·하중환처럼 협동학교 인가 신청자가 아닌 김동삼과 상의했다는 것은 김동삼의 지지가 남달랐다고 이해할 수 있다. 졸업생 사진을 보면 김동삼은 양복을 입고 있다. 그 만큼 새 시대에 남먼저 부응하고 있었다는 것을 의미한다고 하겠다.

43) 협동학교 설립 당시 金肯植·金萬植·金衡植은 천전리 청년사회를 대표할 인물이었다. 아무리 興學訓令에서 書堂을 폐지하고 신교육 학교(文明學校)를 세우라는 요구가 엄중하다고 해도 마을의 장년층인 그들의 동의 없이 전통적인 可山書堂을 폐지하고 신교육 학교를 설립했다고는 믿어지지 않는다. 다만 문중 어른인 비서 金大洛(형식의 부, 만식의 백부)께서 반대하고 있어 종손 김병식이나 아들 김형식과 조카 김

　여기에 이르러 안동 향중은 계몽주의적으로 변화하기 시작하였
다. 그러나 金道和·柳必永·李晩燾 등, 향중 원로가 완강히 반대
하였고 향중에서 막강한 영향력을 가지고 있던 고성이씨 종손 李
象義(이상룡)가 매부인 朴慶鍾(영해)과 李圭洪(예천 용궁)·車隱豹
(晟忠; 거창)와 함께 가야산(加祚)을 거점으로 의병의 기병을 추진
하고 있던 당시였으므로44) 원로 의견을 무시하고 또 이상희·박경
종 등이 추진하는 의병 봉기에 정면으로 반대하여 향중에 신문화
를 수용하는 협동학교를 세워 계몽운동을 본격화하기란 대단히 어
려웠을 것으로 이해된다.45) 협동학교를 설립한 천전리에서도 원로
급 위치에 있던 金大洛·金紹洛 형제가 반대하고 있어46) 아무리

　만식이 적극적으로 표면에 나설 수는 없었을 것이다. 마을에 전하는 말
로 비서 김대락이 신교육을 수용한 것도 아들 형식의 진언이 크게 작
용했다는 것을 보면 장년층은 앞서 협동학교에 호응하고 있었던 것으
로 볼 수 있다. 그러나 비서의 동생이며 학문이 뛰어나던 金紹洛은 혈
서를 쓰면서 끝까지 반대하고 있어(주 46 참조) 장년층의 처신이 어려
웠을 것을 상상하기 어렵지 않다.
44) 李圭洪, 『洗心軒日記』(원고본)에 1906년 1월조에서 "聞石洲萬初見隱
　　豹而過歲于居昌 歲初還家 故自順興直抵陶谷 留數宵論討"라고 석주
　　가 가야산 의병을 추진한 기사 이후 1908년 10월조에서 "往金溪 叅先
　　師忌辰 其再明日往陶谷 石洲數宵論討"에 이르기까지 李相龍·李圭
　　洪·車隱豹(晟忠)와의 왕래 교섭 기사가 자주 나오고 있다. 이상룡의
　　가야산 기병계획에 대하여 『세심헌일기』만큼 자세하게 전하는 자료가
　　없다.
45) 당시 啓蒙運動家는 義兵을 힘의 낭비 또는 질서를 문란시키는 逆徒라
　　고 비난했고, 義兵은 학교를 설립하는 啓蒙運動家를 애국의 가면을 쓴
　　일본 앞잡이라고 욕하며 學校를 불태우거나 敎員을 처단했다. 그렇지
　　않고 학교와 의병이 연합하고 있었던 경우는 필자가 알기로는 함경북
　　도 鏡城의 咸一學校 하나 뿐이었다.
46) 『皇城新聞』, 1910년 8월 7일자를 보면 "安東頑固 金紹洛씨는 其子가
　　斷髮 入學할까 염려하여 斷指血書로 禁戒를 작하였다"라는 기사가 발
　　견된다.

협동학교가 향중학교라고 하더라도 천전리에 있는 이상 활발한 활동을 펴기는 어려웠을 것이다.

이때 협동학교가 활기를 띠울 수 있는 극적인 변화가 일어났다. 이상룡과 박경종의 伽倻山 起兵計劃이 1908년초에 차은표의 실수로 준비한 무기를 모두 빼앗기고 모병한 병정이 해산 당했는가 하면47) 전투인력으로 참가 예정했던 金相泰(尙台)·申乭石의 의병부대가 패전하므로써 뜻과 같지 않았다.48) 이에 이상룡이 의병 봉기를 단념하고 외국서적을 섭렵하며 방략을 바꾸어 계몽주의자로 전환하게 되었고49) 1908년 10월부터 大韓協會 安東支會 결성을

___

47) 李圭洪, 『洗心軒日記』(원고본)에 李相龍과 車晟忠(隱豹)의 기병이 실패한 토막기사가 전한다. 戊申(1908) “正月 石洲辦求萬緡金 專信人送之 其明日 送長子芝璇及李塏世衡 卽傳于居昌隱豹家, 二月－隱豹募兵丁備器具于加祚山中 而方擬先討居昌倭大起兵事 機先漏而反爲倭潛襲 器具見奪 兵丁盡散, 三月 隱豹而赤手到石洲家 而往留寧海申(신돌석; 필자)陣中”

48) 金相泰(尙台) 申乭石이 패전한 시기를 언제로 보느냐의 문제가 있다. 李康年 의병부대에 소속했던 김상태의 패전은 1908년 6월 청풍 錦繡山 戰鬪에서 이강년이 부상하고 일본군에 포로가 된 것을 가리키고, 신돌석은 그 무렵 패전을 거듭하다가 1908년 10월 盈德 訥谷에서 내부자에 의해 암살 당하는데 역시 그 무렵을 가리키는 것이 아닌가 한다.

49) 석주가 가야산 계획을 추진하다가 외국서적을 탐독하면서 방략을 바꾼 당시를 목격한 석주의 아들 이준형은 그때의 사정을 다음과 같이 기록하고 있다(李濬衡, 「先府君遺事」『東邱遺稿』, 306쪽). 權相圭가 정리한 석주의 「行狀」에서도 비슷한 이야기가 있다. 권상규는 이상룡과 내외종간이었다(이상룡, 『石洲遺稿』, 334쪽).
“乙巳 日本大使伊藤博文 再渡朝鮮 脅朝廷勒締五條約 府君 … 十二月訪車晟忠於伽倻山下令鼓起巖穴 與朴慶鍾合力 辦出萬五千金以資之 爲據險蓄力之計 事竟敗 東南義師曾所聽裁者如申乭石金相泰等 次第被死 府君歎曰 杜門巖谷坐占勝敗 未見一中 是必於時局有未透者遂購覽東西新印書籍 確知世界大勢及敵國兵力 非少數烏合之卒所可抗拒 始轉換方向 留意於敎育合群之事”
위의 기사를 앞에 소개한 李圭洪, 『洗心軒日記』와 대조해서 보면 『日

추진한 것이다.[50] 이와 같은 이상룡의 사상 전환은 안동 사회 변화에 크게 영향하였다.[51] 그때 석주 이상룡의 처남 金大洛이 「讀大韓協會書有感」이란 새로운 각오를 글로 나타냈다.

늙은이 눈 어두워 죽은듯이 누웠다가
창문에 기대어 大韓書를 읽는다.
폐부를 찌르는 말 마디마디 간절하니
두눈에 흐르는 눈물 옷깃을 적시네.

때끼고 녹슨 거울 비춰볼 수 없어서
오랫동안 서랍속에 버려 두었다가
때베끼고 닦아내어 옛 모습 되살리니
비로소 알았노라 靑銅거울 본래는 밝은 것을

칼집에 넣어둔 검 칼이라 할 수 없어
십년 두고 검을 갈며 정신을 가다듬어
난마처럼 얽힌 사슬 단번에 베어내니
비로소 알았노라 秋蓮같은 칼도 써야만 검인 것을

산속에 묻힌 구슬 겉모습이 돌 같아

___

記』의 1906년 1월조에서 세심헌과 석주가 며칠 밤을 토론했다는 "數宵論討"의 기사는 기병계획을 입안하기 위한 것이었고, 1908년 10월조에서 두 사람이 역시 "數宵論討"했다는 것은 석주가 기병계획을 단념한데 대하여 세심헌의 항의성 論討로 이해된다. 그렇게 보면 석주는 1905년 12월부터 1908년 10월까지 거의 3년간 가야산 기병을 추진했고 거기에 1만 5천금을 투자한 것이다. 석주가 大韓協會 안동지회 결성을 추진한 것도 1908년 10월경으로 보는 것이 옳다. 그때 석주가 大韓協會 본부에 보낸 글이 『大韓協會報』 1909년 1월호에 게재된 것이다.

50) 李象羲, 「答敬求志士同情書」『大韓協會報』 제10호, 1909년 1월호, 58쪽에 대한협회 안동지회 결성 의도가 잘 나타나 있다. 1909년 1월호에 실린 것을 보면 1908년에 보낸 글일 것이다.

51) 金基承, 1989, 「韓末 儒敎知識人의 思想轉換과 論理－石洲 李相龍의 境遇」『民族文化』 4, 한성대 민족문화연구소, 141쪽.

통곡하며 호소한들 어느 누가 알아줄까
하루아침 쪼개어 천하에 들어내니
비로소 알았노라 魚珠는 보배가 아닌 것을[52]

이와 같이 백하 김대락은『大韓協會報』를 읽고 "… 비로소 알
았노라 靑銅거울의 본체는 밝은 것을, … 비로소 알았노라 秋蓮같
은 칼도 써야 칼인 것을, … 비로소 알았노라 魚珠가 보배가 아니
라는 것을"이라고 감탄하고 있다. 여기서 백하도 혁명적으로 전환
하여 신교육에 찬동할 뿐만 아니라[53] 자신의 저택을 협동학교 교
실과 기숙사로 내 놓고 자신은 소옥으로 물러날 정도로 협동학교
를 적극적으로 지원하게 되니 협동학교는 새로운 전기를 맞게 된
것이다.[54] 1909년 1월에는 嶠南敎育會 安東支會도 결성되어[55] 안

---

52)「讀大韓協會書有感」
　　老夫無明尸似居　伴窓起讀大韓書　衝心裂肺言言切　可使吾人淚滴裾
　　有鏡煤塵鏡似盲　長時處在舊粧奩　磨光刮垢還依舊　始識靑菱本體明
　　有劒韜鋒劒匪眞　十年淬鍔鍊精神　盤根錯節恢遊地　始識秋蓮用在人
　　有玉藏山玉似珉　(楚)山泣刖孰知眞　一朝剖璞爲明日　始識魚珠不敢珍
　　* 원전에는 (楚)자가 없다. 아마도 이기할 때 빠트린 것 같다.
53) 賁西 金大洛의「讀大韓協會書有感」에서「大韓協會書」는『大韓協會報』
　　를 말할 것인데『대한협회보』는 1908년 4월 25일에 창간호를 내고
　　1909년 3월 25일 발행한 12호로 끝났다.「讀大韓協會書有感」은 비서의
　　아들 月松 金衡植이 만주에서 엮은『先考遺稿』에 실려 있는데『遺稿』
　　원본은 中國 北京에 거주하는 월송의 사위 李泰衡 옹이 보관하고 있다.
54)『皇城新聞』, 1909년 5월 8일(음력 3월 19일)자 2면「嶠南敎育界에 新赤
　　幟」라는 논설에 그때의 전후 사정을 전해 주고 있으므로 원문을 소개
　　해 둔다.
　　"… 乃於近日에 安東來信을 據한즉 該郡 臨縣內面 川前里居 金大洛
　　氏가 敎育을 振起할 사상으로 자기 소유의 新建築한 五十餘間 가옥을
　　출연하야 校舍를 作하고 자기난 小屋에 이주하야 曰吾의 容膝은 於此
　　足이라 하고 일반 인사를 提挈하야 大加擴張하기로 열심 做去한다니
　　此는 嶠南敎育界에 新赤幟를 건립하얏도다.
　　盖氏의 역사난 원래 구학문의 大方家로 수구파의 一指를 首屈하난자

동에 興學 또는 教育振興의 분위기가 넘치게 되었다. 이리하여 안
동 향중은 의병의 고장에서 계몽운동의 고장으로 혁명적 전환을
보게 되었다.56) 여기서 주의할 것은 계몽운동이 전국적 성향과 같
이 의병운동과 병행하여 전개된 것이 아니라, 의병 당사자가 방략
을 바꾸어 협동학교를 설립하여 계몽운동을 전개했다는 사실이다.
천전문중도 그렇다는 것은 말할 나위가 없다. 그래서 '近代的 變
容'이라고 수식해 보았다.

2) 協東學校의 설립 · 확장과 역사적 의미

협동학교가 설립되던 1907년 전후에는 경향 각처에서 민립학교
가 우후죽순격으로 설립되어 교육 구국의 기치가 전국에 메아리쳤
다. 안동을 중심한 경북 북부지방에서도 "아는 것이 힘 배워야 산

라 수년 이전에도 혹 신교육을 발기하기로 언급하난자가 有하면 大聲
叱責하고 극력 반대하더니 至于近日에 幡然 大覺하고 의연 분발하야
曰余가 신교육에 대하야 그 時務의 필요됨을 조기 각득치 못한 것이
大恨이라 금시 각득하얏스니 엇지 헌신적 의무를 不爲하리오 …"

55) 金喜坤, 1999,『안동의 독립운동사』, 120쪽.
56) 천전리에 전하는 바로는 협동학교가 1907년에 都事宅 즉, 金大洛의 집
    에서 開校式을 했다는 말이 있다. 그것은『皇城新聞』에서 신교육에 반
    대하던 김대락이 생각을 고쳐 저택을 협동학교가 쓰도록 내 놓았다는
    기사나, 白下(비서) 金大洛 자신이 쓴「讀大韓協會書有感」이란 글과
    맞지 않는다. 또 백하와 남달리 친분관계를 가지고 있던 매부 李相龍
    이 가야산 의병을 일으키기 위하여 그의 매부 朴慶鍾과 동분서주하고
    있었는데 김대락이 그를 반대하고 신교육의 협동학교를 자택에 설립했
    다고는 생각되지 않는다. 마을에 전하는 말은 開校式이 아니라 아마도
    어느 때의 開學式일 것이다. 그렇게 천전리 원로의 위치에 있던 백하
    가 처음에는 신교육에 반대하다가 극적으로 변화했다. 그것이 백하답
    고 천전다운 이야기일 것이다.

다”는 구호 아래 사립학교가 울흥하였다.57) 그러나 중등학교는 북부지방에서 협동학교 뿐이었다.58) 그래서 북부지방에서 유학생이 천전리로 몰려 들었다. 설립 1년에 가산서당은 비좁게 되고 학생들의 숙식을 해결할 방도가 아득하였다. 그때 백하 김대락이 자신의 저택을 협동학교가 사용하도록 제공하여(전술) 협동학교는 전국 어디의 어느 학교에 못지 않는 시설을 갖추게 되었다. 그리고 문중의 종손이 교장을 맡았다는 것도 특별히 주목된다. 임동면·임현내면·임북면·임서면·길안면·동후면·와룡면 등, 안동의 동쪽 7개면의 인력과 재력을 협력하여 설립했다고 해서 協東으로 명명했는데 청계공 종손이 학교장을 맡았다는 것은 천전문중은 문중 역량을 협동학교에 쏟았다는 뜻으로 이해할 수 있다. 보수적 문중에서 이단적 개화 청년이 나타나 구박을 받으며 신교육을 추진했던 많은 경우와 달리, 신교육에 반대하던 문중의 원로 김대락과 문중 종손 김병식이 신교육의 선봉장이 됨으로써 몇몇 개인이 아니라 문중을 근대적으로 변용시킬 수 있었던 것이다.

그러니까 서울에서 이동녕·이회영·안창호 등의 신민회에서 李觀稙을 안동에 파견하였고, 이어 金箕壽·安商德·金夏鼎·金轍勳 같은 우수한 교사도 파견되어 협동학교는 전국적인 명문 사학으로 발돋움하고 있었다. 지금까지 알려진 교원은59) 金秉植·朴

---

57) 안동문화회관 李鎭九관장의 조사에 의하면, 당시 안동에 설립된 민립학교는 永嘉學校(읍내)·東明學校(읍내 향교)·光東學校(서후)·寶文學校(도산)·廣明學校(풍산)·東陽學校(동선) 등이었다.

58) 柳寅植, 1977, 『東山文稿』, 東山先生紀念事業會, 144쪽에 협동학교를 1907년 봄에 설립하였다고 했는데 처음부터 중등과정으로 시작한 것 같지는 않다. 처음에는 소학교과정으로 시작했다가 1908년에 중학교과정을 시작한 것 같다. 중학과정 3년을 제1회로 졸업한 金秉大와 金聲魯의 卒業證書를 보면, 明治 44년(1911) 3월 30일로 명기되어 있기 때문이다.

泰薰·李觀稙·朴濬緒·金振璜·柳淵甲·柳寅植·李康演·柳
東泰·金肯植(동삼)·金箕壽·安商德·金轍勳·李鍾華·金衡植
·柳長榮·柳鎭河·金秉七·柳周熙·金夏鼎·河中煥 등이고 보
면 세상 이목이 천전리에 집중되었을 것을 추측하기 어렵지 않다.

협동학교가 표방하는 바가 무엇이었느냐는 그의 설립「趣旨文」
과「勸勉文」에 잘 나타나 있다. 먼저「취지문」을 보면 서양의 과
학문명이 세계를 휩쓸고 있는 이때, 열강의 각축이 풍운을 몰고 오
는 이때, 옛날부터 인물을 많이 배출한 고장인 안동이 새시대를 방
관하고 있어야 되겠는가? 늦었지만 일어나 학교를 세워 새로운 인
재를 길러 새 시대를 맞자는 요지였다.60) 다음에「권면문」은 먼저
동양철학에 근거하여 經道와 權道를 이야기하고 서양의 과학문명
을 찬양하면서 경쟁시대라는 사회진화론적 시국관을 언급한 다음
에 "나의 道를 道로 알고 저 사람의 技術도 기술로 알 수 있다면
어찌 불가한 것이 있을까"(현대문법으로 고침)라고 東道西器論에
입각한 협동학교의 建學精神을 밝히고 있다. 이것은 협동학교를
이해하는 데 중요한 문건이다. 개화를 촉구하고 있었지만 내것을
모두 버린 순수 서양화를 배격했다. 우리의 윤리 도덕은 존중하고
있었다. 여기에 안동유림의 개화 형태상의 특징이 있고 안동유림
을 혁신유림이라 이름하여 끝내 유림이라는 점을 버리지 않는 이
유가 있는 것이다. 후일 만주에 가서 비록 공산주의를 표방한 사람
도 제사를 지내는 家禮를 버리지 않았던 것도 거기에서 이유를 찾
아야 할 것이다.

위의「趣旨文」과「勸勉文」은 불특정한 선각자의 작품이고 또

---

59) 李東彥, 1993,「一松 金東三 硏究」『한국독립운동사연구』7, 독립기념
　　관 한국독립운동사연구소, 126쪽.
　　金喜坤, 1999,『안동의 독립운동』, 안동시, 109쪽.
60)『皇城新聞』, 1908년 9월 27일자.

서울에서 파견된 교사의 작품일 수도 있다. 그렇다면 천전인의 생각을 추적할 필요가 있다. 천전인 가운데 가장 보수적이었다가 일변한 金大洛의 경우를 보면, 그가 서간도에 망명한 1911년에 신흥학교 학생을 향한 「勸諭文」에서 후술하는 바와 같이 "金石은 부서지고 깨질지 몰라도 自由를 향한 열정은 깎아 낼 수 없고, 큰 쇳덩이가 앞에 있어도 進步하는 단체가 가는 길을 막을 수 없다"[61]라고 젊은이 같은 소리를 하였다. 이어 哥倫布(콜럼버스)·克林威(크롬웰)·華盛頓(워싱턴)·拿破崙(나폴레옹)·大彼得(피터대제) 같이 어렵게 출세한 이를 예로 들며 면학을 촉구하였다. 이로 보면 「취지문」이나 「권면문」의 내용에 조금도 뒤지지 않았다는 것을 알 수 있다.

이러한 협동학교는 안동 향중의 자랑일 뿐 아니라 천전인의 영예였다. 그러므로 1910년 7월 18일에 협동학교가 보수의병의 습격을 받아 金箕壽·安商德 교원이 희생되었을 때 서울의 언론에서는 논설을 발표하며 슬퍼했고,[62] 대한협회 대구지회에서는 특별회를 개최하여 안동 유림의 완고함을 성토하였다.[63] 뿐만 아니라 石洲 이상룡의 통곡하는 弔辭에 이어[64] 그의 아들 東邱는 협동학교

---

61) 金大洛,『白下日記』, 1911년 윤6월 12일조; "金石易泐而自由之熱心不可磨也 鼎鑊在前而進步之團體不可防也".
62) 「弔協東學校」『皇城新聞』, 1910년 7월 23일자.
63) 「聲討 安東頑固」『皇城新聞』, 1910년 7월 27일자.
    대한협회 대구지회에는 영양군 주곡리의 趙秉禧와 趙寅錫이 활약하고 있었고, 조병희는 1908년에 부회장을 맡았던 중진이었고(『大韓協會報』8, 1908년 11월호) 조인석은 주곡리 종손이었으므로 안동지방의 화제에 잘 올랐다. 안동에서 대구지회의 성토를 반격할 때 그들을 공박하기도 했다. 조병희는 1899년에 단발 개화하여 주곡리(주실) 개화의 선봉에 섰으며 그후 조카 趙昌容과 함께 국민교육회(1904)와 대한자강회(1905)에서도 활약했다. 조병희의 사위 黃道英은 평해지방 개화에 앞장을 섰다.
64) 이상룡,『石洲遺稿』, 22쪽.

학생들에게 7월 18일을 프랑스(法)의 7월 14일 혁명기념일이나 미국(美)의 7월 4일 독립기념일처럼 기념일로 정하여 해마다 기념하면서 분발하라고 호소하는 글월을 보냈다.[65] 그렇게 천전리 밖에서 더욱 안타까운 소리를 높였다.

협동학교의 재정과 교육과정이나 교과서, 그리고 졸업생에 관하여 여기서 장황하게 들먹일 이유가 없다. 그것은 다른 글을 참고하기 바라지만,[66] 여기서 기억해야 할 것은 1910년 나라가 멸망한 후에 협동학교의 정신이 어떻게 계승되었던가에 있다. 먼저 협동학교가 천전리에 있었기 때문에 천전리 주민은 의식 무의식간에 협동학교 분위기에 젖지 않을 수 없었다. 그리하여 협동학교는 천전문중을 혁신유림으로 전환시키는 결정적 구실을 했다. 그리고 안동 향중의 개화에 크게 기여하였다. 지금까지 알려진 졸업생 명단을 보아서도 알 수 있듯이[67] 처음에 동부 7면에서 협력하여 협동학교를 설립했다고 해도 7면에 한정되지 않고 안동 전역에서 학생이 모여들었다. 뿐만 아니라 협동학교 교사였던 金肯植(김동삼)이 1909년말에 오천리(외내) 종손 金基東에게 보낸 편지를 보면 後凋堂 金富弼을 제향한 洛川祠(景賢祠)의 서원 철폐 후의 서원 재산

---

65) 李瀋衡,『東邱遺稿』, 44쪽.
    "夫然後以講師畢命之日 爲協東大記念 如法美之七月祝典".
66) 협동학교를 이해하는 데는 다음의 글이 참고가 된다.
    趙東杰, 1978,「安東儒林의 渡滿經緯와 獨立運動上의 性向」『大丘史學』15·16합집, 대구사학회.
    李東彦, 1993,「一松 金東三 硏究」『한국독립운동사연구』7, 독립기념관 한국독립운동사연구소.
    金喜坤, 1997,「安東 協東學校의 獨立運動」『韓國民族運動史硏究』(우송조동걸선생 정년기념논총), 간행위원회 ; 1999,『안동의 독립운동사』, 안동시.
67) 金喜坤, 1999,『안동의 독립운동사』, 113~114쪽에 졸업생 명단이 소개되어 있는데 馬洞의 柳淵㵛처럼 누락된 인원도 있다.

을 예안향교(선성향교)에 희사한 데 이의를 제기하면서 협동학교에도 기부하도록 요구하고 있는데[68] 그러한 요구를 했다는 것은 협동학교가 안동뿐만 아니라 洛川祠가 있던 宣城郡(禮安郡)까지 향중 모두의 책임과 관심의 대상이 되었다는 것을 의미한다. 그럴 정도로 협동학교는 안동 향중 전역에 영향하고 있었던 것이다.

다음에는 나라가 망하자 일본 臣民이 되는 것을 거부하고 서간도로 망명한 망명의 정신적 기반이 되었다. 망명 이론은 물론 전통시대의 선비생활에서 얻은 바 컸다고 해도 근대적 독립운동의 논리는 협동학교 교육 속에서 얻은 바가 적지 않았다고 이해된다. 그것은 다음에 소개하는 白下(賁西)가 망명 후에 지은 「勸諭文」이나 「憤痛歌」와 「共理會 趣旨書」를 보면 잘 알 수 있다. 그리하여 천전리를 독립운동의 고장으로 만들었다고 보아 좋을 것이다.

다음에 1910년 천전리의 관계 인사가 만주로 망명한 후 협동학교는 柳東泰가 앞장 서서 임동면 水谷里 大坪으로 옮겨 갔다. 거기에서 8년간 무정부주의자 柳林처럼 유수한 독립운동가를 배출하기도 했지만 1919년 3·1운동에서 전국에서도 손꼽힐 정도로 격렬했던 臨東 3·1운동을 전개했던 동력을 공급했다. 이와 같이 협동학교는 그 정신을 역사 속에 묻고 3·1운동과 더불어 운명을 다 했다.

이상과 같이 협동학교는 안동 향중의 독립운동의 산실이었다는데에 특별한 의미를 가지고 있다. 단순히 신교육의 계몽주의 학교였다는 것은 전국에 그와 같은 학교가 많았고 또 남달리 빨랐던 것

---

68) 金肯植이 처6촌인 金基東에게 보낸 편지는 김기동 본가(君子里 후조당 宗家)에서 소장하고 있다. 편지 내용의 일단은 다음과 같다. “… 洛川社(祠)物之專付宣校(예안향교) 於理不當　向對旣略陳矣　今方發函致詰 于宣校　而彼若界之以地方　則昨年鼎所之分半　自有對擧　然不有從前管 理者　一番分疎　亦難歸正　望須兄收議于意中各處　而交涉那校　無或至 多諱之隱　如何? …”

도 아니라는 점에서 보면 특별한 것은 아니었다. 그런데 안동 향중을 포괄하여 개화를 촉진하고 있었다는 점, 반개화를 추구한 의병들이 개화를 추구한 학교를 설립했다는 점, 대한제국이 멸망한 후에도 민족교육을 계속하였다는 점, 그리고 독립군기지개척으로 이어간 계몽주의 학교는 협동학교 뿐일 정도로 희귀하다는 점, 바로 그것이 특별한 의미를 갖는 것이다.[69]

4. 大韓帝國의 종말과 西間島 亡命

1) 老儒 金大洛이 앞장선 망명과 『白下日記』[70]

1910년 대한제국이 멸망할 때 협동학교와 같은 계몽주의 학교가 인가 받은 것만 2,250개교가 있었고 인가 받지 않은 학교를 합치면 전국에 5천여 개교가 있었다고 한다. 그와 같이 일제 침략에 대항하여 의병을 일으켜 싸운 한편, 민족 역량을 제고시키기 위하여 민

---

69) 川前里 協東學校가 있던 可山書堂의 옛터에 「協東學校紀念碑」가 서 있다. 가산서당 옛터에는 해방 후에 川前初等學校가 설립되었는데 현재는 폐교 상태에 있다. 「紀念碑」는 1995년 광복 50주년을 맞아 천전 문중의 金時雨 종손을 비롯한 柳基元·柳漢尙·柳相基 등의 협동학교 관계자 유족 또는 뜻을 같이하는 분들이 발의하여 세웠다. 비문은 趙東杰이 짓고 글씨는 朴秉濠교수가 썼다.

70) 『白下日記』는 白下 金大洛의 망명 일기이다. 1911년 일기는 「西征錄」이라 했으며 1912년 일기는 「壬子錄」, 1913년 일기는 「癸丑錄」이라 했다. 이것을 역사학계에서는 통칭하여 『백하일기』라 했다. 金容稙, 1985, 『韓國近代文學論攷』, 서울대학교 출판부, 257쪽에서는 「서정록」과 별도로 「임자록」과 「계축록」을 묶어 『白下日錄』이라 했다. 李家源, 1997, 『朝鮮文學史』, 태학사, 1583쪽에서는 통칭하여 『貫西遺藁』라 했다. 아무래도 무방하겠지만 여기서는 종래 역사학계에서 일컫던대로 세 가지를 모두 묶어 『백하일기』라 한다.

립학교를 설립하고 또 언론 결사운동을 통하여 대처하였다. 그러나 나라는 망하고 조국은 일제의 식민지가 되고 말았다. 그때 협동학교를 경영하고 지원하던 인사는 어떻게 했던가?

협동학교를 가장 강력하게 지원하던 인사는 전술한 바와 같이 金大洛・李相龍・柳寅植 등이었다. 그들은 모두 나라가 망하자 서간도로 망명하였다. 천전에서는 김대락 외에도 김병식・김긍식(동삼)・김형식・김병칠이 협동학교 교직원으로 활약하였고 李觀稙을 비롯한 서울의 인사들도 적지 않게 교원으로 참가하고 있었다. 그런데 이관직 등은 서울의 신민회 인사로서 나라가 망하기 전부터 1910년 5월 靑島會議 등을 통해 해외 망명을 추진하고 있었다. 그러므로 이관직을 비롯한 서울 교원을 통해서, 또 신민회에 가입해 있던 김동삼을[71) 통해서 망명계획이 천전리에도 전달되고 있었다. 그래서 협동학교 교원들이 웅성대며 앞날의 거취를 걱정하지 않을 수 없었다. 그때 朱鎭洙・黃萬英이 李相龍에게 와서 신민회의 망명계획을 알리며 망명자 모집을 이야기하였다. 이에 이르러 이상룡을 비롯한 안동 유림이 서간도 망명을 결심하게 되었고, 천전 인사들도 서간도 망명을 서둘게 된 것이다. 1910년에 66세였던 백하(비서) 김대락은 필연 죽을 자리를 찾아 만주 서간도 망명을 결심한 것이 아닌가 한다.

백하는 만삭 임부인 손부 손녀를 1910년 12월 24일 그 추운 겨울에 대동한 것을 보면 망명에 대하여 확고한 신념을 가지고 있었던 것으로 생각된다. 경술국치로 조국이 일본 식민지가 되었으므로 분만할 신생아가 일본 臣民으로 태어나는 것에 대하여 강한 거부감을 가지고 있었던 것 같다.[72) 그렇지 않다면 그렇게 다급히 망명

---

71) 愼鏞廈, 1985, 「新民會의 創建과 國權回復運動」『韓國民族獨立運動史研究』, 을유문화사, 45쪽.

할 이유를 찾을 수 없다. 그렇기는 해도 남의 말만 듣고 떠나지는 않았을 것이다. 이동녕·이관직 등의 신민회 인사의 사전 답사에 이어 그를 확인하는 안동 망명자의 사전 조사가 있었다. 그것은 사동의 黃萬英, 천전의 金萬植, 법흥의 李濬衡 등에 의해 이루어졌을 것으로 진단된다. 우선 66세의 金大洛과 61세의 黃濩와 53세의 李相龍 같은 노인이 망명하고 만삭 임부가 둘이나 동행하는 길을 예비지식도 없이 떠났다고는 생각하기 어렵다. 사전에 답사했다면 사동에서는 서간도 망명의 발단을 일으켰던 황만영일 것이고, 천전리에서는 여러 종반 가운데 가장 연장자이며 고모부 이상룡을 도와 대한협회 안동지회 활동에도 참여했던[73] 김만식이 담당한 것이 순리였다. 그리고 망명에 적극적이던 이상룡이 그의 아들을 모험지에 보냈다는 것은 그후의 여러 행적으로 보아 당연했던 것으로 추측된다.[74]

---

72) 일본 국민으로 태어나는 것에 강한 거부감을 가졌다는 추측은 신생아의 아명을 증손자는 중국(唐)에서 태어나 통쾌하다는 뜻으로 快唐(金時興), 외증손자는 고구려 高朱蒙의 고장에서 태어났다는 뜻으로 麒蒙(黃載昊)이라고 지은 것을 보고 추측했을 따름이다.

73) 1934년 甲戌에 李相龍의 아들인 東邱 李濬衡이 외종형 金萬植에 대한 제문에서 "公於吾父服事甚至結社之時奮起而同之　出疆之日裝束而從之 …"라는 말의 "結社之時 奮起而同之"는 1908년 대한협회 안동지회를 결성할 때 김만식이 고모부인 이상룡을 도와 분기하여 참여했던 것을 일컫는 말이다(李濬衡, 1996, 『東邱遺稿』, 石洲李相龍先生紀念事業會, 240쪽).

74) 망명지의 사전답사는 신민회 계획에 따라 1차적으로는 이동녕·이회영·장유순·이관직·주진수에 의해서 이루어졌다(「梁起鐸 朱鎭洙등 保安法違反事件判決文」『韓國學報』 8, 일지사, 235쪽). 그후 황만영 김만식 이준형이 삼원포까지는 안갔다고 해도 사전에 여정을 조사했다고 보아야 한다. 그것은 고로들이 전하는 말이지만 자료를 통해서도 알 수 있다. 『白下日記』 1911년 1월 15일자를 보면 "再宿而抵恒道之北山洞 黃萬英買置家"라고 황만영이 懷仁縣(1914년부터 桓仁縣) 항도촌에 사 놓은 집에 들어갔다는 것은 사전에 황만영이 왔다는 것을 의미한다.

　그와 같이 사전 준비가 끝난 뒤에 백하가 안동을 떠난 것은 1910
년 12월 24일(음력)로서 백하는 66세를 보내고 있었다. 그때 김대락
은 일기를 썼는데『白下日記』는 1911년 1월 6일 서울을 떠날때부
터 기록했으므로 고향을 떠날 때 상황은 기록되어 있지 않다. 이상
룡의「西徙錄」에는 1911년 1월 4일에 마을 잔치를 열고 5일에 동
생 鳳義와 함께 사당에 참배하고 두 당숙과 두 조카에게 제수용 전
답문서를 주고 얼마간의 돈을 나누어 준 뒤에 마을 사람을 다시 모
아 마지막 교훈을[75] 남긴 다음에 그날 석양에 떠났다고 했다. 백하
의 경우도 크게 다르지 않았을 것은 다음에 소개하는「분통가」를
보아도 알 수 있다.
　당시 신민회 계통의 기록들에 의하면 三源浦가 목적지이기는 하
지만 중간 거점은 懷仁縣(1914년부터 桓仁縣) 항도촌이었다. 渾江
(동가강)가에 발달한 항도촌 일대는 고구려 발상지로[76] 망명 이주

　또 김만식의 경우는 이상룡,「西徙錄」(『석주유고』, 270쪽)에 "川前 金
亨一(萬植) 自京回到 備傳日間梗槩 金道熙朱鎭壽 爲警廳拘囚 其大家
一行 中途狼狽 取京義線發去云 …"에서 보듯이 김만식이 선발대로 활
약하고 있었다는 것을 알 수 있다. 그러한 점은 1929년에 김만식이 작
고한 뒤에 석주의 아들 李濬衡의 제문(1934)을 통해 보아도 알 수 있다.
제문에 만주로 떠날 때 "公旣周旋行事俾免顚躓繼而携眷以隨旋以爲家
事有未盡整理者在不得已往還自是夐濶遂有二十又二載之久矣"(李濬
衡,『東邱遺稿』, 239쪽)라는 말이 옳았다고 이해된다. 그리고『백하일
기』에 조카인 만식을 기다리는 꿈·편지·소문 등의 기사가 자주 발
견되는 것을 보아도 문중에서 누구 보다 김만식이 중심인물로 활약한
것을 알 수 있다.
석주의 장남 이준형의 경우는 1911년 2월 14일자「西徙錄」(『석주유
고』, 275쪽)에 "兒濬 作柳河縣行 盖爲求田問舍之計也 余修書於李石吾
東寧 與金衡植 趙載基 林爾鎬諸人偕往"(『백하일기』에도 같은 기록이
보인다)이라는 말에서 보듯이 兒濬 즉, 李濬衡이 3백리 행차의 인솔자
처럼 갔다면 그에 앞서 안내자의 경험을 가지고 있었을 가능성이 많다.
75) 石洲의 마지막 교훈은 保精神 愼言語 審行止 勤敎育 務實業이었다.
76) 懷仁縣 恒道村은 지금의 桓因縣 橫道川인데 渾江 강변에 위치한다. 渾

이전에도 조선족이 살고 있었다. 항도촌 뿐만 아니라 훈강의 본류
와 지류가 흐르는 통화현·임강현·환인현·집안현·관전현 일
대에는 오래 전부터 조선족이 살고 있었다. 그래서 환인현 소재지
에는 밀양에서 망명한 尹世復 형제들이 정착하여 東昌學校를 세
우고 독립운동의 기지를 건설하고 있었고, 거기에 朴殷植·申采浩
·李克魯 등의 명사가 망명하여 교편을 잡고 있었다. 바로 항도촌
에는 의령의 安孝濟와 盧相益이 망명하였고,『백하일기』1911년 1
월 17일의 기사대로 鄭元夏·李建昇 그리고 洪承憲 등, 이른바 강
화학파의 맹장들이 망명해 있었다.[77]

그런데 신민회 계열에서는 삼원포를 망명지로 삼고 있어서 白下
와 石洲 등의 안동유림들은 삼원포를 목적하여 북상하고 있었다.
굳이 삼원포를 선택한 유래는 어디에서 찾아야 할까? 삼원포 일대
는 원래 通化縣 二道溝·三道溝·四道溝·五道溝 지방으로 거기
에 柳河縣이 설치된 것은 1902년의 일이다.[78] 여기를 가장 먼저 답
사한 것은 1895년 부여의 金亨振과 해주의 金昌洙(金九)였는데 그
들은 그해에 두 번이나 답사하였다.[79] 김구의 이러한 답사 사실은

江은 고구려 건국 설화에 나오는 沸流水이다(李永勛외, 1988,『桓因縣
朝鮮族志』, 桓因縣民族事務委員會朝鮮族志編纂小組, 137쪽 ;「제3장
桓因是高句麗的 發祥地」).
77) 閔泳珪, 1972,「爲堂 鄭寅普先生의 行狀에 나타난 몇 가지 問題; 實學
始原」『東方學志』13 ; 1983,『舊園鄭寅普全集』1, 연세대학교 출판부,
351~378쪽.
尹炳奭, 1979,『韓國近代史料論』, 일조각, 75쪽.
78) 謝壽昌외, 1931,『中國古今地名大辭典』, 商務印書館(上海), 633쪽.
鹽英哲, 1983,『精選 中國地名辭典』, 凌雲出版(東京), 834쪽.
79) 그 사실은 金亨振,『路程略記』(1999,『白凡金九全集』3, 135~169쪽)에
소개되어 있는데 瀋陽까지의 여행경로도 기술되어 있다. 두 번째 갔던
이야기는 金九, 1947,『白凡逸志』, 백범김구선생기념사업협회, 58쪽에
도 일부가 소개되어 있다. 이것을 학문적으로 주목하여 도진순 주해,

그의 스승 高能善(高錫奎)에게 보고되었고, 고능선은 이듬해 같은
華西學統의 유림이 일으킨 柳麟錫의 湖西義陣과 관계하면서 호서
의진이 楚山을 거쳐 渡滿할 때 만주지방에 대한 사전 지식으로 전
달되었다. 그리하여 유인석이 沙尖子에서 중국의 강요에 못이겨
의병을 해산하고 한때 통화현(현재 유하현) 오도구에 머물며 거기
를 '復興基地'로 구상하기도 했다.80)

　이러한 백범 김구의 五道溝지방에 대한 정보 제공은 新民會가
망명계획을 추진할 때 다시 제공된 것으로 보인다. 신민회 망명계
획 추진회의에 백범 김구도 참석하였기 때문이다.81) 그러한 白凡
의 정보를 듣고 李東寧·李會榮·朱鎭洙·張道淳·李觀稙 등이
답사한 끝에82) 삼원포지방은 현청 소재지가 아니어서 인구가 적고
오가는 사람이 많지 않으면서 몇 십리 이어진 광활한 평야를 가진
지방인데 통화에서 거기에 가자면 新開嶺 등의 준령을 넘어야 하
는 은신하기에도 적절한 곳이었다.83)

　　1997, 『백범일지』, 돌베개, 77쪽에는 김형진 김창수의 여행 경로를 상
　　세한 도면으로 나타냈다. 그리고 三源浦朝鮮族中學校 교사 金宗植은
　　현지를 조사하여 「朝鮮獨立運動의 發祥地」라는 원고(충남대학교 소
　　장)를 남겼다.
80) 柳麟錫(曺龍承편), 『毅庵集』 下 (경인문화사 영인, 1973), 668~669쪽에
　　북상하던 의병진이 압록강가의 楚山을 거쳐 만주로 들어가 1896년 7월
　　21일 沙尖子에서 해병(219명)하고 그해 9월에 通化縣 五道溝로 퇴각한
　　사실이 밝혀져 있다. 그리고 "通化 五道溝爲立定根基之計"라는 점이
　　지적되어 있다.
81) 金九, 『白凡逸志』, 195~196쪽.
82) 「梁起鐸 朱鎭洙등 保安法違反事件判決文」『韓國學報』 8, 일지사, 235
　　쪽.
83) 李海東, 1990, 『滿洲生活 七十七年』, 명지출판사, 33쪽에서 후일 金東
　　三의 며느리가 된 이해동 여사는 삼원포 馬鹿溝(조선인 통칭 萬里溝;
　　현재 柳南)에서 1911년부터 10년간을 살았던 당시를 회고하여 "우리가
　　도착하였을 때는 인종도 드물고 황량하기 짝이 없었다. 우리집과 선후

삼원포에 망명 정착한 과정을 보여주는 유일한 일기가 『白下日記』이다. 망명 당시를 전해 주는 1911년 전반의 일기를 발췌하여 소개해 두지만84) 『백하일기』에서 몇 가지 주목할 사항은 다음과

하여 이곳에 도착한 이주민은 그때 20호 가량으로 기억되는데"라고 회상할 정도로 인가는 적고 농토는 많았다. 필자는 2000년 2월 16일(수)과 18일(금)에 三源浦 일대를 답사하고 白下가 살던 二道溝 哈泥河 藍山 마을도 답사하였다.

84) 『白下日記』에 대하여는 韓國近現代史學會와 안동대학의 安東文化硏究所가 공동 주최한 학술대회(2000.10.14)에서 필자가 「白下金大洛의 『命日記』(1911~1913)」를 발표했으므로 그것을 참고하기 바란다(발표문은 『安東史學』 제5집에 게재함). 日記의 일부를 발췌하여 소개하면 다음과 같다. ( )안의 것은 필자의 기록임.

1911.1. 6 (67세): 나와 여자들은 인력거를 타고 남대문역(서울역)에 이르러 9시에 떠나 오후 8시에 義州 白馬驛 도착.

1. 7: 30리 보행으로 新義州 도착 — 箕城의 黃墫(炳日)일행 만남.

8: 鴨綠江 어름 타고 도강하여 安東 도착(압록강 철교는 1911년 11월에 준공).

11: 恒道村(橫道川)까지 540리, 28원에 마차(썰매차) 3대를 빌림.

15: 낮에 懷仁縣(지금 桓仁縣) 恒道村 李진사댁 도착, 再宿而抵 恒道之北山洞 黃萬英買置家.

16: 箕城諸家(黃氏 문중)와 한방에 들어갔으니 無內外之別.

17: 東偏房 鄭參判源(元)夏 李主事建昇所居也 一見이 如舊라.

28: 손부 産苦를 시작.

30: 呼痛之聲 徹于窓外 … 其姑沐髮禱神至於手足凍裂.

2. 1: 家兒奔走宜藥不分晝夜 以至履襪貼足凍爲一物.

2: 往禱于洞口神祠 百拜告辭氣之還來 …, 증손자 해산.

4: 生於大唐 而快副所望 故名曰 快唐.

5: 陶谷一行(이상룡 일행)來到 皆入來一室.

23: 외증손 탄생 순산 — 명왈 駍蒙; 고주몽 創業地故也(26일) … 개명 麒蒙(27일).

3.15: … 此地盖 高句麗 百濟 夫餘 女眞 蹶起之地而適有二孫又 生此地 ….

25: 昌孫과 두릉 妹兄의 우소에 가다, 유하현에 갔던 家兒 귀환 … 『石洲遺稿』 「西徙錄」에 모험심 없다고 꾸지럼, 이민 정

같다.

 (1) 일기에 의하면 백하는 1910년 12월 24일 고향인 경상북도 안동군 임하면 천전리를 떠나 서울에서 10일간 머물다가 1911년 1월 6일에 남대문역(지금의 서울역)을 떠나 義州 白馬驛에 내려 도보로 신의주와 만주 안동을 거쳐 거기서 마차로 540리 지점인 懷仁縣(1914년부터 桓仁縣) 恒道村(지금의 橫道川)에 도착한 것이 1월 15일이고 그후 중국 관부에 삼원포 정착을 교섭하고 집과 농장을

착의 어려움 역력.

4.10: 自治團長 李藻(笑雲) 내견 ─ 유하현 정착문제 해결.

11: 發行.

14: 快多毛子에서 숙박, 발이 터져 전진불가.

17: 新開嶺을 넘다. 永春院에서 숙박.

　─ 이하 三源浦 생활.

19: 飯後始入寓所, 朴洛應 金思容 合手糊窓粗成居室之樣.

23: 李東寧 張裕淳 내견 ─ 憤悱時事 極說薙髮之事 且以學校建立事張皇籌劃.

5. 6: 李章寧 薙髮淸服而來.

10: 家兒 正佺(政植) 治畓播種, 오후 尹一과 더불어 去鄒哥街 盖校中之買置一庄.

12: 文衡 正(政)植 尹一 實兒 去校庄 種太.

13: 兒子 自校中編髮服淸而來 ─ 가탄 가탄.

14: 往見學校方以是日下午開學云 歷入李會榮兄弟家.

25: 是日開學 李壻급童孫俱受學 于鄒街校中.

27: 作畓.

28: 水土病, … 無聊中吟呈萬初 … 끝에 吾所寓之地二道溝.

6.19: 無日不雨 ….

21: 李象龍 趙萬基 自永春院來 朴慶鍾 權寧九 自通化縣來 … 是午 李東寧 李會榮 李始榮 張裕淳 李彦鍾 위견 … 此境一大盛集也.

22: 상오10점 萬初 家兒 昌孫이 함께 鄒家街議事會를 만들다.

27: 추가가학교 大運動會.

28: 官人이 와서 薙頭를 권하다 新來未及 으로 대답, 趙範容 내숙.

구하여 삼원포 二道溝에 입주하는 것은 4월 19일이었다.

(2) 여기서 망명자들은 청나라 복장으로 薙髮易服하고 청나라에 입적할 것을 조건으로 망명했다는 것을 알 수 있다. 실제에도『白下日記』1911년 4월 6일자에 李章寧이 "薙髮淸服而來"이라는 기사가 보이며 5월 13일자에는 "兒子 自校中編髮淸服而來 – 可歎 可歎"이라 했고, 6월 28일자에는 머리 깎을 것을 독촉 받고 있는 기사가 보인다. 그리고 일기 곳곳에서 入籍問題의 기사가 발견된다. 그래야 토지를 매입하여 망명기지를 건설할 수 있었다.[85] 그런데 그해 후반부터 그러한 기사가 발견되지 않는 것은 그해 10월 10일 辛亥革命이 일어나 청나라 방식의 머리와 복장의 강요는 사라졌기 때문이지만 국적문제는 지속되었다.

(3) 항도촌에서 미리 도착한 평해군 沙銅里의 黃萬英 등, 평해 황씨 집안과 뒤이어 도착한(2월 5일)[86] 李相龍 등의 고성이씨 집안과 합류하였다. 두 집안과는 세의가 남다를 뿐만 아니라 백하에게 석주 이상룡은 매부이고 석주의 조카 文衡(光民, 鳳羲의 아들)은 종손서(孝洛의 아들 萬植의 사위)였다. 또 일행 가운데 黃萬英(應七)·道英(應八)·義英(應路) 종형제는 백하의 손서인 사동 종손

---

85) 淸나라는 1909년말에「大淸國籍條例」를 공포하여 1910년 8월에는「入籍細則」을 발표하였다. 그에 따라 한인 망명자들은 중국의 국적을 얻어야 토지를 매입할 수 있기 때문에 그에 순응하지 않을 수 없었다. 여기에서 편법을 사용한 경우도 적지 않았는데 그것은 典地制度라는 것이다. 전지제도란 다수의 이민자가 중국 국적으로 입적한 사람의 명의를 빌려 토지를 구입하여 경작하는 경우인데 형식상으로는 입적자의 소작인이 되었다. 친족이나 가족중에 한 사람만 입적하여 典地制度를 이용한 경우가 많았다. 점차 그를 악용하는 사례가 많아져 중국정부에서는 1926년부터 전지제도를 금지시켰다(金春善, 1998,『北間島地域韓人社會의 形成研究』, 국민대 박사학위논문, 186쪽).

86) 李相龍, 1973,「西徙錄」『石洲遺稿』, 고려대학교 출판부, 274쪽 상단에는 2월 7일에 恒道川에 도착한 것으로 나타나 있다.

黃炳日의 숙부들이며 손자 金正魯는 곧 황만영의 사위가 되었으니 겹겹으로 연사되는 관계였다. 그러므로 3문중은 일행과 다름 없었다.

(4) 3문중에는 각각 원로가 선두에 섰는데 金大洛(1845~1914)·黃濩(1850~1928)·李相龍(1858~1932)이 그들이다. 일행 가운데는 만삭 임부가 둘이나 있었는데 백하의 손부와 손녀이다. 그들은 망명 도중인 항도촌에서 손부(昌魯의 처)는 1911년 2월 2일에 해산하였고(아명은 快唐, 金時興), 손녀(黃炳日의 처)는 2월 23일에 해산하였다(아명은 麒蒙, 黃載昊).

(5) 김대락의 매부인 이상룡(相羲, 萬初 石洲)의 경우에도 그의 아들(濬衡·文極·東邱·在變), 동생(鳳羲·啓東·德初), 조카(文衡·光民과 仁衡·光國)를 비롯한 문중 인사와 매부 朴慶鍾, 사위 姜好錫 부자 등, 역시 석주를 중심한 친인척 관계자가 일행을 이루고 있었다. 그래서 학자들은 안동지방의 연고관계(연고주의)가 근현대사에서도 크게 구실했다고 말한다.

(6) 백하의 일기는 빠짐 없이 매일 기록하였다. 날씨, 제사, 꿈, 식사관계, 가족의 안녕, 방문 내왕자, 특기사항 등을 기재했는데 망명자 가운데 백하가 가장 연장자였으므로 방문자가 많았다. 1911년 5월 24일 일기에서 말한 "去人來人 竟夕不止"였던 그 방문자를 거의 모두 기록한 것이 특징이다. 그의 명단을 보면 李會榮·李東寧을 비롯하여 다양한 인사의 등장과 퇴각시기를 알 수 있는 등, 망명사회의 일단을 볼 수 있다.[87]

(7) 일기에 등재된 식구와 방문자 가운데 천전 인사를 보면 衡

---

87) 趙東杰, 2000, 「白下 金大洛의 亡命日記」『安東文化圈의 1910년대 獨立運動』, 한국근현대사학회·안동대학 안동문화연구소 발표문에 訪問者 名單을 따로 간추려 두었으므로 참고하기 바란다.

植·昌魯·正魯 등, 직계 자손 외에 萬植·洪植·政植·和植·寧植·宇植·章植·肯植(東三)·圭植·英植·文植·秉大·秉七·秉倫·文魯·聲魯·成魯·衡八·應魯·珵洛?·實兒?·七孫?·六孫?·舜七?·世林?·士峯? 등인데 纘植(東滿) 등 일기에 등재되지 않거나 필자가 찾지 못한 인물도 있을 것이다. 거의 가족을 동반한 망명이었으므로 부녀자와 어린이까지 포함하면 1911~13년에 천전에서 50명은 넘는 인원이 망명했다고 보아야 할 것 같다. 백하는 그의 맏며느리(고인된 明植 부인, 진성 이씨)가 모시고 있었다.

(8) 망명 초기의 생활상을 전해 주는 특기사항은 먼저 벼농사의 개척과 일기 불순으로 농사 전반에 걸쳐 폐농이 거듭되고 있었다는 점이다. 삼원포에 정착한 직후인 5월 10일에 "治畓而今始落種"이라 했는가 하면 5월 27일에 "作畓"의 기사가 보인다. 그러나 6월 19일 일기에 "無日不雨"라 할 정도로 비가 너무 많이 오고 8월 18일에는 눈이 내렸다. 이듬해 5월 18일에 우박이 내렸고 8월에는 역시 눈이 많이 와서 농사를 그르쳤다. 8월 14일에 쌀밥을 얻어먹은 것을 기록했는가 하면 9월 2일에는 "斷糧諸眷 皆空口"라 했다. 이듬해 1913년에도 4월 4일에 우박이 왔고, 8월 4일에 서리가 내렸다. 그래서 6월 18일에 "何以繼糧 可歎可歎"이라 했다. 그러니까 국내에서 군자금 모금활동이 다급하지 않을 수 없었다.

(9) 1912년부터는 盜賊의 창궐과 風土病의 만연이 심각하였다. 그리고 중국에 入籍하는 문제 등에 관한 기사가 주목을 끌지만 너무 간단하게 기록한 것이 흠이다. 풍토병에 대해서는 보신과 한방 치료로 대응하고 있었던 점도 일기를 통해 알 수 있다.[88]

---

88) 英陽 注谷里 조씨문중의 중심 인물이었던 趙萬基는 1912년 풍토병에 걸려 환국하여 대전에서 치료하다가 그해 6월 15일 아버지(銖容) 대상을 지난 직후인 6월 25일에 32세로 작고하였다. 그와 같이 조씨문중은 풍토병에 희생되어 귀국하였다(1978, 『漢陽趙氏兵參公派譜』, 867쪽).

(10) 그 외에 鄒哥家議事會(耕學社인 듯), 추가가학교(新興學校인 듯) 관계기사와 향학을 독려한 勸諭文, 哈泥河 新學校(新興中學校)에 관한 기사, 「憤痛歌」가 소개되어 있고, 새 시대에 부응한 향약과도 같은 共理會 창설을 제창한 기사와 1913년 國恥日 행사장에서 朴氏夫人의 斷指事件 등, 다른 문헌에서는 찾아 볼 수 없는 귀중한 기사들이 있다.

耕學社와 新興學校에 대해서 알려져 있지 않던 설립일자와 개교일이 소개되어 자료적 가치를 가지고 있다.[89] 즉, 『백하일기』에 의하면 경학사 설립일자는 1911년 6월 22일이고,[90] 추가가의 신흥학교는 1911년 5월 25일이고[91] 합니하의 신흥중학교는 1912년 6월 7일이 개교일이었다.[92] 신흥중학교는 교육내용에 군사훈련을 겸하

---

89) 종래의 연구자들은 다음의 사료에 근거하여 耕學社와 新興學校를 1911년 4월이 아니면 1911년 여름으로 서술하였다.
李觀稙, 1985, 『友堂 李會榮實記』, 을유문화사, 166쪽.
李相龍, 1973, 「滿洲紀事」『石洲遺稿』, 고려대학교 출판부, 42쪽.
蔡根植, 1949, 『武裝獨立運動秘史』, 대한민국 공보처, 48쪽.
趙東杰 외, 1973, 『독립군전투사』(『독립운동사 제5권』), 독립운동사편찬위원회, 167·172쪽.
90) 1911년 6월 21일 일기에 각처에서 李相龍·李會榮·李東寧·李始榮 등의 인사가 모여들어 "此境一大盛集也"더니 이튿날 22일에 鄒家街議事會를 만들었다는 것이 耕學社를 가리킬 것이다. 학교와 마을에도 議事會가 있었는데 경학사의 산하기구로 짐작된다.
91) 1911년 5월 25일. "… 是日開學 李壻及童孫 俱受學于鄒街校中"
그에 앞서 4월 23일에 李東寧 張裕淳이 학교 설립에 대한 설명이 있었고, 5월 10일에는 학교 농장을 구입하여 12일에 文衡·政植·尹一·實伊가 학교 농장에 씨를 뿌린 기사가 보이고 5월 14일에 往見學校方 以是日下午開學云이라는 기사가 있는 것을 보면 실제는 개학했는데 25일에 개학식을 한 것이 아닌가 한다.
92) 1912년 6월 7일. "卽新學校落成也 會者百餘人 而學生之卒業者七人 竝受賞品 衍說趣旨 祝辭 唱歌 呼萬歲 盖其會事中進化節次也 淸人觀光者亦數十人"

고 있어서 이것이 新興武官學校로 발전한 것이다. 경학사의 뒤를 이은 공리회는 그의 취지문을 작성한 1913년 6월 7일을 설립 일자로 보아도 좋을 것이다.

(11)「勸諭文」과「憤痛歌」와「共理會 趣旨書」는 재론하지만 그 가운데 공리회에 대하여는 1913년에 삼원포에서 결성되었다는 사실을 전해 주는 자료라는 점에서 특별한 의미를 갖는다. 종래에 학계에서는 1911년에 결성한 耕學社가 1912년에 扶民團으로 개편되었다고 잘못 이해하고 있었다. 그런데 이제는 삼원포의 민족운동 단체는 耕學社(1911~1913) - 共理會(1913~1916) - 扶民團(1916~1919), 그리고 1919년에 韓族會로 변천했다고 이해해야 할 것이다.93)

---

93) 부민단이 1912년에 결성되었다고 믿은 것은 독립운동사의 초기 저술인 蔡近植,『武裝獨立運動秘史』(50쪽) ; 文一民,『韓國獨立運動史』(254~255쪽) ; 金承學,『韓國獨立史』(330쪽) ; 元秉(義)常,「新興武官學校」(13쪽)에서 1912년 가을로 서술되어 있으므로 그렇게 믿었다. 그러므로 다른 기록은 무시당하였다.

그런데 그후에 경학사 사장 이상룡의 유고가 출간되면서 "丙辰設扶民團爲統合自治"라고 부민단이 1916년에 결성했다는 기록이 나왔다(李相龍, 1973,「滿洲記事」『石洲遺稿』, 42쪽). 그후 이상룡을 모시고 경학사 업무에 종사하던 그의 아들 李濬衡은『先府君遺事』에서 "癸丑因財政困難廢止社務"(이준형, 1996,『東邱遺稿』, 311쪽)라고 경학사는 1913년에 폐지했다는 증언을 남겼다. 그리하여 경학사 폐지 일자와 부민단 설립년도에 대하여 의문을 갖게 되었다.

그리고 경학사가 해체된 1913년부터 부민단이 결성된 1916년까지 3년간은 어떻게 설명하는가?『석주유고』, 42쪽에서 "耕學社停會後 各以局部團結 爲分治之制 於是異已者 頗興誇議"라고 했다. 그러니까 1913년부터 1916년까지는 각처에 나름의 자치기구를 두었다는 것이다. 이 기록이 공개된 것은 1973년과 1996년인데 얼마동안 주목을 받지 못하였다.

이것을 처음으로 주목한 사람은 서중석 교수이다(徐仲錫, 2000,「1910년대 독립운동기지 新興武官學校」『1920년 鳳梧洞 靑山里戰鬪와 庚申慘變에 관한 韓中共同研究』, 한국사연구회, 10~11쪽). 그것을 주목

IV. 傳統 名家의 근대적 變容과 독립운동 事例 273

(12) 共理會가 十家長-百家長-千家長 식으로 조직되어 있었다는 것도「공리회 취지서」를 통하여 알 수 있다. 그리고 취지서에 "迺 於 共理之會 爬定 頭目之任 以爲維持鞏固 共同生活之計"라는 것을 보면 회장과 각부서의 책임자도 선임한 것을 알 수 있다(日記를 보면 취지서는 6월 7일에 완성했는데 그에 앞서 3월 3일 낮에 작은 잔치가 열렸다고 했다. 그때가 공리회 창립 잔치가 아니었을는지?). 그렇다면 회장은 누구였을까? 李康勳,『武裝獨立運動史』, 75쪽에 共理會는 왕삼덕과 김동삼이 결성했다고 했는데 그의 취지서는 원로인 金大洛이 작성했다(『白下日記』, 1913년 6월 7일 기사). 김동삼·왕삼덕은 청년이어서 鄕約 같은 조직의 책임을 맡기에는 적임자가 아닐 뿐 아니라 1914년에 김동삼은 白西農庄 庄主로 취임하여 삼원포를 떠났다. 그렇게 보면 취지서를 만든 원로인 김대락이 회장이었다고 추측할 수 있다. 삼원포 지역에 한정된 조직으로

하면서 경학사의 정신을 이어 왕삼덕(김병헌)·김동삼이 共理會를 조직하였다는 기록도(李康勳, 1975,『武裝獨立運動史』, 75쪽) 아울러 주목하면서 삼원포에 자치기구로 共理會가 있었다는 점을 깨우쳤다. 여기에 이르러 필자는『白下日記』에 수록되어 있는「共理會 趣旨書」에 주목하게 된 것이다. 아울러『白下日記』에 많은 인사의 명단이 등재되어 있는 가운데 扶民團 단장을 역임한 性山 許蒹(魯·赫·煥)의 이름이 없는 것에도 주목하게 되었다. 필자는「白下 金大洛의 亡命日記」를 발표할 때, 논평자 朴敏泳 박사가『白下日記』에 1912년에 부민단 단장으로 취임한 許蒹과 그의 가족 명단이 발견되지 않는 점을 지적하였으나 분명한 이유를 들어 대답하지 못했는데 그것도 의문이 풀렸다.『白下日記』의 기간(1911~1913)에는 性山과 그의 가족이 서간도에 오지 않았다. 그들이 서간도에 망명한 것은 1915년을 전후한 시기였다(許銀, 1995,『아직도 내귀엔 서간도 바람소리가』, 37쪽). 性山이 망명한 것이 1914-1915년이라면 그가 맡았던 扶民團이 1916년 丙辰에 결성했다는 石洲 李相龍의 말이 정확하다고 보아야 할 것이고, 1913~1916년에 각처에 자치기구가 탄생할 때 삼원포에는 共理會가 결성된 것이다.

보는 것은 『石洲遺稿』에 "耕學社停會後 各以局部團結 爲分治之制"(전술)라고 했는데 취지서에 "甲午以來來住 … 開嶺以北多至百餘家矣"라 했다. 開嶺은 통화현과 유하현 지경이므로 삼원포에 한정한 지역의 分治之制로 공리회가 결성되었다고 보는 것이다.

(13) 國恥日 행사장에서 朴氏夫人의 斷指事件에 대해서는 귀중한 기사이므로 내용을 소개해 둔다. 박씨부인은 평안도 정주인 金俊植의 부인이라 했다. 행사가 시작되어 여러 사람의 비분 통한한 연설이 끝난 뒤의 일이었다. 박씨부인은 앞으로 나가 주머니에서 칼을 꺼내어 오른 손 食指를 짤랐다. 그리고 다시 한번 두번 세번 네 번 … 찍어 골절이 되었다. 처음에 짜른 손가락 두편은 연단 밑에서 팔짝 팔짝 뛰고 피는 홍건히 흘러 옷이 피범벅이 되었다. 이것을 보던 군중은 아연실색하여 누구도 말을 못했다. 그러나 부인은 태연자약하게 웃으며 하는 말이 "원컨대 여러 선생들은 사력을 다하여 우리 강토를 다시 찾게 하소서" 라고 말했다는 것이다.[94]

이러한 기사를 검토하면 천전인의 망명은 목적적 망명이라는 것을 다시 확인할 수 있다. 우선 수십명의 대가족이 1910년 12월 24일 출발했다면 家庄을 처분하는 등, 몇 달 동안의 사전 준비가 필요했다는 점을 고려했을 때, 대한제국이 멸망한 국치(양력 8월 29일) 직후부터 계획했다고 보아야 한다. 그때에 黃萬英·朱鎭洙로부터 신민회 망명계획을 입수하여 삼원포로 망명했다고 이해된다. 그것을 주도한 백하는 통칭 천석꾼의 부자로 알려져 있는 것을 보면 양반 지주로서 식민지하에 安住할 수도 있는 사회경제적 조건이었다. 그런데 서둘러 망명했다는 것은 66세의 노인이 식민지하

94) 1913년 7월 28일(음력) 기사. "因出懷中小刀 斷其右手食指 一斫二斫至于三四斫 而骨折 始斷分爲二片 躍于演壇之下 生血 淋漓汚纏衣裳 滿座失色 惶懷不可言 而夫人神色自若 辭氣激烈 從容笑說曰 此其志也 願諸 先生 各出死力 復見我四千里帝國地方云"

에서는 살기도 싫었고 죽어서 묻히기도 싫었던 것이다. 그것은 권말에 高宗封事를95) 옮겨 놓은 것으로도 알 수 있다.

2) 亡命生活과 독립운동의 理念

(1) 망명생활의 단면

만주생활이 평탄할 것을 예상하고 망명한 것은 아니었다. 날씨가 고향에 비교가 안될 정도로 춥다는 것도 모를 턱이 없었다. 거기에 풍토병이 만연하여 이주민을 괴롭혔다. 그러한 점은『白下日記』를 보아도 쉽게 알 수 있으나 한편, 그때 안동 陶山의 명문 가정에서 태어나 7살의 어린 소녀로 아버지(李源一)를 따라 망명하여 삼원포 馬鹿溝(통칭 萬里溝; 현재 柳南)에서 10년간 살다가 출가하여 金東三의 며느리가 된 李海東 여사의『滿洲生活 七十七年』에서 생활 편린을 찾아보기로 한다.

> 가을에 갚기로 하고 중국인 부자집에서 조입쌀을 꿔서 먹고 농사를 짓게 되었다. … 어머니와 두 고모는 산에 가서 산열매도 따오고 들에 가서 나물도 캐와서 끼니를 장만하고 또 가을에는 밭에 나가 이삭을 주워 살림에 보태기도 했다. … 몇해 지난 다음 … 이삭 줍기에 따라 나섰다. 이렇게 집안 여자들이 이삭을 주워 오니 양식 해결에 큰 도움이 되었다.96)

이러한 소작인 생활의 이야기는 許銀여사의『아직도 내귀엔 서

---

95) ‘高宗封事’는 南宋의 高宗 당시, 胡澹庵(邦衡)의 ‘上高宗封事’를 일컫는데 내용은 徽宗 韋太后 欽宗을 잡아가 죽인 金나라와의 斥和를 주장하며 主和派의 王倫 秦檜 孫近을 목베어 처단하라는 것으로 명문으로 알려져 丙子胡亂과 庚戌國恥를 당한 조선시대 선비가 즐겨 외우던 글이다.

96) 李海東, 1990,『滿洲生活 七十七年』, 명지출판사, 34쪽.

간도 바람소리가』에서도 찾아볼 수 있다. "우리도 중국 지주의 땅을 얻어 소작을 시작했다. 이미 일흔이 넘으신 할아버지만[97] 빼고 온 식구가 다 나가서 농사 일을 거들었다. 아버지도 소를 몰아 땅을 갈았다. 서툴러서 소가 제멋대로 이리 가고 저리 가고 하니까 나더러 소 앞에서 고삐를 잡고 끌라고 했다."[98]

만주생활 초년부터 참담했던 실정을 전해 주고 있다. 부자집 양반들이 만주에서 독립운동을 전개하는 가운데 소작인으로 전락하여 거의 사회주의자가 되었다는 그 이유의 사회경제적 물적 기반을 이해할 수 있는 대목이다.

다음에 "중국사람 집에 살다가 보니 몇 해 동안에 중국말을 빨리 배울 수가 있었다. 후에 알았지만 이것은 耕學社가 제창한 變裝運動과 관련이 있었다. 변장운동이란 우리 교포들이 서간도 대량 이주에 대한 중국인의 의구심과 배척운동을 해소하기 위한 목적으로 한국인들이 빨리 중국말과 생활풍습을 익히고 토착 주민들과 친선을 도모하는 것이다."[99] 라는 것을 보면 처음부터 생활의 중국화를 도모했던 것을 알 수 있다. 그래서 서간도지방에서는 중국인들과의 마찰이 적었고, 또 1920년 경신참변 때는 중국인으로 행세하여 피해를 줄일 수 있었다.

그러나 풍토병 또는 수토병은 많은 가정을 울렸다. "고난한 서간도 망명생활은 첫해 농사의 흉작으로 극심한 양식난뿐 아니라 전염병 비슷한 병으로 고생이 겹치게 되었다. … 이 풍토병은 우리집 식구 세명의 목숨을 앗아갔는데 처음으로 숙부가 죽게 되었다. 20세의 청년으로 앞길이 천리 같은데 생활이 곤난하다 보니 의사 한

---

97) 일흔 넘은 할아버지는 凡山 許蘅(1843~1922)이고 아버지는 一蒼 許坡(1872~1955)이다. 許氏門中에 대해서는 후술한다.
98) 許銀, 1995,『아직도 내귀엔 서간도 바람소리가』, 정우사, 55쪽.
99) 李海東,『滿洲生活 七十七年』, 35쪽.

번 데려다 보이지 못했으며 약 한첩 써 보지 못하고 이국의 혼이 되었다. … 숙부가 사망한지 1년도 채 못되어 두 고모가 선후로 목숨을 잃었다. 그때 나이 겨우 10여세 밖에 안되는 꽃다운 소녀였는데 … 불과 1년 사이에 삼남매가 죽었으니 누구라도 그 광경을 짐작하리라."[100] 그래서 망명생활을 포기하고 돌아온 가정도 없지 않았다.

"하루 저녁에는 마적들이 우리가 사는 만리고(馬鹿溝; 지금 柳南) 동리에 쳐들어 왔다. 우리집에도 몇 놈이 총을 가지고 들어 왔는데 … 그때 아버지(李源一)께서 정말 독립운동 자금을 관리하였는지 나는 알 수도 없고 오늘까지도 확인할 수 없으나 그후 아버지가 일본 형사들에게 체포되고 독립군이라는 죄명으로 옥고까지 했으니 독립자금 관리에 대해서 완전히 배제할 수가 없다. 그날 저녁 아버지는 마침 집에 계시지 않았고 조부님과 여식솔만 있다가 마적의 변을 당하고 말았다."[101]

좀 뒤의 이야기였지만 이상룡의 가정에서는 다음과 같은 사건이 있었다. "우리와는 아주 멀리 떨어져 화전현 완령허에서 농사 짓고 있던 작은댁 둘째 당숙(李光國)이 여름(1924?)에 마적에게 납치를 당하는 사건이 터졌다. 1년 농비와 식량을 다 바쳐야 살려서 돌려준다 했다. … 농사지은 것을 들판채로 팔아 돈 장만하여 다 갖다 주고야 사람을 찾아 왔다."[102]

1930년경의 일로 "시오촌(金章植)이 친구 몇 사람을 데리고 버들판 황무지를 돌아보는데 마적 몇 명이 갑자기 나타나 돈을 내놓으라며 총을 쏘면서 달려 왔다. … 시오촌이 재수가 없어 마적이 쏘

---

100) 李海東, 『滿洲生活 七十七年』, 36~37쪽.
101) 李海東, 『滿洲生活 七十七年』, 39~40쪽.
102) 許銀, 『아직도 내 귀엔 서간도 바람소리가』, 121~123쪽.

는 총알에 맞아 왼쪽 다리에 관통상을 입었다. 마적에게 붙들려 돈을 빼앗기고 … 결국은 톱으로 무릎 아래 다리를 끊고 말았다. … 그래서 우리 아이들이 절뚝할배라고 부르게 되었다."[103]

이와 같이 마적까지 난동을 부려 언제나 안심하고 살 수 없는 망명생활이었다. 그러므로 이회영·이시영·이동녕 등의 신민회 인사들은 연해주의 蘇王嶺(우스리스크 니콜리스크)이나 북경 등지로 떠나 새로운 근거지를 개척하기도 했다.『백하일기』에 아들 김형식이 海蔘威(브라디보스도크)로 갔다는 것도 신개척지를 모색하고 탐색하기 위한 행차였던 것으로 추측된다. 그렇게 어려운 서간도 생활에서도 독립운동을 전개하였다는 데에 더욱 빛나는 민족사적 의의가 있다.

(2) 독립운동의 이념

그러면 어떤 생각으로 독립운동을 했던가를 보기로 한다. 이것은 1910년대 초기 대개의 독립운동자들이 준비론이나 실력양성론에 기울고 있었던 점과 관련하여 주목할 문제이다. 먼저 천전 인사들을 혁신유림이라 했다. 독립운동을 하던 안동 유림에도 혁신유림이 많았다. 역사적으로 혁신유림은 朴殷植·張志淵·許蔿·李世永 등, 을미의병 당시에는 위정척사를 표방한 의병적 인사가 1900년을 전후하여 계몽주의자로 전환한 인사들인데 유교 윤리를 준수하면서 서양의 신문명을 도입하고 있었다. 그들은 을미의병 (1895) 때만 해도 신문명을 거부하고 척사의병에 가담하고 있었다는 점에서 개항(1876)을 전후하여 개화파로 전향한 개신 유학자와 다르고 극단적 보수 유림에서 계몽주의자로 전환했다는 점에서 혁신이라고 했다. 천전 인사들도 대개 그러한 경우였다. 그것은 백하

---

103) 李海東,『滿洲生活 七十七年』, 87~88쪽.

김대락의 「讀大韓協會書有感」이나 「勸諭文」과 「憤痛歌」에 잘 나타나 있다. 이것을 검토하면 망명 당시의 독립운동 이념을 파악할 수 있다.

백하의 遺文으로 주목해야 할 「大東歷史序」도 있다.104) 이것은 신흥학교 교재로 사용한 李相龍의 『大東歷史』의 서문이다. 그런데 필자는 『대동역사』를 보지 못했으므로 백하의 서문을 평가할 수 없다. 李泰衡의 『金衡植 略傳』에 『대동역사』에 대하여 古朝鮮-北夫餘→高句麗→渤海→高麗→李朝(조선)로 이어진 역사 체계를 특징으로 지적하고 있으나105) 백하의 「대동역사서」에서는 그러한 내용을 발견할 수 없다. 그러므로 「大東歷史序」의 평가는 『大東歷史』를 찾기까지 보류할 수밖에 없다.

◎ 勸諭文

권유문은 백하가 1911년 윤6월 12일에 작성하였다. 5월 25일에 추가가의 신흥학교를 개교하고 학생들이 학교 농장에 농사를 짓고 (전술) 건축공사에 일을 했던106) 그런 고생스런 처지에 학생들에게 면학을 독려하는 글로 지은 것이다. 권유문은 한문으로 작성된 것인데 내용은 전반과 후반으로 나눌 수 있다. 전반은 면학 일반론이고 후반은 삼원포에 망명하여 국권을 회복하기 위하여 면학하는 특수한 처지를 강조한 것이다.

그의 전반부는 "金石은 부서지고 깨질지 몰라도 自由를 향한 열정은 깎아 낼 수 없고, 큰 쇳덩이가 앞에 있어도 進步하는 단체를 막을 수 없다"107)라고 새시대를 맞는 젊은이의 용기와 야심을 불

---

104) 金衡植, 『先考遺稿』(필사본), 115~120쪽.
105) 李泰衡, 『金衡植 略傳』(원고본), 6쪽.
106) 1911년 윤6월 1일; 正(政)姪 昌孫은 以校場治築事로 裹飯(도시락)偕去하고 家兒는 以事務仍宿不還이라는 것을 보면 학교 건축을 학생과 주민 스스로 담당했던 것을 알 수 있다.

러일으킨 다음에 哥倫布(콜럼버스)·克林威(크롬웰)·華盛頓(워싱턴)·拿破崙(나폴레옹)·大彼得(피터대제) 같이 어렵게 출세한 이를 예로 들며 그와 같이 "다 타버린 잿더미 속에서도 대장부의 의기가 솟아난다. 어찌 우리가 나라를 일으키지 않을 것인가"[108]라고 어려운 가운데 큰 인물이 나는 교훈을 본받아 국권을 회복하자고 외치고 있다. 그리고 西洋의 선진문명을 거론하고 社會進化論的 논리로 서양이 세계를 지배하는 것이 당연하다고 말하면서 우리도 면려하면 그들만 같지 못할 이유가 없다며 "우리 학회(학교)의 기본도 우리를 어리석게 하지 않고 나약하지 않게 하여" 선진 열강 위에 우뚝 서게 하자고 했다. 서양의 과학과 행정과 풍속과 실업과 헌법을 공부하고 우리가 과거에 사악한 무리 때문에 나라가 망한 것을 반성하여 비분한 마음으로 고국강산을 회복할 것을 주장하고 있다. 그를 위하여 德·體·智의 인격 함양과 專制政治·共和政治·立憲政治를 비교 강론할 것까지 폭넓게 공부할 것을 강조하고 있다.

후반부는 우리가 일본 통치하에 들어가 "적에게 내 칼자루를 쥐어준 꼴이 되었다. 그런데 노인을 우대하여 돈(은사금)을 주고 부세를 경감한다는 명목으로 몰래 속으로 해치는"[109] 식민통치를 당하고 있는데도 변란에 대처하는 일상적인 방법이나 찾고 있다고 경고하면서 한사람 한사람 일어나야 총궐기할 수 있다고 학생 각자의 분발을 호소하고 있다. 그리고 중국의 漢書나 唐鑑에서 교훈을 찾지 말고 산문일지라도 우리나라의 역사에서 鑑戒를 찾으라고 하면서 檀君·箕子·楊萬春·金庾臣·乙支文德·崔致遠·朴提

---

107) "金石易泐而自由之熱心不可磨也　鼎鑊在前而進步之團體不可防也"
108) "可使起雄心於死灰之中矣　豈非東半島之所當扼腕　而興起者乎"
109) "方今倒持太阿授楚其柄　而所謂優老之錢省賦之名　內懷蚩沙之志"

上·鄭夢周 외에도 임진왜란때의 수 많은 선열의 유훈을 상기시
키고 있다. 그래서 "난세의 영웅이 네 눈과 두 입을 가진 것이 아니
라"고 하면서 여기에서 孫子 吳起 諸葛亮이 나오지 않을 턱이 없
다고 부지런히 공부하여 정신을 깨우치고 "국혼을 일으킨다면 한
구석의 초라한 이 학교에서도 서양의 장군이나 재상 같은 인물이
나올 것"110)이라고 했다. 그리고 끝에 "개선하는 날 우리 집과 우리
나라로 돌아가며 세계가 평화롭게 된 후에는 그들은 그들대로 우리
는 우리대로 살아갈 것이다. 천지가 다시 열려 운세가 모이는 기회
를 잃지 말라. 세월은 덧없이 흘러가니 촌음을 아껴서 공부하라. 만
약 한가지 일이라도 소홀히 하면 굶주린 범에게 육신을 던지는 것
과 같으며 한가지 생각이라도 태만히 하면 독술을 마시고 기도를
드리는 것과 같다. 아아! 제군은 힘쓸지어다."111)라고 맺고 있다.

　망명학교를 독립운동학교로 일으키는 적절한 勸諭文이다. 소박
한 궐기문이 아니라 망명 조건에 맞추어 논리가 정연하다. 자유주
의와 진보주의를 앞세우고 서양문명에 패배한 동양의 처지를 솔직
히 인정하고 우리도 면학으로 그와 같이 될 수 있다는 자신감을 보
이고 있다. 이런 경우에 흔히 實力養成論에 빠지기 쉬운데 獨立戰
爭論이 일관된 주장이다. 그리고 지·덕·체의 인격 함양과 과학
기술·정치학·경제학 등 폭넓은 공부를 강조하면서도 "微於外史
曷若我國之信筆乎" 외국 역사에서 징험하는 것이 어찌 내 나라의
글에서 배우는 것만 같으랴고 그때로서, 모화사상에 젖어 있을 듯
한 70 노유로서, 찾아보기 힘든 주장을 펴고 있었다. 그래서 國魂
을 강조하고 있는 것이다.

---

110) "字字句句招國魂於頭　則一局殘校生歐美之將相"
111) "凱旋之日　家吾家而國吾國　世平之後　彼自彼而我自我　乾坤再開運會
　　之時機難失　歲月如流書鋪之寸陰可惜　苟一事之或疎　見餒虎而投肉
　　也　苟一念之或怠　若飮鴆而祈禱也　於乎　諸子可不勉哉"

필자는 이 글을 보면서 어떻게 보수 유림이 가득 찬 안동지방에서 그와 같은 진보 논리가 발생 발전할 수 있었던가? 하고 의문을 제기하다가 아마도 협동학교의 영향이 아닌가 하고 추측해 본다. 삼원포 근방에는 신흥학교 외에 그의 분교가 곳곳에 설치되어 있었으며 분교가 아닌 민족교육의 학교도 적지 않았다. 삼원포 안에만 三光學校·恩養學校·三成女學校·普興學校가 있었는데 삼광학교는 金東滿(金纘植)이 교장이었다. 김동만은 김동삼의 동생이다.

◎ 憤痛歌

분통가는 『백하일기』 1912년 9월 27일조에 "國文作 憤痛歌 一篇"이라고 했는가 하면, 1913년 6월 4일 기사 다음에 분통가 전문을 수록하고 있다. 그것을 보면 작사를 시작한 것은 1912년이지만 틈틈이 보완하여 1913년에 완성한 것 같다. 처음에 작사한 동기는 비분의 뜻을 부녀자와 역사가에도 전하고 싶었다고 이해된다.[112]

분통가는 총 400행으로 그의 내용은 처음에 '亡國의 恨'을 60행으로 읊고, 다음에 '亡命의 사연' 130행, '大言壯談의 소리' 100행, '獨立戰爭과 光復의 노래' 110행으로 읊고 있다. "망국의 한"은 '우습고도 분통하다 無國之民 되단말가'로 시작하여 '칠십년 布衣寒士 죽난것도 分外事라'로 맺었다. 그런데 식민지하에서 '세금쥬고 그 슐가제(그 술 가지고) 조상제향하단 말가' 그 술로서는 제사를 못지내겠으니 망명 밖에는 다른 길이 없다는 망명 의지를 일으키며 '망명의 사연'이 시작된다. 그와 같이 두 번째 '망명의 사연'은 식민지에서 安住할 수 없다는 '식민지 불복의 사연'을 말하고[113] '속절업시 생각하니 檀公 上策 一走字라' 망명 밖에 없다고

---

112) 1912년 9월 27일 기사 참조.
113) 바로 식민지에서 안주할 수 없다는 백하의 의식이 그때 일본이 토지조

천전리를 떠나던 이야기, 다음에 '漢陽城門 드려셔셔'로 시작된 서울·신의주·압록강·통화현·유하현에 정착한 사연까지를 길게 적었다. 이와 같이 두 번째 '망명의 사연'은 세 토막으로 구성되어 있다.

세 번째 '하릴업셔 분울할셰 大言張膽하여 보새'로 시작한 '대언 장담의 소리'는 백하의 민족사적 의식, 자신감에 찬 가사인데 이것도 세 토막으로 구성되어 있다. 구한말 열사들의 살신성인의 모습, 고려이전 영웅장사의 당당했던 이력, 조선시대 의사들의 남긴 교훈을 차례로 열거하면서 민족적 자긍심과 독립운동의 자신감을 불러일으키며 호언 장담하고 있다.

네 번째는 '父母相傳 世守之論 所見所聞 잇건만언'으로 시작하여 끝에 광복과 태평성대를 노래한 '독립전쟁과 광복의 노래'로 이것은 다섯 토막으로 나눌 수 있다. 첫 토막이 총궐기를, 둘째가 독립전쟁, 셋째가 최후 결전을 노래한 다음에 '廓淸區宇 하온후에 自由鐘을 울니치며' 광복을 달성하고 다섯째 토막에서 '海晏河平 熙嘷世에 요순세계 다시보니'로 시작된 광복 조국의 태평성대를 노래했는데 여기서 '헌법정치 공화정치 時措之義 따라가며'라고 민주주의 천하를 꿈꾸고 있었다. 그런데 제일 끝에 '大韓帝國 보고디고'라고 한 것을 보면 구시대의 미련을 완전하게 청산한 것은 아닌 것 같다.

이와 같이 「憤痛歌」는 식민통치의 불복종과 망명, 민족의식과 자긍심, 독립전쟁과 광복, 헌법정치 공화정치 이념을 표방한 가사였다고 이해할 수 있다.114) 문학적 규명을 떠나서 독립운동사를 기

　　사사업을 통하여 양반 지주를 보호해 주는 데 현혹되어 대부분의 양반 지주들이 안주한 경우와 다른 점이다. 그들에게 세금을 바친 그 술로 어떻게 제사를 지내고 가옥세를 낸 그 집에서 어떻게 사느냐 했다.
114) 「憤痛歌」에 대한 문학적 이해는 앞에서 소개한 金容稙, 『韓國近代文

준해서 말하면 분통가는 끝의 한 구절만 없다면 1910년 나라가 망하면서 무력하게 침몰해 가던 민족에게 보여준 교과서적 외침이었다고 평가되어야 할 것이다. 그렇기는 해도 분통가는 앞의 권유문과 함께 1910년대 초기 어느 민족 지도자의 독립운동 논리와 비교해도 선진적 주장이라는 것을 알 수 있다.

3) 耕學社·共理會·扶民會 활동과 白西農庄 軍營

1911년 삼원포를 중심으로 근방 각 촌락에 망명촌을 형성하고 곳곳에 중국어를 배우기 위한 어학교를 설립했던 한편, 추가가에는 민족학교로서 신흥학교를 세웠다. 그런데 신흥학교는 초등과정을 중심한 것이었지만 『백하일기』 1911년 5월 25일 기사에서 보는 바와 같이 백하의 어린 손자(童孫)와 나이 많은 李壻(이서방-문객)가 입학하여 중고등과정을 함께 교수하는 비정상적 교육이 이루어졌다. 결국 추가가 신흥학교 외에 중등(전문)과정의 학교가 따로 요구되었다. 중등(전문)과정을 교육하자면 민족학교로서의 성격이 더욱 강화될 수밖에 없었다. 거기에서 삼원포 같은 넓고 공개된 곳이 아닌 은밀한 곳이 필요하게 되었다. 여기서 주의할 것은 당시의 교육 풍토로 보아 중등과정이란 거의 전문교육을 부과했다는 점이다.
그때 마침 유하현·통화현·흥경현·환인현에 망명촌이 증가하고 있었는데 흉년이 들어 새로운 농토를 개척해야 할 형편이 되었다. 그래서 중국인이 적게 사는 통화현 깊숙한 곳 哈泥河 일대를 개간하였다. 그리고 거기에 중등과정의 신흥중학교를 새로 설립하게 된 것이다.[115] 그때 金大洛을 중심한 천전문중의 가정도 金衡

______

學論攷』(1985, 서울대학교 출판부)를 참고하기 바람.

植・李始榮의 주선으로 합니하로 이사하였다. 주의할 것은 신흥학교를 옮겼다고 서술한 글이 많은데 옮긴 것이 아니라 추가가학교와는 별도로 합니하학교를 신설한 것이다.『백하일기』를 검토하면 합니하에서 신학교 개교식이 있었던가 하면 손자 正魯는 종전대로 추가가학교에서 기숙사 생활을 한 것을 알 수 있다.

그런데 합니하에도 기후가 좋지 않은데 마적의 출몰이 잦아 불안하기 짝이 없었다. 1913년에는 서간도 망명의 주도 인물인 이회영・이시영・이동녕 등이 연해주 방면으로 떠나고 김대락 집안은 합니하에서 다시 삼원포로 이사하였다. 그때(1913) 耕學社를 폐지하고 각처에 향약 자치기구를 설치했는데 삼원포에는 共理會를 결성하고 김대락이 공리회 취지서를 작성하였다.[116] 종래 학계에서 경학사가 1912년에 扶民團으로 개편되었다고 알려져 왔는데 전술한 바와 같이 그것은 잘못 이해한 것이다.[117] 1912년에는 부민단 초대 단장이었던 許赫이 아직 만주에 들어가지도 않았던 때였다.

경학사 폐지 후에 설립한 공리회를 비롯하여 각처의 자치기구를 부민단으로 통폐합한 것은 1916년이었다. 그의 초대 단장이 性山 許赫(魯・蒹・煥)이었다. 성산은 1914년 말에 작고한 김대락의 뒤

---

115) 신흥중학교가 설립된 곳은 지금 통화현 북쪽(45㎞) 光華鎭에서 4㎞ 동남방의 高麗館村 마을이다. 필자가 2000년 2월 19일 마을에 도착하자 느낀 것은 1894년 허훈・박경종 등이 한때 은거했던 영양군 興邱 마을과 흡사한 지형을 하고 있었다는 점이다. 언덕진 마을의 앞으로는 안동의 河回나 영주의 水島 마을처럼 합니하 강물이 빙돌아 둘러 있고 뒷편은 산줄기가 내려와 있다. 金大洛이 살던 곳은 「백하일기」를 볼 때 지금의 광화진으로 짐작되었다.

116) 金大洛,『白下日記』, 1913년 6월 7일자에 共理會 趣旨書를 완성했다는 기사가 있는데 회장도 김대락이 맡은 것으로 추측할 수 있다(전술).

117) 趙東杰, 2000,「白下 金大洛의 亡命日記」『安東史學』5, 안동사학회 참조.

를 이어[118] 1915년에 공리회 회장을 맡았다가 1916년에 부민단 단장에 취임한 듯 하다. 許赫이 단장인 부민단에는 김동삼이 부단장이고 김형식이 서무부장을 맡았는데 곧 扶民會로 확대 개편되었다. 그리고 柳河縣·通化縣·興京縣(지금의 新賓縣) 동포사회를 통할하는 큰 규모의 조직으로 발전하면서 각 지역에는 지역 대표가 선임되었다.[119] 이때 이상룡이 다시 회장을 맡고 김동삼이 의사부장을, 김형식이 남정섭과 함께 중앙검찰을 맡았다. 천전 출신의 金東三이 입법기관을, 金衡植은 사법을 책임졌던 것이다.

부민단을 부민회로 확대 개편하면서 본부를 통화현 합니하에서 교통이 편리하면서 오지인 유하현 삼원포 북쪽 孤山子로 옮겼다. 그때 합니하에 있던 신흥중(무관)학교도 고산자로 옮겼다.[120] 합니하학교는 분교 또는 신흥소학교로 사용하였다. 그에 앞서 1914년 가을에 고산자로부터 동남쪽으로 30킬로미터 산중으로 들어간 八里哨 깊은 산속 小北岔에 軍管區를 설치하였다. 군관구를 위장하여 白西農庄이라 이름하고 屯田을 개척한 것이다.[121] 거기의 책임

---

118) 이해 12월 10일에 白下 金大洛이 70세를 일기로 작고하였다. 그때는 유하현 삼원포 藍山에 거주하였다.

119) 유하현에는 柳東과 柳西團總, 통화현에는 通東과 通西團總, 만주족이 많이 사는 흥경현에는 우선 興東團總만 설치하였다. 그 산하에 10호와 100호 단위로 나누고, 10호에 牌長 또는 10家長을, 100호에 區長 또는 100家長을 두었다. 이러한 지방 조직 방식은 共理會 방식을 계승한 것이다.

120) 현재 유하현 三源浦와 五道溝를 거슬러 올라가 全勝鄕 勝喜村 全勝中心小學校 바로 앞의 넓은 밭이 신흥중(무관)학교가 있었던 자리이다. 2000년 2월 17일 현지를 답사했더니 근방에는 朝鮮族小學校도 있었다. 아직도 조선족이 많이 산다는 증거이다.

121) 필자는 2000년 2월 19일 白西農庄 옛터를 답사하려고 八里哨 입구까지 갔다가 눈길에 빠져 그 이상을 전진하지 못하고 돌아 왔다. 孤山子 방향으로 가지 않고 길이 좀 좋다고 하는 통화현 哈泥河－大荒溝－興林鎭으로 갔다. 興林鎭부터 그 안쪽은 八里哨林場 구역이었다.

자인 백서농장 庄主를 金東三이 맡았다.

  백두산 서쪽이라 하여 백서농장(약칭 西庄)이라 했는데 신흥학교 1·2·3·4회 졸업생의 모임인 신흥학우단과[122] 신흥학교 각처의 분교와 각처 노동강습회 졸업생이 주도하여 처음에 입산한 젊은이가 385명에 이를 정도로 대부대를 이루고 있었다. 거기에서 천전 인사들이 얼마나 참여했던가는 김동삼 외에 분명히 알 수 없다. 백서농장이 설치된 그해(1914) 12월 10일에 백하 김대락이 작고하여 많은 인원이 참가할 수는 없었을 것이다. 그러나 신흥무관학교 졸업생이 주축이 된 것을 보면 金成魯·金聲魯·金正魯·李光民·李國衡·黃炳禹·黃炳湯·黃炳日·黃德英 같은 신흥학교를 졸업한 천전의 친인척 인사가 직접 간접으로 참가 또는 관여했을 것을 추측하기란 어렵지 않다. 그 외에도 朴義烈·李圭東·李穆鎬·朴明鎭·金社淳·權重鳳·權晙 등, 신흥무관학교 졸업생에는 안동 근방 지방인사가 적지 않았다.[123]

  그와 같이 1914년 가을에 인적 없는 산중에 들어가 낮에는 농사하고 밤에는 군사훈련으로 독립전쟁을 준비하였다. "우리의 軍營이라 하지 않았음은 남의 땅인 때문에 국제적 체면을 생각하여 백서농장이라 하고 내용에서만 우리 군영이라 불러왔다. 四方 無人之境 二百余里中 人跡未踏의 大樹海요 어디서 가던지 山底에 이르러 삼십오리를 여러 고개를 기어 넘어 올라가 아주 시원한 고원

---

122) 신흥학우단은『新興學友報』를 1913년부터 1917년까지 발행하고 있었다.『新興學友報』는 삼원포 남쪽 馬鹿溝(속칭 만리구)에서 만들었는데 지금의 柳南이다. 신흥학우단은 한때 삼원포 서쪽 和平鄕 大花斜 마을에 있었는데 현재는 糧種村으로 불리고 있다(2000년 2월 17일 답사).
123) 박환, 1997,『滿洲韓人民族運動史研究』, 일조각, 322쪽.
    윤병석 외, 1997,『中國東北지역 韓國獨立運動史』, 집문당, 242쪽.

평야가 되어졌다. 도로는 생념도 못하는 오소리 산돼지 곰 노루가 다니는 길인 동시에 … 마적 대부대가 연 四五次 내왕하는 노변인 곳이다."124)

군사훈련은 구한국군 參領이었던 梁圭烈 책임하에 許湜(許英伯) 등의 교관이 맡았고, 농사는 蔡燦(白狂雲) 책임하에 이루어졌다. 온갖 고난을 무릅쓰고 조국의 독립을 위하여 젊음을 불태운 것이다. 어느덧 세월이 지나 1919년에 3·1운동이 일어나고 서간도에도 변화가 일어 부민회를 韓族會로 개편하면서 한족회에서 백서농장 철수령을 내렸다. 그리하여 백서농장 5개 성상의 역사를 끝맺게 되었다.

이어 백서농장의 독립군들은 西路軍政署로 개편되었다. 그것은 백서농장을 만든 부민회 회장이던 李相龍이 서로군정서 督辦을 맡고 장주 金東三이 參謀長을 맡았던 것으로 알 수 있다. 그러므로 一松 김동삼이 독립군의 거성으로 부상하는 것이 白西農庄 庄主에서 비롯되었다고 할 수 있다.

---

124) 作者未詳,「白西農庄史」(필사본), 3~4쪽.
「白西農庄史」는 전문이 18면으로 작성된 것인데 원문에는「第九項 白西農庄史」라고 기재되어 있다. 그것을 보면 백서농장이 해체되고 백서농장 인원을 주축으로 결성된 西路軍政署(김동삼이 참모장)나 아니면 이어 결성된 統義府(김동삼이 총장)의 군관학교 교재 가운데 제9항으로 편철되어 있던 것으로 추측된다. 현재는 제9항만 필사본으로 나돌고 있다.

5. 3·1운동 후
독립군 단체의 明滅과 川前人

1) 韓族會 · 西路軍政署 · 新興武官學校

1919년 3·1운동이 일어났다. 국내외를 막론하고 한인이 사는 곳이면 어디에서나 독립을 위해서 혹은 독립을 축하하는 독립만세를 부르며 시위를 전개하였다. 서북간도 지방에서는 독립선언을 축하한 시위가 많았다. 천전인이 살던 柳河縣과 通化縣에서도 일어났다. 삼원포에서는 3월 12일과 17일에, 대사탄에서도 3월 17일에 일어났다. 한편 통화현에서도 3월 12일에 일어나 20일까지 산발적인 시위를 전개하였다.[125]

3·1운동이 국내외 각처에서 전개될 때 吉林에서는 大韓獨立宣言書가 발표되었다. 거기에서 민족대표는 국내외를 막론하고 39인의 명의로 발표했는데 서간도 삼원포 인사는 (가나다 순으로) 金東三·呂準·李光·李東寧·李相龍·李世永·李始榮·李沰·許赫 등이었다.[126]

이와 같은 3·1운동을 마무리하면서 서간도에 독립운동 전선이 새롭게 정비되었는데 그것은 세 가지 조직의 결성으로 나타났다. 하나는 종래의 扶民會를 韓族會로, 하나는 백서농장 군영을 西路軍政署로, 하나는 고산자에 있는 신흥중학교를 新興武官學校로 개편한 것이다. 먼저 한족회는 부민회의 유하·통화·흥경현 대표

---

125) 趙東杰 외, 1971, 『3·1운동사』 하 (『독립운동사』제3권), 독립운동사편찬위원회, 717~718쪽.

126) 趙東杰, 1989, 「3·1운동의 理念과 思想」 『韓國民族主義의 성립과 獨立運動史硏究』, 지식산업사, 412쪽.

들이 1919년 4월 삼원포에 모여 결성했는데 그때 백서농장에 대한 철수령을 내려 한족회를 民政과 軍政, 이원체제로 결성하였다. 처음의 중앙 부서는 다음과 같았다.

中央總長 李沰, 庶務司長 金東三 후임 金宗勳(金聲魯)[127], 査辦司長 李震山, 學務司長 金衡植, 財務司長 南庭燮, 商務司長 金定濟, 軍務司長 梁圭烈, 內務司長 郭文, 檢査監 崔明洙, 韓族新報 主筆 李時悅, 그리고 군정으로 軍政府 督辦 李相龍, 부독판 呂準, 참모장 金東三, 사령관 李靑天이었다. 그런데 바로 그때에 상해에서 大韓民國臨時政府가 수립되어 서간도의 軍政府와 대립하는 오해가 발생하였다. 거기에서 양측이 타협하여 서간도의 軍政府를 西路軍政署로 개명 개편하게 되었다. 그리하여 탄생한 서로군정서의 부서는 다음과 같았다.

> 서로군정서 독판부 독판 李相龍, 부독판 呂準, 정무청장 李沰, 서무 金聲魯, 내무 郭文, 법무 金應燮, 재무 南庭燮, 학무 金衡植, 군무 梁圭烈, 참모부장 金東三, 사령관 李靑天

그리고 종래의 신흥중학교를 신흥무관학교로 개편하였는데 孤山子에 본교를 두고 통화현 哈泥河와 快大帽子(원래 통화현청이 있던 곳)에 분교를 두었다. 교장에는 1904년 경성헌병중대장으로 일제에 의해 물너난 후 洪州義兵의 홍주성전투를 지휘한 李世永이 취임하였고, 부교장에 梁圭烈, 학감 尹琦燮, 훈련감 金昌煥, 교성대장 李靑天, 교관에는 吳光鮮·申八均·李範奭·金敬天(金光瑞)·成駿用·元秉常·朴章燮·金成魯·桂龍輔·李章寧 등이었다.[128]

---

127) 庶務司長은 처음에 金東三이었는데 김동삼이 軍政府 參謀長을 맡으면서 서무차장처럼 활동하던 金聲魯를 서무사장에 기용했다.

이상에서 본 바와 같이 3·1운동 후에 한족회·서로군정서·신흥무관학교를 설립하면서 천전 인사의 역할이 남달리 돋보이는 점에 주목할 필요가 있다. 金東三·金衡植·金聲魯·金成魯가 각 부서에서 활약하였다. 그리고 천전 외에 李相龍·金應燮·李源台 등의 안동 인사가 크게 기여한 것도 주목할 점이다. 李相龍은 신민회 계획에 따라 안동 인사의 서간도 망명을 이끈 지도자였는데 서간도 생활이 기후와 풍토병으로 어렵게 되자 신민회 지도자들이 거의 서간도를 떠날 때도 그는 고집스럽게 서간도를 지켰다. 서로 의지하던 처남 金大洛도 1914년 말에 세상을 떠나 외롭게 서간도를 지키며 독립운동사를 빛냈다. 金應燮은 안동 오미골(미동) 출신으로 3·1운동 당시 유림을 대표한 巴里長書 송달에 참여하였다가 망명하였는데 상해에서 임시정부 활동에도 참여하였고, 만주로 돌아와서는 농민운동에 크게 기여하였다. 李源台는 도산출신으로 퇴계종손의 동생이다. 신흥무관학교의 교재로 편찬한『倍達族疆域形勢圖』는 신흥무관학교의 학생에게 민족주의 역사의식을 고양하기 위한 내용으로 서술되어 있는데 학계의 주목을 받고 있다.

2) 庚申慘變과 북만주 移動

3·1운동을 계기로 독립운동이 크게 발전하고 있을 때 1920년 庚申年 10월부터 일본군이 서북간도에 침입하여 동포 촌락과 학교를

---

128) 국사편찬위원회, 1967,『韓國獨立運動史』3, 172~175쪽.
독립운동사편찬위원회, 1973,『독립군전투사』(『독립운동사』5), 291~296쪽.
金祥起·蔡永國, 1997,「南滿洲에서의 韓國獨立運動」『中國東北지역 韓國獨立運動史』, 239쪽.

불태우고 한인 망명자는 닥치는대로 학살한 이른바 庚申大慘變을
자행하였다. 그에 앞서 그해 4월에는 러시아의 연해주에 주둔하고
있던 일본군이 연해주 일대에서 崔在亨을 비롯한 민족 지도자를
참살하고 海蔘威(블라디보스톡) 韓民學校를 불태우는 등, 소위 4月
慘變을 자행하였다. 그에 이어 10월부터 국제법도 무시한 채 서북
간도를 침략하여 공전에 없는 만행을 자행했던 것이다. 일본군은
마적단을 매수하고 독가스까지 사용하면서 독립운동의 근거지를
박살냈다. 그것을 間島慘變이라고도 한다.[129] 경신참변은 그해 10·
11월에 집중되었지만 그후에도 일본군의 만행은 이듬해 5월까지
산발적으로 자행되었다. 그것을 여기서 상세히 소개할 겨를이 없
다. 경신참변의 와중에서 천전인 가운데 金東滿과 金成魯가 희생
되었다. 그때 북간도 화룡현에서는 靑山里戰爭이[130] 있었는데 거

---

129) 趙東杰, 1998, 「1920년 간도참변의 실상」『역사비평』 45, 역사비평사,
　　47쪽.
130) 靑山里戰爭은 1920년 10월 21일 和龍縣 청산리 白雲坪戰鬪(김좌진)를
　　시작으로 22일의 完樓溝戰鬪(홍범도)와 泉水坪戰鬪(이범석)와 漁郎村
　　戰鬪(연합부대), 23일의 맹개골전투와 馬鹿溝戰鬪, 24일의 西溝戰鬪,
　　24·25일의 天寶山戰鬪, 25·26일의 古洞河戰鬪를 서부전선 전투라 하
　　고, 그후 12월 5일 하마탕전투까지를 동부전선 전투라 하는데 청산리
　　전투는 서부전선과 동부전선 전투를 총칭한다(趙東杰, 2000, 「청산리
　　전쟁80주년의 역사적 의의」『1910-30년대 조선민족 반일무장투쟁사
　　재조명』, 延辺大學 民族研究院, 13쪽).
　　청산리 일대는 백두산 동북쪽 지대인데 관광객이 백두산을 갈 때 어
　　랑촌 앞길로 간다. 용정에서 화룡으로 가는 큰길이 頭道溝(일도구)를
　　지나 西城(원래 二道溝)에 이르러 서쪽으로 갈라져 백두산으로 가는
　　데 서성에서 4킬로미터 서쪽에 있는 오른쪽(북쪽) 마을이 어랑촌이다.
　　臥龍鄕 漁郎村이다. 어랑촌에서 남쪽에 있는 높은 산을 넘으면 청산
　　리이고 뒷편에 있는 낮은 산을 넘으면 천수평이다.
　　청산리전쟁 뒤에도 전투는 곳곳에서 계속되었는데 독립군은 11·12월
　　의 눈길 2천리를 북상하여 그해 12월에 홍개호가 있는 密山에 집결하
　　여 大韓獨立軍團(서일·홍범도·김좌진·이청천)을 결성하여 우스

기에서 金成魯가 전사하였다. 김성로는 金圭植의[131] 아들로 부자
가 망명하여 김성로는 哈泥河 신흥중학교를 졸업하고 그후에 孤山
子의 신흥무관학교 교관을 역임하기도 했다.

 3·1운동 후 신흥무관학교 교관이 각처의 독립군부대에서 활약
할 때, 북간도 왕청현 西大坡의 북로군정서 사관연성소에 교관으
로 파견되었고,[132] 서로군정서 사령관 이청천은 300명의 독립군을
이끌고 安圖縣 三仁坊으로 이동하여[133] 활동하다가 그해 12월 밀
산으로 북상하여 대한독립군단을 결성할 때까지 청산리전투에 이
은 무수한 전투를 전개했는데 그때 김성로가 전사한 것이다.[134]

　　리강을 건너 러시아로 넘어 갔다.

131) 金圭植이란 이름은 독립운동사에서 3명이 있다. 하나는 川前출신으로
　　都事公 鎭麟의 아들 大洛·孝洛·紹洛·呈洛 4형제 가운데 鎭頊에
　　게 출계한 呈洛의 아들인데 1910년 망명하여 활약하다가 1944년에 오
　　상현 安家村에서 일본군에 납치된 인물이고(후술), 하나는 경기도 廣
　　州 출신의 구한국 군인으로 1908년 13도연합의병의 서울탈환작전을
　　지휘하고 만주로 망명하여 독립군으로 활약하다가 1930년에 주하현
　　(현재 상지현) 烏吉密에서 친일 주구에게 참살 당한 인물이고, 또 하
　　나는 金奎植이라고 쓰는데 강원도 洪川출신인데 3·1운동때 파리강화
　　회의에 대한민국임시정부 대표로 파견됐고 1945년 임시정부 부주석
　　으로 환국하여 해방정국을 주름 잡던 尤史 김규식이다.

132) 元秉常,「新興武官學校」『독립운동자료집』10, 독립운동사편찬위원
　　회, 30~31쪽에 북로군정서 사관연성소에 파견된 교관 7명의 명단이
　　있다.

133) 李楨,「陣中日誌」『독립운동사자료집』10, 독립운동사편찬위원회, 50
　　쪽에 의하면 서로군정서의 이청천 부대는 1920년 7월 29일 安圖縣 三
　　仁坊에 주둔했다. 그후 그해 12월 밀산에서 대한독립군단을 결성할
　　때까지 일본군과 무수한 전투를 전개한 것이다.

134) 庚申慘變이나 靑山里戰爭의 상보는 국내에 전달되지 못했다.『東亞
　　日報』는 1920년 9월 26일에 정간되어 이듬해 2월 21일에야 복간하였
　　고, 朝鮮日報는 1920년 9월 6일에 정간되어 12월 2일에야 복간하였다.
　　조선총독부 기관지였던 每日申報에서 최소한의 보도를 했는데 경신
　　참변의 기사는 발견할 수 없고 金佐鎭과 洪範圖의 활동을 1920년 10

한편 삼원포에 쳐들어온 일본군은 三光學校 교장을 맡아 민족 교육에 헌신하던 金東滿을 잡아 학살하였다. "음력 9월 25일에 벌써 첫눈이 오고 그후 계속 내린 눈으로 발목이 빠질 정도였고 산과 들이 흰색으로 변하였다. … 체포되던 날 저녁 시삼촌(김동만)은 몇몇 청년들과 동리에 내려와 쉬기로 하였다. … 한 밤중에 일본 騎馬隊 討伐軍이 삽시에 마을을 포위했다. 한집 한집 조사를 하면서 예정된 독립투사와 의심스러운 청년들을 체포하는데 어쩔 수 없이 당하고 말았다. 그날 약 40명이 체포되었는데 … 그중 祖孫 두 분은 말꼬리에 달아서 끌고 다니면서 학살하였고 … 토벌대는 또 다른 지방으로 가야했기 때문에 체포된 사람을 말꼬리에 달고 삼원포에서 만리고(마록구)로 가는 王屈嶺이라는 고개 밑에서 모두 총살하고 …"135)

庚申慘變으로 서북간도의 망명 촌락은 폐허가 되었다. 그러나 거기에서 실의에 빠질 수는 없었다. 천전문중에서 문장인 白下가 작고하여 없는 마당에 金東三과 金衡植은 사태를 수습하는 방안으로 일족을 북만주로 이주시키고 金政植·金昌魯·金聲魯는 군자금 모금을 위하여 각각 국내로 파견하였다. 여기서 천전인의 서간도 생활에서 북만주시대가 전개되었다. 북만주에는 일본군의 발길이 미치지 않았다.

천전인의 수난 소식을 듣고 고향에서 김동삼의 종제 金章植이 달려 왔다. 金溪 출신 金元植이 만주로 망명한 것도 이 무렵이었다.136) 그리고 임동면 책거리 장터의 3·1운동에 참가했다가 망명

월 28일과 10월 31일 3면에 겨우 2단기사로 짧게 보도했을 뿐이다. 그에 비하면 경신참변의 이유로 내 세우고 있었던 琿春事件은 10월 4일부터 10여일간 3·4단 기사로 연일 보도하였다.

135) 李海東, 『滿洲生活 七十七年』, 49~51쪽.
136) 金稷煥·金奎聲, 1974, 『景泗流芳』, 경사유방편찬위원회, 455쪽.

한 柳林이나 남편을 일본군에 잃은 南慈賢 여사가 만주에 간 것도
이때였다. 안동·상주·영주 일대의 유림 청년들이 義勇團을 조
직하여 군자금 모금활동을 폈던 것도 이때의 이야기로 천전인으로
는 金秉東·金龍煥·金奎憲이 그에 연루되어 옥고를 치루었다.

그때 金東三과 李源一 가족은 북만주 牧丹江(강 이름) 일대의
寧安縣으로 이주하였다.137) 1921년에 이원일의 집은 牧丹江(도시
이름) 呂河 마을로, 김동삼의 집은 영안현성 남강 건너 周家屯 마
을로 이사하였다.138) 金正魯도 영안현으로 이주하였다. 김정로는
원래 러시아 연해주로 이주할 계획이었는데139) 러시아 국내전쟁이
연해주지방에서 치열하게 전개되고 있어140) 영안현(영고탑) 寧古
塔舊城에141) 머물다가 영안현성으로 옮겼다. 그러니까 천전인의
가정은 경신참변 이후 영안현으로 이주한 집이 많았는데 영안을
기준으로 북쪽으로 가면 영안현 鐵嶺河(지금 牧丹江市 鐵嶺鎭)에
선산 林隱 許氏 집안이 망명해 있었고,142) 거기서 조금 올라가 목

---

137) 이때인 1921년에 김동삼의 장남 金定默과 이원일의 장녀 李海東이 결
　　혼하여 북만주 寧安縣으로 이주하였다.
138) 呂河는 牧丹江과 海林 사이에 있다고 하는데 필자가 찾지는 못했다.
　　周家屯은 2000년 2월 26일 답사하였더니 지금은 寧安縣 江南 朝鮮族
　　滿洲族 共同自治鄉이 되어 있었다. 현재는 서간도지방 이상으로 조
　　선족이 많이 살고 있는 것을 확인하였다.
139) 李泰衡, 2000, 『金衡植 略傳』, 원고본, 7쪽.
140) 沿海州에서 러시아 국내전쟁으로 일컫는 볼쉐비키 혁명전쟁이 끝나
　　는 것은 1922년 10월 25일이었다. 연해주에서 활동하던 독립군도
　　1920년 4월참변을 계기로 북으로 이동하여 아무르주(黑龍江州)를 무
　　대로 활동하고 있었다(趙東杰 외, 1994, 『러시아地域의 韓人社會와
　　民族運動史』, 교문사 참조).
141) 寧安의 옛 이름은 寧古塔이다. 영고탑성은 원래 지금의 영안현성에서
　　서북으로 25㎞ 지점인 海林縣 舊街鄉 古城村에 있었다. 필자가 2000
　　년 2월 26일 눈속에 답사했을 때 거기에「寧古塔將軍駐地舊城遺址」
　　라는 비석이 서 있었다.
142) 서간도로 망명한 善山郡 林隱里의 許氏門中도 독립운동의 명문이다.

릉현 八面通에는 安重根 의사의 유족 여러 가정이 망명해 있었으
며 목단강 서쪽 海林縣 일대에는 이원일처럼 서간도에서 망명한
집도 있었지만 북간도에서 올라온 망명자가 많았다. 그리하여 寧
安 海林 牧丹江 八面通으로 이어진, 서간도와는 비교가 안될 광활
한 평야 지역에 새로운 망명지대가 형성되었다. 여기에서 1920년
대 중후반에 赤旗團과 新民府와 朝鮮共産黨 滿洲總局의 활동 중

나라가 망하자 性山 許蒹은 서간도로, 성산의 아우 旺山 許蔿의 유족
은 寧安縣 鐵嶺河로 망명하였다. 그 뒤를 이어 凡山 許蘅과 一蒼 許
垃 부자가 대소가를 인솔하여 서간도로 망명했는데 성산과 범산은 종
반간이다. 범산의 손녀 許銀이 후일 석주 李相龍의 손부가 되었는데
1997년에 『아직도 내귀엔 서간도의 바람소리가』(정우사)를 냈다. 범
산의 종백씨는 을미의병 眞寶大將이었던 舫山 許薰이고 그의 동생인
性山은 許赫 許魯라고도 불렀는데 1916년에 서간도 부민단장을 역임
하였고, 동생 旺山 許蔿는 을미의병 이래 의병전선에서 항전하다가
1908년 순국하였다.
일창의 동생 許珪도 만주로 망명하여 목단강 일대에서 활약했는데 3·1
운동 뒤에 국내를 오가다가 일경에 체포되어 13년의 옥고를 겪고 나
와 해방 후에 서울에서 입법의원을 역임하였고, 여동생 佶은 원촌으
로 출가하여 李陸史 6형제의 민족운동가를 낳았다. 범산의 아우 是山
許苾에게는 아들 許亨植이 있었는데 그도 1915년에 허은과 함께 망
명하여 독립운동 전선에서 활약하다가 1930년대 이후에는 동북인민
혁명군, 이어 동북항일련군으로 북만주에서 金策과 함께 활약하다가
1943년 하르빈 근방에서 전사하였다.
왕산 허위가 순국한 뒤에 그의 아들 塈과 埈 등은 흑룡강성 영안현
鐵嶺河로 망명하여 서간도에 살던 許蒹(赫)도 그곳으로 갔고(許銀,
1997, 『아직도 내귀엔 서간도의 바람소리가』, 정우사, 63쪽), 1920년
경신참변 후 허씨 문중이 여기에 모인 기반이 되기도 했다. 1920년 경
신참변 후에 서간도 삼원포지방에 망명했던 凡山 집안이 철령으로 이
주한 것이다(허은, 앞의 책, 84~88쪽). 철령하는 지금 목단강시내 동
쪽 변두리 鐵嶺鎭이다.
여기서 범산은 작고하고 허은이 길림성 화전현에 사는 이상룡의 손자
(李炳華. 大用)와 결혼했다. 그후 1924년에 旺山의 아들 塈과 埈이 러
시아로 가고 범산의 유족 一蒼宅은 오상현으로 이사했다.

심지가 되었던 이유를 이해할 수 있을 것이다. 영안에는 환인현에서 동창학교를 경영하던 尹世復이 1924년에 대종교 3세교주가 되어 대종교본부를 설치하였다. 윤세복은 1925년에 중일이 합작하여 독립군을 토벌하는 三矢協定이 체결되자 북쪽 소만국경에 있는 흥개호의 當壁鎭으로 옮겼다가[143] 다시 영안 남쪽 경박호 언저리 東京城으로 이사하여 정착하고 뒤이어 망명한 白山 安熙濟와 함께 발해농장을 개척하면서 대종교운동을 전개하였다.

그때 李相龍은 額穆縣 蛟河(지금은 교하현)로 옮겨 거기에 학교를 세워 신흥무관학교를 대신토록 했고, 그 뒤에 樺甸縣으로 갔다가 盤石縣으로 옮겼다. 그리고 1925년에는 흑룡강성 접경인 舒蘭縣으로 이주하였다. 김동삼과 김형식은 독립군의 새 탈출구를 모색하기 위하여 興京縣(지금의 신빈현) 일대에서 공작하고 있었는데 거기서 統義府를 결성하였다. 때마침 출옥한 金政植을 비롯한 일부 청년은 瀋陽(봉천)으로 올라가 새 근거지를 개척하고 있었다. 그후 하르빈으로 옮겨 근방의 聚源昶(지금의 巨源鎭)을 개척하여 1930년 전후에는 천전인들이 취원창으로 모였다. 이상룡이 1932년에 타계하고 동생 李鳳羲와 그의 아들 光民·光國도 취원창에 모여 살았다. 그때 취원창에는 朴義然·朴義烈·朴義熏 등, 寧海에서 망명한 咸陽 朴氏들이 살았는데 그들은 3·1운동을 전후하여 서간도로 망명하여 주로 회인(환인)현에서 韓族會·統義府·正義府 활동에 참가하여 활약하다가 취원창으로 이주한 집안이다(후술).

경신참변을 당하고 국내로 파견됐던 金政植은 곧 검거되어 3년

---

143) 尹世復이 大倧敎의 3세 교주가 된 후에 활약한 밀산 당벽진은 牧丹江市에서 300㎞ 올라간 북쪽이다. 흥개호를 바라보며 앉아있는 당벽진과 마주한 白泡子 그리고 蜂蜜山村은 寒溪 李承熙가 1909년에 망명촌으로서 韓興洞을 개척한 곳이다. 필자가 2000년 2월 24·25일 양일에 밀산 일대를 답사했더니 일망무제의 광활한 평야가 탐스럽게 펼쳐져 있었다.

옥고를 겪어야 했다. 그의 딸 星姬가 올해 80노령을 불구하고 당시의 이야기를 글로 남겼다. "1921년 9월 9일에 어머니(연안 이씨; 필자)는 첫 딸인 나를 낳으셨다. 사흘 밤을 지새운 산고 끝에 딸을 낳고 보니 나의 엄지 손가락 모양새가 아버지 엄지를 꼭 닮고 나왔다 한다. 식구들은 눈물 속에 나를 받았으리라 생각된다. … 3년이란 긴 옥고 끝에 출감하신 아버지를 보고 외면하는 나에게 무슨 죄가 있으리오만 그 한을 풀지 못하고 타계하신 우리 아버지의 한맺힌 서러움을 어떻게 풀어 들일 것인가?"[144]

한편, 金聲魯는 고향 근처인 臨河에 잠적하여 군자금을 모금하고 있었는데, 1922년에 김동삼이 홍경현 왕청문에서 설립한 統義府 공작대가 모금 금액을 인수하려고 국내로 파견되어 들어오다가 평북 定州에서 체포되어 그와 연결되어 있던 김성로도 체포되고 말았다. 결국 평양 감옥에서 7년 징역형을 살다가 1922년 4월 4일 아깝게 옥사하였다. 김성로는 고향에서 1911년에 협동학교를 졸업하자 곧 서간도로 망명하여 신흥중(무관)학교를 졸업하고 부민회에서 활약하다가 3·1운동 뒤에는 韓族會 庶務司長을 맡아 헌신하였다(전술). 서무사장을 맡았기 때문에 모금을 위하여 국내에 파견됐던 것으로 보인다.

3) 統義府의 결성과 上海 國民代表會

1920년 연해주의 4月慘變에 이어 6월에 鳳梧洞戰鬪가 있고 그를 이어 琿(훈)春事件과 庚申慘變이 자행된 가운데 10월 21일부터 그 해 12월까지 靑山里戰爭이 전개되었다. 그러한 와중에서 김동만·

---

144) 金星姬, 『나의 아버지』(1) 원고본, 5~6쪽.

김성로가 순국하였다는 것을 전술하였지만 그후 독립군은 홋옷을 입은 채 망가진 신발을 신은 채 눈어름길 2천리를 북상하여 그해 12월 소만 국경의 密山에 집결하였다. 그리고 大韓獨立軍團을 조직하여 우스리강을 건너 러시아로 넘어갔다.[145] 그때 서간도에 살던 여러 가정은 남부여대하여 거의 북만주로 이주하였다는 것은 전술한 바와 같다.

이제 서북간도에 남은 사람들은 대부분 직업성 독립운동가가 되었다. 경신참변으로 폐허가 된 촌락을 다시 일으키며 곳곳에 독립운동 단체가 재건되거나 새로 탄생하였다. 삼원포를 중심한 유하현·홍경현·환인현·통화현에는 韓族會·西路軍政署·新興學友團이 재건되고, 그와 별도로 통화현에 중흥단, 환인현에 한교공회가 설립되었다. 그리고 대한청년단연합회·광복군총영·군비단·광한단·의성단·천마대·태극단·대진단·향약단·백산무사단·의용단·광복단·보합단·농무단 등이 서간도 각처에서 결성되었다. 그런데 이와 같이 작고 큰 독립운동 단체가 산만하게 있어서야 효과적인 독립전쟁을 수행할 수가 없었다. 그래서 密山의 大韓獨立軍團처럼 통합이 논의되었는데 그것은 먼저 北京에서 1921년 4월 17일부터 개최된 朴容萬·申采浩·申肅 등을 중심한 軍事統一會로 나타났다. 거기에서 먼저 國民代表會 소집을 제안하였다. 국민대표회는 그해 2월에 상해에서 朴殷植·元世勳 등, 14명이 제창한 데서 비롯된 것이다. 그리고 군사통일회에서는 임

---

145) 密山은 1689년 네르친스크조약 때만 해도 국경지방이 아니었다. 1858년 愛琿條約과 1860년 北京條約에서 봉밀산 아래 興凱湖를 국경으로 나누어 국경지대가 되었다. 오랫동안 寧古塔(寧安)將軍의 관할이었는데 1899년에 蜂密山 招墾局을 설치하므로써 비로소 행정이 미친 후, 1908년에 길림성에 密山府를 두었고, 1913년에 密山縣이 설치되었다. 그럴 정도로 행정력이 늦게 미친 곳이다.

시정부 타도 공작을 추진하였다. 상해의 임시정부를 타도하고[146] 새로 大朝鮮共和國을 수립하는 정치 모임이 되었다. 당시 임시정부가 대통령 이승만의 폭정 때문에 이동휘·안창호·김규식이 사임하는 등, 존폐 위기를 맞아 그의 책임자인 이승만을 축출하고 새 정부를 수립할 문제가 시급했다. 그러나 李相龍을 비롯한 만주 대표들은 독립군의 통합이 선결문제였는데 군사통일회가 상해문제를 중심한 정치집회로 변질하게 되자 더 이상 머물 수 없어 북경에서 물러나 만주로 돌아오고 말았다.[147] 떠난 뒤에 李相龍이 大朝鮮共和國의 大統領으로 추대되었다.[148] 혹은 북경 체류 중에 대통

---

146) 북경에서 군사통일회가 열릴 때 상해의 大韓民國臨時政府는 전해 연말에 미주에서 상해에 온 대통령 李承晩이 각료들과 충돌하여 붕괴 위기에 있었다. 1921년 연초부터 국무총리 李東輝가 사임하고 이어 임시정부를 실질적으로 이끌어 오던 安昌浩와 외교가의 권위자 金奎植도 사임하여 대혼란을 겪고 있었다.
李承晩이 배척을 받았던 이유는 첫째 한국이 미국의 委任統治를 받는 것이 좋다고 제안하여 독립을 방해한 것, 둘째 武力鬪爭은 국제적으로 배척을 받으므로 반대하여 독립운동을 방해한 점, 셋째 임시정부 대통령으로 선임되었는데 미국에 앉아 취임하지 않고 오히려 임시정부 활동을 獨斷的으로 처단하여 방해했던 점 등이었다. 이승만은 신채호·박용만·안창호·이동휘·박은식 등, 가깝게 만났던 사람마다 충돌을 일으킨 독특한 인물이었다.

147) 石洲 李相龍이 北京에 머문 것은 1921년 12월 20일부터 1922년 4월 27일까지였다(이상룡, 1973, 「燕薊旅遊日記」『石洲遺稿』, 고려대출판부, 287~303쪽).

148) 북경 군사통일회에서 수립한 大朝鮮共和國 각료 명단은 다음과 같았다. 대조선공화국은 1919년 4월 23일 서울에서 13도대표가 모여 결성한 세칭 漢城政府의 국호였다는 점을 중시하여 그를 따랐다고 했다 (金正明, 『朝鮮獨立運動』 2, 原書房, 479~480쪽 ; 한국사료연구소, 『朝鮮統治史料』 8, 389~290쪽).
대통령 李相龍, 국무총리 申肅, 외무총장 張建相, 학무총장 韓震山, 내무총장 金大地, 재무총장 金甲, 군무총장 비팔무(박용만?), 교통총장 朴容萬, 대조선국민군 총사령관 朴容萬.

령에 추대되었다고 해도 이상룡이 그것을 수락할 형편이 아니었다. 이상룡은 액목현 집으로 돌아오자 5월 6일 額穆縣會議를 소집하였다. 거기서 시국 수습의 방안으로 독립운동자 총회로서 국민대표회 소집을 촉구하였다. 국민대표회는 太平洋會議 때문에 연기되었는데 태평양회의(워싱턴 군축회의)가 끝나자 1922년 5월 15일에는 서간도 환인현에서 국민대표회 촉성회가 발족하였다. 이어 국민대표회 남만주촉성회가 개최되었는데 이것은 梁起鐸이 주도하였다. 국민대표회를 열면 어떠한 문제를 논의할런지는 몰라도 우선 이승만을 축출하는 것은 분명하므로 많은 인원이 그에 동참하였다.

한편 서간도지방의 독립군의 통합이 추진되어 1922년 6월에 南滿統一會가 결성되어 統軍府가 탄생하였다. 그것도 부족하여 8월 30일에는 南滿韓族統一會를 결성하여 통군부를 統義府로 확대 개편하였다. 여기서 통군부 교육부장이던 金東三이 통의부 총장을 맡게 되었다(통군부 총장인 蔡相悳은 통의부 부총장).149) 그리고 군사부장은 양규열이 맡고 사령장에는 김창환, 참모에 이장녕 · 백광운 등, 신흥무관학교와 백서농장과 서로군정서에서 활약하던 무관들이 요직을 맡았다.150)

그런데 통합에만 치우친 나머지 이질적인 인사가 너무 많았다. 대부분 共和主義를 표방했지만 왕정복고를 표방한 復辟主義者도 적지 않았다. 그리하여 내부에 균열이 생겨 독립전쟁에 막심한 장애가 되었다. 그때에 일본군과 마적이 합작한 습격을 받아 申八均 · 劉景烈이 전사하는 등, 많은 인명의 손상을 입어 전력이 크게

---

149) 崔善柱 외, 1995, 『新賓朝鮮族 抗日鬪爭史略』, 新賓滿族自治縣 朝鮮族經濟文化交流協會, 8~16쪽.
150) 統義府에는 高豁信 · 金赫 · 玄正卿 · 吳東振 · 李天民 등 중량급 새로운 인물도 많았다.

감퇴하였다. 그럴 때 상해에서 國民代表會가 열려 통의부 총장 金東三이 떠나게 되니 조만간 독립군의 개편이 불가피하게 되었다.

국민대표회는 1923년 1월 3일부터 5월 15일까지 상해에서 개최되었다. 여기에 金東三이 의장을 맡았다(부의장은 安昌浩와 尹海). 그리고 한족회를 대표하여 金衡植도 참가하고 있었다. 국내외 각처에서 모여든 대표 인원이 1백명을 넘었고 출석 인원은 90명 전후였다. 수행 인원까지 합치면 상해는 전무 후무하게 독립운동 대표자가 넘치던 한때를 맞고 있었다.

이와 같이 국민대표회는 독립운동자 총회로 열렸다. 임시정부가 존폐 위기에 봉착하여 독립운동자 총회를 개최한 것은 극히 때에 맞는 처사였다. 아니라고 해도 임시정부는 3·1운동과 더불어 정식정부를 수립하기 위한 준비정부로 출발하였다. 그런데 정식정부의 수립이 파리강화회의에서 보았듯이 아직도 엄존한 제국주의로 말미암아 차단되었다면 새로운 독립운동의 길을 찾아야 했다. 그러자면 국민대표회와 같은 모임을 열어 새길을 찾아야 했다.[151] 그리고 金東三·金衡植의 주장대로 임시정부를 정식정부 준비사업은 뒤로 미루고 독립운동 통할체제에 맞게 개조해야 했다. 당시 그러한 改造派가 절대 다수 인원이었다.[152] 그런데 대표 가운데는 임시정부 固守派가 있었는가 하면 법통을 무시하고 새로 만들자는 創造派가 있었다. 개조파가 다수였지만 격론을 거듭하는 가운데 결론을 내지 못하고 있을 때 5월 15일 만주에서 대표를 소환하였다. 의장 金東三도 오랫동안 비웠던 만주로 가야 했다.

그때 月松 金衡植은 아들 正魯가 살고 있는 寧安(寧古塔)으로

---

151) 趙東杰, 1999, 「大韓民國臨時政府의 歷史的 意義와 評價」『대한민국 임시정부 수립80주년 기념논문집』하, 한국근현대사학회, 641쪽.
152) 상해에서 발행된『獨立新聞』, 1923년 6월 13일자를 보면 改造派 57명의 명단이 밝혀져 있다.

돌아 갔다. 영고탑에서 때마침 1924년 초에 大倧敎 3세교주에 취임한 檀崖 尹世復과[153] 교우하며 상해에서 쇠약해진 건강을 회복하고 있었다.[154] 月松의 둘째 사위 尹必漢은 檀崖의 아들이니 김형식과 윤세복은 사돈간이었다.

6. 三府의 정립과 一松의 唯一黨運動

1) 三府의 鼎立과 正義府 활동

國民代表會가 결렬되고 一松 金東三이 만주로 돌아 왔을 때는 독립군 단체가 지리멸렬하여 갈피를 잡을 수가 없었다. 국민대표회가 끝날 무렵에 통의부 안에서 백광운·김명봉을 중심한 일부 인사는 임시정부(임시정부 고수파)와 연락하여 별도의 독립군을 조직하여 1923년 9월에 參議府를 탄생시켰다. 공식 명칭이 '大韓民國臨時政府 陸軍 駐滿參議府'라는 긴 이름이었는데 압록강 일대를 활동 무대로 했다. 그러니까 국민대표회에서 임시정부를 개조하자 혹은 창조하자고 주장하던 김동삼을 비롯한 만주 대표들이 돌아 왔을 때 종래의 통의부는 4분5열되고 만 것이다. 李相龍·梁

---

153) 大倧敎 3세교주 尹世復(1881~1960)은 밀양 출신인데 尹世茸·尹世復 형제와 의열단에서 활약하다가 조선의용대에 종군하여 1942년 太行山戰鬪에서 전사한 尹世胄 등, 밀양 윤씨문중도 독립운동의 명문이다. 윤세복은 1924년 초에 영안에서 3세교주로 취임했는데 1925년 三矢協定으로 大倧敎가 표면활동을 못하게 되자, 1928년에 密山 흥개호 호반의 當壁鎭으로 본부를 옮기고 그곳에 大興學校를 설립하여 포교 활동을 폈다. 1934년에는 영안 남쪽 경박호 근처 東京城으로 옮겼다가 1942년에 이른바 壬午教變을 당하여 옥고를 맞아야 했다. 그때 安熙濟 등이 순국하였다. 윤세복은 해방을 맞아 출옥하였다.

154) 李泰衡, 2000, 『金衡植 略傳』(원고본), 8쪽.

起鐸 등의 지도자가 통합에 힘을 기울였으나 쉽지 않았다. 결국 1924년 7월 10일과 10월 18일에 10개 단체대표가 모여 全滿統一會議籌備會를 열었다. 거기서 金東三이 또 의장에 선임되어 무거운 짐을 지게 되었다. 그때 상해에서 불붙은 이승만을 중심한 기호파(임시정부 고수파)와 안창호를 중심한 서북파의 대립이 만주까지 번져 임시정부 고수파와 손잡은 참의부와 만주의 서북인사들의 대립이 첨예하여 전만 통일이 여의치 않았다.155) 그렇게 어려운 가운데 전만통일회에서 1924년 11월 24일 正義府를 탄생시켰다.156)

正義府는 유하현 삼원포에 본부를 두고 있었으나 그의 활동 무대는 吉林省 전역에 걸쳐 있었다. 실질적 활동 중심지는 李相龍이 사는 樺甸이나 梁起鐸이 사는 吉林이었다. 처음에 金東三이 중앙행정위원 겸 외무위원장을 맡았고, 1년 뒤에는 金衡植이 민사(내무)위원장에 선임되었는데 김형식은 사양하고 취임하지 않았다.157) 그때 금계출신 金元植이 행정원 비서장을, 미동출신 金應爕이 중앙심판원장을, 법흥출신 李光民이 민사부 서무주임을 맡아 동분서주하였다. 李源一과 南慈賢도 일송을 도우며 정의부에서 활약하고

---

155) 李相龍이 1925년에 서북 인사의 추대를 받아 임시정부 국무령에 취임한 저간의 사정을 상기할 필요가 있다. 상해에서 기호파와 서북파의 알력이 심할 때 呂運亨은 기호인이면서 서북파에 속했고, 金九는 서북인이면서 기호파에 속했다.

156) 朴永錫, 1984, 「正義府研究」『日帝下 獨立運動史研究』, 일조각, 62~85쪽.

157) 李泰衡,『金衡植 略傳』(원고본), 8쪽에 그때의 사정이 수록되어 있다. "正義府를 조직하는데 公(김형식)이 內務部長에 당선되었다. 그 主席團에서 발급하는 公에게 當選 及 就任通知書를 내가 1925년 겨울 결혼차로 公의 가족 거주지인 寧古塔에 육로로 갈 때 가지고 가서 信傳하였다(당시 우편으로는 검거 유실될가 염려되어 인편을 채용, 초행길 가는줄 알고 부탁). 당시 여러 방면 복잡할뿐 아니라 병도 완쾌되지 않아 稱病 辭退하였다."

있었다.

정의부는 남쪽 압록강변의 관전현과 환인현에 군사 거점을 두고 국내에 유격활동을 전개하는 한편, 길림성 일대의 동포사회에 대한 민사업무를 조직적으로 관리하였다. 화전에는 樺城義塾, 삼원포에는 東明學校, 흥경현 왕청문에는 化興學校를 설치하여 각처의 소학과정 동포학교와 연계하여 중등과정의 민족교육을 강화하였다. 그 학교들이 오늘날에도 건재한 것을 보면 그 뿌리가 튼튼하게 자랐다는 것을 알 수 있다.158) 정의부가 설치됐을 때 북만 목단강 일대에는 金佐鎭을 중심한 新民府가 설치되어 학자들은 이때를 參議府·正義府·新民府의 三府鼎立期라 하지만159) 천전인들은 대개 정의부 지역에 살면서 활약하였다. 삼부 가운데 정의부 관할의 동포사회가 비교적 윤택한 생활을 했는데 그것은 자연조건이 좋았다는 이유도 있었지만, 정의부에서 興實業社나 農民互助社 같은 단체를 운영하며 실업에도 주력한 결과로 이해된다.160) 각 가정은 농민호조사에도 가입해 있었는데 농민호조사는 1927년 4월 1일 김동삼·김원식 등, 35인이 발기하여 결성한 것이다.

농민호조사가 설립되면서 그 밑에 마을 단위로 농민조합이 결성되어 농민운동의 기초 단체의 발달을 보게 되었다. 그리하여 정의부는 사회경제운동도 전개하게 되었다. 여기서 말할 것은 정의부가 당시에 독립운동 단체 가운데 민족주의를 대표한다고 하지만,

---

158) 삼원포의 東明學校는 현재 유하현 조선족중심학교로 건재했으며(2000 년 2월 17일 방문함), 化興學校는 왕청문조선족중학교로 건재했다(2 월 18일 방문). 樺城義塾은 방문하지 못했는데 1926년에 김일성이 다녔던 점을 고려하면 보존해 있을 것으로 추측한다.

159) 趙東杰, 1973,「三府의 活動과 滿洲事變 전후의 獨立戰線」『독립군전투사』(독립운동사 제5권), 독립운동사편찬위원회, 457~525쪽.

160) 尹炳奭 외, 1997,『中國東北地域 韓國獨立運動史』, 집문당, 336~337쪽.

만주 동포들의 민족주의는 중국인 지주 밑에 소작인으로 생활하는 처지 때문에, 또 일본 자본주의에 대한 적대감과 침략 자본주의에 대한 비판의식 때문에, 또 멀지 않은 소련의 토지분배의 영향을 받고 있었기 때문에, 공산주의는 아니라고 해도 사회주의를 수용하고 있었다는 점이다. 독립운동에서 민족주의의 본산인 중경의 임시정부도 자본주의를 버리고 사회주의 성향에 기울고 있었던 역사성을 고려하면161) 보다 더 악조건 속에서 독립운동을 전개하던 정의부가 사회주의적 진보노선을 표방했던 것을 이상하게 볼 것은 아니다. 정의부의 문서를 보면 노농정부를 찬양했던가 하면 자본주의의 수정노선도 추구하고 있었다. 그래서 정의부 인사를 일본 경찰의 문서에는 공산주의자로 분류했던가 하면 중국공산당의 문서에는 반동으로 분류했고 현재 북한의 역사 책에도 반동노선으로 분류하고 있다. 그 이유는 자본주의도 아니고 공산주의도 아닌 독특한 노선을 표방하고 있었기 때문이다. 필자는 그것을 한국 독립운동 전선의 특수성으로 이야기한다.162) 그러한 특징을 추구하다가 자연 공산주의 운동이나 중국공산당에 가입하여 활동하는 인사가 나오게 되었다. 우리가 지금 남북이 분단되어 있고 6·25전쟁까지 치른 마당이니 그것이 이상하게 보일는지 모르지만 인간의 세계에는 모든 가능성이 있다는 것을 이상하게 보아서 안된다. 그러니까 1926년에 양기탁·주진수 등이 정의부의 지도 정당으로 두 노선이 복합된 高麗革命黨을 결성했던 것이다. 고려혁명당은 짧은 생명으로 끝났지만 한국정당사에서 정당의 태동을 말해 주는 초기

---

161) 趙東杰, 1999,「大韓民國臨時政府의 理念과 憲法」『大韓民國臨時政府樹立80周年紀念論文集』, 한국근현대사학회, 665쪽 ;「大韓民國臨時政府의 建國綱領」 같은 책, 714쪽.
162) 趙東杰, 1998,「韓國獨立運動의 特徵과 意義」『韓國近現代史의 理解와 論理』, 지식산업사, 13쪽.

현상으로 주목되어야 한다.

2) 唯一黨運動과 統一戰線

이와 같이 1920년대 중반부터 만주에서 사상 대립이 부상하여 독립운동의 힘이 분산되고 있었다. 1927년에는 하르빈과 목단강시를 잇는 中東線 중간의 一面坡에서 曺奉岩이 들어와 조선공산당 만주총국을 결성하였다. 그리고 연해주에서 李東輝 계열 인사가 만든 赤旗團도 주로 중동선 일대에 들어와 활동하였다. 그리하여 중동선을 중심한 흑룡강성 동포사회에는 공산주의의 파급이 급속하게 진행되었다. 이럴 때에 金東三이 때마침 일어난 민족유일당운동에 맞추어 독립운동 전선의 통합을 추진한 것이다.

金東三은 1920년 경신참변으로 독립운동 진영이 지리멸렬된 이후부터 줄곧 통일운동에 전력을 쏟아 왔다. 앞에서 본바와 같이 1922년의 南滿統一會에 이어 南滿韓族統一會를 열어 통의부를 결성하여 그 총장에 임했고, 1923년에는 전 독립운동계의 통일전선 형성을 위하여 상해에서 國民代表會가 열렸을 때 그 의장을 맡아 활약하였고, 1924년에는 만주 독립운동 전선이나마 통일할려고 全滿統一會를 열어 그 의장으로 정의부 탄생의 주역을 맡았다. 그리고 새로 1927년부터는 民族唯一黨運動을 전개했으니 독립운동계에서 「統一의 化身」이라 해서 과언이 아닐 것이다.

民族唯一黨運動이란 독립군 단체 위에 하나의 지도 정당을 만들자는 것으로 1924년 제1차 국공합작에 의한 中國國民黨을 모방한 것이다. 그의 영향을 받아 1926년 민족유일당운동 북경촉성회가 결성된 후 중국 관내에서는 北京・南京・上海・漢口(武昌)・

廣州에서 促成會가 결성됐고, 국내에서는 新幹會 결성으로 나타났
다. 이러한 분위기는 임시정부도 수용하여 1927년 개정 헌법에서
유일당을 임시정부 위에 두는 규정을 설치하였다.[163] 그때 만주에
서는 1927년 4월 15일 길림 남쪽 永吉縣 新安屯에서 유일당 촉성
회의가 열렸는데 이 회의에 정의부 중앙위원인 金東三·吳東振·
李光民·金元植 등 11명과 한족노동당(농민동맹 전신)의 金應燮
과 남만청년동맹 대표가 참석하였다. 거기에는 관내에서 파견된
安昌浩도 참석하고 있었다.[164] 그후 촉성회의는 회수를 거듭하면
서 지도 정당의 성격을 파악하지 못한 대표가 있어서 성사되지 못
하고 결국 삼부 통합운동으로 성격을 바꾸고 말았다. 그리하여
1929년에 國民府와 韓族總聯合會로 양분되었다. 그때 金東三은
革新議會 의장으로 활약하다가 1931년 하얼빈에서 李源一과 함께
체포되어 20년간의 독립운동의 막을 내리고 말았다. 그에 앞서
1929년과 1930년에는 金宗鎭·金佐鎭·재종반과 구한말 의병장
으로 만주에 망명하여 일송과 함께 활약하던 金圭植(경기도 광주
인)이 암살 당하고 1931년에는 南慈賢 여사가 체포되어 고문 치사
당하는 등, 독립운동 진용의 피해가 막심하였다. 金元植은 1932년
4월 13일 상해에 잠입하여 金元鳳(약산)·金奎植(우사) 등과 만주
사변에 대항한 중한항일의용군을 결성했는데 그때 다시 만주로 파
견되어 李靑天·金尙德과 함께 새롭게 독립군을 일으켜 한중연합
전선을 펴다가[165] 1933년 동녕현전투 이후 이청천과 함께 관내로

---

163) 1927년 개정헌법 제2조; 大韓民國의 最高 權力은 임시 의정원에 있다.
　　단 光復運動者가 大團結한 政黨이 완성될 때는 최고 권력은 그 黨에
　　있는 것으로 한다.
164) 慶北警察局, 「韓國獨立唯一黨北京促成會」 『高等警察要史』(고려대
　　학교 민족문화연구소 영인본), 124~126쪽.
165) 金榮範, 1997, 『한국근대민족운동과 의열단』, 창작과비평사, 295~297
　　쪽.

이동했다. 이 무렵 김원식과 함께 천전문중의 선봉장과도 같던 金
政植은 연거푸 옥살이를 하는 고초를 겪다가 얼마 후 불귀의 몸이
되었다(후술). 이것이 1931년 9월 18일부터 전개된 滿洲事變을 전
후한 일이었다.

3) 一松 金東三의 一代記

　김동삼의 원 이름은 肯植이고 一松이 그의 호이다. 가세는 넉넉
하지 못했다. 그가 전통 가문에서 태어나 구학문을 배우고 그 뒤에
언제부터 신학문에 뜻을 두었던가는 분명히 알지 못한다. 30세 되
던 1907년에 천전리에 協東學校를 설립할 때 교사로 취임한 것을
보면 그 전에 이미 신학문을 익혔다는 것을 알 수 있다. 협동학교
교사로 재직하면서 지하조직인 新民會에 가입하고 1909년에는 역
시 지하조직인 大東靑年會(團)에 가입하여 활동했다. 1910년 대한
제국이 멸망하자 집안 어른 金大洛과 함께 서간도로 망명하였다.
　西間島 三源浦에서 新興學校 건립에 참여하고 耕學社 사장 李相
龍을 도와 일했다. 1913년 3월부터 이름을 중국 東三省(만주)의 호
칭을 따서 東三이라 했다. 1914년에는 경학사의 후신 共理會의 방
침에 따라 신흥학교 1·2·3·4회와 그 분교와 노동야학 졸업생 385
명을 인솔하여 독립군 軍管區로서 통화현 八里哨 깊은 산 속에 白
西農庄을 건립하고 그의 庄主가 되었다. 여기서 일송이 독립군의
거성으로 부상하였다. 1916년 扶民團을 결성하자 許爀 단장에 이
어 부단장에 선임됐다가 李相龍회장의 扶民會때는 의사부장을 맡
았다. 1919년에는 백서농장 軍營을 해체하고 삼원포로 귀환하였다.
같은 해 韓族會 서무부장을 맡았다가 백서농장 군영의 후신인 西

路軍政署 참모장에 취임하면서 서무부장은 金聲魯에게 인계했다.

1920년 여름부터 일본군의 침략이 간헐적으로 자행될 때 일송은 서로군정서 참모장으로서 300명의 독립군을 李青天 사령관 인솔하에 북간도로 이동시켰다. 7월 29일에는 安圖縣 三仁坊에 주둔시키고,[166] 일송은 8월에 왕청현 西大坡의 북로군정서를 방문하여 작전을 모의하였다.[167] 그후 서로군정서군이 청산리전쟁을 치룬 후 북상하여 密山에서 북로군정서군을 비롯한 10여개 독립군과 연합하여 大韓獨立軍團을 결성하여 러시아로 너머갈 때 일송은 서간도에 남아 독립전선을 재정비하였다.

1920년 庚申慘變을 맞아 삼원포 三光學校 교장으로 활약하던 동생 金纘植(東滿)을 일본군에 잃고 가정을 북만주 영안현 周家屯(현재 寧安縣 江南 조선족-만주족 공동 自治鄕)으로 옮기고 자신은 유하현과 흥경현(지금의 신빈현) 일대로 옮겨 활동했다. 경신참변으로 지리멸열된 동포사회와 독립군을 통합하는 南滿統一會와 南滿韓族統一會를 주도하여 1922년에 統軍府 교육부장을 맡았다가 統義府 총장에 취임하였다. 3·1운동 뒤에 고양된 독립운동이, 만주와 노령의 독립군은 경신참변과 자유시참변(1921)으로 크게 타격을 입었고, 임시정부는 파리강화회의에 이어 태평양회의(1921)에서도 외면 당하여 위축되었는데 대통령 이승만의 독주와 폭정으로 말미암아 파탄 위기에 이르자, 국내외 독립운동전선의 재정비 통합이 요구되어 1923년에 상해에서 독립운동자 총회인 國民代表會가 개최되었다. 그때 김동삼이 서로군정서 대표로 참가하여 의장에 피선되었다(부의장 안창호·윤해). 그해 1월 3일부터 5월 15일

---

166) 李槇,「陣中日誌」『독립운동사자료집』10, 독립운동사편찬위원회, 50쪽.
167) 李槇, 위의 책, 56~57쪽.

까지 국민대표회 의장으로서 독립운동계의 통합과 새로운 방략 모색을 위하여 노심초사하였다. 여기서 일송 김동삼의 명성이 국내외에 널리 알려지게 되었다. 국민대표회가 임시정부의 固守論·改造論·創造論으로 대립할 때 일송은 개조론에 가세하였으나 결국 결렬되고 말았다.

1923년 가을에 만주로 돌아와 독립군의 분열을 극복하기 위하여 李相龍·梁起鐸이 노력하던 독립군의 통합 업무를 인수하여 全滿統一會議를 개최하여 의장에 피선되었다. 거기에서 正義府가 탄생하였는데 김동삼이 중앙행정위원 겸 외교위원장에 취임하였다. 1926년에는 農民互助社를 설립하여 농민조합운동의 단서를 열었다. 1927년에 安昌浩·金衡植·金元植·李光民과 민족유일당촉성운동을 전개하여 新安屯會議를 주재하고 이듬해에 革新議會 의장으로 활약했다.

이와 같이 독립군 단체에 문제가 발생하면 그 수습회의에 의장을 독점하다시피 피선되었던 일송 김동삼이었다. 그것을 통해 일송의 대범한 인간상을 엿볼 수 있다. 일송은 남만통일회·국민대표회·전만통일회·민족유일당운동촉성회 등, 독립운동 단체의 통일에 정성을 쏟은 「통일의 화신」으로 역사에 남을 것이다. 그런데 일송은 기록을 남기지 않았다. 그것은 통의부의 행동지침이기도 했다. 주고 받은 말의 신용을 지키지 못하면 독립운동의 기본 자질에 문제가 있다는 것이다. 그래서 약속 서류도 현장에서 불태우고 입에 넣어 씹어 없앴다고 한다. 혁명가적 성질과 체질을 타고 난 인물이라고 하겠다. 그의 거주지도 알지 못한다. 일본 경찰도 가족도 거주지를 알지 못했다. 그의 며느리 이해동 여사는 『滿洲生活 七十七年』에서 시아버지를 잠간씩 세 번 뵈었다고 했다. 결혼 직후 寧安 周家屯에서 처음으로 봤고, 다음에 하르빈 남쪽 蔡家口에서 살

때 밤중에, 그리고 하르빈 영사관 유치장에 갇힌 어른을 마지막으로 뵈었다고 했다. 혁명가의 일생을 보여 주는 일화라 하겠다.

그렇게 거주지도 숨기던 일송 김동삼이 1931년 사돈 李源一과 南慈賢 여사와 함께 모종의 공작을 위하여 하르빈에 잠입했다가 일경에 체포되고 말았다. 그는 평양감옥과 서대문감옥에서 옥고를 치루던 1937년에 옥사하였다. 향년이 60세니 회갑 전해의 일이었다. 시신은 평소에 일송을 존경하던 萬海 韓龍雲이 성북동 尋牛莊에 토렴하고 장례를 지냈는데 화장하여 유언대로 유해를 한강에 뿌렸다. 만해 일생에서 눈물을 흘린 것이 이때 한번이라 했다.[168] 식민지하에서 의미 심장한 社會葬과 같았다.[169] 현재 국립묘지에 의관장 묘소가 있다. 이러한 김동삼의 행적을 민족주의 구조에서 보면 그는 극좌나 극우에 기운 적이 없으므로 중도 민족주의자였다고 말할 수 있을 것 같다.

필자는 1969년부터 10년간 독립운동사편찬위원회에 관여할 때 수 많은 독립운동가와 만나 증언을 청취했는데 독립운동자 누구나 칭송과 더불어 단점도 다양하다는 것을 알았다. 그런데 일송만은 욕하는 사람이 없었다.

---

168) 安秉直 編, 1979, 『韓龍雲』(『한국근대사상가선집』 1), 한길사, 275쪽.
169) 萬海와 一松이 만난 사실을 전해 주는 기록은 없다. 다만 만해의 회상기 「죽었다가 다시 살아난 이야기―滿洲山間에서 靑年의 拳銃에 맞아」『別乾坤』 2권 6호, 1927년 8월호에서 西間島 '굴라재'에서 총에 맞아 죽을 고비에 "조선 사람들 사는 촌에 와서 달포를 두고 치료하였다"고 했다(金觀鎬 외, 1979, 『增補 韓龍雲全集』 1, 신구문화사, 251~253쪽). 그때 一松의 도움을 받았던 것이 아닌가 추측해 볼 수 있다. 「韓龍雲 年譜」 1911년조에 의하면 "한때 우리 독립군에게 一進會員으로 오인되어 通化縣 小也可에서 저격을 당하다"라고 했다(金觀鎬 외, 『增補 韓龍雲全集』 6, 385쪽).

7. 聚源昶 이주와 月松의 민족교육

1) 북만주 취원창 개척과 민족교육

일송 金東三이 1931년 하르빈에서 잡힌 그 무렵, 만주에 망명했던 천전 인사를 보면 金元植은 1932년에 관내로 들어갔다가 다시 만주에 파견되고 또 관내로 철수하여(전술) 신한독립당을 결성하고 1935년에는 남경에서 양기탁·김규식·김원봉 등과 함께 민족혁명당을 창당하여 새로운 정세에 대응한 독립운동을 전개하다가 1940년 1월에 작고하였다.[170] 이미 노령에 접어든 金萬植은 군자금을 모금하기 위하여 무수히 국내를 출입하던 가운데 고향에 갔다가 병을 얻어 1933년에 작고하였다. 만주에 남았던 金衡植·金圭植·金政植 등의 인사들은 하르빈 근방 聚源昶과 오상현 安家村에 새 근거지를 마련하고 살았다.[171]

---

170) 金元植은 마산출신 金元植(金炯善)을 비롯하여 동명이인이 많으므로 자료를 볼 때 주의하여야 한다. 안동출신 김원식이 민족혁명당에 참여한 후의 소상한 활동에 대하여는 알 수가 없다. 1937년 中日戰爭이 일어난 다음해(1938) 2월에 北京(당시 北平) 西直門裡東新開路 21호 孫雲卿方에서 고향의 아들 聖魯에게 보낸 편지를 보면, "사람이 世上에 나서 旣是正路를 차자오다가 中道變節은 차라리 죽을지언정 行할 수 업고"라고 아들에게 할아버지(김원식 아버지)와 어머니를 잘 모시라고 당부할 정도로 독립운동 의지가 넘치고 있었다. 그것을 보면 자료에서 아직 발견되지 않은 독립운동 활동을 전개하고 있었던 것으로 보인다. 유족(손자 金世均)에 의하면 1938년에 일경에 체포되어 만주로 끌려와 1년 9개월이나 미결수로 모진 고문을 받아 전신 불구가 되어 출옥한 1940년 1월에 작고했다고 한다.

171) 필자가 이 글을 쓰는 동안 金萬植·金衡植·金東三·金圭植·金政植·金元植·金正魯·金文魯 등, 만주에서 활약하던 천전 인사에 대한 잔상은 金萬植(1867~1933)은 주변스런 행동가였고, 金衡植(1877~

1920년 청산리전쟁에서 아들(金成魯)을 잃은 김규식은 그후 삼원포와 심양에 독립운동 연락거점으로 東亞旅館을 설치하고 오가는 동포의 편의도 도모하였다. 그러다가 오상현 安家村에 정착하였다. 거기에 많은 동포들이 모이자[172] 중국 관내와 러시아 동포와도 연락하며 활동 중, 1944년 8월에 일경에 잡혀가고 말았다. 김규식과 함께 독립운동을 하던 외손자 尹鉉鳳(74)이[173] 현재 심양(봉천)에 살고 있다.[174]

한편, 1927년 만주에서 민족유일당운동이 부상하여 독립운동계

1950)은 군자 같은 인격자였고, 金東三(1878~1937)은 비범한 혁명가였고, 金圭植(1880~1944)은 정직한 실천가였고, 金元植(1888~1940년 전후?)은 민첩한 활동가였고, 金政植(1888~1941)은 활달한 수완가였고, 金正魯(1898~1968)는 고집스런 우등생이었고, 金文魯(1911~1969)는 성실한 생활인이었다. 필자는 1969년부터 독립운동사편찬위원회에 관여하면서 수많은 독립운동자를 만나 증언을 들을 수 있었으므로 그때 들은 이야기들이 스민 잔상일 수도 있다.

172) 安家農場 등의 五常縣에는 현재 5만명 정도의 조선족이 살고 있다. 여기는 하르빈 남쪽에 위치하고 김책중학교가 있는 尙志縣(원래 珠河縣) 서남에 접경한다. 하르빈에서 철도가 통하고 중동선이 지나는 상지에서 들어가는 것도 교통이 편리하다. 필자는 2000년 2월 27일 상지와 하르빈까지는 갔으나 오상은 답사하지 못했다.

173) 金中生, 2000,『朝鮮義勇軍의 密入北과 6·25戰爭』, 명지출판사, 25쪽에 윤현봉이 1927년생으로 나타나 있다.

174) 族譜에는 金圭植의 사망 연월일이 등재되어 있지 않다. 그의 외손자 尹鉉鳳이 심양에 산다는 이야기를 듣고 연락하여 1944년 8월에 잡혀 갔다는 사실을 알았다. 아마도 곧 작고하였을 것이다. 심양에 연락하고 답변을 들어 필자에게 알려준 것은 의성 김씨종친회 金時中 위원이었다. 감사를 드린다. 尹鉉鳳옹은 예천출신이다.
1944년에는 일본군이 하르빈에 있는 731부대에서 중국·조선·몽고·러시아인을 잡아가서 세균으로 생체 실험을 자행했다. 거기에 독립운동자가 수없이 희생되었을 것은 물론이다. 김규식이 거기에서 희생되었다는 말은 아니지만 끔찍스럽게도 아니라고 말할 수도 없는 것이 안타까울 뿐이다.

가 새로운 개편이 추진되고 있을 때 金政植이 동서인 함안출신 金
斗鍾과 연락하며 그의 형 金書鍾과 하르빈 동북쪽 35㎞ 지점, 阿
城縣 북쪽 송화강변의 聚源昶을 개척하였다. 김정식은 경신참변
뒤 옥고를 겪은 후(전술) 심양에서 아버지 剩軒 金紹洛을 모시고
살다가,175) 1920년대 후반에 하르빈으로 옮겼다. 하르빈을 근거지
로 했던 것은 김두종이 1928년 4월에 남만주철도회사 하르빈병원
에 근무하게 되었던 것에도 이유가 있었던 것이 아닌가 한다.176)
김두종은 1932년에 하르빈에 濟世病院을 개설하고 맏형 김서종과
맏동서 김정식을 비롯한 독립운동자를 지원하여 많은 화제를 남겼
다.177)

　金政植이 취원창을 개척한 것을 전후하여 영안현에 살던 金衡
植 가정도 취원창으로 오자 취원창은 문중 촌락처럼 변해 갔다. 월
송 김형식과 그의 양자 正魯의 가정, 그리고 白下의 동생으로 끝까
지 신교육에 반대하던 剩軒 金紹洛(1851~1929)의 후손들은 모두
취원창에 살았다.178) 잉헌에게는 祚植・洪植・政植 삼형제가 있

---

175) 剩軒 金紹洛은 1923년경 아들 政植이 출옥했다는 소식을 듣고 심양으
　　　로 갔다. 1924년에 玉山書院 원장으로 선임되어 돌아와 慶州 良洞에
　　　머물다가 천전에 와서 1929년에 작고했다.
176) 紀念論文集刊行委員會, 1996,「一山 金斗鍾博士 年譜」『一山 金斗鍾
　　　博士稀壽紀念論文集』, 탐구당, 1~4쪽.
177) 金星姬,『나의 아버지』(원고본)에 이모부(金斗鍾)에 대한 이야기가 자
　　　주 나오는 것을 볼 수 있다. 김성희는 하르빈에서 소학교를 마쳤다.
　　　현재 80노령으로 서울에 살고 있다. 金斗鍾 박사는 濟世病院을 경영
　　　하다가 해방 후 남하하여 서울대학교 醫科大學 교수・韓國醫史學會
　　　長・學術院 會員・淑明女大 總長・大韓赤十字社 副總裁・韓國科學
　　　史學會長・大韓醫學協會長・成均館大學校 理事長 등을 역임하였다.
178) 剩軒 金紹洛은 협동학교 신교육에 반대하여 혈서를 쓸 정도로 완고했
　　　는데(전술), 1923・4년경 아들 政植이 모시고 瀋陽(봉천)에 거주한 것
　　　을 보면 신교육을 양해한 것 같다. 정식의 부인은 고등교육을 받은 신
　　　여성이었다. 그런데 剩軒이 1924년에 良洞 玉山書院 원장에 취임한

었는데 祚植의 아들 世魯(1895~1940)·文魯(1911~1969)·元魯(1914~1965)·仁魯(1914~1960)·允魯(1917~1959?)·天魯(大晃: 1922~)가 취원창에 살았고, 世魯의 아들 時延(1912~1968)·時鼎(1922~)·時恒(1924~)·時坤(1927~)도 청소년기를 보내고 있었다. 金洪植은 미국으로 건너가 기독교 목사로 활약했는데 그에게는 文魯가 양자로 들어갔다. 그리고 政植은 轍魯(1926~1957?)·星姬 등 4남매를 두었는데 그들도 하르빈과 취원창을 오가며 어린 시절을 보내고 있었다.

그리고 일송의 사촌 章植(1889~1949)이 속칭 쩔뚝 할배(전술)로 국내를 드나들며 살았고 일송의 아들 定默(1905~1950)·容默(1912~) 4남매와 경신참변 때 세상 떠난 동생 東滿(纘植)의 아들 敬默(1912~1967)의 가족이 살았다. 그리고 생가로 백하의 종질(양가로는 재종질)인 寧植(1894~?)과 鍾植(1907~1946?) 형제가 살았는데 종식은 취원창 중국국민학교 교사를 역임하고 海倫縣국민학교 교장으로 전임되었는데 해방 직후에 작고했다. 반동으로 처단된 것 같다.

그리고 석주 李相龍의 동생 鳳羲와 그의 아들 文衡(光民)·仁衡(光國)과 그의 집안이 많이 살았다. 고성 이씨 족보 안동 法興派錄을 보면 만주에 무덤이 있거나 현재도 만주에 산다고 기재되어 있는 인원이 36명에 이른다. 그 외에도 영해의 함양박씨로 3·1운동 전후에 서간도로 망명했던 海史 朴健(義然)·義烈·義熏 삼형제와 해사의 아들 朴東洙·鎭洙·萬洙·昌洙의 가정이 있었는데 박만수는 취원창 촌장(면장)을 맡아 있었다.

이들의 독립운동 행적에 대하여는 일일이 알지 못한다. 그러나 처음에 취원창에 학교를 세우고 月松 金衡植이 교장을 맡아 민족

───────────────

것을 보면 백씨인 백하처럼 변화했다고는 말할 수 없다.

교육에 이바지하였던 것은 북만주에 살면서도 민족을 잃지 않으려는 정성으로 특별히 기억되어야 한다. 취원창 조선족 민족학교는 1932년 괴뢰 만주국이 건립되면서 폐쇄 당하고 만주국 학교로 운명을 바꾸게 되었는데 지금도 巨源鎭(옛 취원창) 거리 복판에 학교가 있다. 취원창 동서 마을에서 구장(이장)과 흥농회장을 맡고 있던 金文魯와 金時太(延)는 문중의 일도 앞장서 돌보고 있었다. 필자가 2000년 3월 1일 취원창을 방문했을 때 중국인 촌로들 조차 그들의 인품을 기억할 정도로 명성이 높았다.179)

　취원창에서 전개한 독립운동이라면 먼저 金政植을 손꼽아야 한다. 그는 하르빈에서 濟世病院을 경영하던 金斗鍾 박사와 동서간이다. 김두종의 형 金書鍾과 친했는데 김서종은 보성전문학교를 졸업하고 만주로 망명하여 독립운동을 전개하고 있었다. 동생의 지원을 받으며 독립운동을 펴다가 순국한 인물이다.180) 만주사변의 와중에서 김서종과 선후하여 김정식도 잡혀 갔다. “1931년 겨울이라 생각된다. … 집에 들어서는 순간 아버지가 황급히 뛰어나와 이모부 병원으로 달려가는 것을 보았고 어머니는 우는 나를 데리고 … 헌병들은 병실 환자들을 일일이 점검하여 아버지와 또 한분 우리 친척 어른을 함께 체포해 갔다.”181) 여기의 친척 어른이 친척이 아니긴 하지만 김서종이 아닌가 한다. 김정식은 잠시 풀려났다가 1933년 음력 설날에 다시 끌려갔다. 그때 김정식 가정은 하르빈 道裡 賣買街에 살았는데 겨울에 취원창 농장에 머물며 거기서 설

---

179) 필자가 2000년 3월 1일 聚源昶(현재 巨源鎭)에서 만난 중국인은 그곳 南一街에 거주하는 潘義(80)와 侯景貴(78)였다. 그들은 이상룡 일가의 무덤을 이장한 사실과 1947년 조선족이 축출 당한 사실 등을 소상히 전해 주었다.
180) 李丙燾, 1966, 「祝序」 『一山 金斗鍾博士 稀壽紀念論文集』, 탐구당, 5~6쪽.
181) 金星姬, 『나의 아버지』 2(원고본), 1~5쪽.

을 맞았다고 한다.[182] 설도 아랑곳하지 않고 김정식을 잡아갔다. 이에 대한 규명은 후일로 미룰 수밖에 없다.

1940년 전후에 아성현 일대에는 동북항일련군 趙尙志부대가 활약했고 거기에 金策과 許亨植 등의 조선인이 활동하고 있었으므로 그들과의 관계도 생각해 볼 수 있다. 특히 許亨植은 善山 林隱 출신으로 서간도 삼원포에 망명하여 동고동락한 동지였다. 그가 동북항일련군 제3군과 제9군을 이끌다가 1942년에 취원창 동쪽 木蘭縣에서 전사할 때까지[183] 하르빈 근방을 무대로 활약했던 것을 생각하면 서로의 관계가 없을 수 없다.

한편 1943년에는 延安의 조선의용군이 先遣隊를 파견할 때[184] 李相朝(金漢圭)가 잠입해 왔으므로 취원창 동포사회에는 그의 연락망이 구축되기도 했다.[185] 이상조가 잠입한 巴彦縣 西集昶은 취원창에서 동북으로 크게 멀지 않다. 취원창에 살던 李光國은 이상조가 잠복한 후에 서집창으로 이사하여 살았다. 그리고 해방 후 月松 金衡植이 조선의용군의 정당인 독립동맹 위원장 金枓奉의 초청을 받아 독립동맹 북만지부 책임자의 자격으로 북한에 간 것을 보면[186] 취원창에서 김형식이 이상조와 관계하면서 독립운동을 전개했던 것을 알 수 있다. 또 취원창 동포사회의 중심 인물 李光民이 해방 후에 서울의 建國準備委員會와 관계가 있었다는 이야기를 들은 적이 있는데 그것이 사실이라면 일제말에 夢陽 呂運亨이

---

182) 김성희, 앞의 글(3), 2~3쪽.
183) 黑龍江省, 1987, 「朝鮮族部分抗日烈士簡歷—許亨植」『黑龍江省 社會歷史調査』, 40쪽.
184) 趙東杰, 「연안의 조선의용군 유적지를 찾아서」『독립군의 길따라 대륙을 가다』, 288쪽.
185) 金中生, 2000, 『朝鮮義勇軍의 밀입북과 6·25戰爭』, 명지출판사, 91·129쪽.
186) 李泰衡, 『金衡植 略傳』(원고본), 14쪽.

은밀히 결성한 建國同盟과의 연락도 있었다고 추측할 수 있다.

이와 같이 취원창에서 독립운동을 전개할 때 하르빈과 巴彥·木蘭·珠河(상지)·阿城 등지로 연락할 사항이 있으면 그것은 문중의 청소년이 담당하여 동분서주하였다. 李海東 여사의 『滿洲生活 七十七年』에 金天魯(大晃)가 독립운동 연락원으로 활동했다는 것이 바로 그러한 경우를 대표한다고 말할 수 있다.187) 그렇게 보면 누구도 독립운동에 기여하지 않은 사람이 없을 정도였다. 혹은 金定默이 맡아 있던 同益商會의 거래망을 이용하고, 혹은 金文魯와 金時太(延)의 興農會 업무망을 이용하고, 혹은 金時杰(恒)이 맡아 있던 청년훈련대 연락망을 이용하여 독립운동을 위장했던 사례가 화제로 남아 있다.

이와 같은 천전인의 만주에서 전개한 독립운동은 취원창에서 해방을 맞으면서 끝이 났다. 그래서 천전인의 독립운동을 "三源浦에서 聚源昶까지"라는 말을 남겼다. 그것은 한국독립운동이 "白山에서 黑河까지"라는 말의 대칭으로 필자가 만든 말이다. 필자는 거기를 모두 답사하면서 중국인 지주의 소작인으로 생명을 부지하면서 독립운동을 전개한 어른들께 고개를 숙여 감사했다. 2000년 3월 1일 취원창을 답사하고 조선의용군 집결지였던 蜚克圖를 향하여 돌아 오다가 마을 입구에 차를 세우고 다시 돌아서서 고개를 숙여 명복을 빌었다.

독립운동을 하던 남정네야 그렇다고 하더라도 여인네의 인고의 삶을 무엇으로 설명하랴. 이 글에서도 여인네의 눈물을 하나도 그리지 못한 것이 죄스러울 뿐이다. 다만 필자는 정년 뒤에도 계속하고 있는 대학원 강의에서 李海東 여사의 『滿洲生活 七十七年』과 許銀 여사의 『아직도 내귀엔 서간도의 바람소리가』의 讀後感을

---

187) 李海東, 1990, 『滿洲生活七十七年』, 명지출판사, 110쪽.

숙제로 내 주고 있다. 그것으로 용서를 빌고 싶다.[188]

2) 月松 金衡植의 一代記

김형식(1877~1950)의 초명은 晦植이고 月松은 그의 호이다. 사람 천석, 글 천석, 밥 천석으로 '三千石宅'이라는 애칭을 듣던 천전리 都事宅의 좋은 가정에서 태어나 가학으로 유학을 배웠다. 1907년 마을에 신교육을 도입하여 協東學校를 설립하자 월송은 교사에 취임했다. 그가 신교육을 담당할 정도로 언제 신학문을 익혔는지는 一松의 경우처럼 알지 못한다. 그러나 賁西 金大洛이 신사상을 도입한 것이 아들 월송의 간곡한 진언 때문이라는 말이 있을 정도로[189] 월송의 신문화 도입의 집념이 강했다. 1908년에 고모부 李象羲(이상룡)가 대한협회 안동지회를 결성하자 종형 金萬植과 함께 그에 정성을 쏟았다. 그때 아버지(김대락)가 저택을 비워 협동학교 교실과 기숙사로 제공하고 본인은 옆집으로 물러앉으니 경향에서 칭송이 자자하였다.

1910년 나라가 망하자 서간도로 망명을 계획하고 66세의 늙은 아버지를 모시고, 대소가식솔 수십명을 거느리고 유하현 三源浦로 망명하였다. 삼원포에서 耕學社와 新興學校를 건립하고 1913년에 경학사를 해체하고 共理會를 결성하여 아버지 김대락이 회장을 맡

---

188) 해방 후 1947년에 聚源㣚에서 축출 당하고 土地改革 진행과정에서 뜻하지 않게 비극을 만났던 내용은 李海東,『滿洲生活 七十七年』, 133쪽 이하에 생동감있게 서술되어 있으니 참고하기 바란다.
189) 賁西(백하)는 1902년에 맏아들 明植을 잃고 외아들로 남은 衡植에게 의지한 심정이 깊었다는 것을 마을에서 金時恒 교장을 비롯한 많은 분들이 이야기하였다.

으매 잡무를 도맡았고, 1916년에는 각처의 공리회를 통폐합한 扶民團의 서무부장을 맡았다. 이어 부민회로 개편함에 월송은 회장을 맡은 고모부 이상룡을 도와 중앙검찰로 활동했다. 廣業社를 조직하고 벼 농사를 개발하는 등, 망명 가정의 안착을 위하여 정성을 쏟았다. 그러나 수토병과 불순한 날씨를 견디기 힘들어 한때는 새 망명지를 찾아 러시아의 沿海州를 답사하기도 했다. 1912년에는 통화현 哈泥河로 이사했다가 다시 삼원포 藍山으로 돌아왔다. 여기서 1914년 12월 10일 아버지(白下)가 작고했다.

1919년 3·1운동 뒤에는 韓族會가 결성되어 월송은 학무부장을 맡아 민족교육에 헌신하였고, 1920년 12월 4일에는 임시정부 間西總辦府의 부총판을 위촉 받아 경신참변 후의 수습을 위하여 노력하였다.[190] 1923년 독립운동 전선의 재정비를 위하여 상해에서 國民代表會가 열릴 때 월송은 한족회 대표로 참석하여 그해 여름까지 상해에 머물었다. 그해 가을에 만주로 돌아와 寧安으로 이사한 양자 金正魯의 집으로 가 휴양을 취하였다. 마침 거기에 大倧敎 3세교주로 취임한 尹世復이 대종교본부를 설치하여 그와 교우하며 그의 아들 尹必漢을 사위로 맞는 등의 경사가 있었다.

1924년에 全滿統一會 중앙위원에 피선되었으나 신병으로 취임하지 못했고, 1925년에는 正義府 민사위원장(내무부장)에 선임됐으나 역시 건강 때문에 사양하였다. 이해에 셋째 사위 李泰衡을 맞았는데 월송은 이 사위를 가장 믿었던 것 같다. 후일 자신이 정리한 『先考遺稿』를 이태형에게 맡긴 것으로 알 수 있다. 건강이 회복되자 1927년에 민족유일당운동에 참여하고 聚源昶으로 이사하여 그곳 조선족 민족학교 교장을 맡아 민족교육을 실시했다.

---

190) 上海 日本總領事館, 『朝鮮民族運動年鑑』, 1920년 12월 4일조(『독립운동사자료집』 7, 독립운동사편찬위원회, 1246쪽).

1935년부터 액운이 닥쳐 둘째 딸과[191] 자부 황씨가 작고하더니 월송의 부인도 와병 중 1938년에 작고하였다.[192] 1936년 "正魯는 時洋 어린 것을 다리고 조선으로 回國하고 公은 無面渡江이라 떠러져 독거생활 하게되니 종질되는 文魯가 부친같이 대접하나 그것도 한두달이지"[193] 이에 부인 엄씨를 맞았다. 1937년 회갑을 맞았고 1938년에 아들 直魯를 낳았다. 이 무렵 석주 이상룡의 무덤을 취원창으로 이장할 때 비문을 썼고(1990년 묘소를 이장할 때는 비가 없었다고 함. 문화혁명 때 없어졌을 것으로 추측). 1940년에는 사촌 圭植과 함께 삼원포 藍山에 있는 아버지(김대락)의 무덤을 찾아 가토하고 지석 대신 흰사발을 무덤 앞에 묻어 두었다. 그후 세 식구는 길림성 永吉縣 江密峰 사위 이태형(李明俊)의 집에서 살았다. 태평양전쟁이 일어나 정세가 험악해지자 1943년에 直魯 모자를 고향으로 보내고 홀로 취원창으로 돌아왔다. 그에 앞서 『先考遺稿』를 사위에게 맡기고 사상을 피력했다. 무신론·미신타파·남녀평등, 제사를 지낼 때까지 남녀와 적서의 차별을 타파할 것을 강조하고 석주의 『大東歷史』를 민족사상으로 소개했다. 1944년 연안의 독립동맹(조선의용군)에서 파견한 李相朝로부터 독립동맹 북만지부 책임자로 위촉되어 독립운동의 마지막 꽃불을 피웠다.

"1945년 해방이 되자 하르빈방면의 소식을 들으니 公은 朝鮮獨立同盟 북만지부 책임자 명의로 金枓奉의 초청을 받아 平壤으로 회국하셨다고. 그뒤 革命者後援會 회장에 당선, 南北連席會議 당시(1948년 4월 19일; 필자) 개회식에 사회하셨다는(임시의장; 필자)

---

191) 둘째 딸은 尹必漢의 부인인데 윤필한은 감옥에 있었고 시아버지 尹世復은 大倧敎 3세교주로 소만 국경인 密山의 當壁鎭에 있다가 東京城으로 옮겼다. 그럴때 둘째 딸이 폐병환자로 친정 살이를 했다.

192) 연도는 족보의 생몰 연도를 따랐다.

193) 李泰衡, 『金衡植 略傳』(원고본), 9쪽.

소문 들었다. 그뒤-평해인 黃炳穆이-전하는 말이-혁명자후원
회에서 공작하시다가 연로 퇴직하고 금강산 장안사 國營養老院
휴양중인데-금강산에 戰火가 미치자(1950년 가을; 필자) 외인(미
군; 필자)에게 수욕을 당하는 것보다 차라리-구룡폭에서 자진하
셨다."194) 향년이 74세였다. 마지막에 "此山應有仙 肉眼不分看 白
髮聳雲間 人謂我神仙"이라는 글을 남겼다. 과연 금강산 신선이 되
어 외인의 수욕도 당하지 않고 독립동맹의 김두봉과 이상조가 숙
청 당하는 것도 보지 않을 수 있었다. 이상의 김형식 행적을 민족
주의 구조에서 보면 중도 좌파 민족주의자라고 이야기할 수 있을
것 같다.

8. 國內人士의 항일운동

1) 3·1운동과 巴里長書

　1910년 경술국치를 당하자 안동에서 金大洛(내앞)·李相龍(법
흥·도곡)을 비롯한 망명 행렬이 서행할 때, 떠나는 사람과 보내는
사람들이 뒤엉켜 눈물 바다를 이루었다. 망명 행렬은 그 뒤에도 계
속되었다.

　그럴 때인 1913년에 풍기에서 光復團이 결성되고 1915년에는 대
구에서 결성된 조선국권회복단과 합동하여 大韓光復會를 만들었
다. 책임자는 영양 흥구리에 은거했던 朴尙鎭이었는데 안동에서는
權準義(가일)·權準興(가일)·柳時萬(하회)·李鍾暎(도곡)·權義
植(?)·金應燮(미동)·李棟欽(하계)이 살림을 기울여 활동했다. 이

---

194) 李泰衡, 앞의 글, 14~15쪽.

들의 활동은 1918년 4월에 이동흠이 잡히면서 끝났는데,[195] 박상진이 한때 하계 이동흠의 집에 은신하고 있었기 때문에 대한광복회는 안동과 특별히 긴밀한 관계를 가지고 있었다. 안동과의 관계는 거기에 그치지 않는다. 대한광복회는 서간도 삼원포의 이상룡·김동삼 등의 부민회와 연락하고 있었으므로 만주에서 보면 독립군의 국내 조직과 같았다.[196]

이와 같이 나라가 망하자 온 겨레가 실의에 빠져 있을 때 안동 인사들은 자결하고, 망명하고, 또 대한광복회를 결성하여 광복을 위하여 온 정성을 쏟았다. 망명 인사는 협동학교 관계자가 대부분이었으므로 협동학교는 자연 폐교 위기를 맞았다. 그것을 수곡 유씨문중에서 柳東泰 등의 인사가 종택 柳淵博의 집으로 옮겨 柳淵甲이 교장을 맡아 민족교육을 이어갔다. 그렇게 민족운동이 축적되고 있었으므로 안동의 3·1운동이 전국에서도 남달리 격렬하게 전개될 수 있었다.[197]

망명 인사들은 서간도 삼원포 3·1운동에 참가한 한편(전술), 안동에서는 길안면 장터(泉旨里)시위운동에 梧岱里의 천전인이 집단적으로 참가했다. 오대리는 조선후기 霽山 金聖鐸의 후예가 월성 손씨와 함께 문촌을 이룬 마을이다. 3·1운동이 일어난 그해 3월 21

---

195) 慶北警察局,『高等警察要史』, 고려대학교 영인본, 265쪽.
196) 趙東杰, 1989,「大韓光復會 硏究」『韓國民族主義의 성립과 獨立運動
    史 硏究』, 지식산업사, 261·278쪽.
197) 慶北警察局,「道內의 萬歲騷擾」『高等警察要史』(고려대학교 영인
    본), 22~41쪽.
    趙東杰외, 1971,『3·1운동사』하(『독립운동사』제3권), 독립운동사편
    찬위원회, 395~413쪽.
    金乙東, 1985,『安東版獨立史』, 獨立志士 安東記念事業會, 89·238~
    260쪽.
    金喜坤, 1999,『안동의 독립운동사』, 119쪽.

일 임동·임하·길안면에서 면사무소와 경찰주재소를 습격하며 격렬한 시위운동을 전개했는데 길안 장터의 운동은 오대리 주민이 주도하였다. 그것은 시위가 끝난 뒤에 오대리의 金珌洛·孫斗源이 일본군에 의해 처형되었을 뿐만 아니라, 재판을 받은 15명 가운데 10명이 오대리 사람이란 것으로 알 수 있다. 재판을 받은 문중 인사는 金徵魯·金載洛이었다.

김필락은 3월 21일 길안운동 뒤에 일본군이 진주하여 3월 26일(음력 2월 25일)에 오대리를 수색할 때 집으로 몰려온 일본군을 향하여 두루막 정장을 하고 호령을 하다가 방안에서 일본군의 총을 맞아 장렬히 순국하였다.198)

3·1운동은 시위운동과는 별도로 유림이 巴里講和會議에 독립승인 촉구서를 송달했는데 그 문서를 巴里長書라고 한다. 파리장서는 서울에서 金昌淑·金丁鎬·李中業·柳濬根 등이 추진하여 곽종석·김복한·유필영·김병식 등 137인의 대표 명의로 되어 있었다.199) 안동에서는 柳必永·金秉植·柳淵博·金瀁模(翊模)가 각 문중을 대표하여 참가하고 있었다. 김병식·김양모가 천전문중을 대표했다. 그리고 이때 李中業의 부인 金洛 여사는 경찰에 잡혀가 실명할 정도로 모진 고문을 당하였지만 끝내 굴하지 않고 한국 여인의 양심을 지켰던 사실은 특별히 기억되어야 한다. 金洛은 천전 집안을 데리고 서간도로 망명한 白下 金大洛의 동생이다.

---

198) 安東儒道會 金椿大 회장의 梧垈門中에 대한 자세한 증언을 들었다. 3·1운동에서 순국한 金珌洛의 훌륭한 인품과 그의 후손들에 대해서도 증언을 들었으나 여기서 자세한 소개는 생략한다.

199) 南富熙, 1994, 「제1차 儒林團義擧-巴里長書와 3·1運動」『儒林의 獨立運動史研究』, 범조사, 183쪽.
　　趙東杰, 1993, 「巴里長書의 성격과 意義」『韓國近現代史의 理解와 論理』, 지식산업사, 93쪽.

巴里長書는 유림의 위정척사 논리를 버리고 근대적 독립운동 논리를 개진하고 있었다는 데서 역사적 의의를 가지고 있다. 문장을 보면, 먼저 서두에서 세계가 "强弱之勢分 兼幷之權用"의 시대가 지나고 "大明之照 大化之行 其道可知已"라던가, "照大明而行大化 一天下而歸之大同"이라고 大同의 시대가 도래한 것을 지적하고 "同仁一視"해야 세계가 一轍咸安하고 平和하다는 것을 강조하고 있다. 이것은 1차세계대전까지 세계 사조였던 社會進化論의 제국주의를 반성하면서 1918년 이래 새로운 사조였던 인도주의 또는 대동주의 사상에 기초하여 파리장서를 작성하고, 인도주의의 대명 대화에 근거한다는 것을 천명한 것이다.[200] 그러한 논리에 근거하여 "我韓固天下萬邦之一也" "吾韓亦萬國之一也"이니 당연히 독립해야 한다고 하면서 "天之生物也 必有是物之能力 小而鱗介昆蟲 皆有以自由活動 人之自爲人 國之自爲國 固亦有自人自國之治理能力"이라고 서양 사람들이 자랑하던 루쏘의 자연주의가 무색할 정도로 자연의 법칙에 의한 세계질서를 외치고, 그러한 자연법에 근거하여 "今當世界維新之日"을 맞아 당연히 독립하여야 한다고 강조하고 있다.[201]

위의 글을 소개한 것은 3·1운동의 각 선언서에서 강조한 人道主義와 大同主義가 파리장서에서도 강조되고 있었다는 점을 확인하기 위함이다. 그렇게 3·1운동을 통하여 사상이 근대적으로 발전하고 있었다. 그래서 역사에서 3·1운동을 근대사의 분수령이라고 말

---

200) 大明 大化의 언급은 長書 속에 세번이나 등장하고 있다. 이 문구는 후에 湖西 儒林이 오랑캐인 서양을 너무 과찬한 문구로 지적되기도 했다.

201) 이러한 自然法의 논리에 의하여 루쏘를 비롯한 서양학자들은 社會契約說을 주장하였지만, 한국독립운동의 학자들은 민족의 固有主權說을 주장하였다.

하는 것이다. 여기서 주의할 것이 있다. 3·1운동을 기하여 인도주의를 실현하기 위한 방법으로 각종 사상이 대두 분화하였다는 점이다. 1920년대에 부상한 자유민주주의와 사회민주주의, 그리고 자본주의와 사회주의와 무정부주의가 그것인데 모두 인도주의 실현의 방법론으로 분화하고 부상한 것이다. 거기서 자본주의는 고전적 자본주의와 수정자본주의로, 사회주의는 고전적 사회주의와 공산주의로 다시 분화하였다. 천전 인사들의 글을 보면 金衡植이나 金東三이나 수정 자본주의가 아니면 고전적 사회주의를 추구했다는 것을 알 수 있다. 그것은 만주의 어느 독립운동 단체라도, 혹은 임시정부나 연안의 독립동맹까지, 식민지시기 독립운동 단체의 일반적 경향이기도 했다.202)

2) 義勇團 활동과 제2차 儒林團事件

3·1운동으로 민족적 자신감을 얻은 나머지 1920년대에는 민족총력항쟁을 전개한 것이 한국독립운동의 추세였다. 그리하여 독립운동도 다양하게 전개하였다. 임시정부 지원활동에서는 금계리의

---

202) 그러한 각종 사상과 달리 식민지시기에는 나라 없는 설음을 달래는 마음에서 基督敎나 佛敎에 귀의하거나 新興宗敎에 의탁하는 경우도 적지 않았다. 그 가운데 東學의 普天敎 일파인 음치교가 안동에 전파되고 있었는데, 車京錫을 교주로 받들고 있는 음치교는 甲子年(1924)에 조선이 독립한다는 예언을 퍼뜨리면서 확산되고 있었다. 그러한 종교에 마음을 의지하고 자금을 모으다가 1920년에 발각되어 소위 制令7號 위반으로 옥고를 겪은 사람이 있었다. 천전인으로 金秉文(내앞)·金時贊(임하)·金述魯(내앞)·金宙魯(내앞)가 음치교와 관련하여 옥고를 겪었다(判決文: 大邱地方法院, 『刑事裁判書原本』 제1책, 大正 13년(정부기록보존소 소장), 0392~0414쪽).

金璉煥이 주도하여 임시정부 재무부장 이시영과 연락하며 모금활동을 폈는데,[203] 김연환은 파리장서에 서명한 金瀁模(翊模)의 아들로 부자가 독립운동에 몸바쳤다.

안동에는 만주로 망명한 인사가 많았으므로 그와 연계된 활동이 많을 수밖에 없었다. 만주에서는 1920년에 靑山里戰爭이 전개된 한편, 庚申慘變이 전개되어 천전인으로 金成魯가 전사하고 金纘植(동만)이 참살 당하고 뒤이어 군자금 모집차 金政植과 金聲魯가 들어 왔다가 옥고를 겪는 가운데 김성로가 옥사했다는 이야기는 앞에서 말하였다. 그들은 李相龍이 독판이고 金東三이 참모장인 西路軍政署와 직결되어 있었다. 그때 국내에서 지원 단체가 탄생하였는데 그것이 1922년의 義勇團이다. 의용단 조직은 경상남북도에 폭넓게 확산되어 있었는데,[204] 거기에서 금계 종손 金龍煥이 의용단 서기로 활동하였다. 연루된 42명 가운데는 金龍煥 외에도 金秉東·金奎憲이 금계 출신임을 알 수 있다. 의용단 단장이 문경 加恩面 사람으로 구한말 의병장이던 申泰植이라는 것을 보아서 알 수 있듯이 독립군적 지하단체라는 성격을 가지고 있었다. 일제하에서 그렇게 지하활동을 전개하면서 그것을 위장하느라고 김용환 같은 사람은 노름판에 몸을 숨긴 경우가 많았다. 그래서 그를 노름꾼으로 치부하는 경우가 있는데 중국의 한나라를 건국한 劉邦의 고사를 들먹이지 않더라도 근래의 興宣大院君의 행적으로 널리 알려진 바와 같이 그들은 노름꾼이 아니었다. 만주 독립군의 경우에도 얼마든지 찾아 볼 수 있는 위장술에 불과했다. 어떻튼 의용단은 1922년 12월 28일 발각되어 모두 1년 이상의 옥고를 치루어야 했다.

---

203) 앞의 책, 『高等警察要史』, 268쪽.
204) 앞의 책, 『高等警察要史』, 208~211쪽.

의용단 재판도 끝나 천전문중의 긴장이 풀리는가 했더니 뒤이어
제2차 유림단사건이 발생하여 문중은 다시 긴장하였다. 제2차 유
림단사건은 1925년부터 이듬해 26년에 걸쳐 있었다. 1925년 金昌
淑·宋永祜·金華植·李鳳魯 등이 중국에서 독립운동 자금 모금
계획을 세우고 국내에 잠입하여 주로 경상남북도 일대의 유림을
상대로 모금하여 1926년 心山 金昌淑이 탈출한 후 발각되어 많은
유림이 옥고를 겪었던 사건을 말한다.205)

심산은 상해의 國民代表會(1923)가 무산되고 임시정부에서 李承
晩이 독주하다가 축출 당한 것을(1925) 전후하여 독립운동이 침체
에 빠져 있을 때, 독립운동의 활력을 개척하기 위하여 내몽고에 대
단위 독립운동 기지를 건설할 계획을 세웠다. 그리고 자금을 국내
에서 조달하고자 했다. 모금 방법을 북경에 유학하는 金華植(봉
화)·宋永祜(영주)·李鳳魯(대구)와 협의하여 이봉로는 북경에 남
아 연락 업무를 맡고, 김화식·송영호가 먼저 국내로 들어 갔다.
그때 김화식은 권총 두 자루를 휴대했다. 그리고 그해 8월에 心山
도 만주를 거쳐 국내로 잠입하였다.

처음에 서울 적선동에 연락처를 정하고 각처의 유림을 대상으로
모금활동을 전개하였다. 먼저 김화식과 송영호는 心山과 같은 俛
宇 문도이며 파리장서를 성사시킬 때 같이 활약하던 郭奫·金榥
(佑林)을 만나 모금을 추진하였다. 이어 孫晋洙·厚翼 부자, 金昌
百·李吉浩·河章煥·鄭守基·李泰鎬를 경기·충청·경상·전
라·강원도에 파견하고, 10월에는 儒城溫泉에서 鄭守基·李源泰
·李在洛(심산의 사돈)과 협의한 후,206) 11월에는 大邱 남산동에서

---

205) 南富熙, 1992, 『제2차유림단사건』, 불휘출판에 당시의 「警察 搜査記
　　錄」·「檢事局 訊問調書」·「法院 豫審調査」·「儒林團事件 關聯記
　　事」를 번역해서 수록되어 있다.
206) 그때 심산은 금강산 온정리에 잠복했다가 나와 12월에 李棟欽의 주선

金憲植·李泳魯·李壽麒·洪默·李棟欽·棕欽 형제(李中業의 아들)가 모여 경남북 각처를 분담하였다(권총 1정은 이때 李棕欽에게 인도됨).

그런데 예상과 달리 모금이 쉽지 않았다. 모금 예상액은 2십만원이었는데 총액이 5천원 정도에 불과하였다. 식민지시기 독립운동 모금으로는 비교적 많은 금액이었지만 예상에는 미치지 못했다.[207] 그런대로 1926년 3월에 東萊 梵魚寺 金剛庵에서 마지막 밀회를 열어 일단 결산하고, 출국을 준비하였다. 그리하여 심산이 상해에 도착한 것은 그해 5월말이었다.[208] 心山이 국내에 머문 기간만도 8개월에 가까웠는데 심산이 출국할 때까지 비밀이 유지되었다는 것은 놀라운 일이었다. 心山이 떠난 뒤에 검거된 인원이 600여명이었다고 하는 것을 보면, 그의 가족까지 1천여명은 모금 사실을 알고 있었다고 짐작할 수 있다. 액수도 독립운동 자금으로는 많은 금액이었다. 그런데도 비밀이 유지되었다는 것은 儒林의 민족적 연대의식이 놀랍다고 말해서 과찬이 아닐 것이다.[209] 이것을 제2차 유림단사건이라 했다.

이때 安東·榮州·奉化지방 유림의 호응이 남달랐다. 일본 경

으로 漆谷 觀音洞 裵錫夏 댁으로, 다시 蔚山으로 피신하다가 彦陽에서 자동차 사고로 허리 절상의 중상, 울산 立岩의 孫晋洙 厚翼 부자의 마중을 받아 그 집에서 치료했다.

207) 예상에 미치지 못하자 심산은 "前後所募金額 大違所望 全國民氣 歸於死灰 不可復燃者 乃至於是也"라 했다.

208) 범어사 밀회에 참석한 사람은 金昌淑·李在洛·李錫强·孫厚翼·鄭守基·宋永祜·金華植·金昌百이었는데, 모금액은 사업가 金昌鐸(심산의 종제)에게 맡겨 운반키로 함. 모금액이 적어 당초에 생각한 황무지 개간사업은 불가능하므로 자금을 義烈團에 넘겨 친일 부호와 일제의 기관 파괴에 사용할 것을 합의했다.

209) 趙東杰, 1999, 「心山 金昌淑의 獨立運動과 遺志」『心山 金昌淑의 선비정신과 民族運動』, 심산 사상연구회, 1~29쪽.

찰은 검거 인원 600여명에서 국내외 주동급을 60명으로 분류했는데 60명 가운데 봉화군 인사가 11명이나 되었다. 봉화에서도 거의 酉谷·海底·召川里 인사들인데 법전면 소천리 四未亭 마을의 金東植·金華植·金昌植은 鶴峰(김성일)의 제6자 沈의 후손들이다.210) 이것을 제2차 유림단사건이라 한다.

상해로 돌아간 심산은 李東寧·金枓奉·金九·柳子明 등과 국내사정을 토론한 후 民氣 진작을 위하여 의열투쟁에 모금한 돈을 사용하기로 결정하였다. 그리하여 韓鳳根·羅錫疇·李承春을 행동대원으로 선발하였다. 心山은 권총과 자금을 그들에게 주었는데 그것을 성공시킨 것이 1926년 12월 28일 羅錫疇의사의 東洋拓殖株式會社 습격 의거였다. 봉화 산골에서 산전을 일궈 모은 돈이 의열투쟁의 알찬 열매로 靑史에 남게 된 것이다.

1920년대에는 시골에서 마을마다 야학 강습소가 발달하고 농민운동이나 청년운동이 산골 마을까지 활발하게 일어나던 때였다. 芝禮 마을에서 金聖煥·金弼煥이 우리농림회를 만들고 金時萬 등의 輞川 청년들이 안동청년동맹 망천지부를 만들었다는 것이 그것을 말한다. 청년운동이나 농민운동이 소작회나 농민조합운동 등, 다양하게 발전하다가 1930년대에 조선공산당 재건운동과 맞물려 혁명적 사회운동으로 나타났는데 여기서 일일이 살필 겨를이 없다.

1925년에 조선공산당이 창당되면서 金在鳳(미동)·李準泰(우렁골)·權五卨(가일)·金南洙(외내) 등의 안동인물이 크게 주목을 받았고, 민족진영과 통일전선으로 추진한 1926년의 6·10만세운동에도 權五尙(가일)·李先鎬(부포)·柳冕熙(삼산) 등, 안동지방의 학생들이 중심 역할을 했다.211) 이와 같이 독립운동 전선이 좌우로

---

210) 慶北警察局, 『高等警察要史』, 283~289쪽.
211) 張錫興, 1993, 『6·10萬歲運動 硏究』, 국민대 박사학위논문 참조.

분렬하자 1926년부터 국내외에서 민족유일당운동이 일어났다. 그 것이 만주에서는 一松 金東三을 중심으로 전개되었다는 것은 전술하였지만, 국내에서는 1927년에 新幹會 결성으로 나타났다. 안동에서는 柳寅植·鄭顯模·權泰錫·李雲鎬 등이 이끌었는데 거기에 천전인으로는 金厚植·金廷植이 참여해 활동했다.[212]

3) 해방 전야의 독립운동

서간도로 망명했던 천전인이 머나먼 북만주 聚源昶으로 이동한 1920년대 후반에 이르면 고향과의 연락도 어려워 1930년대 이후에는 외로운 투쟁을 펴지 않으면 안되었다(전술). 거기에 독립운동 전반에 걸쳐 지도급 인사가 서서히 세상을 떠나고 있었다. 안동에서도 1928년에 柳寅植이 떠난데 이어 金祉燮이 옥사하고 1930년에는 權五卨이 옥사하였다. 1931년에 金東三과 李源一이 체포되었고 南慈賢 여사가 고문 여독으로 순국하였다. 이듬해에는 李相龍이 만주에서 세상을 떠나고 1933년에 金萬植이 떠났다. 감옥에 있던 金東三이 1937년에 옥사하고 金元植이 1940년에 떠나고(자결설이 있다) 金政植도 1941년에 떠났다. 그때가 얼마나 살기 힘들었던가는 東邱 李濬衡이 1942년에 자결 순국한 것을 보아도 짐작할 수 있을 것이다. 식민지 치하에 살기 보다는 차라리 아버지 곁으로 간다고 했다. 李陸史·金在鳳·金南洙 같은 인사도 해방 직전에 떠났다.

1931년에 만주사변이 일어나고 1932년에 일본의 괴뢰 만주국이 건국되면서 만주에도 국내에 버금가는 일본 제국주의 통치가 감행

---

212) 金喜坤, 1999, 『안동의 독립운동사』, 311쪽.

되었다. 그러니까 만주에서도 독립운동을 지하 활동으로만 전개할 수밖에 없었다. 그때 많은 독립운동자가 관내로 무대를 옮겼다. 1933년에 낙양군관학교에 한인특별반을 설치하고 李青天·李範奭이 교관으로 취임했다는 것이 이때의 이야기였다. 그런데 천전 인사들은 아성현 聚源昶을 지키며 지하 활동으로 독립운동을 전개하였다. 그때는 金政植이 하르빈을 오가며 중심 위치에 있었다. 그리고 천전문중의 문장인 金衡植은 연년 딸·자부·부인을 병마에 잃고 양자 正魯를 고향으로 돌려 보낸뒤 한때 외롭게 나날을 보내고 있었다는 것은 전술하였다.

고향으로 돌아온 정로는 두문불출하고 논밭에만 드나들 뿐이었다. 저녁에는 杜門洞 72賢과 死六臣의 유문만 외우면서 이웃과도 교우하지 않았다. 1943년에는 김형식의 만득자 直魯 모자도 천전리로 돌아 왔다. 바라는 바는 오로지 일본의 패망을 축원할 뿐이었다. 1937년에 中日戰爭이 일어나고 1941년에는 太平洋戰爭이 일어나 일본 군국주의의 전시체제가 날로 강화된 식민지 조선에서, 공출과 징병·징용·징발이 강요되었고 創氏改名이란 전세계에서 유례가 없는 해괴한 것을 강요한 탄압 속에서, 전 사회가 감옥같던 속에서 더구나 일본 관헌의 감시가 밤낮 떠나지 않던 천전리의 생활이란 말 그대로 감옥생활과 다름없었다. 그러니까 논밭에만 오가며 일본의 패망을 축원할 뿐이었다.

천전리만 아니라 온 나라가 숨을 죽이고 있던 때였다. 식민지 전시기를 통하여 독립운동이 그치지 않던 안동 일대도 죽은 듯이 조용할 수밖에 없었다. 1930년대 이후 혁명적 농민조합운동이 일어나고 있었으나 한정된 범위에 그쳤다. 봉화를 중심으로 黑色青年聯盟이 탄생했으나 수명이 길지 못했다. 그러나 국한된 범위이고 수명이 길지 못했다고 하더라도 철통 같은 통제 속에서 독립운동이 끊이지 않고 있었다는 데 의의가 있다. 그때 安東農林學校에서 학생운동이 있었던 것은 그의 활동 성과의 크고 작음을 떠나 민족정기가 새로 싹트고 있다는 것을 의미하므로 주목할 일이었다. 안동농림학교 朝鮮恢復研究團은 권녕동·고재하·김원현·권오직 등을 중심으로 결성 운영되었는데 지례 출신의 金弘九가 참가하고 있었다.213)

　마지막으로 상기할 것은 1945년 해방 전야에 안동 출신 청년들이 적지 않게 光復軍으로 중국 전선에서 항전하고 있었고, 북만주 취원창에서는 月松 金衡植이 70고령을 불고하고 獨立同盟 北滿支部 책임자로 활동하고 있었다는 사실이다.

9. 맺는말 – 역사적 의의와 교훈

　이상에서 川前人의 開化過程과 獨立運動을 살펴 보았다. 우리의 독립운동 전 영역에 걸쳐 참여한 천전인의 독립운동이었으므로 간추리기가 쉽지 않았다. 뜻밖에 새로운 자료와 새로운 사실이 발견되고 새롭게 연구해야 할 사항이 속출하여 반가움과 더불어 어려움을 겪었다. 따라서 이번 연구에서 우리의 독립운동사를 수정해야 할 새로운 내용이 규명되고 새로운 사실이 밝혀진 것도 적지 않다. 특히 金大洛의 『白下日記』를 비롯하여 金衡植, 『先考遺稿』와 李泰衡, 『金衡植 略傳』과 金星姬, 『나의 아버지』와 李圭洪, 『洗心軒日記』 등의 자료는 이번에 처음으로 조명한 것이다. 학계를 위하여 여간 다행한 일이 아니다. 망백의 노구를 무릅쓰고 원고를 써 주신 이태형 옹과 김성희 여사에게 심심한 감사를 드린다.

---

213) 安東農林高等學校, 1973, 『安東農林40年史』, 54~56쪽.

그런데 자료 하나 하나를 분석하고 논증할 수는 없었다. 그렇게도 시도해 보았지만 워낙 범위가 커서 불가능하였다. 결국 「김대락의 『망명일기』」만 별도의 논문으로 작성하고(전술) 그 외는 통설할 수밖에 없었다. 통설하면서도 반론이 제기될수 있는 문제에 대하여는 본문이나 혹은 주석을 통하여 상론하였다.

그런 가운데 학계에서 과제로 남겨두었던 것이나, 잘못 알고 있었던 것을 바로잡은 것이 적지 않다. 안동에서 을미의병이 봉기할 때 「安東通文」으로 알려진 문서가 「三溪通文」이라는 사실, 을미의병에서 막후 조종자였던 서산 金興洛이 일본군의 습격을 받아 포박되어 안동관찰사 李南珪의 주선으로 구명한 사실, 을사늑약 후의 중기의병에서 석주 李相龍이 가산을 기우려 가야산의병을 조직하고 있었다는 사실 등을 통해 안동지방 의병전쟁을 선명하게 이해할 수 있다. 이어 金大洛의 「大韓協會書」를 발견하여 보수 유림이 協東學校를 설립하여 계몽주의를 수용한 사실이 명확하게 밝혀졌고, 협동학교의 운영실태도 한결 분명하게 됐다. 무엇보다 김대락의 『亡命日記』와 『先考遺稿』를 통해 1910년 대한제국이 멸망하자 남녀노소를 불문하고 망명길에 올랐던 이유와 정신 자세를 이해하게 된 것은 학계의 큰 수확이다. 아울러 『日記』에는 왕래자의 명단이 소상하게 수록되어 유수한 독립운동가를 비롯하여 안동지방 망명자의 동정까지 파악할 수 있게 됐고, 중요한 것으로 耕學社와 新興學校의 설립 일자가 밝혀졌다. 그리고 종래에는 경학사가 1912년 扶民團으로 개현되었다고 이해했는데, 경학사는 共理會로 개편되고 1916년에 이르러 부민단이 결성되었다는 사실도 새롭게 알게 되었다. 그 외에도 서간도지방의 독립군 단체의 명멸을 비롯하여 독립운동 상황이 규명되었는데 특히 金東三·金衡植의 행적이 추적된 것은 독립운동사의 전반적 이해를 위하여 큰 성과라 하겠다. 그리고 金政植을 중심으로 聚源昶을 개발하여 하얼빈과 연결한 북만주 일대에 독립운동 기지를 구축했던 사실도 종래에는 알지도 못했던 사실이 위에 소개한 자료와 이 논문을 통해 알려지게 되었다.

천전인은 전통적 양반의 후예이고 유가의 후예였다. 조선시대 명문대가의 후예가 거의 친일파로 전락하거나 아니라고 해도 식민지 속에 안주했는데 천전인은 그것을 거부하였다. 그리하여 나라의 운명이 위태로울 때 의병을 일으켜 항전했고 그것이 여의치 않자 협동학교를 세워 구국 계몽운동을 전개하였다. 일반적 경우처럼, 두 가지 운동을 별개의 주체가 따로 추진한 것이 아니라 의병운동을 추진하던 사람이 반성 방략으로 협동학교를 세워 계몽운동을 전개한 것이다. 보수주의적 의병이 진보주의적 개화인으로 변신한 것이다. 그것도 문중 집단적으로 변신하였다. 그러한 집단적 변신은 안동에만 있었던 특수 현상이었다. 그리고 개화나 변신 변용이라 해도 전통의 양심과 윤리는 소중하게 보존했던 것이 일반 개화와 달랐다. 그리하여 혁신유림이라는 호칭을 만들게 했다. 사상 형성의 구조로 보면 의병사상에 계몽주의가 복합된 경우가 많았다. 사상뿐만 아니라 독립운동 방략에서도 그랬다. 그러므로 나라가 망하자 계몽주의자들이 종전의 의병 노선으로 돌아가 독립군으로 발전해 간 것이다. 그것은 안동 유림의 일반적 경향이기는 했으나 협동학교가 설치되어 있던 천전리가 대표적이었다고 할 수 있다.

1910년 나라가 망했을 때 66세 고령의 문중 원로 金大洛이 앞장을 서서 삭풍 몰아치는 만주 벌판으로 망명하여 독립군 기지를 개척하였다. 만삭 임부도 일본 식민지에서 자식을 낳기를 거부하고 무거운 몸을 이끌고 망명길에 올랐다. 어린이도 부모의 옷소매를 잡고 망명하였다. 그 어린이가 커서 세대를 바꾸어 독립운동을 전개하였다.

처음에는 남만주 三源浦에 정착하였다가 나중에는 북만주 聚源昶(현재 巨源鎭)에서 독립운동을 전개했다. 그래서 천전인의 독립운동이 "三源浦에서 聚源昶까지"라는 말을 남겼다고 했다. 망명초에 경학사·공리회·신흥무관학교·백서농장 군영·부민회(단)를 차례로 설치하여 독립군 기지를 개척하였다. 기후와 토질이 맞지 않았지만 그래도 벼 농사를 개발하며 독립운동의 기지를 건설했다. 3·1운동 뒤에는 한족회·서로군정서·통의부·국민대표회·정의부·고려혁명당·혁신의회·한국독립당과 조선혁명당을 조직하여 제국주의에 맞서 정의를 위해 싸웠다. 그리고 마지막에는 독립동맹 북만지부를 설치하고 조국의 독립을 위하여 온 정성을 다 바쳤다. 그런 가운데 청산리전쟁에서 전사하고 경신참변에서 참살 당하고 혹은 옥사하고 혹은 병마에 시달려 천수를 다하지 못한 인사가 수 없이 많았다.

국내에서는 만주로 망명한 집안을 걱정하며 독립군 자금을 공급하느라 말못할 고생을 하였다. 한편 3·1운동에 몸바쳐 시위운동을 전개하고 파리장서를 송달하고 의용단을 결성하여 지하 독립운동에 정성을 다 했다. 신간회에 가입하여 활동했는가 하면 농민운동을 전개하며 일본 제국주의가 뿌리내리지 못하도록 남은 힘을 다 쏟았다. 만주에서 손님이 오면 밤새워 밥을 짓고 옷을 만들어 심신을 안정시켜 먼길을 떠나 보냈다. 죽어서 돌아오면 소리 없이 울며 뒷산에 묻었다. 남정네야 그렇다 치고 여인네의 인고의 삶을 무엇으로 보상하랴.

독립운동의 대표적 인물은 一松 金東三과 月松 金衡植이었다. 두 사람의 행적을 보면 처음에는 공히 중도 우파적 성향을 띠우고 있었는데 해방 직전에 월송은 독립동맹과 손을 잡으면서 중도 좌파 성향으로 기울었다고 할 수 있다. 우파든 좌파든 두 사람이 공히 중도 민족주의를 표방했다는 것이 주목된다. 극좌나 극우로 흐르지 않았다는 말이다. 그리고 끝끝내 제사를 지내며 유가 가례를 지켰던 것도 주목할 점이다.

정상적인 생애로 보면 천전 인사들처럼 파란만장한 삶은 드물다. 그러나 그것을 모르고 독립운동 전선에 몸을 던졌던 것이 아니다. 그것을 작심하고 망명길에 올랐고 독립운동을 전개했다. 현재 독립운동 유공자로 포상을 받은 인원만도 29명이라고 들었다. 웬만한 시군의 인원을 능가하고 있다. 북쪽에 있는 유공 인사까지 합친다면 얼마가 될지 알 수 없다.

이와 같이 천전문중은 의병운동으로 전통 유림의 행적을 보였던가 하면, 개화 계몽운동으로 혁신유림의 길을 열었다. 대한제국이 멸망하자 대개의 양반들이 식민지에서 안주하는데 반발하여 서간도 망명의 길을 택했다. 거기에서 독립군기지를 개척하였다. 대개의 경우 식민지에 안주하거나 계몽주의자들은 개량주의자 또는 친일파로 전락했는데 천전인은 독립전쟁의 방략을 개척한 것이 특징이다. 서간도와 만주의 독립전선이 난관에 봉착했을 때 많은 사람들이 만주를 떠났지만 천전인은 끝내 만주를 지켰던 것도 특징이다. 이러한 특징적 행적이 문중의 조직력을 통해 수행되고 있었다는 것이 또한 특징이다.

그러한 독립운동의 결과로 우리가 해방됐다. 일본 식민 통치에 순종했다면 어떻게 해방될 수 있었겠는가? 그런데 민족은 해방되었지만 심술궂은 미국과 소련의 강압으로, 그 막강한 군대의 진주로 말미암아 나라의 독립은 봉쇄 당하고 말았다. 남쪽에는 미국을 대변한 정권이 들어서고 북쪽에는 소련을 대변한 정권이 들어서서 끝내는 미·소의 대리전쟁인 6·25전쟁까지 연출하고 말았다. 그것을 위하여 독립운동을 고집했던 것은 아니다. 그것을 위하여 1910년 나라가 망하자 남녀노소가 망명했던 것이 아니었다.

남북 분단정부의 대립이 심화되면서 좌우익은 극단적으로 대립하여 극우가 아니면 극좌의 노선만 남게 되었다. 金肯植(일송 김동삼)·金衡植(월송)을 비롯한 대부분의 천전 인사가 추구하던 진보적 中道 民族主義는 남에서도, 북에서도 배제 당했다. 남북 분단이 천전리에도 그대로 반영된 것이다. 그것은 미·소 패권주의 때문이었다. 사상의 대립 때문이었다고 말하는 사람은 핑계에 불과하다. 사상이란 人道主義를 실현하기 위한 수단이요 방법론인 것이다. 그래서 사상의 차이란 누구는 국밥 먹고 누구는 비빔밥을 먹는 차이 이상의 의미를 갖는 것이 아니다. 문제는 그것을 빙자하여 사람을 죽이고 전쟁을 일삼았던 데에 있다. 미쳐 생각이 미치지 못했다면 지금이라도 반성하자.

이제 2000년 21세기를 맞으며 남북간에 평화 통일의 분위기가 조성되고 있다. 헤어졌던 사람들이 서서히 오가며 만나고 있다. 보라! 어디에 살았더라도 달라진 것이 없지 않더냐. 그렇게 어디에 살아도 사람은 사람의 본질을 잃을 수 없는 것이다. 그 사람의 본질을 보장하는 주장이 인도주의이다. 그 인도주의의 보장 방법론으로 자본주의도 나오고 사회주의도 나오고 무정부주의도 나왔다. 그러므로 자본주의도 사회주의도 무정부주의도 인도주의를 목표한 것이다. 그런데 목표를 망각하면 자본주의는 사기와 부폐만 남고, 사회주의는 숙청과 공포만 남고, 무정부주의는 나태와 혼란만 남게 된다. 자본주의를 하다가 실패한 나라도, 사회주의 특히 공산주의를 하다가 실패한 나라도, 실패의 이유는 모두 인도주의를 망각했던 데에 있다. 너도나도 옹졸하고 어리석었던 20세기를 반성할 때이다. 천전문중도 독립운동 정신을 계승하자면 인도주의가 새로 꽃피게 해야 한다. 그것을 외면하면 복고주의에 빠지고 보수 유림으로 전락하고 만다. 남다른 문중 결집력이 역사의 반동으로 존재할 우려가 있는 것이다. 인도주의를 다시 일으키자.

Ⅴ. 安東 역사의 儒家 중심적 전개[*]
-조선시대 이후 안동 역사의 개관-

1. 머리말

안동이 역사 표면에 부상하는 것은 후삼국 때부터가 아닌가 한다. 그것이 王建을 도와 견훤군을 물리친 고창전투의 고사였다. 그때 공을 세운 세 사람은 고려에서 3공신 또는 3太師의 영광을 누렸다. 그후 안동은 남쪽에서 올라오는 고려에 대한 반란군을 몇 번에 걸쳐 막고 진압하는 데 크게 기여하였다. 그렇게 고려왕실과 밀접한 관계가 있었으므로 고려말 홍건적의 침입 때 공민왕은 마음으로 믿을 수 있는 안동에 피신했던 것이다.

그러한 안동이었으므로 고려를 전복한 조선왕조 건립에는 반대했을 법도 한데 그렇지도 않았다. 조선왕조 건립의 정신적 지주가 되었던 신유학(성리학)은 안동지방이라 할 수 있는 풍기군의 安珦에 의하여 도입되었고, 조선 건국에 앞장서서 활동한 鄭道傳이나 權近이 모두 안동지방 인물이고 보면, 고려에 충직했던 안동이 조

* 하와이대학 한국학연구소에서 열린 「안동지방의 역사와 문화」 학술회에서 발표한 논문으로 『안동학연구』 제1집, 한국국학진흥원·하와이대학교·안동대학교, 2002, 29~94쪽에 실렸다.

선조 건립과도 밀접한 관계를 가졌다고 말할 수 있다.

여기서 말하는 안동은 행정구역상의 이름이고, 안동지방이란 말은 경상북도 북부의 안동문화권 또는 안동생활권을 가리킨다. 지형으로 보면 북쪽의 태백산을 정점으로 왼편의 일월산과 오른편의 소백산 줄기의 남쪽 산지 일대를 말한다. 남쪽으로는 팔공산과 보현산과 주왕산 북쪽지방이기도 하다. 동쪽으로는 동해에 이르고, 서쪽으로는 낙동강을 경계로 상주·선산과 맞보고 있다. 여기에 안동 문화권이나 생활권이 형성된 것은 고려 때 안동도호부가 설치되면서 비롯되었지만, 구체적으로는 조선초기부터가 아닌가 한다. 그러한 안동지방의 역사를 조선초기부터 현대까지 통관한 것이 이 글이다.

조선시대는 다음같이 초기·중기·후기의 3시기로 나누고 그 다음의 오늘날까지의 역사는 구한말(근대화시도기)·독립운동기(식민지시기)·해방 후 오늘날까지(현대)의 역사를 역시 3시기로 나누어 다음과 같이 모두 6시기로 나누어 보는 것이 편리하다.

① 초기(1392~1494): 조선왕조 건국부터 유교 이념에 입각하여 제도를 정비하고 법전을 완성한 성종까지의 기간이다.

② 중기(1495~1724): 사림정권의 등장이 시도되다가 희생된 사화(士禍)를 거쳐 끝내는 사림정권을 수립하고 그에 따라 성리학 보편주의가 확산된 기간이다. 무오사화가 일어난 연산조부터 숙종·경종까지의 기간이다. 이러한 조선시대의 초기와 중기를 안동의 역사에 적용할 때는 사림의 등장을 대표한 퇴계 이황(1501~1570)을 기준으로 그 이전을 초기, 이후를 중기로 보는 것이 좋을 것 같다.

③ 후기(1725~1963): 18세기의 사회변동과 더불어 鄭鑑錄처럼

새시대 대망론이 대두하고 새로운 개혁사상으로 실학이 일어난 영조·정조때 부터 철종 말년(1863)까지라고 할 수 있다. 안동에서 후기적 특징을 보여주는 것은 영조 4년(1728) 무신란부터라고 하겠다.

④ 근대화 시도기(1864~1910): 동학이 발생하고 삼남민란이 일어나고 대원군의 개혁정치가 실시되고 제국주의의 침략을 물리친 1860년대부터를 말한다. 대원군의 남인 중용에 따라 안동에서도 많은 인원이 등용되는 등의 변화가 있었다.

⑤ 독립운동기(1910~1945): 일본의 식민통치가 강행된 가운데 독립운동이 전개된 시기로 독립운동을 통하여 근대로 발돋움한 때였다.

⑥ 해방 후의 현대사(1945~오늘): 이 글에서는 생략한다. 내용을 말한다면 ㉠해방 후의 혼란과 좌우익의 대립 ㉡6·25동란과 안동의 형세 ㉢4·19혁명과 안동의 민주화운동 ㉣오늘의 안동 등이 엮어질 내용이다. 그렇게 현대를 제외하고 보면 이 글은 1392년 조선왕조 개창부터 1945년 8·15 해방까지 약 550년간의 안동의 역사를 개관한 것이라 할 수 있다.[1]

2. 조선전기의 안동과 안동지방

조선시대를 흔히 양반봉건사회라 하고 안동을 양반의 고장이라

---

1) 이 글은 안동대학 안동문화연구소와 하와이대학 한국학연구소의 협동 연구 과제 중의 하나로 연구 위촉을 받아 작성한 것이다. 하와이대학 슐츠교수가 고려까지의 안동역사를 담당하였고 필자는 조선시대부터의 안동 역사를 맡았다. 쉬운 문투로 써 달라는 주문이 있었으나 필자의 문장 능력이 따르지 못한 것으로 안다.

고 한다. 거기에는 양반이 역사를 주도한 고장이라는 뜻이 있고 또 양반 봉건제도가 모범적으로 정착한 고장이라는 뜻도 있을 것이다. 그렇다면 양반과 향리(중인)와 상민의 신분이 전형적으로 분화된 곳이 되어야 한다. 양반제의 성립에 대해서는 의견이 분분하지만[2] 안동만큼 양반 세력이 분명한 고장도 흔하지 않다. 그리고 『牧民心書』의 지적대로 양반에 못지 않게 향리(아전)의 세력이 강한 곳이 안동이다. 그 여세로 해방 후까지도 향리의 후예가 국회의원을 거의 독점하는 등, 안동의 주인 자리를 굳혀가고 있다. 향리는 행정 실무자로 오늘날 도청의 국·과장과 시군의 국장급 관리이다. 그들은 실무에 밝고 세련된 생활인으로 국가 운영에서는 양반 이상으로 중요한 위치에 있었다. 더구나 안동 향리는 경상도 영리를 겸한 경우가 많았기 때문에 더욱 중요한 위치에 있었다. 그렇게 중요한 업무를 수행하는 사람들에게 업무의 대가인 임금은 주민 자치적으로 해결하도록 했다. 그것이 민주제도하에서는 자치와 민주화를 발전시키는 제도가 될 수 있지만 봉건제하에서는 수탈을 심화시킨 결과를 낳았다. 따라서 향회처럼 자치 기능을 성장시키지 못하고 부정부패의 폐단을 남겼다.[3] 그런데 행정 업무와 임금 수수관계로 주민과 향리가 자주 만나 특별히 밀접한 관계가 성립하여 수령과 양반은 따돌림(왕따)을 당한 경우가 많았다. 결국 향리를 중심한 안동 향토색의 비중이 높아갔다. 양반과 향리에 못지 않는 세력이 상민이었다. 그들은 산업과 군역을 맡고 있었으므로 국가적으로는 기본 인력이었다. 평소에는 농업·공업·상업에 종사

---

2) 韓永愚, 1997, 「신분개편과 계층구조」『우리의 역사』, 경세원, 243쪽.
李成茂, 1980, 「兩班層의 成立過程」『朝鮮初期 兩班研究』, 일조각, 17쪽.
3) 아전의 수탈 폐습이 조선후기에 삼정의 문란으로 나타났고, 그의 잔영이 오늘날 행정기관의 부정부패로 남은 것이 아닌가 한다.

하면서 군포라고 해서 군비를 부담하고 전시에는 전투 인력으로 동원되었다.

그러한 양반·중인·상민이 자기 직분에 충실하면서 상호 연대를 이루고 있을 때는 봉건적 안정을 기할 수 있지만 정치질서나 행정기강이 문란하게 되면 연대가 무너져 혼란에 빠지고 만다.[4]

조선시대의 지방행정구역은 전국을 8道로 나누고, 도 밑에 고을의 크기와 성격에 따라 목·부·군·현으로 나누었다. 그리고 목사·부사·군수·현령(감)이 수령7사(七事)로[5] 알려진 행정·사법·군사를 담당하고 있었다. 안동은 8도 가운데 경상도에 속한 대도호부로서 정3품의 부사가 다스리고 있었다. 관리는 영의정(오늘날의 국무총리) 같은 정1품부터 종9품까지 18등급으로 나누어져 있었는데 정3품은 제5등급이다. 이웃 고을의 현감이 종6품의 제12등급과 비교하면 상당히 높은 편이었다. 조선시대 안동대도호부는 다음의 <구역표>를 보고 짐작하듯이 지금의 안동시 크기보다 약간 더 컸다.[6]

---

4) 신분제를 설명할 때 文錫俊 같은 학자는 그의 『朝鮮歷史』에서 왕족·관료(양반과 중인)·상민·천민으로 구분하면서 양반과 중인(향리)을 묶어 지배층이라는 뜻에서 하나의 신분으로 보지만 안동의 향리를 보면 독자성이 강해 역시 별도의 신분으로 보는 것이 좋을 것 같다(趙東杰, 2000, 『現代 韓國史學史』(2쇄), 나남출판, 340쪽).

5) 「守令七事」란 수령의 주요업무 7가지를 말하는데 ①농업과 잠업을 성하게 하는 農蠶盛 ②인구를 관할 증대시키는 戶口增 ③교육을 일으키는 學校興 ④국방을 튼튼히 하는 軍政修 ⑤조세와 부역을 고르게 관할하는 賦役均 ⑥사법을 신속하고 공명하게 처리하는 詞訟簡 ⑦관리의 부정부패가 없도록 관리를 다스리는 일인 姦猾息을 일컬었다(『經國大典』 권1, 吏典 考課; 한국정신문화연구원 간본(1985), 122쪽).

6) 안동대도호부를 지금의 안동시와 비교하면 안동댐의 호수가 있는 방향의 예안현(선성현이라고도 함)이 독립해 있었으므로 그 지역은 제외하고, 지금의 예천군의 감천면과 봉화군의 내성면·춘양면·재산면을 합친 크기였다. 대도호부에는 외곽으로 8개의 속현과 2개 部曲이 있었

안동대도호부의 행정구역과 군사관할 구역표

	도호부	군	현	속현	부곡
행정관할 (속현)				임하 · 길안 · 일직 · 풍산 · 감천 · 내성 · 춘양 · 재산	소천 · 개단
군사관할 (진관)	영해 · 청송 · 순흥	예천 · 풍기 · 영천(영주)	영덕 · 의성 · 예안 · 봉화 · 용궁 · 비안 · 군위 · 의흥 · 진보 · 영양		

참고: 『경국대전』을 따랐는데 순흥 · 의흥 · 영양은 설치시기나 변화가 일
정치 않아 별도 자료를 참고했다.

목 · 부 · 군 · 현의 행정과 사법은 왕명에 따라 목사 · 부사 · 군
수 · 현령 또는 현감이 독자적으로 관장하였지만 군사관계는 鎭管
이라고 하는 상하 계열화가 이루어져 있었다. 진관은 각도에 지금
의 사단장과 같은 병마절도사가 있고 그 밑에 지방별로 연대장이
나 대대장과 같은 병마첨절제사가 있어 그는 부 · 군 · 현의 중대
또는 소대 병력을 통할하였다. 안동대도호부사는 병마첨절제사를
겸하여 근방의 부 · 군 · 현의 군사관계를 관할하고 있었다. <표>
에서 보는 바와 같이 청송과 순흥과 영해도호부, 예천과 영천(영주)
과 풍기군, 영덕 · 의성(현령)과 예안 · 용궁 · 봉화 · 진보 · 비안 ·
군위 · 의흥(현감) 등의 수령들은 군사문제에서는 안동부사의 지휘
를 받았다. 숙종때 영양이 영해부에서 독립하여 현을 두자 영양도
포함되었다. 그리하여 안동에는 군포의 납부를 위하여 이웃 부 ·

다. 속현은 임하현 · 풍산현 · 일직현 · 길안현과 현재 예천군 땅인 감
천현, 봉화군 땅인 내성현 · 춘양현 · 재산현이다. 부곡은 북쪽 변두리
의 소천과 개단부곡을 말한다. 이것을 보면 안동대도호부는 현재의 안
동시 보다 약간 넓은 구역이었음을 알 수 있다.

군·현의 관리가 자주 출입하였고, 전시가 되면 장정의 행렬이 줄을 이었다. 그와 같은 군사중심지는 지리적으로 교통의 중심지였으므로 경제생활이나 문화적으로도 중심지로 성장해 갔다. 이와 같이 진관체제에 의하여 안동지방, 안동문화권, 안동생활권 형성의 기초가 마련되었다.

안동이 북부지역의 중심지 구실을 했던 것은 조선시대 예학을 관장하던 향교를 보아도 알 수 있다. 안동 향교의 교수는 이웃의 예안이나 봉화·영양·영덕현감과 동급인 종6품이었는데 그 외의 지역엔 종9품의 훈도를 배치하였다.[7] 그러므로 안동향교는 중등학교 수준의 교육을 했고, 그 외 지역에선 초등교육의 수준을 면하지 못했다. 특히 안동 향교에는 조선초기부터 우수한 실력자를 배치하여[8] 안동은 군사뿐만 아니라 교육으로도 중심지가 되게 하였다.[9] 그 위에 여말선초부터 안동지방에서 대학자가 속출하여 전국적인 주목을 받았는데 그들이 숭상한 유학은 경국제민을 위한 실천적 학문이었다. 그러므로 정치에 참여하여 식견을 펴는 학자들이 많았다. 성리학을 도입한 安珦(1243~1306)을 비롯하여 禹倬(1263~1342)·權溥(1262~1346)·李穡(1328~1396)·鄭道傳(1337~1398)·權近(1352~1409) 등이 여말선초에 안동 또는 안동지방 출신 성리학자이다.

그러한 안동에는 조선초기부터 留鄕所가 설치되어 鄕會가 발달하면서 성리학의 도덕적 향풍을 일으켰다.[10] 그것은 안동 양반

---

7) 경상도에 종6품 敎授가 12명, 종9품 訓導가 55명 배치되었다(위의 책, 『경국대전』 86쪽).

8) 조선 초기인 세조때 서울의 남부학당의 훈도 孫次綿을 안동향교에 배치하여 남부학당 학생들의 유임운동이 있기도 했다(『世祖實錄』 권13, 세조4년 7월 乙未條).

9) 金昊鍾, 1999,「중세의 사회와 문화」『安東市史』 1, 안동시사편찬위원회, 167쪽.

의[11] 자치활동이 선구적으로 성장하고 있었다는 것을 의미한다. 그때의 鄕規를 보면 안동 유림이 지향하던 도덕주의적 사회성을 짐작할 수 있다. 아울러 안동지방에 봉건적 지배구조가 비교적 빨리 정착했다는 것도 알 수 있다. 그것은 일찍부터 안동 사족이 鄕案에 참여하는 것이 어려웠다는 것으로 알 수 있다.[12] 그러한 향규를 보면, 안동향규가 총 22개항이고[13] 예안향규는 총 37개항이다.[14]그것을 유별로 나누면 가정 윤리규정이 5개항(12), 사회 질서 규정이 6개항(7), 양반 사족의 규정이 6개항(6), 지방관 관계 규정이 2개항(7)인데 예안에는 집회 규정 5개항이 별도로 있었다. 전체적으로 보면 유교의 실천윤리를 강조한 내용이라고 할 수 있다. 후일 柳成龍이 개정한 안동의 신향규와 비교해 보면 그들이 바라던 안동사회의 꿈을 이해하는데 도움이 된다(후술).

향규를 향약이라고도 말한다. 향약이라면 유향소나 향회가 아닌 문중 향약이나 마을의 동규를 일컫는 경우도 많다. 마을에는 향약 모임이 아닌 이동계도 있다. 이동계는 조선후기에 크게 발달했는데, 상포계·보계(수리계)처럼 구체적인 생활 보험과 같은 것이 많았다. 계에는 학계도 있었는데 지금의 동창회나 장학회와 같은 것이다. 이러한 향약과 이동계와 장학계가 긍정 부정간에 조선시대

---

10) 李樹健,『경상북도사』상권, 696쪽 ; 金昊鍾, 앞의 글, 175쪽.

11) 兩班은 보기에 따라 호칭이 다양하다. 양반 족속이란 뜻으로 班族, 선비 족속의 뜻인 士族, 사족의 무리라는 뜻인 士林, 유학 선비라는 뜻에서 儒生, 그의 무리라는 뜻인 儒林 등의 호칭이 있다. 특별한 경우가 아니면 섞어서 사용한다.

12) 鄭經世(1563~1633),『愚伏先生文集』권15, 尙州鄕射堂 諸名錄書.

13) 權紀,『永嘉志』(필사본, 1608) (안동문화원 영인본, 1993, 138쪽, 鄕射堂) 에 자세한 내용이 밝혀져 있다.

14) 1993,『國譯 宣城誌』, 57~58쪽에 退溪 李滉이 초안을 만들었다고 하는 禮安縣 約條가 게재되어 있다. 집계에서 ( )안의 숫자가 예안 향규의 집계이다.

사회조직으로 발달하고 있었다. 그러한 사회조직이 조선왕조의 이념인 유교와 결합하여 유교 도덕주의를 확산시켜 유교 공동체를 성장시켰다. 공동체의 발달은 향규가 아니더라도 행정 단위에 의해서도 촉진되고 있었다. 행정 단위는 연좌 또는 연대책임의 단위이기도 했다. 가령 안동에서 선조 9년에 어미를 죽인 패륜아가 있어 연대 책임을 물어 안동대도호부를 5년간 현으로 강등시킨 때가 있었고, 정조 1년에도 행정을 문란하게 만든 사례가 있어 10년간 현으로 강등시킨 바가 있었다.[15] 이러한 조치가 내려지면 연이어 향회를 개최하여 공동으로 도덕의 문란을 반성하는 기회로 삼았다. 이것이 후일 연좌제로 남게 되어 민주주의 발달을 저해했지만 조선시대 향촌의 공동체 발달에는 크게 기여하였다.

이와 같이 안동이 몇 번의 현으로 강등된 적이 있기는 해도 조선시대를 통하여 줄곧 대도호부로 존속했다. 1895년 전국을 23부로 나눌 때 안동은 관찰사가 다스리는 안동부가 되었다. 이때 안동관찰부 산하의 각 군은 16개 군으로 안동대도호부 때 군사관계를 통할한 진관 지역과 비슷했다. 안동관찰부는 1년간에 불과하고 이듬해에 전국을 13도로 나눌 때 안동군이 되었다. 안동군이라고 해도 구역은 대도호부때와 같이 넓었다. 그때 오늘날과 같이 감천현은 예천군으로, 내성·춘양·재산현은 봉화군으로 갔다. 1914년에는 명사의 고장인 예안군이 역시 명사의 고장인 안동군에 편입되어[16]

---

15) 鄭源鎬, 1937, 『嶠南誌』, 慶文堂 ; 旿晟社 영인본 제1권, 1985, 495쪽.
16) 예안군은 역동서원(易東書院)과 도산서원(陶山書院)이 있고 우탁(禹倬, 易東)·이형보(李賢輔, 聾巖)·이황(李滉, 退溪)·김부필(金富弼, 後彫堂)·조목(趙穆, 月川)·금난수(琴蘭秀, 惺齋)·이덕홍(李德弘, 艮齋) 등의 명사를 배출한 고장인데, 여강(廬江)서원과 삼계(三溪)서원과 병산(屛山)서원이 있고, 권근(權近, 陽村)·김진(金璡, 靑溪)·유성룡(柳成龍, 西厓)·김성일(金誠一, 鶴峰)·장흥효(張興孝, 敬堂)·이상정(李象靖, 大山)·유치명(柳致明, 定齋) 등을 배출한 역시 명사의 고장인

안동군은 그야말로 명실 공히 명사의 고장, 유학의 고장이 되었다. 1963년에 안동군과 안동시로 분리하였다가 1995년에 통합하여 지금의 안동시가 되었다. 오늘날도 안동시를 중심으로 유교문화권이라 하여 경북 북부지역 시군들이 연대관계를 맺고 있는데 그것은 현재의 창조물이 아니라 역사적 산물인 것이다.

그러한 공동체의 연대를 심화시킨 유교는 서원을 중심으로 확산되어 갔다. 안동지방에는 어디보다 먼저 서원이 세워진 고을이어서 유교의 전파도 빨랐다. 1608년에 편찬한『永嘉志』에 등재된 안동부만의 서원이 여강서원·병산서원과 삼계서원이 있었고, 4개 精舍 외에 서당이 15개가 있었다. 그때 영양에 영산서당 1개뿐이었던 것과 비교하면 안동에는 유학이 조직적으로 전파되고 있었다는 것을 알 수 있다. 거기에는 퇴계 이황(1501~1570)과 309명에 이르는 문도의 영향이 컸다.[17] 퇴계는 50세 되던 1550년에 고향에 寒栖菴을 짓고 60세에는 陶山書堂을 준공하고 전국에서 운집한 문도를 길렀다. 그리하여 안동은 실천 유학을 일컫는 도학의 고장으로 우뚝 서게 되었다. 309명의 문도 가운데 안동부와 예안현 출신이 102명이나 되었다.[18] 예안향약도 이현보가 만든 약조를 퇴계가 보완하여 직접 초안하여 후세에 모범이 되게 하였다.[19] 그러니까 예

안동군에 편입되었다.

17) 1570년에 타계한 퇴계 묘소의 비문은 奇大升(1527·장성)이 맡았고, 1600년에 간행한 퇴계문집을 편집한 제자는 다음과 같았다(서정문, 「退溪集의 初刊과 月川·西厓是非」『北岳史論』3, 219~220쪽에 의거함. 연도는 출생년도, 지명은 세거지임). 金富倫(1521·예안)·趙穆(1524·예안)·金就礪(1526·안산)·鄭琢(1526·예천)·琴應夾(1526·예안)·琴蘭秀(1530·예안)·金誠一(1538·안동)·柳雲龍(1539·안동)·琴應壎(1540·예안)·李德弘(1541·예안)·柳成龍(1542·안동)·禹性傳(1542·서울)·南致利(1543·안동)·金澤龍(1547·예안).

18) 김종석, 1997,「陶山及門諸賢錄과 學統弟子의 範圍」『韓國의 哲學』25, 경북대 퇴계연구소.

안·안동이 퇴계학의 고장이 되지 않을 수 없었다. 그리고 퇴계→
학봉→경당을 이어 퇴계학을 일으킨 李徽逸·李玄逸 형제가 안동
에서 동쪽으로 70킬로미터 거리의 영해 인량리에 살았다. 그러므
로 진관에서 안동부의 지시를 받던 영해를 문화적으로 안동권에
들게 한 것이다. 서쪽으로는 상주가 고대 가야문화의 영향이나 조
선시대의 진관을 보면 안동과는 별도로 독자 문화권을 형성하고
있었는데 상주 우산리의 鄭經世가 퇴계—서애를 이은 또 한 갈래
의 퇴계학을 일으킴으로써 학문적으로는 안동문화권으로 생각할
수 있게 되었다. 그러한 교통권과 문화권에 따라 통혼권이 성립하
는 등 인사교류가 빈번해지면서 안동생활권이 형성되었다.

　생활권의 범위는 지리와 지형의 영향을 받았다. 태백산과 소백
산의 양백대간 사이의 산지와 약간의 평야지대가 안동지방이었다.
남쪽으로는 보현산과 팔공산 북쪽 지대가 된다. 그래서 팔공산 북
쪽의 군위군 부계가 거리로 보면 대구가 가까웠지만, 진관은 안동
산하에 있었고, 그곳 부계 홍씨문중을 보아 알 수 있듯이 학술 문
화도 안동권에 속했다. 생활권은 5일장을 중심한 장시권으로 나타
나기도 했다.[20] 오늘날 안동의 고등어와 굴젓이 유명한 상품으로
팔리고 있는데 내륙에 위치한 안동이 해산물을 특산품으로 생산한

---

19) 퇴계가 만든 예안향약 초안에는 당시 봉건 질서에 따라 신분과 벼슬과
　　일족인 경우에는 항렬에 따른 서열을 무시하고 연령 순서만 존중했다
　　고 한다. 앉을 때도 연령순으로 앉도록 했다. 예안향약을 보면(『宣城
　　誌』「鄕射堂約條」 참조) 그대로 확정되지는 않았지만 퇴계의 인간주
　　의를 말할 때 이것과 둘째 며느리를 재가시킨 것을 들어 말하는 경우
　　가 많다.
　　權五鳳, 1997, 『퇴계선생 일대기』, 교육과학사, 219쪽.
　　李佑成, 2001, 『陶山書院』, 한길사, 326쪽.
20) 善生永助, 1924, 『朝鮮의 市場』, 조선총독부 ; 文定昌, 1941, 『朝鮮의
　　市場』, 일본평론사 참조.

다는 것이 바로 장시권 때문에 가능했던 것이다.

안동지방에는 독특한 사투리가 있어 방언권도 형성되어 있다. 방언권의 형성은 오랫동안 생활권이 지속되었다는 것을 의미한다. 물론 영해와 영덕지방의 해변 사투리가 있고, 군위·의흥·비안 등지는 상주나 대구 방언의 영향이 있어 중첩되기는 한다. 의문을 나타내는 북부의 "그랬니꺼?" 해변의 "그랬니꺼?" 대구와 가까운 남부의 "그랬닝교?" 등으로 서로 다르듯이 동일하지 않다. 그러나 크게 보면 비슷한 사투리지역이라고 말할 수 있다. 풍속도 가령 결혼 때 혼수를 남녀가 비등하게 분담하는 따위는 전국적으로 흔하지 않다. 그래서 타지방과 혼인할 때 안동지방의 신랑은 혼수를 가지고 가므로 환영을 받았지만, 신부는 혼수가 적어 눈물의 일화를 남기고 있다. 남남북녀라는 말에는 그러한 이유도 있었던 것이 아닌가 한다. 이와 같이 여러 가지 이유들이 중첩하여 안동지방, 안동문화권, 안동생활권이 형성된 것이다. 고등어를 잡는 동해안이나 진관의 군사영역인 보현산과 팔공산이 70킬로미터의 거리에 있다. 퇴계학을 일으킨 영해 인량리나 상주 우산리가 동서로 각각 70킬로미터의 거리에 있고, 또 남쪽으로 군위에서 퇴계학을 일으킨 부계리(한밤)가 역시 비슷한 거리에 있다고 보면, 안동지방은 안동을 중심한 근방 70킬로미터의 지역이라고 말할 수 있다.

조선초기부터 안동지방의 경제생활은 넉넉하지 못하였다. 예나 지금이나 산지가 많아 경지 면적이 좁았기 때문일 것이다. 그래서 일찍부터 근검절약을 요구하는 규모 생활이 자리잡았다. 안동지방에는 "만석군"이라는 호칭이 없을 정도로 대지주는 없었다. 안동지방에서는 "천석군"이라면 부호를 의미했는데 전국 수준에서 보면 부호에 들지 못하였다. 그와 같이 안동지방은 토지는 적은데 양반 지주 수는 많기 때문에 농지 소유구조가 영세하여 근검 절약해야 생존과 관혼상제 등의 문화생활을 유지할 수 있었다. 그러한 안동의 근검절약 생활이 세종 10(1428)년부터 특별히 주목받더니[21] 성종 4(1473)년에는 『安東風俗』이라는 책자를 간행하여 근검절약을 전국적으로 본보게 하였다.[22]

안동의 산물은 은이나 학가산 밑에서 생산된 철과 같은 광산물이 있었다고 하나, 영해 영덕의 동해안 해산물을 제외하면 농산물이 대종을 이루고 있었다. 농산물로는 풍기·풍산·군위·의성·영해평야의 쌀외에 일반적으로는 보리였다. 가을보리는 겨울에 동해를 입어 권장할 바가 못되었다. 따라서 월동하지 않는 봄보리 경작이 광범하게 실시되었다. 봄보리는 갈보리에 비하여 생산량이 많지 않다. 봄에 파종하므로 봄 가뭄이 심한 탓으로 흉년이 자주 들고 보릿고개 이야기가 유달리 잦은 고장이다. 그와 같이 안동지방의 농업 생산력은 낮았다. 그래서 오늘날까지 특별한 음식문화가 없듯이 생활은 빈한한 편이었다. 안동의 명문가에서 부호와의 결혼인 食婚을 좋아하고 멀리 남도지방의 토호와 통혼하려고 했던 이유가 어디에 있었던가를 짐작할 수 있을 것이다. 그렇게 넉넉지 못한 경제생활 속에서도 조선후기 이중환의 『擇里志』의 이야기처럼 궁벽한 마을에서도 집집마다 책 읽는 소리 그치지 않아[23] 학문은 크게 발달하였다. 그러나 반면에 의식주가 풍부해야 유리한 예술의 발달은 기대하기 힘들었다.

---

21) 『世宗實錄』 권40, 세종 10년 4월 임진조.
22) 『成宗實錄』 권28, 성종 4년 3월 병신조.
23) 李重煥(李翼成 역), 1971, 『擇里志』, 을유문화사, 81·301쪽.

3. 성리학을 꽃피운 조선중기의 안동

조선중기는 사림정권의 등장이 시도된 연산조부터라고 할 수 있다. 사림의 성장이 좌절된 모습이 사화로 나타났다.[24] 중종때 조광조가 훈구세력을 거세하고 집권을 시도하다가 1519년에 반격을 받아(기묘사화) 실패했던 것이 대표적 사례이다. 그러한 사림의 희생 위에 선조때부터 사림정권이 수립된 것이다. 이러한 16세기에 살았던 사림의 대표가 조광조(정암)·서경덕(화담)·이언적(회재)·이황(퇴계)·조식(남명)·성혼(우계)·이이(율곡) 등이었다. 안동지방에서는 권벌·이현보·이황·유성룡·김성일·정경세·김상헌·이현일·김방걸 등이 중앙정계에서 활약하였다.

사림정권은 성립 초부터 임진왜란(1592)과 병자호란(1636)을 만나 사회경제가 황폐하여 동요하기 시작하였다. 그런데 사상적으로는 오히려 권력구조를 강화한 계기가 되기도 했다. 왜란을 당하자 성리학을 공부하던 전국의 유생(선비)들이 충군 의리를 외치며 의병으로 봉기하여 성리학의 명분론을 고조시켰다. 아울러 성리학의 발원국인 명나라의 지원을 받았으므로 성리학 확산의 힘이 되었다. 병자호란 때에는 임금이 청나라에 항복하는 모욕을 당하고 (1636) 이어 1644년에 명나라가 청에게 멸망하자 청나라에 대한 복수심을 불태우며 조선에서나마 성리학을 지키고 부흥시키자는 열기가 불타 올랐다. 그것이 효종때의 북벌론이었다. 성리학 십자군 전쟁을 계획한 것이다. 그리하여 조선중기에는 성리학 보편주의 의식이 제고되었다. 흡사 서양 중세에 기독교 보편주의가 성립했

---

24) 李秉烋, 1999,「戊午·甲子士禍와 士林派의 動向」『朝鮮前期 士林派의 現實認識과 對應』, 일조각, 18쪽.

던 경우와 비슷한 역사성이라 할 수 있다.

임진왜란이 일어나자 안동지방에서도 의병이 크게 일어났다. 의병이란 나라가 외국의 침략을 받았을 때 침략군을 물리치기 위하여 스스로 일어난 민병을 말한다. 안동지방에서는 안동출신 유성룡이 영의정으로 나라를 이끌고 있었고, 난중의 경상감사를 맡은 김성일이 경상우도나 전라도 의병들과 함께 적중의 진주성에서 고군분투하고 있었으므로 안동은 남다른 처지에서 의병을 일으켰다.

지금의 영양·영해·영덕을 아우른 영해부의 의병은 대구 남쪽으로 나아가 팔공산 회맹에 참가하고[25] 郭再祐 의병에 합류하여 화왕산성 전투에 참전했다.[26] 權詮은 용궁에서 의병을 일으켰고, 풍산현 우렁골의 李洪仁은 노구를 무릅쓰고 의병을 일으켜 예천 방면에서 침입하는 왜군과 싸우다가 구담전투에서 전사했다.[27] 하회출신의 柳宗介는 의병을 모아 태백산 일대에서 항전하다가 소천 (부곡)전투에서 전사했다.[28]

예안현 오천리의 金垓는 안동과 안동 남부지역의 의병을 규합하여 항전하다가 진중에서 순국하였다. 김해의 연합의병진용을 보면[29] 대장 김해, 부장 李庭柏·裵龍吉 외에 31명의 참모가 있고,

---

25) 柳汀, 2001,『松壕日記』;『壬辰嶺南義兵史』, 嶺南忠義壇保存會, 96쪽.
26)『火旺同苦錄』에서 화왕산성 전투에 참전하여 그해 7월 21일에 화왕산성 성중에 있던 영해부(영해·영덕·영양)출신 사족 인물(용사제현)은 59명이었다고 한다(1981,「龍蛇諸賢」『盈德郡誌』, 영덕군, 597~599쪽).
27) 宋志香, 1983,『安東鄕土誌』, 대성문화사, 616~617쪽.
28) 이원걸, 1999,「류종개」『안동의 인물－安東市史』 5, 208~209쪽.
29) 다음의 논저를 참고하였다.
　　金垓,『鄕兵日記(1592.4.14-1593.6.19)』(국사편찬위원회, 2000,『韓國史料叢書 43』上, 2000).
　　金龜鉉, 1987,「壬辰倭亂중의 安東義兵」『향토경북』 창간호.
　　金俊植, 1999,『君子마을과 崇遠閣』, 광산김씨 예안파문중.
　　盧永九, 2000,「임진왜란 초기 近始齋 金垓의 의병활동」『안동문화권

안동·예안·내성·의성·군위·의흥·비안 등, 지역별 진영의 책임자가 있었다.[30] 그리하여 367명의 상비군 의병진이 결성된 것이다. 그 외에도 앞에 소개한 유정의 『松壕日記』에 의하면 팔공산 회맹에 참가한 안동지방의 선비가 부지기수에 이른다.[31] 이러한 항전을 통하여 안동 선비들의 행동주의 유학은 더욱 고양되어 갔다.

　이와 같이 의병진의 자발적 결성이 가능했던 것은 사상적으로는 성리학의 충효 의리론에 있었지만 사회사적으로는 동계나 향약과 유향소의 향규를 통해 보듯이 마을과 지방의 공동체적 유대가 형성되어 있었기 때문으로 이해된다. 앞에서 언급한 안동의 향규는 조선중기에 유성룡이 만든 신규약 10조로 재정비하였다.[32] ① 좌수를 비롯한 향회 임원을 중시한다[重鄕任]. ② 집회의 의식과 질서를 엄격히 지킨다[嚴會儀]. ③ 윤리 규범을 중히 여긴다[厚彝倫]. ④ 향안을 바르게 관리한다[正鄕案]. ⑤ 예의와 풍속을 밝게 한다[明禮俗]. ⑥ 나이 많은 어른을 존경한다[尊高年]. ⑦ 사리사욕을 탐하는 등의 잘못을 금한다[禁非違]. ⑧ 향리의 횡폐를 막는다[治吏胥]. ⑨ 부역을 고르게 실시 부담한다[均徭役]. ⑩ 아희들을 가르쳐 키운다[訓童蒙]. 10개조의 세부사항은 생략하지만 그것까지 검토하면 구규약에 비하여 정연하면서 윤리 기강과 교육이 강조된 내용이다. 이것은 향촌사회의 자치 기능이 향상되고 성리학적 도

전통문화학술대회문집』, 안동대학교 안동문화연구소.

30) 지역별로 안동은 유복기(柳復起)·김륜(金淪) 심지(沈智)가 맡고, 예안현은 김택룡(金澤龍), 내성현은 남정순(南庭荀), 의성현은 김사원(金士元)·신홍도(申弘道), 군위현은 이영용(李榮勇)·장사진(張士珍), 의흥현은 강충립(康忠立)·박윤문(朴潤文)·이호인(李好仁)·홍경승(洪慶承), 비안현은 조단(趙端)이 맡았다.

31) 앞의 책, 『壬辰嶺南義兵史』, 96~98쪽.

32) 權紀, 『永嘉志』, 필사본, 1608(안동문화원, 영인본, 1993, 138·555~559쪽).

덕주의가 보편화되고 있었다는 것을 의미한다.

이러한 향규나 마을의 동규인 향약은 신분제의 모순을 가지고 있으므로 그의 도덕주의나 자치 기능이란 것도 지배구조를 뛰어넘지는 못한 한계를 가지고 있었다. 그러나 근대사회의 민간조직처럼 평등한 것을 기대할 수는 없어도 향촌사회의 조직적 기능이 성장하고 있었다는 점은 뜻 있게 보아야 한다.[33] 그리하여 국가주의 의식도 태동한 것이다. 그때의 국가의식은 군주에 대한 충성심과 유착되어 있었다. 그 의식은 서양의 전제군주처럼 절대군주에 대한 충성의식 같은 것은 아니었다. 조선시대 국왕은 법의 구속을 받았다. 그것을 거부하면 연산군처럼 '反正'이란 이름으로 추방되었다. 서양의 폭군은 하느님을 거역한 군왕인데 조선의 폭군은 법을 거역한 군왕이었다. 충성스런 신하일수록 "상감마마 법이 그렇지 않습니다. 통촉하옵소서"라고 법을 지킬 것을 호소했다. 그 법이란 어떤 법인가? 그것이 유교 윤리의 규범이요 성리학의 도덕률인 것이다. 그러한 도덕률이 군신관계, 사회관계, 가족관계를 지배한 조선시대였고, 그것이 절정에 이른 것이 조선중기였다. 조선중기에 꽃핀 붕당 당쟁이란 것도 그러한 윤리와 도덕을 정치와 관련시킨 가운데 일어난 논쟁을 말했다. 무인사회라면 칼로 싸운 당쟁이었겠지만, 조선은 문인사회였으므로 글의 논쟁으로 싸웠다. 때로는 윤리를 빙자한 정치논쟁으로 전개되었고, 때로는 정치를 빙자한 윤리논쟁을 전개하다가 서로 생사를 걸기도 했다. 그러한 성격이 전형적으로 존재한 지역이 안동사회였다고 보아 좋을 것이다.

그러한 윤리 질서를 발전시킨 안동이었으므로 이퇴계를 비롯하여 국가적 인물을 무수히 배출하였다. 그들은 붕당 정쟁에서 東人

---

33) 정진영, 1997, 「조선전기 안동부재지사족의 향촌지배」 『朝鮮時代鄕村社會史』, 한길사, 45쪽.

黨의 다수파인 南人黨에서 활약하였다. 처음에는 예안출신 趙穆처럼 북인당과 가까운 사람도 있었고,[34] 안동 소산출신 金尙憲에서 金左根에 이르는 노론당 대표도 있었고, 용궁출신 鄭光弼에서 鄭元容에 이르는 소론당 대표도 있었다. 그런데 안동 현지에서는 소수의 문중을 제외하면 퇴계문인의 유성룡과 김성일의 정치 노선을 따라 남인당이 우세하여 안동지방은 전국에서도 으뜸가는 남인의 고장이 되었다. 조선후기에 안동김씨가 세도정치를 강행할 때도 안동김씨가 나라는 세도해도 그들의 고향인 안동은 세도하지 못했다. 그럴 정도로 안동은 중앙 정계와 달리 야당인 남인당이 우세했다.

붕당 정쟁을 줄여서 당쟁이라고도 말하는데 선조 때에 동인당과 서인당의 붕당으로 시작하여 동인당은 남인당과 북인당으로, 서인당은 노론당과 소론당으로 분화된 것을 4색 당파라고 한다. 조선중기에는 4색당이 정치 논쟁을 벌이고 또 집권 경쟁을 벌이며 엎치락뒤치락하다가 조선후기에 이르러 노론 정권이 확립되었다. 이러한 당쟁을 조선의 분파주의에 기인한다고 하면서 국가 멸망의 원인이 되었다고 말하기도 한다. 그런데 분파주의적 성격이 없는 것은 아니지만 그러한 붕당이 역사 발전의 동력이 된 것도 간과해서 안 된다. 붕당이 공론을 일으켜 서로를 감시하고 비판하는 기능도 가지고 있었고, 또 경쟁의 기능도 발휘하고 있었다고 보면 조선왕조의 발전 저력이 됐다고 이해할 수 있다. 조선조의 공론은 사헌부·사간원·홍문관에 의한 三司公論이나 성균관 유생의 공론 같은 공식화된 경우도 있고, 지방의 鄕會나 서원에 모여 공론을 일으

---

34) 李樹健, 1995,「西厓 柳成龍의 學問과 學脈」『韓國의 哲學』23, 경북대학교 퇴계연구소, 9~11쪽.
　　鄭萬祚, 1996,「月川 趙穆의 生涯와 學問」『韓國의 哲學』24, 7~10쪽.
　　李尙賢, 1998,「月川 趙穆의 陶山書院 從享論議」, 국민대 석사논문학위, 37쪽.

키는 재야 공론도 있었다. 그러한 공론이 당쟁으로 나타났는데 그
것은 지도 역량에 따라 정치의 활력소가 될 수도 있었다.[35] 그러므
로 조선후기에 당쟁을 봉쇄한 것이 역으로 국가를 침체에 빠뜨린
이유가 되었다고 볼 수도 있는 것이다. 당쟁이 가장 치열하던 숙종
때만 해도 언론에서 인현왕후와 장희빈을 둘러싼 권모술수만을 소
개하여 당쟁으로 얼룩지다가 끝난 시기처럼 생각하기 쉬운데 그렇
지 않다. 경제가 크게 발전한 시기였다. 常平通寶라는 화폐가 나와
전국으로 통용됐다는 것만 보아도 경제는 크게 발전하였다는 것을
알 수 있다.[36]

　여기에서 당쟁문제를 일일이 거론할 수 없으므로 안동지방과 관
련이 깊은 사례로 牛栗從祀 반대운동과 己亥禮訟문제를 먼저 언

---

35) 李泰鎭, 1985,「黨爭을 어떻게 볼 것인가」『朝鮮時代政治史의 再照
　　明』, 범조사, 13쪽 ; 1989,「儒敎社會의 운영구조와 政治發達」『朝鮮儒
　　敎社會史論』, 지식산업사, 129쪽.
　　당쟁을 긍정적으로 본 최초의 역사학자는 安廓으로 그의『朝鮮文明
　　史』(1922)에서 통쾌하게 서술되어 있다.
36) 숙종조에 일본과 중국간의 중개무역과 풍기에서 많이 생산된 인삼 수
　　출을 통하여 부를 증대하였고, 전국의 토지를 조사하여 농촌질서를 잡
　　기에 노력하였다. 그때의 토지대장이『康熙量案』이다. 그리하여 경제
　　발전에 따른 상품 유통구조가 성장하고 있었기 때문에 숙종때 만든 화
　　폐인 常平通寶가 중단없이 조선시대 끝까지 통용되었던 것이다. 서울
　　의 성곽도 그때에 새로 개축하여 오늘에 이르고 있다. 그것은 조선시대
　　에 건립된 서원 향사가 7백개 정도인데 거의 반수는 숙종때에 세운 것
　　이라는 점으로도 알 수 있다(鄭萬祚, 1997,「17-18세기의 書院・祠宇에
　　대한 試論」『朝鮮時代 書院硏究』, 집문당, 142~143쪽).
　　서원 남설이 폐단이었지만 그것이 시골에 이르기까지 지방사업으로 이
　　루어졌다는 것은 수탈체제를 고려하더라도 농촌까지 경제적 여유가 있
　　었다는 반증으로 볼 수 있다는 말이다. 그러한 경제발전을 고려하면 당
　　쟁도 정치를 활성화시킨 발전적이고 긍정적 측면에서 볼 필요가 있는
　　것이다(朴光用, 1985,「蕩平論의 전개와 政局의 變化」『朝鮮時代 政治
　　史의 再照明』, 범조사, 289쪽).

급하고 다음에 己巳換局으로 남인이 득세했다가 甲戌換局으로 남인이 몰락할 때의 주목할 사항 한두 가지만 보기로 한다.

우율종사 반대운동이란 우계 成渾과 율곡 李珥를 성균관 문묘에 배향하려고 서인측에서 추진하는 데 대하여 남인측에서 반대했던 것을 말한다. 처음에 인조(1623~1649)때에 거론되자 임금이 듣지 않아 봉쇄되었다가 효종1년(1650)에 재론되었다. 남인측은 이퇴계종사로 끝내자는 현상고수를 주장하였고 서인측은 종사 인원을 확대하자는 주장이었다. 반대운동은 처음에 산발적으로 추진되다가 서인측의 의도가 송시열 자신의 사후 종사를 꾀한 음모라고 전망하면서 반대운동은 격앙되었다. 안동 수곡리의 柳櫻(1602~1662)을 비롯한 8백 영남 유생이 반대운동에 앞장을 섰다. 그리하여 우율종사를 막았다. 그러나 30년을 지나 당쟁이 격화한 숙종 8년(1682)에 이르러 종사를 실현하게 되었다.[37] 이와 같이 사람의 인격과 공적문제를 논쟁하다가 보면, 언로의 정도를 이탈하기 마련이므로 거기에서 당쟁의 폐단이 나타나기도 했다.

예송문제에 이르면 그러한 폐단이 강하게 노출되었다. 기해년(1659)에 효종이 작고했는데 그가 소현세자를 제치고 왕위에 올랐으므로 효종을 장남으로 예우하는냐 아니면 차남으로 예우하느냐를 놓고 논쟁한 것이 己亥禮訟이다. 어떻게 예우하느냐에 따라 그의 어머니 조대비의 상복이 달라지는 것이다. 효종정권의 정통성 문제와 관련된 것이어서 10년을 두고 논쟁하였다. 그것이 서인과 남인의 대립으로 나타났던 것은 남인과 가까웠던 소현세자와 서인과 가까웠던 효종이었기 때문이다. 그러므로 형식은 예복의 문제

---

37) 牛栗從祀는 현종때 결정되지 못하고 서인정권이 견고해진 숙종 8년(1682)에 이르러 실현했다가 남인이 집권한 숙종 15년(1689) 己巳換局으로 종사가 취소됐다. 그후 서인(노론)이 다시 집권에 성공한 숙종 20년 甲戌換局으로 종사를 복구하여 오늘에 이르고 있다.

였으나 실제는 왕위계승 문제와 관련되어 있었다. 거기에 하회의 柳世哲(1627~1681)이 현종7년(1666) 영남 70읍의 유생 1천 1백 명을 대표하여 남인당을 지원하고 나섰다.[38] 겉으로는 예송이었으나 일종의 정치 논쟁이고 정통성 문제였으므로 여간 예민하지 않았는데 거기에 안동 유림이 뛰어든 것이다. 이렇게 공론을 일으키고 공론에 따라 정치하는 것이 조선왕조의 특징이었다. 때문에 그때의 선비들은 언로가 막히면 목숨을 걸고 임금에 대항하여 싸웠다. 그래야 양반 선비로 살아갈 맛이 있었던 것이다. 그러한 조선왕조를 왕권과 귀족(양반)의 권력 경쟁의 관계에서 보기도 한다.

그런 가운데 공론이 당쟁과 유착하여 집권경쟁의 수단으로 악용되기도 하였다. 집권경쟁은 숙종때 서인당과 남인당 사이에 나타났고, 남인이 실각한 다음에는 서인이 노론당과 소론당으로 분열하여 노론과 소론 사이에서도 치열하게 전개되었다. 여기서는 안동 인사가 관련된 사례 한 가지를 소개해 둔다.

정권교체가 빈번했던 숙종(재위; 1675~1720)때의 이야기이다. 1689년에는 기사환국으로 남인이 집권하여 안동지방 남인들도 정계 등단의 기회를 맞았다. 그때 가람 李玄逸(1627~1704)이 남인당의 중진으로 부상하였다. 이현일이 기사환국이 있던 1689년에 이조참의→예조참판→대사헌→이조판서로 오를 때 노론의 영수 김수항·송시열은 죽임을 당하고, 성혼·이이가 문묘에서 축출 당하고, 인현왕후 민비가 폐비되는 등, 노론이 크게 타격을 입었다. 그래서 이현일은 노론이 겨냥한 극단적 정적이 되었다. 1694년 갑술환국으로 남인이 실각하자 그도 실각하고 이어 역적으로 몰려 1908년 신원(복권)되기까지 그의 후손들까지 과거에 응시하지 못

---

38) 姜周鎭, 1971, 「嶺儒上疏와 西人의 分裂」『李朝黨爭史硏究』, 서울대 출판부, 205쪽.

하는 등의 보복을 당했다. 이현일이 죽은 후에 잠시 仁山書院에 향사된 바 있었으나 오래가지 못하였다.[39]

그러한 변화를 노론은 대지주 대자산가나 특전 상인과 결탁한 인물이 많아 상업에 눈을 뜨고, 소론은 중소지주와 상인의 지원을 받으려고 노력하는 가운데 임기응변이나 현실 적응능력이 키워졌는데 남인은 농업을 중시하며 개혁을 이야기해도 농업개혁에 머문 경향이 있어 새로운 변화의 대처능력이 뒤졌다고 사회경제적으로 분석한 의견도 있다.[40] 농업개혁에 머문다면 현실보다는 이상주의에 기울 가능성이 많다. 이상주의에 기울었기 때문에 후일 안동지방 사림사회에서 사회주의자가 많이 배출된지도 모른다. 아무튼 안동지방은 1694년 갑술환국을 고비로 벼슬길은 멀어져 갔다. 결국 선비의 길로 만족할 수밖에 없었다. 그러한 선비의 길을 벼슬을 주어도 받지 않은 '徵士' 또는 벼슬을 외면하며 사는 '處士'라고 자칭 자위했다. 향약을 지키고 글을 읽으며 공통된 운명의 문중간의 통혼으로 선비의 지위를 지켜갔다. 그러므로 향약·문집·통혼의 유지는 선비의 명분을 지키는 불가결의 요소였다. 문집의 내용을 보면 창작성이 없는데도 선비의 보상심리를 충족할 목적으로 무리하게 간행한 것도 적지 않았다. 오늘날 어떤 교수들이 자비 출판물로 학문의 공해를 일으키고 있는 그런 것도 있었다.

그러니까 사회경제적으로는 점점 몰락해 갔다. 벼슬길에 들지

---

39) 仁山書院은 영해 인량리에 있었는데 가람의 형 이휘일(李徽逸, 1619~1672)의 학덕을 기념하여 1696년에 완공한 것이다. 1704년 이현일이 작고한 후 숙종 44년(1718)에 이현일도 추가로 배향했다. 그후 노론의 남인에 대한 탄핵이 강화되는 가운데 공격의 화살이 이현일에게 몰려 영조 13년(1737)에 서원까지 훼철 당하고 말았다.

40) 鄭奭鍾, 1985,「肅宗代 甲戌換局과 정변참여 계층분석」『朝鮮時代 政治史의 再照明』, 범조사, 168~170쪽.

못한 채 사회경제적으로 몰락한 양반을 殘班이라고 하지만, 안동 지방에는 중기부터 잔반 경지에 이른 사족이 증가하였다. 그러자 니 양반 토지에 생애를 의지하고 있던 상민의 처지는 더욱 어려울 수밖에 없었다. 초근목피가 일상식이 되고 있었다. 임진왜란과 병자호란을 끝내면서 상민들의 마음은 나라와 임금과 양반으로부터 떠나고 있었다. 임진왜란에 의병으로 나아가 싸웠으나 그의 공로는 양반이 독점하였다. 아무리 뛰어난 공적을 남기고 전사한 경우라도 정각은 양반만을 위해 세웠다. 거기에 전란으로 말미암은 황폐한 토지를 복구하지 않은 채 수탈만 강화한 양반들이었다. 상민들은 새로운 세상을 동경했다. 그것이 임진왜란 후부터 확산된 眞人사상이었다. 숙종때 장길산의 난도 그것이었다. 상민이나 천민들이 진인 즉 메시아의 강림을 기다리며 일으킨 민란이 전국으로 퍼져갔다.[41]

　숙종때에는 신분 질서가 크게 변화하고 있었다. 그것도 사회 변동의 전주곡이었다. 그러한 사회 변동을 작품으로 묘사한 것이『春香傳』이다. 사회변동을 희극적으로 풍자한 하회탈춤이나 안동지방에 널리 보급되고 있던 내방가사를 보아도 무너져 가는 기존질서를 안쓰럽게 노래한 것이 많았다. 신분질서의 변동은 유교의례가 공유되고 있던 단계에 이르러 하층자의 경제적 상승에 의해서 나타나는 현상이었다. 부유한 상민이 유교의례를 모범적으로 지키는 가운데 자연스럽게 신분변동이 나타났던 것이다. 그때에 신분제도에 대한 비판론이 대두할 수밖에 없는 것이다. 그것이 조선후기의 특징이다.

---

41) 鄭奭鍾, 앞의 글 참조.

4. 조선후기에는 정치에서 밀리고

조선중기 숙종때 기존질서가 무너지고 있었다면 사람들은 보호색을 칠하거나 아니라도 생존의 방도를 찾기 마련이다. 그때 양반들은 나름의 봉건적 조직을 강화하였다. 족보 간행을 서두르며 문중조직이나 향약과 이동계와 장학계 같은 양반중심의 사회조직을 강화하는 것이 그것이다. 반면에 서민사회에서는 임진왜란 후 전국으로 확산된 진인(메시아) 강림설이 영조때에 이르러 鄭鑑錄 사상으로 구체화되는 등, 혁명 분위기가 조성되고 있었다.[42]

이러한 조선후기의 특징을 총괄해서 보면, 탕평책으로 다듬어진 노론정권의 확립, 사회경제의 탈중세적 변화(자본주의의 맹아), 그에 따른 개혁사상의 대두와 개혁(혁명)분위기의 조성, 중세 보편주의의 퇴조와 민족의식의 고양, 관혼상제를 중심한 유교의례의 공유와 확산, 서민문화의 다양한 발달, 안동과 관련해서는 무엇보다 문중조직의 발달이 주목되었다. 임금도 나라도 믿지 못하고 정당 정파도 믿지 못할 때, 믿을 수 있는 조직으로 등장한 것이 문중이었다. 그때의 문중은 오늘날의 가락 김씨나 신라 김씨처럼 범종친회 조직이 아니라 파종친회 같은 소규모의 조직이었다. 안동에서 "권가가 권가 보듯 한다"는 말이 있듯이 일가라도 이해를 달리하면 문중을 나누었다. 신분이 다르면 일가라도 문중이 달랐다. 그것은 권씨뿐만 아니라 안동 김씨나 의성 김씨나 풍산 유씨도 한가지였다. 그런 가운데 문중간의 충돌이 발생하였다. 조선후기 안동에서 나타난 문중 충돌의 대표적 사례인 병호시비라는 것도 조선후

---

42) 우윤, 2001, 「鄭鑑錄과 東學의 상호관련성에 관한 연구」『역사상 정치적 예언의 종합적 검토』, 震檀學會, 64쪽.

기 사회조직의 문중화가 빚은 현상인 것이다. 사회조직의 문중화
현상은 전국적으로 추진되어 호남지방에서는 향중서원이 문중서
원으로 전락하는 모습으로 나타났다.43) 그것이 안동에서는 가학의
발달과 더불어44) 병호시비로 나타난 것이다.

---

43) 李海濬, 1993,『朝鮮後期 門中書院硏究』, 국민대 박사학위논문에 전남
　　지방의 문중서원 사례가 소개되어 있다.
44) 안동대학교 동양철학과 安秉杰 교수가 퇴계탄신 500주년기념 학술회
　　의에서「퇴계 이황의 학맥과 그의 반성」이란 논문을 발표했는데 그 논
　　문의 주 13)에 퇴계학맥이 문중 가학으로 전개된 것을 소개했다. 안동
　　지방을 이해하는데 좋은 자료이므로 여기에 그대로 옮기면 다음과 같
　　다(문집이나 유고를 중심으로 조사했다고 말했다).
　　〈예　안〉
　　▪ 진성이씨(도산,　도산서원)－이안도・이수연・이야순・이가순　・이
　　　만각・이만손・이만인・이만도・이중철?
　　▪ 광산김씨(외내,　향현사,　낙천사)－김부필・김부의・김부륜・김기,
　　　김해・김령・김시찬
　　▪ 영천이씨(부내, 원천, 분강서원, 오계서원)－이중량・이숙량・이덕
　　　홍　・이시・이상흡
　　▪ 봉화 금씨(부포, 외내, 동계서원)－금응훈・금응협・금난수・금경・
　　　금개・금시술・금서술
　　〈안　동〉
　　▪ 풍산유씨(하회,　병산서원・화천서원)－유운룡・유성룡・유원지　・
　　　유세철・유세명・유후장・유규・유이좌(유진 후손은 상주조 참조)
　　▪ 의성김씨(내앞,　검재,　호계서원・임천서원)－김극일・김성일・김
　　　용・김시온・김학배・김성탁・김낙행・김도행・김대진・김흥락
　　▪ 풍산김씨(오미)－김봉조・김영조・김응조
　　▪ 안동권씨(송야, 청성서원)－권호문・권덕수・권심규
　　▪ 안동권씨(도촌, 도계서원)－권의・권위
　　▪ 안동권씨(가일, 시습재)－권주・권구・권명우・권준희
　　▪ 홍해배씨(도목)－배삼익・배용길
　　▪ 안동장씨(검재)－장흥효
　　▪ 원주변씨(검재)－변영청・변중일・변두건・변규건
　　▪ 한산이씨(소호, 고산서원)－이상정・이광정・이완・이우・이병원・
　　　이병운・이돈우

▫ 전주유씨(무실,박실,삼산, 기양리사)─유승현 · 유정원 · 유도원 · 유
장원 · 유휘문 · 유치명 · 유치임 · 유정호 · 유지호
〈봉 화〉
▫ 안동권씨(닭실, 삼계서원)─권동보 · 권두인 · 권두경 · 권만 · 권정침
▫ 의성김씨(해저)─김우굉 · 김성구 · 김진동 · 김한동 · 김희락 · 김희주
〈영 해〉
▫ 재령이씨(인량, 영양 석보)─이시명 · 이휘일 · 이현일 · 이숭일 · 이
재 · 이만 · 이유원
〈영 양〉
▫ 한양조씨(주실)─조덕린 · 조술도 · 조성복 · 조언유 · 조승기
〈의 성〉
▫ 안동김씨(사촌)─김사원 · 김종덕 · 김종경 · 김종발
▫ 아주신씨(귀미, 읍성)─신지제 · 신홍망 · 신달도 형제 · 신체인
▫ 영천이씨(산운)─이광준 · 이민성 · 이민환 · 이희발
〈예 천〉
▫ 청주정씨(삼강, 도정서원)─정탁 · 정윤해 · 경윤목 · 정옥
▫ 예천권씨(죽림)─권문해
▫ 함양박씨(금당실, 금곡서원)─박정기 · 박손경 · 박기녕 · 박주종 ·
박주대
〈군 위〉
▫ 부림홍씨(대율)─홍재겸 · 홍지수
〈문 경〉
▫ 부림홍씨(영순, 근암서원)─홍호 · 홍여하
▫ 안동권씨(산북, 근암서원)─권상일
〈상 주〉
▫ 진양정씨(우산, 도남서원)─정경세 · 정도응 · 정종로 · 정상리
▫ 홍양이씨 (청리)─이전 · 이준 · 이원규
▫ 풍산유씨(우천)─유진 · 유심춘 · 유후조 · 유주목 · 유응목 · 유도헌
▫ 풍양조씨─조정 · 조익 · 조승수 · 조목수
〈영 천〉
▫ 연일정씨(횡계, 자양)─정세아 · 정만양 · 정규양 · 정중기
〈대 구〉
▫ 경주최씨(칠계)─최동집 · 최동직 · 최홍원 · 최효술
〈칠 곡〉
▫ 인동장씨(남산)─장현광 · 장복추 · 장석신 · 장석영 · 장지연
▫ 광주이씨(석전)─이윤우 · 이원정 · 이담명 · 이만운

　그러한 문중 단위의 행동양식은 1728년 영조 4년의 이인좌의 난, 이른바 戊申亂 때의 동향에서도 찾아볼 수 있다. 무신란은 영조초에 金一鏡을 비롯한 소론이 거세당하자 영조가 숙종의 아들이 아니라고 주장하며 反正을 표방하고 일으킨 반란이었다. 소론의 李麟佐가 청주에서 반란을 추진하자 청주의 남인인 고령신씨가 호응하고 안음의 남인 鄭希亮 등이 합세하였다. 때마침 정감록의 이야기가 전국으로 퍼지고, 또 사회경제의 변동과 함께 민란이 이어지고 있던 때였으므로 반란의 기세는 전국적으로 확산되었다.45) 그때 정희량의 이종으로 상주출신의 金弘壽와 이인좌의 동생 李能佐의 교섭을 받고 權榘·柳夢瑞·黃翼再·金敏行을 비롯한 안동인사가 호응했다고 하며46) 낙동강 동쪽의 경상좌도 일대에서 호응자가 많았다. 예천의 李潤師, 상주의 黃沈, 선산의 李橒, 영덕의 申弼誨 외에도 黃壽聃 등이 그들의 대표자였다.47) 성공하면 중종반정이나 인조반정 때의 공신처럼 도약할 수 있다고 생각하였다.

　〈성 주〉
　　▫ 의성김씨(사월, 청천서원) − 김우옹·김창숙
　　▫ 청주정씨(수륜, 회연서원) − 정구
　　▫ 성주이씨(대포) − 이원조·이진상·이승희

45) 李鍾範, 「1728년 무신란의 성격」『朝鮮時代 政治史의 再照明』, 범조사, 1985, 198쪽에 조사된 무신란 세력 분포는 가위 전국적이었다. 경중(서울)·과천·여주·이천·용인·안성·양성·진위·원주·충주·청주·괴산·문경·상주·공주·해미·은진·부안·고부·남원·순창·안음·합천·하동으로 조사되고 있다(인물은 생략).
46) 『戊申逆獄推案』권1, 3월 26일자 李麟佐供 14책, 575쪽에 의하면(이종범 앞의 글, 196쪽) 권구와 유몽서는 김홍수에 약속했다고 했다. 대표자격인 權榘(1672~1749)는 풍산면 가곡리(가일) 출신으로 갈암 李玄逸의 문인인데 호를 屛谷이라 했다. 외조는 풍산 柳元之이고 처부는 스승의 아들 재령 李檥이다. 백가에 두루 능통하고 성리학의 저술이 많다.
47) 당시의 심문 문서인 『戊申逆獄推案』권1, 3월 26일조, 李麟佐供(14책 566쪽).

예정한대로 영조 4년(1728) 3월 12일 기병하였다. 약속한대로 안동 사림의 동참을 촉구했는데 뜻밖에 누구도 응하지 않았다.[48] 문중간의 사전회의가 여의치 않은 것이다. 안동 사림은 배신자, 기회주의자로 몰렸다.[49] 오히려 무신란을 토벌하자는 의병이 조직되었다. 1788년에 편찬한 『戊申倡義錄』에 의하면 柳升鉉이 의병대장이었다. 그리고 權萬・李槃・金景沈・金聖鐸・李萬寧을 비롯한 임원진이 142명에 이르렀다. 안동 유림의 대표가 모두 참가한 의병진으로 기록돼 있다.[50] 무신란 60주년에 정조의 배려로 정치적 변명을 위하여 작성한 것이므로 무신란 당시의 사실로 믿기는 어렵다. 그런 방법으로라도 생존의 길을 찾아야 했던 안동 사림의 안타까운 처지만 역사에 남겼다.[51]

무신란이 일어나자, 조정에서는 안동 사림을 회유하기 위하여 남인당의 원로 趙德鄰(영양출신)을 영남호소사로 임명하여 파견하였다. 옥천 조덕린은 70노구를 이끌고 내려가 진정시키기는 했으나 뒤가 맑을 수는 없었다. 안동에서 반란에 동참하려고 했던 것을 노론측에서 모를 턱이 없었다. 그러나 안동 사림까지 처단하면 숙청 대상이 너무 광범하여 왕실로서도 부담이 되었다. 다시 반란을

---

48) 李鍾範, 1985, 「1728년 戊申亂의 性格」『朝鮮時代政治史의 재조명』, 범조사, 196・206~207・211쪽. 권구는 피난을 떠나 만나지 못하고, 유몽서 등은 좌수가 듣지 않고 일자가 촉박하다고 해서 듣지 않았다고 한다(206쪽).

49) 李在喆, 1986, 「18세기 慶尙右道 士林과 鄭希亮亂」『大丘史學』31, 대구사학회, 62쪽.

50) 柳時茂・李木編, 1989, 『戊申倡義錄』, 신일문화사, 7~25쪽.

51) 안동지방에서 예안・예천・영주・순홍・풍기・의성・영양・봉화・진보・용궁・청송・의홍・군위와 근방의 상주・문경・영천지방에서도 대규모의 의병이 일어났다고 했는데(앞의 책, 『戊申倡義錄』 참조). 그렇게 믿기 어려울 정도의 과장도 생존을 위하여 불가피했던 것으로 보인다.

일으킬 염려도 있었다. 그러므로 일단 덮어두었다가 영조 6년에 주
동급 몇몇을 문책하는 것으로 끝냈다. 그리하여 무신란을 계기로
전국에서 소론과 남인이 크게 타격을 입을 때, 안동의 남인만은 화
를 면하고 미약하나마 정치적 생명까지 보존할 수 있었다. 그러나
그것은 안동 사림의 내심이 아니었다. 그것은 후일 영조의 원수 金
一鏡의 유고집을 안동에서 간행한 것으로 역력히 드러났다.[52] 그
렇게 본심이 아니었다면 안동 사림의 모험은 우직한 본성에 어울
리지 않는 줄타기에 불과했다. 줄타기에서 일단 성공은 했지만 박
수 소리는 어디에서도 들리지 않았다. 결국 조덕린도 노론정권으
로부터 냉정하게 버림을 받았다. 이러한 안동 사림의 태도가 옳든
그르든 간에 구조적으로 보면 문중 단위로 응집된 조직이 임진왜
란의 의병진 형성 때처럼, 안동 전체를 하나로 묶는데는 방해가 될
수도 있다는 것을 말한다. 중심가치를 상실하고 있었다는 말이
다.[53] 그러니까 반란에 호응할 때도, 변경할 때도, 수습할 때도 낙

---

52) 안동 유림의 내심이 어디에 있었던가를 보여주는 문서가 있다. 그것은
   이인좌가 반란을 일으킨 직접 이유가 英祖 즉위년에 영조를 숙종의 아
   들이 아니라고 주장하던 金一鏡이 처단된 것인데 구한말에 김일경이
   신원되자 안동 유림이 서둘러 그의 『丫溪先生遺稿』를 간행한 것을 말
   한다. 『遺稿』를 보면 金應煥이 서문을 쓰고, 「부록」에 李晩燾의 「請復
   官爵疏」(1905)를 비롯하여 金道和의 「行狀」, 趙承基의 「行狀後敍」, 柳
   必永의 「遺事總論」, 李晩燀와 呂圭亨의 「祭壇碑銘」이 실려 있다. 충
   남 출신 김일경의 유고집을 어떻게 안동에서 간행했던지는 알 수 없으
   나 그에 관여한 안동의 인물들은 당시에 안동을 대표할 선비들이었다.
   이만도·김도화·조승기는 을미사변 후 한말의병장으로 활약했는데,
   특히 조승기는 무신란때 영남호소사였던 趙德鄰의 집안 종손이고, 유
   필영은 무신란때 안동 창의대장이었던 柳升鉉의 집한 족손이었다. 그
   렇다면 무신란을 막은 것이 본심이 아니라 내심은 무신란 자체에 있었
   다고 보아 좋을 것이다. 그래서 영조의 원수인 김일경의 유문을 수습한
   것이라고 생각할 수 있다.
53) 그 무렵에 안동 천전리 의성 김씨 종택(청계 종택) 사랑방에서 자주 집

동강의 흐름처럼 유유히 흐르는 방식이 아닌 역시 줄타기식으로 나타난 것이다.54)

임진왜란 이후에 반상이 분열하고, 붕당이 발생하면서 사족의 힘이 분산하고, 사회조직의 문중화와 더불어 중심 가치가 퇴색해 갔다. 조선중기에 중심가치에 올랐던 퇴계학도 중심 기능을 상실하고 있었다. 퇴계학도 조선후기 사회변동에 대처한 새로운 해석과 재창조가 요구되었다. 조선후기의 사회변동이 안동지방에서 크게 진행된 것은 아니다. 그러나 영해 영덕의 수산물이나 풍기 인삼의 거래를 통한 보부상과 객주제도가 발달하고 좀 뒤늦기는 했으나 풍기에 몰려든 정감록파의 공장제 수공업의 인조비단 거래가 상업을 크게 일으켰던 사실과 각처에서 민란이 일어나고 있던 점 등, 새로운 변화에 대하여 당대의 지성은 당연히 대답을 내놓아야 했다. 그와 더불어 하회탈춤에 버금가는 서민의 양반 풍자문화가 확산되고 있는 데 대해서도 관심을 쏟아야 했다. 그런데 그것을 감지하지 못했다. 퇴계 문인 가운데 기호 남인들이 실학을 일으킬 때 안동에서도 그와 같은 새로운 학풍을 일으키든지 아니면 실학을 수용할 필요가 있었다. 안동 유림이 이익·안정복·채제공·이가환·정약용 등의 실학자로부터 선조의 행장이나 묘표와 묘지문 등을 많이 받고 있었다. 그것을 보면 그들과 교류하지 않은 것도 아닌데 그들의 창조적 재주는 받아 오지 못했다. 기호 남인들은 퇴계학에 기초하면서 새시대에 대처한 실학을 일으켰던 것이다.55) 그

회를 열었다. 그것도 오해의 여지가 있다고 해서 사랑채를 허물어 의혹의 여지를 없앴다고 한다.

54) 무신란 때 안동 유림을 대표했던 權榘는 후일 이조판서로 추증되었는데 그에 대한 해석은 구구하다.

55) 李瀷·安鼎福·尹東奎는『李子粹語』를 짓고, 丁若鏞은『陶山私淑錄』을 지을 정도로 퇴계를 따랐다.

런데 정작 퇴계의 고장에서는 새시대에 대응하여 퇴계학을 새롭게 발전시키지 못했다. 그래서 중세적 명분론에 얽매인 경색된 분위기만 심화되고 있었다.

영조 11년에는 양송종사문제가 고조되었다. 宋浚吉(1606~1672)·宋時烈(1607~1689)의 문묘 배향 즉, 양송종사가 거론되자, 李麟至를 비롯한 안동 상주지방의 사림 4천명이 일어나 반대운동을 전개하였다. 이때의 연명자 4천명은 앞에서 소개한 예송이나 우율종사문제 때처럼 범영남이 아니고 상주와 안동 사림에 국한된 인원이었으므로 안동의 사림이 총동원되었다고 보아 좋을 것이다.56) 兩宋陞廡문제는 역시 노론의 승리로 끝났다. 그리하여 영조 32년(1756)에는 양송을 종사하게 되었지만 그와 같이 안동 상주지방 유림의 반대투쟁이 실패했다는 것은 안동 유림이 중앙정계에 진출할 기회가 점점 봉쇄 당했다는 것을 의미했다. 관계에 남아있더라도 한직에 머물거나 승진이 되지 않았다.

그때 노론은 적극적 공세를 취하여 안동에 노론 근거지를 확보할 계획을 세웠다. 그것이 영조 14년(1738) 金尙憲書院 건립이었다. 김상헌은 안동출신 노론의 대표적 인물이었으므로 명분도 있었다. 경상도 관찰사 兪拓基와 안동부사 魚有龍이 안동의 강씨·신씨·안씨문중과 손잡고 추진하였다. 安宅駿·金昌迪 등이 앞장을 섰다. 임금에게는 보고하기 전이었으므로 서원 이름도 없었다.57) 그런데 남인당의 마지막 명맥을 쥐고 있던 안동사림이었으므로 앉아서 볼 수가 없었다. 사림이 봉기하여 서원을 두들겨 부신 것이다. 안동 좌수 金夢濂과 향교의 金景憲을 비롯하여 柳鼎和·柳英和·

---

56) 『承政院日記』 권821, 영조 12년 3월 12일조에 상소 경위와 연명 명단이 수록되어 있다.
57) 풍자해서 일컫는 말인지는 몰라도 鎭南書院이라고도 한다.

黃又淸・李世應 등이 앞장섰다.[58] 중앙에서도 모두 놀랐다. 그것도 그럴 것이 노론의 공세에 따라 노론으로 변절한 이른바 新見者가 속출하여 안동도 남인이 힘을 잃고 있는 줄 알았다. 그런데 안동은 남인 천하라는 것을 과시하듯 뜻밖의 반격을 당한 것이다. 관찰사나 부사의 힘으로도 안동 사림의 폭력시위를 막을 수가 없었다. 안동에서 행정력이 얼마나 미약했던가는 전통시대에 어느 고을이나 없는 곳이 없는 선정비가 안동에는 단 한개도 세워지지 않았다는 사실이 입증하고 있다.

김상헌서원을 부신 안동 양반들의 폭력시위를 집권자 노론은 10년 전 무신란과 같은 반란으로 보았다. 그러므로 노론당은 당세 전력을 기울여 반격에 나섰다. 더구나 경상감사를 지낸바 있는 소론의 朴文秀와 趙顯命이 안동 남인을 변호하고 나섰으므로 노론은 정치 생명을 걸고 안동 토벌에 나섰다. 병자호란 때 청나라에 잡혀가서도 절개를 지킨 김상헌이고, 그는 안동 소산출신이므로 당연히 그의 충절을 안동에서 기려야 한다는 명분이었다. 그런 서원을 훼철한 안동 유림을 역적이라 했다. 그러나 남인측으로 보면 노론의 세력 침투에 불과한 것이었으므로 물러설 수 없었다. 그리고 안동 향권에 대한 도전으로 보았다. 김상헌서원이 안동에서 문을 열면 거기를 거점으로 세력을 확장하여 안동 좌수의 자리도 노론에게 빼앗길 염려가 있었다. 그러므로 결사적으로 반대했던 것이다.

한편, 당시에는 서원 건립에 대하여 비판 여론이 비등할 때였으므로 노론 정권도 안동의 서원 건립을 강행할 수만 없었다. 그것을 계기로 서원 전반에 대한 검토의 목소리가 높아갔다. 그때 마침 함경도 북청에 있는 老德書院에 소론 영수 李光佐를 모신 것이 문제

---

58) 鄭萬祚,「英祖14년의 安東 金尙憲書院 建立是非」『朝鮮時代 書院研究』, 집문당, 211쪽.

가 되었다. 이광좌는 소론의 영수로 김일경과 가깝고 무신란의 배
후인물로도 의심을 받았었다. 그가 영조 16년에 죽었는데 그의 고
조부 李恒福을 제향한 노덕서원에 허가 없이 추가로 모신 것이다.
허가 없는 서원 건립과 추향을 금한 숙종 40년의 왕명을 위반했다.
위반 사례가 많았지만 이광좌는 소론 영수이므로 용서할 수 없다
는 것이 노론의 입장이었다. 그리하여 숙종 40년(1714) 이후에 건립
한 서원은 전국적으로 모두 철거하게 되었다.[59] 그것이 영조 17년
(1741)의 「사원훼철령」이다. 그에 따라 173개의 서원 향사가 훼철
되었다.[60] 그때 안동지방에서는 순흥·예안·예천·봉화·의
성·비안에서 각각 1개씩의 精舍를 비롯하여 11개가 철거 당했다.
영덕에 건립한 주자와 송시열의 영당도 철거한 것을 보면 차별을
두지는 않았다. 그러나 안동지방에서 인산서원이 영영 철거되고
지산서당(김방걸)이나 임산서당(조덕린)을 서원으로 만들 기회가
차단되는등, 불만의 소리가 그치지 않았다.

　안동 사림이 실각한 1694년 갑술환국 이후 1728년 무신란과
1735년 양송종사 반대운동, 1738년의 김상헌서원 파괴와 1741년의
사원훼철반대 등으로 중앙 정계와는 완전히 대립하게 되었다. 이
러한 안동의 남인당세를 진정시키는 것이 경상감사의 주요업무 중
의 하나였다. 鄭益河 감사는『歸正錄』을 만들어 안동 유림이 노론
으로 돌아설 것을 종용했고, 그에 이은 趙榮福 감사도 갖은 방법으
로 설득에 나섰으나 끝내 성공하지 못하였다. 그래서 중앙의 노론
당에 보낸 편지에서 "그물을 낙동강에 던졌더니 종일 소득이 미꾸
라지 몇 마리 뿐이요. 川金은 쟁쟁하고 河柳는 청청하다" 라고 당

---

59) 백사 李恒福을 모신 老德書院에는 閔鼎重·吳斗寅 등의 노론 인물이
　　추향되어 있으므로 거기에 소론 거두 李光佐가 합향된다는 것은 그가
　　이항복의 현손이라고 해도 노론측에서는 용납이 안되었다.
60) 鄭萬祚, 「英祖17년의 祠院毀撤」『朝鮮時代 書院研究』, 집문당, 289쪽.

시의 심정을 익살스럽게 토로했다.[61] 여기서 천김은 천전(내앞) 김 씨를 이름이요 하류는 하회 유씨를 가리키는데 노론은 미꾸라지에 비유하며 한탄한 것이다.

정조때(재위, 1777~1800) 임금의 호의로 남인의 길이 열리는 듯 했으나 노론의 집요한 공세를 감당할 수 없었다. 남인의 영수 채제 공이 영의정에 올랐다가 노론의 공세를 받아 물러나야 했고, 갑술 환국때 실각한 이현일이나 무신란때 영남호소사를 역임한 조덕린 이 정조의 호의에도 불구하고 역적의 누명을 벗고 일어설 수 없었 다. 그것은 남인을 옹호하던 정조때라고 해도 길이 열리지 않았다 는 것을 의미한다. 김상헌 후손인 안동김씨 세도정치가 등장한 순 조(재위, 1801~1834) 이후의 정국에서는 말할 여지가 없었다. 김상 헌의 서원을 때려 부신 안동이었으므로 그들의 세도가 등등하던 철종(재위, 1850~1863) 때까지 벼슬을 얻는다는 것은 꿈꿀 수가 없 었다. 결국 노론이 없는 세상을 찾았다.[62] 안동으로서는 새로운 정 국이 전개되기를 학수고대하였다. 그때에 대원군이 등장하였다.

그 무렵 안동의 인구는 얼마나 되었을까? 영조 말년경에 편찬된 『興地圖書』에 나타난 안동의 호구는 1만 5,597호에 인구는 6만 6,929명으로 남자가 2만 6,162명, 여자가 4만 668명이었다고 한 다.[63] 남녀의 현격한 차이가 사실인지 통계의 잘못인지 앞으로 상

---

61) 成樂熏, 1965, 「韓國黨爭史」『韓國文化史大系』 II, 고대 민족문화연구 소, 386쪽.

62) 1910년 대한제국을 병탄한 일본은 조선귀족령을 발포하여 76인의 식민 지 귀족을 만들었는데 그것을 보면, 소론 7명, 북인 2명 외에 전원이 노 론이었다고 한다(成樂熏, 1965, 「韓國黨爭史」『韓國文化史大系』 II, 고려대 민족문화연구소, 388쪽). 그때 안동 유림은 10명 전후의 자결자 가 있었고, 1백호 5백명 가량의 인원이 서간도로 망명하였다. 일본 식 민지에서도 노론의 천지가 된다는데 대한 반사 심리도 작용한 것이 아 닐는지 알 수 없다.

고할 일이다. 영조 50년 전국 호구는 169만 2,607호에 703만 9,068
명이고 경상도는 36만 4,012호에 156만 3,587명이었다.[64]

5. 구한말 근대화의 시도도 남달랐던 안동

1) 옛 바람은 쉽게 잦아지지 않았다

근대란 특권계급이 없는 사회를 말한다. 조선시대로 보면 양반
과 중인의 특권이 없어지는 것을 말한다. 그래서 반봉건주의를 앞
세운다. 반봉건이란 어떠한 특권도 없애자는 꿈을 말한다. 그런 꿈
이 근대에 비로소 일어난 것은 아니다. 만적의 난, 임꺽정이나 홍
길동의 이야기, 장길산의 난 등이 모두 그러한 꿈을 꽃피우다가 불
나비처럼 희생된 역사적 사건이었다. 그런데 그때의 반란은 반란
일 뿐이었다. 왕조를 뒤엎고 그 다음에 어떤 나라를 세운다는 정치
이론이 없었다. 그러므로 그것이 특권을 없애고 합리적 세상, 근대
국가를 건설한다는 이론을 가지고 있는 근대혁명과 달랐다. 1860
년대에 일어난 동학이나 삼남민란 같은 것은 만족스럽지는 못해도
국가 이론을 내놓으려고 했던 흔적을 보이고 있다. 그때 등장한 대
원군의 개혁정치도 보면 양반세를 억누르고 평등한 인재등용, 서
원철폐, 양반에 대한 호포제 실시 등, 그때로서는 혁명적 개혁을

---

63) 『輿地圖書』에 의하면 그때 醴泉郡은 7,725호에 2만 6,901명, 榮川(주)郡
　　은 3,649호에 2만 3,452명, 禮安縣은 1,782호에 5,836명, 奉化縣은 1,106
　　호에 5,798명, 英陽縣은 2,725호에 1만 413명, 眞寶縣은 1,259호에 5,
　　873명, 靑松府는 2,996호에 1만 367명, 大丘都護府는 1만 2,752호에 5만
　　9,614명, 尙州牧은 1만 8,416호에 7만 21명, 慶州府는 1만 7,219호에 7만
　　891명이었다고 한다.
64) 1971, 『戶口總數』, 서울대학교출판부, 13~14쪽.

단행하였다. 서양 제국주의의 침략을 물리친 것도 그때의 일이다. 그래서 1860년대를 근대사의 출발로 보는 것이다.

1864년 갑자년이 광무황제(고종) 1년이다.[65] 광무황제는 어리기 때문에 그의 아버지 홍선대원군이 정치를 좌우하였다. 그가 하야한 1873년까지를 대원군 집정기라 한다. 대원군 집정으로 세도정치는 막을 내렸다. 그것만이라도 안동 사림은 반가와 만세를 불렀다. 뿐만 아니라 柳厚祚가 정승에 발탁되는 등, 많은 인사가 특채된 파격적 변화가 눈앞에 전개되었다. 그런데 안동 유림은 그때를 기다리며 준비한 것이 없었다. 특채된 선비가 서양 군함의 침략에 대한 대책을 물으면 엉뚱하게도 왕도와 패도의 고전적 정치론을 펴기만 했다. 새로운 식견이 없었다. 대원군은 침략에 대처할 방도를 찾고 있는데 그를 보좌하고 뒤를 바칠 인재가 없었다. 국민의 역량 부족이 역력히 드러난 대원군 집정기였다. 1866년 병인양요가 일어났을 때 서울은 장안을 탈출할 피난민으로 웅성댈 때 시골에서 서울로 올라오는 사람이 있었다. 그들은 실각한 세도정치인들이 나라를 지켜야 한다고 올라오고 있었다. 대원군도 놀랐다. 서양 제국주의의 침략을 막으려면 그들을 재등용할 수밖에 없었다. 그와 같이 대원군은 안동에서 인물이 공급될 것을 바랐으나 공급할 준비가 없었다.

오히려 대원군의 서원철폐에 대하여 반항하였다. 처음에 노론본부인 만동묘와 화양동서원의 철폐를 보고 내심 좋아했던 안동 유

---

65) 광무황제 1년이란 1864년의 즉위 1년을 말한다. 광무 1년은 1897년 대한제국이 성립하면서 연호를 광무라고 칭한 그 해를 말한다. 그러므로 광무황제 1년과 광무 1년은 33년의 차이를 가지고 있다. 고종이란 1919년 조선총독부에서 만든 것이므로 그때 독립운동자를 비롯한 뜻있는 지식인은 사용하지 않았다. 필자도 그들의 뜻을 따라 고종이란 연호를 사용하지 않는다.

림이 광무황제 8년(1871)에 700개가 넘는 서원 향사를 47개만 남기
고 모두 철폐할 때 안동지방의 것도 거의 철폐 당하자 저항하였다.
서원철폐로 전국에서 47개만 남았을 때, 안동지방에서는 안동부의
병산서원, 예안현의 도산서원, 순흥부의 소수서원만 남았다.[66] 그
래서 鄭民秉을 비롯한 영남 63개 고을의 유생 1만 27명이 만인소
를 올려 저항하였다. 혹은 1872년에 柳興榮이 반란을 일으켜 문경
새재에 진을 치고 저항한 그런 일도 있었다.[67] 李彙秉처럼 벼슬을
버리고 안동으로 낙향하는 이도 있었다.[68] 결국 대원군은 물러났
는데 그때는 퇴각을 아쉬워했다. 1873년 대원군이 물러나자 柳道
洙 등이 만인소를 올려 대원군의 재집권을 위한 봉환운동을 폈다.
서원철폐와 호포제 실시에 대한 불만의 소리가 다시 터져 나오기
도 했지만 그래도 대원군만큼 안동에 유리한 정치를 펼 인물이 없
다는 여론이었다.[69] 그러나 대세를 되돌릴 수는 없었다.

　1873년 대원군의 퇴각은 새 정국의 전개를 의미했다. 1876년 강

---

66) 현재 안동시에는 祠堂과 精舍가 아니고 書院의 간판을 걸고 있는 곳이
　　22개가 있는데 도산서원과 병산서원 외에 20개 서원은 후일에 대개 문
　　중에서 복원하거나 신설한 것이다(안동시·안동대 박물관, 2000, 『安東
　　遺蹟地圖』, 454~455쪽).
67) 『高宗實錄』 권9, 9년 壬申 4월(국사편찬위원회, 영인본, 탐구당, 391쪽) ;
　　『日省錄』 高宗 9년 4월.
68) 李彙秉은 헌종 15년(1849)에 대과에 급제했으나 세도정치에 불만을 품
　　고 벼슬길에 나가지 않다가, 1864년 대원군 집정 후에 승문원·사간
　　원·사헌부·홍문관을 거쳐 우부승지까지 올랐다. 그러나 柳馨遠 문
　　집인 『磻溪隨錄』의 토지제 개혁을 주장하고 서원철폐의 조절을 주장
　　하다가 대원군과 대립하여 벼슬을 버리고 낙향하여 진보현 괴정리 산
　　골에 은거하였다. 안동 사림 가운데 당색을 불문하고 실학을 주장한 흔
　　치 않은 사례가 발견되기에 언급해 둔다(柳必永, 「通政大夫承政院右
　　副承旨兼 經筵參贊官修撰官 李公墓碣銘」 『西坡先生文集』 권20).
69) 鄭震英, 1998, 「19세기후반 嶺南儒林의 政治的 動向」 『韓末 嶺南儒學
　　界의 動向』, 영남대학교, 131~143쪽.

화도조약에 이어, 1880년에는 중신회의를 열어 서양과도 통상하기로 결정하고 먼저 미국과 수호조약을 맺기로 했다. 강화도조약은 일본군의 대포 앞에 굴복한 조약이었지만, 1880년 10월 12일의 중신회의 결정은 『朝鮮策略』의 권유를 수용한 것이긴 해도 자주적 개항을 결정한 역사적 결단이었다. 그에 대하여 당시의 유학자는 두 갈래로 나누어졌다. 金弘集을 비롯한 개신 유학자는 문호를 열자는 것이고, 경기도 李恒老 문인과 충청도의 韓元震 문인과 전라도 奇正鎭 문인과 안동의 柳致明 문인은 개항을 반대하였다. 안동의 반대는 강도가 비교적 약했다. 그런데도 척사 만인소를 올릴 정도였으니 반대 강도가 강한 이항로와 기정진 문인의 정도를 짐작할 수 있으리라.

영남 만인소는 李晩孫을 소수로 1880년 11월에 안동향교에 본부를 설치하고 준비하기 시작하였다. 중앙으로 전달된 때는 이듬해 신사년이었으므로 辛巳斥邪疏라 일컫는다. 안동 유림의 우율종사 반대소를 비롯한 그 동안의 보수적 상소운동으로 보면 마지막 꽃불로 피워 올린 悲壯美 넘친 상소이기도 했다.[70] 그러나 모두 묵살되고 말았다.

신사척사소 또는 영남만인소의 정신이 상대를 바꾸어 행동으로 폭발한 것이 1894~6년의 항일의병의 봉기였다. 1894년 일본군이 경복궁을 점령한 갑오왜란이 일어나자 안동향교에서 서상철을 중심으로 의병이 봉기하였다. 이것이 한말의병의 효시였다. 그러니까 한말 의병전쟁사는 안동에서 시작되었다. 그리고 1895년 일본군이 민비를 시해한 을미사변에 이어 을미개혁이 강행되자 전국에서 의병이 봉기하였다. 안동에서는 권세연에 이어 김도화의 의병이 일어났고, 예안에서는 이만도의 의병이 일어나 1896년에는 양쪽 진

---

70) 鄭震英, 앞의 글, 144~163쪽.

영이 합동하여 상주 태봉에 진주한 일본군을 공격하였다. 그때 안동지방 즉, 경북 북부지방 전역에서 의병이 봉기하였다. 영양의 조승기, 영해의 이수악, 영덕의 신운석, 진보의 허훈, 청송의 심성지, 의성의 김상종, 예천의 박주대, 봉화의 금석주, 영주의 김우창 등이 모두 위정척사의 깃발을 들고 의병을 일으켰다. "이기고 지는 것은 내 알 바가 아니오, 오로지 의를 위하여 목숨을 바칠 뿐이라"는 것이 그들의 주장이었다. 거기의 정의는 위정척사 즉, 성리학의 정의였다. 그러므로 일본군은 안동 시가를 불태우고 성리학의 본산인 퇴계 종택을 불태우고 성리학의 대표 김흥락을 포박하여 협박했다. 성리학의 뿌리를 자르려 했다. 그러나 침략군에 굴복하지 않았다. 당장에는 그들에게 패전했다고 해도 굴복할 선비들이 아니었다.

　안동 선비들은 조선후기 2백년 야당(남인)으로 남달리 저항정신을 길러왔다. 그의 저항정신은 을사늑약이 체결된 중기의병부터는 민중의병의 봉기를 맞아 그와 합류하면서, 또는 계몽주의를 일으키면서, 새롭게 발전해 갔다. 중기의병 때 이상룡·박경종이 거금을 투자하여 가야산에 의진을 설치하고 일대 전쟁을 계획하였다. 그것은 車隱豹의 실수로 무산되고 말았지만[71] 이와 같이 의병전쟁이 처음에는 척사의병으로 출발하여 중기의병에서는 애국주의 의병으로 변천했다. 의병은 忠道－忠君－忠國－忠民의 성격으로 변해 갔다.

---

[71] 李圭洪,『洗心軒日記』1906년 1월조에 당시의 진행과정이 수록되어 있다. 이규홍은 이상룡과 함께 西山 金興洛의 문인이다.

2) 새바람은 신분별로 일어났다

한국사에서 신분제나 봉건계급에 대한 비판의 소리는 숙종때부터 민간에서 확산되고 있었다. 정조때에 오면『秋官志』노비조에서 보듯이 정부 간행물에서 원래 노비란 없었다고 말하기에 이른다. 19세기에 오면 사회 모순이 심화되면서 반봉건의 기치를 들고 신분제 타파운동으로 발전해갔다.[72] 신분타파운동이 본격화된 것은 1860년 동학운동의 발생에서 비롯되었다. 그것이 안동지방에 전달되어 사회운동으로 전개된 것이 1871년 李弼濟의 난이었다. 이필제의 난은 영해에서 일어났는데 거기에는 동학 교주 崔時亨이 참가 조종하고 있었다. 동학은 경주에서 발생하여 동해안으로 전파되어 최시형이 한때 영양 용화에 잠적하여 포교했다. 이필제난이 영해에서 문경에 이르기까지 북부 산악지대를 휩쓸었다는 것은 안동권 일대에 동학교가 크게 전파되고 있었다는 것을 의미한다. 1894년 동학농민전쟁에서 예천에서 격렬한 전투가 있었다는 것도 그와 유관한 사실이다. 예천에서 동학군을 맞아 싸운 것이 그곳 양반이 아니라 아전이었다는 사실도 이 지방의 사회상을 말하는 것이다.[73]

---

72) 조선시대의 신분제를 말할 때 양반·중인·상민·천민으로 구분하는데 천민 가운데 노비가 어떤 방식으로 존재했느냐는 이해가 다양하다. 노예와 농노를 구별할 때 조선시대 노비는 농노로 보아야 한다는 주장이 강력하다. 사회구성체의 시각에서 본다면 결혼해서 가정 생활을 영위하는 노비라면 농노로 보아야 한다고 생각한다. 그렇게 보면 상민과 천민의 차이는 사라져가고 있었다고 할 수 있다.

73) 朴周大,『渚上日月』, 1894년 8월 1일의 일기부터 예천의 동학군 사정이 자세히 수록되어 있다. 필자가 참고한 것은 朴成壽 번역본(서울신문사, 1993)이었다.

이필제의 난도, 동학농민전쟁도, 모두 봉쇄 당하고 말았다. 조선 봉건제도에 반기를 들고 봉기했던 농민들은 생명을 부지할 방도가 없었다. 그리하여 때마침 1894~1896년의 전기 의병전쟁에 몸을 기탁하였는데 의병을 주도한 유림이 1896년 10월까지는 모두 해산하여 또다시 막막한 처지가 되었다. 그러나 의병에 몸을 기탁하면서 농민조직을 재생하여 의병 해산 후에는 농민들이 영학당·남학당·서학당·동학당·활빈당을 조직하여 목숨도 부지하며 항전을 계속할 수 있었다. 그와 같이 항전한 1896년부터 1904년까지의 농민운동을 필자는 광무농민운동이라 이름하고 있다.[74] 거기에서 주목할 것은 활빈당의 활동이다. 안동 청량산과 영양 일월산과 영해 명동산 일대는 활빈당의 무대였다. 활빈당은 義賊이었다. 안동·봉화·영양·영해·영덕·청송지방에 활빈당 이야기가 무성한데 그것이 평등사상을 고양하는 데 적지 않게 기여했다는 점에 유의할 필요가 있다.

그 활빈당이 1904년 러일전쟁을 기회 삼아 새롭게 침략한 일본 제국주의를 맞아 의병전쟁으로 전환해 갔다.[75] 그것이 신돌석의 의병이었다. 신돌석은 영해 출신이지만 그의 활동 무대는 경상도 북부지방 전역에 이르고, 이상룡·박경종의 가야산 의병봉기가 좌절되면서 이 지방에서 중기 의병전쟁을 전담하고 있었다.[76] 그후

---

74) 조동걸, 1989, 「光武農民運動」『韓國民族主義의 성립과 獨立運動史研究』, 지식산업사, 39~41쪽 ; 2001, 「光武農民運動과 신돌석 義兵」『영덕의병사와 이병장 신돌석』, 안동대 안동문화연구소, 7~22쪽.

75) 조동걸, 「義兵運動의 韓國民族主義上의 位置」, 위의책, 23-46쪽.

76) 1903·4년『황성신문』을 보면 활빈당이 의병을 자칭한다는 자료가 발견된다. 거기에 근거하여 필자가 조교 공기택과 조창용 두 사람에게 1984·5년에 영덕·영양·안동지방에 활빈당 관계 증언을 청취케 한 바가 있었는데, 활빈당과 신돌석 의병이 연결된 개연성은 얼마든지 인정할 수 있었다. 이때의 증언은 앞에 소개한 「光武農民運動과 신돌석 의병」 논

평민의병이 광범하게 성장하여 평등사상을 더욱 고양하면서 독립운동을 발전시켰다.

세상 변화에 가장 민감한 사람들이 서울이나 지방이나 중인계층이었다. 서울의 중인은 통역관·의사·행정관리(경아전) 등인데 지방에는 행정관리 즉, 향리가 중인의 대종을 이루었다. 향리를 관청 앞에 산다고 해서 아전이라 했다. 안동에서 아전 가운데 권대일처럼 의병으로 순국한 경우도 있지만, 시세변화를 감지하고 신교육을 통해 신지식을 수용한 인사도 많아 안동의 변화에 크게 영향하였다. 化山學園을 설립하여 안동중학교 기초를 닦은 權賢燮, 권오종 제헌 국회의원의 아버지로 신교육에 이바지한 權寧淇, 안동소주회사와 안동포판매조합, 그리고 안동도서관을 설립하고 안동농림학교 부지를 제공하는 등, 안동의 기업과 교육진흥에 앞장선 권참사로 알려진 權台淵, 선대에 북후면으로 퇴촌해서 아전과 다르기는 하지만, 서울대학교 총장을 역임한 權重徽의 집안 등이 개화 선봉자로 손꼽힌다. 개화 2세대로서 지금 1백살 전후 인물은 여기서 일일이 소개할 수 없을 정도로 많다. 안동 향리는 경상도 營吏(경상도 국과장급)를 맡아 있었기 때문에 다른 고을의 향리 이상의 활동과 권세를 행사하여 세인의 부러움을 사는 가운데 선구적 행보를 걷고 있었으므로 그때의 일화가 여러 가지 모양으로 남아 있다.[77] 예안에서는 일찍이 미국과 교역을 열었던 申德을 비롯하여 申應漢·申尙冕·申浩均·申應仁 등을 손꼽는데 그들의 자손으로 해방 후 각료급의 신현돈·신기석·신학진·신하규 등이 있었다. 이들은 안동에서 누구보다 앞서 신문화를 수용하여 새바람

문에 소개하였으며, 녹음 테이프는 영덕군 신돌석기념관에 기증하였다.
77) 안동에서 민속과 민담에 관한 조사는 어디에 못지않게 조사되어 있다. 앞으로 중인 아전에 관한 특수성도 밝혀졌으면 좋겠다는 기대를 이야기하는 사람이 많다.

을 일으켜 안동을 새롭게 만들었다.

　신사상, 신문화 수용은 당연히 유림 사족이 가장 늦었다. 안동지방 사족으로는 영양의 주실 마을이 가장 빨랐다. 1899년 조병희의 단발을 계기로 마을이 혁신적으로 변화하여 국민교육회·대한자강회·대한협회에서 활약한 인물이 적지 않았다.[78] 안동에서는 1906년 광무황제의 문명학교 설립을 촉구하는 興學詔勅과 그에 따른 경상북도 관찰사의 흥학훈령이 내려오면서 1907년부터 문명학교가 우후죽순처럼 설립되었다. 그 가운데 특히 안동 동부 7면이 협력하여 천전리에 설립한 협동학교는 1908년부터 중등학교로 발전하여 전국적으로 손꼽히는 계몽주의 학교가 되었다. 김병식·유인식·하중환·김후병 등이 서울의 신민회의 지원을 받아 개교하였다.　이관직·이동녕·김기수·안상덕·김동삼·김형식　같은 우수한 교원까지 확보했으므로 신교육을 받으려는 청년들이 운집하였다. 그때까지 의병전쟁을 주도하거나 지원하던 이상룡·김대락 같은 보수 유림도 혁명적으로 일변하여 협동학교를 지원하였다.[79] 이상룡·김대락의 변화는 안동에 새바람을 일으키는 전기가 되었다. 안동에 대한협회 안동지회와 교남교육회 안동지회가 결성되어 김만식·김응섭·김시현·김지섭 등이 앞장 서 마을마다 신교육의 바람을 일으켰다.

　이상과 같이 한국사에서 근대화가 시험될 때 안동에서는 상민이 주도하여 이필제의 동학민란과 활빈당 활동을 통하여 평민의식이 고양되었고, 중인의 유학을 통한 신문화의 수용과 혁신유림의 계몽주의운동 등을 통하여 신문화, 신사상이 수용되면서 근대주의가

---

78) 김희곤 외, 2001, 『영양 주실마을─전통과 혁신의 고장』, 안동대 안동문화연구소 참조.

79) 조동걸, 2000, 「傳統名家의 근대적 變容과 독립운동 事例」 『大東文化研究』 36, 392쪽.

확산되고 있었다. 거기에서 유의할 것은 신문화를 신분별로 수용 발전시켰으므로 안동이 나아갈 방향은 신분의 해체요, 운동의 통합이라 할 수 있다. 거기에 기여하는 사람이어야 역사적 인물이 될 수 있다. 그것은 독립운동을 전개하는 가운데 달성해야 할 안동인의 과제이기도 했다. 다음에 유의할 것은 신문화를 수용하는 가운데 편승하기 쉬운 제국주의는 배척하고 있었다는 사실이다. 그래서 일본 자본주의에 흡수되지 않고 독립운동을 선구적으로 개척할 수 있었다.

한편, 식민지하에서 양반들은 식민지 지주가 되어 식민통치에 기여한 경우가 많았다. 중인은 개화를 빙자하여 일제 침략을 유도하거나 방관한 경우가 많았다. 상민은 일진회 같은 매국단체를 만들어 침략군의 앞잡이 노릇을 한 경우가 많았다. 그런 가운데에서도 안동은 독립운동자를 배출한 인원이 전국 시군 어디보다 많았다. 그 이유를 찾아 그것을 키워 가는 것이 그나마 나라 잃은 시대의 지혜일 것이다. 그것을 알아보자.

6. 독립운동을 통해 근대화를 열고

1) 식민지시기의 안동

일본 제국주의의 식민통치는 서양의 식민통치와 다른 특징이 있었다. 첫째가 식민지 경제를 자기 본국의 생활경제와 밀착시켰다는 점이다. 서양 제국주의는 식민지에서 경제적 이익을 올리면 됐지 억지로 본국과 직결시키지는 않았다. 그런데 일본은 1910년대 토지조사사업, 1920년대 산미증식계획, 1930년대 군수공장의 배치,

1940년대 증미계획의 추진이 모두 본국인의 쌀 공급이나 본국인이 짊어질 전시경제를 식민지에 전가한 것이었다. 그것을 경제개발로 착각해서는 안 된다. 둘째는 민족동화정책인데 조선을 영구식민지로 만들 계획이었다. 그를 위하여 식민교육, 식민사학, 식민문화를 진흥시켰다. 그것을 정상적 교육진흥, 문화진흥처럼 이해해서는 안 된다. 셋째는 그런 것을 달성하자면 간접 식민통치로는 불가능하였다. 그래서 직접 식민통치를 강행했다. 이등박문이 1909년에 발표한 바로는 2백만 일본인의 조선 이주를 계획하였다. 조선을 직접 지배하기 위함이었는데 가능하면 조선인을 인디안의 운명처럼 혼혈로 개종하거나 멸종시킬 계획이었다. 넷째는 위의 세 가지 일을 강행하자면 많은 비용이 들었다. 그래서 통치비용의 과다 지출이 특징이었다. 그것은 개발비용이 아니라 수탈비용이었다.

그러한 특징이 안동에도 쏟아지고 있었다. 밭을 논으로 고쳐 쌀 농사로 통제한 것은 수탈 효용을 올리기 위함이었다. 식민교육에 따라 철모르는 어린이까지 논둑 밭둑에서 일본 노래를 부르게 했다. 면마다 있었던 소학교의 일본인 교사와 주재소 순사가 마을을 순회하며 일본 노래를 장려하고 감시했다. 철없는 사람은 그의 앞잡이를 했다. 그러나 안동에 일본인 자산가가 많아 경제적 침탈을 당했던 것은 아니다. 1934년 집계에서도 1만원 이상의 일본인 자산가가 경상북도내에 552명인데 안동에는 한 명도 없었다고 한다.[80]

식민지시기 안동군은 지금의 안동시와 비슷했는데 1914년 행정구역 조정에서 20개면 203개 동이 1931년에 1읍 15개면 218개 동으로 개편되었다. 면은 줄고 인구 증가에 따라 동리는 늘어났다. 면이란 전통시대에는 행정 단위가 아니었다. 때문에 향약이 발달해

---

80) 한국인 자산가도 1만원 이상이 181명, 5만원이상 28명, 10만원 이상이 3명 뿐일 정도로 부호가 적었다. 그때 경북지방에서 1만원 이상 한국인 자산가는 2,348명이었다(경북경찰부, 1934, 『高等警察要史』, 333쪽).

도 향회를 바탕으로 한 군단위 향약이고, 아니면 이동 향약이었다. 그래서 이동계도 발달했다. 그런데 1914년에 일제가 행정 단위의 면을 설치하면서 면장에게 막강한 권한을 주어서 이동을 통할하도록 했다. 그리하여 지방행정의 중심이 군과 이동에서 면으로 이동했다. 그에 따라 이동계도 면으로 흡수된 경우가 많았다.[81] 안동도 예외가 아니었다. 15개 면장회의가 소집되면 안동읍은 온통 잔치마당이 되었다. 면장들은 자신들이 이동 자치기능을 말살하고 있다는 것을 알지 못했다. 권세에 도취한 면장이 기차를 세웠다는 웃지 못할 일화가 전해 오는 것이다. 1917년 안동의 호구는 25,932호에 139,329명이었다. 조선후기 영조때 집계와(전술)와 비교하면 두 배 정도로 증가한 셈이다. 그때 전국 호구는 3백20만 호에 1천7백만 명이었다.[82]

안동에는 법원과 검찰청이 있었고, 전매청·세무서가 북부지구를 관할하고 있어 여전히 북부 권역 중심 도시의 기능을 행사하고 있었다. 1939년에는 京慶線(지금의 중앙선)이 개통되고 철도청이 안동에 설치되어 교통의 중심지도 되었다. 초등교육이 일반화되어 있던 당시에 안동에는 식민지 실무 인력을 공급하는 안동농림학교가 설립되었다. 그래서 북부지방에서 교육의 중심지가 됐던 것은 전통시대와 다를 바 없다. 그래서 시장이 더욱 발달하고 여관업과 대서업이 호경기를 누렸다. 누가 자식교육의 이유에 대해서 말하기를 식민지 대서방에 가지 않는 것이 목적이라고 했다.

---

81) 朴惠淑, 1986, 「日帝下 農村契에 대한 硏究」, 숙명여대 석사학위 논문.
82) 『朝鮮總督府 統計年報』, 大正6年(1917), 23쪽.

2) 안동을 지키며 독립운동에 이바지하다

1910년 나라가 망하자 안동에서는 자결 순국자가 속출했다는 점이 남달랐다. 1907년 김순흠이 자결한데 이어 1910년에는 이만도·이중언·유도발·이현섭·권용하·김택진·이면주(봉화)·김성진(영주), 그리고 김도현(영양, 1914)·유신영(1919)·이명우(1919) 등이 자결 순국하여 전국에서도 가장 많은 자결자의 고장이 되었다. 특히 이만도는 24일간의 단식 때 방문자에게 죽는 자의 교훈을 직접 전달하였고, 김도현은 유일한 도해 순국의 기록을 남겼다. 자결자는 식민지에서 살기를 거부한 열사였다. 한편, 식민지에 살기를 거부하고 망명하여 독립운동을 전개한 사람도 많았다. 그러므로 1910년의 안동에는 연일 자결자의 장례 행렬이 이어지던 가운데 서간도로 떠나는 1백여 호의 망명 행렬이 줄을 잇고 있었다. 나라가 망한 모습이 그 이상으로 어떻게 비참할 수 있을까?

나라가 망한 뒤에 이 지방에서 일어난 최초의 독립운동 단체는 대한광복회였다. 1913년 풍기에서 결성하여 1915년에는 본부를 대구로 옮겼는데 안동에서 그에 참가한 것은 권준희·권준홍·이종영·이동흠·권영만(영양)·강병수(봉화)·임세규(영주)·조용필(예천)·윤창하(예천)·정진화(예천) 등이었다. 이럴 때 공교육에 맞선 민립학교도 있었다. 1910년대 안동에 있던 민립학교가 수곡리 협동학교를 비롯하여 29개교에 이른다고 했다.[83]

그와 같은 자결 순국과 우국지사의 망명, 대한광복회의 활동, 민립학교의 민족교육의 결실이 1919년의 3·1운동이다. 안동의 3·1운동은 그 규모와 질적 수준에서 전국에서 10대 운동으로 손꼽을 정

---

83) 金喜坤, 1999, 『안동의 독립운동사』, 안동시, 177~178쪽.

도로 규모도 컸고 수준도 높았다. 유림이 대거 봉기하였다는 것이
특징인데 그것을 일일이 거론할 수 없다.[84]

안동 3·1운동 면별 · 일자별 참가인원

면 이름	3.13	17	18	21	22	23	24	27일
안동	1		250			3,000		
예안		1,500		2,000				
도산			수십					
임동				1,500				
임북					300			
임하				300				
길안				350				
일직				100				
동후						100		
풍산							수십	
풍남								소년23

　　그리고 유림만으로 파리장서를 작성하여 파리강화회의에 전달
했다. 그것은 金昌淑과 李中業이 추진했다. 이중업은 하계리 이만
도의 아들이다. 이만도는 1910년에 자결 순국하고 이중업의 아들
李棟欽은 대한광복회에서 활약하고 그의 동생 李椋欽은 1926년
제2차 유림단사건 때 활약하였다. 그리고 이중업의 아내 金洛은
독립운동가 가정의 부인답게 일경의 고문에 실명 당하면서도 굴하
지 않고 저항했다.[85] 김락 여사외에 안동 출신 여류인사로 남자현
·이해동·허은 여사처럼 만주 독립운동에 헌신한 이도 기억할
필요가 있다. 그들은 전통적 열녀로 몸바친 경우라고 할 수 있지만,

---

84) 위의 책, 232쪽.

85) 조동걸, 1998, 「巴里長書의 성격과 역사적 意義」『韓國近現代史의 理
　　解와 論理』, 지식산업사, 92쪽 ; 1998, 「響山 李晩燾의 독립운동과 그의
　　遺志」, 같은 책, 209쪽 ; 2001, 「心山 金昌淑의 독립운동과 遺訓」『韓
　　國近現代史의 理想과 形象』, 푸른역사, 67쪽.

3·1운동을 통하여 여권의식이 크게 성장한 것과 아울러 신분해방
의식이 확산된 측면에서 주목할 점이다. 그리고 그때까지 백안시
당하던 기독교가 3·1운동에 동참하므로써 제국주의 종교의 오해
를 씻게 되었다는 점도 주목할 점이다.

　3·1운동 뒤에 해외로 망명한 인원이 크게 늘어났는가 하면 국내
에서도 독립운동이 다양하게 발전해 갔다. 3·1운동의 기본 이념이
인도주의에 있었으므로 인도주의를 실현하기 위한 이념으로 자유
주의·사회주의·무정부주의 등, 다양한 사상이 대두하였다. 사상
은 자기의 처지에 따라 생각한 것이므로 부자와 형제의 사상이 다
를 수 있다. 누구는 국밥을 좋아하고 누구는 비빔밥을 좋아한 차이
이상의 의미가 있는 것이 아니다. 또 인도주의를 실현하기 위한 여
러 가지 독립운동의 방법이 대두하였다. 그래서 1920년대 독립운
동의 특징이 민족총력항쟁이었다. 각기 재주껏 독립운동에 몸바쳤
다는 말이다. 그러므로 반듯한 것도 있고 비뚠 것도 있었다. 안동
에서 손꼽을 만한 것은 해외 독립운동을 지원하기 위한 김시현·
김용환 등의 義勇團 활동, 유주희·이운호 등의 朝鮮勞動共濟會
안동지부의 활동, 김원진 등의 안동물산장려회, 유경하·오련수
등의 안동청년회, 김남수·안상길 등의 안동청년동맹, 유연건의
吉安靑年會, 신덕·이규호 등의 예안청년회, 이준태·권오설 등의
火星會와 풍산소작인회, 김재봉·이준태·안상길·김남수·권오
설 등의 朝鮮勞農總同盟, 그리고 김남수·유준희·김원진·권중
택 등에 의한 『동아일보』·『조선일보』·『조선중앙일보』를 통한
언론 활동들이 1920년대 안동사회를 독립운동의 열기로 넘치게 하
였다.86)

---

86) 金容稷, 『金南洙先生資料集』(집문당, 2001, 4×6배판, 총249쪽)에 1920
　　년대 안동에서 전개된 사회주의 계열 민족운동에 관한 원자료가 소개

그런 가운데 1925년에는 심산 김창숙이 宋永祜(영주)·金華植 (안동)과 함께 몽골지방에 대규모의 독립군기지 개척을 추진하여 국내에서 그해 8월부터 8개월간에 걸친 군자금을 모금하여 이듬해 3월에 망명한 이른바 제2차 유림단사건이 전개되었다. 그때 이동흠·이종흠·김동식·김화식·김창식 등 안동 인물이 주도하여 모금하였다. 그 돈으로 일으킨 것이 1926년 12월에 서울 천지를 진동시킨 나석주의사의 동척폭파 의거였다.

한편, 1925년에 조선공산당이 결성되어 金在鳳이 1차당 비서(당수)를 맡았다. 이어 2차당의 고려공산청년회는 權五卨이 책임비서를 맡았다. 이와 같이 조선공산당은 안동 청년들이 주도하여 결성하였다. 1926년 6·10만세운동을 추진하다가 조선공산당 조직은 파괴당했는데 6·10만세운동은 역시 안동출신 학생 權五尙·李先鎬·柳冕熙 등이 추진하여 전개했으므로 그것도 안동 작품이라 해서 과언이 아니다. 조선공산당이 공산주의운동을 전개했지만 식민지하에서는 민족운동을 앞세워야 했다. 그러므로 여기서 민족운동의 대연합이 제기되었다. 그리하여 1926년에 조선공산당사건, 6·10만세운동, 제2차 유림단사건, 나석주의사의 동척폭파의거로 격앙된 분위기 속에서 모든 민족운동 단체의 협동전선이 추진되어 1927년 초에 新幹會를 결성하였다. 독립운동의 협동전선은 金應燮 (풍산 출신)이 연해주에서 임시정부 창조파를 이끌고 제창했던 것이 처음이었다. 그것이 뜻대로 안되었으므로 1924년에 만주에서 韓族勞動黨을 만든 것이지만, 그와 같이 협동전선은 1920대 초부터 제기되고 있었다.[87]

되어 있다.

[87) 신주백, 1999, 「민족운동의 계열별 정립과 통일운동」『만주지역 한인의 민족운동사』, 아세아문화사, 113~118쪽.

金容達, 2001, 「韓族勞動黨의 조직과 活動」『한국독립운동사연구』16,

　　신간회 안동지회에는 柳寅植・鄭顯模・權重烈 등의 회장단 외에 23인의 간사가 있었다. 좌우 협동전선체로 탄생했기 때문에 전국적으로 다양한 활동이 전개되었다. 안동지회의 특수한 활동으로는 풍산소작회가 주도하고 있던 소작쟁의를 지원한 것 외에 영양・봉화・영주지회와 공동으로 향교 철폐운동을 폈던 것이다. 향교가 식민통치에 협조하고 있던 데 대한 불만이었을 것이다. 그리고 양력과세운동을 폈던 것과 일각에서 노소통죽운동을 시도하다가 제지당한 혁신적 일화도 전해온다. 통죽운동은 회장 유인식이 제기하였고 양력과세는 영양 주곡리에서 1928년부터 실시하여 오늘에 이르고 있다. 주곡리에는 조헌영이 신간회 동경지회장을 역임하고 허헌체제에서 중앙검사위원을, 조용기는 경도지회 총무를, 조치기는 중앙대의원 복대표를 역임하는 등, 신간회 관계자가 많았다.

　　신간회는 1931년 5월 16일에 해체하였다. 1928년 12월 모스크바에서 열린 코민테른 6차대회에서 조선공산당의 지식인의 감상적 분쟁이 지적되고 노농계급에 기초한 공산당을 재건하라는 지시에 따라 1929년에 조선공산당을 해체하였다. 이어 1930년에는 만주총국이나 일본총국도 해체하였다. 조선공산당이 없는 신간회에서는 공산주의자가 힘을 쓸 수가 없었다. 그리하여 사회주의자들이 신간회 해체를 주장하고 추진한 것이다. 그때 신간회 해체 후의 대책으로 안상윤・이필・권중택 등이 1931년 3월에 '안동코뮤니스트그룹'(안동콤그룹)을 결성하였다. 그것을 모체로 전금옥・박금숙이 여권운동을 전개하였고, 임하그룹과 예안노농행동대를 발족시키는 등, 20여개의 지하조직이 결성되었다. 그후 영주 봉화에도 전파

　　독립기념관 한국독립운동사연구소 ; 국회도서관, 1976,『韓國民族運動史料』중국편, 516~517쪽.

되어 특히 영주 수도리(무섬) 중심의 적색재건투쟁위원회는 농민조합(김종진)·반제동맹(김명진)·독서회(김우진)를 만들어 활동할 정도로 민활한 활동을 보였다. 이때 안동콤그룹에 관여된 사람이 3천명에 이를 정도로 사회주의운동이 북부지역 일대로 확산되고 있었다. 그들은 1934년까지 모두 검거되어 그후 안동지방에서 독립운동은 민족진영 조직이든 공산진영 조직이든 거의 사라지고 개별 항쟁이 있을 뿐이었다.

1930년대 중반에는 일본이 만주사변(1931) 후 대륙으로 침략을 계속하던 가운데 전시체제를 강화하고 있었다. 그것이 신사참배, 일본어상용, 창씨개명 등으로 나타나 식민지 조선인에게 일본인처럼 행동하고 생활할 것을 강요했다. 소위 國體明徵·內鮮一體·忍苦鍛鍊이라고 새긴 비를 교문에 세우고 어린 초등학생에까지 일본 신민의 마음가짐을 강요했다. 1937년 중일전쟁을 도발하고는 1938년에 國家總動員法이라는 인류 역사상 어디에도 없고 언제도 없었던 해괴한 법률을 공포하였다. 전쟁을 위하여 무엇이라도 동원할 수 있다는 것이다. 그 법에 의하여 인력도 동원하고 물자도 동원하고 밥그릇도, 처녀도, 어린이도 동원하였다. 총동원을 위하여 國民總力朝鮮聯盟을 결성하고 말단에는 애국반을 만들어 총동원에 차질이 없게 하였다. 1941년 일본이 태평양전쟁을 도발했을 때 이 땅에는 식민지 관리의 수탈이 극대화하고 있었다. '애비는 보국대에 가고, 아들은 징병 가고, 딸은 정신대에 보낸 시골 할머니가 끼니를 굶은 채 청량산에서 공출할 칡넝쿨을 걷고 있는 모습'이 이상하지 않게 보였다. 정말 숨막히는 세상이었다.

민족 지도자들은 변절해 갔다. 종교 지도자도 양심을 던졌다. 양심을 노래하던 민족시인 李陸史는 새로운 꿈을 만들기 위하여 중국으로 떠났다. 어둡고 괴로운 그림자는 땅거미처럼 퍼져 나갔다.

영양의 吳熙秉(일도)·李秉珏(몽구)·趙東振(세림)·趙東卓(지훈)
의 작품을 제외하면 인간스러운 노래도 문학도 찾을 수 없는 1940
년대의 안동지방이었다. 답답한 마음을 달랠 어떤 길도 없었다. 안
동도 친일 명망가가 대로를 휘졌고 다니는 거리가 되었다. 누구는
중추원 참의원이라 했고, 누구는 도 평의원이라 했다. 도 평의원도
각 군마다 몇 명 씩 배출한 민선 평의원은 표수를 의식한 탓인지
공손할 때가 있었는데 영덕군의 문명기처럼 관선 평의원은 위세가
도도하였다. 그래서 영주 안정에 살던 李鉉九는 창씨개명에 반대
하다가 자결로 삶을 마쳤다. 그러나 거의 창씨개명하던 세상이니
이현구의 자정 소식은 알려지지도 않았다. 원촌리의 李源永 목사
가 신사참배를 반대했지만 대부분의 목사가 변절한 때에 독야청청
이 오히려 이상하게 보였다. 그래도 봉화의 청년들은 黑色自由靑
年聯盟을 맺고 탈출구를 찾으려 했고, 안동농림학교 학생들은 朝
鮮恢復硏究團을 만들어 안동의 마지막 명예를 지켰다. 그래서 민
족은 사라지지 않고 양심은 영원하다고 말한다.

3) 해외로 망명하여 독립운동에 몸바친 사람들

  1910년 대한제국이 멸망하고 일본의 식민통치가 시작되자, 일본
을 하늘을 함께 할 수 없는 원수로 생각하였다. 그래서 몇 백 년 살
아온 집을 버리고 망명한 사람이 안동지방에서 특별히 많았다. 아
기를 가진 임부가 식민지 일본인으로 태어날 아기의 처지를 거부
하고 만삭의 몸으로 엄동설한에 북녘 만주로 떠났다. 오늘날 만삭
의 임부가 미국으로 떠나는 것과 비교하면 어떻게 다를까? 안동 천
전리의 김대락은 66세의 몸으로 만삭 임부인 손부와 역시 만삭 임

부인 손녀의 손을 잡고 1910년 12월 24일에 만주 유하현 三源浦를 향해 떠났다. 어름으로 덮인 압록강을 건너 삼원포에 도착하기도 전인 恒道村에서 손부와 손녀가 해산하였다. 김대락은 동네 성황당에 가서 손발이 얼어터지도록 빌고 또 빌었다. 두 사람 함께 무사히 해산하였다. 늙은 김대락은 하늘을 향해 신생아 快唐과 麒蒙의 건강을 빌었다. 그 아이가 커서 1940년에 30세 장년으로 징조할 아버지와 할아버지와 아버지를 대신하여 독립군으로 싸울 것은 누구도 예상하지 못하였다.

안동에서 남달리 많은 사람이 만주 삼원포로 망명했던 것은 서울 신민회에서 양기탁·이동녕 등이 삼원포 망명을 추진하고 안동의 김대락·이상룡·유인식·김동삼 등에게 연락해 주었기 때문이다. 서울에서는 선발대로 이회영·이동녕·이관직 등이 떠난 뒤에 비밀이 탄로 나서 양기탁 등의 본진은 감금되고 말았다. 안동의 망명 일행이 도중에 그 소식을 들었으나 갈 길을 멈출 수 없었다. 그리하여 1백호 5백 명 전후의 인원이 용하게도 삼원포 망명에 성공하였다. 거기에서 중국인으로 변장하여 농장을 빌어 농사를 짓고 耕學社를 설립하고, 新興學校를 개교하였다. 그때 김대락은 신흥학교 학생에게 준 「勸諭文」 첫머리에서 "쇠와 돌은 갈아낼 수 있어도 자유의 열정은 깎을 수 없고, 태산이 앞에 있어도 진보하는 길은 막을 수 없다"고 외쳤다.[88] 1914년에 세계대전이 일어나자 중국이 일본과의 외교상의 문제로 독립운동을 막자, 백두산 자락에 白西農庄이라 위장 간판을 걸고 독립군을 길렀다.

바로 그들이 3·1운동 뒤에 일본군을 맞아 독립전쟁을 전개한 독립군의 장교들이었다. 독립군은 1919년에 韓族會와 西路軍政署를,

---

88) 조동걸, 2000, 「白下 金大洛의 亡命日記」『安東史學』5, 안동사학회, 209쪽.

1922년부터는 統軍府·統義府(1923)·正義府(1924)를 차례로 결성하여 싸웠는데 안동의 이상룡·김동삼·김형식·이광민 등이 독립군을 빛낸 지도자였다. 평해와 영해에서 올라간 황만영·황도영·황의영·주진수·박경종·박건·이겸호 등도 국내를 드나들며 활약하였다. 상해의 대한민국임시정부가 제몫을 못하자 1923년에는 상해에서 國民代表會가 열렸다. 그때 김동삼은 의장을 맡아 활약했다.[89] 또 1925년에는 이상룡이 임시정부 國務領에 선임되어 상해에서 활동했다.[90]

만주의 독립군은 1920년 청산리전쟁과 그에 이은 경신참변 뒤에는 주력부대가 만주의 중부지방으로 북상 이동하였다. 1924년에 결성한 정의부가 길림을 중심으로 활약했던 이유도 거기에 있다. 1923년에 남만주에서 參議府, 1924년에 남중 만주에서 正義府,

---

89) 金東三(1878~1937)은 본명이 金肯植으로 천전리에 협동학교를 설립하고 나라가 망하자 김형식과 함께 문중인원 수십명을 거느리고 만주로 망명하여 1914년 백서농장장, 1919년 서로군정서 참모장, 1922년 통의부 총장을 맡으며 독립군의 큰별로 우뚝 섰다. 그래서 상해에서 국내외 독립운동자 총회인 국민대표회가 열렸을 때 의장에 선임되어 부의장 안창호·윤해와 함께 독립운동의 장래를 개척하였다(趙東杰, 2000,「一松 金東三의 一代記」-傳統名家의 近代的 變容과 독립운동 事例-『大東文化研究』36, 443쪽).

90) 李相龍(1858~1932)은 안동 임청각의 주인으로 본명이 李象羲이다. 누대에 걸친 부호였으나 한말 의병을 일으키는 가운데 살림이 기울었다. 이어 대한협회 안동지회를 설립하고 나라가 망하자 66세의 처남 김대락과 함께 서간도로 망명하였다. 그때 이상룡이 53세로 당내 망명자만도 수십명에 이를 정도로 대식구를 거느리고 망명하였다. 경학사 사장에 이어 1919년에는 서로군정서 독판을 맡았다. 1921년 북경에서 신채호·박용만·장건상 등이 군사통일회를 열고 대조선공화국을 수립한 바 있었는데 거기서 이상룡이 대통령에 추대되었다. 그를 사양하였지만 그러한 경력을 배경으로 1925년에 임시정부 국무령에 선임된 것이다(석주선생기념사업회,『石洲 李相龍先生遺事』; 위의 책,『大東文化研究』36, 436쪽).

1925년에 중북만주에서 新民府가 결성되어 삼부시대를 열었다. 황만영·주진수·김동삼·김형식·김원식·이광민·이태형 등의 안동 인사들은 정의부와 정의부 정당인 高麗革命黨에서 활약하였다. 그리고 삼산리 출신 유연화나 왕산 허위의 가족처럼, 일부 인사는 소련으로 넘어가기도 했다. 소련에서는 볼세비키혁명으로 토지는 분배하고 평등한 사회를 건설한다는 말이 마음을 끌었다. 만주의 망명생활이 말할 수 없이 비참했으므로 새 천지를 찾아간 것이다. 직업 독립군은 그렇다고 해도 그의 가족이나 일반 망명자는 중국인의 소작인으로 생활했으니 너무도 비참했다. 1920년 경신참변에 학살당한 김동만·김성로·권기일의 유족은 더욱 비참하였다. 그때 이해동 여사는 논에 들어가 자신이 소(牛)가 되어 쟁기를 끌었고, 허은 여사는 자신이 말(馬)이 되어 산에서 나무를 등에 실어 날랐다.[91]

　1925년에는 독립군을 탄압하기 위한 三矢協定이 중일간에 체결되었다. 그리하여 독립군의 귀를 잘라 가면 돈을 주었다. 독립군의 타격이 심했다. 1927년부터는 체제를 바꿀 필요가 있어 민족유일당운동을 일으켰다. 민족유일당운동은 민족협동전선의 추진으로 국내외에서 동시에 일어나 국내에서 신간회가 결성되었다. 만주에서는 성공하지 못하고 삼부통합에 의한 國民府와 韓族自治聯合會가 결성되었다. 그것이 1930년 전후의 일이었다. 그때 독립군은 자

---

91) 만주 망명 동포의 처참했던 생활을 이해하자면 다음의 책을 읽어야 한다. 필자는 대학원생에게 필독 도서로 권장하고 있다. 저자인 李海東 여사는 이원일 지사의 따님으로 만주에서 장성하여 김동삼 선생의 며느리로 출가했고, 許銀 여사는 허위 의병장 집안에서 태어나 만주에서 장성하여 이상룡 선생의 손부로 출가하여 두 사람 모두 독립운동을 보고 경험하였다.
李海東, 1990, 『滿洲生活 七十七年』, 명지출판사.
許銀, 1995, 『아직도 내귀엔 서간도 바람소리가』, 정우사.

신들의 정체가 알려지지 않은 하얼빈 근방의 북만주로 서서히 이
동하였다. 그때 이상룡이 작고하고 김동삼이 이원일과 남자현 여
사와 함께 일경에 체포되었다. 안동 망명자들은 김정식을 선두로
聚源昶(지금의 亘源) 마을을 개척하여 새 근거지로 삼았다. 망명
당시의 청년 김형식이 원로로 민족교육을 일으키고 이광민을 중심
한 새 인물 박동수 · 박만수(영해 출신) 등이 취원창을 이끌어갔다.

잘 알려진대로 1930년대 중반부터는 전광 · 김일성 · 최용건 ·
김책 · 허형식 등이 활약한 중국공산당의 동북항일연군이 남북 만
주에서 항전하고 있었다.[92] 그들은 1937년 보천보 공략후 일본군
의 대규모 반격이 강행되어 1940년부터 소련으로 넘어갔다. 그후
1943년에는 연안의 獨立同盟(김두봉) 또는 朝鮮義勇軍(무정)의 선
견대로 이상조가 북만주에 파견되어 안동 인사들은 그들과 손을

---

92) 동북항일련군은 1931년 만주사변으로 일본군이 만주를 침략할 때 각처
   에서 일어난 유격대 병력이 통합 발전한 것이다. 유격대가 동북인민혁
   명군으로, 그것이 다시 동북항일련군으로 확대 개편되었다. 거기에 조
   선인 병사가 많았는데 1932년에는 소위 민생단이라는 일본 밀정 조직
   에 가담했다는 누명을 쓰고 1935년까지 중국공산당에 가입해 있던 조
   선인공산주의자 요원 5백명이 숙청된 비극을 겪어야 했다. 그때 요행
   으로 살아남은 간부급 청년이 전광(오성륜) · 김일성 · 최용건 · 김책 ·
   허형식 등이었다.
   동북항일련군에서 전광 · 김일성은 두만강 국경 방면에, 최용건은 목단
   강 방면에, 김책과 허형식은 하르빈 근방 송화강 방면에 배치되었다.
   민생단사건이 끝나고 민족주의가 허용되자 1936년에 조국광복회를 결
   성하고 1937년에는 김일성부대가 두만강을 건너 보천보를 습격하여 대
   성과를 올렸다. 여기서 김일성의 명성이 크게 떨쳤다. 1940년에 일본군
   의 공격을 받아 전광이 체포되고, 김일성과 최용건은 소련으로 넘어갔
   다. 1942년에 안동과 연비가 이어진 허형식이 전사하고, 김책도 1944년
   에 소련으로 갔다. 소련에서 그러한 다국적 항일군을 모아 국제군을 편
   성했는데 그것이 하바로프스크 북쪽 야스코예에 있던 88여단이다. 중
   국인 주보중이 여단장이고 그와 운남강무당 동창인 최용건이 참모, 김
   일성이 제1영장, 김책이 제3영장이었다.

잡게 되었다. 그리하여 해방 후에 월송 김형식이 김두봉·이상조의 초청으로 평양으로 들어가 1948년 남북연석회의 임시의장을 맡았듯이 북으로 간 사람이 많았다.[93]

　무장독립운동은 주로 만주에서 전개됐는데 그의 또 하나의 방법인 의열투쟁은 국내외에 걸쳐 널리 전개되었다. 장인환은 미국에서, 안중근은 만주에서, 이봉창은 일본에서, 엄형순·윤봉길·백정기는 상해에서, 김상옥·나석주는 서울에서 의열투쟁을 전개했다. 안동 출신 의사는 의열단의 金始顯·金祉燮·金禎燮이 있었는데 그들은 1923년에 폭탄을 반입하다가 발각되어 뜻을 이루지 못하고 김지섭은 동경에서 일본의회 의원과 국왕을 폭살하려고 활동하다가 체포되었다. 영양출신으로 무정부주의자 嚴亨淳이 이규창과 함께 상해에서 친일파를 처단하고 순국하였다.[94] 의열투쟁이란 겉으로 나타난 방법은 테러와 같다. 그러나 투쟁 성격이 정의와 이익을 위한 점이 서로 달랐고, 자기를 밝히고 숨기는 것이 서로 달랐고, 특정한 상대와 불특정 다수인을 대상으로 했던 것이 서로 달랐다. 그러므로 역사의 평가가 다르다.

---

93) 金衡植(1877~1950)은 호를 잘 써서 김월송으로 널리 알려져 있다. 아버지 김대락과 함께 천전리 협동학교에 남다른 정성을 쏟다가 나라가 망하자 온 가족을 이끌고 서간도로 망명하였다. 그때 만삭 임부 며느리와 딸을 동행했다. 아버지 김대락이 1914년에 작고한 후『先考遺稿』를 남겨 독립운동사의 귀중한 자료가 됐다. 1919년부터 한족회 학무부장, 간서총판부 부총판, 정의부 민사위원장(내무부장), 취원창 민족학교 교장을 역임하고 1944년에는 독립동맹 북만지부장을 맡았다. 1945년 해방 후 독립동맹 위원장 김두봉의 초청을 받고 평양으로 들어가 조선혁명가후원회 위원장을 맡았다. 1948년에는 남북정당 사회단체 연석회의의 임시의장을 맡았다(조동걸,「月松 金衡植의 一代記」－전통명가의 근대적 변용과 독립운동 사례－『大東文化硏究』36, 성균관대학교, 452쪽).
94) 이규창, 1992,『運命의 餘燼』, 보련각, 208~209쪽. 이 책에는 독립운동자의 처절한 생애가 진솔하게 서술되어 있다.

　안동 출신 해외 독립운동자는 주로 만주에서 활약했는데 중국 본토에서 활약한 적지 않은 지사들도 있었다. 李陸史는 의열단이 세운 조선혁명군사정치간부학교를 졸업하고 국내에 거점 마련을 위해 잠입했고, 柳林은 무정부주의운동을 일으켜 북경과 중경에서 임시정부 요원으로 활동했다. 권준호·권오복·김영춘·박해옥·유소우·유시보·유시훈·이동진·이동학처럼 광복군에 종군한 경우도 있다. 그리하여 8·15광복을 쟁취한 것이다. 쟁취한 광복을 가로막고 미국과 소련이 남북으로 나누어 군대를 진주시켰다. 그리고 군정을 강행했다. 광복을 빼앗아간 것이다. 그러므로 한국인은 1945년부터 1948년까지의 군정 기간을 광복정국이 아닌 해방정국이라 말한다. 해방정국이란 말에도 불평하는 사람이 적지 않다.

　여기서 안동인이 추구한 독립운동의 주요 특징을 돌이켜 볼 필요가 있다. 특징을 손꼽으면 ① 독립운동을 선구적으로 개척하였다. 1894년 의병전쟁의 시작은 안동에서 비롯되었고, 1910년 대한제국이 멸망하자 남녀노소가 망명하여 만주에서 독립군기지를 개척하였다. 그리고 국내에서는 대한광복회를 결성하여 가장 먼저 독립혁명을 준비하였다. 그렇게 독립운동을 선구적으로 개척한 이유를 어디에서 찾아야 할까? 첫째는 유교 이상주의가 제국주의나 천민 자본주의를 용납할 수 없었다는 점. 둘째는 조선시대 남인의 고장으로서 노론 정권에 대한 반항이 식민통치에 대한 반항인 독립운동으로 연결된 점. 셋째는 임진왜란의 의병전통에 200년 야당의 반항 기질이 추진력을 높였다. 넷째는 사회경제적으로 한정된 토지에 인구는 증가하여 새로운 탈출구를 찾지 않으면 안되었던 1910년 전후의 긴박한 사정. 다섯째는 전통시대 이래 어떤 것이라도 안동에 대하여 기대하는 여론 때문에 그에 대한 보답심리가 작용했다는 점 등이 아닐까 한다.

② 다음의 특징은 유림이 독립운동을 주도했다는 점이다. 의병전쟁과 계몽운동을 유림이 주도했고, 사회운동도 유림이 주도한 경우가 많았다. 제1차 유림단사건으로 알려진 파리장서나 제2차 유림단사건인 몽골지방 독립군 기지개척 군자금 모금활동도 안동유림이 핵심적으로 활동했다. 개화를 거부하던 척사 유림이 뒤늦게 독립운동에 동참한 경우에, 동참한 후 사회주의로 껑충 뛴 경우가 있는데 그들은 앞서가던 개화꾼을 추월한 쾌감이 있었다고 한다.

③ 독립운동에서도 유가 가례를 존중하였다. 무정부주의를 지향한 사람도 그랬고, 유물론 공산주의를 표방하던 사람도 망명지 만주에서 제사를 잊지 않았다. 그 외에도 이상룡이 유교 대동주의와 사회주의를 접목시키려고 했다던가, 많은 사례로 입증할 수 있다.

④ 활빈당과 신돌석 의병이 활약한 이후 서민이 독립운동에 대한 관심이 높아갔다. 그리하여 독립운동에 관한 한, 반상의 대립이 적었다는 점이 남달랐다.

⑤ 노농운동을 선구적으로 일으키며 조선공산당을 창당하는 등, 한국 사회주의운동에서 초기 운동을 주도하였다.

⑥ 안동에서 가장 많은 독립운동자를 배출하였다는 것은(독립운동 유공 포상자 250명 정도) 안동인 거의 모두가 독립운동에 이바지했다는 것을 의미한다. 그러므로 많은 독립운동 단체 대표를 배출하였다. 이상룡(경학사 사장·임시정부 국무령), 김대락(공리회 회장), 김동삼(통의부 총장·국민대표회 의장), 김응섭(창조파 대표·한족노동당 위원장), 김재봉(조선공산당 제일차당 비서), 유림(무정부주의연맹 위원장) 등이 그들이다.

⑦ 무엇보다 독립운동을 통하여 구시대의 봉건사상과 인습을 탈피하고 근대화의 길을 열었다는 점이 중요하다. 다양한 사상을 수용하고 있었다는 것이 그것을 의미한다.

⑧ 처음부터 마지막까지 독립운동을 끊임없이 꾸준히 전개했다는 것이 특징이다. 국내에서 조선회복연구단이 8·15전야까지 활동했고, 만주에서도 1910년 망명 이후 1945년 聚源昶운동에 이르기까지 끝내 쓰러지지 않고 싸우고 항쟁하였다. 그리하여 8·15광복을 쟁취한 것이다. 광복에 이르기까지 광복군이 중국전선과 인도와 버마(미얀마)전선에서 싸웠다. 미군 OSS부대로 싸웠고 조선의용군도 중국전선에서 싸웠다. 동북항일연군에 있던 조선인 병사는 소련 88여단에서 싸웠다.

따라서 연합군의 승리는 미군이나 소련군만의 승리가 아니라 한국독립군의 승리이기도 했다. 그것을 미국과 소련 패권주의가 가로막고 군정을 강행했다. 그리고 1948년에 자기 구미에 맞는 정권을 남북에서 탄생시켰다. 그들의 냉전을 남북에 재현시켜 극우와 극좌정권을 만들어낸 것이다. 그때 중도주의는 회색노선이라 하여 남북에서 공히 압살 당했다. 남북통일을 추구하던 김구는 암살 당하고 말았다. 결국 6·25 남북전쟁으로 갔다. 그것은 미국과 소련의 대리전쟁에 불과했다. 미국과 소련에 대항하기에는 힘이 모자랐다.

8. 맺음말 – 안동의 역사를 반성하며

먼저 안동의 역사를 회고하며 특징을 짚으면 다음과 같이 회상된다.

① 고려사를 밀고 이끈 안동.
② 유교를 일으켜 조선왕국을 건립하고 퇴계학으로 조선 성리학을 개척한 고장.

③ 조선 중기부터 200년간 남인당을 고집하여 야당성이 강한 고장.
④ 사족의 문중 결속이 진행되어 신분의 차이없이 문중조직이 발달한 안동.
⑤ 향리를 중심한 중인세가 남달리 강했다.
⑥ 상층문화와 민중문화가 별도로 존재했다.
⑦ 독립운동을 개척한 사람이 많은 가운데 보수와 진보가 병존하게 되었다.
⑧ 농지가 좁아 생활이 어렵고, 서민의 수탈과 근검절약으로 살았던 안동

위의 특징은 안동의 정체를 대변한 말이기도 하다. 아울러 좋은 역사를 생산하는 동력이 될 수도 있고 나쁜 역사를 전개할 이유가 되기도 할 것이다. 그러므로 발전 동력이 무엇인가를 찾아 그것을 키우고 극복할 문제는 무엇인가를 찾아 그것을 반성하면서 새 시대를 맞아야 할 것이다. 그것을 생각하면서 여기서는 반성할 점을 손꼽아 보기로 한다.

① 양반과 상민의 신분의식의 잔재로 보수와 진보가 양존한 안동사회.
② 유교 편향성이 강해 다양성을 불용하고 교조주의 사고가 심화될 우려가 있다.
③ 학문의 발달로 사람이 학문과 사상에 종속될 염려가 있다(사상의 노예화).
④ 각종 선거에서 보듯이 문중 결집력이 민주주의 발전을 방해할 수 있다.
⑤ 경제 생활이 빈곤하여 예술의 발달이 늦을 수 있다. 학문과

사상도 예술을 동반해야 대중에 접근하기 쉽다.

⑥ 사회주의의 급성장으로 좌우 대립의 극복과 융화가 현실적
  과제이다.

그렇다면 대립은 통합의 길을 찾아야 하고, 다양성은 조화의 길을 찾아야 한다. 그리고 대립 인자와 다양성은 그 자체로서 발전 에너지로 키워야 한다. 안동의 역사는 안동에 머물러 있지 않는다. 역사적 사실은 유동적이어서 항상 이동하는 것이다. 역사적 산물이 이동하고 또 흩어져 안동에는 과거의 잔재나 껍질만 남아 있을 수도 있다. 그렇다면 원체와 알맹이를 찾아서 찌꺼기는 버리고 현대화하는 작업을 전개해야 한다. 현대화란 현대사회에 대응한 삶의 지혜가 될 수 있도록 재창조하는 것을 말한다. 그 지혜는 한국사적 지혜와 세계사적 지혜로 나누어 생각할 수 있다.

한국사적 지혜는 한국사가 가지고 있는 과제 해결에 이바지되는 것이어야 한다. 한국사적 과제는 민주주의 개혁, 복지사회를 향한 경제 발전, 지식정보사회의 성장, 통일 조국의 달성이라 할 수 있다. 안동의 역사를 반성할 때도 거기에 맞추어야 할 것이다. 그리고 사람이 사상이나 제도에 종속되지 않도록 인간스럽게 재창조돼야 한다. 이것은 세계사적 과제이기도 하다. 어떤 사상과 종교나 제도도 인간을 위하여 존재해야 하기 때문이다.[95] 그러므로 안동의 역사와 안동의 문화와 학문을 객관화하여 볼 필요가 있다. 객관화는 안동을 주체로 놓고 다른 역사와 문화를 비교해 보는 방법으로 이루어야 한다고 생각한다. 그것을 위하여 토론의 문을 활짝 열어야 한다. 그것이 21세기 안동의 길이기도 할 것이다.

---

95) 조동걸, 2000, 「21세기는 개혁 통일 복지, 그리고 인간주의 번영의 100
   년이 돼야 한다」『역사비평』 50 ; 2001, 『한국근현대사의 이상과 형
   상』, 푸른역사, 재수록.

제3부

現代 韓國史學의 성장

Ⅰ. 1945~1950년대의 韓國史學[*]

　1945년 8월 16일, 해방 이튿날에 중앙 아카데미로 朝鮮學術院을 창설하고 그날 저녁에는 한국(조선)학 연구학회로 震檀學會를 재건하였다. 그것은 해방과 동시에 한국학에 대한 연구 열의가 왕성했다는 것을 말해 주고 있다. 그러한 의욕은 해방 후에 비롯된 것이 아니라 식민지시기에 축적되어온 것이었고 그것이 해방과 동시에 폭발하여 한국학을 위한 연구단체가 설립되었다고 보아야 할 것이다. 식민지시기에 한국학의 연구 의욕이 왕성했다는 사실은 특히 1930년대에 朝鮮語學會·朝鮮語文學會·震檀學會·朝鮮民俗學會·朝鮮經濟學會 등의 결성과 활동을 통하여 잘 알려지고 있던 사실이다. 그때에 조선학운동도 일어났다.

　그와 같은 조선학연구가 해방과 더불어 새롭게 폭발하여 한국사학의 연구가 크게 일어났다. 연구 학회가 결성되었던가 하면, 한국사 저술도 적지 않게 간행되었다. 한국사 저술의 종류도 다양하였다. 통사의 개설서와 시대사 그리고 분류사 저술이 어려운 출판 사

---

* 이 글은 1998,『現代 韓國史學史』제5장「해방 후 한국사연구의 발흥과 특징」을 수정·보완한 것이다. 다시 별도의 논문으로 편찬한 이유는 증보한 내용이 많기 때문이고, 또 해방 직후의 역사학을 독립시켜 다시 강조할 필요가 있다는 요구가 있었기 때문이다.

정에도 불구하고 시중 서가를 메우고 있었다. 그런데 해방 후는 식
민지시기와 연구조건이 달랐다. 6·25전쟁 후가 되면 연구조건이
또 달랐다. 그러므로 여기서는 해방 후나 6·25전쟁 후에 어떤 책이
나왔느냐의 겉모습을 보는 것도 그것이지만, 그 책들이 식민지시
기 한국사학의 성과를 얼마나 계승 발전시켰는가? 또 식민지시기
에 개척한 여러가지 역사방법론을 당연히 반추하고 새롭게 발전시
켜야 했는데 그것을 어떻게 처리했는가? 다음에 식민사학의 문제
는 어떻게 수습하고 그의 잔재를 청산하려고 노력했는가? 다음에
남북에 단독정부가 수립되고 이어 6·25전쟁을 겪으며 한국사학이
어떤 변화를 보였는가를 추적해 보기로 한다.

해방 후 3년간은 美·蘇의 군정시기였다. 그 속에서 分斷政局은
점점 심화되어 갔다. 분단정국으로 이행되어 갈 때 한국사연구가
어떻게 존재하고 발전해 갔던가? 혹은 분단정국과 함께 分斷史學
으로 이행되어 갔던가의 여부는 해방 후 새롭게 제기된 문제이므
로 주의 깊게 살펴야 한다. 그러한 문제는 국토가 분단된 것은 미
국과 소련의 覇權主義에 기인한다고 해도, 국토분단을 민족분단으
로 심화시킨 것은 민족 자신에게 책임이 있다는 자기 반성의 관점
에서 중요한 것이다.

1. 8·15 해방과 歷史學者의 動向

구한말 이래 한국사학자가 적지 않게 배출되었으나 해방 전에
이미 고인이 된 사람이 많았다. 朴殷植·申采浩·金敎獻·李相
龍·文一平·金在喆 등이 고인이 되었고, 安廓은 해방 직후에 작
고하였다. 고인이 아니라도 權悳奎처럼 병석에 누워 연구가 더이

상 불가능한 이도 있었다. 그리고 해방 후에 鄭寅普·白南雲·崔益翰·安在鴻·金台俊·李瑄根·李北滿 처럼 사회활동이나 정계에 투신하여 사실상 연구활동이 제한되거나 중단한 이도 있었다. 또 평양에서 해방을 맞은 金洸鎭에 이어 李淸源처럼 일찍이 북한으로 간 이도 있었다. 그런데 한편, 해방과 더불어 8·15 이전의 隱遁學者가 은둔지에서 나오고 亡命學者가 돌아오고 新進學者의 참여가 있었고 또 종전에 식민사학에 종사하던 이가 새시대를 맞아 새로운 글을 쓴 이도 있어, 또 그들이 해방 직후 일시에 연구활동에 참여하므로써 한국사연구는 활발하게 추진되었고 아울러 여러가지 저술이 쏟아져 나오게 되었다.

해방이 되자 먼저 식민지시기의 논저가 복간되고 있었다. 朴殷植의 『韓國痛史』와 『韓國獨立運動之血史』, 黃義敦의 『朝鮮歷史』, 權悳奎의 『朝鮮史』, 崔南善의 『朝鮮歷史』, 高權三의 『朝鮮政治史』, 李瑄根의 『朝鮮最近世史』, 鄭魯湜의 『朝鮮唱劇史』, 安廓의 『時調詩學』 등이 해방 후에 나왔다고 해도 모두 식민지시기에 출판한 것을 복간한 것이다. 그리고 申采浩의 『朝鮮上古史』, 鄭寅普의 『朝鮮史研究』, 崔益翰의 『朝鮮社會政策史』, 洪以燮의 『朝鮮科學史』 등과 같이 종전의 저술이나 신문 잡지에 연재한 글들을 모으거나 수정·보완하여 간행한 것도 있었다.

해방과 더불어 활동한 학자 가운데 가장 활발하던 경우는 일제 말기에 은둔학자나 망명학자가 은둔 또는 망명 중의 연구물을 해방과 동시에 발표한 경우라고 할 수 있다. 일제말기에 鄭寅普·黃義敦·張道斌·安在鴻·金洸鎭 같이 학계를 떠나 은둔한 이가 있었던가 하면, 都宥浩·韓興洙·金台俊처럼 망명자도 있었다. 그런데 그러한 은둔이나 망명지에서 연구가 진행되어 해방 직후에 저술을 출간한 경우가 적지 않았다.

安在鴻은 1930년 무렵부터 조선상고사에 관심을 보여 왔는데 1930년대 중반에『與猶堂全書』간행과 조선학운동을 통하여 익히게 된 문화사학을 일제말에 고향인 振威에 은거, 더욱 체계화하여 해방 후에『朝鮮上古史鑑』을 간행하였다. 張道斌의 경우는 1937년에 고향인 中和에서 은둔생활에 들어가, 연구에 몰두하여 해방 후에 많은 저술을 출간하고 있었는데『國史講義』와『朝鮮思想史』등을 보면 방법론이 종래의 文化史學에서 唯心論史學으로 옮겨가고 있었음을 발견할 수 있다. 오대산 월정사에 은거했던 黃義敦의 경우는 방법론의 변화는 없었으나 관심의 대상이 변화하고 있다. 월정사에 은거한 탓으로 佛敎에 깊은 관심을 가지게 되었다.[1] 이와 같이 은둔 연구가 새로운 저술을 만들어내는 계기가 되었던 것이다. 그리고 망명학자 가운데 도유호는 해방 후에 서울에서 잠시 머물다가 북으로 올라 갔고, 한흥수는 곧바로 북으로 갔지만, 해방 당시 북한에 있던 김광진과 함께 북한 역사학 개척에 공헌한 사람도 있었다. 1941년 말에 태평양전쟁이 일어나고 1942년에 조선어학회사건에 이어 진단학회를 해산한 그 무렵부터 문필의 흔적을 남기지 않은 李丙燾·孫晋泰·全錫淡 등이 해방 후에 저술을 경쟁적으로 출간하고 있었던 것이나, 玄相允의『朝鮮思想史』·『朝鮮儒學史』와 李萬珪의『朝鮮教育史』도 일제말에 연구한 결실이 해방 후에 나타난 경우로 이해된다.

다음에 은둔도 망명도 아닌 1943년에 옥사한 文錫俊의 유고인『朝鮮歷史』와『朝鮮歷史研究』가 해방 후에 북한에서 간행된 것이 근래에 남한학계에서 주목을 받고 있다. 1945·6년에 함흥에서

---

1) 당시 月精寺 위의 上院寺에는 方漢岩 선승이 있었다는 점을 생각하면 黃義敦이 은거기간에 佛敎에 경도되었을 것을 짐작하기란 어렵지 않다. 여기에는 황의돈 외에도 뜻있는 지식인이 적지 않게 은거해 있었던 것으로 안다.

출판한 것이므로 남한학계에 얼마나 영향을 미쳤는지는 알 수 없
으나 전석담의 『朝鮮經濟史』(1949)에 참고문헌으로 등재되어 있
고[2) 현재 서울대학교 도서관에서 소장하고 있는 것을 보면 남한에
서도 읽혔던 사실을 확인할 수 있다(후술).

한편, 신진학자의 활동도 주목을 끌었다. 그들의 모임으로 朝鮮
科學者同盟도 있었지만, 역사학자만의 모임으로는 歷史學會가 있
었다. 이러한 젊은 연구자들의 모임은 인원이 너무 많으므로 다음
의 연구 학회를 점검할 때 함께 살피기로 한다.

2. 한국사 연구 學會의 창립과 學會誌

1) 해방 직후(1945~50)의 학회와 학회지

해방 직후[3) 여러 학술단체가 명멸을 거듭하는 가운데 역사학자
만의 학회도 탄생하고 있었다. 해방 이튿날인 8월 16일에는 조선학
술원과 진단학회가, 10월 21일에는 조선과학자동맹 등의 조선학
연구단체가 탄생하였는데 1945년 12월 12일에 朝鮮史研究會가, 12
월 25일에는 歷史學會가, 그리고 1946년 8월 15일에 京城大學 朝
鮮史研究會가 탄생한 것이다.

---

2) 全錫淡, 1949,『朝鮮經濟史』, 박문출판사, 19쪽, 주 5).

3) 해방정국의 시기를 '해방공간'이라고도 불러 왔다. 필자도 그렇게 말한
   적이 있다. 그런데 적당한 호칭 같지 않아 평범하게 '해방 직후'라고 고
   쳤다. '직후'라는 말이 너무 짧은 기간을 의미하는 것 같은 느낌이 있으
   나 세월이 지나고 보면, 상당한 기간의 느낌을 줄 것으로 예상한다.

(1) 학술 연구 단체

조선학술원은 1936년 1월 1일에 '중앙아카데미' 창설을 제창한 바가 있는 백남운이 주도하여 해방 이튿날에 당대 학자들이 모여 창설한 것인데[4] 임원 구성에서 보듯이 각 분야를 망라하면서 사회 과학과 자연과학에 치중한 조직체였다. 인문학 분야는 많지 않았다. 그것은 백남운의 과학주의적 의도가 반영된 것이 아닌가 한다.

---

4) 1946년 8월 25일 간행된『學術』230쪽의「學術院委員錄」에 나타난 조선학술원의 임원구성은 다음과 같다.

위원장	백남운
서기국 위원	서기장 : 김양하 서무과 : 윤행중·이　균·도봉섭·허　규·김계숙 조직과 : 신남철·최윤식·강정택·안동혁·김택원 기획과 : 김봉집·박극채·정문기·윤행중·김동일· 도상록·신남철·도봉섭 출판과 : 도상록·김계숙·김택원 국제문화과 : 김우평·이양하·이원철
학부장	이학부 : 도상록 공학부 : 최경렬 수산학부 : 정문기 의학부 : 윤일선 기술총본부 : 윤일중 경제법률학부 : 백남운 역사학부 : 이병도 농림학부 : 조백현 문학언어학부 : 이양하 약학부 : 도봉섭
상임위원	강정택·김계숙·김양하·김노수·김봉집·김성진· 김택원·김호식·계응상·도봉섭·도상록·이　균· 이병도·이승기·이태규·이원철·박극채·박동길· 백남운·안동혁·윤일선·윤행중·조백현·조광하· 최운식·최호영·허　규·김동일·김우평·김?원· 김중연·이강국·이양하·이순택·박문규·박승만· 윤일선·정문기·최용달·최현배

발기인 17인 가운데 홍명희가 유일하게 임원구성에 포함되어 있지 않은 것도 그와 관련이 있는 것 같다.[5] 식민지시기의 민족주의 성향의 국문학과 국사학이나 민속학자도 제외된 느낌을 갖는 임원구성이었다. 학술 단체 대표를 망라하고 있던 조직도 아니었다. 그것은 진단학회 대표였던 송석하가 제외된 것에서 단적으로 나타나 있다. 해방된 마당에 포용성이 무엇보다 중요할 때였는데 학문의 과학성을 지나치게 강조한 조직이 아니었던가 한다. 그러나 좌우익 인사가 모두 참가하여 임원은 매일 출근 근무할 것을 결의할 정도로[6] 의욕적인 출발을 보이고 있다. 그러나 곧이어 탄생한 京城大學再建委員會의 활동이 각자의 직장과 관계된 문제였으므로 거기에 전념해야 했고, 아울러 좌우 사상대립이 서서히 심화되면서 학술원의 취지를 수행하기란 쉽지 않았다.[7] 조선학술원은 회지로서 『學術』(解放記念論文集 第1集) 창간호의 간행(1946.8. 25)에 그쳐야 했다.

1934년에 창립하고 1942년 조선어학회사건이 일어나자 해산했던 震檀學會는 해방 이튿날 밤에 재건하였는데 재건 직후에는 비교적 활발한 활동을 보이고 있다.[8] 임원 명단을 보면 알 수 있듯이

---

5) 위의책, 『學術』, 246쪽의 발기인 명단은 다음과 같다.
　　金良瑕·許逵·洪命熹·李源喆·金鳳集·崔允植·都逢涉·白南雲·尹行重·申南徹·趙伯顯·尹日善·金晟鎭·崔容達·金桂淑·李釣·尹日重.
6) 위의 책, 246쪽의 결의사항 제2항.
7) 『學術』 246~250쪽에 실린 「朝鮮學術院日誌」(1945.8.16~1946.5.24)를 보면, 학술활동 보다 조직활동의 집회가 많았다는 것을 알 수 있다.
8) 1945년 8월 16일 오후 5시에 열린 재건총회에서 선임된 임원을 포함한 상임위원의 명단은 다음과 같았다(조선학술원의 발기인 인원수와 같이 17명임. 위원장 송석하는 재무부장을 겸임함).
　　宋錫夏(위원장)·趙潤濟(총무부장)·金庠基(편집부장)·孫晉泰(출판부장)·宋錫夏(재무부장)·柳洪烈(사업부장)·金壽卿(간사)·金永鍵

분단을 의식하지 않고 좌우학자가 함께 참여하고 있었다. 그리고 8월 27일에 건국준비위원회(여운형·안재홍)와 손잡고[9] 9월 10일부터 19일까지 '國史講習會'를 개최하고,[10] 한편 미군 군정청과도 교섭하여 국사 교과서를 편찬하고[11] 11·12월 두달에 걸쳐 '臨時中等國史敎員養成講習會'를 개최하였고, 5회의 월례 발표회를 갖는 등,[12] 처음에는 활발한 활동을 보였다. 그러나 월례발표회가 중단된 1946년 4월부터 쇠퇴하고 있었다.[13] 그때『震檀學報』는 1950년까지 5년간에 제15집(1947.5.28)과 16집(49.1.10)을 내는데 그쳤다.[14]

───────────────────

(간사)·趙明基(간사)·金斗憲·都宥浩·申奭鎬·李秉岐·李丙燾·李相佰·李崇寧·李如星·李仁榮.

9) 건국준비위원회 문화부에는 金斗憲·趙潤濟가 파견되어 있었고, 문화시설위원회에는 宋錫夏·金斗憲·趙潤濟가 파견되어 있었다.

10) 강사는 李丙燾·金庠基·申奭鎬·趙潤濟·宋錫夏·柳洪烈·李崇寧이었다(1947,『震檀學報』15, 151쪽).

11) 진단학회가 군정청과 교섭하여 국사 교과서를 편찬한 것이 李丙燾·金庠基가 집필한『國史敎本』(1946.5)이다(후술).

12) 1947,『震檀學報』15, 151~152쪽의「彙報」에 의하면, 발표자는 다음과 같았다.
제1회: 李仁榮·趙潤濟
제2회: 金壽卿·金錫亨
제3회: 李崇寧·趙明基
제4회: 金斗憲·金一出
제5회: 李秉岐

13) 震檀學會가 위축되었던 이유는 몇 가지가 있었다. 회장이던 宋錫夏의 병세 악화, 회원간의 左右 對立(『震檀學報』15·16, 휘보 참조), 총무간사 趙潤濟가 제기한 親日學者의 제명문제가 제기되어(李崇寧,「震檀學會와 나」『진단학보』57, 241~242쪽) 쇠퇴하였는데, 이때에 李丙燾·申奭鎬·金庠基 등이 별도로 朝鮮史研究會를 결성한 것(1945.12.12)과 廉殷鉉·洪以燮 등의 젊은 역사학자가 歷史學會를 결성하여(1945.12.25) 결정적 타격을 입었다.
진단학회가 회생하는 것은 록펠라재단의 후원으로 1954년부터『韓國史』간행을 착수하면서 힘을 얻게 되었다(金載元,「震檀學會50年回顧; 광복에서 오늘까지」『진단학보』57, 228쪽).

1934년부터 42년까지 식민지하에서도 14호까지 발행했던 것을 감안하면 해방 후의 실적으로는 너무 부진하였다. 15·16집에 실린 역사 논문은 李相佰·李仁榮·李能植의 글 3편 밖에 없었다.

조선과학자동맹에서는 『科學戰線』과 『週報 民主主義』를 간행하며 활발한 활동을 전개하고 있었으나 회보 내용을 보면, 『科學戰線』은 순수 사회과학의 글을 실었고,[15] 『주보 민주주의』는 1947년 3월호의 '3·1운동 특집호' 같은 것이 있기는 했으나 그외에는 거의 時論으로 메워져 있다.[16] 신진 역사학자들도 시사평론을 투고하고 있었다. 시론이 압도적이라는 것이 순수 학술지와는 거리가 있다는 말이다. 그것은 그만큼 정치 정세가 긴박했다는 것을 말해 주기도 한다. 그러므로 연구자들도 정치 취향에 따라 연구광장을 옮겨가 종합 연구조직이 제대로 운영될 수 없었다.

이와 같은 해방정국 시기의 상황을 보면, 처음에는 분단을 의식하지 않고 활동도 대단히 활발했던 반면, 대단히 산만하고 어수선했다는 것을 느낄 수 있다. 그런데 그렇게 활발하면서도 산만했던 것은 민족 해방과 더불어 복받치는 감격, 새 나라 건설에 대한 의욕, 학문연구에서 자유활동의 기쁨, 그리고 군정 실시의 실망, 남북 분단의 긴장과 분단정부 수립의 아픔 등의 희비가 엇갈리는 가운데 빚어진 어쩌면 피할 수 없는 상황이었던 것으로 이해할 수 있다. 그러나 그렇게 평계하고 보아도 마음이 불안한 것은 그 평계가

---

14) 震檀學會, 1984, 「震檀學會 50年回顧」;「震檀學會 50年日誌」『震檀學報』 57, 217~251쪽.
震檀學會, 1994, 「震檀學報 號數別 總目次」『震檀學會六十年誌』, 281쪽.

15) 『科學戰線』 창간호(1946.2)를 보면, '國際情勢'·'國內情勢'·'經濟建設'·'土地問題'·'工業問題'·'敎育革新'·'醫學建設' 등, 7개 주제에 관한 글을 싣고 있다.

16) 앞의책, 『韓國現代史 資料叢書』 7, 62쪽에 총목차가 실려 있다.

정당하지 않다는 이유 때문일 것이다.

조선학술원은 당초의 뜻대로 중앙 아카데미의 구실을 할 수 없어, 설립자인 백남운은 1946년 5월 6일에 民族文化研究所를 설립하였다. 그러나 그는 이미 평양에서 내려온 韓斌과 손잡고 그해 2월 5일에 독립동맹 경성특별위원회를 결성하여 정치운동에 입신한 처지였으므로[17] 민족문화연구소도 원만하게 운영될 수 없었다. 진단학회도 친일파 회원의 제명문제가 제기된 가운데 학회를 재건한 이병도가 별도로 조선사연구회를 결성하고, 젊은 연구자들은 과학자동맹이나 역사학회를 만들어 딴 살림을 차리게 된 마당에 한국학연구 센터의 구실을 할 수 없게 되었다. 그런 분위기 속에서 우후죽순 식으로 무수한 학술문화단체가 나타나 1946년 2월 24일에는 全國文化團體總聯盟이 결성되기까지 했다.[18] 총연맹에는 조선학술원과 진단학회 등 당대를 대표한 학술 단체가 거의 모두 가담하고 있었으나(회원단체 95개), 뿔뿔이 흩어지는 모임들을 수습하기란 힘들었다.

(2) 朝鮮史研究會의 설립

조선사연구회는 회원 명단이 없어 분명한 성격을 파악할 수 없으나 그의 창립 3주년인 1948년 12월 12일에 고려문화사를 통해 발간한 『史海』에 李丙燾·金庠基·姜大良(강진철)·金廷鶴·申奭鎬·辛東燁·金映遂 등이 집필하고 있어 그들이 중심인물이었다는 것을 알 수가 있다.[19] 회장은 李丙燾, 부회장은 金庠基와 申奭鎬였다. 한국사학에 관한 연구 학회로는 효시라는 점에서 뜻있

---

17) 趙東杰, 1991,「年譜를 통해본 鄭寅普와 白南雲」『한국독립운동사연구』5, 한국독립운동사연구소, 403쪽.

18) 民主主義民族戰線編, 1946,『解放年報』(朝鮮解放1年史), 文友印書館, 186쪽.

19)『史海』창간 제1호, 後尾의「朝鮮史研究會 會則」과「編輯後記」참조.

는 일이었다. 그러나 13일 뒤인 그해 12월 25일에 젊은 연구자들이 역사학회를 결성하여 별도의 활동을 전개하여 조선사연구회는 출발부터 어려움을 맞은 것 같았다.

『史海』에 실린 논문은 7편인데 모두 전통시대에 관한 것이다.[20] 역사연구의 전문 학회지를 처음으로 출간했다는 것은 여간 뜻있는 일이 아니었다. 그런데 무슨 영문인지 창간호로 끝나고 그후에는 연구회의 자취도 찾아 볼 수 없다. 아마도 『史海』를 출간하고 뒤이어 일어난 6·25동란을 맞아 회장단이 국방부 전사편찬위원회의 업무를 맡아야 하는 등, 미처 연구회를 돌보지 못하고 있을때, 부산에서 1952년에 또 새로운 젊은 연구자들이 歷史學會를 만들어 활동하기 시작했고, 환도해서는 연구회의 회장인 이병도가 그동안 침체에 빠져 있던 震檀學會 이사장을 맡게 되어(1954) 조선사연구회는 흐지부지 해소된 것이 아닌가 한다.

(3) 歷史學會의 설립

歷史學會는 1945년 12월 25일에 창립하였다. 그의 초창기 회원은 廉殷鉉·洪以燮·金一出·閔泳珪 등의 초대 간사 외에는 확실하지 않으나 1948년의 회원 명단을 보면 모두 신진학자들이었다.[21]

---

20) 『史海』 창간호의 논문 목차는 다음과 같다.

創刊辭 ……………………………………… 조선사연구회장		李丙燾
韓·濊·貊 移動考 …………………………… 서울대학 교수		金庠基
高麗初期의 對契丹 關係 ………………… 서울대학 강사		姜大良
朝鮮 神話의 科學的 考察(1) …………… 고려대학 교수		金廷鶴
獨島 所屬에 대하여 ……………………… 국사관장		申奭鎬
"韓山世稿"의 史的 資料(1) …………… 문교부편찬과장		辛東燁
新羅文化의 特徵 …………………………… 서울대학 교수		李丙燾
近世朝鮮의 社會階級 …………………… 동국대학 교수		金映遂

21) 歷史學會, 『歷史學研究』 제1집, 正音社, 1949, 326쪽 「彙報」를 보면, 創立·會則·發表會·幹事·會員에 관한 기사가 있다. 회원은 다음

　구성원으로 보면 국사·동양사·서양사, 그리고 미술사 등의 분류사 연구자까지 총괄한 연구학회였고, 또 젊은 학자를 중심한 모임이라는 것을 알 수 있다. 기성 학자들이 며칠 전인 12월 12일에 조선사연구회를 결성한 바로 뒤에 젊은 연구자들이 따로 학회를 결성했다는 데에 주목하지 않을 수 없다. 아마도 진단학회에서 일어났던 반발과 동일한 성격의 반발이 아니었던가 한다. 즉, 조선사연구회가 관변학자를 중심으로 결성된 데 불만을 품고 젊은 연구자들이 역사학회를 결성한 것이 아닌가 한다. 더욱 주목되는 것은 해방 직후의 조선학술원이나 진단학회처럼, 좌우익의 학자가 함께 참가한 역사학회라는 점이다. 그것이 초기에만 그랬던 것이 아니라 1948년 5월에, 남북에서 단독정부가 각각 수립되던 시기까지도 좌우익 학자가 모여 있었다는 것이 주목되는 것이다. 학회 차원에서 본다면 그들이 얼마나 분단을 거부하고 통일을 열망했던가를 짐작케 하는 단면으로 해석할 수 있을 것이다.

　歷史學會는 1949년 5월 27일에 『歷史學研究』를 정음사에서 간행하면서 7편의 논문을 실었다.[22] 권말의 「彙報」를 보니 6회의 학

과 같이 대부분 신진학자들이었다.
　　姜大良·金聖七·金永基·金一出·金元龍·金廷鶴·金俊燮·金在龍·金弘柱·高柄翊·高在國·李能植·李德星·李三實·李相佰·李順基·李如星·李用熙·廉殷鉉·閔泳珪·閔天植·方顯模·柳洪烈·全錫淡·田元培·全海宗·鄭鎭行·趙義卨·曺佐鎬·崔文煥·韓仁錫·韓相鎭·韓沽劤·洪淳昶·洪以燮(이상 35명, 1948년 5월현재).
22)『歷史學研究』에 실린 논문은 다음과 같다.
　　生活原理로서의 政治思想 ……………………………………… 趙義卨
　　李朝後期의 政治支配關係 ……………………………………… 高其陽
　　春秋會盟論考 …………………………………………………… 金一出
　　Chiliasmus(千年天國信仰)와 Magister Thomas' Muenzer …… 金在龍
　　이슬람敎徒와 元代社會 ………………………………………… 高柄翊
　　天主敎傳播와 李朝封建社會 …………………………………… 韓愚根

술발표회가 있었고,[23] 세 번이나 간사가 교체된 것으로 보아,[24] 학회 활동도 활발했다는 것을 알 수 있다.

그런데 오늘날의 歷史學會는 1952년 3월 16일에 '재건'이 아니라 '창립'한 것으로 알려져 있다. 그렇다면 1945년에 결성한 역사학회와는 어떤 관계가 있는가. 1952년의 역사학회를 설립한 주역 가운데 金元龍·趙義卨·洪以燮·韓沽劤·高柄翊·全海宗 등은 1945년의 역사학회 명단에도 등재되어 있는 인사들이었다. 1945년의 역사학회나 1952년의 역사학회나 탄생할 때는 문자로 전할 수 없는 사연이 있었던 것 같다.[25] 이 문제는 다음에 다시 살피

    唐代 均田考 ·· 全海宗
23) 발표회 내용은 다음과 같다.
    제1회: 1947년 1월 10일, 朝鮮工藝史에 관하여 ············ 李如星
    제2회: 1947년 2월 2일, 將來의 東洋史學 ····················· 洪淳昶
    제3회: 1947년 3월 5일, 朝鮮 三國時代의 社會構造 ····· 曺在鎬
    제4회: 1947년 4월 10일, 세계2차대전 ······· 미제24군단 역사부장, Lane
    제5회: 1947년 6월 15일, 이슬람敎徒와 元代社會 ········· 高柄翊
        獨逸 農民戰爭 ··· 金在龍
    제6회: 1948년 6월 27일, 原始 朝鮮社會의 硏究 ·········· 李德星
    * 초창기의 열성이 돋보이는 반면, 공백기의 안타까운 기록도 주목된다. 분단정국의 영향인 듯하다.
24) 3차의 간사진은 다음과 같았다.
    제1차, 1945년 12월: 廉殷鉉·洪以燮·金一出·閔泳珪.
    제2차, 1947년 2월: 李相佰·崔文煥·洪淳昶·廉殷鉉·韓相鎭·金一出.
    제3차, 1948년 2월: 서양사부 趙義卨, 조선사부 金廷鶴, 동양사부 金一出, 총무부 高在國·韓相鎭.
    * 위의 간사 명단을 보면, 제1차 간사는 모두 연희전문학교 출신이라는 점, 김일출은 3차에 걸쳐 맡고 있었다는 점이 주목을 끈다. 거기에서 역사학회의 창립과 운영 성격의 일면을 볼 가능성이 있을 수 있겠다. 김일출은 경북 영덕 출신으로 연전을 졸업하고 서울대학에서 강의를 맡아 있었으며, 명동 입구에 있던 이상백의 신문화연구소의 간사와 역사과학연구소를 맡아 있다가 6·25때 북으로 올라 갔다.
25) 高柄翊의 증언에 의하면, 먼저 그렇게 복잡하게 생각하지는 않았다고

기로 한다.

(4) 京城大學 朝鮮史研究會

1946년에는 경성대학내에서 李仁榮 교수를 중심으로 朝鮮史研究會가 결성되었다. 그 연구회는 학생조직이었는데 1946년 8월 15일 孫晋泰 서문으로 편찬한『朝鮮史槪說』의 완성을 전후하여 결성한 것이다.[26] 손진태·이인영 교수의 영향도 있었겠지만, 李洵馥·韓沽劤·孫寶基와 유물사관을 따르던 金思億·林建相 등이 함께 참여하고 있었다. 즉, 기성 연구자들이 좌우로 분열하던 현실 속에서 앞의 역사학회 처럼 그것을 극복하려는 의도가 반영되어

한다. 피난지에서 연구 분위기가 침체한 것을 극복하고, 젊은 사학도의 연구 의욕을 불러 일으켜 결집할 필요가 있었다는 이유와, 젊은이의 연구의욕을 결집하자면 진취적인 성격의 학회가 되어야 한다는 정도의 합의로 발기하고 창립에 임했다고 회고했다.

李基白은 1952년의 역사학회가 1945년의 역사학회의 계승이나 부활은 아니지만, 1945년에 역사학회를 만든 "그러한 사실도 있어서 학회를 만들어 보자는 의욕들이 생겨날 수가 있지 않았던가 하는 생각"이 든다는 것이다(좌담,「歷史學會 創立當時를 回顧하며」『歷史學報』75·76 합집, 387쪽) 그러니까 직접 관계는 없지만, 간접으로는 영향을 받았다는 것이다.

26) 京城大學朝鮮史研究會,『朝鮮史槪說』, 弘文書館, 檀君紀元 4282(1949. 5.15) 책의 序頭를 보면 1946년 8월 15일 경성대학 국사연구실에서 孫晋泰가 '序'文을 썼고, 책의 後尾를 보면 역시 1946년 8월 15일에 李仁榮이 "과거 1년을 회고하면서" '跋'文을 썼다. 이것을 보면 1946년에 완성하여 필사본 등으로 사용하다가 1949년에 인쇄본으로 출간한 것 같다.

孫晋泰의 서문에 "경성대학내 조선사연구회 회원 제군의 노력으로써 이에 이 조선사개설이 세상에 나오게 되었다"라는 글을 보면 조선사연구회는 늦어도 1946년 8월 15일 이전에 만들었던 것으로 보아야 한다. 李基白은 "『조선사개설』의 저술도 그(이순복)가 주장하여 이루어진 것으로 아는데, 이미 1946년 여름에는 원고가 완성되어 있었다"라고 회고했다(李基白, 1994,『硏史隨錄』, 일조각, 238쪽).

있는 것이다. 이와 같이 역사 연구자들 가운데는 분단이 아닌 통일
을 지향하고 있던 이도 적지 않았다. 경성대학 조선사연구회는
1946년 신탁통치안의 문제로 좌우의 대립이 격화된 가운데[27] 출범
했는데 그해 가을 미군정의 國立大學 設置案 문제로 학교가 혼란
에 빠지고[28] 사회적으로도 좌우익 대립이 긴장정국으로 심각해질
때[29] 이순복이 주도하여 국사연구실 앞에 '歷史科學研究所'의 간
판을 걸었다. 그러자 "이것이 학교에서 문제가 되어"[30] 明洞 입구
에 있던 신문화연구소로[31] 옮겨, 역시 역사과학연구소의 간판을
걸고 있다가[32] 新堂洞 李洵馥 회원댁으로 옮겼는데 1948년 말에
이순복이 병사하면서[33] 연구회도 자연 해산되고 말았다. 그때까지

---

27) 이강수, 1994,『모스크바 삼상회의 결정안에 대한 좌파정당의 대응』,
    국민대 석사학위논문.
28) 國立大學 설치안은 1946년 7월에 미군 군정청이 발표하였다. 여름방학
    에 들어갈 때였다. 그런데 그에 앞서 5월 18일에는 임시정부 요인(김
    구・김규식・조소앙・신익희)들이 國民大學 설치안을 발표한 것이 각
    신문에 보도된 바가 있었다. 그리하여 1946년 9월 1일 國立大學과 國
    民大學이 동시에 개교하였다. 미군 군정청에서는 國民大學을 인가해
    주지 않다가 그해 연말에 인가하였다. 그러니까 國立大學 설치안 즉,
    國大案 반대운동이 일어나자 미군측은 처음에 임시정부측의 작용으로
    해석하기도 했다.
29) 1946년 9월 6일 人民・現代・中央 3신문을 미군정 포고령 위반으로 정
    간하고, 7일에는 朴憲永에 대한 지명수배, 8일의 李舟河 체포 등을 전
    후한 시기부터 긴장정국이 고조되어 그 영향이 國大案 문제로 소란하
    던 학계에도 밀려와, 긴장과 소란의 파고가 날로 높아져 가고 있었다.
30) 좌담,「歷史學會 創立當時를 회고하며」『歷史學報』, 75・76합집, 388쪽 ;
    李基白, 1994,『研史隨錄』, 일조각, 239쪽.
31) 新文化研究所는 李相佰 교수가 설립한 연구소로 金一出이 간사로 일
    했다.
32) 서울대학교 史學科 同門會 李宗馥 회장의 증언에 의함. 이종복 회장은
    從兄 李洵馥의 심부름으로 자주 역사과학연구소에 갔다고 말했다. 이
    종복 회장은 간판의 크기까지 기억하고 있었다.
33) 李宗馥 회장의 증언에 의하면 李洵馥은 발진지브스로 급작스럽게 사

연구회 활동에 가담한 이는 위의 인사 외에 李明九·鄭泰玟·李基白·李喜秀·許景日·李瓔馥 등이 있었다.[34]

(5) 그 외의 연구기관과 남북의 관학체제

이 무렵에 학회가 아닌 역사연구기관도 탄생하고 있었다. 해방 직후인 8월 17일에 印貞植이 朝鮮社會科學研究所를, 8월 20일에는 李相佰이 新文化研究所를 설립한 것들이 그것이다. 그러한 사설 연구소 외에 申奭鎬는 식민지시기의 조선사편수회 사업을 수습하여 1946년 3월 23일 國史館을 설립하였는데 1948년 남북에서 각각 정부가 수립된 후인 1949년 3월에 국사관을 國史編纂委員會로 확대 개편하였다.[35] 그럴때 북에서는 임시력사편찬위원회(1947, 위원장 이청원)를 계승하여 역사편찬위원회가 설치되니(1948, 위원장 백남운) 남북에서 각기의 관학체제가 수립되었다.

이상과 같이 해방 직후에 종합연구학회와 역사연구학회, 그리고 연구소도 탄생하고 있었다. 식민지시기에 진단학회 외에는 한국인의 역사 연구 모임이 하나도 없던 것을 생각하면, 괄목할 발전상으로 이해할 수 있다. 그리고 學會誌도 創刊號는 모두 간행하였다.

망했다고 한다. 사망 원인에 대하여 한강에서 익사한 李德星과 혼동한 기록이 있으므로 사실을 밝혀 둔다(좌담, 「歷史學會의 발자취와 進路」 『歷史學報』, 134·135합집, 323쪽).

34) 京城大學 朝鮮史研究會에 관하여 韓沽劤·孫寶基 교수의 증언도 들었는데, 대체로 비슷한 내용이었으나 역사과학연구소에 대하여는 기억이 나지 않는다고 했으며, 李宗馥 회장은 명동에 게시되어 있던 간판의 크기까지 짐작할 정도로 분명하게 기억하고 있었다. 국사연구실 앞에 역사과학연구소의 간판이 게시되었던 것은 李基白 교수가 기억하고 있는데 이와 같이 증언이 엇갈리고 있는 것은 역사과학연구소 기간이 짧았기 때문이 아닌가 한다. 高柄翊 교수도 金一出이 역사과학연구소를 했다는 것은 기억한다고 말했다.

35) 1990, 『國史編纂委員會史』 국사편찬위원회, 58~60쪽.

당시의 출판 사정을 고려해 보면, 또 어떠한 지원도 없던 삭막한 때에 그나마의 업적을 올렸던 것은 대견스러웠던 것으로 보아야 한다.

그리고 한편, 국토분단과 분단정국이 심화되면서 유물론사학자는 1947년부터 서서히 북으로 이동하여 북한학계가 형성되기 시작하였다. 북한에 올라간 학자들은『조선력사연구론문집』(1947)에 이어『력사제문제』(1948)의 필자로 활동하였다.36) 그리하여 한국사 연구가 분단사학의 윤곽을 드러내기 시작하였다. 그에 따라 서울에서 탄생한 연구학회가 단명으로 끝난 경우도 있었다.

그러나 위에서 본 역사학회와 경성대학 조선사연구회처럼 젊은 연구자들 가운데는 분단이 확정되어 갈 즈음에도 분열을 거부하고 함께 역사연구의 광장을 이끌어 갔던 이도 적지 않았다는 사실에 주목해야 한다.

2) 6·25 전란 후의 학회와 학회지

1950년 6월 25일 한반도에서 내전이 발발하였다. 28일에는 서울

---

36) 북한 사회과학원의『력사과학』1955년 6월호, 117~128쪽에「해방 후 10년간에 발표된 력사론문 및 단행본 목록」이 게재되어 있다. 그것으로 월북 학자들의 북한에서 학술활동을 개시한 시기를 짐작할 수 있다. 그것을 보면, 李淸源이 1946년『민주조선』에 8월 17~24일까지「력사 과학의 현상과 전망」을 4회 연재하여 일찍이 올라간 것을 알 수 있고, 1947년에는『조선력사연구론문집』11월 25일 간본에 金洸鎭·金錫亨·朴時亨의 논문이 게재된 것을 발견할 수 있다. 1948년의『력사제문제』에도 위의 네 사람의 논문이 실렸다.
1949년의『력사제문제』에는 위의 네 사람외에 崔益翰·洪起文·李如星·金漢周의 논문이 게재되었고,『조선어연구』에는 李萬珪의 논문,『물질문화』에는 都宥浩의 논문이 발표되었다.

에 북한군이 진주하고, 남한정부는 대전·대구·부산으로 피란 남
하하였다. 그에 따라 역사학자도 남하한 사람이 있는가 하면, 서울
에 남아 북한 정권에 참여하였다가 평양으로 올라간 인정식·전석
담·김일출·이능석 같은 사람도 있었다. 한편, 정인보·안재홍·
손진태·이인영 처럼 납북된 이도 있었다.

　남하한 인사는 주로 임시 수도 부산에서 활동하고 있었는데 전
쟁 중이어서 큰 활약을 보일 수 없었다. 많은 인원이 대학에서 강
의한 외에 국방부 전사편찬위원회와 해군전사편찬위원회에 종사
하며 전쟁의 종식을 기다렸다.

(1) 歷史學會의 결성

　그런 가운데 젊은 학자들이 1952년 3월 1일에 발기하여[37] 3월
16일에 역사학회를 결성했다. 역사학회는 젊은 학자들이 발기하고
주도하였다는 점[38] 역사연구를 진단학회의 기성학자처럼 고증학
에 머무르지 않고, 해석학 방법을 추구한다는 점,[39] 그래서 당시에
는 진보성을 자처하고 있었다는 점,[40] 국사·동양사·서양사 연구
를 총괄한 연구학회로 출발한 점 등이 특징이었다.

　그런데 1945년에도 역사학회가 결성된 바가 있었으므로 그와의

---

37) 檀紀 4285년 3월 1일자의 「歷史學會(가칭) 發起趣旨書」는 『歷史學報』
　　75·76합집(1977.12)에 실려 있는데 "歷史學의 再建"·"國內 同學의 士
　　를 규합"·"國際的 提携"·"科學的 方法의 驅使" 등이 강조되어 있다.
　　3월 1일에 발기 한 것은 발기인이 민족적으로 의미가 있는 그날을 발
　　기 일자로 선택한 듯하다. 45년의 歷史學會가 크리스마스인 12월 25일
　　을 발기일로 잡은 것과 비교가 된다.
38) 발기인은 다음과 같다(1952, 『歷史學報』 제1집, 154쪽).
　　한국사 분야: 韓沽劢·金哲埈·千寬宇
　　동양사 분야: 全海宗·高柄翊·鄭秉學
　　서양사 분야: 閔錫泓·安貞模·李普珩
39) 좌담, 1992, 「歷史學會의 발자취와 진로」 『歷史學報』 134·135합, 332쪽.
40) 高柄翊의 증언: 위의 글, 323쪽.

관계를 어떻게 보느냐를 주목하지 않을 수 없다. 1952년의 역사학회 발기인은 한결같이 1945년의 것과 관계가 없었다고 말한다. 문서상에서도 관계된 흔적을 발견할 수 없다. 창립 당시에 학회 이름을 정할 때, 한국 또는 조선 역사학회라는 이름을 논의한 듯 보이나 한국이나 조선을 붙이는 것에 대하여 정치성 때문에 거부감이 강했다고 증언하고 있는 것을 보면,41) 1945년의 역사학회의 재건 같은 논의는 당초부터 없었다는 것을 알 수 있다.

그리고 1945년의 조선역사연구회를 결성했던 이병도·김상기를 고문으로 추대하여42) 후원자 또는 보호막으로 장치하는 마당에, 이병도 등이 1945년 12월 12일 조선역사연구회 결성에 반발하듯이 13일 뒤인 12월 25일에 탄생한 1945년의 역사학회를 재건한다는 기미를 보여서는 안되었을 것이다. 그러나 1945년 역사학회의 초대 간사였던 홍이섭을 1952년 역사학회에서 초대 회장으로 영입한 것을 보면, 또 45역사학회 마지막 간사로 기관지『歷史學硏究』의 간행에 관여했던 조의설을 52역사학회 고문으로 추대한 것을 보면, 전혀 무관하다고만 이야기할 수 없을 것 같다. 무언의 교감은 없을 수 없었을 것이다. 또 52역사학회 발기인들은 45역사학회 당시에 재학하다가 졸업했으므로 그들이 학회를 운영하고 학회지를 만드는 것을 바로 45역사학회의 활동에서 배웠다고 볼 수도 있으므로,43) 서로 무관했다고 증언한다고 해도 양자의 사학사적 관계

---

41) 위의 글, 323쪽.

42) 그해 4월 6일 제2차 회의에서 고문과 참여를 두기로 결정하여 고문으로 추대된 분은 李丙燾·金庠基·白樂濬·趙義卨이었고, 참여는 마아커스·슈박헬·薛國煥으로 결정하였다(『歷史學報』, 창간호, 154쪽). 閔錫泓의 증언에 의하면 고문 추대에 대하여 가부 논란이 있었다고 한다(『歷史學報』 75·76합집, 392쪽 ; 134·135합집, 328쪽). 고문은 서울대 두 분, 연대 두 분으로 안배되어 있다. 참여는 미국공보원과 관계된 재정 알선자였다.

를 외면할 수 없다고 생각된다. 45역사학회가 기피하던 친일파 또
는 관변학자 문제 때문에 52역사학회가 재건을 표방할 수 없었던
사정이 있었다고 해도 그것은 인정에 불과한 것이다. 따라서 사실
상의 재건으로 보아야 할 것이다. 그런데 오늘날 굳이 재건으로 보
지 않으려는 의도가 이해되지 않는다.[44]

  역사학회는 52년 결성(재건)한 그해에 『歷史學報』를 간행하였
다.[45] 역사학회를 결성했던 가장 중요한 동기가 논문 게재지를 발
간하려는 데에 있었으므로 백방으로 노력하여 『역사학보』를 간행
하기에 이르렀다. 부산에서 1953년 5월에 발행한 제4집까지는 미
국공보원의 지원을 받았고, 환도 후 1953년 7월의 제5집부터는 思
想界社와 自由亞細亞財團의 지원을 받다가 1959년부터는 『진단학

---

43) 앞의 항목, 「해방 직후의 학회와 학회지」 참조.
   李基白의 증언이 그것을 가리키고 있다(좌담, 「歷史學會의 創立當時
   를 회고하며」 『歷史學報』 75·76합집, 387쪽).
44) 양자의 관계에서 주목할 점은 45歷史學會는 염은현·김일출·민영
   규·홍이섭 등의 연희전문학교 문과 출신인사가 주도하여 결성한 것
   이라면 52歷史學會는 서울대학교 사학과 출신인사가 주도한 것이다.
   해방 직후인 1945년에는 식민지시기에 유일하게 문과를 가지고 있었던
   연희전문학교의 출신자가 역사학계를 주도했다는 것이 이상할 것이 없
   었다. 그런데 1952년에는 서울대학교를 개교한지도 6년이나 되었으므
   로 서울대학교 세대들이 주도했다는 것도 역시 자연스러웠다. 그것은
   경쟁관계의 이기고 지는 것과 다른 것이다.
   아무튼 양자의 관계를 단절시켜 이해하는 것은 역사학자가 역사주의를
   거부하는 것과 같아 수긍하기 어렵다. 그래서 필자는 52歷史學會는 45
   歷史學會의 재건으로 이해되어야 한다고 주장해 왔다. 1945년의 역사
   학회가 선교학교인 연희전문학교 출신자가 주도하다가 보니 크리스마
   스 날을 창립일로 했다든지, 월북한 김일출이 주도했다는 등의 못마땅
   한 점이 있다고 해도 그것은 당시의 현실이었다. 역사적 현실을 감추거
   나 회피해서 안될 것이다.
45) 『歷史學報』 제1집은 1952년 9월 10일 발행했는데 집필자는 김원룡·
   김철준·이병도·이보형·한우근·홍이섭이었다.

보』나 국어국문학회지와 함께 하바드대학 옌칭연구소의 동아문화
연구위원회의 지원을 받았다.

역사학회의 업적으로 월례발표회와 『역사학보』의 간행 외에 괄
목할 것은 전국역사학대회의 개최였다. 1958년 5월에 진단학회와
공동으로 개최하였는데 역사학회가 발의하고 주도한 한국 최초의
전국 학술대회였다.[46] 얼마나 정성을 쏟았던가는 1960년 제3회대
회는 4·19혁명으로 개최가 어렵자, 그해 11월에 해를 넘기지 않고
개최했던 것을 보아도 알 수 있다. 그런데 초기의 전국역사학대회
는 공동주제없이 각각의 논문을 한 자리에서 발표한 것이었으므로
지금과는 달랐다. 그러나 역사학자가 한 자리에 모인다는 자체가
연구 분위기를 고양하고 정보의 교환이라는 측면에서도 중요한 의
미를 가지고 있었다.

그러한 공동의 연구 노력은 1959년 국사편찬위원회에서 『국사
상의 제문제』의 간행으로도 나타났다. 그런데 이것은 대통령 특별
지시에 의한 "표준이 될만한 학설"을[47] 세우기 위한 작업이었다.
그렇다면 그것은 구시대 방식의 관찬사서의 작업일 수 있었다.[48]
담당자를 보면, 진단학회의 『한국사』 담당자를 연상케 하는데 해
방 후 사양길에 있던 진단학회가 이때 활기를 되찾는다는 사실
과[49] 관련하여 주목을 끈다. 때마침 젊은 학자들이 역사학회를 결

---

46) 당시 歷史學會 대표간사였던 高柄翊의 증언과 앞의 책, 『歷史學報』,
    134·135합집, 330쪽.
47) 국사편찬위원회편, 1959, 『국사상의 제문제』, 1~3쪽에 문교부장관과
    차관의 「서문」이 있다.
48) 『국사상의 제문제』 담당자는 李弘稙(고대)·金庠基(고려시대)·申奭
    鎬(조선전기)·李丙燾(조선후기)·李瑄根(최근세)이었다.
49) 震檀學會는 1954년부터 록펠러재단의 지원으로 『韓國史』 편찬에 착수
    한 외에도, 1957년 『震檀學報』 제18집부터 하바드대학 옌칭연구소의 재
    정지원을 받게 되어 더욱 활기를 띨 수 있었다(金載元, 앞의 글, 참조).

성하여 조선후기의 연구 등, 역사학의 새로운 풍토를 일으키고 있던 시기에 진단학회가 국사편찬위원회와 더불어 활기를 얻는다는 것이 진보성을 표방하던 신진연구자에게 어떤 영향을 미쳤을까? 누구의 글에서도 영향한 바를 찾아 볼 수 없다. 하지만, 그렇다고 어떤 영향도 미치지 않았을 것으로 보기는 힘들 것이다.

(2) 그외의 연구학회

역사연구 분위기는 환도 후에 더욱 고조되었다. 학회의 경우에도 부산을 비롯한 지방에 역사학회 지회가 결성되었던가 하면,[50] 1955년에 歷史敎育硏究會가 결성되었고, 1957년에 韓國西洋史學會가,[51] 1958년에는 韓國史學會가 결성되었다. 역사교육연구회는 金聲近을 중심한 서울사범대학 교수와 일선 역사교사들이 결성한 것이다. 그런데 이듬해 임원 개선에서 고광만·채희순을 고문으로 추대했는데 고광만이 추대된 이유를 알 수 없다.[52] 그러나 역사교육연구회는 1960년 전국역사학대회를 주관할 정도로,[53] 또 1961년 4월에『역사교육』제5집을 간행할 정도로 급속히 성장하고 있었다.

한국사학회는 국사편찬위원회를 이끌던 申奭鎬·金聲均이 중

---

50) 앞의 책,『歷史學報』, 75·76합집, 404~406쪽.
51) 西洋史學會는 趙義卨·金成植·金聲近·金學燁 외에 몇 안되는 젊은 학자들이 주도하여 1957년에 학회를 결성하여 연구도 연구였지만, 서양사학의 위치를 확보하는 의식을 가지고 활동하였다. 그것은 서울대학교 문리대 사학과에 "1962년까지 서양사 전임교수가 없었다는 사실"이(歷史學會編, 1982,『現代韓國歷史學의 動向』(1945-80), 일조각, 306쪽). 그렇지 않을 수 없었고, 때문에 역으로 더욱 내실있는 연구활동을 이어갈 수 있었다. 그러나 1960년 5월에 가서야『西洋史論』제2호가 나온 것을 보면, 뜻과 같지 않았던 것 같다.
52) 1956,「歷史敎育硏究會報」『歷史敎育』1, 101쪽.
53) 앞의 책, 1961,『歷史敎育』5, 104쪽.

심이 되어 1958년에 白樂濬·李瑄根·李丙燾·金庠基·黃義敦
·張道斌 등의 원로 학자를 고문으로 모시고 결성하였다.『史學硏
究』를 학회지로 간행하고 있었는데 한국사학회의 특징은 국사편
찬위원회의 외곽 학회라는 점에 있다.『史學硏究』는 1961년 5·16
까지 11호가 간행되었다.[54]

　이상의 역사학 전문학회 외에 관련학회도 적지 않게 탄생한 것
을 보면[55] 전란으로 황폐한 가운데에서 학문연구의 재건에 정성을

---

54) 韓國史學會는 신석호를 중심한 주도한 인물이나 결성 분위기로 보면,
　　1945년 12월 12일에 창립했던 朝鮮史硏究會를 재건한 것으로 느껴질
　　때가 있다.
55) 1950년대 역사연구와 유관한 학술 단체의 탄생을 나열하면 다음과 같
　　다(이것은 국민대학교 박사과정 李剛秀군이 1997년에 조사한 것이다).
　　1952년 韓國經濟學會; 崔虎鎭·金俊輔·高承濟.
　　　　　 國語國文學會; 李秉岐·金根洙·崔勝範.
　　　　　 國語國文學會; 梁在淵·李能雨·金錫夏.
　　1953년 韓國哲學會; 朴鍾鴻·金泰吉.
　　　　　 韓國政治學會; 李宣根·閔丙台·鄭仁興.
　　1954년 韓國哲學會; 연세대학교 문과대학 철학과내
　　　　　 大韓民國學術院; 국립.
　　1956년 韓國硏究院; 董德模·千文岩.
　　　　　 韓國言語學會; 김선기·김방한.
　　　　　 世宗大王紀念事業會; 사단법인.
　　1957년 韓國古文硏究會;
　　　　　 韓國社會學會; 李相佰·崔文煥.
　　　　　 民族文化硏究所; 고려대학교 부설.
　　　　　 亞細亞問題硏究所; 고려대학교 부설.
　　1958년 大東文化硏究院; 성균관대학교 부설.
　　　　　 韓國文化硏究院; 이화여자대학교 부설.
　　　　　 韓國文化人類學會; 임석재·임동권.
　　　　　 韓國書誌學會; 金相弼·李丙燾·金斗鍾.
　　1959년 東洋文化硏究所; 영남대학교 부설.
　　　　　 韓國新聞學會; 이의철·成百善·田溶新.
　　　　　 國語學會; 劉昌惇·南廣祐·金敏洙.

쏟았던 저간의 사정을 이해할 수 있을 것이다.

3. 한국사의 著述

1) 해방 직후의 개설서

학회 활동이 새롭게 일어났던 것과 아울러 단행본 저술이 많았던 것도 이 시기의 새로운 경향이었다.[56] 종래 식민지하에서도 단행본 저술이 적었던 것은 아니었으나 교과서 종류가 많았는데 해방 후에는 대학 교재나 전문서로 저술된 것이 많았던 것이 특징이다. 먼저 통사로 간행된 개설서를 간행 순서에 따라 나열해 보기로 한다. 다만 통사 가운데 종교적 성격이 과도한 다음의 저술은 검토를 보류하였다.

李始榮 검열, 단기4281(1948),『朝鮮民族史』, 三義社.

咸錫憲, 1950,『聖書的 立場에서 본 韓國歷史』, 新生館.

종교인들은 위의 책들 뿐만 아니라『桓檀古記』같은 민족사서를 사학사에 포합시키지 않았다고 비판의 목소리를 높인다. 일부러 포함시키지 않았다기 보다는 종교 이론을 통하여 분석할 준비가 안되어 있으므로 다음에 문화사학 가운데 종교사학의 항목을 별도로 설정하여 소개할 계획이다. 지금은 "聖書的 입장에서" 서

---

56) 1949년 조선출판문화협회에서 발행한『出版文化』7호(特輯 出版年鑑)을 보면, 國史(史論·史話·研究通史·時代史·別史) 항목에 76책의 단행본이 등재되어 있고, 朝鮮人傳記 항목에 35책의 단행본이 소개되어 있다. 거기에는 식민지시기의 것을 복간하거나 전근대적인 저술도 적지 않다. 전근대적인 저술이 여기에서 새삼 주목하지 않는 것은 물론이다.

술한 데 대하여 성서적 입장이 어떤 것인가를 알지 못하는 사람이 손댈 수 없다는 말이다.[57] 차라리 책명이나 서문에서 종교적 입장을 밝히지 않았다면 몰라도 밝힌 이상, 종교 이론을 참작하여 검토해야 한다는 부담을 감당할 수 없는 것이다.[58]

(1) 崔南善, 1945, 『新板 朝鮮歷史』(서울, 東明社, 국판, 187쪽).
　　　　, 1947, 『國民朝鮮歷史』(서울, 東明社, 국판, 240쪽).

최남선은 1930년에 『朝鮮歷史通俗講話』를, 1943년에 『故事通』을 저술하였으므로 해방이 되자 간행한 것을 『신판』이라 한 것이다. 『故事通』에서 일컫던 일본 개국신화와의 관계를 삭제하고, '海寇'를 '倭寇'로 고친 것처럼, 식민지하에서 또는 식민통치기구인 조선사편수회 소속 직원으로서 서술했던 것을 고친 점이 종전의 서술과 다르다. 그리고 책 끝에 「獨立運動의 經過」를 15쪽에 걸쳐 서술하였다. 서술 내용은 극히 단순한 내용이다. 해방과 더불어 성급하게 개정판을 간행한 저자의 의도를 엿보게 한다.

최남선의 책은 어느 것이나 시대구분을 '상고' '중고' '근세' '최근'으로 나눈 것처럼, 전통시대의 역사서술 방식과 문화사학의 방식이 섞인 서술 내용이다. 식민사학의 영향을 받았던 것도 물론이다. 1947년에 간행한 『國民朝鮮歷史』도 마찬가지였다. 해방 후에 자신에 대한 비방의 화살을 피하면서 저술한 것인데 그때 중등학교 교과서도 편찬하여 최남선 역사학의 대중화를 새롭게 시도하였다. 그런데 정부 수립과 더불어 문교부 편수국장에 취임한 孫晉泰에 의하여 채택을 금지 당한 수모를 겪어야 했다. 최남선이 반민족

---

57) 咸錫憲의 책은 1962년에 증보하여 一宇社에서 『뜻으로 본 韓國歷史』로 간행되었다.

58) 金正俊, 「基督敎史觀」 『史觀이란 무엇인가』(차하순편), 청람, 1987, 101쪽 참조.

행위자처벌법에 따라 재판에 계류되었던 것과 관련시켜 생각할 문
제이다.59)

  (2) 文錫俊, 1945,『朝鮮歷史』(咸興, 함경남도교육문화부, 국판,
        53쪽).
    _____, 1946,『朝鮮歷史研究』(咸興, 함경남도인민위원회교
        육부, 국판, 253쪽)

  맑스주의에 철저한 내용으로 구성되어 있으며, 북한에서 간행된
유일한 통사 저술이다. 문석준은 식민지시기에 서울의 보성중학교
(1928~31)와 조선일보사(1933~37)에 종사하면서 역사 연구에 전념
하다가 1943년 단파방송 청취사건에 연루되어 옥사하였다.60) 그러
므로 이 책은 그의 유고인데『朝鮮歷史』는 조선일보사에 입사하
기 직전에,『朝鮮歷史研究』는 조선일보사를 퇴사한 후, 잠시나마
한가한 때를 이용하여 저술한 것으로 추측된다. 맑스주의 역사학
자의 일반적 경향이기는 하지만, 문석준은 보성중학교에서 세계사
를 교수한 나머지 시대구분에서 보는 것처럼, 한국사의 특수성을
외면한 저술이다. 그의 제자이며 발행을 주선한 文錫九・朱寧河・
송예정 등의 간행사를 보건대,『조선역사』가 너무 공식적이어서
읽기가 어려웠다고 한다. 그래서 미완성이기는 해도 보다 쉽게 쓴
『조선역사연구』를 간행한 것이라고 한다. 사회구성체론의 시각이
강하기 때문에 인물에 대하여 비중을 두지 않으면서도 李成桂・洪
景來・大院君에 대하여는 각별히 주목하였고, 근대의 '甲申政變'
과 '東學亂'에 대하여 크게 의미를 부여하고 있는 것이 특징이다.
  그리고 李淸源의『朝鮮歷史讀本』(백양사, 1937)이 유물사관에

---

59) 李基白, 1978,『韓國史學의 方向』, 일조각, 96쪽.
60) 文錫俊과는 다른 短波放送事件으로 함께 구금되어 옥고를 겪은 宋南
   憲 증언;『朝鮮歷史研究』간행사 참조.

의한 최초의 통사본인데 그에 비하여 『朝鮮歷史硏究』가 조선시대
의 서술이 자세하다. 『조선역사독본』은 전체 334쪽 중에서 130쪽
이 조선시대 서술인데 『조선역사연구』는 253쪽 중에서 172쪽을 조
선시대 서술에 할애하고 있다. 또 문석준은 조선시대의 신분계급
을 설명하는데 兩班과 鄕吏를 王族 다음의 같은 제2계급으로 묶은
것이 독특하다.[61]

(3) 李丙燾·金庠基, 『國史敎本』(서울, 震檀學會, 군정청 문교부, 1946), 국판, 177쪽).

이 책은 미군 군정청에서 진단학회에 교과서 편찬을 의뢰하여
진단학회에서 활동하던 李丙燾·金庠基가 편찬한 것이다.[62] 군정
치하의 국정 교과서와도 같은 것이다. 진단학회에서는 1945년 해
방이 되자, 建國準備委員會와 손잡고 그해 9월 10일부터 국사 교
사에 대한 강습회를 개최하면서 교과서 편찬을 준비하고 있다가
미군정청에 교섭하여 국사 교과서를 편찬했다는 것은 전술한 바이
다.[63] 그에 따라 군정청 교과서로 『國史敎本』의 출간을 보게된 것
이다.[64] 내용을 보면 1920년대 문화사학자의 관점이 반영된 느낌
을 주고 있다. 따라서 사회경제문제는 제도의 범위에서 처리하고

---

61) 朴贊勝, 1997, 「일제말기 文錫俊의 遺稿 『朝鮮歷史』와 『朝鮮歷史硏
  究』」『于松趙東杰停年紀念論叢 Ⅰ 韓國史學史硏究』, 나남출판, 530쪽.
  文錫俊은 함경도 咸興 출신으로 東京高等師範學校를 졸업하고(함석헌
  과 동기) 普成中學校와 朝鮮日報社에서 일하다가 나와 고향에 은거하
  던 중, 단파방송 청취사건으로 일경에 구인되어 1943년에 옥사하였다.
  『朝鮮歷史』와 『朝鮮歷史硏究』는 그의 제자가 유고를 모아 간행한 것
  으로 해방 후 북한에서 출간된 유일한 개설서이다.
62) 震檀學會, 1994, 『震檀學會六十年誌』, 93~95쪽.
63) 1947, 『震檀學報』 15, 151쪽에 게재된 「彙報」 참조.
64) 金興洙, 「광복후 최초의 국사 교과서 '國史敎本'」『敎員福祉新報』 649
  호, 대한교원공제회, 1996. 5. 22일자.

있다. 시대구분도 그때와 크게 다르지 않게 '상고' '중고' '근세' '최근'으로 정리했다. 1920년대 문화사학자인 黃義敦·張道斌·安廓·權悳奎 등의 저술에 비하여 고려나 조선시대를 초기·중기·후기로 구획하여 정리한 점이 다르다. 그러나 급하게 편찬하고 또, 공동 저작이기 때문이겠지만, 문화사학의 특징인 역사적 이상사회의 추구나, 도덕성, 그리고 역사에 대한 발전적 관점이 서술 가운데에서 발견되지 않는다. 이 책은 의병을 민란으로, 임시정부를 가(假)정부라 하고, 이완용과 송병준의 죄과를 묵과하는 등, 대한제국이 멸망할 때의 서술이 민족의 양심을 반영하지 못했다고 진단학회 총무 조윤제로부터 신랄한 비판을 받아 사용이 중단된 사태를 빚기도 했다. 해방정국을 전해 주는 이야기로 남을 것이다.

(4) 김성칠, 『**조선역사**』[대한금융조합연합회(1946 · 1950), 국판, 253쪽(1950년판)]

　　　　, 『**국사통론**』(금강문화사(1951, 1959), 국판, 389쪽).

『조선역사』나 『국사통론』[65]이나 저자의 신념에 따라 한글을 전

---

65) 『국사통론』은 1951년에 저술을 끝내고 출간을 준비하다가 저자 김성칠이 작고한 후, 1959년에 간행되었으므로 시기를 보면 본 항목의 「해방 직후의 개설서」가 아니라 다음의 「6·25전란 후의 개설서」에 해당한다. 그러나 기본 구도가 『조선역사』(1946)와 같고, 실제도 6·25전에 집필한 것으로, 저자는 6·25전란 중에 작고했으므로 본항에서 같이 다루었다. 역사서로 서술방식이 빼어나다. 이런 저술이 오랫동안 주목을 받지 못한 것은 서술방식이 요점별로 정리한 것이 아니라 어떤 사건이라도 전체적 조망을 통하여 이해하는 방식으로 서술하여 입시 준비자는 초점을 포착하기 어렵다는 느낌을 줄 수 있기 때문이 아니었던가 한다. 가령 1904년의 역사를 서술할 때, 러일전쟁과 한일의정서와 한일협약을 원인과 경위와 결과, 그리고 영향식으로 조목 조목을 세워 서술해야 문제풀이를 좋아하는 고시준비생이나 입시준비생이 논리적으로 이해할 터인데, 그렇지 않고 전반적으로 추세와 성격과 역사적 의미를 이해하

용하고 있다는 것과 식민사학 극복을 명제로 내걸고, 재미있게 읽을 수 있도록 썼다는 것이다. 그래서『조선역사』서문에서 김상기는 "일(본)인이 만든 거짓 역사는 우리의 인식을 하마트면 그릇치게 할뻔 하였읍니다. … 매양 청소년들로부터 적당한 역사책을 소개해 달라는 부탁을 받고 있으나 … 이제 김성칠씨의 애써 지은『조선역사』를 읽고 비로소 적막한 우리 사학계에 좋은 저서가 나오기 시작"했다고 말했다. 지금 읽어도 수려한 문체로 풀어 쓴 책이고 맞춤법도 오늘날의 것과 거의 비슷하다. 뒤이어 1951년에 원고를 완성하고 작고 후인 1959년에 출간된『국사통론』序에서 김상기가 "그의 珠玉같은 論著가 발표되면 洛陽의 紙價가 일시에 오르리만큼 學問하는 사람으로부터 欽仰과 稱譽를 받았던 것이다"라는 것을 보면 많은 독자를 끌었던 것 같다.66)『국사통론』은『조선역사』보다는 전문서로서 수준이 높고, 사회경제사에 대한 서술량이 많아졌으나 기본 관점이나 방법은 다르지 않다.

『조선역사』내용은 이상주의가 강하게 반영된 문화사학의 전형적인 서술인데 시대구분은「상고사」에 이어 고려 이후를「중세사」, 조선시대를「근세사」로 구분했다. 그렇게 구분한데 대한 설명은 없다.『국사통론』에서는「제일편」·「제이편」·「제삼편」으로 구분했는데 본인의 뜻이라기 보다는 작고 후 간행 실무자의 뜻이 아닌지 모르겠다. 내용에서 '몰간'의 이름까지 들추며 그의 단계설에

도록 서술하였다. 그러니까 때마침 고등고시가 붐을 이루던 당시에 뒤로 밀리게 되었지 않았을까 한다. 물론 저자의 급작스런 사망이 영향한 점도 있었을 것이다.

66) 李男德, 1993,「祖國受難의 同伴者」『역사앞에서』, 창작과비평사, 349쪽에 그때의 인세로 돈암동 집을 샀다는 것을 보면, 金庠基의 칭송이 의례상의 인사말이 아닌 것 같다. 다만 그때의 인세가『조선역사』만이 아니라『龍飛御天歌』와『熱河日記』번역 출판의 인세까지 포함됐을 것으로 추측된다.

신경을 쓰고 있고, 금속문화와 생산력의 발전을 거론하고[67] 3국시
대부터 사회경제문제를 증면 서술하면서 3국의 계급문제나 고려의
'영주'와 '농노'를 이야기하고 있는 데에서 그와같은 생각을 갖게
하는 것이다. 그렇다고 문화사학의 범주를 벗어난 것은 아니었
다.[68] 종합적으로 보면 해방 후 남한학계에 가장 많은 영향을 미쳤
다고 할 수 있는 베른하임(E. Bernheim)의 발생 발전사의 방법론을
크게 수용한 저술이라 하겠다.

(5) 朝鮮史研究會, 『朝鮮史槪說』[弘文書館(1946, 1949), 국판,
750쪽(1949년판)].

경성대학 조선사연구회의 『朝鮮史槪說』은[69] 李洵馥·林建相·
金思億·孫寶基·韓㳓劤·李明九 등의 학생이 李仁榮 교수의 지
도로 편찬한 것인데 외형상 전문학자에 뒤지지 않은 수준의 책이
다. 특히 여러 학설을 소개하며 서술하고 있어 대학강의의 전공 교

---

67) 김성칠, 『국사통론』, 17쪽.
68) 김성칠은 『국사통론』「머리말」(1951.6.18)에서 "나는 우리민족을 가끔
    이 거지 아이에 비기어 보곤한다. 오늘날 너무나 암담한 현실에 부딛치
    어 때로 절망에 잠기는 일은 없는가. 이러한 때 역사를 펼침은 반드시
    회고에 잠자지려는 것이 아니고 새로운 희망의 샘을 찾으려 함에서이
    다."라고 6·25동란 중에도 강한 발전사관을 보이고 있었다.
69) 京城大學 朝鮮史研究會, 『朝鮮史槪說』과 같은 책으로 國史研究室,
    『國史槪說』도 있다. 『朝鮮史槪說』이 출간되던 1949년에는 조선사연구
    회의 대부격인 孫晋泰 교수가 서울대학교 사범대학장, 문교부차관 겸
    편수국장을 역임하는 가운데 충분히 방패 막이가 되어, 냉전체제가 심
    화되고 있던 당시에 내용에서도 물의를 일으킬수 있는 『朝鮮史槪說』
    을 간행할 수 있었으나, 國大案 반대의 소란이 막 지난 '京城大學'도
    아닌 '서울대학교'에서, '朝鮮'도 아닌 '韓國'의 고등 관직자로서 방패
    막이 구실도 한계가 있었을 것이다. 그래서 『國史槪說』로 개명하는 것
    이 필요했던 것이 아닌가 한다. 李丙燾의 『朝鮮史大觀』이 『國史大觀』
    으로 개명한 사정도 비슷한 경우로 추측된다.

재로 적합한 체제를 갖추고 있다. 책이 출판된 것은 단기 4282년 (1949) 5월 15일이나 孫晋泰 교수의 1946년 8월 15일자의 서문과 李仁榮 교수의 발문에 의하면 해방 1년에 완성한 것임을 알 수 있다. 해방 직후의 높은 연구 의욕을 보여 주는 사례라고 해야 할 것이다. 절·목마다 국내외의 참고논저를 상세히 소개하고, 다시 부록으로 「史料」「著述」「叢書」「系圖」「年表」를 정리하여 놓았다. 내용에서 사론을 보면 유물사관의 논지가 강하다. 그러나 사실 설명은 그렇지도 않는데 여러 사람이 집필한 것이므로 일정하지 않다. 어떤 사관을 논증하거나 논설하기는 쉬워도, 통사에 적용하기가 얼마나 어려운가를 단적으로 보여 주는 책이다. 참고문헌에서 보는 바와 같이 식민사학의 학설을 쫓아 서술한 내용이 많아 적지 않은 문제점을 던져주고 있다. 그리고 1910년으로 끝내고 식민지 시기에 대한 서술이 없다.

　시대구분을 보면 「部族國家時代」와 「封建的貴族國家時代」(신라·고려·조선)로 양분하고 있는데 바꾸어 말하면 고대와 중세로 나눈 것이다. 중세 상태의 조선시대에서 일본 식민지에 편입되었다고 보니까 근세니 근대니 하는 시기는 등장할 수 없었다. 고대와 중세를 구분한 기준은 사회발전과 더불어 국가권력의 존재 성격을 중시한 것이다.

　(6) 李丙燾,『朝鮮史大觀』(同志社, 1948, 국판, 501쪽).
　「序文」에 보면 해방 다음달부터 저술을 시작한 것으로 「上世」와 「中世」의 내용은 종래의 학설을 수정 보완한 것이 많다고 했다. 그것은 저자의 전공 시기에 역점을 두었다는 의미가 된다. 상대사와 중세사(고려)는 4기로 구분하고 근세사(이씨조선)는 3기로 나누었다. 내용에서 「參考」란이 설치되어 있는데 개설에서 설명하기

번잡한 자료, 사화, 전설 등을 소개하여 독자의 이해를 돕고 있다.
그것도 고려 이전의 서술에 편중되어 있다. 간혹 「練習」란이 설치
되어 있는 것으로 보아 대학 교재로 저술한 것 같다. 위의 『朝鮮史
槪說』과 달리 「최근」이라고 하여 식민지시기에 대한 서술을 시도
했는데 501쪽 중에 5쪽에 불과하다.

시대구분은 「상대사」 「중세사」 「근세사」 「최근」으로 구분했는
데 그것을 보면 구한말 이래 많은 사서에서 볼 수 있는 상고·중
고·근고·근세 등의 시간단위 구분 방식이나 저자가 관여한 『國
史敎本』(1946)의 방식에서도 탈피하여 근대적 시대구분을 시도한
것 같다. 『조선사대관』의 새로운 시도는 그의 「總說」에서 첫마디
가 "역사는 과학이다"라고 선언하고 역사는 순환적인 자연현상과
달리 "변화적이요 진보적이요 발전적의 것임으로"[70] 항상 새로워
가는 과학이라는 베른하임의 주장을 옮겨 놓고 있다. 1923년 9월
29일부터 『동아일보』에 연재했던 자신의 글과 비교하면 격세지감
이 있다.

그런데 「總說」에서 언급하고 있는 「時代의 區分」을 읽어보면,
왕조의 변천을 기준한 구분과 민족의 통일, 분열, 수난, 투쟁 등, 민
족의 대내외적 위상을 기준한 구분과를 이중으로 관계시켜 다소
복잡하게 도식하고 있다. 그에 대한 설명이 없으니 분명한 의도는
알 수가 없다.

(7) 全錫淡, 『朝鮮史敎程』(乙酉文庫 제9호, 1948, 문고판, 153쪽).
「緖論, 朝鮮史硏究의 實踐的 意義」에서 사론을 앞세운 문고본
이다. 그런데도 해방 후에 서울에서 간행된 유물사관에 의한 대표
적 통사 저술로서 주목을 끈다. 다른 유물론사학자처럼 맑스주의의

---

70) 李丙燾, 『朝鮮史大觀』, 2쪽.

도식을 그대로 따르지 않는 독자성을 보이면서도 논리가 정연하여 당시에 많은 독자를 가지고 있었을 가능성이 있다. 그는 『李朝農民經濟史』에 이어 『朝鮮經濟史』(1949)에서 보다 더 자세한 이론으로 『조선사교정』을 보충하고 있다. 그는 6·25때 월북하였다.

시대구분은 독특하게 「原始」와 「封建」 두 시대로 나누었다. 조선에서는 古代 奴隸制社會가 존재하지 않고 원시사회에서 봉건사회로 비약한다는 것이 그의 주장이다. 그리고 자생적 근대사의 시도없이 일본 자본주의에 편입되었다고 보기 때문에 시대구분에서 근대도 설정하지 않았다. 그러다가 보니 책의 절반을 근현대사에 관하여 서술한 남다른 점을 보이면서도, 그것을 봉건시대의 잔재현상으로 처리하고 있다. 독립운동과 해방의 문제까지도 제3편 「封建 朝鮮의 沒落過程」에서 다루고 있는 것은 유물사관의 시각에서 본다고 해도 강변이 지나치다. 즉 몰락과정과 더불어 일어나고 있던 발전적 측면에 초점을 맞출수도 있었던 것을 외면하였다.

(8) **孫晋泰, 『國史大要』**(乙酉文化社, 1949, 국판, 259쪽).

손진태는 『朝鮮民族史槪論』(상)을 간행한 바 있는데 그것이 전문서이고 『國史大要』는 교양서로 저술한 것이다. 그런데 고대사를 서술한 『조선민족사개론』은 상권에 이은 후속 저술이 없고 보니 그것은 고대사에 한정한 시대사 저술로 남게 되고 통사로는 『국사대요』만 손꼽게 되었다. 서문을 보면 "民主主義的 民族主義 곧 新民族主義의 입지에서" 논술했다고 했듯이 목차에서 타민족과의 관계나 민중관계의 항목이 다른 책에 비하여 자주 거론된 점을 발견할 수 있다. 다만 민중의 성격에 대하여는 해답하고 있지 않다. 교양서이기 때문에 참고문헌이나 학설의 소개가 없고, 문장도 논증방식 보다는 논설 방식으로 꾸며져 있다.

시대구분은 국가의 변천을 기준하면서 한편,「상고」「고대」「중고」「근세」「현대」라는 호칭을 쓰고 있어 의도한 바를 알 수 없다. 특히 제5편에「현대사」라고 하면서 어디서부터 현대라는 분명한 구획이 없고 더구나 1948년「독립국가 대한민국 정부수립」다음에「이조의 문화」를 서술한 것으로 보아서 현대의 개념은 물론, 시대구분에 대한 총체적 이해를 전달하는 데는 앞뒤가 맞지 않는다. 그러나 시대구분에 대하여「序說, 民族歷史의 大綱」에서 社會發展, 王朝變遷, 民族成長을 기준하여 시대를 구분해야 한다는 의도는 밝혀져 있다. 높은 설득력을 가지고 있는 지적이나 그러다가 보니 시대구분이 복잡해질 수 밖에 없었을 것이다.

이 책의 목차를 보면「애국 계몽운동」이란 소항목이 있다. 그것은 구한말의 의병항전과는 별도로 지식층이 "신학문을 교수하고 정치사상을 선전하고 민족정신을 고취하여 전민족을 일단의 대세력으로 하여 써 완전한 자주독립을 전취하고자 하였다. … 이러한 애국적인 계몽운동이 지금 우리의 교육과 종교의 기초가 된 것은 역사적인 대업이었으며"71)에서 보듯이 "애국적"이라고 평가할 "계몽운동"을 설명한 소항목이다. 그러므로 역사 용어로는 애국이란 관형사 없이 계몽운동인 것이다.72) 일제 침략을 맞아 전개한 구국운동은 무력적 의병전쟁과 문화적 계몽운동으로 나타났다는 설명이다. 그런데 그것을 후학들이「애국 계몽운동」이란 역사용어를 만들어 사용하고 있다. 그리하여 한국근대사에서 구국운동을 총체적으로 혹은 구조적으로 파악하기가 어렵게 만들었고, 계몽운동과

---

71) 孫晋泰, 1949,『國史大要』, 을유문화사, 239쪽.
72) 구한말의 지식인의 문화운동을「계몽운동」이라는 역사의 像으로 개념화한 학자는 黃義敦으로 그는 1926년『新民』6월호에「光武 隆熙年代의 啓蒙運動」이란 글을 발표하였다. 그후의 저술에서는 李丙燾의『朝鮮史大觀』(1948, 477쪽)에서 사용하고 있다.

계몽주의의 관계를 이해할 수 없게 만들었다. 계몽주의도 애국 계몽주의라고 할 것인가?[73]

(9) 吳璋煥, 『文化史 – 우리나라의 문화』(正音社, 1949, 4×6판, 196쪽)

중등학교 고급학년의 교과서인데 내용이 우수하여 여기에 소개한다. 책에 「서울사범대학 오장환」이라고 밝혀져 있는 것을 보면, 저자는 서울중학교(6년제) 교사와 문교부 부편수관(1949.6.1~1950.2.8 의원면직)을 거쳐 서울대학교 사범대학에 출강한 것 같다. 교과서로 편찬한 것이므로 학계의 주목을 받지 못하였는데[74] 사학사 연구가 궤도에 오르면서 젊은 연구자에 의해 추적되었다.[75] 한글을 전용하면서 문화주의적 구조 논리가 정연하다. 유독 실학을 중심한 조선후기의 서술이 뛰어난 것이 돋보인다. 선사시대와 고대와 근세의 호칭은 사용했는데 중세 개념은 설정하지 않았다. 민족을 주체로 문화사를 이해하고, 세계사와의 관련을 강조하고, 역사를 현재와 연결시켜 이해할려고 노력한 저술이다. 6·25때 북으로 가서[76] 『력사과학』에 사회경제사에 관한 논문을 발표하다가 1959

---

73) 趙東杰, 1989, 「韓末 啓蒙主義의 구조와 독립운동상의 位置」『韓國學論叢』11, 국민대 한국학연구소 ; 1989, 『韓國民族主義의 성립과 獨立運動史研究』, 지식산업사, 98~140쪽.

74) 吳璋煥의 『문화사–우리나라의 문화』를 학계에 소개한 학자는 부산대학교 채상식 교수이다(조동걸, 1998, 『現代 韓國史學史』, 나남출판, 「머리글」 제6항 및 345쪽 참조).

75) 金正仁(서평), 「吳璋煥, 『中等文化史』(정음사, 1949)」(2000, 『韓國史學史學報』1, 한국사학사학회, 287쪽).
    이 글을 통하여 오장환의 실체가 밝혀졌다. 오장환은 1947년에 H.G. Wells, 『A Short History』를 『世界文化發達史-西曆篇』으로 번역 출간하고 1949년에는 국립도서관 관보 『文苑』 제42호에 「독립운동사 사료정리에 대하여」라는 논설을 발표하였다.

넌부터 자취를 감추었다.[77]

(10) 李仁榮, 『國史要論』(民敎社, 1950, 국판, 242쪽(1958년판))

국사의 보편성과 특수성을 함께 추구하려고 노력한다는 「서문」에서 또, 민족적 세계관, 세계사적 국사관을 표방하면서 발전사적 연관을 규명하는데 주력할 것을 강조하고 있다. 발생 발전사적 방법론의 강조로 이해된다. 그러므로 한국사를 민족을 주체로 한 자연환경, 역사환경, 국제환경과의 관계에서 이해하려고 노력하였다. 국사를 25개의 요점을 세워 서술하였으므로 통사의 범위이긴 해도 개설서는 아니다. 요점 별로 서술한 것이니 시대구분을 하지 않았다. 25개의 요점을 세우면서도 있을 법한 시대구분의 항목이 없는 것으로 볼 때 굳이 시대구분이 필요하다고 생각하지 않았을 가능성도 있다. 아니면 자신의 지도로 편찬한 경성대학 조선사연구회의 『朝鮮史槪說』을 인쇄본으로 간행한 것이 방금전인 1949년이므로 자신의 저술은 개설서가 아닌 요점별 『要論』으로 기획하였고, 시대구분도 생략했을지도 모르는 일이다.

이상과 같이 해방 직후에 한국사를 통사로 개설한 저술이 다양

---

76) 李謙魯, 1987, 「拉北人士의 恨서린 靑丘永言」『通文館 책방비화』, 民學會, 21쪽. 필자가 교육부 인사과에 오장환에 대한 인적사항을 알아보았는데 1949년 6월 1일 부편수관으로 임명된 것과 1950년 2월 8일 의원 면직한 것 이상은 알아낼 수 없었다.
77) 북쪽의 『력사과학』에 발표한 오장환의 글은 다음과 같았다.
　「리조 봉건시기 사원경제의 몇 가지 문제」『력사과학』 1955년 6월호.
　「홍화진의 위치의 재검토」『력사과학』 1956년 2월호.
　「서원에 대한 약간의 고찰」『력사과학』 1956년 6월호.
　「신라장적에서 본 9세기전후 우리나라의 사회경제형편에 대한 몇 가지 문제」『력사과학』 1958년 5월호.

하게 출간되고 있었다. 방법과 사관에서도 베른하임의 발전사관에서 유물론 사관에 이르기까지 다양하였다. 구한말의 계몽주의 사서가 식민지시기에 유심론사학, 문화사학, 유물론사학의 개설서로 발전하여 해방 후에는 발생·발전사관이 확산되면서 개설서 또는 통사 서술이 다양화되었다. 특히 발전사적 관점이 강조되면서 역사를 생동감있게 묘사하고 동적 현상으로 구명할려는 노력을 보였던 점은 새로운 학풍으로 이해된다.

그런 가운데 통사외에도 時代史와 分類史 저술이 양산되고 있었다. 그 가운데에서도 독립운동사에 대한 기록물과 저술이 대량으로 간행되고 있었다는 점에 대하여 특별히 주목해야 할 것이다. 그것을 보기로 한다.

2) 시대사와 분류사의 양산

(1) 각 시대사와 독립운동사

위와 같은 통사 저술과 같은 성격인 시대사 저술도 간행되었다. 안재홍의 『朝鮮上古史鑑』(1946), 손진태의 고대사 연구서인 『朝鮮民族史槪論』(1948), 이덕성의 『朝鮮古代社會硏究』(1949),[78] 이병도의 『高麗史硏究』(1948), 이상백의 『李朝建國의 硏究』(1949), 이북만의 『李朝社會經濟史』(1948), 박극채·전석담·김한주·박시형 공저의 『李朝社會經濟史』(1946), 이인영의 『朝鮮滿洲關係史硏究』(1950) 등의 전통시대에 대한 연구가 있었는가 하면, 김종국의

---

78) 李德星(원산 출신)이 1948년 9월 18일 작고한 후, 金一出이 그의 유고를 모아 正音社에서 출간하였다. 이덕성은 사회학자로 사회사가 전공이었다. 이 책에서 우리나라에서도 국가 발생기인 B.C 1세기부터 A.D 5세기까지 靑銅器時代가 있었다고 주장하였으나 고고학의 성과가 없던 당시였으므로 외면 당했다.

『韓國最近世史』(1947), 김영건의 『黎明期의 朝鮮』(1949), 이선근의 『朝鮮最近政治史』(1949) 장도빈의 『大韓末年史』(1945), 황상기의 『獨島問題硏究』(1946), 김상기의 『東學과 東學亂』(1947) 등의 구한말의 문제에 대한 연구물도 있었다.

시대사 저술로 빼서 안될 것은 현대사 또는 당대사로서 식민지 시기 사회연구 또는 독립운동사에 관한 간행물이었다. 독립운동사는 복간이긴 해도 박은식의 『韓國獨立運動之血史』(1920)가 압권이었는데 해방 직후에 새로 출간된 저술도 다음에 보는 바와 같이 적지 않았다.

김종범 외, 1945, 『解放前後의 朝鮮眞相』, 조선정경연구사.

서인균, 1945, 『朝鮮民族運動과 社會運動의 回顧』, 시조사.

김남천, 1946, 『三一運動』, 아문각.

김한주 외, 1946, 『朝鮮解放과 三一運動』, 청년사.

이원규, 1946, 『親日派의 悲命』, 한흥출판사.

최남선, 1946, 『朝鮮獨立運動史』, 동명사.

김학무(김태준 증보), 1947, 『朝鮮近代革命運動史』, 노농사.

온락중, 1947, 『朝鮮解放의 國際的經緯와 美蘇共委事業』, 현우사.

전석담・이기수・김한주, 1947, 『日帝下의 朝鮮社會經濟史』.

유홍렬, 1948, 『朝鮮獨立思想史攷』, 정음사.

민족정경문화연구소, 1948, 『親日派群像』, 삼성문화사.[79]

---

79) 『親日派群像』에서 식민통치 협력 성격에 따라, '自進協力者'와 '被動的協力者'로 구분하고 그것을 다시 다음과 같이 4유형으로 세분하였다. 그리고 그에 해당하는 사람의 명단을 열거하였다. 조선귀족령에 따라 작위를 받은 사람(매국노)을 제외한 경우에 대한 해방 직후의 분류이므로 주목할만 하다.

1. 自進 協力者

채근식, 1949,『武裝獨立運動秘史』, 공보처.

그외에 팜프레트 분량의 민심사편,『大韓民國臨時政府의 內容』
(1945), 이해환의『朝鮮獨立史』(1945), 최형우의『海外朝鮮革命運
動小史』(1945), 박춘석의『朝鮮民族의 血淚史』(1946), 김상덕의
『朝鮮獨立運動史』(1946), 강홍수의『朝鮮獨立血鬪史』(1946), 강해
공의『光復軍血鬪史』(1948), 최덕신의『印緬抗日戰記』(1948), 유해
준의『民族學生運動의 理念』(1948) 등의 4×6판본도 많이 있었으
나 기록물의 성격이 짙었다.

독립운동사가 당시에는 당대사의 의미를 가지고 있었다는 뜻으
로 보면 인물 전기도 주목할 만 했다.

민태원,『甲申政變과 金玉均』(1947)

김도태,『徐載弼博士自敍傳』(1948)

유자후,『李儁先生傳』(1947)

박성강,『安重根先生公判記』(1946)

이광수,『島山安昌浩』(1947)

서정주,『李承晩博士傳』(1949)

---

1) 친일이 잘못인 줄 알면서 자신의 재산 혹 지위 신변의 안전을 위해
　행한 자.
2) 일본의 승전시 조선민족의 복리를 도할 수 있다고 생각한 자.
3) 친일로 개인의 영달을 꾀한 자.
4) 광병적 친일 및 열성 협력자.
2. 被動的 協力者
1) 자신의 사업, 지위의 박해를 피해 부득이 끌려 다닌자.
2) 원래 친미 배일사상의 소유자이나 위협에 의해 과도히 협력한 자.
3) 타의에 의해 친일단체에 이름이 올랐으나 적극 활동치 아니한 자.
4) 지상에 본의와 다르게 담화 내용이 발표되었으나 차마 수정을 요
　구하지 못한 자.

　　김　구, 『白凡逸志』(1947)

　　박태원, 『若山과 義烈團』(1947)

　　이만규, 『呂運亨鬪爭史』(1946)

　　전영택, 『柳寬順傳』(1948)

　　강일석, 『朴烈獄中鬪爭記』(1948)

　　석　단, 『金日成將軍鬪爭史』(1946)

　　박태원, 『朝鮮獨立殉國烈士傳』(1946)

　　이석훈, 『殉國革命家列傳』(1947) 등이 주목할만한 저술이었는데 등장 인물을 통하여 현대사 인식의 성향을 더듬어 볼 수 있을 것 같다. 그렇다면 이광수 등이 필자였다는 것은 바람직하지 않았다. 그것은 자기 취향에 맞게 독립운동 문제를 윤색할 가능성이 있기 때문이다.

　　전체적으로 볼 때 독립운동사에 대한 저술이 적지 않았다고 할 수 있다. 그러나 내용은 빈약한 편이었다. 하지만 이 정도의 것이 라도 그것을 학문적으로 정리하여 현대사 인식을 체계적으로 발전 시킬 필요가 있었는데 그후 1950년대에는 거의 외면하였고 1960년 대에도 크게 주목하지 않았다. 그렇다면 해방 직후의 현대사 인식 은 문제가 되지 않으나 그후 계승자의 현대사 인식의 한계와 학계 에 문제가 있었다고 해야 할 것이다.[80]

　　이상과 같이 통사와 시대사 저술은 식민지시기 이래 한국사학의 연구성과를 종합하고 있다는 점과 새로 연구한 결과물이라는 원칙 적이고 당위적인 의미를 가지고 있었다. 당위적인 일이긴 해도 그

---

80) 독립운동의 의식이 해방 후에는 고조되고 있었고 그 힘으로 1948년 反 民族行爲者處罰 特別法이 입법되었는데 이듬해인 1949년 6월에 소위 반민특위사건을 일으킨 李承晩 정권의 반민족적 폭력으로 말미암아 독립운동의 기상은 봉쇄 당하고 말았다. 金九 암살사건과 국회 프락치 사건도 같은 6월에 있었다.

것은 식민지시기에 연구 축적된 민족사학이 해방과 더불어 개화하여 얻은 열매인 동시에 식민지시기에 잠복해 있던 연구 성과물이 해방을 맞아 발표되었다는 점에서 의미가 컸다. 그 의미 가운데에는 식민사학의 극복이라는 한국사학으로서의 역할과 독립운동사적 현대사 인식의 확산이라는 의미도 포함되어 있어야 했다는 것은 물론이다.

(2) 분류사 단행본의 양산

해방 후의 한국사 연구에서 또하나 주목할 것은 분류사의 단행본이 대량 간행되고 있었다는 사실이다. 단행본이 양산되고 있었다는 것은 해방 전에 분류사 연구가 진행되고 있었다는 것을 말한다. 해방 전에는 앞에서 본바와 같이 1930·40년대에 분류사 연구가 일어났다.[81] 그와 같이 분류사 연구가 확산되었다는 것은 그만큼 역사학에 대한 관심이 고조되고 있었다는 것을 시사한다. 그러한 기초 위에서 해방 후에 분류사연구가 발전한 것이다. 여기에서 해방 후의 저술 목록을 소개해 두지만, 그것을 보면서 우리는 몇 가지 문제를 생각하게 된다. 첫째는 분류사 연구에 대한 오늘날의 계속성 문제이다. 이 문제는 분류사에 국한한 문제가 아니기 때문에 별도로 이야기할 필요가 없다. 둘째는 정치사 연구가 부진했다는 점이다. 앞에 소개한 독립운동사가 정치사의 성질이라고 해도 전통시대의 정치사연구가 거의 없었다. 그리하여 정치사적 교훈은 서양에서 찾는 전통이 서게 된 것이 아닌가 한다. 셋째는 저자 가운데는 식민지시기에 친일문필을 휘둘은 이가 쉽게 발견된다는 점이다. 해방을 맞아 자신에 대한 반성도 없이 민족적 소명감에서 책을 내는 것처럼 서문까지 달아 저술을 발표하고 있었다. 그것은

---

81) 趙東杰, 1995, 「1940-45년의 民族史學」『韓國學論叢』17, 국민대 한국학연구소, 101쪽.

1946년부터 좌우익의 대립이 힘겨루기로 번져간 혼탁한 정국에 편
승하였다고 밖에는 달리 해석할 수가 없다.

　다음 목록에서 보는 바와 같이 저자 가운데는 누가 누구인지 알
수 없는 이도 있다. 해방정국이 분단정국으로 경직되면서 모습을
감춘 인사도 있다. 그런 대목에 이를 때마다 후학의 가슴이 쓰려오
는 것은 필자만의 푸념이 아닐 것이다.

　□　경제사 분야

崔虎鎭,『朝鮮經濟史硏究』·『近代朝鮮經濟史硏究』

印貞植,『朝鮮의 土地問題』[82]·『朝鮮農業經濟論』

朴文圭,『朝鮮土地問題論考』

李春寧,『朝鮮農業技術小史』

金熙泰,『朝鮮米作硏究』

全錫淡,『李朝農民經濟史』·『朝鮮經濟史』[83]

金漢周,『李朝時代手工業硏究』

柳子厚,『朝鮮褓負商考』

---

82) 印貞植은 평안도 용강 출신으로『朝鮮의 土地問題』(경성인쇄주식회사,
　　1946, 4×6판 134쪽)의 내용에서 주목할 것은 역사적으로 삼한 말기부
　　터 봉건제사회로 이해한 점과 봉건제가 일제 식민지에 편입될 때까지
　　지속되었다고 한, 정체성론의 시각이 강한 점이 특징이다. 식민지시기
　　는 식민지반봉건사회로 보았다. 말년에 일제에 전향하여 친일 문필과
　　연설을 했다. 해방 후에는 철저한 토지개혁을 주장하다가 6·25때 북으
　　로 올라갔다.

83) 全錫淡의『朝鮮經濟史』(박문출판사, 1949, 4×6판, 319쪽)도 삼국시대
　　부터 농노의 봉건제사회로 보고, 정체성론과 식민지반봉건사회론으로
　　본 것까지 인정식의 주장과 같다. 농노제사회전의 노예제 사회를 인정
　　하지 않아 6·25때 북으로 가서 비약설의 비판을 받았다. 그러나 삼국시
　　대부터 중세로 본 것이나『조선경제사』에서 장황하게 다룬 3·1운동에
　　대한 분석은 북한 학계의 정설이 되었다.

李勳求, 『朝鮮農業의 現世』
權泰爕, 『朝鮮經濟의 基本構造』

□ 사회사 분야

崔益翰, 『朝鮮社會政策史』
尹白南, 『朝鮮刑政史』
崔華星, 『朝鮮女性讀本』
金斗憲, 『朝鮮家族制度研究』
李如星, 『朝鮮服飾考』[84]
洪妹瓊・洪茂瓊,[85] 『朝鮮衣服婚姻制度研究』
李載壎, 『民族意識과 階級意識』
崔守正, 『鄭鑑錄에 대한 社會學的 考察』
李相佰, 『朝鮮社會史研究』

□ 문화사 분야

洪以爕, 『朝鮮科學史』[86]
李萬珪, 『朝鮮敎育史』
李相佰, 『朝鮮文化史研究論考』

---

84) 『朝鮮服飾考』(백양당, 1947, 국판 361쪽)는 복식의 변천을 통해 사회 발
   전을 규명한 내용이다. 복식 미술사가 아니고 복식 사회사로서 고대에
   한정되어 있다.
85) 洪命熹의 딸 자매간이라고 한다.
86) 원래 식민지시기에 일문으로 간행한 것을 해방 후 증보하여 국문으로
   간행했다. 『朝鮮科學史』(정음사, 1946, 국판 274쪽)는 새로 사론을 첨가
   한 것이 크게 다르고, 그 사론이 상당 부분 유물론사학을 수용하고 있
   는 점이 주목된다.
   원유한, 1995, 「홍이섭선생의 역사학」 『홍이섭의 삶과 역사학』, 혜안,
   109쪽 참조.

金庠基,『東方文化交流史論考』

金載元,『檀君神話의 研究』

李瑄根,『花郎道研究』

方鍾鉉,『訓民正音通史』

洪起文,『朝鮮文化叢話』·『朝鮮正音發達史』

崔鉉培,『글자의 혁명』

李克魯,『국어학론총』

李崇寧,『朝鮮語音韻論』

李熙昇,『朝鮮語學論考』·『朝鮮文學研究』

房鎭洙,『朝鮮文字發展史』[87]

申瑛澈,『古文新釋』

孫晉泰,『朝鮮民族說話의 研究』·『朝鮮民族文化의 研究』

梁柱東,『麗謠箋注』

白　鐵,『新文學思潮史』

具滋均,『朝鮮平民文學史』

李江魯,『朝鮮文學研究』

李明善,『朝鮮文學史』

高晶玉·具滋均 외,『國文學史』

趙潤濟,『國文學史』·『朝鮮詩歌의 研究』·『朝鮮詩歌史綱』

周王山,『朝鮮古代小說史』·『朝鮮民謠概論』

金思燁,『朝鮮文學史』

李秉岐,『松江歌詞研究』

崔常壽,『朝鮮民間傳說集』

李在郁,『朝鮮民謠序說』·『李朝實錄考』

---

87)『조선문자발전사』(동양프린트사, 1949, 214쪽)는 조선문자와 세계문자
　 의 발전사를 정리하여 비교한 내용이다.

方鍾鉉 외,『朝鮮民謠集成』

崔暎海,『朝鮮時調集』

金聖七,『註解 龍飛御天歌』

張師勛,『民謠와 鄕土樂器』

高晶玉,『朝鮮民謠硏究』[88]

成慶麟,『朝鮮의 雅樂』

咸和鎭,『朝鮮音樂通論』

尹喜淳,『朝鮮美術史硏究』

高裕燮,『朝鮮塔婆의 硏究』[89]・『朝鮮美術文化史論叢』

金永基,『朝鮮美術史』

金瑢俊,『朝鮮美術大要』

李載丙,『朝鮮佛敎史之硏究』

柳洪烈,『朝鮮天主敎會史』(상)

吳知永,『東學史』

張道斌,『朝鮮思想史』

玄相允,『朝鮮思想史』・『朝鮮儒學史』[90]

---

88) 북한으로 올라가 그곳 국문학계를 이끌어 갔다고 한다.

89) 고유섭이 29세 때인 1933년에 開城博物館長을 역임하며 전국의 石塔
　　을 조사하여 百濟와 新羅 양식을 체계적으로 밝혀내고, 고대 조형 미
　　술의 세계를 규명한 글들을 모아 그가 1944년에 작고한 뒤, 을유문화사
　　에서 1948년에 유고집으로 간행했다.

90) 玄相允은 소년시절 평북 용천, 개천, 태천 등지에서 朴文五・柳麟錫
　　등 華西學統의 유학자로부터 유학을 배운 후에 일본에 유학하였다. 그
　　후 고려대학에서 유학을 중심으로 조선사상사 강의를 맡아 있었는데
　　강의안을 대본으로 1949년에『朝鮮儒學史』와『朝鮮思想史』를 간행하
　　였다.『朝鮮思想史』에서 조선시대는 목차에서 전체의 윤곽은 밝혀 놓
　　고 내용에서는 불교사만 서술했는데 그것은『朝鮮儒學史』와 많은 중
　　복을 피하기 위한 배려였을 것이다.
　　여기서 주목할 것 하나는 조선 후기의 實學派에 대하여 크게 주목하고

柳子厚,『朝鮮民主思想史』

金得榥,『朝鮮思想史의 展開』

3) 6·25 전쟁 후의 개설서

6·25전쟁 이후의 한국사 저술은 그전과 몇 가지 점에서 달랐다. 먼저 유물론사학이 크게 후퇴했다는 점, 남북전쟁을 맞아 사상의 경직으로 말미암아 방법론의 논쟁이 소리를 낮추어야 했다는 점, 고등고시가 젊은이의 선망을 받는 가운데 모든 고등고시에 '국사'

있는 점이다.『조선사상사』의 목차를 보면 제13장「實學派의 勃興」이라 하고, 제3절까지 두었는데「實學派의 出現과 그 原因」,「實學派의 學風」,「實學派의 代表者」로 하고 다시 제14장에「性理學의 再登場」에서 제1절을「實學運動의 挫折과 性理學의 再燃」으로 실학의 변천 구도를 나타내고 있다.

'實學派'라는 호칭이 생겨난 것은 1935년『與猶堂全書』완간을 기념하고 '茶山逝世百年祭'사업으로 일으킨 조선학운동 때였다. 安在鴻·鄭寅普·白南雲·崔益翰·文一平 등이 일으켰다. 그때 玄相允은 조선학운동을 찬성하지 않았다. 그런데『조선사상사』의 목차를 보면 생각을 바꾼 것이 확실할 뿐 아니라 크게 선양하고 있었던 것이 틀림이 없다. 이것은 실학연구가 해방 후 서울에서 洪以燮 외에 주목하는 이가 없어 부진하였다는 이야기가 결코 그렇지만은 않았다는 점에서 주목되는 것이다.

그리고 주목할 것은 실학운동의 쇠퇴를 유학사 자체에서 찾고 있는 점이다. 실학을 漢儒學, 성리학을 宋儒學으로 구분하고 柳致明·奇正鎭·李恒老·任憲晦 등의 송유학 즉, 성리학이 재연되면서 실학이 부진하게 된 것으로 보았다(『조선유학사』 368쪽).『조선유학사』에서는 實學派를 經濟學派라고 했다. 1935년에도 실학파와 경제학파란 두 가지 호칭을 함께 부르고 있었다(조동걸, 1993,「민족사학의 분류와 성격」『한국민족주의의 발전과 독립운동사연구』, 지식산업사, 400~404쪽) ; 1994,「민족사학 방법론의 발전」『한국의 역사가와 역사학』하, 창작과 비평사, 160쪽).

가 필수과목이 되면서 수험용 국사 저술이 많아졌다는 점, 그래서 이때에 출간된 개설서는 모두 '국사'라는 호칭을 사용했다는 점, 한우근·김철준·김용덕·박영규·이기백 등, 해방 후 세대들의 단독 저술이 출간되었다는 점 등이다. 다음의 저서가 6·25후 간행된 통사의 개설서를 대표한다고 하겠는데 모두 1950년대 중반 이후의 저술이다. 그것은 1953년에 휴전이 되고 환도후에 연구자들이 여유를 찾았다는 것을 의미한다.

(1) 한우근·김철준,『國史槪論』(明學社, 1954, 국판, 564쪽).

민족의 역사로서 국사를 이해한다고 하면서, 한국사의 특수성과 세계사적 연관성을 강조하고 있다. 6·25전쟁으로 한국이 국제무대가 된 현실을 보면서 느낀 결과이기도 할 것이다. 한편, 6·25를 전후하여 정치정세가 경색되면서 다시 만연하고 있는 문헌고증학은 역사연구의 필요조건이기는 하나 충분조건은 못된다고 하면서 역사의 全體像과 사회의 구조적 이해를 시도하였다. 아울러 해방 직후의 관념적 역사관이나 유물론적 역사 필연의 법칙을 함께 비판하면서 통합 사관을 강조하고 있다. 역사의 현재성을 의식한듯, 6·25 폐허 위에서 현실적 허무주의와 역사적 낭만주의와 진보적 낙천주의를 함께 배격할 것을 호소하고 있다. 6·25전란 후 젊은 지성의 번뇌를 엿보게 한다. 그래서「서언」에서 "종래의 국사학의 구태를 벗어나 새로운 연구의 토태를 닦고자" 저술한『국사개론』은 두사람의 공저이면서 공통적으로 "한국사회의 역사적인 구조와 그 변천을" 밝히려고 노력했다고 한다.

시대구분을 보면 한우근이 관여했던 해방 직후의『조선사개설』의 잔영이 역력하다. 사회의 구조적 이해를 강조한 점이나 고려와 조선시대를 '집권적 봉건국가시대'로 이해하고 있는 점이 그렇다.

토지의 국유를 설명한 것은 당시의 연구 수준으로 어쩔 수 없다고
하더라도 식민사학의 정체성론을 극복하지 못한 것은 아쉬운 점이
다. 당시에 많은 학자들이 정체성과 후진성을 혼동하고 있었는다
는 것이 이 책을 통하여 확인된다. 그러나 원시시대와 고대를 구분
한 것이나 갑오경장 이후를 '근대화시대'로 파악한 점은 그때로서
새로운 착상이다.

(2) 이홍직·신석호·한우근·조좌호, 『國史新講』(一潮閣, 1958, 국판, 434쪽).

"종래의 통사와 같이 역사사실을 체계없이 퇴적시킨 폐와 저속
한 사관을 지양하고 근대적 역사지성을 가지면서" 서술하고, 일반
교양서로서, 고등수험서로서, 대학교재로서 알맞게 편찬하려고 분
량을 조절하여 저술하였다. 국사의 개설서이면서 수험용으로 저술
한 의도가 서문과 목차에 나타나 있다. 거기에서 근대적 역사지성
이란 랑케 방식의 실증사학인 것 같다.

서문에서 제기한 국사학계의 과제는 역사이론과 사관의 빈곤,
개개 사실의 미심한 점, 식민사학의 영향, 일정 반세기에 대한 연
구 공백 등이 만들어낸 것이다. 적절한 지적임에는 틀림이 없는데
그러한 과제는 이 책에서도 해결하지 못하고 있다. 그동안의 연구
에서 일본인이나 서양인의 업적은 기억하면서[91] 한국인 학자는 신
채호·정인보·이병도를 거명할 정도에 불과하므로 서문에서 문
제점으로 지적한대로 식민사학을 극복하지 못하고 있다. 이홍직이
1955년에 해박한 역사 지식을 동원하여 상론한 「國史研究의 回顧

---

91) 일본인으로 西村豊·久保天隨·林泰輔와 서양인으로 그리피소와 헐
    버트의 저술을 소개하고 있다. 그 정도의 역사 저술은 구한말이나 식민
    지시기에도 한국인 학자의 것이 적지 않았다는 것을 외면하고 있다.

와 展望」의 취지가[92] 공저 탓인지는 몰라도 크게 반영된 것 같지가 않다. 시대구분은 서양처럼, 사회경제사적으로 구분하는 것이 옳으나 연구가 미치지 못하여 편의상 종래대로 왕조별로 구분한다고 했다.

(3) 김용덕, 『國史槪說』(東華文化社, 1958, 국판, 302쪽).

"정치적 사건을 넘어서 그 밑에 흐르고 있는 커다란 움직임, 민중과 사회의 움직임을 중점으로" 서술했다고 하면서 "간편하고 특색있는 국사요론을 목표로" 서술하다가 보니 세부 항목이 많아졌다. 시대구분 문제는 第4장「고려시대」에서「참고: 시대구분 문제」란을 설정하여(49쪽) 특별히 설명하고 있는데 "사회의 성격과 시대의 특색에 일치되어야" 한다고 하면서 서양의 3분법은 한국사에는 무의미하므로 "국사에 있어서도 사실에 적합하며 역사의 이해를 돕는 과학적인 구분을 위한 연구가 시급" 하다는 것이다. 그러니까 우선은 편리한 왕조별 구분을 답습하고 원시사회를 제1장「고대사」에 포함하여 서술하는 방식이 되고 말았다. 그러나 권말의「附2」의「신라・고려・이조사회의 단계적 차이성에 대하여」에서[93] 『조선사개설』(1946)에서 통일신라・고려・조선시대를 '봉건적귀족국가시대'라 하고, 일본의 旗田巍의『朝鮮史』(1951)에서 고대 통일국가로서 후기신라와 고려를 일괄하고 있고, 한우근・김철준의『국사개론』(1954)에서는 고려와 조선을「집권적 봉건국가시대」로 묶어 보는데 대하여 이의를 제기하면서 차이성을 강조하고 있듯이 시대적 특성을 찾으려고 노력하고 있는 점에 대하여 주목해야 한다.

위의 세 가지 책의 서문에서 공통적으로 사회사적 관점을 강조

---

92) 李弘稙,「國史研究의 回顧와 展望」『思想界』, 1955년 3월호, 19~36쪽.
93) 이 글은 원래『思想界』1955년 2월호에 게재한 것이다.

하고 있는 것을 보면, 1950년대 중반부터 문헌고증학에 대한 반성과 아울러 사회사적 관심이 고양되고 있었다는 것을 알 수 있다. 그러면서 책의 판매를 위하여 고등고시 수험용을 은근히 기대하다가 보니 요목별 서술이 특징으로 발견된다. 그런 가운데 사회사적 관심은 만족스럽게 달성될 수 없는 한계가 나타나고 있다.

(4) 김재원·이병도·이상백·이선근, 『韓國史』(전7권, 진단학회, 을유문화사, 국판, 1959~1965).

진단학회는 앞에서 말한 바와 같이 해방 후에는 큰 활동이 없었다. 그런 가운데 1954년에 록펠라 재단의 지원을 받아『한국사』를 저술하게 되어 활기를 되찾았다. 김재원(선사시대), 이병도(고대), 김상기(중세, 이병도로 교체), 이상백(근세), 최남선(최근세, 작고하여 이선근 담당) 등이 시대를 분담하여 1959년에는『고대편』(선사시대 포함)과『연표』가 간행되면서[94] 새롭게 주목을 받았다. 이 때의 일은 이병도·이상백·김재원이 주도했는데[95] 한국학자에 의해서 처음으로 방대한 한국역사의 저술을 완성했다는 의미를 가지고 있다. 내용을 보면, 문헌고증학의 대표 저술이라는 것을 알 수 있다. 그리고 분담자가 독자적으로 집필한 나머지 각 시기의 歷史像도 독자적이고 전후시기의 발전적 연결이 원만히 처리되지는 못하였다. 결국, 역사가 발전하는 것이 아니라 퇴보적인 역사가 구조화되어 있다는 논란도 있을 수 있다. 그런 점도 있고 해서 1965년

---

94) 金載元, 1984,「震檀學會 50년 회고; 광복에서 오늘까지」『震檀學報』 57, 227~229쪽.

95) 처음에 주도적으로 참가했던 金庠基가 중도에 원고 내용문제로 이탈하여 이홍직·신석호와『韓國全史』를 기획 추진하는 변동이 있었다.『韓國全史』는 1961년에 김상기의 명저『高麗時代史』만 출간되고 나머지는 여의치 못하였다.

에 완간하였지만 1960년대 정신은 찾기 어려우므로 50년대 저술로 일괄해서 생각해도 좋을 듯 하다.

그의 시대구분을 보면, 상고·중세·근세·최근세·현대로 나누고 있다. 이것은 서양의 3분법과 중국사의 왕조사적인 구분을 혼용한 것이라고 한다. 그리고 조선시대를 근세, 근대라고 말한 것은 "선행하는 고려사를 중세사라고 했으므로 이것을 근세사라고" 했다는 것이다.96) 그렇다면 고려를 중세라고 한 것은 선행시기를 고대라고 했으므로 중세로 이름지었다는 말이 된다. 그러한 무원칙한 시대구분은 최근세와 현대의 경우에도 크게 다르지 않다.97) 공저라면 시대구분만은 신중한 토론을 거쳐 결정했더라면 좋았을 것인데 분담 후에 담당자의 의사에 맡기다가 보니 아쉽게도 공저의 의미를 상실하고 말았다. 그런데 주목할 것은 앞에서 본 바와같이 이 무렵, 한우근·김철준·김용덕과 뒤이어 박영규·이기백 등의 신진학자들이 말을 모으기나 한 듯이 실증사학 또는 문헌고증학을 비판하며 새로운 방법을 모색하는 개설서를 출간하고 있었다는 사실이다. 그때에 그들의 스승인 원로학자들은 혼신의 노력과 그때로서는 거액의 경비를 투자하여 문헌고증학의 회복을 겨냥이라도 한 듯한 『韓國史』를 내 놓았다. 그것이 신진학자들에게 어떤 영향을 주었던가? 식민지시기에 앞장서서 총독정치에 협조 참여했던 최남선이 근현대사를 분담했던 그런 계획이라면 신진학자들에게 좋은 영향을 줄 수는 없었을 것이다. 때마침 일본에서는 패전후 민주화하고 있던 교과서가 밀리고 동서냉전 기류와 중국의 공산화와 한국의 6·25전쟁을 계기로 보수우파의 황국사관을 대변한 교과서

---

96) 李相佰, 1962,「序文」『韓國史 近世前期篇』, 을유문화사, 3쪽.
97) 李瑄根, 1963,「序言－本書의 時代區分問題에 대하여」『韓國史 現代篇』, 을유문화사, 1~4쪽.

가 등장하고 있었다. 그에 따라 1954년부터 1956년까지 교과서 파동이 일어나고 있었는데 한국학계는 남의 일처럼 바라만 보고 있어야 했다. 그래야 옳았던가?[98]

4) 연구 논문들의 경향

앞에서 본 바와 같이 해방 직후에 발표된 논저들은 고대사에서 현대사인 독립운동사까지, 또 분류사에서도 경제사부터 미술, 음악사에 이르기까지 전 영역에 걸쳐 연구되고 있었다. 그런데 6·25전쟁을 전후하여 학계는 급변하였다. 시대사로서 근현대사 연구는 쇠퇴하고, 고대나 조선시대 특히 조선후기에 비하여 고려시대에 대한 연구가 활발하였다. 그리고 문화사나 사회경제사 연구에 비하여 정치사에 대한 연구가 후퇴한 경향을 보이고 있다.[99] 1963년 전국역사학대회에 보고된「韓國史硏究의 回顧와 展望」에 소개된 논저들을 보면, 정치사에 관한 논문들이 있기는 하나 거의 제도사에 관한 것이다. 즉, 정치사의 중심 과제인 권력조직의 성격분석이나 운용에 관한 연구가 영성하다. 좌우익의 극단적 대립이 6·25전쟁으로 확대된 시국의 반영이 아닌가 한다. 권력의 속성을 규명하기도 반갑지 않았지만, 전쟁 정국 속에서 그리고 독재 정권 속에서 실증사학으로 후퇴한 그 실증사학의 방법론으로는 미칠 수 없는 분야가 아니었던가 한다. 그런데 사회경제사에 대한 연구가 의외에도 많았던 것은 유물론사학이 차단된 속에서 유교성(원동)·김

---

98) 金渙, 1990, 『日本 歷史敎科書의 韓國史關係敍述에 관한 硏究』, 국민대 박사학위논문, 42쪽.

99) 제5회 全國歷史學大會 심포지움 報告, 1963, 「韓國史硏究의 回顧와 展望」『歷史學報』 20, 127쪽.

용섭의 경우처럼, 차선의 방법으로 사회경제 문제에 관심을 쏟았던 결과로 이해될 수 있을 것이다.

시대사에서 고대에 대한 연구는 삼국시대에 치중되어 있었다. 그것은 삼국시대부터 본격적으로 철기시대에 들어갔다는 사실과 청동기시대에 대한 발굴과 연구가 없던 당시였으므로 고조선을 비롯한 부여, 예맥이나 삼한 등의 부족국가 시기까지 혹은 지석묘사회까지 올라가 연구하기가 쉽지 않았다는 것을 말한다. 문헌고증학이 역사학의 주류를 이루고 있던 당시였고 고고학의 성과가 주목할 정도에 이르지 못한 당시였으므로 도리 없는 한계이기도 했다. 그러한 문헌고증학의 한계는 삼국 중에도 문헌 자료가 비교적 많은 신라 연구에 편중되어 있었다는 사실로도 나타나 있다. 1950년대 북한 역사학에서는 고고학과 협동하여 고조선과 고구려 유적에 대한 발굴과 연구가 활발했던 동향과 비교가 된다.[100] 청동기시대에 대한 발굴 조사도 북한학계에서는 1950년대의 작업이었는데[101] 남한에서는 1960년대를 기다려야 했다.

---

100) 梁泰鎭, 1983, 「北韓史學界의 研究性向 分析」『北韓學報』 7, 132~137쪽.

101) 1950년대 북한학계의 청동기 유적에 대한 발굴보고만을 소개하면 다음과 같다(梁泰鎭, 위의 글, 132~135쪽).

1953~57: 원산시 중평리 원시유적(『문화유산』, 1958년 6호).

1954~55: 회령 오동 원시유적 발굴보고(『유적발굴보고』 7).

1954:   황주군 순천리 상동 유적조사정리보고(『고고학 자료집』 2).

1955:   강계시 귀공리 원시유적 발굴보고(『유적발굴보고』 6).

1955:   평양시 금탄리 원시유적 발굴보고(『유적발굴보고』 10).

1955:   평양시 강남 원앙리 원시유적 발굴보고(『문화유산』 1958년 1호).

1955:   자강도내 원시유적 및 옛날 돈이 발견된 유적(『문화유산』 1958년 5호).

1956:   사리원시 상매리 석상묘 조사보고(『고고학 자료집』 2).

1957:   강서군 태성리 고분군 발굴보고(『유적발굴보고』 5).

고려나 조선전기에 비하여 조선후기나 근대(최근세)에 대한 연
구가 적었던 것은 근대주의 의식의 결함이라고 말할 수밖에 없다.
그것은 1950년대 대학에서 근대사 강의가 없거나 한산했던 사실과
관련이 있을 것이다.[102] 당시 조선후기 연구에 대하여 많은 업적을
쌓은 千寬宇는 1950년대에 실학 연구가 있었던 것으로 위안하고
있다. 그것은 양적인 면에 한정된 것이 아니라 사회변동적인 의미
를 내포한 실학 연구였기 때문이었다.[103] 그리고 당시의 연구사를

　1957:　봉산군 지탑리(『유적발굴보고』 제8집).

　1957:　두만강 유역과 동해안 일대의 유적조사(『문화유산』 1957년 6
　　　　　호).

　1958:　자강도 시중군 심귀리 원시유적 발굴 중간보고(『문화유산』
　　　　　1961년 2호).

　1958:　춘하리. 어지돈지구 관개공사구역 유적정리 간략보고(황해북
　　　　　도, 1958).

　1958:　평안남도 룡강군 석화산 동록의 고인돌(『고고학 자료집』 3).

　1958:　황해북도 신흥동 팽이그릇 집자리(『고고·민속』 1964년 3호).

　1959:　황해남도 룡연군 석교리 원시유적발굴보고(『고고학자료집』 3).

　1959:　황해남도 안악군 복사리 원시 집자리(『고고학자료집』 3).

　1959:　평양시 미림리 쉴바위 원시유적 정리보고(『문화유산』 1960년
　　　　　3호).

　1959:　무산읍 범의구석 원시유적 발굴 중간보고(『문화유산』 1960년
　　　　　1호).

　1959:　황해남도 북부지방 유적 답사보고(『문화유산』 1961년 6호).

　1959:　황주군 심촌리 긴동 고인돌(『고고학 자료집』 3).

　1959:　평안북도 벽동군 송련리와 룡천군 왕산 원시유적 답사보고
　　　　　(『문화유산』 1962년 2호).

　1959:　황해북도 연산군 공포리 무덤떼 발굴 간략보고(『문화유산』
　　　　　1962년 1호).

102) 1950년대 각대학 史學科에서 통사 강의가 근대사까지 강의한다는 것
　　은 불가능했다. 그때 각 시대사도 일반강의와 특강과 연습시간 등으
　　로 개강하고 있었는데, 近代史는 일반강의 조차 개설한 대학이 극히
　　적었다. 그러니까 독립운동사 같은 과목이 특강으로나마 개설된다는
　　것은 1950년대 학계 풍토로는 요원한 일이었다.

정리했던 金容燮은 근대에 대한 연구가 한산한 가장 큰 이유는
"이 시기(근대)의 제 사실은 현재의 생활과 직결되는 문제라든가
시사성을 띤 문제가 많은데"104) 바로 그것 때문에 회피하는 경향
이 있다는 것이다. 근대주의의 상실일 뿐 아니라 역사학이 실종될
위기 속에서 역사학을 연구하고 있었다는 것을 말해 주고 있다. 해
방 후 그때까지 23편의 논저를 분석한 김교수는 그 가운데 민족운
동 관계 논문이 3편 뿐이었다고 하니105) 무엇을 위한 역사연구인
가라는 의문이 절로 제기될 수밖에 없다. 그러니까 1955년을 전후
하여 일본에서 보수 우파에 의한 이른바 '제1차 교과서공격'이라고
하는 교과서 파동을 일으키며 황국사관으로 본, 한국사에 대한 식
민사학이 교과서를 통해 재연되고 있어도 알지 못했거나 알아도
무관심할 수 밖에 없었다.106)

　해방 후 근대사 관계 논저 23편에 불과하다면 요사이 한 사람의
업적 분량에 지나지 않을 정도로 외면당했다는 것을 말한다.

　고려사 연구가 가장 많았던 이유는 다른 시대에 비하여『高麗
史』나『高麗史節要』같은 문헌자료가 간행되고 있었다는 점도 있
었으나 서울대학 사학과를 이끌고 있던 李丙燾·金庠基 교수가
함께 고려사를 전공하였고, 함께『高麗時代史』를 저술하여 경쟁적
화제를 일으킨 영향이 아니었던가 한다. 그러한 시대별 연구의 불
균형은 1960년대 이후 구석기시대 유적과 함께 청동기 유적의 발
굴이 추진되고, 조선시대의『朝鮮王朝實錄』의 영인 간행과 더불

---

103) 제5회 全國歷史學大會 심포지움 보고,「韓國史研究의 回顧와 展望」
　　『歷史學報』20, 132쪽.
104) 위의 글, 133쪽.
105) 위의 글, 136쪽.
106) 金煥, 1990,『日本 歷史敎科書의 韓國史關係敍述에 관한 研究』, 국민
　　대 박사학위논문, 105쪽.

어 관심이 이동하면서 서서히 극복되어 갔다. 그리고 독립운동사에 대한 연구 세대도 새롭게 형성되어 갔다. 이와 같이 1960년대에 이르러 연구 중심이 이동했던 데에는 북한의 1950년대 연구 성과의 영향도 받았던 것이 사실이다.

1963년 『歷史學報』 제20집에 게재된 「韓國史研究의 回顧와 展望」은 일인 학자의 연구 업적을 포함하여 검토한 것이다. 일인학자의 연구는 식민지시기 朝鮮史編修會와 京城帝國大學 관계자가 이룬 식민사학을 중심한 연구물 외에도 해방 후에 1950년에 결성한 朝鮮學會에서 간행한 『朝鮮學報』와 1959년에 결성한 朝鮮史研究會에서 간행한 『朝鮮史研究會論文集』에 게재한 적지 않은 논문이 있고, 1951년 旗田巍의 『朝鮮史』 간행 후 식민사학의 극복을 시도한 논저들이 발표되고 있어 한일교류가 성사되기(1965) 전부터 공식 비공식간에 교류가 이루어져 연구 발전에 큰 도움이 되었다.[107] 그런데 기본사료가 거의 식민지시기 조선총독부나 식민지 경찰의 정보 자료에 의지한 것이 많아 연구자의 인도주의적 욕구에도 불구하고 식민지적 안목을 탈피한 연구가 적었다.[108]

그런데 1963년의 『韓國史研究의 回顧와 展望』에서 일인학자의 연구를 포함해서 검토한 것은 다행이었으나 그 보다 더 중요한 연구 업적인 북한학자의 연구는 포함되어 있지 않다. "反共을 國是

---

107) 朝鮮學會(1950)의 『朝鮮學報』와 朝鮮史研究會(1959)의 『朝鮮史研究會論文集』을 통하여 발표된 논저를 비롯하여 일본학계의 연구 성과에 대하여는 조선사연구회편, 『朝鮮史入門』(太平出版社, 1970)과 『新朝鮮史入門』(龍溪書舍, 1981)에 상세히 소개되어 있다.
108) 위의책, 『新朝鮮史入門』의 집필자는 다음과 같다.
旗田巍(총론)·木村誠·西谷正·武田幸男·北村秀人·浜中昇·矢澤康祐·鈴木靖民·李成市(이상 전근대)·中塚明·宮嶋博史·糟谷憲一·吉野誠·水野直樹·梶村秀樹·宋連玉·森川展昭(이상 근현대)·吉田光男(문헌·시설안내).

의 第一義로 삼고"(5·16 혁명공약) 있던 군사정권하에서 공산주의 북한의 연구를 포함할 수 없었다는 것이 어쩔 수 없는 일이기는 해도 후세에 보면 창피했던 시기의 글로 남을 것이다. 그렇다고 해도 해방 직후에 서울에서 이룬 유물론사학을 포함한 연구 성과에 대하여 어떤 이는 전혀 외면했고, 어떤 이는 다소 소개했는데 만족스럽게 검토하지 못한 것은 너무 과민한 배려가 아니었던가 한다. 그 자체가 당시 연구자들의 주객관적 능력이요 실상으로 이해될 것이다.[109]

4. 解放 前 연구성과의 受容

이상에서 해방 후 한국사 저술에 관하여 개관하였는데 거기에서 해방 전의 연구 성과가 어떻게 반영되었던가를 살펴보기로 하자. 해방 전 즉, 식민지시기의 한국사 연구물은 두 가지가 있었다. 하나는 한국인 학자의 것과 하나는 제국주의자들의 식민사학 연구물이다. 한국인의 것은 전통시대 한국사 연구를 계승하여 근대역사학으로 발전한 것인데, 근대사학으로 발전하면서 일본이나 중국과 러시아를 통하여 혹은 구미지방을 통하여 랑케·맑스·베른하임·크로체 등의 역사학 이론이 도입된 것은 조금도 이상하지 않다. 그런 가운데 식민지 현실이 역사 연구에 반영하여 어떤 것은 민족주의에, 어떤 것은 유물론적 보편주의에, 또 어떤 것은 국수주의에 치우친 것도 있었다. 그러한 동향은 해방 후에 폭발적 현상으로 전

---

109) 第5回 全國歷史學大會 심포지움 報告, 1963, 「韓國史研究의 回顧와 展望」『역사학보』 20의 분담자는 다음과 같았다.
　　古代史(金哲埈)·高麗時代(李基白)·近世初期(李光麟)·近世後期(千寬宇)·最近世(金容燮).

개되었다. 다양한 방법론의 발전과 더불어 역사적 사건에 대한 연구도 식민지 악조건 속에서 연구 축적한 것을 재검토하면서 새롭게 제기된 것도 적지 않았다. 여기서는 해방전후를 통하여 새롭게 세운 역사의 像이나 새롭게 제기된 역사적 사건이 어떻게 서술되고 있었던가를 보기로 한다.

그의 대표적인 것이 1) 原始社會에 대한 이해, 2) 古朝鮮의 문제, 3) 南北朝時代의 인식, 4) 시대구분과 거기에서 특히 中世의 설정 문제, 5) 조선후기 實學의 성격, 6) 帝國主義의 침략과 민족문제 등이었다. 그것들을 앞에서 소개한 개설서에 어떻게 서술되어 있었던가를 보기로 한다. 그런데 『現代 韓國史學史』의 서술에서는 앞의 개설서 외에 1960년 4·19혁명 당시의 개설서인 朴榮圭의 『新稿 國史』(형설출판사, 1960)와 李基白의 『國史新論』(태성사, 1961)에서는 어떻게 서술했던가도 함께 검토하였다. 이 글도 그에 따르는데 8·15와 6·25와 4·19의 시점에서 나타난 역사의 이해라는 비교 관찰의 의미가 있을 것으로 안다.

1) 원시사회에 대한 이해

원시사회에 대한 식민지시기의 연구는 白南雲의 『朝鮮社會經濟 史』(1933)이후 『震檀學報』 3·4호에 실린 韓興洙의 석기시대 연구, 『民俗學雜誌』 5-6·5-9호에 실린 孫晉泰의 돌멘(지석묘, 고인돌) 연구에 의해서 본격적으로 논의된 문제였다. 그런데 위에 소개한 개설서 가운데 먼저 崔南善의 『朝鮮歷史』를 보면, 전혀 반영되어 있지 않았다. 文錫俊의 『朝鮮歷史』와 『朝鮮歷史研究』에는 그가 서양사 교편을 잡았던 탓인지는 몰라도 원시시대의 세계사적 일반론을 유물사관에 따라 장황하게 소개하고 원시국가로서 부여·숙신·기자·옥저·예맥·삼한 등이 발생한다는 것을(14쪽) 간략히 지적하고 있다. 그것이 제2장의 「원시공산주의사회의 시대」의 내용이다. 그러니까 고대는 삼국시대부터라는 주장에 이른 것이다.

진단학회의 『國史敎本』에서는 원시인의 석기 사용등을 언급한 정도일뿐 거의 무시하고 있다. 『朝鮮史槪說』에서는 「제1편 부족국가시대」의 「제1장 원시씨족사회의 붕괴와 부족국가의 성립과정」에서 「1. 신석기시대」와 「2. 금석병용시대」라는 절목을 설정하여 그때까지의 연구성과를 폭넓게 소개하고 있다. 구석기시대의 증거는 발견되지 않아 사람이 살지 않은 것 같고(2쪽), 청동기시대를 거치지 않고 철기시대로 넘어갈 때 금석병용기사회가 있었다고(3~6쪽) 서술한 것은 당시의 고고학 성과로 보아 어쩔 수 없는 일이었다.[110)

김성칠의 『조선역사』에서는 「조선역사의 시초」에서 원시사회를 평이하게 설명하고 있는데 打製石器는 「부서쓰는 석기」, 磨製石器는 「갈아쓰는 석기」, 貝塚은 「조개무지」 등으로 이름지어 쓴 것이 남다르다. 고인돌 같은 건조물을 종교 신앙력의 힘으로 건조한 것이라고 설명한 것은(8쪽) 그때의 연구 수준이다. 전문성을 심화한 그의 『국사통론』을 보면, 제3장 「우리민족의 유래」에서 「2. 석

---

110) 靑銅器時代에 대한 발굴 성과는 1960년대에 이르러서야 가능하였다. 그 전에는 중고등학교 교육에서도 청동기시대는 없었고 金石倂用期를 거쳐 鐵器時代로 진입했다고 가르쳤다. 다만 1948년 9월 18일 작고한 李德星의 유고인 『朝鮮古代社會硏究』(정음사, 1949)에서 우리나라에도 국가 발생기인 BC. 1세기부터 AD. 5세기까지 청동기시대가 있었다고 주장하였으나 고고학의 성과가 없던 당시였으므로 외면 당했다. 舊石器時代에는 한반도에 사람이 살지 않았다는 통설도 고고학의 성과가 없었기 때문이었다. 1933년 森爲三에 의해서 潼關鎭의 구석기 유물이 보고되었으나 발굴물이 아니어서 무시 당하였다.

기시대」와 「3. 원시씨족사회에서 부족사회로」에서 설명했는데 구
석기시대와 신석기시대란 용어도 등장시키지 않았다. 찰스 다윈의
진화론과 몰간의 모계씨족의 특성론을 적용하여 씨족사회는 원시
공동체로 설명했다. 그것이 인구 증가에 따라 부족으로 확대되면
서 정복의 역사를, 그때에 중국대륙에서 금속문화가 들어와 "생산
력이 급속히 발전하였음으로"[111] 농업이나 목축에서 생산혁명이
일어났다는 보편론을 소개하고 있다. 청동기와 철기를 구분하지
않고 금속문화로 설명한 것은 손진태와 같다. 이덕성의 청동기시
대설도 있고 해서(전술) 그런지 몰라도 일본인 학자의 청동기시대
결여론에 동조하지 않고 있다.

다음에 이병도, 『朝鮮史大觀』에서는 제일 앞의 「총설」 제5에서
「원시사회」를 독립항목으로 설정하여 서술하였다. 본론이 아닌 총
설에서 다루었기 때문에 역사의 계속성을 단절시킨 느낌을 준 한계
가 있다. 내용을 보면 石器·靑銅器·鐵器 관계의 설명은『조선사
개설』과 같다. "인류사회의 공통된 발전계단"에 따라 사회생활을
설명하고(14쪽) 끝에 "歷史는 金石倂用期에서 시작된다"(16쪽)고 하
여 금석병용기에 고조선이 출현한다는 것을 예고하고 있다. 금석병
용기란 석기시대에서 청동기시대를 거치지 않고 철기시대로 뛰어
넘는 과도기를 말한다고 한 것은 앞의『조선사개설』과 같다.

손진태의『國史大要』에서는 저자의 전공 분야이기도 하여 비교
적 상론하고 있다. 제1편 「씨족사회 및 부족국가시대」에서 「1. 씨
족공동사회의 문화」와 「2. 부족국가시대의 문화」를 설정하고 구석
기시대 유물이 발견되지 않던 당시였으므로 신석기시대부터 서술
한 것은 위의 책들과 같으나, 청동기와 철기는 구별하지 않고 金屬
器時代로 통칭한 것은 김성칠의 저술과 같다. 금속기는 B.C. 3세기

---

111) 김성칠,『국사통론』, 17쪽.

경에 중국 대륙에서 전래하여 그때에 사유재산과 계급이 발생하고 부족사회, 부족국갸, 부족연맹이 형성됐다고 했다(46~49쪽). 구체적인 유물·유적을 자세하게 소개하고는 있으나 물론 오늘날의 수준에는 미치지 못한다. 저자의 전공인 支石墓도 씨족공동사회의 것으로 파악하여 "씨족 전원이 공동으로 건조한 것"이라고(45쪽) 할 정도로, 권력사회의 유적으로 이해하는 오늘날의 학설과는 달랐다.

전석담의 『朝鮮史敎程』은 제1편 「원시 조선」에서 서술하고 있다. 여기에서 「조선」은 국가 이름이 아닌 통시대적인 민족 또는 지역 이름으로 사용한 것이다. 엄격히 유물사관에 따라 한국사의 보편성과 특수성을 추적하면서 현재의 역사적 교훈을 마디마다 빼놓지 않고 서술하고 있다. 구석기시대는 미해결의 과제로 남긴다 하고 신석기시대의 B.C. 1세기에 "朝鮮에서는 靑銅器時代가 없고 石器時代로부터 과도적인 金石倂用期를 거쳐 바로 鐵器時代로 이행하였다"(15쪽)라고 했다. 그리고 원시조선의 사회조직을 원시 공산사회의 일반 이론에 따라 설명하고, 현대 공산사회와 다른 점도 거론, 그것을 동일시한 무정부주의자를 비판한 교훈적 서술을 잊지 않았다.

오장환의 『文化史』에서는 「선사시대의 문화」에서 설명하고 있는데 함경북도에 구석기 유적이 있다는 설명이 독특하다. 1933년에 일본인 학자 森爲三이 조사 발굴한 두만강변의 潼關鎭 유적을 말한다. 그런데 당시의 학계에서 일제히 부정하던 동관진 구석기 유적을 오장환이 유일하게 소개하고 있다는 사실이 주목된다. 청동기 유물에 대해서도 역점을 두고 소개하였다. 그러나 청동기시대를 가정하지는 않고 금석병용기의 현상으로 이해하였다.

이인영의 『國史要論』은 25개의 요점별 서술 가운데 제2장 「원

시씨족사회의 모양」으로 설명하고 있는데 손진태의 설명과 비슷
하다. 다만 원시 민주주의를 들추어서 신라의 화백제도가 그의 유
풍인 점(12쪽), 또 모계씨족의 유풍이 신라의 왕위계승과 화랑제도
에 전했던 점(10쪽)을 들어 역사의 계속성과 발전성을 살리려고 노
력한 것이 다른 내용이다.

  이상과 같이 해방 직후에도 원시사회에 대한 서술은 모두 빠트
리지 않았다. 1920년대까지만 해도 원시사회를 설명한 한국인 저
술이 없었다는 사실을 고려했을 때 발전한 모습이었다. 오장환은
구석기 유적까지 소개하였다. 이와 같이 연구 내용이 넓어진 것은
30년대 이후 세계 고고학계의 연구를 수용하면서 한국사 연구를
개척한 결과라고 해야 할 것이다.

  다음에 6·25전쟁 후 1950년대 중반의 저술을 보기로 한다.『國
史槪論』(한우근·김철준)에서는 제2편을 독립시켜 원시사회와 부
족연맹을 비중있게, 그리고 역사 발전적 관점을 가지고 설명하였
다. 그런데 역시 구석기시대는 상정할 수 없었고, 청동기시대와 철
기시대를 묶어 금속기시대라고 한 것은 김성칠·손진태의 경우와
같다. 부족연맹을 편명에 끌어 올릴 정도로 중시한 것은 고대국가
의 발생을 예견케 하는 의도였을 것이다. 이 부분은 김철준이 집필
하였을 것이다.

  『國史新講』(이홍직·신석호·한우근·조좌호)에서는 이홍직이
집필했을 것인데, 제2편 부족국가의 형성 안의 제1장으로「원시시
대의 문화」를 설명하고 있는데 국가의 발생에 대하여 비중을 둔
나머지의 조치일 것이다. 역시 신석기시대부터 서술하기는 예와
같으나 여기서는 구석기시대에 한반도에 사람이 살았을 가능성은
제시하고 있다. 원시시대를 사회사적인 측면 보다는 문화사적으로

접근하다가 보니 다음의 고조선의 형성에 대한 설명이 자연스럽지 못한 한계가 있다. 그러나 지석묘사회를 권력 조직의 사회로 설명하여 부족국가의 발생을 자연스럽게 이해시킨 최초의 개설서가 아닌가 한다(20·22쪽).

김용덕의 『國史槪說』은 제1장 「고대사」의 제1절을 「신석기시대의 문명」으로 서술하였다. 고대와 원시의 개념이 혼돈된 느낌이다. '문명'이란 용어를 사용한 이유도 분명하지 않다. 금석병용기가 장구했다는 설명도 청동기에 대한 연구가 부진하던 당시였으므로 어쩔 수는 없었다.

다음에 4·19혁명 당시의 저술로 朴榮圭의 『新稿國史』에서는 유물사관을 도입하여 세계사적 일반론을 서술한 뒤에 지석묘사회가 형성되는 문제에 대하여 특별히 주목하고 있다. 고대국가가 발생하는 배경으로 지석묘사회를 설명한 것이다. 李基白의 『國史新論』은 50년대 일본에서 구석기시대의 유물이 발견된 후의 저술이어서 그런지, 비록 「제1장 신석기시대」 속에서나마 개설서로는 처음으로 「구석기시대」의 항목을 세워서 유물 유적의 발견 가능성을 전망하고 있다. 지석묘사회를 권력사회로 설명한 것은 이홍직·박영규의 경우와 같이 돋보이는 설명이다.

이상과 같이 원시시대에 대하여 식민지시기의 연구 성과를 수용하면서 특히 1950년대 이후의 개설서에서는 구석기시대와 지석묘사회에 대한 새로운 이해를 시도하고 있었음이 발견된다. 이것은 1960년대부터 굴포리와 석장리의 구석기 유적 발굴과 지석묘에 대한 본격적인 연구 조사가 진행되면서 새롭게 이해되어 가지만, 1950년대 북한에서, 1960년대 남한에서 청동기 유적에 대한 폭넓은 조사가 이루어진 결과인 동시에 새로운 연구의 예고이기도 했다.

2) 고조선의 문제

고조선의 문제는 오늘날까지 논란이 많다. 전통사서에서는 단군, 기자, 위만조선의 三朝鮮說이 일반적이었고, 조선후기 實學史書에서는 단군, 기자, 마한으로 이어진 馬韓正統說이 우세하였으나 그때에 발해와 신라의 南北國說이 대두하여 단군, 부여로 이어지는 夫餘正統說의 길을 열었다. 구한말에도 마한정통설이 우세하였다. 그러다가 계몽주의 사학을 종합 비판하고 근대역사학으로 발돋움한 신채호의 『讀史新論』에 이르러 부여정통설이 크게 부각되었다.[112] 그리하여 1920년대에 남북조시대의 인식이 일반화되었던 것이다[113]. 그러한 여러가지 정통설은 1930년대에 한국사학의 발전과 더불어 재검토되면서 부족국가설이 확산되어 고조선이나 부여가 함께 비슷한 시기의 부족국가였다는 주장이 일어났다. 따라서 정통설 인식은 퇴색되어 갔다. 그와 같이 부족국가설이 설득력을 갖게 되자, 다음에는 자연 고조선의 위치 문제가 논의의 대상이 되지 않을 수 없었다.

식민사학에서는 고조선을 원시시대에 해당한다고 무시해 버리고 대개 기자조선 또는 한4군부터 서술하면서 한국사의 타율성을 입증하는 논리의 근거로 삼았다.[114]

해방 후에는 그러한 식민지시기 한국사연구의 성과를 검토하고 수용하여 부족국가설을 택하고 있다. 부족국가설이 입증된다면 고

---

112) 趙東杰, 1989,「韓末史書와 그의 啓蒙主義的 虛實」『한국민족주의의 성립과 독립운동사연구』, 지식산업사, 141~217쪽.
113) 趙東杰, 1993,「民族史學의 分類와 性格」『한국민족주의의 발전과 독립운동사연구』, 지식산업사, 397~398쪽.
114) 위의 책, 52쪽.

조선에 대하여는 삼조선설을 기초하여 이해할 수 밖에 없고 그에 따라 단군조선·기자조선·위만조선의 성격을 규명하는 작업을 진행시켰다. 그럴때에 崔南善의『朝鮮歷史』에서 특히 단군조선에 대하여 비중 높게 서술한 것은 그의『兒時朝鮮』(1927)에서 잘 나타난 바와 같다. 반면, 文錫俊의 경우는 고조선의 부족국가설을 말하면서도 단군조선의 실재는 무시 또는 외면하고 기자를 부여·숙신·옥저·예맥·삼한과 함께 원시국가로 보았다. 그렇다면 '기자'라고 할 것이 아니라 '(고)조선'이라고 하지 않은 이유가 어디에 있는지 밝혀져 있지 않다.

진단학회의『國史敎本』에서는 고조선에 대하여 고려때『제왕운기』(이승휴)에서 제기한 後朝鮮說을 따랐는데 전조선(단군)은 신정을 베풀었다고 한 것을 보면, 단군을 제사장으로 해석하고 후조선(기자)부터 고대 국가로 보았다. 三朝鮮說을 택하여 부여와 진(삼한)은 후조선과 같은 시기로 보았다(2~3쪽).『朝鮮史槪說』에서는 여러 학설을 소개하면서 부족국가 가운데 고조선이 가장 앞선 것으로, 부여 등은 한4군 뒤의 것으로 서술하였다. 아울러 단군은 신화상의 존재로, 기자의 군왕설은 인정하면서 동래설은 부인하였다. 고조선의 위치는 평안도 지방으로 보았다. 그리고 馬韓正統說이 있다는 것도 간단히 언급하였다(9쪽).

김성칠의『조선역사』도 부족국가설을 따르고 있는데 단군신화의 민족사적 의의와 그의 사회사적 해설을 상술하였다. 기자동래설은 예와 다름없이 부인하고 고조선의 위치도 다른 책과 같다. 개국문제에서 중국에 대한 모화적 해석을 통박한 내용에서 그의 민족주의적 성향을 볼 수 있다.『國史大要』(손진태)와『國史要論』(이인영)은 고조선과 부여 등의 남북 여러부족국가를 비슷하거나 같은 시기의 것으로 서술했다. 단군은 민족신화로, 기자동래설은 역시 부인하였다. 고조선의 위치는 평안도설인데『국사요론』에서 고조선의 영토는 遼河까지라고 했다(16쪽).

이병도,『朝鮮史大觀』도 다른 책과 비슷하기는 하나 고조선 역사를 한4군 설치 이전의 역사로 서술한 뒤에,「상대사」제2기인「한군현 설치 이후의 동방사회」에서 부여를 설명한 것을 보면 고조선과 부여가 비슷한 시기의 부족국가였다는 설과는 다르다. 고조선에서 기자조선을 '한씨조선'으로 주장한 연구는(26쪽) 독특한 점이다. 그리고 목차에서「한군현 설치」를 시기구분의 기준으로 삼은 것도 그동안의 역사연구와 다른 점이다. 그 이유는 확실치 않으나 고고학의 성과가 없어 청동기시대를 거치지 않고 석기시대에서 철기시대로 넘어 갔다고 믿었던 저자가, 그 철기문화는 한4군의 설치와 함께 본격적으로 보급되었다고 해석하고 있었으므로 철기문화 보급에 의미를 두고 한4군 설치가 시기구분의 이유가 되었던 것이 아닌가 한다.

전석담의『朝鮮史敎程』은 제1편「원시조선」다음에 있어야 할 '고대조선' 없이 제2편「봉건조선」으로 껑충 뛰어 버렸으므로 고조선에 대하여 언급이 있을 수 없다. 봉건조선의「중세」를 삼국시대부터라고 주장한 문제는 독창적이고 새로운 문제 제기인데 삼국시대부터 중세사회로 본 견해는 뒤에 북한 학계의 통설이 되었다. 그런데 북한에서는 고조선사회를 청동기시대의 고대로 보고 이어 삼국을 중세로 보기 때문에 전석담의 원시에서 중세로 이어진 비약설과는 다르다. 고조선에 대하여 부족국가로 전제하고 "단군은 고조선의 부족국가사회의 통치자로서 우리민족국가의 건설자"라고 단정하고 오히려 기자조선의 존재를 의심하였다.

이와 같이 전석담의『조선사교정』과 문석준의『조선역사』외는 모두 고조선을 중요하게 다루고 있다. 내용의 설명은 조금씩 다르다. 다만 전통사서나 1920년대까지의 민족사서에서 삼조선설이든,

마한정통설이든, 부여정통설이든, 남북조시대설이든, 고조선은 檀君大國에서 출발한 것이었는데 해방 후의 저술은 '大國'이 아니라 부족국가 중의 하나로 서술하고 있다. 그것은 원시사회에 대한 연구 진척에 수반한 결과라 하겠다.

그러한 경향은 1950년대 이후의 저술도 같았다. 그런데『國史新講』(이홍직 등)과『新稿國史』(박영규)와『國史新論』(이기백)은 지석묘사회의 권력조직성에 근거하여 부족국가 형성의 가능성을 설명한 기초위에 고조선의 발생을 설명하였다. 거기에서『신고국사』는 단군조선과 기자조선을 인정하지 않고 위만조선부터 고조선의 실체를 인정하였다(26쪽). 그것도 청동기시대에 대한 연구가 없던 당시의 한계를 그대로 전해 주고 있는 것이다.『국사신론』에서는 그러한 사정까지 설명하고 있다(25쪽). 그래서 기자조선까지의 불확실성을 말하고 불확실하지만 인정하더라도『조선사대관』에서 제의한 '韓氏朝鮮'설이 나을 것 같다고 했다. 4·19 당시의『국사신고』와『국사신론』이 과학성에 접근한 것 같은데 그러다가 보니, 청동기시대 발굴이나 연구가 일기 전에 고조선의 존재를 인정하여 역사를 올려 잡기 어려웠다는 고충이 나타나 있다.

3) 남북조시대의 인식

고구려·백제가 멸망한 후 신라와 발해가 남북에 양립해 있던 시기에 대하여 어떻게 이해할 것인가? 어떻게 이해하느냐에 따라 '남북조시대' '통일신라시대' '후기신라시대' 등 호칭도 달라질 수 밖에 없다. 그것은 오늘날도 논의되고 있는 문제이지만 오늘날 비롯된 문제는 아니다. 조선후기 柳得恭의『渤海考』에서 남북국의

호칭이 제기된 후 申采浩의『讀史新論』에서 二國으로 불리더니
1917년 張道斌의『國史年表』에서 ‘남북조시대’라고 이름하면서
그후 1920년대 문화사학자는 예외없이 남북조(국)시대설을 주장하
기에 이르렀다. 고구려·백제가 멸망했지만, 곧 발해가 건국되어
고구려를 계승하였으므로 남북조(국)시대라는 것이다. 한편, 신라
가 통일이 아니었던 이유는 고구려를 계승한 발해가 건국되었기
때문이기도 하지만, 민족 형성의 측면에서 후3국에서 고구려·백
제의 재건을 표방한 이상, 그것은 후기신라가 의식공동체 수준에
이르지 못하였기 때문에 고구려·백제를 표방했다는 것이다.115)
그래서 신라에 의한 통일로 이해할 수 없고, 통일은 신라·후고
려·후백제를 정복하고 발해 유민을 대량으로 받아들인 고려에 의
해서 달성되었다는 것이 설득력이 있었다.

그런데 일본인 학자로 구성된 조선사학회의『朝鮮史講座』와
『朝鮮史大系』나 조선사편수회의『朝鮮史』를 비롯한 식민사학자
의 저술에서 남북조시대 인식을 묵살하고 ‘통일신라기’라고 주장
하였다. 그것은 1916년 조선총독부의 반도사편찬사업에서 계획한
‘半島史’ 편찬의 목차에서 이미 나타나 있었다. 그것을 조선사편수
회에 있던 최남선이 1930년『동아일보』에 연재한『朝鮮歷史講話』

---

115) 민족은 철기시대가 진행되면서 통일국가가 출현하고, 통일국가의 형
성으로 생활공동체가 이루어지고, 그 생활공동체가 의식공동체 수준
으로 발전했을 때, 민족이 형성되는 것이다. 그럴때 신라가 의식공동
체의 수준에 이른 것은 아니었다. 의식공동체가 이루어졌다면, 후3국
에서 고구려와 백제의 재건을 표방하지 않았을 것이다. 또 표방했더
라도 호응을 받을 수 없었던 것이다. 더구나 고구려 계승자인 발해가
일어난 마당에 신라 통일이란 낱말이 성립될 수 없는 것이다. 그러니
까 형식적인 생활공동체의 측면에서 보아도 신라와 발해가 있었으므
로 통일이 아니고, 실질적인 민족공동체의 측면에서 보아도 의식공동
체에 이르지 못하고 있는 것이다. 그러므로 의식공동체의 시기는 고
려때에 진행되었다고 보아야 할 것이다.

에서 수용하여 「신라통일」이라 하여 1920년대 문화사학의 남북조시대 인식을 뒤집었다.116) 당시 최남선의 명성은 압도적일 정도였다. 그리고 1930년대에 유물론사학자의 저술에서 발해 연구는 사회경제사에 대한 자료가 없으므로 제외하고, 신라연구만 수행하다가 보니 실제에 남북조시대설을 외면한 결과가 되었다. 그리하여 통일신라란 호칭과 의식이 확산되어 갔다. 그것을 해방 후에 어떻게 처리했는가?

우선 목차를 보면 어느 책에도 남북조시대란 이름은 등장하고 있지 않다. 崔南善의 『조선역사』에서 제6장 「신라통일」 다음에 제7장에서 「발해의 따로남」이라 하여 발해를 부수적인 존재로 표현하고 있다. 文錫俊의 『조선역사』에는 발해라는 이름조차도 목차에 등장하지 않는다. 진단학회의 『國史敎本』에서는 제2편 「중고의 전기」에서 제3장 「삼국의 통일과 문화」 안에 「발해국의 일어남」이라고 그의 흥망을 가볍게 다루었다(17쪽). 『朝鮮史槪說』은 제1편 제4장 제5절에서 「고구려의 멸망과 신라의 반도통일」을, 그리고 곧이어 「附 渤海」라고 부록으로 처리할 정도로 발해를 격하시키고 있다. 그에 대한 참고문헌을 보니 24편의 논문 중에 김상기의 「발해태조 대조영」 외에는 모두 일본인 학자의 것 뿐이다. 이병도, 『朝鮮史大觀』에서는 「상대사」 제4기를 「남북세력대립시대」라 하여 어쩌면 남북조시대 인식에 접근할 것 같으나 "신라통일 이후를 민족대통일시대라 할 수 있다"라고(118쪽) 규정하고 말았다.

남북조시대란 인식은 단순히 남북조가 존재했다는 현상을 말하는 것만이 아니라 그와 동시에 민족통일의 과제를 가지고 있는 시기라는 뜻에서 중요하고 그러한 과제가 남북왕조 사이에서, 또 다음 시대인 고려 때의 역사적 과제로 넘겨졌다는 데 중요한 것이다.

---

116) 고려대 아세아문제연구소, 1973, 『六堂 崔南善全集』1, 현암사, 30쪽.

그런데 어느 책에서도 그러한 방식으로 구성되어 있는 것이 없다. 손진태의『國史大要』에서는 제3편의 편명을「신라통일시대」라 할 정도였고, 전석담의『朝鮮史敎程』은 발해는 목차에도 없이 제2장에「삼국통일의 의의」를 서술했고, 이인영의『國史要論』도 제6장에서「민족의 통일」로 다루었다.

다만 金聖七의『조선역사』에서「발해의 흥망」을 설명하는 가운데 "그 국토로 보아서 대고구려의 재생이라 할 수 있으니 그가 이웃나라에 보낸 글월 중에 고구려의 옛터를 회복하고 부여의 끼친 풍속을 지니었다 하였음이 헛말이 아니다. 역사가들은 신라를 남조라 하고 발해를 북조라 하여 이 시대를 남북조시대라 한다."(102쪽)라고 했는데 그럴 바에야 목차에서도 남북조시대라고 나타낼 법 하지 않았을까 한다. 그의『국사통론』에서도 내용은 남북조시대인데 목차는 제13·14장에서 '통일기의 신라'와 '신라통일기'라 했다. 그런데 내용에서나마 남북조시대 인식이 강조되어 있는 것은 유일한 저술이므로 주목된다. 그러한 인식은 고구려 멸망을 설명할 때, 대조선의 통일은 병신이 되고 말았다는 서술에서 강하게 나타나고 있는 것이다.[117] 독특한 것은 오장환의『文化史』이다. 신라의 통일로 이해하면서 남북조의 개념을 정면으로 부정하고 발해는 고구려 유족이 건설한 별도의 독립국가로 서술하였다.[118]

---

117) 김성칠,『국사통론』, 90~91쪽.
　　"이리하여 신라는 삼국을 아울러서 통일된 우리 민족의 터전을 닦았으니 이는 오로지 제힘만으로 이루어진 것이 아니고 대륙의 힘을 빌려서 한 것이므로 아무리 애써도 삼국의 옛땅을 모두 물려올 길이 없어서 마침내 대조선의 통일은 병신이 되고 말았으니 우리들의 조상이 말달리고 소먹이던 요동의 기름진 벌판이 이때로부터 영영 우리들의 손에서 벗어나 버리었다."
118) 吳璋煥, 1949,『文化史-우리나라의 문화』, 정음사, 70쪽에서 발해국을 민족사 밖에서 건설된 국가로 이해하였다.

이와 같이 목차에서 남북조시대를 나타낸 저술이 없을 정도로, 1920년대에 크게 부각되었던 남북조시대 인식은 해방 후에 후퇴하고 있는 것이다. 그것은 식민사학의 영향이 컸다. 그런데 더 이상한 것은 남북조시대란 주장을 처음으로 제기했던 張道斌이, 1923년의 『朝鮮史要領』에서부터 黃義敦(『신편조선역사』), 安廓(『조선문명사』), 權悳奎(『조선유기』)와 함께 줄곧 남북조시대를 고집해 왔는데 그가 해방 후에 저술한 『국사강의』(1947), 『국사개론』(1952), 『대한역사』(1959) 등 어떤 저서에서도 목차에서는 남북조시대란 용어를 없애버린 점이다. 최남선의 영향에 압도된 것일까?

이와 같이 식민지시기의 연구로 남북조시대 개념이 수립되었으나 해방 후의 역사저술에서는 그를 계승하지 않았다. 1950년대나 1960년 4·19혁명 당시의 저술도 마찬가지이다. 모두 발해는 통일신라의 부수적 존재로 설명하여 『국사신론』에서는 제3편의 제1장 「통일신라의 정치와 사회」에서 「附」 '渤海'라고 편성하였다 (95쪽). 발해에 대한 설명이 자세하기는 『국사신강』이었다(96쪽). 그와 같으므로 남북조시대 문제는 1969년에 공식적으로 재론되기는 했으나[119) 오늘날까지 과제로 남아 있다.

"발해국은 우리민족이 건설한 국가로서, 정치적 문화적으로는 우리민족의 일대 발전인 것이나, 이것을 계기로 하여 역사적 무대가 좁아진 것은 인정하여야 할 것이다. 따라서 발해와 신라를 내부적인 남북조의 대립으로 볼 것이 아니요, 그것은 우리민족이 세운 하나의 완전한 독립국가였던 것을 알아야 할 것이다."

119) 1969년말에 韓㳓劤·李基白·李佑成·金容燮이 공동 작성한 『中高等學校 國史教育改善을 위한 基本方向』에서 "발해사는 엄연히 우리민족사의 일부분임에도 불구하고 연구가 태무한 상태일 뿐아니라…"(『역사학보』 49, 3쪽)라고 문제를 제기한 후 발해사가 재론되어 오늘에 이르고 있다.

4) 시대구분과 특히 中世의 설정문제

시대구분을 전통사서처럼, 시간적 등분이나 왕조별로 나눌 것이 아니라고 하면서 최초로 시대구분의 문제를 제기한 것은 신채호의 『讀史新論』(1908)에서였다.[120] 그후 황의돈은 『大東靑史』에서 민족의 대외관계를 고려하여 구분하기도 했다. 그리고 본격적으로는 백남운을 비롯한 1930년대의 유물론사학자에 의해서 시도되었다. 그러한 가운데 일반인도 특히 시대구분에서 석기시대가 설정된 이후, 고대가 단순한 '옛날'이 아니라 석기시대 다음의 어느 기간이라고 생각하기에 이르러 시대구분에 대하여 관심을 갖고 또 고심하게 되었다. 그에 따라 중세와 근대도 단순한 시간적 개념으로 사용할 수 없다는 것을 알게 되었다. 거기에 식민사학에서는 조선에서는 사회발전이 없어서 고대에서 정체된 역사였다고 했으므로 그의 사실성 여부에 대해서도 고심하지 않으면 안되었다. 그러나 고대·중세·근대의 三分法 방식의 시대구분은 노예제나 봉건제 같은 사회경제적 개념과 더불어 시도된 경우가 많았기 때문에 유물론사학 같은 사회경제사학에서 일반화되고 있었다. 그렇다면 그것을 해방 후에 어떻게 처리했는가에 주목하지 않을 수 없다.

먼저 최남선의 『朝鮮歷史』는 전통사서와 비슷한 저서이므로 시대구분을 시도하지 않았고, 따라서 중세 개념도 세울 수 없었다. 그에 반해 문석준의 『朝鮮歷史』는 시대구분과 봉건시대를 장황하게 서술한 것은 다른 유물론사학자와 다를 바가 없다. 고려와 조선시대를 봉건사회로 본 것은 백남운의 주장과 같다. 다만 신분을 구

---

120) 趙東杰, 「讀史新論과 그의 史學史的 位置」 『韓國民族主義의 성립과 獨立運動史研究』, 201쪽.

별하는 설명에서, 왕족을 '상류계급'으로, 양반과 향리를 함께 '특권계급'으로 즉, 양반을 왕족과 분리하여 향리와 같은 계급으로 묶은 것이 특이하다(1946년판, 132~139쪽). 그에 비하여 같은 유물론 사서인『朝鮮史敎程』은 원시시대에서 고대 노예제사회를 거치지 않고 농노제의 중세봉건사회로 넘어 갔다는 것이다. 노예가 있기는 했지만 지배적 노동형태가 아니었다고 하면서 "삼국시대를 노예사회라기 보다는 미숙하나마 농노사회라고 본다"(18쪽) 라고 했다. 삼국시대부터 중세 봉건사회로 본 것은 인정식의 주장도 같았고, 후일 북한학계의 정설이 되었지만 삼국전의 부족국가들을 원시사회로 처리하는 비약은 억측의 산물이라고 해야 할 것이다. 중세말을 처리함에 있어 "봉건사회의 태내에는 19세기말에 이르기까지 … 근대화의 아무런 요인도 배태하지는 않았다"(73쪽)라며 근대형성의 요인배태도 못한 정체성론에 빠지고 말았다. 근대사의 정체적 이해는 문석준의 경우도 마찬가지였다. 시대구분에서 사회구성의 변화 즉, 맑스주의사학을 따른 박영규의『신고국사』는 중세말에 새로운 변화를 대내적인 면에서 서술하고는 있으나 그것이 사상적인 변화에 불과했던 것으로 보았다(148쪽). 실학에 대한 연구는 있어도 조선후기 사회경제사의 연구가 없던 시대성을 대변한다고 하겠다.

『國史敎本』에서는 시간적 원근에 따라 상고, 중고, 근세, 최근으로 구분하면서 중세라는 용어를 채택하지 않았다.『朝鮮史槪說』을 보면 원칙적으로 사회경제사에 기준한 시대구분을 하고, 제2, 3, 4편을「봉건적 귀족국가시대」(신라·고려·조선)라는 편명을 쓰고 있는 것으로 보아 중세사회의 개념을 도입한 것 같은데 내용 서술에서는 그러한 의도가 분명하게 나타나 있지 않다.「봉건적 귀족국가」라는 말은 봉건적이라는 사회구성 성격과 귀족국가라는 지배

권력의 존재형태를 가리키는 말과 복합된 용어이다. 그러니까 얼룩덜룩하게 분명한 설명을 할 수가 없었을 것이다. 이병도의『朝鮮史大觀』에서는 상대·중세·근세·최근이라고 구분했는데 고대라는 용어를 피하면서 고려시대를 중세로 처리하고 있다. 그러나 봉건사회가 형성되었기 때문이라는 뜻은 아니었다. 고려시대에 대한「총설」에서 "고려조의 역사는 주로 북방 새외민족과의 투쟁사라고 볼 수 있다"(157쪽)라고 특징을 말한 외에 사회적 성격에 대한 언급이 없는 것을 보면 시대구분의 기준에는 왕조 교체와 시간적 원근 개념이 컸던 것 같다. 손진태의『國史大要』와 이인영의『國史要論』도 사회계급 문제에 대하여 특별히 서술하고는 있으나 직접적으로 중세 봉건시대의 개념을 도입하고는 있지 않다. 그런데『국사대요』의「緖說」에서 시대구분은 사회발전·왕조변천·민족성장을 기준해야 한다는 원칙론은 밝히고 있다. 그래서 많은 한국사 연구자로부터 동의를 얻고 있으나[121] 실제에 세 가지 기준에 따라 구분한다는 것이 용이한 것은 아니다. 김성칠의『조선역사』에서는 상고, 중세, 근세로 시대구분하고 고려시대를「중세사」라고 이름했으나 아무런 설명이 없다.『國史通論』에서는 서두에서 정체성론에 동조하고 있다(1∼2쪽). 오장환의『문화사』에서는 고려는 4시기, 조선은 5시기로 나누고, 전시기와 시기마다의 특징을 분명하고 봉건국가라고 밝히면서도 중세란 용어는 사용하지 않았다. 저술 내용으로 보아 베른하임의 발전 논리와 맑스의 유물변증법에 대하여 통달한 역사 이론가로서 한편, 문교부 편수관이었던 자신의 처지가 책임 저술을 강압했던 것이 아닌가 한다. 그 반영이 논리를 분명히 하면서도 분명하지 않은 것은 피해갈 수밖에 없었던 것 같다.

---

121) 李基白, 1996,『한국사를 보는 눈』, 문학과 지성사, 108∼109쪽.

이와 같이 시대구분이나 중세 설정 문제는 일정하지 않았다. 일정할 수도 없는 문제였다. 그럴 수밖에 없는 것은 오늘날도 학자에 따라 의견이 다른 것을 보아 알 수 있다. 중세 설정을 긍정적으로 보는 견해에서도 사회구성체적 기준에서 삼국시대 또는 신라후기부터라는 견해가 있는가 하면, 지배세력의 존재방식을 기준하여 신라말이나 고려초부터 중세라는 견해, 토지 소유형태를 기준한 고려 무신정권기부터라는 견해 등, 주장이 다르니 하물며 그때야 말할 나위가 없었을 것이다.

6·25전쟁 후 1950년대 저술에서는 『國史槪論』(한우근·김철준)이 「한국의 원시사회」·「한국의 고대사회」·「집권적 봉건국가시대」「근대국가에로의 전환」이라고 서양사 시대구분의 예에 준하려는 뜻이 반영되어 있는 외에는 왕조별로 구분하고 있다. 어느 것이나 역사발전의 특성에 따라서 시대를 구분해야 한다는 점은 같은데 앞으로의 연구과제로 미루고 있다. 시대구분에 대하여 모두 고민하고 있었다는 단면이다.

그런 가운데 1954년 갑오경장(1894) 60주년을 맞아 千寬宇가 갑오경장을 근대의 기점으로 하자는 주장을 폈는데[122] 그는 1962년 5월 진단학회의 동양학 심포지움 발표문에서 비슷한 주장을 거듭하고 있다.[123] 그러나 1963년 6월 '조선후기에 있어서의 사회적 변동'을 주제로 한, 한국사학회의 학술대토론회에서 "근대적 요소의 태동을 찾아보려고 시도하면서"[124] 고민했던 것처럼, 1960년대에

---

122) 千寬宇, 「甲午更張과 近代化」『思想界』1954년 12월호, 8~39쪽.
123) 千寬宇, 1962, 「韓國 近代化의 諸問題」『震檀學報』23, 398~402쪽(여기에서는 근대화의 기점이 될수 있는 시점으로 갑오경장을 포함한 여러가지 경우를 설명하고 "저로서 아직 결론을 내릴만한 준비가 되어 있지 않습니다"라고 1954년과 달리 단정을 보류하고 있다).
124) 崔永禧·金容燮·劉敎聖(元東)·金龍德·洪以燮·具滋均, 1963, 「朝鮮後期에 있어서의 社會的變動」『史學研究』16, 91~120쪽.

이르러서 본격적으로 시대구분문제를 토론의 광장에 올려 놓았던 것은 시대구분에 대한 쌓인 고뇌를 말해 준다.[125]

5) 조선후기 실학의 이해

實學이란 용어는 조선초기부터 사용하였다. 유교왕조를 개창하면서 鄭道傳이 불교를 虛學·空學으로 보고 그에 상대한 유학을 일컬어 실학이라 했다. 그런 뜻의 실학이란 용어는 조선후기를 거쳐 구한말에도 일반적으로 사용하고 있었다. 그런데 조선후기의 개혁사상이나 개혁학풍이라는 오늘날의 뜻으로 사용한 것은 1930년 최남선의 『朝鮮歷史講話』에서 제기되어 1934년 『與猶堂全書』 간행과 더불어 정착한 개념이다. 1934년 茶山逝世99年祭와 이듬해 100年祭를 치루면서 안재홍·정인보·백남운·문일평·최익한 등에 의해서 朝鮮學運動이 일어나고 그때에 조선후기 18·19세기의 개혁 학풍을 한정해서 실학이라는 성격으로 이해하는 학설이 뿌리를 내렸다. 그 실학의 학풍은 근대의 맹아, 또는 자본주의 자생론을 의미한다는 측면에서 주목을 받았다. 그렇다면 해방 후에는 어떠했던가?

최남선의 『朝鮮歷史』 제33장 「문화의 진흥」에서 '실증 실용의 학'으로서 실학의 내용을 설명하고 있다(72~73쪽). 그러나 사회 변동이나 개혁적인 의미의 내용은 아니다. 민족의식이 고양되고 있던 문제나, 광작농업 또는 경영형부농이나, 수공업의 영리 지향성이나, 상업의 발달이나, 평민문화의 발달 등에 대한 연구는 1960년대를 기다려야 했던 만큼, 더구나 사회변동의 운동 에너지로 이해

---

125) 앞의 책, 1970, 『韓國史時代區分論』, 한국경제사학회(을유문화사).

하기는 쉬운 일이 아니었다. 역사에서 사회경제사적 변동에 대하여 특별히 관심을 가지고 서술했다는 문석준의 『朝鮮歷史』에서도 일언반구의 언급이 없다. 진단학회의 『國史敎本』은 사회경제적 변화와 함께 조선후기의 사상계와 학풍의 새로운 기운에 대하여 비교적 상세히 설명하고 있다(120～135쪽). 그런데 조선초기의 문화에 대하여 정도전의 주장도 "이용후생의 실학"(76쪽)이라고 전제하면서, 조선후기의 것을 사회변동적 의미로 이해할 차별성을 부여하지 않았다. 그러므로 설명량에 비하여 성격 규명에서는 한계를 갖고 있다.

『朝鮮史槪說』에서는 제4편 4장 4절 「학풍의 변천」과 5장 1절 「영조 정조시대」에서 당시의 상황을 상세하게 서술하고는 "시폐를 논하고 實學을 주장한 柳磻溪의 새로운 학풍도 당시는 유학세력 밑에서 고군분투하였을 뿐이고 후계자를 보지 못하였으나 일반 문운이 발흥한 英正 양조에 이르러서는 다시 實學의 학풍이 성하게 되었으니 星湖 李瀷은 곧 그의 선구자라 하겠다"(531쪽). 북학론과 실사구시의 학풍이 일세를 풍미하고 시폐의 개혁론이 보여준 새로운 의미를 가지고 있었다는 점까지 지적하고 있다. 그러나 새시대 또는 자본주의의 맹아로 인식한 것에 이르지는 못하고 있다. 그것은 새로운 학풍이 서양문물의 전래와 천주교의 영향으로 일어났다는 방식의 타율적 생산물로 이해했기 때문일 것이다. 「영조·정조시대」의 문운도 제5장 「천주교의 전래」 속의 제1절로 기술하고 있는 것이다. 그리고 문장의 앞부분에서 보는 바와 같이 실학과 유학과의 관계도 분명하게 이해하고 설명한 것 같지가 않다. 사회경제사에 대한 연구없이 사상사의 변동을 이야기하자니 타율적 변화로 이해한 것이 아닌가 한다.

이병도의 『朝鮮史大觀』은 우선 다른 책과 달리, 조선시대를 전

기·중기·후기로 나누어 영정시대부터 조선후기로 시기구분할
정도로 의미를 부여하고 "문예부흥적 기운이 농후하던 때"(402쪽),
"실용실사를 주로 하고 박학다문을 기치로 하는 학풍"(407쪽), "실
학사상의 발흥"(411쪽) 시기로 서술하였다. 그런데 세종시대의 문
운에 버금갈 찬란한 문화가 꽃피었다고 했을 뿐, 새 시대가 움트는
것으로 설명하지는 않았다. 서민문화나 국문학이 일어난 것을 "영
조는 자기가 후궁의 소생인 만큼 이러한 계급에 대한 동정이 자못
두터워" 거기에서 서민문화가 발달한 원인을 찾고 있을 정도로 역
사 논리로는 비약이 심한 것 같다.

　손진태의 『國史大要』는 영정시대에 대하여 특별한 의미를 부여
하지 않았다. 제5편 「이씨조선시대」의 「3. 일본 및 청과의 전쟁」에
서 임진·병자의 양란을 서술하고 다음에 실학을 서술할 차례인데
그 자리에 「4. 귀족정치의 문란과 민중의 빈곤」이라 하여 외척과
세도정치에 대하여 기술하였으니 영정시대의 문운과 사회변동은
뛰어 넘었거나 무시하였다. 내용 설명에서도 발견되지 않는다. 『국
사대요』의 성격에 맞지 않는 이상한 일이다. 다만 책 맨끝의 「이조
의 문화」 항목에서 학문을 이야기한 가운데 실학 당시의 학자들이
간단하게나마 소개되어 있을 뿐이다. 『朝鮮史敎程』에도 전혀 언급
이 없다.

　실학에 대하여 무게있게 서술한 책은 『國史要論』이다. 『국사교
본』이나 『조선사개설』만큼 자세하지는 않지만 제20장 「학풍의 변
천」에서 거의 전부를 실학에 대하여 서술하였다. "실학은 실제생
활을 토대로 학문을 연구하여 우리나라 민족생활을 개량하려는
것"이라고 하면서 사회개혁이나 경제적 부흥 측면까지 언급하고
있다. 그러나 새 시대의 여명이나 맹아로 언급한 대목은 없다.

　김성칠의 『조선역사』는 실사구시학파라고 하면서 "조선이라는

자아에 눈뜨게 되었고 … 사회경제의 실제를 밝히려는 방향으로 움직이었다"(216쪽)라고 민족의식이 고양된 점과 사회경제의 문제의식이 대두한 점을 강조하고 있다.『국사통론』에서도『조선역사』와 크게 다르지 않으나 자세히 설명하고 있다. 제30장「근세 중기 이후의 정치와 경제」와 제31장「문화의 새 움직임」에서 실사구시학 또는 실학에 대한 설명뿐만 아니라 산업과 경제에 대하여도 그가 금융조합에 근무했던 지식을 동원하여 화폐와 보부상과 객주제도에 이르기까지 설명하고 있으나 아깝게도 평면적 사실의 설명에 그치고 말았다. 다만 자의식의 성장을 국문학의 발달과 역사 저술의 발달을 통해서 특별히 강조하고 있다. 국문학에서는 서민문화라는 성격까지 적절히 지적했고, 역사 저술에서는 오늘날 '실학3서'로 일컫는『東史綱目』·『燃藜室記述』·『海東繹史』를 정확히 지적하고 있다(315쪽). 김성칠은 崇禎의식에 빠진 조선 유림을 비판하고 있는 것이나(290~292쪽),『熱河日記』를 번역하여 출판했던 사실로 보나,126) 평소에『許生傳』의 주인공 같은 인품을 좋아한 점이나127) 제자들에게『임꺽정』을 읽혔던 사실들로128) 보면, 조선 후기 실학을 중심한 개혁사조에 남다른 이해와 애착을 가지고 있었다고 짐작되는데 그가 일찍이 작고하지 않았다면 적어도 실학 연구는 더욱 활발하게 이끌어 갈 수 있었을 것이다. 그런데『국사통론』을 저술한 두달만에 타계하고 말았다.

김성칠에 못지 않게 실학에 대하여 상론하고 거의 오늘날의 논조를 무색하게 할 정도로 요점을 정확하게 짚으면서 서술한 것은

---

126) 高柄翊, 1993,「東洋史硏究室과 金聖七선생」『역사앞에서』, 창작과비평사, 324~325쪽.
127) 李男德,「祖國受難의 同伴者」『역사 앞에서』, 369~370쪽.
128) 鄭起燉,「群鷄一鶴의 외삼촌」, 위의 책, 332~333쪽
    姜信沆,「사람답게 사는길」, 위의 책, 340쪽.

오장환의 『文化史』이다. 김육·이수광·유형원·이익을 선구자로 하는 새로운 학풍, 산업과 화폐 및 장시의 발달을 비롯한 사회경제의 변동, 각종 제도개혁, 역사학을 중심한 민족의식의 고양, 청과의 교류를 통한 세계적 안목의 확대, 국문학과 평민문화의 발달을 제7장「근세조선 후기의 문화」의 6개 절에서 (1) 후기문화의 특색 (2) 영·정 양대의 새로운 정치 (3) 학풍의 변천 (4) 경제생활의 변천 (5) 예술과 과학 (6) 천주교의 전래 등으로 나누어 서술했다. 그의 설명방식은 발전론에 충실했고, 내용은 오늘날의 사회개혁론과 내재적 발전론과 같은 수준이다.

이와 같이 文錫俊·孫晉泰·全錫淡은 거론조차 하지 않을 정도로 실학을 외면하였는데 李仁榮과 金聖七과 특히 吳璋煥은 남다르게 주목하였다. 그외에는 실학을 비교적 자세히 다루면서도 평범하게 문화의 발달로 보거나 또는 虛學에 대한 實學의 의미로 이해한 것 같다.

그와는 별도로 洪以燮의『朝鮮科學史』(1946)와 玄相允의『朝鮮思想史』(1946)에서 '實學派'라고 이름하고 소개할만큼 분류사 연구에서 과감하게 수용한 사례를 찾아볼 수가 있다.

그러한 실학 연구는 1950년대에 이르러 남북한 학계에서 보다 더 과감하게 추진되었다.『國史槪論』(한우근·김철준)에서는「집권적 봉건체제의 붕괴」 현상으로 "동양의 근대화가 그 발단을 지어가는 시기"(352쪽)로 이해하고, 이어 실학파의 학문과 국문학의 신경향에 대하여 상술하고 있다(355~362쪽).『國史新講』(이홍직 등)에서도『국사개론』처럼 비교적 상술하고 있는 것은 분담 필자(한우근)가 위의『국사개론』과 같으므로 당연하지만, 강조하는 표현은 다소 낮춘듯이 느껴진다.

그런데 위의 책들과 달리 1958년에 출간된『國史槪說』(김용덕)

은 제5장의 제12절을 「실학의 발전」이라고 목차에서부터 부각시
키고 있다. 내용에서도 상술하고 "우리 근대화의 내재적 요소, 정
신적 전통으로서 상당한 진보적 역할을 하였다"(146쪽)라고 규정하
였다. 이러한 개설서의 서술은 1952년 천관우의 실학연구를 기폭
제로 하여[129] 한우근·홍이섭·이우성 등의 연구를 반영한 것이
다.[130]

그에 이어『新稿國史』(박영규) 제4편 제9장 「새로운 사조의 대두」
에서 "이러한 학풍을 실사구시학 또는 경세치용의 학이라 한
다"(151쪽)라고 사상사적 측면에서 서술하고 있다. 그의 사회구성을
기준한 목차 배열과는 거리가 있는 내용이라 하겠다. 내용을 보면,
『조선사개설』을 참고한 흔적이 보인다. 실학에 대하여 특별히 서술
한 것은 이기백의『國史新論』(1961)이다. 제5편 제7장을 「문화의
혁신적 기운」이라 이름하고 「실학의 발생」·「실학의 발전」·「실
학의 융성」으로 비중을 크게 두고 서술하였다. 그리고 "근대적인
학문으로 발전하기 위하여는 또 한번의 탈피가 필요하였다"(263쪽)

---

129) 千寬宇, 1952,「磻溪 柳馨遠 研究」『歷史學報』2·3.
130) 千寬宇의 연구에 이어 1950년대에 실학과 관련한 연구는 다음과 같이
　　발표되고 있었다.
　　韓㳓劤, 1954,「星湖 李瀷 研究의 一端－그의 科擧制 是非를 중심하
　　여」『歷史學報』7.
　　＿＿＿, 1957,「星湖 李瀷 研究의 一端－그의 史論과 朋黨論」『社會
　　科學』1.
　　＿＿＿, 1958,「李朝實學의 槪念에 대하여」『震檀學報』19.
　　＿＿＿, 1959,「星湖 李瀷研究－그의 經濟思想」『震檀學報』20.
　　金龍德, 1957,「奎章閣考」『中央大論文集』2.
　　李佑成, 1957,「實學派의 文學－朴燕岩의 경우」『국어국문학』16.
　　洪以燮, 1957,「實學의 理念的 一貌－河濱 愼後聃의「西學辯」의 紹
　　介」『人文科學』1.
　　金元龍, 1959,「朝鮮後期의 鑄字印刷」『鄕土서울』7.
　　全海宗, 1959,「釋實學」『震檀學報』20.

라고 그의 한계까지 지적하고 있다. 이와 같이 실학에 대하여 1935
년을 전후한 '근대의 歷史像'으로 이해하기 시작했던 연구를 계승
하여 '근대화의 내재적 요소'라는 인식까지 제기하고 있었다.

　실학연구는 1960년대의 연구에서 조선후기 사회경제의 변동에
대한 연구와 함께 진행되어, 개혁사상이 대두하였고, 민족의식이
고양되었고, 서민문화가 발달하여 새 시대의 기운이 태동하여 근
대의 운동 에너지까지 산출해 냈다는 이른바 내재적 발전론의 오
늘날 남북한 학계의 통설을 이루게 되었다.[131] 이것은 해방 후 한
국사학의 큰 성과라고 하겠다.[132]

6) 제국주의의 침략과 민족문제

　이 문제는 너무 장황하므로 독립운동에 대하여 어떻게 썼는가를
살피는 것으로 대신한다. 최남선의 『朝鮮歷史』는 본문이 1910년

---

131) 實學에 대하여 1960년대까지의 연구사와 연구의식은 다음의 글에 적
　　절히 반영되어 있다.
　　歷史學會編, 1969, 『韓國史의 反省』, 신구문화사, 161~211쪽에 게재
　　된 千寬宇, 趙璣濬, 李佑成, 李元淳의 실학을 중심한 논문.
　　千寬宇, 1970, 「韓國實學思想史」 『韓國文化史大系』 6, 고려대 민족
　　문화연구소.
　　歷史學會編, 1974, 『實學研究入門』, 일조각.
132) 해방 후 實學에 대한 본격적인 연구는 북한에서 먼저 이루어졌다. 그
　　이유는 실학에 대하여 처음으로 주목하여 1935년 전후에 朝鮮學運動
　　을 일으켰던 安在鴻·鄭寅普·白南雲·崔益翰과 조선학운동에는 참
　　여하지 않았지만 실학에 대하여 깊은 관심을 보였던 玄相允이 6·25
　　를 전후하여 자의 타의간에 모두 북한으로 갔기 때문이 아닌가 한다.
　　최익한은 1955년에 평양에서 『실학파와 정다산』을 출간하였다(宋讚
　　燮, 1997, 「일제·해방초기 崔益翰의 實學研究」 『于松趙東杰先生停
　　年紀念論叢 Ⅰ 韓國史學史研究』, 594쪽 참조).

대한제국의 멸망으로 끝맺었으므로 독립운동을 설명할 틈이 없다. 일제의 침략문제는 정치·군사 측면에서 서술한 것은 사회경제문제에 대한 관심이 적은 저자의 한계라 하겠다. 그래서 「부. 독립운동의 경과」를 책끝에 첨가했는데 내용은 저자가 관여한 3·1운동에 대하여 비중을 두고 소개한 내용이다. 문석준의 『朝鮮歷史』는 자본주의와 제국주의 관계를 설명하면서 1910년으로 끝맺었으니 독립운동을 언급할 계획이 없었다고 하겠다.

진단학회의 『國史敎本』은 먼저 제3편 제11장 「한일협약과 의병」과 제12장 「민중의 자각과 새운동」에서 구한말 구국운동으로 전개된 의병운동과 계몽운동에 대하여 정리해 놓았다. 그런데 1896년의 義兵을 民亂으로 처리하는 등(160쪽) 착오가 발견된다. 그리고 제4편 제1장 「민족의 수난과 반항」에서 일제 36년간의 역사를 망라하고 있는데 전부 4쪽에 불과하다. 내용에서 임시정부의 수립을 '假政府의 수립'이라고 표현하고 있으니(173쪽) 누구를 위한 책인지 알 수가 없다. 『朝鮮史槪說』은 1910년 「한일합병」으로 책을 끝맺었으니 독립운동에 대하여 언급할 여지가 없어졌다. 그러나 개항 후 제국주의의 침략을 사회진화론적 힘의 관계로만 서술한 점이나, 청일전쟁이나 하관조약(1895)에 의해서 조선이 독립하였다고 "乙未獨立"이라는 용어까지 사용한 것을 보면(656쪽) 통탄할 노릇이다. 그래도 이병도·김상기의 저술이라 해야 할 것인가? 의병에 대하여는 별도로 약간의 언급이 있다.

이병도의 『朝鮮史大觀』도 의병에 대한 언급과 함께 계몽운동에 대하여 약술하고 있다. 그리고 대한제국의 멸망 후 식민지시기는 「최근」(1910-1945)이라 하여 5쪽에 서술하고 있는데 3·1운동·신간회·광주학생운동·의열투쟁에 대하여 간단하게 언급하였다. 그리고 연합군에 의하여 해방된 것으로 끝을 맺었다. 이병도 자신이 관여한『國史敎本』보다 한결 정돈된 서술이고,『朝鮮史槪說』
에 비하여도 좋아진 내용이다.

　손진태의『國史大要』도 의병에 대하여 간략하게 소개하였다. 그
런데 의병은 일제 침략을 설명하면서 본문에서 간간이 언급했는데
계몽운동은 애국적인 계몽운동이라 하여(239쪽) '애국 계몽운동'이
라는 항목을 세워 서술하였다.[133] 독립운동의 측면을 강조한다는
뜻으로 본다고 해도 '애국'의 접두어는 필요 없는 수식인 것 같다.
어떻든 계몽운동을 특별히 중시했는데 이것만을 보면 발전적인 서
술이라 할 수 있다. 그러나 계몽주의의 원류인 조선후기의 실학을
무시한 점을 보면, 역사 이론이 석연치 않다고 하겠다. 1910년 이
후는 제5편에서「7. 민족의 수난시기」라는 장명을 붙여 서술하고
있는데 내용은 그때의 연구수준으로서는 적절하게 간추려져 있다.
먼저 민족의 수난인 식민상태를 총독정치, 경제수탈, 식민교육으로
구조화하고 다음에 독립운동도 간단하나마 해외민족교육, 3·1운
동, 임시정부와 의열투쟁, 독립군의 독립전쟁 순서로 서술하였다.
민중을 중시한 손진태의 역사 서술방식이라면 민중운동에 대하여
설명이 있어야 하는데 그와는 달리, 해외독립운동에 편중한 느낌
이 있다.

　이인영의『國史要論』에서는 제23장「일본제국주의의 마수」에
서 일제의 침략을 국제관계 즉, 열국 제국주의와의 관계 위에서 설

---

133) 구한말의 '啓蒙運動'을 민족운동 범주에서 이해한 최초의 논문은
　　1926년『新民』6월호에 실린 黃義敦의「光武 隆熙年代의 啓蒙運動」
　　이었다. 그에 이어 李丙燾가『朝鮮史大觀』에서 '계몽운동'을 소개하
　　였고, 孫晉泰는『國史大要』에서 그것을 '애국 계몽운동'이라 했다.
　　의병운동과 함께 구국운동으로 전개된 계몽운동이라면 '구국'이라는
　　관두어는 몰라도 '애국'이라는 관두어는 개념을 혼란케 할 염려가 있
　　다. 그래서 어떤 관두어도 붙이지 말고 그냥 '계몽운동'이라고 이름하
　　는 것이 사실의 개념에 충실할 것으로 안다.

명하면서 대한제국의 멸망까지 서술하고, 24장「민족주의 독립운동의 전개」에서 구한말의 계몽운동을 손진태의『國史大要』처럼 비중 높게 서술하고 독립운동에 대하여도 비교적 자세하게 소개하였다. 여기서는 '계몽운동'을 '신문화운동'이라 했다. 북한에서 '애국문화운동'이라는 용어가 생겨난 것과 관련이 없는지 알 수가 없다. 그리고 독립운동에서 노동자와 소작농민 문제까지 거론한 것이 다른 점인데 국제관계를 중시한 이인영의 저술로는 돋보이는 점이라 하겠다.

 제국주의 침략과 식민지 수탈에 대하여 간결하면서도 논리적으로 분석한 책은 전석담의『朝鮮史敎程』이다. 그리고 독립운동에 대하여는 3·1운동과 6·10만세운동 만을 집중적으로 다루었다. 그것을 분석하여 사회주의운동 교훈으로 삼은 것이다. 그러한 분석은 그의『朝鮮經濟史』(1949)에 더 자세하게 서술되어 있지만 3·1운동의 분석 논리는 그 후 북한학계의 정설이 되었다. 金聖七의『조선역사』에서는 구한말 의병에 대하여 설명하고「망국의 서름」에서 식민교육과 식민농업으로 수탈 당한 고난을 설명하고 3·1운동·임시정부·공산주의운동·광주학생운동에 대하여 간단히 언급하였다. 그것은 자신의『국사통론』에서 더 상세히 소개하였다.

 이와 같이 위의 책들은 미진한대로 제국주의와 독립운동에 대하여 책마다 조금씩은 언급하고 있다.『朝鮮史大觀』·『국사통론』·『國史大要』·『國史要論』·『朝鮮史敎程』이 보다 더 비중을 두고 서술하였는데『朝鮮史大觀』과『國史大要』는 독립운동의 서술 원칙이 서지 않아 산만하고,『朝鮮史敎程』은 집중 분석한 장점은 있으나 해외 독립운동에 대하여 언급이 없는 등, 독립운동 전체를 이해할 수 없게 되어 있다. 오장환의『문화사』는 문화현상의 발전에 대하여 서술하여 전통시대의 전란사나 독립운동 자체를 설명할 방도가 없었던 것 같다.

1950년대 이후의 책은 시간적으로 떨어진 문제이어서 객관적으로 관조할 수 있는 여유가 있었기 때문이겠지만, 독립운동에 대하여 객관적이고 종합적 시각에서 다루려는 노력이 보인다. 우선 '근대'니 '현대'니 하는 시대 상황 속에서 독립운동을 이해하려고 했다. 한우근·김철준의『國史槪論』에서는「근대국가에로의 전환」이라는 제6편을 설치하고 갑오경장 이후의 문제를 다룬 뛰어난 인식을 보이고 있다. 그러나 독립운동에 대한 내용이 빈약하고 논리가 서지 않은 것은 이 방면에 대한 연구가 미진하고 남북 분단과 6·25전쟁 속에서 갖지 않으면 안될 학문적 구속 때문일 것이다. 해방 직후에 독립운동에 관한 수 많은 저술이 시중 서가를 메웠지만, 남북전쟁으로 인한 정국의 경색 때문에 독립운동에 관한 이야기가 자유스러울 수 없었던 당시였다. 그렇기는 했지만,『國史新講』은 수준 미달이다. 일본 학자의 서술만도 못하다. 김용덕의『國史槪說』은 제6장을「근세 및 현대사」라고 하고, 개항 이후의 역사를 개설하고 있다. 역사를 종합적인 시각에서 볼려는 노력이 돋보인다. 박영규의『新稿國史』는 제5편「외세의 침입과 봉건사회의 붕괴」에서 있어야 할 의병과 계몽운동에 대하여는 한두마디의 언급 뿐이다. 유물사관에 기운 탓인지는 몰라도 민족적 관점이 결여되어 있다. 내용은 정치사를 중심한 설명인데 경제사적 균형도 맞지 않은 것이 발견된다. 독립운동사의 설명으로 제6편「일제식민지시기」를 보면, 일제의 제국주의적 수탈이 이론 정연하게 서술되어 있는 것이 돋보이는데 독립운동 설명은 그를 따르지 못하고 있는 것은 당시의 연구 수준일 것이다.

그러한 불균형 문제는 식민사학을 처음이면서 본격적으로 비판하며 저술한 이기백의『國史新論』에서 극복되어갔다. 우선 조선후기부터의 제국주의 문제를 제6편 '열강의 침략과 근대화'라고 역사의 주객체를 동시에 개관한 점이 열강의 침략만을 부각시킨 다른 저술과 다르고, 식민지시기부터를 제7편 '현대'로 편성한 것도 역사의 종합적 시각을 강조한 것으로 이해된다. 구한말의 의병운동은 독립운동으로 이해하고, 계몽운동 성격의 것은 민족적 자각이기는 해도 독립운동과는 차별한 것도 주목을 끈다. 식민지시기 독립운동 전반에 대하여 개설할 수 없었던 것은 당시의 연구 수준으로 피할 수 없는 한계라고 하겠다.

이상과 같이 해방 후의 저술에서 식민지시기의 한국사 연구 성과를 그런대로 수용하고 있었다. 다만 남북조시대설에 대하여는 거의 외면하였다. 식민사학의 영향 때문이겠지만, 그 문제는 아직도 연구과제로 남아 있는 실정이다. 그외의 문제는 그후에 꾸준히 연구를 쌓아 특히 4·19혁명기에 이르면 전시대와는 현격한 차이를 보일 정도로 발전하여 오늘날 한국사 연구의 기초가 되고 있다. 즉, 식민지시기의 어려운 여건 속에서 이룩한 한국사학이 해방 후에 계승 발전하여 오늘날 한국사 연구의 기초가 되고 있는 것이다. 해방 직후에는 乙酉文化社와 正音社와 博文出版社 등의 출판 공헌이 컸다.[134] 1950년대에는 『歷史學報』와 『思想界』의 공헌이 컸다.

여기서 한마디 부언할 것은 오늘날의 역사연구가 식민지시기나 해방 후의 연구 성과를 검토하지 않은 듯한 아쉬움이 있다는 점이다.

---

134) 그 가운데에도 을유문화사의 『韓國文化叢書』, 『乙酉文庫』, 『學風』의 간행의 공헌이 컸고, 정음사에서는 1946년 3월 29일 李朝實錄刊行委員會를 설치하고 사료 연구에 박차를 가하고 있었다. 위원회의 편집위원은 金允經·金台俊·白南雲·白樂濬·孫晋泰·李丙燾·李在郁·李重華·李瑄根·梁柱東·洪起文이었고, 간행위원은 崔暎海·洪以燮·韓吉洙·李泰永이었다. 박문출판사에서는 全錫淡의 『朝鮮經濟史』의 경우처럼, 유물사관의 논저 간행이 주목을 받았다.

5. 方法論의 정비와 과제

필자는 식민지시기의 한국사학에 대하여 검토한 결과를 분류표를 작성하여 설명한 바가 있다. 거기에서 관념사학은 唯心論史學(박은식·신채호·정인보), 초기 文化史學(황의돈·장도빈·안확·권덕규·최남선·이능화), 후기 文化史學(문일평·안재홍·최익한·손진태·계봉우)으로 분류하고, 사회경제사학은 歷史主義 經濟史學(백일규·이극로·최호진·고승제), 唯物論史學(백남운·이북만·이청원·김태준·김광진·인정식·박극채·박문규·문석준), 折衷式 經濟史學(윤행중·이순탁·이훈구)으로 분류하고, 그와는 별도로 實證史學(이병도·김상기·송석하·이상백·도유호·한흥수·이선근·신석호·이홍직·유홍열·이인영·홍이섭·민영규·김석형·박시형·전석담)이 발달했다는 점을 밝혔다.[135) 그러한 식민지하의 역사학이 해방과 더불어 어떻게 정비되고 변질되고 있었던가?

그에 앞서 한국사학의 전개에서 근대사학은 세계 역사학의 영향을 받아가며 성립한 것이므로 외래 역사학을 잠시 살펴 보기로 한다. 당시에는 일본에 유학한 이가 많았고 식민지시기였으므로 일본인 학자의 영향이 긍정 부정간에 많았던 것은 물을 여지가 없다. 우선 역사를 國史·東洋史·西洋史로 나누어보는 3史體制부터 일본 학계를 모방한 방법이다.[136) 방법론에서도 일본 학계의 영향

---

135) 趙東杰, 2000, 『現代 韓國史學史』, 나남출판(2쇄), 510쪽.
136) 일본에서 1887년에 東京帝國大學에 史學科를 설치할 때만 해도 3분이 되지 않았다. 1889년에 사학과와 별도로 國史科를 설치하고 1910년에는 漢學科에서 분리한 東洋史學科를 신설하자, 사학과를 西洋史學科로 개칭하여 3학과가 정립하게 되었다. 그것이 선례가 되어 일본

이 컸다. 문화사학에서는 津田左右吉, 사회경제사학에서는 福田德
三과 河上肇가 한국사학에 미친 영향이 컸다. 그러한 일반 분위기
는 여기서 줄이고 특수하게 거론할 사항만 손꼽아 보기로 한다.

한국 역사학에서 전통시대 역사학에 가장 많은 영향을 미친 세
계적 학자는 『史記』를 저술한 司馬遷이었고, 한국 학자는 金富軾
이었다. 한편, 근대 역사학의 성립에서 가장 많은 영향을 미친 학
자는 랑케(Ranke, 1795~1886, 독일)였고[137] 한국학자는 신채호·황
의돈·백남운이었다. 그때 다윈(Darwin, 1809~1882, 영국)과 스펜
서(H. Spencer, 1820~1903, 영국)의 진화론이나 康有爲(1858~1927)
·梁啓超(1873~1929)·魯迅(1881~1936) 같은 중국 사상가의 영향
도 적지 않게 받았다. 중국 역사학의 구체적 내용은 일본 학계를
통해 소개 받았고, 해방 후에도 역시 일본의 內藤虎次郎의 『支那
史學史』를 통해 이해한 경우가 많았다. 냉전시대의 한·중 국교가
단절된 탓이기도 했다. 서양 학자로는 칸트(I Kant, 1724~1804)의
저술과 더불어 헤겔(Hegel, 1770~1831, 독일)의 『歷史哲學緖論』이
많이 읽혔다. 몰간(Morgan, 1818~1881, 미국)의 단계설과 『古代社
會』(1877)가 소개되면서 가족 윤리를 중시하던 유교 지식인을 놀라
게 하였고 니체(Nietzsche, 1844~1900, 독일)의 광기어린 생활이나
역사철학도 식민지 지식인에게는 관심의 대상이 될 수 있었다. 그
때 콩트(A Conte, 1798~1857, 프랑스)의 실증주의가 역사학의 과학

───────────────

에서는 물론, 한국에서 오늘날까지 답습해 오고, 중국에서도 준용하
는 경우가 많다.

137) 랑케 역사학은 구한말에 전파되었는데 그에 대한 연구는 일인학자의
번역서를 통하여 진행되었다. 번역서는 다음과 같은 것이 많이 읽혔다.
鈴木成高·相原信作 공역, 『世界史槪論』(L. Ranke, 『Ueber die Epoechen
der neueren Geschichte』).
中山治一·岸田達也 공역, 『랑케와 부르크하르트』(Friedrich Meinecke,
『*Ranke und* Burckhardt』).

성을 제고시켰고, 맑스(K Marx, 1818~1883, 독일)나 엥겔스(F Engels, 1820~1895, 독일)의 유물변증법이 사회주의 운동의 확산과 더불어 신흥사학의 이름으로 1930·40년대 학계에 새 바람을 일으켰다. 그에 앞서 웰즈(H G Wells, 1866~1946, 영국)의 문화사가 소개되어[138] 주목을 받기도 했다. 베른하임(E Bernheim, 1850~1942, 독일)의 『史學槪論』이 나와 역사의 발생 발전적 인식이 풍미한 가운데 복고주의와 순환론의 잔영을 청산시켰다. 이어 크로체(B Croce, 1866~1952, 이탈리아)의 『歷史敍述의 理論과 歷史』의 자유주의와 문화주의 역사학이 전파되어 문화사학을 새롭게 일으켰다. 남북분단과 냉전정국 속에서 실증사학이나 문헌고증학으로 자족하던 따분한 분위기에서 크로체의 문화주의가 일각의 숨통을 열어주었다고 할 수 있다. 특히 해방 일세대의 역사연구에 다소나마 힘을 실어주었다고 말할 수 있다. 자유당 독재와 군사독재 속에서 움츠리고 있던 젊은 지성의 눈에는 크로체의 자유를 위한 투쟁이나 晚節 자체가 부럽기도 했다. 그를 전후하여 슈펭글러(Spengler, 1880~1936, 독일)와 막스 베버(Max Weber, 1864~1920, 독일), 그리고 토인비(A. J. Toynbee, 1889~1975, 영국)와 카아(E. H. Carr, 1892~1982, 영국)의 역사학이 들어와 남한 학계를 흔들어 놓았다. 그때마다 오늘날 역사학계에 아날학파(Annales, 1929, 프랑스)의 학풍이 연구자의 주목을 받은 것처럼, 한국사학을 발전시킨 계기가 되었다. 20세기가 저물 즈음에는 정치·경제·사회·문화가 더욱

---

138) 웰즈의 저서는 『歷史大綱』(The Outline of Histoy)와 『世界文化史』(A Short History of the World)가 있었는데 1934년에 출간된 후자를 많이 읽었다. 신채호가 감옥에서 읽었다는 것도 『世界文化史』였다. 해방 후에는 吳璋煥(서울중학교 교원, 문교부 편수관, 서울사대 강사)의 번역이 있었고, 1953년에는 趙奎東(중앙대 교수, 서울대 강사)의 번역이 대중문화사에서 간행되었다.

다원·다양·세분·복잡해져간 역사를 어떤 방법으로 추적해야 이해하기 쉬울까를 고민하다가 거기에서 구조사학이 환영을 받기도 했다. 그러나 역사의 현재성을 생각하고 예상할 수 없는 현재상태의 전개에 따라 역사의 인식과 그 방법의 변화를 피할 수 없었던 점을 생각하면, 성서 같은 해답은 누구에게서도 들을 수 없는 것이다.

1) 유심론사학의 변화

외래 역사학 가운데 특히 헤겔이나 맑스의 역사학이 한국인의 지식 공백을 메우는 데 환영을 받았던 것은 한국인의 식민지 현실을 극복하는 방법이 될 수 있다고 생각했기 때문이다. 그래서 헤겔의 절대정신의 논리가 한국사학의 유심론사학을 지원했다고 말하는 것이다. 먼저 유심론사학부터 보자. 해방 전에 유심론사학을 대표하는 이는 朴殷植·申采浩·李相龍·金敎獻·鄭寅普 등이었다. 그들 가운데 해방 후에 생존한 이는 鄭寅普 뿐이었다. 정인보는 해방 후에『朝鮮史硏究』를 간행하지만 그것은 1935.1.1～36.8.28일 1년 9개월 여 동안『동아일보』에 연재한「五千年間 朝鮮의 얼」을 책으로 엮은 것이다. 그외에 그는 특별한 연구 논저를 남기지 않고 국학대학 사업에 열중하다가 정부수립 후에는 감찰위원장을 맡아 바쁜 나날을 보냈다.139) 그러다가 보니 서재를 지킬 여가가 없었다. 그렇게 보면 유심론사학은 새 인물의 연구물이 나오지 않는한 적어도 講壇史學에서는 모습이 사라졌다고 말할 수 있다. 하기는 유심론사학의 역할가치가 무엇보다도 식민지시기 독립운동

---

139) 趙東杰, 1991,「年譜를 통해본 鄭寅普와 白南雲」『한국독립운동사연구』5, 한국독립운동사연구소, 389쪽.

에 있었으므로 해방된 마당에 약화되었을 가능성이 있기는 했다.

그런데 해방 전에 문화사학을 추구하던 張道斌이 해방 후의 저술에서 유심론적 경향을 나타내고 있어 주목된다. 유심론사학이나 문화사학이 모두 관념사학이기 때문에 서로의 경계가 명확하지 않은 경우가 많지만, 張道斌은 20년대에 문화주의를 제창하고 있었고 그의 저술을 보면 문화사학의 성격이 완연하였다. 그런데 해방 후에 단국대학이나 육군사관학교의 교재로 사용한『朝鮮思想史』(1945)와『國史講義』(1947)나, 만년의『韓國의 魂』(1957)까지 그 무렵의 논저를 보면 유심론적 '정신'이나 '혼'이 무척 강조되어 있는 것을 발견할 수 있다. 그것은 1937년부터 고향인 평안도 中和에서 은거 생활하는 가운데 겪어야 했던 일제말기의 극단적 고난 속에서, 특히 민족지도자들 조차 변절해 가던 상황 속에서 요구된 민족적 정신 자세의 반영이 아니었던가 한다. 그리고 6·25를 전후한 혼란기에 육군사관학교 교수생활에서 요구된 정신전력으로 유심론이 필요하다고 생각했을 가능성이 많다. 근래 재야사학에서 유심론적 요구가 높아가고 있는 것은 별도의 논술이 필요하다고 하겠다.

2) 문화사학의 발전과 신민족주의의 제창

식민지시기의 문화사학은 黃義敦·張道斌·安廓·權悳奎·崔南善 등에 의해서 개발되어(초기문화사학) 30년대에 文一平·安在鴻·崔益翰·孫晋泰·桂奉瑀 등에 의해서 발전하였다(후기문화사학). 해방 후에는, 40년대 신진학자로서 실증사학에 머물던 洪以燮·閔泳珪 등과 金聖七·吳璋煥·韓沾劤·孫寶基·金哲埈·金龍德·李基白·千寬宇 등의 신세대도 새로 가세하므로써 연구

인원이 크게 증가하였다. 그런데 문화사학은 연구자의 성향에 따라 정치·경제·문화 가운데 어느 것에 비중을 두느냐가 달랐고, 문화 자체에서도 어문학·예술·종교 가운데 비중을 두는 것이 달라 역사서술은 다양하게 나타났다. 그와 같이 문화사학은 역사를 움직이는 동력이 다원적이라고 믿고 있어서 핵심이 없거나 있어도 사람에 따라 다를 수 있으므로 崔南善의 경우 처럼 식민사학에 감염될 가능성도 많았다.

해방 직후에 문화사학을 대변한 통사 저술은 孫晋泰의 『國史大要』와 李仁榮의 『國史要論』, 金聖七의 『조선역사』와 그를 증보한 『국사통론』 그리고 吳璋煥의 『문화사』였다. 孫晋泰와 李仁榮은 민족의 초계급적 동질성과 민족주의의 보편적 발전을 추구한다는 것을 역사 서술의 중심 개념으로 삼고 있었으므로 저술의 내용을 보면, 민중 문제에 깊은 관심을 나타내는 동시에 국제 관계에서 민족사의 위치를 규명하는데 주력한 흔적이 역력하다. 그래서 그들의 역사학을 국수주의적 민족주의를 반영한 주로 1920년대까지의 민족주의 사학(유심론사학과 초기문화사학)과 구별하여 신민족주의 사학이라 했던 것이다. 그리고 민족의 초계급적인 반봉건성과 민중 문제에 관심을 가지고 역사를 분석하자니 절로 사회경제 문제를 주목하지 않을 수 없었다. 초기문화사학이 경제문제를 토지제도 등 제도의 하나로 본 것과 달리, 당연히 문화와 함께 변천하고 발전하는 현상으로 파악한 것이다.

그런데 이러한 서술방식이 식민지시기에 安在鴻에 의해서 民世主義로 대변되고 주로 논설문으로 발표되고 있던 논리가[140] 해방

---

140) 安在鴻은 1930년 조선일보에 「朝鮮上古史 管見」을 연재하고, 이어 조선일보사의 자매 잡지사인 新朝鮮社의 『與猶堂全書』 간행에서 鄭寅普와 함께 교열을 맡아 연구하는 가운데 역사에 대한 관심과 新民族主義의 기초 사상으로서 民世主義 사상이 성립된 것으로 안다.

후에는 안재홍이 新民族主義로 이름을 바꾸고, 그 이름 아래 안재
홍·손진태·이인영 등이 역사 서술에서 구체화하였다. 손진태는
그것을 "民主主義的 民族主義 곧 新民族主義의 立地"라고[141] 했
다. 그러한 문화사학에 사회경제사학의 방법을 보다 더 강조한 것
이 吳璋煥의『문화사』였다. 그러나 그는 신민족주의 정치 그룹에
속하지는 않았다. 오히려 그는 문교부 편수관실의 관리였다. 그런
데 6·25때 납북되었다고 하는데 북에서 사회경제문제에 대하여 논
문을 발표했던 것을 보면, 납북이라고 해도 그의 사회경제에 대한
평소의 관심 때문에 적응이 빨랐던 것 같다.[142]

　　문화사학의 일면은 도덕주의적 이상을 표방하는 데에 있다. 그
러한 관점에서 서술한 대표적인 저술이 金聖七의『조선역사』와
『국사통론』이다. 그는 고려때 거란·몽고·여진과의 난을 서술한
뒤에 "우리는 우리들의 조상이 남의 목을 졸라가면서 기름진 땅을
남기지 않았다고 조상을 원망할 필요는 없을 것이다"라 하고는
"천하 비수검을 한 데 모아 … 그 쇠로 호미를 만들어 강상전을 매
리라"라고[143] 시조를 읊어 놓았다. 사회진화론자로부터는 비판을
받았을 것이다. 그런데 1951년 6·25전란의 와중에서 서술한『국사
통론』을 보면, 역사의 정체성과 낙후성을 시인하면서 그의 반성을
촉구한 반면, 독창성과 선진성을 함께 발견하고 그 독창적 선진성
을 국사의 자산으로 키워갈 것을 <국사 학습의 필요성>으로 지적
하고 있다.[144] 그러니까 역사의 진화 발전에 대해서도 강한 의욕을
보이고 있었다. 그러므로 6·25의 참상을 보면서도 낙담하지 않고

---

141) 孫晋泰, 1949,『國史大要』의「自序」에서.
142) 金正仁(서평), 2000,「中等文化史-우리나라의 문화」『韓國史學史學
　　　報』1, 韓國史學史學會, 287쪽.
143) 김성칠,『조선역사』, 118쪽.
144) 김성칠,『국사통론』, 4쪽.

"이 시련을 통하여 이를 극복하므로써만 우리들은 남북통일의 숙원을 성취하고 나아가 새로운 세계사 창조의 한 성원으로서 우리 민족을 등장시킬 수 있을 것이다"라고[145] 발전사적으로 전망하고 있었다.

그러나 6·25전란을 맞아 역사학 연구는 경색되어 갔다. 유물론 사학이 자취를 감추었고, 안재홍·손진태·이인영·김성칠 등의 문화사학자가 모두 납북되거나 사망하였다. 남은 인원은 과거의 실증사학자였다. 여기에서 젊은 학자들이 1952년 피란 수도 부산에서 역사학회를 결성하고 실증사학을 반성하면서 새로운 활로를 찾기 시작했다. 남북 대결 속에서 유물론사학은 엄두도 못낼 일이지만, 신민족주의적 문화사학은 새롭게 주목할 수 있었다. 그러한 관점에서 서술한 개설서가 韓㳓劢·金哲埈의『국사개론』과 金龍德의『국사개설』, 그리고 李基白의『국사신론』이었다. 이 책들이 문화사학(후기)의 저술이라는 것은 특히『국사개론』의「序論」과『국사신론』의「緖論」을 보면 알 수 있다. 朴榮圭의『신고국사』도 같은 경우로 생각할 수 있으나 사회경제사학으로 분류하는 것이 저자의 의도를 따르는 것 같다.

한우근·김철준의 서론은 신민족주의적 문화사학의 관점을 밝히고 있는데 식민사학의 정체성론을 극복하지 못한 한계가 있다. 이기백의 서론은 식민사학을 종합적이고 본격적으로 비판하여 크게 주목을 받았는데 문화사학의 관점을 집약하여 설명하지는 않고 있다. 그러나 서론을 읽으면 생활과 문화공동체로서의 민족의 역

---

145) 위의 책, 367쪽.
　　『국사통론』의 간행사인「머리말」은 1951년 6월 18일에 쓰고 석달 반 뒤에 김성칠이 작고하여 유고로 남아 있다가 1959년에 김상기의 서문으로 출간하였다. 그러므로 이 책은 6·25전쟁 중의 대표적인 역사저술로 볼 수 있다.

사 발전을 추구하는 문화사학의 논리가 용해되어 있다는 것을 알
수 있다.

3) 유물론사학의 확산과 종식,
   그리고 사회경제사학의 분화

唯物論史學은 1930년대 역사연구에서 비롯되었다. 白南雲・李
北滿・李淸源・金洸鎭・朴克采・朴文圭・金台俊, 그리고 文錫
俊(유고) 등의 논저를 통하여 모습을 들어냈다. 해방 후에는 1930년
대에 문화사학에 관심을 쏟았던 崔益翰이 합류하였고, 식민지시기
실증사학에 몸담고 있던 都宥浩・韓興洙・金錫亨・朴時亨・全
錫淡 등과 해방 후 신진학자로 金思億・林建相・金一出・李辰永
・李能植 등이 가담하였다. 또 1940년대에 태평양전쟁 문제에 관
하여 친일적인 글을 쓰던 朴克采・金漢周 등도 참가하여 연구인
원이 크게 증가하였다.

해방 후 유물론사학을 대표할만한 통사 저술은 전석담의『朝鮮
史敎程』과『朝鮮經濟史』, 그리고 문석준의『朝鮮歷史』와『朝鮮
歷史硏究』였다. 그런데『學風』1949년 5월「임시증간호」에 실린
이진영의 글,「朝鮮社會經濟史硏究의 새로운 進展」을 보면(53쪽)
유물론사학의 논쟁점은 1933년 백남운의『朝鮮社會經濟史』가 출
간된 후 논란이 일었던 문제이기도 한, 맑스주의의 공식적인 적용
여부의 문제가 컸다. 그 문제에 대하여『近代史觀硏究』(1948, 동지
사)를 펴낸 李能植의 "법칙적 보편적 파악과 특수적 개별적 파악
은 서로 배제할 대립이 되어서는 안될 것이며 개체적 파악은 보편
적 파악 위에 정립되어야"[146]한다는 주장이 설득력을 가지고 있었
다. 그리고 20세기는 유물사관의 시대가 될 것이라 하면서 "세계사

적 통합을 구성하는 것은 민족 또는 국가가 아니라 개체로서의 이데올로기적 국가군일 것이다. 이와 동시에 초민족성 초국가성을 띠우고 있는 계급이 … 본원적이고 개성적인 작용을 할 것이 예측"147)된다고 하였다. 예측대로 계급국가군이 지배하는 사회로 진행되고 있지 않다는 것은 오늘날의 우리가 잘 아는 일이지만, 그러한 유물론사학이니까 실천사학을 표방할 수밖에 없었으므로 해방 후 유물론사학자가 정국에 뛰어든 이가 많았다. 朴克采를 위원장으로 결성한 조선과학자동맹의 활동이 그것을 말해 주고 있다. 거기에서 간행한『科學戰線』과『週報 民主主義』의 목록을 보면, 거의 현실문제를 중심한 사회운동 논설이 많았던 이유도 실천사학이라는 데에 있었다.

그들 대부분의 인원이 북으로 갔다. 金洸鎭처럼 북에서 해방을 맞은 이도 있었지만 李淸源처럼 해방 직후에 월북한 이도 있었고, 김일성종합대학 설립에 따라 김광진의 주선으로 1947년에 올라간 金錫亨・朴時亨 같은 이도 있고, 白南雲・崔益翰・洪起文・李萬珪・金漢周 처럼 1948년 남북협상회의를 전후하여 간 이도 있었다. 全錫淡・金一出・印貞植・李能植처럼 6・25때 간 이도 있었다. 그리고 1940년을 전후하여 해외로 망명 했던 都宥浩와148) 韓興洙도149) 김일성대학 교수요원으로 북한에 갔다. 그리하여 6・25를

------

146) 李能植, 1948,『近代史觀硏究』, 동지사, 8쪽.
147) 위의 책, 207쪽.
148) 都宥浩는 해방 후 서울로 돌아와 震檀學會에 관여하는 등, 남한에서 활동하다가 북으로 갔고, 金台俊은 남한에서 남로당 활동을 하다가 처형된 것으로 안다.
149) 高松茂,「韓興洙의 자취를 더듬으며」『歐洲新聞』프랑크푸르트, 제47호 8쪽, 1986. 11. 29.
　　고송무 교수가 헬싱키대학에 있을 때 쓴 글로서, 한흥수를 체코스로바키아 한국학의 아버지라고 했다.

계기로 남한에서 유물론사학은 자취를 감추었다.

그러나 서울에서 한동안이나마 유물론사학의 광장이 형성되어 있었다는 것은 식민지시기의 연구 축적된 역사학을 서울의 해방정국 속에서 일단은 종합·정리할 시기를 가졌다는 점에서 의미있는 일로 기억해야 할 것이다. 다만 유물론사학자가 모두 북으로 가고 서울에서 사회경제사학에 관심을 가지고 연구를 계속한 것은 姜晋哲(강대량)같은 이가 있었을 뿐이다. 그래서 필자는 사회경제사학에 대한 분류를 몇 번이고 고치다가 사회경제사학을 三分하여 역사주의경제사학과 유물론사학과 절충식 경제사학으로 분류하게 되었다. 즉, 한때 유물론사학과 사회경제사학을 같은 의미로 이해하던 것을 이제는 분리해서 이해해야 사리에 맞다는 말이다.[150]

절충식 경제사학도 6·25전쟁을 계기로 姜晋哲만 손꼽을 수 있다고 말했는데 필자는 朴榮圭의 『新稿國史』(1960)를 보고, 그의 「머릿말」에서 "새로운 의의와 방법을 찾으려는 데서 시작했다. (그러나) 정리되지 못한 이론으로 이를 시도하게 된 것은 어디까지나 하나의 시도에 지나지 않는다. 그리고 시작에 지나지 않는다는 것은 누구보다도 저자 자신이 느끼고 있다."라고 말했는데 그 새로운 방법이나 이론이 무엇인가는 말대로 정리되지 못한 사회경제사학이었다. 「원시사회」(15쪽), 고대 초기의 「사회적 양상의 변동」(35쪽), 「삼국의 사회적 양상변동」(54쪽), 「고려 초기사회의 성격」(80쪽)을 읽어보면 사회경제사학이라는 것을 알 수 있다. 신라는 "호족 연합의 노예

---

150) 社會經濟史學의 분류에 대하여 몇 번이고 바꾼 것은 독자에게 무척 미안한 일이다. 절충식 경제사학에 해당하는 학자는 앞에서 예시한 바와 같이 이순탁·인정식 같은 이지만 근래에는 姜晋哲과 곧 이어 말할 朴榮圭와 金容燮이 그에 해당하지 않을까 한다. 韓㳓劤의 글도 사회경제 문제에 관심을 보이고 있으나 전체를 보면 문화사학의 범주의 것으로 이해된다.

제적 고대 가족 위에 국가권력이 수립"되었다고 보았으며, 고려는 "농노제적 중세가족을 기반으로 한 사회"라고[151] 사회학적인 접근이 시도되고 있으나 본질적으로는 사회경제사학의 범주의 서술로 이해된다. 그러나 조선시대의 서술은 사회경제사학의 기준에서 보면 구조사학에도 미치지 못하고 있다. 문화사학에 가깝다. 그런가 하면 「일제식민지시기」는 다시 사회경제사학에 접근한 서술을 보이고 있다. 박영규의 「머릿말」과 같이 "하나의 시도"이고 "시작에 지나지 않는다"는 말을 실감할 수 있다. 그래서 박영규의 『신고국사』를 절충식 사회경제사학으로 분류하는 것이 좋을 듯 하다.[152]

4) 실증사학자의 방향모색과 문헌고증학

실증사학은 1930년대 역사학의 고증학풍을 말한다. 李丙燾 · 金庠基 · 宋錫夏 · 都宥浩 · 李相佰 · 李瑄根 · 申奭鎬 · 李弘稙 · 李仁榮 · 柳洪烈 등이 그들이고, 1940년대에 洪以燮 · 閔泳珪 · 金錫亨 · 朴時亨 · 全錫淡 같은 신진학자의 활동도 실증사학을 넘은 것이 아니었다. 그런데 해방 후에는 그들이 문화사학 또는 유물론사학의 길을 걷게 된 이가 많았다. 도덕주의적 문화사학자 김성칠과 가깝던 김상기는 『東方文化交流史』(1948)를 저술하며 문화사학의 길에 들어 섰다고 보아야 하고, 이병도도 실증사학에 머물지 않았

---

151) 朴榮圭(국사연구회), 1961, 『新稿國史』, 형설출판사, 80쪽.
152) 折衷式 經濟史學을 유형화시킨 점에 대하여 이론이 있을 것으로 안다. 가령 박영규의 경우는 절충식이 아니라 미숙한 유물론사학이라고도 말할 수 있을 것이다. 필자는 절충이 원만하게 이루어졌든지의 여부간에 唯物論史學의 정도에 이르지 않고, 歷史主義 經濟史學도 아닌 사회경제사학을 일단 절충식 경제사학으로 일괄해서 보는 방법을 택하였다.

다.『朝鮮史大觀』의「總說」첫마디가 "역사는 과학이다"라고 선언한 것을 보면 누구보다 크게 변한 것을 느끼게 한다.「시대의 구분」을 보아도 中世 개념을 도입한 새로운 방법론을 모색하고 있었다는 것을 알 수 있다. 그리고 이상백이『學風』창간호(1948)에 실은「科學的精神과 積極的態度－實證主義精神의 現代的 意義」를 읽어 보면 실증사학(고증학)을 실증주의사학으로 발전시키려는 의도가 있었다는 것을 알 수 있다. 그것은 그가 신문화연구소를 설립하고 있던 사실로도 미루어 알 수 있는 일이다. 그외에도 이인영·홍이섭·오장환과 같이 문화사학의 방법론을 후기문화사학 보다 더 폭넓게 발전시켜 볼려는 노력도 있었다. 그리고 8·15전에는 실증사학에 머물고 있던 都宥浩·金錫亨·朴時亨·全錫淡 등은 해방과 동시에 유물론사학에 정렬을 쏟았다. 그렇다면 식민지시기의 실증사학은 거의 새로운 방법론을 모색하고 있었다고 해야 할 것이다.

그런 가운데에서도 민족박물관을 맡아 있던 宋錫夏와 국사관에 이어 국사편찬위원회를 맡았던 申奭鎬는 유물·유적과 사료의 조사·수집에 전념한 나머지, 실증사학을 지키고 있었다고 보아야 할 것 같다. 그 외에도 새로운 방법을 모색하던 인사 가운데 소극적인 경우는 6·25전쟁의 긴장 속에서 다시 실증사학으로 돌아간 것을 볼 수 있다.

그런데 해방 후에는 實證史學이라기 보다는 文獻考證學이라고 부르는 것이 적절하다. 실증사학이라는 용어가 오래동안 사용해온 관성이 있다고 해도 식민지시기의 권력도피적 실증사학과 해방 후 문헌고증학과는 주객관적 사정이 다른 것이다. 문제는 문헌고증학 자체에 있는 것이 아니다. 모든 역사학의 방법은 고증 절차를 거쳐야 하는 것이 기본조건이기 때문이다. 그러므로 실증사학이나 문헌고증학 자체가 문제가 아니라 그것에 한정하여 역사학이라고 고집한 학풍에 문제가 있었던 것이다. 그래서 1950년대 중반부터 젊은 연구자들로부터 비판을 받기 시작하여 비판의 강도는 해가 갈수록 높아졌던 것이다. 그런 가운데에서도 진단학회의『韓國史』전7권(1959~1965)과 국사편찬위원회의『국사상의 제문제』(1959)의 간행 사업을 통하여 비판의 소리를 잠재우기도 했으나,153) 1960년대부터 비판의 목청은 더욱 높아가기만 했다.

　실증사학이나 문헌고증학이 비난을 받게된 또 하나의 문제는 실증사학과 전통사학의 관계에 있었다. 고증(실증)작업의 대상물 선정과 고증 후의 처리방법에 있었다고도 할 수 있다. 일본의 실증사학(아카데미즘 사학)은 전통사서에서 잘못됐다고 증명할 수 있는 것을 뜯어내는 방법으로 일본 역사를 정비하고 간추렸는데, 한국의 실증사학은 전통사서의 기록을 모두 백지화하고 실증할 수 있는 것을 모아 한국 역사를 쌓아올린 방식으로 정비하고 간추렸다는 데에 문제가 있었다는 말이다. 전통사서의 서술이나 기록에서, 사실이라고 증명할 수 없다고 해도 거짓이나 잘못이라고 실증할 수 없다면, 사실 여부를 실증할 때까지 기다려야 했다. 기다리는 동안은 전통사서의 기록을 중시하면서 한계를 지적해 둘 수밖에 없었던 것이다. 그런데 한국사학의 실증사학은 가령, 구석기시대나 청동기시대를 증명할 수 없다는 이유에서 지석묘사회의 권력조직을 오랫동안 인정하지 않았다. 북한에서는 1950년대 후반에, 남한에서는 1960년대에 청동기가 발굴되면서 그동안 잘 믿지 않았던 삼국 이전의 고조선등의 열국을 확신하게 되었다. 이런 일 때문에 한국의 실증사학이 뜻밖의 비난을 받았던 것이다.

---

153)『한국사』의 편찬자는 金載元・李丙燾・李相佰・李瑄根(崔南善 작고후)이었고,『국사상의 제문제』의 편찬자는 李丙燾・李瑄根・金庠基・李弘稙・申奭鎬였다.

5) 식민사학의 극복문제

해방 후의 한국사학은 식민지시기의 민족사학을 계승하고 있었던가 하면, 제국주의자의 식민사학이 뿌리내리고 있었던 사실을 반성하고 극복하는 일도 당면한 과제였다. 식민사학은 한국의 근대사학이 자리잡기 전인 구한말부터 상륙하고 있었으므로[154] 그 뿌리가 깊어서 해방이 되었다고 해서 하루 아침에 청산될 성질의 것은 아니다. 고대사에 남아 있을 「日鮮同祖論」・「任那日本府說」, 고대부터 근대까지의 他律性 논리, 중세와 근대사의 停滯性 논리에 근거한 서술이 해방 후에 간행된 위의 책들의 내용에서도 발견할 수 있다. 『朝鮮史槪說』이 주로 식민학자의 저술에 의지하고 있는 점이나 渤海를 본문이 아닌 부록으로 처리한 점, 『朝鮮史大觀』이 한4군을 시기구분의 기준으로 삼은 점, 『國史大要』가 實學을 외면하면서 구한말 개화 계몽운동을 값있게 서술한 논리적 모순, 그리고 의병운동은 가볍게 처리한 점, 『國史要論』이 국제관계를 중시하다가 보니 타율성 논리에 빠지기 쉬운 점, 『朝鮮歷史硏究』와 『朝鮮史敎程』을 비롯한 유물론사학자의 저술이 정체성 논리에 함몰해 있는 점, 『조선역사』 등의 많은 저술이 조국의 해방을 타율적인 것으로만 설명하고 있는 점 등, 식민사학의 잔영을 얼마든지 찾아 볼 수 있다. 그러한 역사인식 위에서 植民地近代化論까지 활개를 쳤던 것이다.

그리고 모든 책에 함께 반영되어 있는 사대주의와 당쟁망국론 방식의 서술도 검토되어야 할 문제였다. 당쟁망국론은 식민사학뿐

---

154) 趙東杰, 1993, 「植民史學의 成立過程과 近代史 敍述」 『한국민족주의의 발전과 독립운동사연구』, 지식산업사, 31~90쪽.

만 아니라 식민지시기 한국인 학자나 해방 후에도 일반적으로 나타냈던 문제이기는 하지만, 한국인 가운데는 安廓의『朝鮮文明史』처럼 붕당발전론으로 서술한 경우도 있었으므로 무턱대고 망국론으로만 이야기할 문제는 아니었던 것이다. 그런데『朝鮮史槪說』의「발문」에서 이인영은 "일본학자 林泰輔의『朝鮮通史』나 三品彰英의『朝鮮史槪說』에서 얻는바 있을 것이나 그러나 이것 또한 우리와는 관점을 달리하는 외국인의 편견에 불과한 것이다. 우리는 재래의 모든 사관의 그 어느 것에도 전적으로 찬동할 수 없는 것이다. 새로운 구상하의 새로운 사관 수립은 현하 조선사학도의 가장 중대한 임무의 하나이다"(749쪽)라고 했고, 김성칠은『조선역사』의「머리말」에서 "그릇된 일본교육으로 말미암아 부지중에 아이들의 뇌수에 베인 자기 모멸의 사상을 씨쳐버리고 우리 민족에 대한 자신을 부러넣어주기 위해선"(4쪽) 올바르고 재미있게 쓴 역사책이 필요하다고 식민주의 사관의 극복을 강조하고는 있었다.

그러나 구체적 작업이 조직적으로 진행된 흔적을 찾아 볼 수가 없다는 것은 해방 직후의 역사학이 그의 임무를 다 했다고 말할 수 없는 것이다. 앞에 소개한 朝鮮學術院·震檀學會·朝鮮科學者同盟·朝鮮史硏究會·歷史學會 등의 해방 후에 설립한 학술 단체의 회칙이나 강령 또는「휘보」같은 창립(재건) 문서를 보면, 식민지시기의 탄압과 질곡을 회고한 문구는 있어도, 앞으로 식민사학의 청산이나 제국주의 잔재의 청산을 표방한 직접적인 문구는 발견할 수 없다. 이상하게 생각되어 1947년판『朝鮮年鑑』(조선통신사)에 소개된 학예술 단체의 창립 기사를 보니, 오히려 문학·미술·음악·연극·영화 등의 예술인 단체의 강령에서는 일본제국주의의 잔재 청산을 표방하고 있는데 역사 연구자를 비롯한 학술 단체의 강령에서는 그러한 흔적을 찾아 볼 수 없다. 진단학회에서 총무간사 조윤제가 제기한 친일파 제명문제도 흐지부지 용두사미 격이 되고 말았다. 제명 여부간에 분명한 결말이 없었다는 말이다.

그러한 학자들에 비하여 1948년 정부가 수립된 후 反民族行爲者處罰 特別法을 만든 당시의 정치인들이 오히려 돋보이는 것이다. 그러나 1949년 6월에 反民特委事件이 일어난 것을 보면 정치인도 정치인 나름이었다. 그런데 반민특위사건의 이유를 찾는다면 직접적으로는 당시의 정권 담당자의 횡포에서 찾아야 하지만, 간접적으로는 학술단체의 무감각한 동향에서 찾을 수 있다고 생각된다. 해방이 되자 당대 최고의 지식인들은 京城大學再建委員會(위원장 백남운)를 결성하여 식민지시기의 京城帝國大學을 京城大學으로 재건하는데 정성을 쏟았다. 그러니까 그것이 학계가 반영한 反民特委事件이 일어날수 있는 토양이었다고 말해서 안될 것이 없다. 이왕 경성대학을 새로 개교할 바에야 새조국을 맞는 경성대학 ‘創建’이 아니고 식민지시기를 계승한 ‘再建’이어야 했던가 말이다. 어떻든 그것이 당대 최고 지식인의 생각이었다.

그러므로 한국사 서술에서 개별적으로는 식민사학을 극복하기 위한 노력이 있었다고 해도 그것이 학계의 일반의지는 아니었다고 보아야 할 것이다. 때문에 식민사학의 극복도 단편적인 사례에 머물수 밖에 없었다.

식민사학에 대하여 구체적으로 접근하여 한국사의 정체성과 낙후성은 전제하면서 그것을 극복하는 방안으로 한국사의 독창성에 주목한 사람은 金聖七의 『국사통론』(1951, 1959)이었다. 그는 「緒論」에서 「우리나라의 정체성」, 「우리민족의 독창성」, 「국사학습의 필요성」을 논하면서 총체적인 극복방향과 극복 가능성을 제시하고 있다.155) 朴榮圭의 『新稿國史』(1960)도 식민사학의 극복을 절규

---

155) 김성칠의 저술을 읽노라면 강한 민족주의의 체취를 느끼게 한다. 당

하고 있었다. 그러나 직접적으로 식민사학의 논리 자체를 분석하며 거론한 것은 아니었다. 식민사학에 대한 종합적인 비판은 李基白의 『國史新論』(1961)에서 비롯되었다. 그의 저서의 「緒論」은 다른 기회에 재론하지만, 식민사학에 대한 본격적인 비판론이었다. 특히 식민사학의 정체성론에 대하여 한국사학이 부정·수긍·회피 등, 다양하게 대응하면서도 대응논리가 분명치 않았는데 이기백은 정체성과 후진성의 구별 논리를 개척해 갔다. 당시로서 탁견이었다.

그렇게 보면 해방 직후의 통사의 개설서에서는 식민사학에 대하여 극복의지나 극복 논리를 개발하지 못하고 있었는데 4·19혁명을 전후한 시기에 이르러 신진학자의 저술에서 극복되기 시작했다고 말할 수 있다. 그에 비하면 오히려 일본에서 식민사학의 연장선상에서 한국사 연구가 차근하게 진행되었다. 특히 1950년에 결성한 朝鮮學會와 1952년에 개설한 學習院東洋文化硏究所를 중심으로 한국사 연구가 조직적으로 추진되었다. 역사학연구회의 『歷史學硏究』 1953년 7월호가 「朝鮮史의 諸問題」 특집호로 출간된 것이 그때 일본 학계의 관심을 반영한 것이다. 이때는 한국사 연구자가 한국보다 일본인이 더 많았다는 웃지 못할 시기였다.[156] 그러한 힘

───────────────

시의 역사학자로는 누구도 시도하지 않았던 한글 전용을 강행하고 있었던 데에서도 그러한 단면을 볼 수 있다. '우리민족의 독창성'을 말할 때도 '훈민정음'의 창제를 특별히 거론할 정도로 한글에 대하여 애착이 강하다.

156) 해방 후 한국사에 대한 대표적 일본인 연구자는 다음과 같았다(末松保和, 1959, 「朝鮮史」 『歷史學의 發達과 現狀』, 東京大學出版會, 345쪽). 旗田巍·梅原末治·藤田亮策·三上次男·池內宏·末松保和·三品彰英·野村忠夫·花村美樹·靑山公亮·內藤吉之助·深谷敏鐵·田川孝三·田中健夫·中村榮孝·四方博·田保橋潔·奧平武彦·山口正之·松岡修太郎·小田忠夫·靜田均·大內武次·山辺健太郎·川崎一郎·神谷不二.

을 업고 1955년에 國際歷史學會議에 회원으로 참가하였다.[157]

6. 맺는말 — 해방 후 한국사학의 意義

해방 이튿날인 1945년 8월 16일에 白南雲을 중심으로 조선학술원을 창립한데 이어 李丙燾 등은 진단학회를 재건하였고, 10월 21일에는 朴克采 등이 조선과학자동맹을 결성하여 각기 국학연구에 박차를 가하는듯 했다. 그런데 때마침 경성대학재건위원회의 업무가 급박한 나머지, 중견학자가 주도하던 조선학술원과 진단학회는 별다른 업적을 쌓을 겨를이 없었다.

그런 분위기 속에서 그해말에 역사학자만의 연구 학회가 탄생하였다. 12월 12일에 李丙燾 등은 조선사연구회를, 12월 25일에는 洪以燮 등의 젊은 학자들은 역사학회를 창립한 것이다. 그리하여 역사연구가 자못 활기를 띄웠다. 그때에 12월 28일 모스크바 3상회의 소식이 전해 오면서 신탁통치의 논쟁을 맞게 되었고 그의 찬탁과 반탁론이 1946년부터 좌우 대립론으로 대치되어 가면서 학자들이 학회 활동에 전념할 수 없는 시국이 전개되었다. 그러니까 孫晋泰·李仁榮은 경성대학 국사 전공 학생들과 연구 모임을 가지고『朝鮮史槪說』을 편찬하고 이 모임을 조선사연구회로 이름하는 등, 경성대학 자체만의 연구 조직으로 한국사연구 성과를 올리려고 노력하기도 했다. 그때 申奭鎬 등은 과거 조선사편수회의 잔무를 수습하여 1946년 3월 23일에 國史館을 설립했는데 국사관은 정부수립 후인 1949년에 국사편찬위원회로 개편되었다. 그 무렵에 북한에서도 1947년에 임시력사편찬위원회(위원장 李淸源)가 설치되었고 그

---

157) 國際歷史學會議에 한국이 참가한 것은 1975년이었다.

것은 북한정부가 수립되면서 1948년에 정식으로 력사편찬위원회 (위원장 白南雲)로 개편되었다.

그 때 서울에서 1945년 12월에 결성한 조선사연구회는 1948년 창립 3주년에『史海』를 간행한 것 외에 별반의 활동 기록을 찾아 볼 수 없었는데 역사학회는 1948년에 회원이 35명에 이르렀고, 6회 의 발표회와 1949년에『歷史學硏究』를 간행하는 등 비교적 활발 한 활동을 보이고 있었다. 거기에서 주목되는 것은 남북에 분단정 부의 수립이 분명해진 1948년 5월에도 金一出·李能植·李如星 ·全錫淡 등 누가 보아도 알 수 있는 사회주의 학자가 함께 활동 하고 있었다는 점이다. 35명의 회원은 분단으로 가고 있는 정치 현 실을 안타깝게 생각하며 젊은 지성을 불태우고 있었던 것이 아닌 가 한다.

그밖에도 한국사 연구가 식민지시기의 민족사학을 계승하여 처 음에는 서울을 중심으로 추진되었다는 점, 대단히 많은 단행본 저 술이 출간되었다는 점, 식민지에서 해방된 시기였으므로 만족스럽 지는 않아도 식민지시기의 저술을 반성하며 저술한 간행물이 많았 다는 점, 그리고 서양이나 중국과 일본학자들의 역사이론을 자유 스런 여유를 가지고 재검토하였다. 그에 따라 학설은 다양했고 갖 가지 사관이 등장한 가운데 문화사학과 유물론사학이 보다 더 확 산되고 있었다는 점, 후기문화사학자는 현실인식을 기초하여 신민 족주의 사학을 제창하던 점, 한편, 실증사학이 새로운 길을 모색하 면서 유물론사학이나 문화사학으로 발전하고 있었다는 점 등이 주 목되었다.

그런데 남북분단에 이은 좌우익의 사상 대립이 어디 보다 먼저 역사학에 반영되어 왔다. 조선학술원이 회원의 사상 대립으로 실 질적 역할을 하지 못했고, 조선과학자동맹은 사회주의의 정치운동

단체처럼 변질되어 갔다. 해방 후 유물론사학이 크게 발전하고 있었다는 것도 단순히 학술운동으로만 볼 수 없는 정치운동이나 사상운동의 의미를 가지고 있었다.

한편 해방 직후에는 서울을 중심으로 역사학이 발전하던 것이 점차 평양에서도 역사학의 중심이 새롭게 형성되고 있었다. 1946년에 김일성종합대학이 서울의 서울대학교의 개교와 같이 개교하고 있었던 것도 분단 역사학이 성립해 가는 조짐이었다. 그리하여 서울에 있던 유물론사학자가 점점 평양으로 모여 들어 평양나름의 연구 영역이 형성되었다. 결국에는 6·25남북전쟁에 이르러 완전히 분단사학에 이르고 만 것이다.

그런데 1952년에 피란수도였던 부산에서 젊은 학자들이 歷史學會를 결성하고 『歷史學報』를 간행하기 시작할 때는 전쟁 정국 속에서도 역사학의 재건과 진보를 외치며 새로운 활로를 찾기에 고심한 흔적으로 보인다. 그때 남북한에서 약속이나 한듯이 조선후기 실학에 대한 연구를 일으킨 것이 특별한 의미를 갖는다. 먼저 과거 식민사학에서 고의 여부간에 조선후기의 사회변동에 대한 연구를 방치해 온 것이었으므로 식민사학 극복이라는 의미가 컸고, 다음에는 1935년을 전후하여 민족사학으로서 특별히 주목하던 문제였는데 그것을 역사학의 재건사업으로 연구하게 되었다는 점이고, 다음이 남북한 학자가 전후의 상처를 덮어두고, 할 수 있었던 민족적 반성의 최대 최선의 학문적 표현으로 이해할 수 있다는 점이다. 그러므로 실학 연구를 통하여 역사학의 새로운 활로를 개척할 수 있었던 것이다.158)

---

158) 1950년대에 북한에서는 실학연구와 그들의 정치 이론의 정립을 위한 식민지시기 민족해방운동사에 대한 연구 외에, 앞에서 소개한 바와 같이 고고학계의 청동기시대에 대한 연구가 자못 활발하게 전개되었다는 것이 사학사에서 특별히 주목할 점이다. 이것은 1960년대 남한

　　그러나 1950년대에는 남한에서도 학문의 자유가 보장되지 않았
으므로 역사학 연구가 실증사학의 범위를 벗어날수 없었다. 6·25
전쟁의 상처가 아물어 가던 50년대 후반에도 평화통일론을 제기할
수 없었고,159) 1958년부터 1년 반동안 진보당사건이 계속되어160)
지식인의 발표의 자유를 억제하였다. 보수 야당이던 민주당도 탄
압 받고161) 보수 언론지였던『경향신문』도 폐간처분 당하던162) 이
승만의 반동정치가 날개치던 당시였으므로 학문의 자유가 보장될
수 없었다. 그러므로 역사학 연구가 1952년에 역사학회를 재건하
고 특히 실학 연구를 일으키며 새로운 발전을 모색했다고 해도
1950년대에는 微動 이상으로 발전할 수 없었다. 그와 같은 연구 논

　　에서 청동기 유적발굴이 진행되었던 것과 아울러 종래에 한반도에는
　　청동기시대가 없었다는 학설을 수정하게 된 연구와 관련하여 무척 뜻
　　있는 작업이었다.
159) 1956년 8월 25일 光州에서 平和統一 呼訴文을 살포하다가 관계자 5명
　　이 검거되었고, 1958년 12월에는 反共鬪爭委員會가 결성되고 新國家
　　保安法이 통과되었고, 1959년 1월 22일에는 공포정치의 전국적 조직
　　이었던 反共靑年團이 결성되어 북진통일론외의 남북문제에 대한 논
　　의를 봉쇄하고 있었다. 그러므로 역사학연구의 공간이 극히 한정될
　　수 밖에 없었다.
160) 進步黨 사건은 1958년 1월 13일 曺奉岩을 비롯한 간부 7명이 간첩사
　　건으로 체포된 데에서 비롯되어, 1959년 7월 30일 대법원에서 조봉암
　　사형선고에 대한 재심청구가 기각되고 31일 사형이 집행된 것으로 끝
　　났으나, 그의 화제는 이듬해 4·19혁명까지 끊이지 않았다.
161) 민주당에 대한 탄압도 원색적이요 폭력적 탄압이 감행되었다. 1956년
　　9월 28일 정치 테러단이 민주당 전당대회를 습격하여 張勉 부통령을
　　암살하려던 것이나, 1957년 5월 25일의 장충단 시국강연회를 유자광
　　테러단이 습격한 것이나, 1959년초에 반공청년단을 결성하고 전국적
　　으로 야당 탄압과 무작한 정치 테러를 확대하고 있었던 것이 그것을
　　말한다.
162) 京鄕新聞이 폐간처분을 당한 것은 1959년 4월 30일이었는데 그후 법
　　정투쟁이 계속되었다.

저들의 경향은 1963년 제5회 전국역사학대회에서 심포지움 보고로
작성한 「韓國史硏究의 回顧와 展望」(『역사학보』 20, 117~136쪽)
에서도 확인할 수 있다. 극단적인 사례로 그때까지 민족운동사에
관한 논문이 3편 밖에 안될 정도였다고 한다. 그러므로 한국사학이
괄목할 변화를 보이는 것은 1960년 4·19혁명을 기다려야 했다. 바
로 그러한 변화를 이해하기 위하여 앞에서 개설서는 1959년까지
한정하고도, 「해방전 연구성과의 수용 문제」나 「방법론의 과제와
정비」를 검토할때는 4·19시기에 간행된 박영규의 『新稿國史』와
이기백의 『國史新論』까지 살펴 본 것이다.

Ⅱ. 20세기 韓國史學의 類型과 21세기 역사연구의 方向[*]

한국사의 역사서술은 삼국시대에 『留記』·『書記』·『國史』 등으로 나타났다고 하나 어떤 서술인지를 알지 못한다. 그에 비하면 『新集』 5권(이문진, A.D. 600)의 편찬은 서술체계를 갖춘 듯이 보인다. 그후 『三國史記』(1145)와 『三國遺事』(1281?)로 역사 서술이 본궤도에 오르고, 『東史綱目』(1778)에서 학문적 연구가 시도되었다. 『讀史新論』(1908)과 『朝鮮史 總論』(1921)에서 사론이 전개되어, 『朝鮮社會經濟史』(1933)에서 사론의 발전을 보게 되었다. 1945년 8·15해방과 더불어 그 동안 축적된 記錄·敍述·研究·史論 등이 일시에 폭발하여 공전에 없는 한국사학의 도약기를 맞더니, 1950년 6·25전쟁을 전후하여 한국사학은 다시 냉동물처럼 경직되어 갔다. 그때 자유당 독재와 군사독재 정권은 학문의 냉동현상을 최대로 악용하였다. 1990년을 전후하여 세계적으로 냉전체제가 무너지고, 서울에서 민주화운동이 달성되면서 학문의 냉동이 풀리고, 한국사학은 다시 활기를 찾으며 21세기를 맞이하고 있다. 그러니

* 忠北大學校 大同祭(1996.10.10)·順天大學校 學術祭(1998.5.6)·木浦大學校 史學科(1998.5.8)·全南大學校 제1회 사학과 콜로키움(2001.5.3)·同德女大 開校紀念 史學祭(2002.11.8) 강연 발표문이다.

까 한국사학이 학문으로 부상하기 시작한 것은『東史綱目』·『燃
藜室記述』·『東史』·『海東繹史』 등이 저술된 조선후기 실학사
서에서 비롯되었다. 그것이 세도정치의 보수 반동으로 봉쇄 당했
으나 다시 구한말의 계몽주의 사학과 식민지시기의 민족사학을 통
하여 근대사학으로 올라섰다.

1. 20세기 전반기의 韓國史學

그러나 일본 제국주의의 식민통치에 짓눌리고 식민통치의 수단
이었던 식민사학의 조직적 방해로 한국사학의 발전은 온갖 시련을
겪어야 했다. 정말로 고난의 행군이었다. 그런 악조건 속에서도 한
국사학은 꾸준히 발전하여 한국사학이 근대적 학문으로 성립 성장
하였다. 그리고 한국사학이 다양하게 발전하면서 연구 인원도 증
가해갔다. 그에 따라 연구 성과의 양과 질도 크게 향상되었다. 이
러한 식민지 악조건 속에서 이룬 연구 성과는 세계사적으로 유례
가 없는 의미 심장한 것이다.

식민통치의 압제와 식민사학의 방해가 있었다고 하더라도 그 속
에서 전통시대의 역사연구를 더욱 발전시키고 또 새롭게 연구를
추진하여 괄목할 정도의 연구 성과를 얻을 수 있었다. 그것이 20세
기 전반기의 한국사학이다. 그것은 독립운동에 못지않는 민족적
성과였다. 그 성과를 다음에 나열해 본다.

① 원시시대에 대한 연구가 비롯되었다.
② 고조선에 대한 이해가 바로 서기 시작했다.
③ 남북조시대에 대한 용어가 등장하고 민족사적 관점이 수립되
   었다.

④ 비로소 중세사의 설정이 시도되고 고려사 연구가 크게 정비
되었다.

⑤ 붕당 당쟁사에 대한 연구가 확대되고 객관적 접근 노력이 제
고되었다.

⑥ 조선후기 실학의 개념을 오늘날과 같은 의미에서 사용하기
시작하였다.

한국사학이 다양하게 발전한 것을 방법론에 따라 분류해 보면
다음과 같은 유형으로 나눌 수 있다.

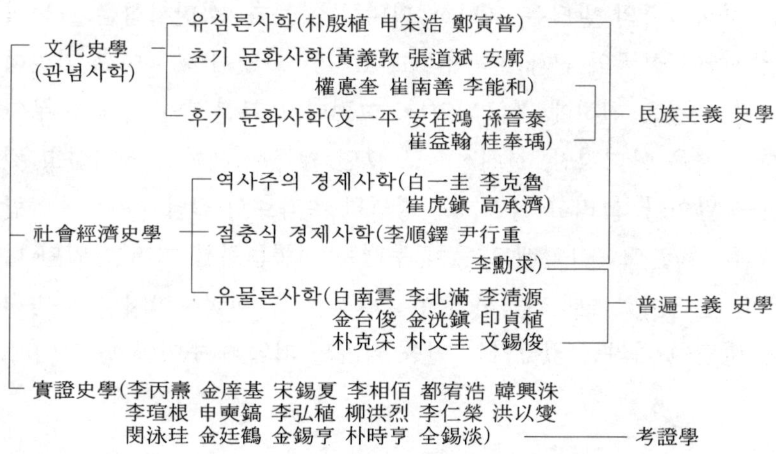

거기에서 왼쪽에 표시한 문화사학－관념사학(유심론사학·초기
문화사학·후기문화사학)과 사회경제사학(역사주의 경제사학·절
충식 경제사학·유물론사학)과 실증사학은 방법론상의 분류이고,
오른쪽에 표시한 세 가지 호칭인 민족주의사학과 보편주의사학과

고증학은 현실인식에 기초한 역사연구의 성격을 나타낸 것이다. 종래에 이것을 혼동하여 분류한 것은 역사학 이해에 혼란을 야기할 우려가 있으므로 주의해야 한다.

그리고 여기에 나열한 역사학자 가운데는 식민사학에 기여한 사람(친일파)도 있으므로 주의해서 보아야 한다. 즉, 민족주의 역사학이라고 해도 그 역사 방법론을 일본 민족주의에 적용할 수도 있으므로 그때는 식민사학이 된다는 말이다. 실증사학자의 경우는 더욱 말할 여지가 없는 것이다.

이상과 같은 방법론상의 여러 갈래의 발전은 식민지하에서 보여준 민족역량의 표현이기도 했다. 일본 관학자들의 식민사학이 한국사를 왜곡하고 그것을 각급 학교에서 가르치고 있던 속에서 이룬 한국사학의 발달은 특별한 의미를 갖는다. 식민사학은 그들의 역사학이 한국의 근대사학이라고 했지만 그것이 왜곡이요 기만이었다는 것은 천하에 폭로되었다. 그렇다고 부분적인 업적을 부인하는 것은 아니지만, 전체적으로 보면 왜곡한 해독이 심각하고 컸다는 말이다. 그리고 식민지를 경험한 나라로서 월남·인도·아랍제국·폴란드·아일랜드 등이 두터운 전통문화를 가지고 있던 나라요 민족이었는데 민족사학의 발달을 보면 한국사학처럼, 다양하게 발달한 나라는 없었다는 민족 역량도 기억해 두어야 할 것이다.

2. 20세기 후반기의 韓國史學

이러한 20세기 전반기의 한국사학이 해방과 더불어 새롭게 발전하였다. 해방 직후에는 역사학 연구가 폭발적으로 전개되었다. 해방 이튿날인 1945년 8월 16일에 朝鮮學術院의 설립과 동시에 震檀

學會를 재건하고 그해 12월 12일에는 朝鮮史硏究會를, 12월 25일에는 歷史學會를 창립하였다(현재 역사학회의 전신이다). 그리고 다양한 논저가 발표되었다. 그런데 폭발적으로 만발한 역사학이 자리를 굳히기 전에 남북에서 분단정부가 수립되고 그에 따라 북에서는 유물론사학만 존재하고, 남에서는 유물론사학이 배제되는 학문 연구가 강요되었다. 때문에 해방 후의 한국사학 즉, 20세기 후반기의 한국사학은 방법론을 기준하여 분류할 수 없는 기형적 풍토를 초래하여 임시로 다음의 표와 같이 분류해 본다.

20세기 후반기의 한국사학(해방 1세대; 1927년생 이상)

<table>
<tr><td>

① 정치문화사학
　金聖七 金成俊 孫寶基 金哲埈 李基白 李光麟 千寬宇 崔永禧 李元淳 李鉉淙
② 사회경제사학
　姜晉哲 劉元東 金敬泰 및 金錫亨 朴時亨 李能植 全錫淡 金思億 林建相 등의 평양학자
③ 사회문화사학
　吳璋煥 韓㳓劤 金龍德 李基白 朴榮圭 李佑成
④ 제도고증사학
　曹佐鎬 李載浩 南都泳 閔丙河 邊太燮 許善道 李鍾英 宋俊浩 韓相俊 朴廣成 朴性鳳
⑤ 문헌고증학
　고증학에 전념한 학자는 박물관, 국사편찬위원회, 서지학회 등에서 종사한 인원에서 찾을 수 있다.
⑥ 진보주의 역사학
　1980년대에 젊은 학자들이 개발한 역사학으로, 民主·民衆·民族主義를 추구한 것이 특징이다. 참고로 나타냈다.

</td></tr>
</table>

　위 표의 명단은 해방 1세대에 한정했는데 1세대는 1927년생 이상의 학자로 해방 직후에 대학을 다녔던 인사를 말한다. 6·25전쟁 이후에 학창생활을 했던 1928년생부터는 해방2세대로 보았다. 다만

2세대라도 이현종·김경태처럼, 이미 고인이 된 경우는 편의상 표에 포함하였다.

역사학의 분류는 역사 이론에 따라 분류하는 것이 원칙이나 해방 후의 분류는 그것이 쉽지 않다. 그래서 연구 대상이나 논저의 관심에 따라 분류해 보았다. 거기에서 종전의 實證史學은 식민지시기에 임무를 끝낸 것으로 보고 해방 후에는 文獻考證學이란 이름으로 대체시켰다. 또는 새로운 방법론을 찾아 김상기처럼 문화사학으로 가거나, 김석형처럼 유물론사학으로 간 사람도 있다. 주의할 것은 해방 후의 문헌고증학이 식민지시기의 실증사학과 연구 형식이 같다고 해도 성격까지 같은 것은 아니라는 점이다. 그렇게 한국사학이 기형적이고 단조롭게 전개된 것은 1961년부터 군사정권이 수립되어 학문 풍토를 경직시킨 것으로 말미암아 더욱 촉진되었다. 그런 가운데에서도 대개 해방전의 연구를 계승하여 발전시켰는데 1920년대 예외없이 주장하던 남북조시대에 대한 인식을 포기한 것처럼, 후퇴한 경우도 있다. 남북조시대라는 용어에 대신하여 통일신라시대라는 용어를 사용했는데, 이것은 식민사학의 주장이 반영된 것이다. 오늘날 남북조시대라는 용어가 다시 사용되는 것은 1970년대부터 식민사학을 극복해 간 가운데 복원된 현상이다. 해방 후 새롭게 연구한 성과라면 다음과 같다.

(1) 구석기시대에 대한 연구

해방 후 남북한에서 이룬 학문적 업적으로 가장 큰 업적 가운데 하나이다. 구석기시대의 유물 유적이 발견되지 않던 1950년대까지는 한반도에는 구석기인이 살지 않았다고 설명했다. 식민지시기에 구석기 유물이 나온다고 해도 일인 학자가 무시하여 구석기시대에 대한 연구가 진전될 수 없었다. 그런데 1960년대부터 남북한 곳곳에서 구석기 유적이 발견되고 특히 1980년대에 경기도 전곡리 유

적 발굴 이후에 그에 따른 연구도 발전하여 이제는 세계 학계의 주
목을 받고 있다.

⑵ 청동기시대에 대한 연구로
원시시대와 고대사의 정상적 연결 복원

해방 전에는 청동기 유물 유적이 부분적으로 발견되어도 무시하
고 있었다. 그리하여 한국사는 구석기시대가 없이, 신석기시대부터
시작하여 청동기시대를 거치지 않고 중국에서 전해 온 철기시대로
넘어갔다고 말하여 기형적인 역사를 이루었다고 했다. 그런데
1950년대 후반부터 청동기 유물 유적이 북한지방에서 먼저 대량으
로 발견되어 그에 대한 연구가 활발히 진행되기에 이르렀다.

1960년대에는 남한에서도 곳곳에서 발견되어 지석묘연구와 함
께 청동기사회 연구가 크게 진전하였다. 그에 따라 한국사는 구석
기시대→신석기시대→청동기시대→철기시대로 변천했다는 세계
사적 정상 궤도를 말하게 되었다. 이러한 연구 성과는 역사적 자긍
심을 불러일으켜 식민사학을 극복하는 데 결정적으로 기여하게 되
었다.

⑶ 조선후기 실학과 자본주의 자생론의 제기

해방전 식민사학에서 한국사는 기형적 변천의 연속으로 설명했
다. 先史時代의 구석기시대나 청동기시대도 없었을 뿐 아니라 有
史時代도 기형적이라고 설명했다. 고대에서 중세나 근대도 없이
고대의 연속이라고 말했다. 그것을 일본이 식민지를 건설하여 식
민지 근대로 진입하게 되었다고 했다. 그러므로 식민지가 한국인
에게는 다행이고 은혜로운 것이라고 말했다. 그런데 식민지시기인
1935년을 전후하여 조선후기에 실학이 일어나 자본주의 사상의 대
두를 이야기하기 시작하였다. 그래도 식민사학은 그것을 무시하였

다. 해방 후 남북한 학자들은 실학뿐만 아니라 조선후기 사회경제를 집중 연구하여 자본주의 맹아론을 논증하고, 그것이 일본 제국주의의 침략으로 압살되거나 변질되었다고 반증했다. 북한의 최익한·백남운·김석형을 비롯하여 남한의 이기백·천관우·이우성·김용섭 등이 그에 관하여 많은 논문을 발표하였다.

(4) 독립운동사에 대한 연구로 한국근대사 정립

해방전후에는 물론, 1950년대까지도 한국근대사를 일본의 식민통치사로 서술하고 있었다. 이에 대하여 1960년대부터 한국사는 한국인이 만든 역사가 되어야 한다는 명제 아래 한국인의 역사, 곧 한국인의 독립운동사에 대한 역사를 연구하기 시작하여 국사편찬위원회가 독립운동사 연구를 착수하고, 고려대학교에 민족문화연구소가 설치되고, 1969년에는 본격적으로 독립운동사편찬위원회가 출범하게 되었다. 그리하여 방대한 연구물이 출간되어 이제는 한국근대사를 독립운동사를 중심으로 말하기에 이른 것이다.

(5) 식민사학의 극복

그런 가운데 주체적 역사 서술이 확산되고 식민사학도 극복되어 갔다. 식민사학은 한국사를 日鮮同祖論과 他律性論과 停滯性論으로 설명했다. 일선동조론은 개국 신화를 통해서, 혹은 동일 종족론을 통해서, 혹은 문화동질성을 통해서 변론하고 강조하면서 식민지 조선인의 저항정신을 희석시키고 있었다. 타율성론이란 한국역사는 만선사관을 통해서, 당파성론을 통해서, 사대주의론을 통해서, 임나일본부설을 통해서, 자주적으로 존재하지 못하고 언제나 주변국에 종속되어 있었다고 말하면서 독립정신을 마멸시키고 있던 논리였다. 그러한 타율성론은 식민통치의 변론으로 분식된 역사였다. 해방 전에는 그렇게 말해도 어쩔 수 없었다. 그러므로 해방 후에는 역사를 바로 세우는 데 많은 시간이 필요하였다. 식민사학을 비판하면서 역사의 진실을 찾는 데 노력하였다. 그러한 노력은 이기백·조지훈 같은 학자에 의하여 선봉적으로 제기된 문제였다. 그에 그치지 않고 2002년에 韓日歷史共同硏究委員會(위원장 조동걸)를 발족시켜 한일 양국 학자가 구체적 연구에 착수하였다. 그의 주변단체로 韓日歷史家會議(위원장 차하순)가 있는가 하면 韓日歷史共同硏究支援委員會(위원장 이성무)가 결성되어 식민사학 청산에 힘을 쏟고 있다. 이것은 유럽에서 독일을 중심으로 1975년에 공식화된 에케르트(Ekert)연구소의 작업에 방불한 것으로 제국주의 시대를 청산하려는 인류적 노력의 일단으로 보아 좋을 것이다.

　이상과 같은 연구는 민족주의와 민주화운동이 함께 고조된 시대상을 배경으로 발달했는데 특히 1980년대 이후에 크게 발전하였다. 그러한 발전은 90년대부터는 컴퓨터 사용이 대중화되면서 양적으로도 장족의 성장을 보았다. 그런 가운데 해방 후의 역사 즉, 한국현대사에 대한 연구가 활발하게 전개된 것도 간과해서 안된다.

　1980년대부터 한국사학의 발전과 더불어 주목할 것은 진보주의 역사학이 대두하였다는 점이다. 당시로 보면 젊은 연구자에 의하여 주도되었는데 여러 가지 유형이 있으므로 그것을 한두마디의 말로 정의할 수 없다. 가령 민중사학의 경우에도 민중의 개념도 사용하는 사람에 따라 의미를 달리하고 있다. 그러므로 진보주의의 이론 개발과 함께 역사방법론의 광범한 토론과 정립이 있어야 할 것이다. 당시의 특징으로 보면 민주화를 추구하고 민중사학으로 안목을 넓히거나 그에 역점을 두고, 민족주의 성향을 띄우고 있었다고 하겠다.

3. 한국사학에 영향한 외국 역사학자들

이상과 같이 한국사학이 발전하는 가운데 세계 여러 석학들의
영향이 컸다는 것은 물론이다. 먼저 일본에 유학한 인사가 많았고
식민지시기였으므로 일본인 학자의 영향이 긍정 부정간에 많았다.
문화사학에서는 津田左右吉, 사회경제사학에서는 福田德三과 河
上肇가 한국사학에 미친 영향이 컸으나 그 외에도 적지 않은 일본
인 학자를 손꼽을 수 있다. 그러한 일반 분위기는 여기서 줄이고
특수하게 거론할 사항만 살펴보기로 한다.

한국 역사학에서 전통시대 역사학에 가장 많은 영향을 미친 세
계적 학자는 司馬遷이었고, 한국학자는 金富軾이었다. 한편, 근대
역사학의 성립에서 가장 많은 영향을 미친 세계 학자는 랑케
(Ranke, 1795~1886, 독일)였고[1] 한국학자는 신채호·황의돈·백남
운이었다. 그때 다윈(Darwin, 1809~1882, 영국)과 스펜서(H Spencer,
1820~1903, 영국)의 진화론이나 康有爲(1858~1927)와 梁啓超
(1873~1929)에 이어 魯迅(1881~1936) 같은 중국 사상가의 영향도
적지 않게 받았다. 중국 역사학은 주로 일본을 통해 이해했는데 해
방 후에도 한중 국교가 여의치 않아 內藤虎次郎의『支那史學史』
가 가장 많이 읽혔다. 서양 학자로는 칸트(I Kant, 1724~1804)의 저
술과 더불어 헤겔(Hegel, 1770~1831, 독일)의『歷史哲學緖論』이 많

---

1) 랑케 역사학은 구한말에 전파되었는데 그에 대한 연구는 일인학자의
  번역서를 통하여 진행되었다. 번역서는 다음과 같은 것이 많이 읽혔다.
  鈴木成高·相原信作 공역,『世界史槪論』(L Ranke,『Ueber die Epoechen
  der neueren Geschichte』).
  中山治一·岸田達也 공역,『랑케와 부르크하르트』(Friedrich Meinecke,
  『Ranke und Burckhardt』).

이 읽혔다. 몰간(Morgan, 1818~1881, 미국)의 단계설과『古代社會』(1877)가 소개되면서 가족 윤리에 가치를 부여하고 또 중시하던 유교 지식인을 놀라게 하였고 니체(Nietzsche, 1844~1900, 독일)의 광기어린 생활이나 역사철학도 식민지 지식인에게는 관심의 대상이 되었다. 그때 콩트(A Conte, 1798~1857, 프랑스)의 실증주의가 역사학의 과학성을 제고시켰고, 맑스(K Marx, 1818~1883, 독일)나 엥겔스(F Engels, 1820~1895, 독일)의 유물변증법이 사회주의 운동의 확산과 더불어 신흥사학의 이름으로 새 바람을 일으켰다.

그에 앞서 전파된 역사학은 웰즈(H G Wells, 1866~1946, 영국)의 문화사였다.2) 베른하임(E Bernheim, 1850~1942, 독일)의 『史學槪論』이 나와 발생 발전적 역사인식이 풍미한 가운데 크로체(B Croce, 1866~1952, 이탈리아)의『歷史敍述의 理論과 歷史』의 자유주의와 문화주의 역사학이 전파되어 문화사학을 새롭게 일으켰다. 남북분단과 냉전정국 속에서 실증사학이나 문헌고증학으로 자족하던 따분한 분위기에서 크로체의 문화주의가 일각의 숨통을 열어주었다고 할 수 있다. 특히 해방 일세대의 역사연구에 힘을 실어주었다고 말할 수 있다. 자유당 독재와 군사정권 속에서 묵묵히 살아가던 젊은 지성의 눈에는 크로체의 민주화운동과 만년에 보여준 절개가 부러웠을 것이다. 그를 전후하여 슈펭글러(Spengler, 1880~1936, 독일)와 막스 베버(Max Weber, 1864~1920, 독일), 그리고 토인비(A. J. Toynbee, 1889~1975, 영국)와 카아(E. H. Carr, 1892~1982,

---

2) 웰즈의 저서는 『歷史大綱』(The Outline of Histoy)와 『世界文化史』(A Short History of the World)가 있었는데 1934년에 출간된 후자를 많이 읽었다. 신채호가 감옥에서 읽었다는 것도 『世界文化史』였다. 해방 후에는 吳璋煥(서울중학교 교원, 문교부 편수관, 서울사대 강사)의 번역이 있었고, 1953년에는 趙奎東(중앙대 교수, 서울대 강사)의 번역이 대중문화사에서 간행되었다.

영국)의 역사학이 들어와 남한 학계를 흔들었다. 오늘날 역사학계에 아날학파(Annales, 1929, 프랑스)의 학풍이 들어와 연구자의 주목을 받았던 것처럼, 그때마다 한국사학을 발전시킨 계기가 되었다. 서약학자의 역사학은 서양사 전공자에 의해 소개되면서 한국사학 발전을 촉진하였다.

4. 21세기 역사학을 위하여

필자는 한국사학을 언급할 때 종합적 관점을 수없이 강조해 왔다. 그를 위한 전제가 역사학의 개방일 것은 물론이다. 근래에 북한 역사학의 논의라던가, 아날학파의 방법론을 논의했다던가, 문화사론 또는 신문화사학의 논의를 제기하는 등, 다양한 토론이 있었던 것은 바람직한 풍토라고 하겠지만, 아직도 냉전 유산인 정치논리로 포장된 논쟁이 있고 보면, 역사학의 개방은 아직도 먼 이야기로 남을 염려가 많다. 정치 포장들을 벗겨야 한다. 그래야 정치·경제·사회·문화의 종합적 관점뿐만 아니라 문화사관과 경제사관의 종합이나 통합을 시도할 수 있다. 그것이 종합적 산물인 인간 사회의 현상을 바로 볼 수 있는 방법이라고 생각한다. 그러므로 역사를 종합적으로 보려고 노력하는 것 자체가 인간주의 방법이라고 말할 수 있다. 그러한 한국사학이 21세기의 역사학이 돼야 하고 그것이 당면한 통일에도 기여할 것은 물론이다.

그런데 종합과 통합이 좋다고 해서 원칙없이 이것 저것을 모으는 것은 학문이 될 수 없다. 그러므로 종합의 원리를 개발해야 한다. 그의 방법으로 '사회문화사학'의 발전을 언급한 바가 있으나 그것도 21세기 한국사학이 안고 있는 과제이다. 그를 위해서도 역사방법론에 대한 다양한 토론 광장이 마련돼야 한다. 그래야 역사학이 인간주의 학문의 명실을 얻을 수 있다고 생각한다. 아울러 대학에서는 학문 수준을 높이고 사회적으로는 대중의 의식수준을 높이는 학문으로 발전할 수 있다고 생각한다.

21세기에는 당대사가 만들 과제도 있다. 지금까지 알려진 21세기 당대사의 특징은 정보화·환경오염·생명공학·세계화와 우주개발 같은 것들인데 한국에서는 특별히 이념의 개방, 경제적 민주화, 통일 민족주의, 그리고 당장에 앞을 가로막고 있는 신자유주의 같은 것이다. 그에 대한 적절한 대비책이나 새로운 방안도 개발해야 한다. 그리고 「개혁·통일·복지의 21세기 100년」을 전망하기도 한다.3) 그렇게 손꼽는 문제와 희망하는 바가 역사연구에 반영된다는 말이다.

그런데 미래에 맞이할 21세기 당대사의 과제를 과거학인 역사학에서 미리 거론하는 것은 역사를 통해 현재를 보고 미래를 전망하는 것이 중요하기 때문이다. 그것을 역사의 현재성이라 한다. 즉, 현재할 문제가 어떤 것이냐에 따라 역사학의 향방과 내용이 달라질 수 있다는 말이다. 가령 필자가 평소에 기회있을 때마다 다국적국제인체제를 제창하였는데 그런 생각이 21세기에 인류의 일반 의지로 부상한다면 다국적국제인체제에 걸맞는 역사의식을 성장시킬 역사연구가 절로 촉진될 것이라는 말이다.

그와 같이 역사는 現在性도 가지고 있지만 또한 未來性도 가지고 있다는 사실에 유의해야 한다. 미래할 21세기에는 정보화에 몰두한 나머지 인간성을 상실할 우려가 있다. 초고속 정보를 따라다니며 살다가 보면 사람들이 理想을 꿈꿀 겨를도 빼앗기고 만다. 이상을

---

3) 조동걸, 「21세기는 개혁·통일·복지 그리고 인간주의 번영의 100년이 돼야 한다」 『역사비평』 50호, 2000년 봄호, 17~38쪽.

빼앗긴다면 인간이 人間主義 자체를 상실할 우려가 있다. 인간은 있어도 인간주의는 없는 사회가 된다. 그럴 우려가 있다고 한다면 역사는 21세기적 인간주의를 일으켜야 할 것이다. 그래서 역사학이 과거학에 머물지 않고 미래학의 성격을 갖는다고 말한 것이다.

역으로, 인류는 20세기에 이상을 과도하게 추구한 나머지 이상의 산물인 이념과 종교 등에 인간성 또는 인간주의가 짓밟히고 위축되기도 했다. 한국인은 6·25전쟁을 통하여 이념을 인간 이상의 것으로 생각하는 잘못된 버릇이 생겼다. 지금도 한반도에는 인간 위에 이념이 있다고 생각하는 사람이 많다. 그에 못지 않게 종교로 말미암은 인간 학대가 많았다. 이스라엘과 팔레스타인 문제, 보스니아 문제, 미국과 아프가니스탄 혹은 파키스탄 문제, 이라크문제, 북에이레 문제 등이 그것이다. 21세기에도 그와같은 20세기적 인간주의의 학대가 중단될 것은 아니지만, 21세기적 문명으로 말미암아 인간주의가 더욱 위협 받게 될 것이 뻔하다. 그러므로 인간주의를 강화할 역사의식과 역사교육이 더욱 요구된다고 하겠다.

Ⅲ. 南北韓 역사학자의 平壤 學術大會 參觀記[*]

2000년 6·15공동선언을 전후하여 민간인의 남북 왕래가 시작될 때 필자는 북한을 방문하고 북한에 산재한 역사유적을 언제 답사할 것인가를 두고 학수고대하였다. 1999년에 금강산을 답사하고 왔지만 그것은 단순한 등산에 불과했다. 그런 자연관광이 아니라 사람을 만나고 도시와 농촌의 모습을 보고 유적의 보존상태도 보고 싶었다. 70의 나이를 넘으면서 그런 기회가 하루라도 빨리 오기를 기다렸다. 그것을 이번에 실현한 것이다. 「월간 민족21」에서 남북 역사학자의 만남의 자리를 마련하고 참가할 것을 제의해 왔으므로 직각 응답하였다.

평양에서 남북 역사학자의 만남은 2003년 2월 18일부터 2월 25일까지 일주일간 이루어졌는데 역사자료 전시회·학술발표회·역사유적 답사의 3가지 내용으로 짜여져 있었다. 자료 전시회와 학술발표회는 일본 제국주의의 강제 인력동원을 고발하는 것으로 조(북)일회담을 앞두고 있다는 점을 감안하면 정치성을 가지고 있는

---

* 한국사학사학회, 2003, 『韓國史學史學報』 제7집, 189~214쪽에 실린 글이다.

것이다. 그러한 북측의 정치성을 남측에서 지원한다는 의미도 가
지고 있었다. 그것을 역사의 현재성이란 성격에서 보면 당연한 학
술회의이고 전시회였다고 할 수 있는데 구체적 일정은 다음과 같
았다.

18일 북경→평양; 보통강호텔·만찬

19일(평양답사); 만경대·주체탑·개선문·옥류관·모란봉(모란봉극
　　장·을밀대·칠성문·천리마탑)·대성산　혁명열사릉·애국열
　　사릉.

20일(학술회의); 인민문화궁전－주석단회의·전시회 개막·학술토론
　　회·공동성명 발표

21일(묘향산답사); 140킬로　고속도로－청천강·향산호텔·국제친선
　　전람관·보현사(사적비·서산대사비·13층탑·대웅전·수충사
　　·종각)－통일기원 타종.

22일(평양답사);　단군릉(유골관람)·보통문·동명왕릉·이문진묘·
　　정릉사·금강산판매소·옥류민예사.

23일(개성답사); 160킬로　고속도로－수곡휴게소·개성 평화의 다리
　　(판문점3킬로)·개성공업지구, 상업지구, 관광지구, 송악산 조
　　망·성균관(박물관)·야외전시장(탑들)·선죽교·자남동 민속촌
　　(전통 와가)·만월대·왕건릉·공민왕릉.

24일(신천·평양); 사리원과 재령경유·신천박물관(16개실)·102어린
　　이묘(헌화)·평양 단고기·대동강 쑥섬(통일기원비·원두막·나
　　룻배)·푸에블로호·총정리 간담회(남북공동협의체 발의)·만찬.

25일; 평양→북경→인천

　　평생 독립운동사를 공부하고 근래에는 사학사를 공부하는 필자
로서 그 모임에 참가할 기회를 갖게 되었다는 것은 큰 다행이었다.
더구나 필자는 2002년 5월 11일에 발족한 한일역사공동연구위원회
위원장을 맡아 있으므로 북한의 역사학자와 그들의 연구 현황을

살펴보고, 아울러 일본에 대한 북측의 역사적 논리가 어떤 것인가를 직접 육성으로 들어 본다는 것이 중요했다. 그렇게 보면 필자의 참관은 학술연구의 범위 이상으로 중요한 의미를 가지고 있었다. 그의 의미가 현대 사학사를 이해하는 데에도 도움이 될 것이라는 점에서 이 글을 본 학회지에 소개하여 둔다.

1. 평양의 전시회와 학술발표회

모임의 공식 명칭은 '일제의 조선인 강제연행의 불법성에 대한 남북공동자료전시회'였고, 추진위원회의 주최는 남측의『월간 민족 21』·『한국일보』· 'SBS'인데, '민족21'의 대표인 강만길 상지대 총장이 추진위원장을, 국회의원 김희선·김원웅 의원이 고문을 맡고, 역사학자 15명, 자영업자를 중심한 각계의 후원자 15명, 언론인 14명으로 일행은 모두 47명이었다. 그리고 북측에서는 '조국통일연구원'·'조선력사학회'·'조선사회과학원 력사연구소'·'국제문제연구소'·'조선일본군위안부 및 강제련행피해자 보상대책위원회'가 주최하고, 조국통일연구원이 주관하여 리종혁 원장의 책임하에 주진구 부원장이 준비위원장을 맡았다. 그리고 허종호 력사학회 회장과 사회과학원 력사연구소 정창규 소장, 리철홍 연구사, 보상대책위위원회 공명성 위원이나 그 외에도 많은 실무자가 있었다.

기록에 의하면 2001년 3월에 평양의 인민대학습당에서「일제의 조선강점 불법성에 대한 남북공동자료전시회」가 개최된 바 있었고[1] 개최 내용도 전시회와 학술발표회에 이어 남북 역사학자의 간

---

1) 李成茂,「분단 이후 최초, 남북역사학자 평양상봉」『남북이 함께하는 민족 21』, 2001년 4월호(창간호), 35쪽.

담회 등, 비슷했으므로 이번이 제2회 전시회가 되는 셈이다.[2] 제2
회 모임을 계기로 2월 24일에는 공동학술연구를 합의하고 공동연
구 기구의 발족을 발의하기도 했다. 그리고 제3회 모임도 남북 위
원장간에 합의했다고 보도되었다.[3]

1) 자료 전시회

2월 20일 평양의 인민문화궁전에서 전시회가 열렸다. 그에 앞서
9시에 주석단 회의가 열리고, 10시에 개막식이 있었다. 북쪽 위원
장 주진구의 개회 인사와 남쪽 국회의원 김원웅·김희선의 축사로
시작되었다. 자료전시회가 열린 인민문화궁전은 "김일성 주석이나
김정일 국방위원장 관련 전시회 또는 국가 정상급 인사가 참석하
는 국제회의가 주로 열리는 곳"이라 했다.[4] 회의장 3면 벽을 이용
하여 전시장을 꾸몄는데 벽면 가까이에 전시 구조물을 설치하여
공간을 최대로 활용하려고 노력한 전시였다.

제1회 모임에 참석한 남측학자는 이종학(서지학자, 단장)·이성무(국사
편찬위원장, 축사)·강만길(상지대 총장, 발표)·안병욱(가톨릭대, 발
표) 외에 참관자로 성대경(성균관대)·강영철(국사편찬위원회)·김광
운(국사편찬위원회) 등이었다.
2) 제2회 모임에 참석한 남측학자는 강만길(상지대, 발표, 단장)·강정숙
(이화여대, 발표)·정태헌(고려대, 발표) 외에 참관자로 신근재(동국
대)·조동걸(국민대)·정창열(한양대)·서중석(성균관대)·안병욱(가톨
릭대)·노경채(수원대)·고정휴(포항공대)·김기승(순천향대)·김성보
(충북대)·정창현(국민대)·김광운(국사편찬위원회)·변은진(고려대)·
조철행(고려대) 등이었다.
3) 「남북공동학술연구 분단후 첫합의」『한국일보』, 2003년 2월 27일 30판,
23쪽.
4) 『한국일보』 2003년 2월 21일 30판, 10쪽.

　　전시 내용은 일제의 징병 포스터, 탄광노동, 철도·비행장·조선소 노동에 동원된 징용과 보국대 노동현장, 종군위안부의 모집 선전물, 미국·중국에 보관되어 있는 관련 공문서, 수업을 폐지하고 노동현장에 동원된 남녀 학생들 등의 모습들이 사진으로 전시되었다. 1938년 국가총동원법이 발동한 이래 1945년까지 강제연행된 인원이 840만이었다는 커다란 게시물 아래 사진과 문서와 포스터 등이 전시되었다. 회의장은 전용 전시장이 아니므로 입체물 전시는 불가능하고 전시기법도 새롭게 시도된 것은 아니었다. 전시장에서 종군위안부로 끌려갔던 박영심(80)·진내범(79)·민성득(74) 할머니가 출두하여 증언했던 사실은 어떤 전시물의 전시 효과를 능가하는 기획이었다.[5] 박영심 할머니는 종군위안부의 대표적 사진으로 꼽히는 '임신한 위안부'의 사진 주인공이기도 했다. 천안의 독립기념관 제3전시장을 비롯하여 각처에 전시되어 있는 그는 1941년 19세에 끌려가 南京·上海·雲南 등, 일본군 따라 중국 각처 위안소를 다니다가 미군에 의해 해방되었다고 했다.

　　전시물은 2백여점의 사진과 복사물 등인데 1백점은 남쪽에서 준비한 것이다. 그것은 국사편찬위원회 김광운 박사의 노력에 힘입은 바가 컸다고 했다.

2) 남북한 학자의 학술발표

　　북에서는 학술발표를 학술토론이라 했다. 발표순은 허종호(북)·강만길(남)·리천흥(북)·강정숙(남)·공명성(북)·정태헌(남)의 순

---

5) 『한국일보』 서울, 2003년 2월 21일자 30판, 10쪽 ; 『로동신문』, 평양, 2003년 2월 21일, 5쪽.

서었는데 발표가 끝난 뒤에 공동선언문으로 「전민족에게 보내는 호소문」 발표가 있었다. 청중에는 각 연구소의 연구 인원과 김일성 종합대학 역사학부 학생들이라 했다. 형식상 특이한 것은 주석단이라고 해서 주최와 주관 기관의 대표자들을 단 위에 앉혔는데 개회식이 끝난 뒤의 학술발표시에도 주석단 인사가 위에 앉아있고 발표자는 단 아래에서 발표했다.[6] 학술 발표의 요지는 다음과 같았다.

① 허종호(조선력사학회 회장), 「일제의 조선인 강제징발과 집단학살은 조선민족말살을 노린 반인륜적 국가범죄」라는 제목으로 발표되었다. 논리의 핵심은 강제동원은 민족말살정책의 일환이라는 점, 그것이 일본정부의 정책으로 감행되고 사법적으로 보호되었다는 점, 따라서 국가적 책임을 져야 하므로 배상하라는 내용이다. 당시의 조선 인구 2천 6백만명 가운데 32.3%인 840만명이 강제동원되었다는 통계를 제시했다.

② 강만길 상지대학교 총장은 6백만명에서 7백만명이 강제동원 됐다고 하면서 1965년의 한일협정이 보상조약이 되지 못한 한계를 지적하고, 아울러 앞으로 체결될 조(북)일간의 조약은 배상조약이 되어야 한다는 점을 강조한 발표였다.

③ 리철홍 교수(사회과학원 력사연구소 연구사)의 「중일전쟁 후 일제의 조선인 강제징발규모에 대한 고찰」은 강제연행 총 840만명에 대한 종별 통계를 제시한 실증 연구이다. 그에 의하면 징병(417,000)·징용(6,090,000)·해외징용(1,686,589)·일본군 위안부징

---

6) 학술토론회가 끝난 다음에 필자에게 참관한 소감을 묻기에 개회식을 마치고 학술 발표나 토론을 시작하면 주석단이 단 아래 내려가고 발표자가 위에서 발표하는 것이 좋겠다고 말하였다. 필자도 주석단의 일원으로 단 위에 앉아 있었는데 무적 곤혹스러움을 느껴, 느낀대로 말하였다. 필자가 주석단의 일원이 됐던 것은 연령이 가장 많았던 예우로 안다.

발(200,000) 등을 합쳐 840만명이라 했다.

④ 강정숙(한국정신대연구소장)의 「일제말기 조선인강제동원의 비인도성」은 분야별 동원 실태와 노동조건의 비인도성, 종군위안부 문제, 전후처리의 부당성을 논증한 것이다. 그리고 남측에서 11년째 계속된 수요시위의 7대 요구사항을 소개하고 있다. (1) 강제연행 사실을 인정할 것 (2) 만행의 진상을 밝힐 것 (3) 일본정부의 사죄 (4) 생존자와 유족에게 배상할 것 (5) 희생자를 위한 위령비 건립 (6) 전범자 처벌 (7) 교과서에 수록할 것 등이다.

⑤ 공명성(보상대책위원회 위원) 박사의 「조선인 강제징발자들에 대한 피해보상은 회피할 수 없는 일본의 국가적 의무」는 일본의 배상책임을 규명한 내용이다. 중세기적 노동입법으로 감행된 강제동원이었으므로 배상은 국가책임이라는 기본 관점을 설명하였다. 그것을 각종 국제조약을 제시하며 서술하였다.

⑥ 정태헌(고려대) 교수의 「일제의 반인륜적 조선인 강제노무동원과 임금탈취」의 논문은 가장 구체적이고 실증적이면서 주장이 명료한 발표였다. 먼저 연구사를 간단히 소개하고 식민지 재정금융기구를 매개로 한 자금수탈상을 논증하면서 식민지 산업화를 말하는 일부 학자의 주장을 반박한 다음에, 일본의 국가와 재벌의 유착 산물로서의 강제동원과 규모를 분석하고, 동원의 폭력성과 강제성, 노동현장의 폭력성과 반인륜성, 노동임금의 탈취상 등을 사례별로 소개하였다. 그리고 마지막에 강제동원을 오늘 어떻게 보아야 하는가를 규명했다.

이상의 논문 발표는 남북 학자가 한자리에 모여 발표했다는 점에서 각별한 의미를 갖는다. 남북간에 다소의 의견 차이가 있다고 하더라도 일본 제국주의와 전시수탈에 대한 비판 논리는 남북이 공유한다는 점을 확인하는 학술회의였다. 강제동원의 규모 분석도 비슷한 통계였다.[7] 필자가 1985년에 「日帝 말기의 戰時收奪」이란 논문을 쓰면서 집계한 것도 크게 다르지 않았다.[8] 연구자마다 수십만명의 차이가 생기는 것은 자료때문이므로 걱정할 것은 아니다.[9]

다만 한가지 지적할 것은 '徵發'이란 용어에 관한 것이다. 징용과 같은 노무자 차출에는 징용과 징발과 여자정신대와 보국대 등이 있었다. 그와 같이 징발도 국민징용령에 따른 것이긴 해도 행정상으로는 징용과 구별되고 있었다. 행정상으로는 일반 노무자의 차출을 징용이라 했고, 전선 노무자의 차출은 징발이라 불렀다. 징용자는 도·군·면까지 인원을 배정하면 면에서 차출자를 선발하였다. 전선 노무자인 징발자는 대상자와 평소의 앞면 때문에 面에서 차출할 수 없다고 해서 郡에서 직접 차출하였다.[10] 그와 같이 징발이란 용어는 일제의 강제동원의 경우에는 일반 용어가 아니라 노

---

7) 발표 중에서 강제동원 규모에 대한 구체적 분석은 북측에서 리철홍 교수의 발표에 이어 남측의 정태헌 교수의 발표에서 상론되었는데 리철홍 교수는 840만명을, 정태헌 교수는 노무자 7.516.243+군인 군속 363.465 =7.879.708명+여자정신대(20만명?)=약 808만명으로 비슷한 집계라 할 수 있다.

8) 조동걸, 1985, 「日帝末期의 戰時收奪」『千寬宇先生還曆紀念韓國史學論叢』, 정음문화사 ; 1993,『韓國民族主義의 발전과 獨立運動史研究』, 지식산업사, 157쪽.

9) 일본은 1945년 8월 15일 연합국에 항복하면서 닥쳐올 전쟁보상을 겁내어 군수성과 후생성에 있는 강제 인력동원에 관한 문서를 모두 불태워 없앴다. 그러한 사실을 조선총독부에도 연락하여 조선총독부에서는 8월 16일 소각하였다. 그러므로 그에 관한 연구에서 인원을 집계한 것은 산발적 각종 문서를 통한 것이므로 일정하지 않다. 일본은 강제동원과 노예노동이나 성적 희롱이라는 2중 범죄를 자행한 위에, 증거를 소각 인멸했다는 3중 범죄를 감행한 것이다.

10) 조동걸, 앞의책, 147쪽.

무자의 종별 용어 즉, 전선 노무자를 가리켰다는 점을 지적해 둔다.

3) 공동 호소문 발표

공동호소문은 현장에서 얻지를 못하여 『로동신문』(평양)에 소개된 것을 그대로 옮겨 놓는다. 제목은 「북과 남, 해외의 온 민족에게 보내는 호소문」이라 표기되어 있다.[11]

"우리 북과 남의 력사학자들은 3·1인민봉기 84돐을 앞두고 평양에서 일제의 조선인 강제련행의 범죄성에 대한 북남공동자료전시회와 토론회를 가지고 이 호소문을 발표한다.

지난 세기 일제는 장장 40여년간의 식민지통치기간에 조선의 청장년들을 강제징발하여 마소보다 더한 노예노동을 강요하였으며 태평양전쟁 터에 대포밥으로 내몰아 귀중한 생명들을 앗아갔다.

뿐아니라 이 세상 어디에서도 들어본적 없는 『위안부』제도를 국가정책화하여 우리 여성들을 일본군의 성노예로 닥치는대로 끌어다 짓밟고 참혹하게 죽였다. 최근에 일제의 정부문서를 재조사한 결과 조선인 강제련행자수가 840만여명에 달하였다는 력사적 사실이 새롭게 밝혀져 북과 남, 해외의 온 민족은 더욱 참을 수 없는 분노를 끓고 있다.

누구도 부인할 수 없는 이 력사적 사실 앞에서 일본은 죄많은 과거에 대한 반성은커녕, 력사를 왜곡하고 더욱 로골적으로 『야스구니진쟈』참배에 매여달리고 있으며 군국화와 해외팽창에 열을 올리고 있다.

더욱이 조일평양선언에 명기된 일본의 과거청산 공약의 리행에 대해서는 일언반구도 없이 사죄와 보상을 회피할 목적밑에 일본총리의 평양방문시 본질상 다 해결된 몇명의 『랍치자문제』를 가지고 더욱 요란스럽게 떠들어대고 있다.

일본은 인류력사상 가장 악랄한 강제련행범죄국가로서 『랍치자문제』를 들고나올 그 어떤 체면도 자격도 없다.

우리 북과남의 력사학자들은 북과남, 해외의 모든 동포들이 일본의 철면피한 범죄행위를 우리민족에 대한 참을수 없는 모독으로 준렬히

---

11) 『로동신문』, 2003년 2월 21일 5쪽.

단죄 규탄하며 지난 시기 일본이 감행한 전대미문의 비인간적, 비인
륜적 범죄에 대한 사죄와 보상을 철저히 받아내기 위한 전민족적 운
동을 힘있게 벌려나갈 것을 열렬히 호소한다. 우리는 이 정당한 호소
에 온 민족과 세계 진보적인류가 적극 호응해 주리라는 확신을 표명
한다.”

　일제의 조선인 강제련행의 범죄성에 대한 북남공동학술토론회 참
가자 일동

2003년 2월 20일 평양12)

2. 평양의 역사학자들

　평양의 역사학자라면 먼저 백남운·김석형·박시형·최익한·
도유호·한흥수·김광진·이청원·전석담·이능식·김일출·
김사억·임건상 등, 서울에서 활약하다가 해방 후에 월북한 학자
를 먼저 생각하기 마련인데13) 그들은 모두 작고하였다. 백남운·
김석형·박시형은 그의 무덤이 애국열사릉에 있는 것을 확인하였
다. 그와 같이 해방 제1세대 학자들은 모두 가고 필자가 평양에서
만난 학자는 해방 제2세대의 인물들이었다. 제1세대 학자들은 도
유호·한흥수처럼 동유럽에 유학한 인물을 제외하면 거의 일본이
나 서울에서 학교를 다닌 사람이었는데 제2세대 학자들은 거의 중
국이나 평양에서 공부한 학자들이었다. 그들에 대하여 자세한 것
은 알 수 없지만 만났을 때의 인상을 전해 둔다.

---

12) 이 「호소문」은 그로부터 며칠 뒤에 서울에서 남북학자와 남북종교인들
　　에 의해 3·1절 기념행사로 열린 「2003 평화와 통일을 위한 3·1민족대
　　회」에서 다시 채택되었다는 말을 들었으나 필자가 참석하지 못하여 분
　　명한 것은 알지 못한다.
13) 조동걸, 1998, 「해방 후 한국사연구의 발흥과 특징」『現代 韓國史學
　　史』, 나남출판, 319쪽.

1) 평양에서 만난 학자들

① 리종혁(68세) 조국통일연구원 원장 겸 아세아태평양평화위원회 부위원장을 먼저 손꼽을 수 있다. 최고인민회의 대의원으로 이번 평양대회를 총주재하였다. 들은 바로는 김일성종합대학교 역사학부를 나와 역사 논문으로 박사학위를 취득하였다고 했다. 학계에 머물지 않고 외교관으로 활약하였는데 프랑스주재 유네스코 전권공사, 로마주재 FAO대표 등, 주로 유엔을 중심으로 유럽 각국에서 활동했다고 들었다. 그는 유명한 소설가 이기영의 아들이라 했다. 국제 신사의 인상이면서 언동이 깔끔하고 분명했다.

② 주진구 북측 준비위원장은 조선력사학회 위원이면서 조국통일연구원 부원장을 맡아 있는 활동가이다. 이번 행사를 현장에서 지휘한 실무 책임자였다. 누구에게나 친숙감을 주기 때문에 남측 학자들과 쉽게 어울렸다. 처음부터 떠날 때까지 밤낮 함께 생활하였다. 홍남이 고향이라고 들었다. 평양에서 만난 며칠 뒤인 3·1절에 서울에서 만나기로 약속하고 헤어졌는데 집안에 상고가 있어 내가 맞지를 못하여 무척 미안하게 되었다.

③ 허종호 조선력사학회 회장은 명실 공히 북한 역사학계를 대표한 학자이다. 남쪽에도 널리 알려진 학구파 인물이다. 그의 전공인 조선후기사의 저술이 남한 학계에 소개되어 있고, 2002년 8·15에 워커힐에서 개최된 '8·15 민족통일대회'에서 「독도영유권 수호와 일본의 과거청산을 위한 우리민족의 과제」의 학술대회에서 선생이 발표한 「독도는 그 누구도 침범할 수 없는 조선의 신성한 영토이다」라는 논문은 『역사비평』 2002년 겨울호에 실려 있다. 필자와는 1932년생의 동갑내기여서 남다른 친숙감을 가지고 대화를 나

누었는데 온화한 성품이라는 것을 직감할 수 있었다.

④ 정창규 사회과학원 력사연구소장은 발표도 하지 않았고, 저술을 소개 받은 것도 없었기 때문에 깊이 알지 못한다. 얌전한 외모가 인상적이었는데 학술토론회 끝에 발표한 공동 호소문을 읽었으므로 그의 당찬 일면은 인상적이었다.

⑤ 리철홍·공명성 교수와 이유선 연구원은 비교적 젊은 편이었고, 앞에서 발표를 소개한 것외에 별도로 사귈 기회를 갖지 못하였다. 이유선 연구원은 필자가 한일역사공동연구위원장이라는 사실에 관심을 가지고 있는 것으로 보아 조일협회 같은 기구에 관여하는 것이 아닌가 하고 생각되었다.

⑥ 행사가 진행 중이던 24일 저녁에 당사연구소 류정 부국장과 김석준 과장의 방문을 받았다. 리광 당사연구소 상임부소장이 지방출장 중이어서 방문하지 못하고 전화로 안부를 전한다고 말했다. 그들은 모두 2002년 11월에 하르빈에서 국사편찬위원회가 주선한 학술대회에서 만난 학자들이었다. 방문이 고마왔고 당사연구소의 간부 학자들이어서 자유롭게 방문할 수 있다고 추측되었다.

2) 기억나는 학자들

해외에서 잠시잠시 만난 인사를 모두 소개할 이유가 없다. 또 만나지는 못해도 서로 이름을 알고 안부를 전하는 인물도 있는데 그들도 여기서 거명할 이유가 없다. 여기서는 2002년 10월 24일부터 30일까지 만주 일대의 역사 유적을 답사하고 하르빈에서 원로 학자인 김우종교수의[14] 주관으로 열렸던 국제학술회의에 북한에서

───────────────

14) 김우종 교수(76)는 조선족 동포학자로서 목단강 일대에서 민족해방운

10명의 학자가 참석했는데 그들도 근현대사 연구의 핵심 인물 같았으므로 기억나는대로 소개해 보기로 한다.

① 리광(57) 당사연구소 상임부소장은 2002년 10월 24-30일 하르빈에서 흑룡강성 사회과학원 주최, 한국 국사편찬위원회 주재로 열린 항일역사국제학술연토회에 북측 단장으로 참석하였을 때 만났다. 그때 남북학자 각각 10여명씩 참석하여 동녕현성·동경성·발해진·목단강시·하르빈 등지의 유적을 답사하며 여행하는 가운데 친숙해졌다. 리광 단장은 책임감이 강하면서 예의를 존중하는 인물로 기억된다. 필자가 일정을 다하지 못하고 중도에 귀국했는데 그때 호텔 밖까지 나와 정중히 전별하는 태도가 고마워 인천 공항에 도착하자마자 전화로 귀국 인사를 했다.

② 류정(62) 사회과학자협회 부국장에 대해서는 앞에서 언급한 바와 같이 이번 평양에 머무는 동안 방문하여 서로 반갑게 만났고, 남종학(57)·리명호(40) 처장은 술자리에서도 말수가 적고 점잖은 인물이었다.

③ 정치건(51) 김일성대학 역사학부장과 홍종일(48) 역사학부 교수는 대학교수답게 학구적이었다. 정치건 부장은 대범하면서 대단히 부드러운 인격자였다. 학문 대담을 좋아하고 무엇을 물으면 간단 명료하게 대답하였다. 내가 어떤 문제에 대하여 설명하면 그대로 듣는 것이 아니라 어느 자료에 근거한 이야기인가를 묻는 실증

동에 몸바친 아버지 형제의 영향을 받아 일찍이 운동전선에 투신하였다. 1950년 6·25전쟁 전후에는 목단강중학교와 흑룡강성 당간부학교에서 교편을 잡았고, 중앙에 차출되어 북경에서 활동하기도 했다. 그러한 인연으로 1990년을 전후해서 흑룡강성 당사연구소장을 지내면서 조중 관계를 발전시키면서 한중관계 성립에도 적지 않게 기여를 하였다. 평양과 서울을 자주, 그리고 자유롭게 드나들며 학술교류에 이바지한 바도 컸다.

성과 과학성을 중시하였다. 작년에 하르빈에서 약속한대로 해방
후 북한에서 출간된 문석준의『朝鮮歷史』와『朝鮮史研究』의 복사
본을 허종호선생을 통해 전달하고 왔다.

④ 송동원(51) 사회과학원 혁명사연구소 소장은 누구에게나 호
감을 주는 팔방미인이면서 장난꾸러기의 인상이 남아 있다. 필자
가 술을 잘 마시니까 독주 컵을 평양 특주라고 권하기에 단숨에 마
셔, 그의 장난을 받아 주었다. 헤어지는 것을 아쉬워한 눈가의 자
색이 기억에 남는다.

⑤ 김경숙(41)·박금순(38) 가운데 김경숙 사회과학원 철학연구
소 실장은 윤리를 전공한다기에 현대사회와 윤리의 기능에 대하여
말해 주었고, 박금순 김일성대학 역사학부 교원은 현대사를 공부
하면서 김정숙의 일생에 대하여 관심을 가지고 있다고 했다. 젊은
연구자답게 모두 얌전했다.

3. 역사유적 기행[15]

강단을 지킬 때는 학생들에게 통일이 멀지 않다고 말했으면서도
통일은 커녕, 여행조차 어려울 것으로 생각했다. 그래서 중국을 통
해 압록강을 건너보고 통일을 기원했고, 두만강가에 서서, 혹은 백
두산에 올라가 통일을 외쳤다. 러시아 연해주에서 두만강 철교를
볼 때는 남의 땅에 와서 내땅을 보아야 하는 우리의 처지를 자책하
며 가슴을 쳤다.

---

15) 여기의 기행문은『민족21』2003년 4월호에 발표할 것으로 약속하고 원
　고를 제출한 것이다.『민족21』4월호가 나오기 전에 그 원고를 보완하
　여 여기에 싣는다.

그런 북녘 땅을 이번에 다녀왔다. 2003년 2월 17일에 떠나 북경을 거쳐 평양으로 갔다. 평양 북쪽 140㎞의 묘향산까지, 남쪽으로 160㎞의 개성과 90㎞의 신천까지 답사하고 25일에 돌아왔다.『민족21』의 신준영 편집장과 김기헌·유수 기자의 솜씨있는 추진에 힘입어 값진 여행을 마칠 수 있었다. 북측의 아세아태평양평화위원회 리종혁 부위원장과 주진구 북측 대표단 단장, 그리고 조선역사학회 회장 허종호선생을 비롯한 관계자 여러분의 친절한 배려 덕분에 유익한 여행을 하였다. 북녘에 머무는 동안의 일정은 머리말에서 소개한 바와 같았다.

1) 평양의 전통유적과 혁명유적의 조화

18일 순안공항에 내려 보통강호텔에 짐을 풀고 환영회에 참석하고 따로 카페에서 술을 하면서도 이상하게 평양에 온 것 같은 감격이 일지 않았다. 내내 한방을 사용한 정창열교수에게 묻고, 젊은 교수들에게도 말을 했더니 그들은 흥분해 있다고 했다. 지금 생각해 보아도 알 수 없는 일이었다. 그런데 이튿날 평양을 답사하면서는 달랐다. 곳곳에서 흥분을 느꼈다.

평양은 고조선과 고구려의 수도였고, 고려와 조선시대에는 제2의 도시로 문물교류의 중심지였고, 지금은 조선민주주의인민공화국의 수도이다.[16] 그러므로 전통 유적과 혁명유적이 공존한 도시이다. 대동강 언덕에 자리한 모란봉 일대는 자연·문화·유흥의 관광 3요소를 집약해서 갖추고 있어 예부터 시인 묵객의 발길이 끊이지 않았다. 넝(절벽) 끝에 앉아있는 을밀대의 현판 글씨부터 수

---

16) 지금의 평양시는 과거의 중원군·상원군·강동군 등을 아우른 구역으로 대단히 넓다.

도사의 마음이라 해도 흔들어 놓고 만다. 잠시 머물었는데 장구소리가 들리는 듯 했다. 그러다가 멋진 오솔길을 거닐며 모란봉극장에 이르면 여러 가지 정치사를 연상하게 되어 마음이 엄숙해진다. 특히 1948년 4월 19일 개최된 남북정당 사회단체 대표자연석회의 때 남쪽에서 김구·김규식·조소앙·홍명희 등의 대표자가 올라와 분단을 막아볼려고 안간힘을 쏟던 바로 그곳이 아니던가? 그때 안동의 김형식(월송)이[17] 노구를 무릅쓰고 임시의장을 맡아 역사의 물길을 잡았던 곳이기도 해서 눈이 떨어지지 않았다.

오늘날의 남북교류가 그때의 교류와 다를 바 없다. 그래서 남북협상을 추진한 김구와 김규식이 날이 갈수록 각광을 받고 있는 것이다. 그들의 발자취를 찾아 기어코 쑥섬에 가 보았던 것도 통일의지를 다지고 재촉하고픈 마음에 다름 아니었다. 대동강 한 가운데 있는 쑥섬에 갔던 것은 2월 24일 오후였다. 연석회의에 참가한 단체와 참석 대표자 명단이 새겨진 「통일기원탑」이 서 있었다. 4월 26일에 김구·김규식·김일성·김두봉이 4김회담한 원두막과 앉았던 자리도 원형을 복원하여 보존하고 있었다. 반갑고 고마웠다. 4월 30일의 공동성명도 여기에서 이룬 것이라고 생각할 때 흥분을 가라앉힐 수가 없었다. 그런데 왜 눈물이 흐를까?

평양 답사니까 전통과 근현대가 아우러진 모란봉 이야기부터 했는데 답사는 아침에 만경대 김일성 생가부터 시작하였다. 원채는

---

17) 金月松은 경북 안동군 임하면 천전리 출신이다. 1910년 대한제국이 멸망하자 아버지 金大洛(貫西·白下)을 모시고 서간도 三源浦로 망명하여 독립운동에 헌신하고, 1930년대에는 하르빈 동쪽 聚源昶(지금의 巨源)으로 이동하여 민족교육과 독립동맹 지하활동을 전개하던 중에 1945년 해방을 맞았다. 해방 후에 북으로 가서 혁명자후원회 위원장을 맡았다가 1948년 연석회의 때 임시의장을 역임하였다(趙東杰, 「月松 金衡植의 一代記」『傳統名家의 近代的變容과 獨立運動 事例』; 2000, 『大東文化研究』 36, 성균관대 대동문화연구원, 452쪽).

겹집이고 아래채가 따로 있는 중농 가정의 초가집이었다. 반다지 등의 가구를 보나 다양한 농기구들을 보나, 중농 가정의 꾸밈새였다. 하기는 아버지 김형직과 외숙들이 1910년대에 소학교 교원이었다면 중농 여부간에 중산층 가정환경에서 자란 김일성의 성장기였다. 발달심리학으로 볼 때 그것이 처변의 자산이었을 것이고 또 50년 집권을 가능하게 한 자질의 기초일수도 있다. 새로 생겼다는 만경대 매점에서 기념품을 사 들고 주체탑으로 향하였다.

가는 길에 좁은 길이기는 해도 차가 약간 밀린 것을 보고 이것이 변화의 조짐이 아닐까 두리번거리게 했다. 높이 170미터의 주체탑에 올라갔으나 안개가 심하여 한치 앞도 볼 수 없어 서둘러 내려왔다. 대동강물에 손을 씻고 개선문에 왔을 때 누가 문위에 새겨진 「김일성 노래」를 들은 적이 있느냐고 묻기에 나는 6·25때 의용군에 동원됐으므로 부를 줄도 안다고 했다. 함께 의용군에 갔던 조주경이 내가 도망칠 때 그는 북상하여 김일성대학 수학교수로 명성을 떨쳤는데 몇 년전 이산가족 상봉 때 서울에 내려와 화제를 모았다. 그의 안부를 물으니 세상을 떠났다고 한다. 아! 그럴수가 … 그의 명복을 빌면서 생각했다. 우리가 경북 영양 산골에서 태어나 구절양장의 생애를 살아왔다. 그래도 나름으로 길을 닦으며 70여생을 살아온 인생이 아닌가. 이제는 서로를 다독이며 옛 이야기할 때가 됐는데 그대는 훌쩍 저승으로 갔는가! 언제나 그대가 나의 앞을 갔지, 애모의 감정이 북바쳐올라 고향노래를 중얼거리다가 얼른 눈을 감았다. 조주경외에도 조○철, 리○달 등, 이번에 몇 사람의 소식을 알아낸 것이 또 하나의 소득이었다.

자동차는 혁명열사릉으로 갔다. 대성산 중턱에 평양 시가를 한눈으로 내려다보는 명당에 최용건 · 김책 · 허형식 · 최현 · 오진우 등, 131위가 누워 있다. 여기저기를 돌면서 있을법한 사람의 무덤을 찾다가 나중에 명단을 통해 보기로 하고, 애국열사릉으로 가는 차에 올랐다. 571기의 묘소란다. 김규식·조소앙·윤기섭·조완구 등, 6·25때 납북인사가 남쪽에서 온 길손들을 맞아준다. 나는 백남운·이극로·김석형·박시형 등의 선학의 묘소를 찾아 참배하고 김월송을 비롯한 몇 사람의 무덤에서 오늘의 감격을 사진에 담았다. 거기에 유물론사학을 개척한 문석준과 계봉우의 무덤도 있었으면 좋겠다고 생각했다. 그때 누가 심미리와 삼석구역 특설묘역에 있는 안재홍·정인보·조헌영 같은 분도 애국열사릉으로 이장할 것을 건의했다고 말했다.[18]

평양의 무덤 이야기라면 아무래도 단군릉과 동명왕릉을 빼놓을 수 없다. 일행이 단군릉을 찾은 것은 22일 봄비가 내리는 우중이었다. 들판에 사람들이 몰려나온 것을 보면 그 동안 가물었던 모양이다. 무더기 무더기로 모여 일하는 것은 협동농장 작업이라는 것을 의미할 것이다. 단군릉을 찾으니 동북으로 뻗은 성천으로 가는 길, 살구나무 가로수의 국도 근방에 있었다. 평양시 강동군 문흥리 대박산 기슭이다. 나는 다행스럽게도 특별관람의 기회를 얻어 관속에 있는 5011년전의 유골까지 보았다. 몇 점의 유골을 근거로 인체골격을 복원해 놓은 것이 신기하게 보였다. 워낙 알려진 이야기이므로 거듭 소개하지 않지만 여러 가지 유인물까지 검토한 끝에 나는 「傳 단군릉」이라 했으면 좋을 것이라고 충고했다. 귀담아 듣는 것 같았다.

동명왕릉의 경우는 좀 다르다. 풍수지리설이 들어오기 전의 무덤들인데도 만산조배형으로 멀리 보이는 안산이 남달라 보였다. 원찰인 定陵寺의 유래가 궁금했다. 뒤편 수십기의 고분군은 듣기

---

18) 신준영, 「평양시 신미리 재북통협 특설묘지」『민족21』 2002년 7월호, 20~27쪽 참조.

와 달리 모두 주인을 찾아 비석을 세워 두었다. 혼자서 여기 저기를 다니다가 뜻밖에 「태학박사 이문진(李文眞)의 묘」를 만났다. 역사학도로서 특히 사학사를 공부하는 나로서 운명적인 만남인양, 만남 자체가 의미심장하게 생각되었다. 반가운 나머지 소리를 쳤더니 산울림으로 번져 정막을 깼다. 사고가 난줄 알고 몇 사람이 뛰어왔다. 우리나라 최초의 역사교수의 무덤을 만났는데 역사교수인 내가 소리치지 않을 수 없었다고 했다. 그리고 묵념을 올리자고 했다. 일행이 머뭇거리자 나는 제사 때 지방을 써 놓고도 절을 하는데, 왜 돌 비를 보고 머뭇거리느냐고 묵념을 독촉했다. 일동은 경건하게 고개를 숙였다. 그리고 "1천 4백년이 지난 후학들이 올리는 추도를 받으소서"라고 속삭이듯 말했다.

2) 묘향산 산향에 넋을 빼앗기고

20일 학술회의에서 격앙된 분위기를 깔아 앉힐 겸, 21일에는 묘향산 관광에 나섰다. 평양에서 묘향산까지 140㎞의 여정이다. 아침 8시에 호텔을 떠나 시내의 출근 인파를 뒤로하면서 북으로 뻗은 고속도로에 들어섰다. 숙천・문덕・안주를 지나 半程 70킬로를 왔는데 청천강이 나타났다. 나는 1945년 해방을 맞자 제일 먼저 배운 노래가 「용진가」였으므로 "한산도에 왜적을 쳐서 파하고 청천강에 수병 백만 몰살하옵던 이순신과 을지문덕 용감법대로 우리들도 그와 같이 원수 쳐보세"의 가사에 등장한 청천강에 이르자 어릴때부터 눈익은듯이 반가웠다. 개천군을 지나 영변・구장 땅으로 올라가면서 차는 만포선 철도와 거의 평행으로 달렸다. 줄곧 청천강변을 돌고 돌면서 향산까지 올라갔다. 얼음 사이로 흐르는 강물도 샘물처럼 맑았다. 나는 코소리로 용진가의 제3절을 불렀다.

묘향산은 원래 영변군이었는데 지금은 향산군으로 분할되었다. 산어귀에 도착한 것은 정각 10시. 먼저 국제친선전람관으로 안내를 받았다. 김정일 위원장이 국제적으로 받은 선물을 진열해 두었다. 다른 곳은 수리 중이어서 공개하지 않았다. 그런데 남쪽에서는 국가 원수들의 것을 어떻게 했을까? 향산호텔의 점심에서 돌버섯 무침을 맛있게 먹고 오후에는 고려 때의 명찰 보현사로 갔다. 김부식이 찬하고 인종의 전서에, 명필 문공유가 썼다는 사적비를 먼저 보았다. 임진왜란 때 불교를 중흥시킨 서산대사비와 9층탑을 보고 대웅전 마당에 들어서니 13층석탑과 대웅전 지붕의 조화가 눈을 황홀케 했다. 거기에 안내원 아줌마의 음담패설까지 섞은 말솜씨에 모두들 넋을 잃고 말았다.

나는 酬忠祠에 둘러 특별 헌금하고 서산대사와 사명대사의 영정 앞에 묵념을 올렸다. 그리고 평소에 내가 즐겨 읊는 서산대사의 시 "踏雪野中去 不須胡亂行 今日我行跡 遂作後人程"을 외었다. 그리고 발길을 옮기면서 순간의 심정을 세 토막의 노래로 남겼다. 금강산 유점사에서 옮겨왔다는 범종을 울릴 기회까지 얻고 보니 서툰 노래라도 남기지 않을 수 없었다.

> 묘향산 산내음에 가슴 적시고
> 큰스님 길따라 산문을 들어설 제
> 때 이른 철새들이 나그네를 맞는고야
> 오냐 너의 노래에서 독경소리 찾으라나
> 거기에 극락이 있는줄 왜 진작 몰랐던고
>
> 보현사 뇌등에 눈보라가 잠자는 동안
> 골짜기 바위틈에선 봄이 흐르네
> 13층탑 풍경소리 밤인낭 우는것은
> 산향에 취한 손님 발길을 잡는걸까

그러나 어쩌랴! 며칠을 쉬다 가고파도 그러나 어쩌랴
수충사에 담긴 정성 지금이라 다를손가
대사의 유시를 외우며 범종을 울렸다네
맑고 높은 소리 고금이 없구려 궹~궹~궹~
남북도 없는 소리 또 궹~궹~궹~
통일의 염원이로소이다. 온 누리에 퍼지소서

3) 개성, 산천은 의구한데 전각조차 간데 없네

개성은 고려의 수도로서 조선왕조의 교체 무대였고, 송악·송도·개경으로도 불리었다. 해방 후에는 38선 이남으로 남쪽에 속했다가 1953년 휴전협정으로 북쪽 땅이 되었다. 지금은 남북 공동으로 개성공단을 개발하고 있다. 평양에서 160㎞ 남쪽에 위치하고 휴전선 판문점에서 직선으로는 6㎞ 정도의 거리에 있다. 휴전전에는 경기도에 속해 있었으나 현재는 황해남도 남단에 위치한 직할시이다. 개성직할시 안에는 개성시·장풍군·개풍군·판문군이 있었는데 지금은 판문군을 없앴다. 북쪽 금천에서 흐르는 예성강이 서쪽으로 배천·연백·개풍일대의 평야를 만들고, 강화도 북쪽 한강 어구로 흐르기 때문에 하류에 발달한 碧瀾渡는 예부터 개성의 문호로서 수운과 해운에 기여한 바가 컸다.

필자는 2003년 2월 23일 아침 8시5분에 평양을 출발하였다. 반정에 있는 서흥 수곡휴게소를 지나자 평산군에 이르렀는데 평산이라는 지명답지 않게 높은 산이 많았다. 성불사가 있는 정방산을 지날 때는 계속되는 터널에 모두 혀를 돌리고 눈을 돌렸다.[19] 마지막에

---

19) 터널 이름을 보니 지명을 따른 것도 있고, 소망하는 바에 따라 지은 이름도 있었다. 가창·양암·충효·서봉·문암·삼룡·부흥·주포·룡궁굴 등, 터널 이름이 다양하였다.

옥천굴과 예성굴을 지나자 개성 32km의 이정표와 함께 굽이쳐 흐르는 예성강이 나타난다. 상류인데도 강폭이 넓은 것을 보고 예성강의 수운이 발달한 이유를 알 수 있었다.

개성시가지를 왼쪽으로 보면서 판문을 4km 앞둔 「평화의 다리」에 왔는데 개성시 외사국장이 마중을 나왔다. 거기에서 서쪽으로 공업단지, 동쪽으로 상업단지, 동북쪽 송악산 아래 발달한 본시가지는 관광단지로 개발한다고 했다. 이틀전에 서울의 현대회사와 합작하여 공업단지 예비조사가 있었다는 소식도 전해 주었다. 외사국장의 안내로 일행은 본시가지로 이동하였다. 먼저 고려 성균관에 설치한 박물관을 관람했다. 1천여점의 전시물 가운데 금속활자 관계와 도자기가 많은 것이 특징이었다. 그런데 보관상태가 느슨하여 걱정이었다. 앞으로 자본주의 국가들과 교류하자면 지금의 관리방법은 고쳐야 한다는 것이 이구동성이었다. 공산주의 사회에서 살면 사람이 정직한 반면 게으른 단점을 갖기 쉽고, 자본주의 사회에서 살면 사람이 부지런한 반면 거짓을 일삼기 쉽다는 것을 설명할 방도가 없었다.

뜰에 낙엽송이 심어져 있어 은행나무나 후박나무로 바꿀 것을 권했다. 야외전시장의 탑동3층탑·현화사비·현화사7층탑·흥국사석탑·불일사5층탑·개국사석등을 보고 선죽교로 내려왔다. 그래도 박물관 진열품이나 야외 전시물이 국제조직에 의해 도난 당할 것같은 불안감이 떠나지 않아 뒤돌아보고 또 뒤돌아보았다.

선죽교는 포은 정몽주가 이성계·이방원 부자에게 정치 테러를 당하여 순절한 곳이다. 길이 6.67m, 너비 2.54m에 불과한 작은 다리지만 큰 의리를 싣고 있는 곳이다. 정조때 정호인이 선죽교 둘레에 낭간을 설치하여(1780) 통행을 금지하고 옆에 통행 다리를 따로 설치하였다. 한석봉이 썼다는 「선죽교」 비석과 영조의 송덕비가

눈길을 끌었다. 이왕 선죽교라 이름한다면 대나무숲을 만드는 방
안도 생각해 볼만했다. 선죽교 서북쪽 뒷동산이 자남산인데 개성
의 달맞이 놀이동산이다. 복판에 김일성 동상이 서 있고, 숭양서원
과 선죽교표충비가 서남 기슭에 있다. 뒤에는 각종 경기장이 있어
휴일을 즐기는 젊은이가 득실댄다. 자남산 서쪽이 자남동 민속촌
이다. 옛 마을처럼 전통 기와집으로 가득차 있다. 민속촌 백송식당
에서 점심 식사를 했다. 모두 구첩 유기반상기의 독상을 받았다.
한상에 얼마를 받는지 몰라도 품삯만도 적지 않을 것이다. 음식은
역시 좋았다. 개성의 명물인 보쌈김치는 우리집의 것보다 뒤지는
듯 했다. 그러나 꿈만 같은 개성에서 받은 독상이라 맛있게 먹었다.
　수저를 놓기 무섭게 송악산 기슭으로 올라가 고려 왕궁 만월대
를 둘러보았다. 滿月臺의 본전인 延慶宮은 고려말 홍건적의 침입
때 소각 당했다. 만월대 안팎에 27개의 궁궐과 24개의 전각이 있었
는데 현재는 첨성대만 덩그렇게 남아있다. 원천석이 "산천은 의구
한데 인걸은 간데 없네"라고 읊을 때는 궁전들은 남아 있었던 모
양인데 지금은 전각조차 간데 없다. 그런 환경에서 자란 개성인들
에게 문화 민족주의가 남달리 솟구쳤고, 문화주의가 왕성한 개성
의 향풍을 낳은 것이 우연이 아니리라. 일제 하에서 동경제국대학
경제학과를 나와 온갖 유혹을 물리치고 고고 미술에 종사한 이가
있었다는 것도 그것을 말하고 있다. 고유섭·황수영·진홍섭이 그
들이고 김택영·이종근·공진항·이선근도 개성 출신이다. "황성
옛터에 밤이 드니 월색만 고요해"라고 애상에 젖은 노래가 퇴폐의
씨앗을 낳았다는 말도 있기는 하다.
　차를 재촉하여 숭양서원과 남대문을 차중에서 보고 박연폭포와
인삼밭이 펼쳐져 있는 동북쪽으로 갈까, 서쪽의 공민왕릉과 왕건
릉으로 갈까, 의논할 겨를도 없이 차는 서쪽으로 달렸다. 남대문에

서 3.5㎞의 왕건릉(顯陵)에 도착한 것은 오후 3시. 1993년에 개축 정비했다는 개건비가 있는데 양쪽에 문인상과 무인상이 있는 것은 고증이 잘못된 것 같다. 그때는 과거제도 실시전이므로 문관·무관의 구별이 없었을 터이니 말이다.

봉명산에 자리한 공민왕릉(玄陵)을 찾았을 때 정면으로 보이는 문필봉의 절묘함과 전체 형국의 수려함에 감탄하지 않을 수 없었다. 쌍둥이 모양의 쌍분이 미술을 모르는 나그네도 오묘한 조형미에 취해 감탄사를 연발하였다. 무덤의 병풍석 둘레돌의 12지신 조각들이 사람의 눈길을 자꾸만 끌어당긴다. 전쟁틈에도 여기는 총알 하나 지나질 않았다고 한다. 공민왕은 1365년에 왕비인 노국대장공주가 죽자, 진두지휘하여 7년간에 걸쳐 쌍분을 만들고 왕비를 묻은 2년 뒤에는 자신도 옆 무덤의 주인이 되었다는 것이다. 멋있는 사나이라고 말하면 공산주의 사회인 여기서는 반동이라 할까? 왕비의 무덤은 正陵이라 했는데 그 여자는 공민왕뿐만 아니라 당대 남자들이 입을 모아 칭송한 것 같다. 그때의 명신 이색이 "正陵歲時馬蹄集 玄陵歲時人跡絶 蒼蒼松樹擁雙墳 殿角風琴洒飛雪"이라 했다. 무덤 안에는 고구려 양식을 받아 천체를 그리고 벽면에는 12지상을 그렸는데 박물관에 재현해 둔 것을 보았다. 안에 천체를 그리는 것은 고려 전시대에 걸쳐 공통적이었다. 무덤 아래 문인상과 무인상이 있는데 두 가지 주목할 점이 있다. 하나는 가까이에 문인상이 있고, 한층 아래에 무인상을 배치한 것이다. 이것은 공민왕때 이미 문치주의가 뿌리내렸다는 것을 의미한다고 보아 좋을 것이다. 우리의 문치주의는 세계적으로 흔치 않은 전통이므로 기억해 둘 필요가 있다. 또 하나는 문인상이나 무인상을 각각 둘씩 배치했는데 문인상은 늙은이를 가깝게 배치했고, 무인상은 젊은이를 가까이 배치한 점이다. 노소를 구별했고 문무에 따라 노소의 역

할이 달랐다는 것을 의미한다. 오랜만에 마이크를 들고 설명했는
데 피로에 지쳐 듣는 이가 적었다.

올라오는 고속도로는 밤길이었다. 마을마다 일찍이 잠에 들고,
다니는 자동차도 많지 않았다. 저녁 7시 30분에 화제의 「통일3대헌
장기념탑」 앞에 다다랐다. 1972년의 7·4공동선언, 1980년의 고려
민주연방공화국 창설방안, 1993년의 전민족대단결 10대강령을 합
쳐, 북에서는 통일 3대헌장이라 한다. 그리고 2001년 8월 15일에
평양시 입구에 기념탑을 세웠다. 그때 서울의 누가 참석했다느니,
누가 무엇이라고 서명했다느니, 시끄러웠던 바로 거기에 이른 것
이다. 불은 밝혀져 있으나 원거리를 달려 지친 몸이라서 그대로 가
자고 했다.

4) 사리원 · 재령과 신천기행

마지막 날인 24일 오전에는 황해도 신천을 다녀왔다. 평양에서
90㎞에 있고, 그곳 청계리에는 안중근의 집이 있어 백범 김구도 한
때 머문 역사의 고장이다. 아침 8시에 출발하여 45분간에 60㎞를
달려 사리원에 이르렀다. 사리원은 황해북도의 인민위원회(도청)
소재지이다. 그래서인지 사리원에서 재령과 신천에 이르는 30㎞
길에는 오가는 사람이 유달리 많았다. 완행 버스가 지나간 뒤에 자
전거가 줄을 이었는가 하면, 짐이나 사람을 실은 트럭이 달리고 달
구지도 지나갔다. 들에는 봄갈이 농부가 부지런히 움직이고 여기
저기에 삼삼오오 모여서 일상 소품을 사고 파는듯한 광경도 보였
다. 산은 없고 부근에 탄광도 없는데 겨울에 난방 연료는 어떻게
해결할까? 그것이 이 지방생활의 가장 '긴장된 문제'라고 한다. 재

령읍에서 「海林商會」라는 간판을 보고 놀랐다. 상거래가 이루어지고 있는건가? 글씨가 중국식 간자도 아니다. 그렇다면 한자 간판이 아직 남아있다는 말이다. 차창으로 이정표를 보았더니 서쪽으로 신천 14㎞,북으로 안악 20㎞, 남으로 해주 56㎞라 했다.

여기가 바로 재령평야런가? 1923년에 재령군 북률면 동척농장의 소작쟁의가 격앙되어 사리원에 있던 동양척식주식회사 사리원지사를 습격했고, 재령군 진초면 농토는 9할이 동척 땅이 되어 그에 격분한 나석주가 1926년에 서울 황금정(을지로) 입구에 있던 동척 본사를 습격했다.[20] 그러니까 근대사를 공부하는 역사학도가 재령평야를 지나는 마음이 각별할 수밖에 없었다. 옛날에는 영조의 어머니 최무수리(육상궁) 궁장토에 시달리고, 일제하에서는 궁장토를 점유한 동척과 그 앞잡이 마름에 시달리다 못해 봉기한 소작쟁의였다. 「제국주의 타도만세」를 외치는 농민이 나무리들(餘勿坪)을 지나고 재령강을 건너 눈앞의 저 들판으로 몰려오는 것 같았다. 때마침 바람이 일어 파도처럼 보이는 재령강의 물살을 카메라에 담았다.[21]

어느덧 신천박물관에 도착했는데 9시 30분이다. 박물관 건물은 신천군청의 구옥이라 했다. 6·25전쟁때 미군 헤리슨부대에 의해 학살된 민간인의 죽음을 기리기 위하여 만든 기념관이다. 모두 35,353명이 희생되었다고 한다. 희생 사실을 16개 전시실에 역사적

---

20) 당시의 동양척식주식회사는 지금의 을지로 입구 외환은행 본점 자리에 있었다.

21) 재령 북률 동척농장의 소작쟁의와 전라도 암태도 소작쟁의와 평안도 용천 불이농장의 소작쟁의를 1920년대 3대 소작쟁의로 일러온다. 암태도 소작쟁의가 규모는 가장 적었는데 이미 두 개의 기념비가 서 있는 것을 생각하면, 사리원이나 재령평야에도 기념비가 설만 하다는 것을 느끼게 하였다.

배경, 참상의 진행과정, 읍면별 참상, 계층별 참상, 학살도구, 저항과 투쟁이 차례로 전시되고, 제16실에는 방문단 명부가 비치되어 있다. 전쟁중의 참상이어서 그런지 몰라도 비참하기 그지없었다. 그리고 미군에 의해 자행된 참상이었으므로 미국을 통해 전파된 개신교에 대한 매도가 극렬한 것이 특징이었다. 기독교가 전파될 때 토착사회의 양심과 손을 잡았어야 했는데 토착사회의 양심을 파괴하여 민족적 기력 즉 민기를 무력하게 만들었으므로 그 점은 비판을 받아야 한다. 서양 제국주의가 아시아를 침략할 때 기독교를 앞세웠던 이유도 토착사회의 양심을 파괴하여 민족적 저항을 무디게 만들자는 의도였는데 한국에서는 사정이 달랐다. 한국에서도 처음에는 다를 바가 없었으나 1910년을 전후하여 서양 제국주의와 일본 제국주의가 이해를 달리하면서 선교정책도 변화했기 때문이다. 따라서 기독교가 민족운동과 손잡은 한때도 있었던 것이다.

전시와는 별도로 참상의 방공호와 5천664명의 합동분묘인 「애국자 묘」가 있었다. 모두들 굳은 표정으로 묵념하고 박물관을 돌아 참상의 현장인 밤나무골로 갔다. 거기에는 「사백 어머니 묘」와 「백둘 어린이 묘」가 있었다. 일행을 대표해서 정창렬교수가 「사백 어머니묘」에, 내가 「백둘 어린이 묘」에 헌화했다.[22] 묘 일대의 밤나무골은 참상의 현장인데 거기에 있는 창고가 어린이가 학살된 곳이

---

22) 필자는 헌화 묵념하면서 102 어린이에게 이념도, 나라도, 정치도 모르는 당신들의 죽음에 대하여 책임질 어른이 없는 우리의 현대사를 역사학자로서 참회하는 고백을 올렸다. 필자는 2002년 11월 30일 동경에서 열린 한일역사공동연구위원회 합동회의 만찬석상에서 일본 외무대신 川口順子가 한국에서 미군 장갑차에 의해 여자중학생 2명이 희생되고 그에 항의하는 촛불시위가 확산되고 있는데, 그에 대한 생각을 묻기에, 어린이의 죽음에는 책임지는 어른이 있어야 한다는 점을 설명하고 그 어른은 미국이나 한국이나 일본의 어른도 포함된다고 말하고, 그것이 문명이라고 결론까지 말했다.

란다. 105명이 갇혀 있다가 1950년 12월 7일에 집단 학살됐는데 3명은 요행히 살아남았다. 당시에 6세였던 생존자 정근성씨가 참혹했던 광경을 증언했다. 인간의 잔인성과 분단의 비극을 적나라하게 보여주는 현장이다.

이것이 어떻게 미군 단독히 저질은 참상일 것인가? 물어보았더니 동족도 있었는데 그들은 미군의 강압에 따른 것이라고 대답했다. 사실 여부간에 통일의 걸림돌을 만들지 않는다는 소박한 뜻은 현명할 수 있다고 하겠다.

4. 못다한 이야기

이제 글을 맺어야 할 차례다. 이번 학술회의는 일본 제국주의의 인력 강제연행을 중심한 잔인성과 범죄성에 대한 규탄 전시회와 연구발표회로 꾸몄다. 거기에 한일역사공동연구위원회 위원장인 내가 참석하는 것이 옳으냐의 여부를 놓고 교육부 당국자와 사전에 협의가 있었다. 의견이 일치하지 않아 개인 자격으로 참석했다. 지금 따진다고 해도 참석하기 잘했다고 생각한다. 우선 북쪽의 발표와 전시회를 통해 대일 논리를 직접 보고 들을 수 있었다는 점, 한일역사공동연구위원회에 대한 북측의 이해를 얻는 기회가 되었다는 점도 좋았다고 생각한다. 북측에서는 나의 신분을 알고 있었다. 주진구 위원장은 나에 대하여 남쪽 마음대로 처리해서 안됩니다라고 주의를 환기하는 것을 잊지 않았다. 이유선 연구원은 양측 조직에 대하여 묻기도 하였다. 나는 그러한 당부와 질문이 당연한 것으로 알고 숨김없이 알려주었다. 그것도 나에게는 유익한 일이었다.

금번 여행에서 부조가 되었던 것은 무엇보다 날씨가 좋았다는 점이다. 그리고 북측의 주밀한 일정 운행으로 크게 성과를 올릴 수 있었다. 사소하게는 훌륭한 차량운행, 그리고 보통강호텔 김치·옥류관 냉면·민족식당 토장국·안산관 단고기 등, 끼니마다 더없이 좋은 음식으로 최대의 답사 효과를 올렸다. 내가 개인적으로 알고 싶었던 사람의 생사문제와 근황에 대해서도 적지 않게 알아냈다. 시종 베풀어준 친절에 대하여 리종혁·주진구 위원장을 비롯한 관계자 여러분에게 거듭 감사의 말씀을 드린다. 이것은 나만의 뜻이 아니라 일행 모두의 마음이다. 호텔에 머무는 동안 류정·김석준 선생을 비롯하여 과거에 해외에서 만났던 여러분이 찾아준 점도 고맙게 생각한다.

겉으로 보기에는 평양이나 개성이나 소식으로 듣던 것과 크게 다르지 않았다. 앞으로 동포애가 넘치는 국내외 인사의 자문을 각 분야에 걸쳐 받는 것이 좋고, 현재 추진중인 식수사업을 보다 더 강력히 추진해야 할 것이다. 두뇌관리 방안을 수립하고 국토관리와 인력관리를 재검토하면서 개방에 대처한 문화재 보전방안을 확립할 필요도 절실하게 요구된다고 생각하였다. 갈 때는 개성에서 묘향산까지 3백㎞의 도로변에 여러 가지 구호가 어지럽게 나붙어 있을 것으로 예상했는데 의외로 적었다. 구호 가운데 인상적인 것은 「우리식 사회주의만세」와 「조선민족 제일주의만세」였다. 들어서 알고는 있었으나 막상 대하고 보니 새로웠다.

24일 마지막 만찬에서 술이 거나하게 취했을 때 늙은이가 주책이라고 말을 듣더라도 일어나 「허공」과 「용진가」를 불러 남북의 정을 돈독히 하면서 젊은 교수들의 흥을 돋구려 했는데, 부르려고 가사를 외우다가 그만, 부르기도 전에 코끝이 이상해서 단념하고 말았다. 이것도 저것도 통일을 갈망하는 민족적 정서 때문이 아닐까? 25일 평양을 떠날 때 북쪽의 누가 이번 여행에서 심각하게 남는 것이 무엇이냐고 묻기에 머리에는 평양의 쑥섬이 남고, 가슴에는 개성 선죽교가 남고, 귀에는 신천 어린이 무덤의 이야기가 남고, 눈에는 묘향산이 남는다고 했다.

23일 개성에 갔을 때 마중나온 외사국장의 안내 설명에서 "사회주의도 자본주의도 아닌 민족공동주의를 지향한다"는 말에 동기야 어떻든 북에서도 20세기 방식의 이념에서 탈피하고 있다는 것을 확인하였다. 이념이란 사람이 살아가는 방도의 논리 이상의 것이 될 수 없다. 그러므로 인간 위에 올라설 수 없는 것이다. 민족공동주의도 그러한 인간주의를 지향할 때 성공할 수 있다는 말을 남겨둔다.

Ⅳ. 南北 역사학의 學術交流論 序說[*]

　학문의 교류는 학자와 자료 및 연구의 교류를 의미한다. 역사학의 경우도 마찬가지이다. 그러한 교류는 역사학의 발전에 기여한다는 점에서 본질적 의미를 갖지만, 우리에게는 통일의 밑거름이 된다는 점에서도 의의가 크다. 통일의 밑거름이 된다고 해서 역사학이 통일된다는 뜻은 아니다. 역사학은 다원적 사관에 의해서 해석되기 때문에 다양하게 서술되기 마련이므로 독재나 전체주의 사회가 아니라면 역사학의 통일은 불가능하고 또 불필요한 것이다.

　비록 어떤 역사학자가 가령 유심론사학과 유물론사학을 아우른 총체적 역사학을 제창한다고 해도 그것은 역사학의 여러 방법 가운데 하나의 주장에 불과하고 자기와 다른 역사학을 배척하는 것은 아닐 것이다. 배척하는 경우가 있다고 한다면 그것은 학문이 아니라 정치적 이유에 의한 권력의 농간일 뿐이다.

　근래 역사학의 통일이니 통합이니 하는 낱말이 사용된다고 해도 그것은 학문의 통합이 아니라 연구광장의 통합을 의미한 것으로 안다. 1945년 해방과 국토의 분단에 이어, 1948년 분단정부의 수립 때까지도 연구광장이 완전히 분단된 것은 아니었다. 만족할 정도

---

* 이 글은 2003년 5월 제46회 全國歷史學大會 발표문이다.

는 아니었다고 하더라도 연구가 교류되고 있었다. 1950년 6·25전
쟁으로 남북은 일체의 교류가 허용되지 않게 되었다. 아울러 남과
북의 역사학도 별도의 광장을 가지게 되었다. 그것을 분단사학이
라고도 말한다. 분단사학이 문제되는 것은 단순히 두 개의 역사학
이 존재하는 데 그치지 않고 서로의 역사학을 배척하는 데 있다.
배척만 하는 것이 아니라 학문과 권력이 유착하여 서로의 학문을
탄압하는 데 있다. 탄압이 때로는 분서갱유의 극단적 방법으로 나
타나기도 했다. 그리하여 남북에서 공히 지성은 땅에 떨어지고 역
사학은 기형화되고 말았다. 북에서는 유물론사학과 그에 기초한
주체사학만 존재하고, 남에서는 다양성을 지향하면서도 유물론사
학만은 용납하지 않았다. 그러다가 보니 다양성의 지향에도 많은
제한을 받게 되었다.[1]

　　이와 같이 기형화된 한국사학이 남북교류가 진행되면서 극복될
희망을 보이기 시작하였다. 그러한 해방 후의 변천사를 남북교류
측면에서 성격을 잡아보면서 우리의 현 위치를 반성하고, 교류 방
향을 전망해 보는 것으로 글을 맺고자 한다.

1. 해방 후 학술교류의 추세

　　해방을 맞은 이튿날인 1945년 8월 16일에 조선학술원을 창립하
고 진단학회가 재건되었다. 거기에는 좌우학자가 함께 참여하고
있었다. 그리고 10월 21일에는 좌파를 중심한 조선과학자동맹이
결성되고 그해 12월 12일에는 우파의 조선사연구회가, 12월 25일

---

1) 정두희, 「남북한 역사학의 학문적 통합은 가능한가」, 『하나의 역사, 두
　 개의 역사학』, 소나무, 2001, 267-275쪽.

에는 역사학회가 창립되었다.2) 젊은 연구자가 모인 역사학회에서
는 1949년에 『歷史學研究』를 간행하였는데, 그에 실린 35명의 회
원 명단은 좌우학자가 함께 참여하고 있었음을 알려준다.3)

　같은 무렵, 당시의 지성계를 대변했던 『學風』(을유문화사)을 보
면, 1949년 5월호에서 전석담의 「社會의 經濟發展上의 沈滯性에
관하여」와 이진영의 「朝鮮社會經濟史研究의 새로운 進展」이라는
유물사관 논문이 실렸다. 그때 유물사관 논저를 가장 많이 발표하
던 전석담은 1949년에 『朝鮮經濟史』(박문출판사)를 내 놓았다.

　그와 같이 해방 직후에는 분단과 단독정부 수립이라는 냉전 심
화에 불구하고 좌우 학자가 공동의 광장에서 연구를 진행하고 있
었다. 그런데 1950년 6·25남북전쟁을 고비로 냉전체제가 확립되면
서 이 지구상에서 어디보다 앞서 남쪽에서는 유물사관을 거론하지
도 못하게 했고, 북쪽에서는 유물사관만을 고집한 극단적 대립 양
상을 나타냈다. 그것이 최고조에 이른 것이 1970년대의 남쪽의 유
신체제와 북쪽의 유일주체체제의 대립 시기였다.

　그때도 남북 역사학자가 해외에서 만나고는 있었다. 1977년에
런던대학에서 출범한 유럽한국학대회(AKSE)를 비롯하여 미주나
일본에서도 한국학 연구모임이 명멸을 거듭하는 가운데 남북 학자
가 자의반 타의반 만나고는 있었다.4) 그러나 거기에는 정치적 의

---

2) 지금의 역사학회는 1952년에 설립했다고 알려져 있으므로 1945년의 역
　사학회와 관련이 없다고 한다.
3) 회원 가운데는 姜大良·金一出·金在龍·李能植·李德星·李相佰·
　李如星·全錫淡·曹佐鎬처럼, 좌파 혹은 중도 좌파의 학자가 참여해
　있었고, 6차례나 실시한 발표회의 내용은 물론, 『歷史學研究』의 게재
　논문도 조의설·고기양·김일출·김재룡·고병익·한우근·전해종
　등의 좌우학자의 논문을 함께 게재하고 있었다.
4) 해외 한국학대회에서 남북학자가 만나도 서로 경계하면서 인사말도 제
　대로 나누지 못할 정도로 서먹서먹하였다.

도가 작용하고 있었다. 교류의 위험 인물에게는 여권을 발부하지 않았으며, 학술교류란 미명 하에 상대방에게 각기의 사상을 흘러보내는 공작도 있었다. 그것을 위하여 일본·미주·유럽 한국학 기관에 매년 공작비 성격의 연구활동비를 지급했고(5만불?) 북한에서는 조총련 조직에 의지한 조선대학교와 조선학 국제학술토론회(국제고려학회 전신)을 운영하였다. 그것이 1990년을 전후하여 소련과 동구권이 해체된 뒤부터는 정치성을 탈피해 갔다.

2. 1990년대 민족주의의 부상과
역사학의 남북교류

1989년 베르린장벽이 무너지고 1990년 10월 3일 통독의 출범이 분단 한국의 역사학에 심각하게 영향하였다. 그를 계기로 남북에서 공히 1960년대처럼 민족주의가 새삼 고조되었다. 1960년대의 민족주의는 북한에서 주체사상으로, 남한에서는 주체성 확립이란 구호로 표현되었는데 1970년대에 이르러 주체사상은 유일주체사상으로, 남한의 주체성은 유신체제로 변질하여 정권 강화에 악용되었다. 1972년의 7·4공동선언은 독재정권을 강화하는 위장품이 되고 말았다. 1980년대에 이르러 민주화운동이 발전하면서 남북교류를 요구하는 소리도 높아갔다. 그러한 민족적 요구는 1990년을 전후하여 세계정세의 변동과 더불어 민족주의 논리로 성장하여 남북한 교류의 새로운 전기를 만들어냈다. 그러한 전기는 해외 한국학연구에서 먼저 나타났다. 1991년부터 AKSE가 새로운 체제를 갖추고 1992년에 국제고려학회와 환태평양한국학대회(PACKS)가 창설되고 1993년부터 중국에서 한국전통문화학술회의가 열리고 미주에서도 한국학연구가 아시아학술회의(AAS)를 중심으로 추진되면서 종전의 정치성을 탈피하면서 남북 학술교류가 순수성을 확보해 갔다.[5] 1991년 9월 18일에 남북한이 UN에 동시에 가입한 것이 그때의 사정을 단적으로 말해 준다.

　한편, 남한 학계에서 북한 역사학에 대한 연구가 활발하게 일어났던 것도 남북한 역사학교류의 단면이었다고 말할 수 있다.[6] 북한 역사학에 대한 연구가 1989~1991년에 집중되었던 것도 당시의 정세를 반영한 것이다. 때마침 등장한 문민정부가 조선총독부 청사를 철거하고 독도 접안시설을 강행했던 것도 1990년대의 민족주의를 대변한 것이다.

　북한 학계에서도 1990년대 초반에 큰 변화가 일어났다. 북한 학계의 관심은 조선민주주의인민공화국의 역사적 정체성을 수립하는 작업으로 나타났다. 그들의 역사적 정체성을 먼저 평양에 있었던 고조선과 고구려에 이어 개성에 수도를 두었던 고려왕조에서 찾았다. 그의 결론이 1992·93년의 일련의 역사유적 정비작업으로 진행되었다. 단군릉을 웅장하게 조성하여 민족 시조의 본산으로 삼고, 동명왕릉과 그 주변의 고분군을 정비하고, 개성의 왕건릉을 개건(개축)하고 동시에 만월대의 복원을 위하여 모형궁전을 완성한 것이 1993년의 일이었다. 개성의 성균관을 복원하여 고려박물

---

5) 해외 한국학 연구에 대한 조사는 국사편찬위원회 이순구 연구사와 한일역사공동연구위원회 이신철 전문위원의 도움을 받은 것이다. 자세한 조사가 있었으나 모두를 소개하지 못한다.

6) 학계에서 일반적으로 구독하는 논저를 통해 277편의 논문을 가려 보았더니, 1976~87년간에 41편, 1988년 10편, 1989년 62편, 1990년 52편, 1991년 57편, 1992년 10편, 1993년 17편, 1994년 24편, 1995년 4편의 논문이 발표되었고, 연구 분야는 고려와 조선시대가 적고, 고대와 근현대사 분야가 압도적으로 많았다(趙東杰, 1998, 『現代 韓國史學史』, 나남출판, 465쪽).

관으로 삼고 선죽교를 비롯한 유적을 정비한 것은 1992년의 일이
었다. 다음에 사회주의 혁명운동의 정체성을 독립운동사와 연결하
여 찾았다. 1992년에 제1권을 출판한 김일성의 회고록『세기와 더
불어』에서 독립운동을 새롭게 부각시킨 것이 그것을 말한다.[7] 그
외에도 1993년의 '전민족 대단결 10대강령'의 발표를 비롯하여
1992·93년에 이룩한 민족사의 작업이 적지 않았다. 그때의 심정을
나타낸 구호가 '조선민족 제일주의 만세'와 '우리식 사회주의 만
세'였다. 그러한 역사 민족주의의 배경하에서 1994년 남북 정상회
담(7.25~27)이 추진되었다. 남북에서 부상한 민족주의 바람이 정상
회담을 잉태한 것이다.

그런데 엉뚱한 역사가 전개되었다. 김일성의 급작스런 사망(7.8)
으로 정상회담은 분만 직전에 유산되고 말았다. 그 뒤풀이가 이상
하게 흘러 남한 학계와 언론계에 주사파 논쟁이 일어나 남북 교류
에 찬물을 끼얹었었다.[8] 남북교류를 추진하던 정부 각료는 축출 당
하고 그것이 역사학계에도 반영되어 국사편찬위원장의 4개월 공석

---

7) 김일성,『세기와 더불어』에서 임시정부 의정원 의장을 역임한 손정도
와 국민부와 조선혁명당 당군인 조선혁명군 사령관 양세봉을 애국자로
찬양한 것, 안창호·김동삼 등의 독립운동 지도자를 거론한 것, 해방
직전에는 임시정부 주석 김구와 통일전선을 형성하기 위하여 노력했다
고, 종전에 볼 수 없었던 변화를 보이면서 독립운동사를 혁명운동의 배
경으로 설명하고 있다.『세기와 더불어』제1권은 조선로동당출판사에
서 1992년에 출판하였다.

한편, 평양의 혁명열사릉과 별도로 애국열사릉을 만들고 아울러 안재
홍·정인보 등의 납북 인사로 신미리와 삼석 특설묘역을 조성한 것도
같은 의식의 반영으로 볼 수 있다.

8) 주사파 논쟁은 1994년 7월 10일 전라북도 무주에서 열린 전국대학총장
회의에서 박홍 서강대 총장이 학원내 주사파 잠적을 발설하면서 일파
만파로 확산되어 갔다. 그 무렵, 극우 반공의 목소리가 높아가면서 진
보 성향의 한완상 통일원장관, 김숙희 교육부장관, 김정남 청와대 문교
수석이 퇴진 당했다.

사태가 연출되었다. 필자는 그것을 1989년을 고비로 냉전체제가 무너지는 세계변화에 따른 한국적 진통이었고, 남북 교류가 진전되면서 피하기 힘든 홍역이었다고 이해하였다. 그 홍역을 문민정부는 치유할 능력이 없었다. 그리하여 남북교류는 후퇴하고 실체도 없는 주사파 공박의 소리만 높아갔다. 민주화의 열기를 막을 수 없어 1994년 9월에 윤이상음악회를 예술의 전당에서 개최하고도[9] 윤이상의 입국은 허락하지 않았던 이율배반 사태가 1994년의 한국을 대변한다고 말해 좋을 것이다.

그때 북한내에서는 어떤 변화가 있었던가? 김일성의 죽음이 역사학계에 어떤 영향을 주었던가? 신중한 답변을 기다릴 수밖에 없다. 어떻든 1998년부터 금강산 관광이 실현된 것을 보면 남북교류를 향한 대하의 흐름은 막을 수 없었던 것으로 이해된다. 그래서 보다 더 개방적인 변화가 찾아왔던 것이다.

3. 2000년 이후의 남북교류

남북 교류는 2000년 6·15공동선언을 계기로 크게 진전되었다. 6·15후에 가장 먼저 남북 역사학자를 한자리에 끌어 모았던 모임은 연변대학교 민족연구소(소장 김춘선)에서 2000년 9월 20·21일 개최한 청산리전쟁80주년 기념학술대회였다. 여기에는 독립기념관 한국독립운동사연구소장 이만열 교수를 단장으로 많은 학자가 참석했는데 북측에서도 적지 않은 학자가 참석하였다. 우선 청산리전쟁 같은 독립운동에 대하여 북측에서 관심을 보이고 그것을 역

---

9) 尹伊桑은 1967년에 군사정권에 의하여 만들어낸 「東伯林事件」의 중심 인물이었다.

사 발전적 측면에서 이해한다는 것이 종전과 크게 달라진 점이었
다. 따라서 종전에 볼 수 없었던 화기애애한 분위기에서 발표를 하
고 공동 답사를 했다. 남측에서 김일성의 홍기하전투 유적을 답사
했던 것도 새로운 모습으로, 모두 새시대를 예고한 장면이었다고
말할 수 있다.10)

  다음에 역사학의 국가기관인 국사편찬위원회는 남북관계의 변
화에 맞추어 남북 역사학자 교류를 위해 한국사 6개 통사학회장으
로 자문회의를 구성하여 추진하고 있는데 실적은 다음과 같다.11)

---

10) 9월 20·21일 양일간의 학술발표 내용은 다음과 같았다.
   <기조발표>
   ① 박창욱(연변), 「경신년 반토벌전과 1930년대의 항일무장투쟁」
   ② 조동걸(서울), 「청산리전쟁80주년의 역사적 의의」
   ③ 김영만(연변), 「청산리전역의 약간의 인식문제에 관하여」
   <연구발표>
   ① 손춘일(연변), 「청산리전역 직전 반일무장단체의 근거지 이동에 대
      하여」
   ② 권립(연변), 「청산리전역의 역사적 배경과 이중적 성격에 대하여」
   ③ 김용달(서울), 「청산리대첩에 대한 임시정부의 대응」
   ④ 안화춘(연변) 「1910-20년대 동북지역 반일무장투쟁에서 김좌진의
      역할」
   ⑤ 반병률(서울), 「간도15만원사건에 대한 재해석」
   ⑥ 최진혁(평양), 「김일성동지께서 조직지휘하신 홍기하전투의 승리와
      역사적 의의」
   ⑦ 리홍문(길림), 「연변 인민의 항일투쟁을 론함」
   ⑧ 최기영(서울), 「안중근 형제의 독립운동」
   ⑨ 이덕희(하와이), 「하와이 한인여성과 독립운동」
   ⑩ 곽료원(길림), 「일제 동북강점시기 조선족 인민들의 항일투쟁」
      개회사·축사·토론자는 최문식(연)·리주석(연)·리송영(연)·강룡범
      (연)·한시준(서)·최홍빈(연)·김태국(연)·김춘선(연)·방민호(연)·
      김광수(연)·김정기(청주) 등이었다.
11) 국사편찬위원회 김광운 박사의 설명을 옮긴 것이다(김광운, 2001, 「현
    대사 연구자의 북한역사학계 탐방」『역사비평』2001년 여름호, 129~

① 2001.3.1: 일본 교과서 왜곡에 대한 남북 역사학자 공동선언문 채택

② 2001.3.2: 국사편찬위원회와 북한 사회과학원 력사연구소 간 교류협정사업 합의

③ 국사편찬위원회 간행 자료 총 89책을 북한 력사연구소에 기증

④ 2001.8.7: 남북 역사학 국제학술회의 개최-중국 흑룡강성 하얼빈에서 이성무 국사편찬위원장·윤병석 교수 등, 남북학자 40명 참가

⑤ 2001.9.13: 남북 역사학 공동학술토론회 및 자료전시회 공동개최를 합의-금강산 실무회의

⑥ 2002.10.25~31: 하얼빈에서 「일본제국주의의 동북아시아 침략」에 대한 국제학술회의를 개최했다. 40여명의 남북한·중국·일본·러시아 학자가 참석했다.[12] 북한에서는 10명의 학자가 참석

160쪽).

12) 학술발표는 10월 28일 오후부터 31일까지 이어졌는데 양년에 걸쳐 남북학자의 교류와 합동 학술대회의 산파역인 金宇鍾(중국)교수의 의미심장한 개회사가 있었다. 다음에 李成茂(한국)·李哲(조선)·趙培興(중국)교수의 기조연설이 있었고 다음과 같은 연구발표가 있었다.
　　<한국측>
① 趙東杰,「일본제국주의의 조선식민통치의 특성」
② 權泰檍,「1910년대 일제의 조선동화정책」
③ 韓㐀熙,「일제의 식민지 '조사사업'검토와 조사자료활용방안 모색」
　　<북한측>
① 李哲(光),「조중인민의 우호관계를 발전시키는 것이 21세기 아시아 평화와 안전을 수호하기 위한 근본문제」
② 鄭治建,「조중 두나라 인민들의 반제공동전선은 동북항일무장투쟁 승리의 요인」
③ 洪重日,「조선 혁명가와 인민들의 동북혁명에서의 역할」
　　<중국측>
① 趙俊淸,「동북아지역 반파쇼 력량의 집결과 그의 역사적 의의」

했는데 화목한 분위기에서 진행되었다.[13] 발표 내용도 비교적 좋았으나 토론은 구색을 맞추는 정도였다는 것이 과제로 남았다. 학술회의에 앞서 동녕현성·동경성·발해진·목단강시에 대한 답사가 있었는데 답사를 통하여 우의를 쌓을 수가 있었고, 북한 학자들이 전통시대에 대한 관심이 높아지고 있다는 것을 느꼈다.

국사편찬위원회 다음으로 역사학 교류는 한국정신문화연구원이 다음과 같이 추진하였다.[14]

① 2001.9.21~22: 중국 연길에서 북쪽의 조선사회과학자협회와 연변대학교 민족연구원과 공동주최로 「21세기 조선민족문헌의 발굴과 연구」 주제의 학술발표회를 가졌다. 사상문제와 관련이 적은 문헌연구를 주제로 택한 고충은 이해할 수 있으나 6·25전쟁이나 특히 중국에서 문화혁명의 여파로 북한이나 중국 조선족사회에 보관된 고문서가 거의 없을 것이라는 점을 고려하면 많은 인원의 다양한 주제 발표에도 불구하고 성공한 학술대회라고 말할 수 없을 것이다.[15]

---

② 辛培林, 「동북항일투쟁의 역사적 위치와 영향」
③ 黃定天, 「평화와 합작은 동북아 각국의 유일 정확한 선택」
<일본측>
① 松田利彦, 「일제의 한국'병합' 직전의 한국통감부의 정치적 동향」
13) 북한 학자는 리광(57, 단장, 발표, 당사연구소 상임부소장)·류정(62, 사회과학자협회 부국장)·남종학(57, 동상 처장)·리명호(40, 동상 처장)·정치건(51, 발표, 김일성종합대학 역사학부장)·홍종일(48, 발표, 동상 부교수)·송두원(51, 사회과학원 혁명사연구소장)·김경숙(41, 동상 철학연구소 실장)·박금순(38, 김일성대학 역사학부 교원) 등이었다.
14) 정신문화연구원 한국학대학원의 정용욱 교수의 설명을 들은 내용이다.
15) 2001년 9월 21·22일, 양일의 발표자는 매일 15명씩 30명에 이르렀다. ( )안의 이름은 토론자였다.
21일:
류치영(김영덕)·정순우(김동훈)·김영덕(이완범)·전신자(허홍식)·히러오카(손춘일)·이길상(미즈노)·리애순(최정삼)·허홍식(류치영)·

② 2002.10.17~10.23: 중국 심양에서 남북한 학자와 중국 조선족 학자가 모여「동방의 전통문화와 현대화」를 주제로 기조발표가 있고, 어문·철학 윤리·민속예술·역사분과의 발표가 있었다. 총 29개의 주제 발표, 발표량이 많아 예상 성과를 얻을 수 있었던지는 의문이다.16)

최정삼(리애순)·이광호(전신자)·손춘일(이길상)·이완범(히로오카)·미즈노(방민호)·김동훈(정순우)·최민호(이광호)
22일:
송동원(권철)·한영우(박창욱)·박태수(이종묵)·왕충시(허명철)·김경일(오영일)·곽진(박태수)·채정덕(최진옥)·이족묵(송동원)·오영일(이송영)·박병호(최홍빈)·조수인(정영진)·권철(김경일)·최진옥(박병호)·홍경령(한영우)·리홍석(채정덕).
16) 기조발표와 4개분과 가운데 역사분과의 발표내용은 다음과 같았다.
　<기조발표>
　① 이서행(한국정신문화연구원),「남북전통문화 발전패턴에 대한 비교
　　　연구」
　② 최진혁(조선사회과학자협회 부위원장),「전통문화의 해석에 대한
　　　김일성주석의 교시」
　③ 최문식(연변대학교 민족연구원장),「중국 조선족의 전통문화 보존」
　역사분과
　① 류치영(조선사회과학자협회 국장),「김일성주석의 회고록에 대하여」
　② 이완범(한국정문연 교수),「전통가치의 현대적 조명-역사적 차원」
　③ 이길상(한국정문연 교수),「한국교육의 전통적 가치」
　④ 송동원(조선사회과학원 혁명력사연구소장),「항일투쟁의 자료에 대
　　　하여」
　⑤ 허홍식(한국정문연 교수),「민족역사와 전통가치」
　⑥ 오영일(조선사회과학원 실장),「김정일동지와 전통가치」
　⑦ 전택수(한국정문연 교수),「문화경제학과 가치」
　⑧ 강석승(통일부 보좌관),「남북문화예술교류의 현황」
　⑨ 정구복(한국정문연 교수),「전근대 민족사와 전통가치」
　* 어문분과는 4개주제, 철학윤리분과는 7개주제, 민속예술분과는 6개
　　주제의 발표가 있었다.

다음에 월간『민족 21』에서 주선하여 남북 역사학자가 평양에서 만나는 기회를 만든 경우가 있었다.

① 2001.2.27~3.5: 평양 인민대학습당에서 열린「일제의 조선강점 불법성에 대한 남북공동자료전시회」에 이종학(단장)·이성무(국편위원장)·강영철(국편)·김광운(국편)·강만길·성대경·안병욱 교수가 참석하여 강만길·안병욱교수의 학술발표와 남북학자의 만남의 자리가 있었다.[17] 거기에서「일본 당국의 역사교과서 왜곡음모를 규탄하는 남북역사학자들의 공동성명」을 발표하였다. 그리고 고적답사가 있었다.

② 2003.2.17~2.25: 평양 인민문화궁전에서「일제의 강제인력동원의 불법성에 대한 남북공동자료전시회」를 열고, 민족21·한국일보·SBS가 참여하고 강만길(단장)·강정숙·정태헌 교수가 발표한 학술대회가 열렸다. 그리고 평양·묘향산·개성·신천지방의 답사가 있었다.[18]

---

17) 李成茂, 2001,「분단이후 최초, 남북역사학자 평양 상봉」『민족 21』 2001년 4월호, 35쪽.
18) 趙東杰, 2003,「南北韓 역사학자의 平壤學術大會 參觀記」『韓國史學史學報』 7, 189쪽.
  2월 20일 인민문화궁전에서 학술발표가 있었는데 질의 토론은 없었다. 주진구 조국통일연구원 부원장의 개회사와 남측의 김원웅·김희선 국회의원의 축사에 이어 주제 발표는 다음과 같은 순서로 진행되었다.
  ① 허종호(조선력사학회 회장),「일제의 조선인 강제징발과 집단학살은 조선민족말살을 노린 반인륜적 국가범죄」
  ② 강만길(상지대학교 총장),「조(북)일간의 조약은 배상조약이 돼야 한다」(요지)
  ③ 리철홍(조선사회과학원 연구사),「중일전쟁 후 일제의 조선인강제 징발규모에 대한 고찰」
  ④ 강정숙(한국정신대문제연구소장),「일제말기 조선인 강제동원의 비인도성」
  ⑤ 공명성(평양, 보상대책위원회 위원),「조선인 강제징발자에 대한 피

　　다음에 역사학 교류는 1993년에 평양에서 단군릉 개건(개축)사업이 끝나자 서울에서는 1997년에 단군학회(윤내현)를 창립하여 남북교류를 추진하였다.[19] 2002년 10월 3일 평양의 단군민족통일협의회 주최 개천절 기념행사에 남측에서 대거 참석하였다. 대종교 관계자외에도 역사학계에서 최광식·이형구·신용하·윤내현 교수 등의 고대사 관계 학자가 참석하여 그날 오후에 고대사의 남북공동 발표회를 가졌다.[20]

　　　해보상은 회피할 수 없는 일본의 국가적 의무」
　　⑥ 정태헌(고려대학교),「일제의 반인륜적 조선인 노무동원과 임금탈
　　　취」
19) 단군학회 발기인에는 윤내현·김정배·박영석·이현희·박성수·이
　　형구·한승조·유승국·정재각·이항녕·유병덕 등의 원로학자가 참
　　여했다(『경향신문』, 1997.12.10).
20)『연합뉴스』2002년 9월 23일자(김태식 기자)의 보도를 보면 학술발표의
　　예정은 허종호(조선력사학회 회장)·김정배(고려대 총장)가 공동의장
　　을 맡고, 정창규(사회과학원 력사연구소장)·윤내현(단군학회 회장)의
　　사회로 다음과 같은 내용이었다(최광식교수에게 확인을 했더니, 김정
　　배 총장이 못간 외에는 10월 3일 예정대로 실시했다고 말했다).
　　<평양측>
　　① 손영종(사회과학원),「단군 및 고조선관계 비사들에 대한 리해」
　　② 남일룡(김일성대학),「평양지방의 고대 성곽」
　　③ 한선홍(김형직사범대),「고조선의 건국과 그의 사회적 성격에 대하
　　　여」
　　④ 서국태(사회과학원),「최근에 평양지방에서 발굴된 단군조선 초기
　　　의 유적 유물」
　　⑤ 김유철(김일성대학),「고조선의 중심지와 령역」
　　<서울측>
　　① 이형구(선문대),「강화도의 단군사적과 단군관계 사료」
　　② 최광식(고려대),「남북한 단군인식 편차의 극복방안」
　　③ 정영훈(정문연),「단군민족주의의 회고와 과제」
　　④ 윤내현(단국대),「단군조선 도읍의 위치문제」
　　⑤ 김상일(한신대),「단군신화에 나타난 조화의 논리」

4. 반성과 전망

이상에서 남북교류의 시기별 성격과 특징을 짚으면서 그때마다
있었던 역사학대회의 발표 내용도 간략하게 소개하였다. 여기서
밝히지 못한 역사학교류도 있다. 가령 선사 고고학이나 발해사 연
구 등을 가교로 추진된 교류가 적지 않았을 것이지만 그것은 다음
기회에 찾아보기로 한다. 우선 위에서 소개한 것으로, 기억해야 할
교훈을 열거해 보기로 한다.

① 북한 사학사를 이해한 연후에 발표회에 임하는 것이 좋다. 상
대방을 알아야 충돌을 피하면서 그들에게 호소력있는 발표와 토론
을 할 수 있기 때문이다.

② 발표회 전후에 공동으로 고적을 답사하는 것이 좋다. 인간적
으로나 학문적으로 거리감을 줍힐 수 있는 기회가 된다. 필자가 참
석한 2002년 10월의 하얼빈대회나 2003년 2월의 평양대회가 모두
답사일정을 가지고 있었으므로 짧은 기간에 서로 친근해질 수 있
었다.

③ 대회 장소에 따라 필자는 차이를 느끼지 못했는데 많은 경우
에 해외에서 만나는 것이 부담이 적다고 했다. 북한에서 만나면 남
쪽 학자가 긴장하고 남한에서 만나면 북쪽 학자가 긴장한다고 했
다. 교류가 잦으면 그러한 긴장감에서 해방될 것으로 안다.

④ 학술발표 때는 관계 자료전시 또는 자료 교환을 겸하는 것이
바람직하였다. 필자의 경험으로 북한 학자에게 저술과 자료를 기
증하면 반가워했다. 학자들의 특징일 것이다. 국사편찬위원회에서
도 많은 자료를 북송한 것으로 안다. 가능하다면 학계에서 자료 또
는 도서 보내기 운동을 전개해도 좋을 것이다.

⑤ 학술발표는 너무 무겁고 일시에 많은 주제를 택하면 교류 자체가 피차 부담스럽게 된다. 그러므로 초기에는 가벼운 주제로 만나는 것이 교류를 발전시킬 수 있는 방법이 될 것이다. 발표 후의 토론도 교류의 지속을 위하여 조절하는 것이 좋다. 2002년 하얼빈 대회에서는 남측 발표는 남측 학자가, 북측 발표는 북측 학자가 토론하였다. 어느 시기에 이르면 서로 토론도 교환하는 방식을 취할 것을 예상해야 한다.

⑥ 고고학 분야에서는 공동 조사발굴을 통해 교류를 증진시키는 것이 좋을 것이다. 그럴 경우 공동 보고서를 작성할 수도 있을 것이다. 역사분야에서도 역사유적에 대한 지역조사 같은 것을 공동으로 실시하여 공동보고서를 남길수 있을 것이다. 필자는 2003년 2월에 평양을 방문했을 때 금강산에서 원산에 이르는 문화유적 지표조사를 남북 공동으로 실시하여 문화관광의 자료로 삼자고 제의한 바가 있었다.

⑦ 지금까지의 공동발표는 일본 제국주의의 평론문제가 가장 공통의 호소력을 발휘했다. 위에 소개한 2000년의 연변대회, 2001·2003년의 평양대회, 2001·2002년의 하얼빈대회가 모두 일본 제국주의 또는 그의 식민통치를 규명하는 학술대회였다. 그 문제에서는 남북의 견해 차이가 크게 나타나지 않았으므로 무리는 없었다. 단군학회에서 주관한 고조선 발표도 참석자의 범위에서는 크게 논란되지 않았을 것이다. 오히려 남한내에서 학설이 분분한 분야이다.21) 정신문화연구원의 연변대회와 심양대회는 소기의 성과를 올

---

21) 필자는 2003년 2월 22일 단군릉에 갔을 때 봉분 안의 유골까지 관람한 특별 기회를 가졌다. 필자는 북측 학자에게 5,011년 전의 유골이라는 과학적 근거를 확보하자면 국제 고고학계의 공인을 받는 것이 관례라는 점과 5,011년 전의 유골이라고 해도 단군 유골이라는 논증의 한계를 고려하여 「傳 檀君陵」이라 하는 것이 좋을 듯 하다고 충고했다. 논쟁

릴수 없었을 것이다. 방법론과 사관의 차이 때문일 것이다. 그렇다면 심양대회처럼 무리하게 과다한 주제는 피하는 것이 좋았을 것이다.

⑧ 방법론이나 사관의 문제에서 비교적 상충되지 않는 주제는 고고학분야, 역사유적문제, 상고사분야, 독립운동사분야, 해방 전의 혁명운동사분야에서 찾기가 쉬울 터인데 삼국시대·고려·조선시대 연구처럼 상충된 분야가 많다고 해도 교류가 활발해지면 논문교환으로 시작하여 공동논문집의 기획과 간행까지 전망할 수 있다고 생각한다. 1990년대에 전통시대의 역사유적을 조사 정비하는 가운데 사관문제가 대범하면서 유연해지고 있는 북한학계의 변화를 조심스럽게 주목해야 할 것이다.

⑨ 공동논문집의 간행을 전망할 수 있다면 교과서 교환전시도 가능할 것이며 방법론 문제도 제기될 수 있으리라고 생각한다. 그러한 단계적 발전을 전망하면서 愚公移山식으로 교류를 확대해 나가야 할 것이다.

⑩ 끝으로 이러한 남북교류와 역사학의 발전을 위하여 공동기구로서 남북역사학자 공동위원회 설립이 긴요하다고 생각한다. 그리하여 남북 학술대회를 정례화하고 논문집 자료집을 교환하는 사업을 전개해야 할 것이다. 그를 위하여 정부 또는 학술진흥재단에서는 기금을 마련하고 지원해야 한다. 기금이 허용된다면 위원회는 재단법인으로 설립해도 좋을 것이다. 남북 학자의 모임을 상설하자는 주장은 모임때마다 제기되었고, 2003년 2월 24일에는 월간 『민족 21』 대표 강만길 교수와 북한의 조국통일연구원 주진구 부

의 예각을 피하면서 북측에서 의도하는 바를 달성할 수 있지 않느냐고 말했다. 북측 학자가 유골 연대는 일본 고고학계에서 동의한 학자가 많다고 말하기에 일본 고고학은 세계 고고학계에서 신임을 받지 못하는 것을 알지 않느냐고 말했다. 북한 학자들도 경청하는 듯 했다.

원장 사이에 남북역사학자협의회(가칭) 구성의 합의서 교환이 있었다는 보도가 있었다.[22] 그와 같이 민간 교류 방식으로 진행하는 방법도 있고, 학회가 주도하는 방법도 있고, 혹은 국사편찬위원회와 북측의 력사연구소가 담당하는 경우도 있을수 있는데, 다원화하는 방법도 있다.

역사학의 교류가 목적하는 바는 일차적으로 역사학의 발전을 도모하는 것이다. 아울러 한반도의 평화 정착을 통하여 세계평화에 이바지한다는 것도 중요한 점이다. 그리하여 종착점은 통일 조국의 건설이다. 그것은 한반도에 살고 있는 사람은 누구나 세계와 인류에 대한 책임이요 의무인 것이다. 그 인류적 책임을 다 하는 데 역사학이 기여할 길은 연구광장의 통합을 위한 교류라고 생각한다. 그것이 역사학 자체를 위하는 길이기도 하다.

---

22)『한국일보』 2003년 2월 27일자, 30판 23면.

제4부

補 說

Ⅰ. 한국과 몽골의 歷史的 友誼[*]

몽골과 한국, 양민족은 종족으로 보나 언어 문화적으로 보나, 남
달리 가깝다는 상식은 새로운 이야기가 아니다. 상고에는 홍안령
일대에서 함께 살다가 서쪽으로 이동한 사람이 몽골이고 남쪽으로
내려간 사람이 우리라고 한다. 그래서 인류학·고고학·민속학·
언어학에서는 많은 사례를 들어 양민족의 공통점을 지적하고 있
다. 특히 오래전부터 몽골 반점의 이야기, 무교나 씨름의 이야기,
알타이어족 또는 홍안령어족이나 동북아어족에 관한 이야기들이
확장되면서 일반인에게까지 양 민족의 친근한 관계와 공속감정을
제고시키고 있다. 한편 몽골은 인구에 비해 광대한 국토를 가지고
있다. 개발 여지가 많은 고비사막과 무공해 천국으로 알려진 자연
조건은 무한한 잠재력으로 존재한다. 거기에 징기스칸 세계제국의
역사가 몽골인의 자존심을 지켜 주고 있다. 바다가 없는 내륙국가
라는 특징 등, 한국과 다른 측면도 적지 않다. 다르면 다르기 때문
에 서로를 필요로 할 가능성도 있다고 생각한다. 문제는 두 민족이
역사를 어디로 끌고 가느냐에 달려 있는 것이다.[1]

---

* 이 글은 2001년 8월 20일 몽골국립대학교에서 개최된 한국근현대사학
회와 몽골국립대학교가 공동주최한 「한국독립운동과 몽골」 학술회의
의 기조연설문이다.

근래에는 중국과 러시아나 일본과 미국 등의 열강에 시달려 왔다는 것은 양민족에게 공통된 역사적 기억이다. 기억일뿐 아니라 현재도 열강의 패권주의에 양 민족이 적지 않게 영향 받고 있다. 한몽 양국이 국교를 수립한 것이 10년 밖에 안된다는 그 자체가 열강의 패권주의 때문이었다. 그런데 오늘날은 개방시대다. 그러므로 패권주의도 무작정 배척할 것이 아니라 불러들여서 주체적으로 분해시켜 소화해야 한다. 그것이 21세기 세계질서의 특징이고 그것이 약소 민족의 지혜이고 고충이기도 하다.

그러한 고충은 같은 처지에 있는 민족의 유대 강화를 통하여 해결의 실마리를 찾아야 한다. 그러한 역사와 현실을 생각하면서 한국과 몽골의 진로를 찾아야 할 것이다. 이와 같이 한국과 몽골은 역사에서나 현재에서나, 또 앞으로 나아갈 길도 비슷한 성질이 많았고, 많을 것이기 때문에 양민족은 서로의 관계를 더욱 긴밀하게 발전시킬 필요가 있다. 이 글도 그러한 뜻에서 쓴 것이다.

이 글을 정리할 때까지 단국대학교 몽골학과 이성규 교수와 몽골학과 조교의 도움을 크게 받았다. 한국이 몽골과 수교한 것이 1990년으로 10년 밖에 안되는데 대학에 몽골학과가 설치될 정도로 발전했다는 것은 단국대학교를 비롯한 이 방면 관계자의 각별한 관심과 헌신적 노력의 결실로 알고 있다. 더구나 한국몽골학회를 비롯하여 한몽교류협회·한몽협력협회·한몽경제학회 등, 10년간에 적지 않은 교류협회가 결성되었고, 한국몽골학회는 몽골과학원과 공동으로 국제학술회의를 10여회에 걸쳐 개최하고 학술조사도 활발하게 전개하고 있다.[2] 뿐만 아니라 학회지『몽골학』을 10호까

---

1) 한국몽골학회,『한몽수교 10주년의 회고와 전망』, 서울, 한몽수교 10주년기념 국제학술대회(2000년 3월 17~18일) 참조.
2) 최기호,「몽골어와 한국어의 계통적 관계」, 위의 책, 69쪽.

지 발행할 정도로 놀랍게 발전하고 있다.[3] 아울러 작년 3월 17-18
일에는 「한몽수교 10주년기념 국제학술대회」(대회장 최기호)를 서
울에서 개최하여 오치르바트 몽골 초대 대통령을 비롯한 최서면·
Sh. Bira·김유혁 등 사계 권위자의 귀중한 발표가 있었다. 내용을
보면 사회과학과 비교언어학의 논문이 많았는데 금번 한국근현대
사학회의 발표는 역사학 특히 근현대사에 관한 논문으로 구성되었
다는 것이 다른 점이다.

1. 전통시대의 양국 관계

전통시대의 역사관계라면 양 민족이 공유하고 있는 흥안령 언어
권 문제라든가, 원시 신앙인 샤머니즘의 인간주의적 성격문제라든
가, 문화의 원초문제부터 차례로 이야기해야 할 것 같으나 그런 문
제까지 준비할 겨를이 없었다. 아무래도 고려 후기 13세기에 전개
된 40년전쟁(1231~1273)과 그후 80년간의 평화공존과 문물교류가
가장 긴밀했던 시기의 관계부터 보아야 할 것 같다. 양국이 40년을
전쟁했다고 그 이야기를 굳이 기피할 이유는 없다. 그때처럼 대규
모의 전쟁이면서 장기정쟁이었던 것은 몽골과 고려 사이에만 있었
던 점을 고려하면 몽골이나 고려나 함께 자랑스럽게 회상할 수 있
는 역사일수도 있는 것이다. 때문에 전쟁 후에 양국관계가 다른 나
라와는 달리 평화적으로 공존하면서 상대국의 왕비를 배출시킬 정
도의 결혼관계와 학술교류가 빈번하여 同文同軌를 일컫게 되었다.
원나라 수도(북경)에 萬卷堂을 설치하고 양국 학자가 학문을 연구

---

3) 『몽골학』 제10호에 창간호부터 게재한 논문 목차가 모두 수록되어 있
　는데 연구 영역이 다양하게 발전하고 있다는 것을 알 수 있다.

하고 성리학을 고려에 드려와 유학의 새로운 경지를 개척하였고, 새로운 과학기술을 나누기도 하였다. 그때 고려인으로 몽골로 이적한 사람이 많고 몽골인으로 고려로 이적한 사람도 적지 않았다. 고려가 멸망한 후 조선초에 편찬한『高麗史』에 등장한 몽골인명이 군대외에 688명에 이르는 것을 보아도[4] 몽골과 고려의 긴밀했던 관계를 짐작할 수 있다.

필자의 선조도 원래 중국 아니면 몽골에 살다가 元나라가 중국을 통일하고 13세기 후반에는 고려 북부에 東寧府와 双城府를 설치할 때 摠管을 맡아 東渡하면서 고려에 살게 되었다. 그러니까 고려와 몽골의 긴밀했던 관계의 산물로서 한국인이 되었다는 말이다.

조선시대에도 서로의 관계가 긴밀하게 유지되었다. 그것은 조선에서 몽골 역관이 제도적으로 존재했다는 사실로 알 수 있다. 그리고 司譯院에는 역관의 몽골어 학습용 혹은 科試用 문헌이 여러가지가 있었고, 그때의『蒙語類解』·『蒙語老乞大』·『捷解蒙語』등의 저술이 오늘날까지 전해 오는 것을 보아 알 수 있다.[5]

2. 한국독립운동과 몽골

한국독립운동자 가운데 몽골에 출입하며 사업을 구상했던 최초의 인물은 金成(尤史 金奎植)이었던 것 같다. 그는 1910년대 초에 북경과 상해에서 활동하면서 몽골에 군관학교를 설립하려고 젊은 의사인 李泰俊과 같이 갔다가 자금문제로 뜻을 이루지 못했다. 그

---

4) 趙炳學, 1995,「高麗史 몽골 人名索引」『몽골학』3, 한국몽골학회, 73~100쪽.
5) 金芳漢, 1971,「解題」『蒙語類解』, 서울대 고전간행회, 1~7쪽.

는 내외 몽골을 오가며 운동 근거지를 설치할 자금을 얻기 위하여 사업을 했다.[6] 그는 1917년의 대동단결선언에 참여하고 1918년 여름에 후레(庫倫·우르가·지금의 울란바타르)를 방문한 후에는[7] 신한청년당 대표로 파리에 파견되어 북중국이나 몽골과의 관계를 계속할 수 없었다.

김성과 함께 몽골에 갔던 大嵒 李泰俊은 서울에서 세브란스 의과대학을 졸업하고 신해혁명에 자극 받아 남경에 망명하여 활동 적지를 찾던 중[8] 김성의 권유를 받아 그와 같이 몽골의 수도인 후레(庫倫)으로 갔다. 거기서 군관학교를 설립하려다가 뜻과 같지 않자 東義醫院을 개업하였다.[9] 1916년 이후에는 세브란스의 후배로 몽골에서 중국으로 통하는 입구인 중국 張家口에 十全醫院을 개업한 金鉉國·金鉉澤(炳權) 형제와 연락하여 몽골을 내왕하는 독립운동자를 안내하며 활동했다.[10]

이태준은 몽골에 「까우리 의사」의 이름을 떨치던 가운데 1921년 2월 러시아 백위군의 침략을 받아 희생되었다.[11] 그해 7월에 인민

---

6) 李明花, 1992, 『김규식의 생애와 민족운동』, 한국독립운동사연구소, 43~44쪽.
  金奎植은 후일 "몽골에서 가죽을 팔았고 화북에서 성경을 팔았으며 상해에서 발동기를 팔았다"라고 회고했다.
7) 金奎植이 1910년대에 몽골을 출입하며 사용한 金成이라는 이름은 1917년 대동단결선언까지의 문서에서는 발견되나, 1918년 상해의 신한청년당 활동때부터는 김규식의 이름으로 돌아간 것 같다.
8) 1912년 7월 16일 李泰俊이 南京에서 미주에 망명한 安昌浩에게 편지한 원문이 독립기념관에 보관되어 있다. 거기에 표시된 남경의 통신처는 다음과 같다(한국독립운동사연구소, 1991, 『島山安昌浩資料集』 2, 129쪽). "中華民國 南京城內 盧妃巷 橫街 民生報舘內 金天熙君 轉交"
9) 潘炳律, 2000, 「醫師 李泰俊(1883-1921)의 독립운동과 몽골」 『한국근현대사연구』 13, 한국근현대사학회, 169쪽.
10) 桂奉瑀, 1996, 「꿈속의 꿈」 『北愚 桂奉瑀資料集』 1, 한국독립운동사연구소, 269쪽.

정권 회복 후에 이태준은 후레(우르가) 교외 南山(聖山) 건너 묘지에 묻혔다.12) 大岩 李泰俊은 한국독립운동에서 몽골과의 관계를 돈독하게 만든 유일한 인물이다.13) 김원봉의 의열단이 항가리 기술자 마잘의 도움으로 폭탄을 제조하여 1923년에 국내로 반입했던 사건도 이태준이 참살 당하기 전에 추진한 계획이었던 것은 널리 알려진 사실이다.14) 그때 단재 신채호의 의열단 선언인「조선혁명선언」이 나왔다는 것도 함께 고려하면15) 한국독립운동에서 이태준의 위치가 중대했다는 것을 새삼 확인할 수 있다.

　몽골의 후레(우르가)에서 전개된 한국독립운동 사안은 이태준의 활동 다음에는 상해파 고려공산당의 활동관계가 주목된다. 1920년 레닌이 임시정부에 200만 루불을 약속하고 먼저 40만루불을 韓馨

---

11) 朴泰遠, 1947,『若山과 義烈團』, 백양당, 99쪽에서 이태준은 백위군 부대의 吉田이라는 일본인 참모에 의해 참살 당했다고 했다.

12) 呂運亨, 1935,「赤色巨人의 都市 庫倫」『中央』1935년 5월호.
여운형은 1921년 11월에 극동인민대표자대회에 가느라고 몽골을 통과할 때 후레(우르가)에 머무는 동안 이태준의 무덤을 참배하였다고 다음과 같이 회고했다. "발가벗은 산비탈을 빈약한 矮林이 이곳 저곳을 덮고 있는 경사지의 한복판에 나는 찾어간 묘지를 발견하였다. 간소한 묘지였다."

13) 潘炳律 교수의 앞의글에서 이태준에 대하여 자세히 보고되어 있다. 그리고 필자가『若山과 義烈團』에서 이태준의 이름을 보고 정체를 알 수 없어 추적하던 가운데 1991년 한국독립운동사연구소장 재임시에『島山 安昌浩資料集』을 간행하면서 이태준의 서신을 보고 반기던 그때에 몽골국립대학에서 한국과 몽골관계를 연구한다는 젊은 교수를 만나 이태준에 대하여 필자가 아는 범위의 자료를 소개하며 몽골에서 추가 자료를 찾아 연구할 것을 부탁하였던 바, 조사연구하여 논문을 작성하겠다고 약속하였다. 그 젊은 교수는 서울대학교 대학원의 필자의 강의를 청강하다가 만나 약속했으므로 추적 조사했을 것으로 믿는다. 논문의 발표 여부가 궁금하다.

14) 朴泰遠, 1947,『若山과 義烈團』, 白楊堂, 93~108쪽.

15) 위의 책, 103~121쪽.

權과 朴鎭淳이 운반하여 베르흐네우진스크(우란-우데)에서 12만
루불은 金立에게 전달되어 김립은 몽골 후레로 운반하여 4만루불
은 李泰俊에게 맡끼고 8만루불을 상해 李東輝에게 전달했다고 한
다. 이와 같은 반병률 교수의 분석에 의하면16) 나머지 28만루불에
서 6만루불은 한형권의 외교비로 지불하고, 22만루불은 박진순이
만주를 돌아 상해까지 운반하기로 했다고 하지만,17) 그 문제는 각
설하고 자금 운반에서도 몽골의 수도 후레는 독립운동의 중요한
거점의 구실을 했다는 것을 알 수 있다. 그것은 뒤이어 후레(庫倫)
를 통과한 계봉우의 회고록「꿈속의 꿈」(『北愚 桂奉瑀資料集』)을
읽으나 이어 1921년 11월에 후레에서 몽골의 외무장관의 통행증을
받아 일주일간이나 머물었던 여운형의 기행문「赤色巨人의 都市
庫倫」(『中央』, 1935년 5월호)을 읽으면서 후레는 몽골 사막을 세로
질러 오가던 독립운동자에게 여러 가지 의미에서 오아시스였다는
것을 느낄 수 있다.18)

---

16) 潘炳律, 앞의 글, 170쪽.
17) 潘 교수의 분석은 설득력이 있다. 종래 학계에서 레닌자금 40만 루불을
   전액 몽골을 통과하여 상해로 운반했다고 할때 필자는 그렇게 큰 덩어
   리 금괴를 치안이 불안정한 몽골을 통과할 수 없다고 부정하였다(조동
   걸,「레닌자금의 행적을 추적하면서」『독립군의 길따라 대륙을 가다』,
   지식산업사, 317쪽). 그러나 8만루불의 금괴라면 가능하다.
   그리고 1920년 10월 만주에서 청산리전쟁 후에 고려공산당의 이동휘가
   독립군 부대를 密山에 집결하여 러시아로 이동시킬 때 그후의 경비를
   무엇으로 감당하려고 했을까? 또 그해에 이동휘가 桂奉瑀·金立·李
   鏞등과 함께 이르크츠크 북방에 대규모의 독립군기지를 건설할려고 선
   발대로서 李鏞은 북간도로, 桂奉瑀는 시베리아로 파견했는데 그때 이
   르크츠크 독립군기지는 무슨 돈으로 감당하려고 했을까? 이런 것을 생
   각하여 필자는 상당액은 상해파 고려공산당이 진을 치고 있던 치따에
   보관하다가 상해파 독립군의 비용 또는 이르크츠크파와의 피나는 혈전
   비용으로 사용할 수밖에 없었을 것으로 추측하였다. 그래서 200만루불
   을 약속한 레닌도 약속을 지킬 수가 없었던 것이 아닌가 한다.

다음에 독립운동과 관련하여 단편적인 이야기 몇 가지를 한다
면, 먼저 공산주의운동에서 러시아・몽골・중국・조선・일본 등
의 5국 공산당에서 아시아 공산당 본부를 후레(우르가), 하르빈, 상
해 가운데 어디가 적지냐를 논의한 자료를 읽은 기억이 있고, "몽
골에 교섭하여 국권회복시까지 일정한 토지를 대여 받아 고려노농
공화국을 세우려는 운동이" 있기도 했다.[19] 1921년 후반기 몽골인
민정부의 고문이던 러시아인 에린치노프의 부인 南마류사 여사는
연해주 브라디보스토크 태생으로 그곳 독립운동가 南萬春의 동생
이다. 독립운동 가정에서 태어나 자랐으므로 그의 행적에도 관심
을 가질 필요가 있다는 뜻에서 언급해 둔다.

내몽골지방에서도 한국독립운동과 밀접한 일들이 적지 않게 전
개되었다. 朴容萬의 대규모 개척을 추진했던 사실을 비롯하여[20]
趙秉準・金承學・黃學秀・申禹鉉・白基俊・申彦甲・申容徹 등
이 내몽골지방에 독립군기지를 개척하여[21] 義民府를 경성하여 활
동한 사실도 있었다.[22] 1926년에는 이른바 제2차 유림단사건이라
는 心山 金昌淑이 군자금을 모금할 때 원래의 계획은 내몽골지방

---

18) 몽골의 수도인 후레(庫倫 사원) 또는 우르가(Urga 궁전)는 1921년에 성
    립한 몽골인민정부(Mongol People's Government)가 1924년 몽골인민공화
    국(Mongolian People's Republic)이 되면서 울란 바타르(Ulan Bator)로 개칭
    되었다고 한다(趙孝源, 1955, 『亞細亞政治論』, 문종각, 473~474쪽). 단
    국대학교 몽골학과 이성규 교수에 의하면 울란 바타르는 '붉은 영웅(巨
    人)'이라는 뜻을 나타낸다고 한다.
19) 최서면, 2000, 「한국과 몽골의 관계와 새천년의 전망」『한몽수교 10주
    년의 회고와 전망』, 한몽수교10주년기념 국제학술대회, 18~21쪽.
20) 方善柱, 1989, 「朴容萬評傳」『在美韓人의 獨立運動』, 한림대 아시아문
    화연구소, 126~130쪽.
21) 韓詩俊, 2002, 「內蒙古지역의 한국독립운동」『한국근현대사연구』23,
    한국근현대사학회, 64~68쪽.
22) 金承學, 『韓國獨立史』, 348쪽.

에 광대한 독립군기지를 건설할려고 했다.[23] 1941년 광복군이 서
안을 출발하여 태항산 일대로 북상할 때 公震遠의 제2대는 그해 2
월에 내몽골 包頭지방으로 갔다.[24] 포두에서는 1945년 해방 전후
李忠模의 활동이 주목을 끌었다.

　李忠模는 중앙아시아에 이주해 있던 한인 동포로 重慶에 망명
했는데 러시아 사정에 밝았으므로 임시정부 주석 金九가 독립전선
의 연합 또는 연락을 위하여 연해주 金日成에게 파견하였다는 설
이 있다.[25] 도중에 해방을 맞아 뜻을 이루지는 못하였지만 그 사실
은 백범의 통일전선의 일단으로 이해한다면 중요한 의미를 가지고
있다. 이충모는 해방 후에 포두지방에서 大韓民國臨時政府 特派
員辦事處와 包頭韓人會를 설치하고 활동하였다.[26] 그러한 활동을
바탕으로 내몽골지방에는 지금도 한인, 고려인, 조선족으로 불리는
2만2천1백여명의 동포가 조직적인 생활을 영위하고 있는 것이다.
즉, 1988년에는 內蒙古朝鮮族研究會라는 학술문화 단체를 만들어
1995년에 『內蒙古朝鮮族』이라는 328면의 책자를 간행할 정도로
활발하게 활동하고 있다.[27]

　이상의 사례외에도 몽골을 무대로 활약한 인사가 적지 않았다.
柳東說과 李範奭, 그리고 李仁燮과 金策의 활동이 있었다 하고,
동북항일련군의 맹장이던 全光(吳成崙)이 해방 후에 몽골지방에서

---

23) 조동걸, 2001, 「심산 김창숙의 독립운동과 유지」『韓國近現代史의 理
　　想과形象』, 푸른역사, 84쪽.
24) 韓詩俊, 1993, 『韓國光復軍研究』, 일조각, 149쪽.
25) 안우생, 1999, 「과거를 묻지 않으시고 관대히 포섭하시여」『白凡金九
　　全集』 8, 927쪽.
26) 在包頭韓人會, 1997, 『光復通信』 제1·2·3호: 『韓國獨立運動史資料集
　　－趙素昂篇』 4, 한국정신문화연구원, 286~295쪽.
27) 廉皓·崔溶鎭 등, 1995, 『內蒙古朝鮮族』, 內蒙古朝鮮族研究會(內蒙古
　　大學出版社), 12쪽.

여생을 마쳤다는 소문이 있는데 자세한 것은 알 수 없다. 앞으로
구명되어야 할 과제인 것이다.

3. 한몽관계의 발전을 위하여

한국인과 몽골인은 이 지구상에서 어느 누구보다 가장 비슷한
사람이다. 한국인은 갓난 아기의 몽골 반점을 이야기하며 우리와
몽골인이 같은 조상이라는 것을 믿고 이야기해 왔다. 몽골에서는
한국을 솔롱고스(Solongos) 즉 무지개라고 부른다고 한다. 원초적 정
서가 비길 데없이 가깝다는 것을 말한다. 앞에서 살핀 바와 같이
역사적으로도 가까왔다는 것을 확인하였다. 역사적으로 긴밀한 관
계에 있었다는 것은 양국 국민 모두가 잘 알고 있다.[28] 현재도 열
강의 패권주의를 자주적으로 극복하면서 세계화의 발전을 도모해
야 한다는 같은 운명을 눈앞에 두고 있다. 그러한 운명을 잘 알고
있으므로 한국과 몽골간에 1990년 3월 26일 국교를 수립한 후 양
국관계는 날로 발전하고 있는 것이다.

"2000년에 두 나라간의 교역 규모는 약 5천 7백만 달러로서 한국
은 몽골의 네 번째 교역국으로 부상했다. 또한 한국의 대몽골 투자
는 3천 7백만 달러로서 제3위 투자국이 되었으며 몽골에 180여개
의 합작회사를 설립했다"고 한다.[29] 이와 같이 서로가 서로를 위하
여 발전에 발전을 거듭하면 몽골은 솔롱고스의 통일 조국건설에
크게 기여할 것이 예상되며 한국은 몽골의 풍부한 지하자원 개발

---

28) P. URJINLHUNDEV(초대 주한몽골대사), 「풍부한 전통을 가진 한몽관
　　계」『몽골・대한민국 수교10주년』, The Korea Post, 2000, 302쪽.
29) Lombo Bolor, 2001, 『푸른하늘 끝없는 초원 - 몽골』, 73쪽.

에 크게 이바지할 것이 기대된다. 그리하여 몽골의 광활한 사막을 푸른 옥토로 개발할 날도 멀지 않을 것으로 믿는다.

10년전에 서울에서 울란바타르를 여행하자면 북경과 홍콩이나 동경을 경유하여 왕래했으므로 이틀이나 걸려 오갔다. 그래서 서울에서 몽골에 간다는 것은 우주를 여행하는 것처럼 아득하게 생각하였다. 그런데 이제는 이웃처럼 몇 시간이면 오갈 수 있게 되었다. 한때 이틀이나 걸려서 오가던 그런 장막을 누가 만들었던가? 냉전시대의 산물이고 패권주의가 만들었다. 이제는 그런 장막에 굴복하지도 말고 속지도 말자.

역사적으로 경험한 바, 패권주의란 불가근 불가원의 존재이다. 그들이 자본주의건 공산주의건 다르지 않았다는 것도 경험했다. 한국과 몽골은 그러한 경험 정보를 서로 나누며 21세기의 지혜를 공동으로 만들어가야 한다. 그 지혜는 한국과 몽골 뿐만 아니라 인류의 지혜가 되어야 한다. 인류 보편주의 앞에 열강의 패권주의를 굴복시켜야 한다는 말이다.

Ⅱ. 경기도에서 전개된 독립운동의 역사적 성격[*]

경기란 서울지방이란 말이다. 그러나 행정구역상의 경기도는 서울과 인천을 제외한 서울 근방의 지역이다. 서울 근방이므로 경기도에서 일어나는 모든 일은 직간접으로 서울의 중앙정부와 관계된 일이 많았다. 어떤 일은 서울의 변화에 따라 변하였고 어떤 일은 서울의 변화를 촉구하고 선도하면서 한국근대사 변천에 기여하였다.

그렇게 서울의 변화와 밀접한 관계를 가진 경기도의 역사이므로 서울을 동서남북으로 둘러싸고 근교 도시가 발달하여 그 도시는 경기도의 역사발전에 중요한 거점이 되었고, 아울러 서울 발전의 받침대 구실을 하였다. 그러다가 보니 서울과 멀지 않은 개성·인천·수원·광주·양평·가평·의정부 등지는 한국사의 발전이나 또는 정변이나 전란이 있을 때마다 어떤 형태로든지 관계되는 경우가 많았다. 위의 도시 가운데 서해안을 바라보며 전방에 위치한 개성·인천·수원·광주가, 배후지대인 양평·가평·의정부 보다 더 발달했다는 것은 교통이나 사회경제적 이유와 더불어 정치

---

* 이 글은 1995년 『경기도항일독립운동사』(경기도사편찬위원회)에 발표한 것이다.

적 이유에도 연유하지만 그에 따라 문화적으로도 전통시대나 근대
를 막론하고 앞선 고장이 되었다.

　이러한 경기도의 인문지리적 조건은 독립운동사에서도 그대로
반영되고 있었다. 독립운동의 경우는 서울에 일제의 조선총독부가
소재하여 독립군의 궁극적인 공격 대상이 되었으므로 경기도는 특
히 위의 도시를 중심으로 그러한 작전의 거점 구실을 한 사례가 많
았다.

　다음에 역사적 조건을 보아도 경기도는 독립운동의 중심 위치에
서 역할할 수밖에 없었다. 독립운동의 주체는 민족이다. 따라서 독
립운동은 민족운동의 일환으로 전개되었는데 한국의 근대민족운
동은 조선후기 실학운동에서 태동했다고 보면, 실학 당시의 민족
적 변화와 근대적 개혁사상의 대두는 독립운동의 역사적 기초로서
대단히 중요한 의미를 가지고 있는 것이다. 독립운동의 주체가 민
족일 뿐 아니라 독립운동의 이념은 궁극적으로 근대적이어야 하기
때문이다.

　그런데 실학은 경기도의 생산물이라고 해도 과언이 아닐 정도로
이 지방 인사들에 의해서 개척되고 발전하였다. 광주(지금의 안산)
출신의 星湖 李瀷에서 본격화되어 양평의 茶山 丁若鏞에 이르러
대성했다. 이익에서 정약용으로 이어진 개혁론자를 近畿學派라고
도 하지만 이들의 개혁사상이 한국 근대사상의 기초가 되어 한국
민족주의 형성의 주류를 이룬 것이다. 독립운동의 기본사상이 한
국민족주의에 있고 한국민족주의는 반봉건적 근대개혁을 지향하
다가 제국주의의 침략을 맞아서 반제 독립운동을 전개하면서 발전
하였다. 그렇다면 한국민족주의의 단서를 연 실학의 고장인 경기
도가 독립운동의 기초를 제공했다고 말해서 과언이 아니라는 것을
이해할 것이다.

　따라서 경기도에서 독립운동의 선구적 지도자가 많이 배출되었다는 것이 우연이 아닌 것이다. 구한말 李建昌·金澤榮 등의 민족주의 선구자들 외에도 畿湖學會를 이끌어 갔던 수많은 인사는 물론, 의병전쟁에서 閔肯鎬·金圭植·延基羽·金秀敏 처럼 반봉건적 의병장이 많았고, 독립운동이 본격화된 후에도 趙素昻 형제들·呂準·呂運亨·申翼熙·朴贊翊·安在鴻·李奉昌·趙喆鎬·林元根·曹奉岩 등 각 분야의 독립운동 지도자를 배출한 경기도인 것이다.

　그렇다고 구시대 논리에 근거한 독립운동자가 없었다는 것은 아니다. 구한말 의병전쟁이 위정척사 사상에 기초한 것에서 비롯되었다고 할 때, 양근의 李恒老 학통을 계승한 崔益鉉·李春永·李弼熙·安承禹 등과 閔丙天·沈相禧·李麟榮 등은 전통 유학에 기반을 둔 의병 지도자로서 한국 독립운동사를 빛낸 인물이었던 것이다. 그리고 李漢應·趙秉世·閔泳煥·洪萬植·李命宰 등, 구한국의 국운과 함께 자결 순국한 이 지방의 열사들도 유교 의리의 모범을 보인 지사들로서 구시대 충의의 기록으로 남아 있다. 이러한 점들을 포함하여 경기도지방에서 전개된 독립운동의 특징을 살펴 보면 다음과 같다.

　1) 경기도는 지리적으로 서울의 외곽지역이기 때문에 독립운동의 경우도 서울에서 전개된 독립운동과 밀접했던 것은 물론, 서울에 있던 조선총독부의 식민정책의 변화에 민감했던 것도 타지방의 경우와 달랐던 점이다. 다른 지방으로 통하는 교통은 모두 경기도를 통과하였고, 뿐만 아니라 서해안이나 임진강·북한강·남한강의 수로가 발달한 고장이어서 서울과의 연결, 또 경기지방 상호간의 정보 교환이 용이하여 의병전쟁이 어디보다 먼저 일어났듯이, 3·1운동이 서울의 운동과 밀착되어 있듯이, 한강변 마을에

민족야학이 활발하게 일어났듯이, 전국적으로 선봉적인 운동의 기록을 남겼다.

2) 따라서 경기도의 독립운동은 일제의 통감부나 조선총독부 공략의 역할을 담당한 경우가 많았다. 한국독립운동은 의병전쟁에서 비롯되었는데 그때 다른 지방의 의병은 지방 관아나 일본군의 지방주둔군을 상대하여 싸웠는데 경기지방의 의병은 서울을 공략하였다. 1895년말에 봉기한 민병천·심상희·金河洛 등의 남한산성 의병이 서울 공격작전을 세웠던 것과 柳弘錫 등의 가평의병이 서울로 진군하다가 패전한 일이나 1904년 경부선 철도 부설로 무자비하게 피해를 입은데 항거한 시흥의 농민폭동이 서울로 진격하려다 봉쇄 당한 일이나, 1907년말 양주에서 이인영·許蔿의 13도연합의진이 결성되어 동대문 밖 30리까지 진군한 서울진격작전에 이어 허위·김규식·연기우 등의 임진강의병이 의정부 일대를 거점으로 1908년 5월까지 서울 탈환작전을 전개했던 사실이 그것을 말해 주고 있다. 1944년 8·15해방 직전에 양평 용문산에서 金容基를 중심한 농민동맹의 경우도 그러한 관점에서 이해할 수 있고, 또 1945년 8·15직전에 광복군 제2지대의 국내진공 정진대 작전이 경기도 지방 잠입을 계획했던 것도 그러한 측면에서 이해할 수 있을 것이다.

3) 경기지방의 독립운동은 중앙의 독립운동 자체를 책임지고 있었다. 1904년에 설립한 국민교육회는 양평에 일성학교를 설립하고 있었고 기호학회는 서울에 기호학교(중앙학교 전신)를 세우는 등 전국적으로 계몽운동의 선봉에서 활약했다. 1919년 3·1운동과 더불어 각처에서 임시정부를 수립할 때 인천에서 13도대표자회의를 개최하여 세칭 한성정부인 대조선공화국을 수립하였다. 이때 경인지방은 한성임시정부의 산실이었다. 그와 같이 경기지방의 독립운

동은 한국독립운동 자체를 책임지고 수행하였다.

4) 경기지방의 독립운동은 한국독립운동 각 영역에 걸쳐 빠짐없이 전개되었다. 독립운동은 의병전쟁과 계몽운동을 거쳐 3·1운동 후에는 정치적으로 임시정부의 수립과 활동, 사회경제적으로는 농민운동·노동운동·여성운동·학생운동·소년운동·물산장려운동·협동조합운동을 전개했고, 그리고 수원·인천·개성을 중심한 민립학교들의 민족교육을 비롯한 문화운동에 이르기까지 모든 영역에서 독립운동을 전개한 경기도였다.

5) 한국독립운동이 1945년 8·15까지 폭넓게 지속적으로 전개되었는데 그 속에서 경기지방의 독립운동도 마지막까지 꾸준히 계속되었다. 의병전쟁이 경기지방 곳곳에서 전개되었다는 것은 말할 여지가 없지만 그와 동시에 전개한 계몽운동에 이어 3·1운동은 경기도 모든 군에서 치열하게 전개되었다. 그후 1920년대의 각 영역에 걸친 운동과 1930년대의 특히 농민운동·노동운동·학생운동, 그리고 1940년대의 건국동맹과 농민동맹 등, 꾸준히 전개한 경기지방의 독립운동이었다. 해방직전 경기도를 무대로 했던 조문기를 중심한 대한독립청년당의 일제의 부민관 폭파의거도 경기지방 독립운동을 장식한 쾌거였다.

6) 독립운동의 각종 이념과 방략을 생산한 경기지방의 독립운동이었다. 구한말에는 양근(지금의 양평 북부)의 화서 이항로의 문인이 의병전쟁의 선구적 지도자가 되어 위정척사 사상을 독립운동 이념으로 발전시킨 것이나, 남서부지방의 동학농민군이 일제의 침략에 항거하여 반일 민중의식을 북돋운 이래 기호학회를 중심으로 공화주의와 근대주의를 개발하였다. 3·1운동 후에는 3·1운동의 근본 이념인 인도주의의 실현방안으로서 자유주의·사회주의·무정부주의 사상이 확산되었는데 그때 경기도 인사가 자유주의는 물

론, 임원근·조봉암 등이 개척한 사회주의와 이회영·유자명 등이 개발한 무정부주의운동과 깊은 관련을 가진 경우가 많았고 혹은 선구적으로 활동한 이도 적지 않았다. 따라서 이 지방에서 전개된 사상운동도 주목을 끌 수밖에 없었다.

7) 경기도는 산악지대인 동북부와 평야가 많은 서남부의 지리조건에 따라 동북부에서는 의병전쟁 같이 지리를 이용한 것이, 서남부에서는 사상운동 같은 부르주아적 기초 위에 모색된 독립운동이 각각 발전하였다.

그렇다고 서남부에서 의병전쟁이 발전하지 않은 것은 아니다. 상대적이라는 말이다. 태백산맥이나 추가령지구대로 연결된 동북부 지방이 의병전쟁을 이끌어 가기가 유리한 지리이고 그러므로 의병전쟁을 최고조에 이르게 한, 1908년의 13도연합의병의 서울진격작전이나 임진강의병의 서울탈환작전이 모두 그러한 경기 동북부의 지형을 이용한 작전이었던 것이다.

8) 수많은 독립운동 지도자를 배출한 경기지방이다. 이 항목에 대해서는 앞에서 간단히 언급하였으므로 이 책 부록에 실려 있는 「경기도독립운동가 명단」을 참고하기 바란다.

9) 식민지시기 국내 민족운동을 지도한 대표적 인물은 성격별로 우파의 송진우, 중도 우파(비타협적 민족주의)의 안재홍, 중도 좌파의 여운형, 좌파의 박헌영이라고 했을 때, 안재홍과 여운형이 경기도 출신이고 보면 그의 영향으로 민족의식이 고양됐을 것은 물론, 그에 따라 독립운동도 폭넓게 추진되었다는 개연성을 이야기해도 무리는 아닐 듯 하다.

10) 독립운동이 치열했던 경기도였으므로 일제의 반격도 잔인하여 피해가 극심했다. 의병전쟁 때 양평·가평·포천·연천지방에는 마을이 전체가 불탄 곳이 많았고, 3·1운동때 수원 제암리 학살

사건은 그러한 점을 대변한다고 보아야 할 것이다.

　이상과 같은 전반적 특징 외에 괄목할만한 분야별로 특징될 것을 살펴보면 다음과 같다.

　1) 의병전쟁은 초기의병의 구성원으로 관포수가 많았고 다른 지방에 비해 전투의병이 월등히 우세하였다. 다른 지방에는 시위의병이 적지 않았다. 전투의병이 많았으므로 연합작전이 활발히 전개되어 1907년 군대해산 후에는 해산군인의 참전으로 서울진격작전도 수행할 수 있었다. 중기의병에서 1904년 활빈당 같은 농민항쟁이 의병전쟁으로 광범위하게 전환한 지역이 경기도 지방이다. 그러므로 이 지방의 의병이 남먼저 민중적 성격을 성장시킬 수가 있었던 것이다. 연기우·김수민 의병이 대표적 사례이기는 해도 그외에도 무수한 무명의 의병전쟁의 사적을 통하여 확인할 수 있다.

　2) 3·1운동의 경우는 거의 모든 군에서 일어났다. 3월 후반부터 4월 전반에 가장 많은 시위가 있었다는 것은 전국 공통적인 일이라고 해도 다른 지방에서는 준비 단계에서 발각되어 시위봉기에 실패한 경우가 많았다. 그런데 경기도에서 거의 모든 군지역에서 봉기하였다는 것은 그만큼 적극적이었다는 의미를 전해 주고 있다. 마을의 구장(오늘날의 이장)이 중심 역할을 수행한 경우가 타도에 비해 많았다는 것은 3·1운동의 사회경제적 측면의 의미를 강조한 사례라고 해야 할 것이다. 봉화시위가 많았던 것도 이 지방의 특징이다. 그것은 소단위 시위가 많았다는 것을 전해 주고 있다. 이러한 것을 분산적이라고 말해서 안된다. 3·1운동의 공통된 의지가 전국적으로 확산된 현상으로 이해되어야 한다.

　3·1운동 당시는 정치사상이 왕조의식을 나타내고 있었던 경우가 많았다는 것은 다른 지방과 다를 바가 없다. 그러나 3·1운동을

통하여 왕조에 대한 신민의식이 공화주의의 시민의식으로 전환하
고 발전했는데 그의 전환이 보다 적극적이고 빠른 속도로 진행되
었다는 점에 주목해야 한다.

　3) 1920년대는 국내외를 막론하고 독립운동 내지 민족운동이 만
발한 시기였다. 혈복단·구국민단·건아단·조선개척사 등의 비
밀결사로 활동한 경우외에도 소작쟁의를 비롯한 농민운동이 광범
하게 전개되었고, 노동운동과 학생운동도 해당시설이 있는 곳이면
예외없이 일어났다. 그 가운데에도 청년운동이 서울이 가까운 지
리 탓인지는 몰라도 활발하게 전개되었다는 것이 주목된다. 우선
청년운동 단체가 타도와 비교할 수 없을 정도로 210개에 이른다는
것이 그것을 말해 준다. 그의 활동내용은 야학회·강연회·토론
회·체육회·연극활동 등 개량주의적 성향이 짙었다고 하더라도
3·1운동 후 그러한 활동을 통하여 독립운동 역량이 증대된다고 보
는 역사주의 관점에서 중요한 업적으로 기억되어야 할 것이다.

　4) 그러한 청년운동이 기초가 되어 노동 농민운동의 발전은 물
론, 학생운동도, 여성운동도, 소년운동도 발전했다는 측면에서 의
미있게 주목해야 할 것이다. 오히려 서로 톱니바퀴처럼 엉켜서 함
께 발전했다고 보아 좋을 것이다. 학생운동이나 여성운동은 청년
운동의 일환으로 전개된 경우가 많았기 때문이다. 특히 학생과 여
성의 농촌운동의 경우에 현저했던 것은 경기지방만의 성격이 아니
었다. 그러나 서울이 근방이어서 그러한 현상이 일반적이라고 할
만큼 현격했다는 것이 특징이라고 하겠다. YMCA의 농촌운동은 경
기도에 집중되었다는 점도 주목해 볼 점이다.

　소년운동의 경우는 운동단체가 전국의 21~23%에 이를 정도로
많았고, 활동내용도 청년운동과 비슷하여 청년운동의 재판과도 같
았다. 다만 소년척후대 또는 소년군의 경우는 독자성을 가지고 있

었던 것은 서울과 같았다.

5) 1930~40년대의 독립운동은 1920년대와 달랐다. 주체적 측면에서 보면 한결 정리 정비된 모습이었고, 식민지 조건의 객관적 측면에서 보면 일제의 군국주의 강화와 만주사변후 대륙침략에 필요한 병참기지 수탈이 강요된 통제로 독립운동이 해외로 이동하거나 잠복하던 시기였다. 그래서 안재홍은 청년을 모아 해외 독립군 단체에 보냈고 자신은 고향에 은거하였다. 그런 가운데에서도 학생운동은 계속되었고, 수진농조를 비롯한 양평·여주 등지에서 농민조합운동이 전개되었다. 그러한 기초 위에서 용문산 농민동맹이나 부민관을 폭파한 대한독립청년당이 결성될 수 있었다고 보아야 한다.

6) 진위출신의 안재홍이 신간회를 주도했고, 양평출신의 여운형이 건국동맹을 주도하여 식민지하의 국내 정치운동을 이끌었던 사실은 너무 큰 일이어서 경기도에 한정시킬 수는 없지만, 그의 영향은 도민의 정치의식을 형성하는 데 당연히 미쳤을 것이므로 주목해야 한다. 그리고 그들이 좌우파간에 강력한 민족주의를 표방했고 그러한 민족주의는 해방과 동시에 그들 두 사람에 의해 창도된 건국준비위원회로 이어져 이 지방 정치풍토의 방향을 가름했다는 점은 중요한 역사적 성격이라 하겠다.

이상과 같이 경기도지방의 독립운동을 성격지을 때, 적어도 국내운동에서는 처음부터 끝까지 독립운동 내지 민족운동을 주도했고, 중도 민족주의를 대변했다고 보아야 할 것이다. 중도주의의 성향은 조선시대 경기지방 인사의 성품과 행적에서도 나타났다. 영호남 유림처럼 격론을 대변하거나 붕당에서도 색목에 관계없이 강경론의 선봉을 맡았던 경우와 달랐다는 말이다. 그러한 성향은 영호남에서 한쪽 논리나 한쪽 분위기에 묻혀 생활하는 것과 달리, 중앙으로 모여든 양론 또는 다양한 주장과 논리를 보면서 생활하는 가운데 형성될수 있는 성향이 아니었던가 한다. 그러한 성향이 좌고우면하는 단점도 보일 수 있으나, 우유부단한 점만 극복한다면, 중용지도를 따라 중도주의의 역사적 동력이 될 수 있었다. 安在鴻이나 呂運亨은 중도주의를 대변하면서도 우유부단하지 않았다. 물론, 그들의 중도주의는 기회주의적이거나 개량주의와도 달랐다. 그것들을 모두 거부한 중도주의의 길이었다. 역시 중도주의를 추구하던 趙素昻이나, 또 曺奉岩이나 林元根도 중년기 이후에는 중도주의 이론 개발에 정성을 쏟았다. 이러한 경기지방의 중도주의적 전통은 사회주의운동에서 삼남지방 출신이 많은 화요파의 계급주의 노선에 비하여 金思國 등의 서울청년회가 민족주의 노선이 강했던 성향에서도 나타난 사실이었다.

찾아보기: 일반편

ㄱ

ㄴ

ㄹ

ㅁ

ㅂ

ㅇ

ㅈ

ㅋ

ㅌ

ㅍ

조 동 걸(趙東杰)

1932년 경북 영양 출신
경북대학교 역사과 졸업(문학박사)
춘천교육대·안동대학교 교수
국민대학교 교수·문과대학장·박물관장·대학원장·
독립기념관 한국독립운동사연구소장·한국국학진흥원장·
한국사학사 학회 회장 역임
현재 국민대학교 명예교수·한일역사공동연구위원회 한국측 위원장

著 書

『독립운동사』 1~10권(공저), 『太白의 歷史』(강원문화총서 제1권),
『太白抗日史』(강원문화총서 제14권),
『日帝下韓國農民運動史』, 『한말의병전쟁』,
『韓國近代史의 試鍊과 反省』, 『한국近代史의 書架』,
『그래도 역사의 힘을 믿는다』,
『韓國民族主義의 성립과 獨立運動史研究』,
『韓國民族主義의 발전과 獨立運動史研究』,
『한국의 역사가와 역사학』(공저),
『러시아의 한인과 민족운동』(공저),
『독립군의 길따라 대륙을 가다』,
『韓國近現代史의 理解와 論理』,
『現代 韓國史學史』,
『한국근현대사의 이상과 형상』

韓國近現代史의 探究   정가 : 30,000원

2003년 11월 19일	초판 인쇄	
2003년 11월 29일	초판 발행	

저　　　자 : 趙 東 杰
회　　　장 : 韓 相 夏
발 행 인 : 韓 政 熙
발 행 처 : 景仁文化社
편　　　집 : 申 鶴 泰
서울특별시 마포구 마포동 324 - 3
전화 : 718 - 4831~2, 팩스 : 703 - 9711
E-mail : kyunginp@chollian.net
등록번호 : 제10 - 18호(1973. 11. 8)